매트릭스와 네트워크를 활용한

가족치료 사례 질적 분석

박태영 · 김선희 · 김혜선 · 문정화 · 박신순 · 박진영
신원정 · 안현아 · 유웅희 · 유진희 · 조지용 공저

학지사

• 머리말 •

어느덧 대표저자가 가족치료를 시작한 지도 거의 20년이 되어 가며, 가족치료 사례에 대하여 체계적인 질적 분석을 시도한 지도 10년이 된다. 1990년대에는 가족치료사례를 서술하는 방식으로 분석을 하여 학회지에 제출해도 나름대로 게재가 되었다. 그런데 2000년 초반부터는 가족치료사례를 학회지에 게재한다는 것이 쉽지가 않았다. 늘 게재가 불가한 이유가 연구방법론이 명확하지 않다는 것이었다. 그래서 사례논문을 학회지에 게재하기 위해서 상담사례를 과학적으로 그리고 논리적으로 분석할 수 있는 틀이 필요했었다. 그런 질적 연구방법론에 대한 갈급함으로 여러 학회나 연구소에서 열리는 질적 연구방법론에 대한 워크숍, 학술대회 등을 찾아 헤맨 경험이 있다. 때로는 질적 연구방법론을 배우려고 저명한 외국학자의 특강 등을 찾아 갔지만 막상 그런 연구모임이 끝나고 나올 때마다 느꼈던 질적분석방법론에 대한 막연함과 모호함을 가지고 다소는 허탈한 마음으로 집으로 돌아오곤 하였다.

이와 같이 대표저자에게 있어서 2000년대 초반은 임상사례를 학회지에 게재해야만 하는 절박한 상황이었다. 이것은 학자로서 질적 연구방법론을 알아야 할 뿐만 아니라 대표저자가 교수로서 재임용되고 살아남기 위해서는 반드시 넘어야 할 산이었다. 또한 대학원생들에게 임상을 가르치는 교수로서, 대표저자는 제자의 학위논문뿐만 아니라, 특히 박사과정 학생이 차후 교수로 임용되기 위해서도 질적 연구방법론을 활용한 논문을 게재하는 문제가 매우 시급한 상황에 처하게 되었다. 이와 같은 질적 연구방법론에 대한 목마름과 다급한 마음으로 대표저자는 2003년에 모교인 Florida State University에 교환교수로 가게 되었고, 그곳 교육학과에서 질적 조사론 세 과목과 질적 자료분석론 한 과목, 그리고 행정학과에서 질적조사론 한 과목을 수강하였다. 특히 대표저자가 가족치료사례를 분석하는 데 사용하고 있는 매트릭스와 네트워크는 그 당시 질적 자료분석론 강의에서 교재로 썼던 Miles와 Huberman의 책에서 배운 질적 자료분석 방식이다. 사실 대표저자가 수업을 듣고 과제로 가족치료사례를 분석했던 당시만 해도 '이렇게 분석하는 것이 맞는 방법인가?' 하는 의혹

감이 들었다.

그러나 대표저자가 10년 동안 가족치료사례 분석에 매트릭스와 네트워크를 일관되게 적용하면서 '아! 질적 연구분석이라는 것이 이거구나!' 하는 깨달음을 얻었다. Malcolm Gladwell의 『아웃라이어(Outlier: The Story of Success)』라는 책에서도 언급하였듯이, 어느 분야에서 아웃라이어가 되기 위해서 최소한 1만 시간이 필요하다는 그 말이 무엇인지를 질적 자료 분석을 하면서 이해하게 되었다. 한국이라는 나라, 그것도 서울에서는 모든 것이 너무나 빠르게 변화하고 있어서 일반인에게 과도한 피로감을 준다. 더군다나 요즘은 융합연구를 강요하고 있는 상황에서 자신의 학문 분야가 흔들리지 않고 앞을 헤쳐 나가는 것도 쉽지 않은 상황이다. 또한 일반적으로 질적 연구방법론하면 많은 연구자가 현상학적 방법론과 근거이론, 또는 민속학적 방법론 등을 사용하고 있다. 대표저자는 이러한 시류에 휘말리지 않고 가족치료라는 분야와 또 질적 자료분석방법에서 매트릭스와 네트워크를 우직하게 파고 있다. 여러분도 가능하면 여러분의 임상 분야에서 적용하고 있는 이론적인 준거틀과 질적 분석방법을 반복 적용하면서 여러분 스스로 터득하는 이론과 질적 연구방법론을 터득하는 시간을 경험해 보시기를 바란다.

이 책은 2012년과 2013년에 학회지에 게재된 논문 17편을 선정하여 한 권의 사례집으로 묶었다. 이 책의 제1부는 가족치료 단일사례연구 14개, 제2부는 가족치료 다중사례연구 3개를 포함하고 있다.

대표저자
박태영

• 차 례 •

ㅁ머리말 _ 3

제1부 단일사례연구

제1장
양극성장애를 겪고 있는 딸에 대한 가족치료 사례연구: 가족상호작용 방식을 중심으로

Ⅰ 서 론 _ 15
Ⅱ 문헌검토 _ 16
Ⅲ 연구방법 _ 23
Ⅳ 연구결과 _ 25
Ⅴ 결 론 _ 46

제2장
부부갈등 문제를 가진 남편의 변화 과정 연구: MRI의 의사소통모델과 Bowen의 가족체계 이론을 적용한 사례를 중심으로

Ⅰ 서 론 _ 55
Ⅱ 문헌고찰 _ 57
Ⅲ 치료의 준거틀 _ 60
Ⅳ 연구방법 _ 62
Ⅴ 분석결과 _ 65
Ⅵ 결 론 _ 77

제3장
이혼의향이 있는 목회자부인에 대한 가족치료 사례분석

Ⅰ 서 론 _ 87
Ⅱ 문헌고찰 _ 89
Ⅲ 연구방법 _ 98
Ⅳ 연구결과 _ 103
Ⅴ 결 론 _ 126

제4장
가족치료를 통해 본 부부갈등 및 이혼결정 요인에 관한 연구

Ⅰ 서 론 _ 137
Ⅱ 이론적 배경 _ 139
Ⅲ 연구방법 _ 143
Ⅳ 연구결과 _ 145
Ⅴ 논의 및 함의 _ 172

제5장
분노조절이 안 되는 초혼 남편과 재혼 부인의 결혼초기 부부갈등 해결을 위한 부부치료 사례연구

Ⅰ 서 론 _ 181
Ⅱ 이론적 배경 _ 183
Ⅲ 연구방법 _ 187
Ⅳ 연구결과 _ 190
Ⅴ 결 론 _ 218

제6장

선천성면역결핍질환아를 둔 가족의 부부갈등 해결을 위한 가족치료 사례연구

Ⅰ 서 론 _ 227
Ⅱ 이론적 배경 _ 228
Ⅲ 연구방법 _ 232
Ⅳ 연구결과 _ 234
Ⅴ 결 론 _ 255

제7장

전환장애를 가진 부인에 대한 가족상담의 효과 분석

Ⅰ 서 론 _ 263
Ⅱ 문헌고찰 _ 264
Ⅲ 연구방법 _ 271
Ⅳ 연구결과 _ 276
Ⅴ 결 론 _ 297

제8장

간질증상을 가진 성인자녀에 대한 가족치료 사례연구: 간질과 스트레스의 관계를 중심으로

Ⅰ 서 론 _ 305
Ⅱ 문헌고찰 _ 307
Ⅲ 연구방법 _ 311
Ⅳ 연구결과 _ 313
Ⅴ 논의 및 결론 _ 343

제9장
선천성면역결핍질환아 간호과정에서 시간의 경과에 따라 가족이 경험하는 어려움에 관한 연구

Ⅰ 서 론 _ 353
Ⅱ 이론적 배경 _ 355
Ⅲ 연구방법 _ 358
Ⅳ 분석결과 _ 360
Ⅴ 논의 및 결론 _ 380

제10장
부적응행동(집단따돌림 · 도벽 · 거짓말)을 하는 초기 청소년자녀에 대한 가족치료 사례연구

Ⅰ 서 론 _ 391
Ⅱ 가족갈등에 대한 선행연구 _ 393
Ⅲ 치료에 적용된 이론적 준거 _ 395
Ⅳ 연구방법 _ 397
Ⅴ 연구결과 _ 400
Ⅵ 요약 및 함의 _ 418

제11장
자해행동을 하는 자녀에 대한 가족치료 사례연구

Ⅰ 서 론 _ 427
Ⅱ 이론적 배경 _ 429
Ⅲ 연구방법 _ 431
Ⅳ 연구결과 _ 434
Ⅴ 결 론 _ 458

제12장
분노조절문제를 가진 아동에 대한 가족치료 사례연구

Ⅰ 서 론 _ 467
Ⅱ 이론적 배경 및 선행연구 _ 468
Ⅲ 연구문제 _ 471
Ⅳ 연구방법 _ 471
Ⅴ 연구결과 _ 474
Ⅵ 요약 및 함의 _ 491

제13장
父子가정에서 성장한 남편으로 인한 부부갈등 해결을 위한 부부치료 사례분석

Ⅰ 서 론 _ 499
Ⅱ 이론적 배경 _ 502
Ⅲ 연구방법 _ 507
Ⅳ 사례분석 _ 510
Ⅴ 요약 및 함의 _ 535

제14장
부부갈등 해소를 위한 치료적 개입의 효과에 관한 사례연구

Ⅰ 서 론 _ 545
Ⅱ 이론적 배경 및 선행연구 _ 547
Ⅲ 연구방법 _ 551
Ⅳ 연구결과 _ 553
Ⅴ 결 론 _ 578

제2부 다중사례연구

제15장
학교부적응 문제를 보이는 청소년에 대한 가족치료 다중사례연구

Ⅰ 서 론 _ 589
Ⅱ 선행연구 _ 590
Ⅲ 치료자의 개입 준거틀 _ 591
Ⅳ 연구방법 _ 593
Ⅴ 연구결과 _ 595
Ⅵ 결 론 _ 612

제16장
옹서(장모-사위)관계에서 여성의 경험에 관한 연구

Ⅰ 서 론 _ 619
Ⅱ 문헌고찰 _ 620
Ⅲ 연구방법 _ 623
Ⅳ 연구결과 _ 626
Ⅴ 결론 및 제언 _ 642

제17장
이혼위기에 있는 부부에 대한 가족치료 다중사례연구

Ⅰ 서 론 _ 651
Ⅱ 선행연구 _ 652
Ⅲ 치료의 이론적 배경 _ 654
Ⅳ 연구방법 _ 657
Ⅴ 연구결과 _ 662
Ⅴ 결 론 _ 690

ㅁ찾아보기 _ 697

단일사례연구

제1장

양극성장애를 겪고 있는 딸에 대한 가족치료 사례연구:

가족상호작용 방식을 중심으로

박태영 · 김선희

이 장은 양극성장애를 겪고 있는 딸(IP)에 대한 가족치료를 통하여 가족상호작용을 향상시키는 개입의 효과를 밝히고자 하였다. 이 사례에 적용된 이론적 준거틀은 MRI의 상호작용적 가족치료 모델과 Murray Bowen의 가족체계 이론이다. 이 장은 질적 데이터를 분석하기 위하여 개방코딩을 사용하였고 Miles와 Huberman이 제시한 매트릭스와 네트워크 방법을 활용하였다. 결과는 다음과 같다. 첫째, 내담자 가족이 시도했던 상호작용의 방식은 역기능적 교류 방식이었으며, 회피하는 방식, 비난하는 방식, 공격적인 방식이 포함되었다. 둘째, 내담자 가족의 상호작용을 어렵게 만든 요인은 부부갈등이었는데, 남편의 원가족 특성, 남편의 외도, 남편의 의처증, 부인의 원가족 특성이 포함되었다. 셋째, 내담자 가족의 상호작용을 개선시키기 위한 치료자의 개입기술은 시도된 해결책 탐색과 새로운 해결책 제시, 통찰력 강화를 통한 인식 변화 유도로 나타났다. 넷째, 가족치료를 통하여 변화된 가족상호작용 방식은 기능적 교류 방식이었는데, 반응하는 방식, 호의적인 방식, 비자극적인 방식으로 나타났다. 다섯째, 상담회기가 진행되면서 딸은 기능적인 상호작용 방식을 사용하게 되었다. 이 장의 결과는 가족구성원의 양극성장애가 가족구성원의 상호작용 방식과 연관이 있었으며, 기능적인 상호작용 방식을 통해서 내담자의 양극성장애 증상을 호전시킬 수 있다는 것을 보여 준다.

I. 서 론

양극성장애(bipolar disorder)에 관한 가족연구, 쌍생아 연구, 양자연구를 통해 양극성장애가 유전적 성향이 높다고 알려지고, 양극성장애의 치료에 리튬(lithium)이나 항경련제 같은 기분조절제가 효과가 있다고 알려지면서(김은주, 조현상, 이은, 김세주, 석정호, 김택수, 전덕인, 2007), 양극성장애의 발병 원인이 정신사회적 원인보다는 생물학적인 원인에 있다는 데 관심이 집중되어 왔다. 그러나 유전적 또는 생물학적 과정은 증상의 출현, 시기 등을 충분히 설명할 수 없을 뿐만 아니라 약물치료에 잘 반응하지 않는 환자가 있거나 재발하기도 하며(김정현, 차보석, 하규섭, 2002), 항정신병 약물유지치료는 예상되는 부작용이 많기 때문에(이선우, 1998) 심리사회적 원인, 즉 환경적 요인 역시 중요한 발병원인으로 관심을 받고 있다(박원명, 전덕인, 2009). 그런데 환경적 요인 가운데 부정적 사건들은 양극성장애의 발병뿐 아니라 재발에 일조를 하며, 경과를 악화시킬 위험이 있다. 부정적인 가족상호작용을 하는 경우에는 재발을 경험하고 더 많은 회복시간을 필요로 하며, 가족이나 친구로부터의 스트레스를 부가하는 표출감정은 경과를 악화시킨다.

반면에 가족이나 친구로부터의 긍정적인 지지는 양극성장애 환자를 스트레스에 의한 악영향으로부터 보호하는 완충역할을 해 준다. 양극성장애 환자의 질환과 가족의 기능은 서로 영향을 미친다(George, Taylor, Goldstein, & Miklowitz, 2011). 그런데 이와 같은 양극성장애 환자에게 가족치료는 보호인자와 위험인자 사이의 균형을 이루는 가족환경을 조성할 수 있는 것으로 보인다. 특히 의사소통과 문제해결기술을 익혀 부정적인 가족상호작용을 줄이는 것은 양극성장애 재발률을 감소시키고 증상을 호전시킬 수 있다(박원명, 전덕인, 2009). 부정적인 상호작용보다 지지적인 상호작용과 같은 사람 간의 상호작용의 효과는 양극성장애 환자의 증상을 경감하는 데 중요하다(Cohen, 2001). 이처럼 양극성장애 환자와 가족 간의 기능적 상호작용은 경과를 더욱 긍정적으로 이끌 수 있는 중요한 요소다. 가족 간에 긍정적으로 상호교류하

제1장은 '한국가족치료학회지(2013). 제21권 2호, pp. 147-176.'에 게재된 논문임.

는 의사소통 방식은 부부갈등의 완화와 자녀의 문제행동 감소를 가져올 수 있다. 이러한 관점에서 가족체계는 모빌과도 같다(Satir, 1972). 하나의 모빌의 미동이 파동을 일으켜 전이되듯이, 가족관계도 기능적인 가족상호작용을 통하여 역동적으로 변화, 개선될 수 있다.

이 장에서 가족상호작용의 효과는 모빌, 곧 움직이는 조소(mobile sculpture)와 유사하다고 볼 수 있다. 모빌은 여러 모양의 조각적 재료들을 선적인 재료를 활용하여 매달아 균형을 이루게 한 조형물이다. 모빌은 유동성에 의해서 구성이 되는데, 움직임은 모빌의 조형 요소이자 본질이다. 모빌이 외부의 개입, 곧 대기의 진동에 따라서 움직이면서 평형을 유지하는 모습은 이 장에서 가족치료의 개입을 통하여 내담자 가족이 변화해 나가는 상태를 투영하고 있다. 다시 말해서 기능적인 가족상호작용의 효과는 역기능적 교류 방식에서 기능적 교류 방식으로 전환되는, 가족관계의 긍정적이며 의미 있는 변화의 창출을 의미한다. 가족체계론적 입장에서 가족은 모빌이라는 입체구성물과 같은 하나의 체계이므로 서로 역동적으로 영향을 주고 받는다. 그러나 양극성장애에 대한 가족체계적 접근의 중요성에도 불구하고 양극성장애와 관련한 기존 연구들이 대부분 의학적으로 접근되어 있고 가족치료 분야의 연구가 제한적이며, 특히 가족상호작용의 효과를 초점으로 진행된 연구는 미미하였다. 이에 이 장은 양극성장애를 겪고 있는 딸(IP)에 대한 가족치료를 통하여 가족상호작용 방식을 향상시키는 개입의 효과를 심층적으로 밝히고자 하였다.

II. 문헌검토

1. 이론적 배경

이 사례에 적용된 이론적 준거틀은 MRI의 상호작용적 가족치료 모델과 Murray Bowen의 가족체계 이론이며 이에 대한 각 내용은 다음과 같다.

1) MRI의 상호작용적 가족치료 모델

MRI(Mental Research Institute) 모델은 가족체계 내 현재의 상호작용과 행동의 변화에 초점을 둔다. MRI 집단에는 Gregory Bateson, John Weakland, Jay Haley, William

Fry, Don Jackson, Jules Riskin, Paul Watzlawick 등의 연구자가 있다(박태영, 2001). Gregory Bateson은 이중구속 이론의 개념을 소개하였는데 정신분열증을 의사소통 분석을 통해 재해석하였다. 그는 의사소통이 가족관계를 규정하며, 규정된 관계가 항상성을 유지하려는 가족 본래의 속성에 의해 확고해진다고 보았다(Bateson, Jackson, Haley, & Weakland, 1956). 또한 Don Jackson은 이중구속과 가족항상성을 발견하였고 Watzlawick 등과 함께 병리적 의사소통이 정신분열증의 발병에 중요한 관계가 있으나 환자가족의 고유한 것은 아니라는 사실을 밝혔고, 가족 내의 새로운 관계적 균형을 발전시키기 위하여 오래된 항상성을 깨고자 하였다(Becvar & Becvar, 1988).

Paul Watzlawick의 의사소통 이론의 기본적 가정은 상황을 고려하지 않고 어떠한 현상도 완전히 이해할 수 없다는 것이다(Watzlawick, Beavin, & Jackson, 1967). 그는 MRI의 단기치료에 관심을 두었는데, 이는 내담자의 현재의 구체적인 문제를 치료하는 것으로 작은 문제의 해결이 가족의 다른 전반적 문제에 긍정적 영향을 준다는 것에 근거하였다. 치료의 주된 기법은 내담자의 의사소통 방법의 변화였다(박태영, 2001). MRI 집단은 내담자가 가진 문제는 어려움에 잘못 대처하기 때문에 발생하며 지속된다고 보았다. 문제를 해결하기 위해 '시도된 해결책(attempted solution)' 자체가 오히려 문제를 유지시키거나 문제를 더욱 악화시킨다는 것이다(Goldenberg & Goldenberg, 2012). 따라서 문제를 유지시키는 행동이 적절히 변화되거나 제거되면 문제의 성질, 기원, 기간에 상관없이 해결되거나 사라진다(Watzlawick, Weakland & Fisch, 1974).

MRI의 상호작용적 가족치료 모델에서 치료자의 일차적인 역할은 문제를 지속시키는 내담자와 내담자가 상호작용하는 이들이 반복하는 특정행동에 초점을 두고, 내담자가 이제까지 시도해 온 바람직하지 못한 행동을 내담자에게 소개하고, 기존의 시도된 해결책을 새로운 해결책으로 대체한다(박태영, 2001). 이 사례에서 치료자는 MRI의 상호작용적 가족치료 모델을 적용하여 내담자 가족에서 시도된 해결책, 즉 역기능적인 상호작용의 방식을 탐색하고 결과를 확인하며, 기능적인 의사소통 방식을 사용함으로써 가족관계 변화를 유도하고자 하였다.

2) Murray Bowen의 가족체계 이론

Murray Bowen(1985)은 가족을 하나의 정서적 체계로 보고, 한 집안에 사는 핵가족과 함께 살지 않는 확대가족으로 구성된다고 하였다. 가족체계 이론의 목적은 가족 성원을 미분화된 가족자아집합체로부터 분화시켜 확고한 자아를 수립하도록 하는 것이다. 가족치료의 목표는 불안 수준을 감소시키고 자아분화 수준을 높이는 것이다. Murray Bowen(1985)은 가족 성원 중 한 사람이 분화될 때 그 효과가 가족을 통하여 발생된다고 보았으며, 정신분석적 개념인 '미분화된 가족자아군'이라는 용어를 체계론적인 개념인 '융합과 분화'의 용어로 대체하였다(박태영, 2001). 가족체계를 변화시키고 가족원의 분화 수준을 향상시키기 위해 중요한 것은 부부가 다른 가족 성원을 끌어들이는 삼각관계에서 벗어나는 것이다(Goldenberg & Goldenberg, 2012).

Murray Bowen의 가족체계 이론에서 핵심 개념은 자아분화다. 이는 정신 내적이고 인간관계적 개념으로 자신과 타인의 구분, 정서과정(emotional process)과 지적과정(intellectual process)을 구분할 수 있는 능력과 확고한 자기(solid self)와 거짓자기(pseudo self)의 구분을 가리킨다. 확고한 자기는 지적 · 합리적이며 대안적 고려를 통해 신념, 의견, 믿음 등의 삶의 원칙을 가진다. 반면에 거짓자기는 감정적 압력에 기반하여 선택하며 결정과 선택에 일관성이 없고 이를 인식하지 못한다. 자아분화가 잘 이루어진 사람은 자신의 감정으로부터 분화되어 있고, 가족체계의 정서로부터 분화되어 있으며, 가족의 정서적 융합(fusion)으로부터 벗어날 수 있다. 역기능적인 가족일수록 분화(differentiation) 수준이 낮으며, 자아분화가 안 된 경우에 나타나는 인간관계의 추구형은 너무 지나치게 친밀한 관계 유형을 추구하거나 지나치게 거리감을 두는 관계 유형을 추구하는 형태다(박태영, 김현경, 2004).

가족체계 이론에서 문제는 개인에게 있는 것이 아니라 가족체계에 원래부터 존재하며, 개인의 변화는 다른 사람과의 관계 변화를 통하여 이루어진다고 본다. 이 사례에서 치료자는 이러한 준거틀을 가지고 문제에 접근하였는데 원가족과의 미분화로 발생된 부부갈등을 사정하여 내담자 가족의 상호작용을 어렵게 한 요인을 탐색하였고, Murray Bowen의 가족체계 이론을 적용하여 가족관계 개선을 위한 개입을 하였다.

2. 선행연구

1) 양극성장애

양극성장애는 19세기 말에 조울정신병(manic-depressive insanity)이라는 진단적 실체로 개념화되었으며, 서로 상반되는 두 극의 증상이 공존하는 혼재성 상태를 말한다(정영인, 2008). 조증 삽화(manic episode)와 우울증 삽화(depression episode)를 반복적으로 경험하는 기분장애로 조증과 우울증으로 기분상태가 반복되는 순환 혹은 변화를 가리킨다. 자살의 70%가 우울증 삽화에서 일어나는데, 우울증 삽화는 조증 삽화보다 지속기간이 더 길며, 가족관계와 사회생활에서 더 심한 갈등과 문제를 초래하기도 한다(김양진, 강시현, 김창윤, 2007). 양극성장애 환자 중 다수는 삽화가 재발됨에 따라 사회적 · 직업적 기능 손상이 수반된다.

양극성장애의 발병연령은 20대에 가장 흔하다. 평균 발병연령은 30대로 보고되고 있으며, 평생 유병률은 약 1%로 추정된다. 양극성장애에서의 우울삽화 혹은 조증/경조증 삽화는 반복 재발이 특징적이다(김정현 외, 2002). 30세 이전의 조기 발병군이 30세 이후의 후기 발병군에 비하여 기준 시점에서 더 많은 정신병적 삽화를 보였다. 30세 이전에 양극성장애가 발병한 환자는 정신병리 척도점수와 무관하게 30세 이후에 발병한 환자에 비하여 사회적 · 직업적 기능수준이 떨어졌다. 정신병적 삽화는 그 자체로 양극성장애에서의 안 좋은 예후와 관련이 있다(나경세, 김용구, 2007).

조증 환자는 흥분되어 있고 과잉행동을 보이며 기분이 비정상적으로 고양되어 있어 사소한 일에 분노와 과격한 행동을 일으킬 수 있다. 감정의 기복이 심하며, 비정상적인 사고의 흐름으로 망상이나 환각이 나타나기도 한다. 또한 주의력이 빈약하고 적절한 판단능력이 떨어지며 충동조절에 문제가 있어 본인이나 타인에게 해를 끼치기도 하여 직업적 · 사회적 적응에 문제를 일으킬 수 있다(박원명, 전덕인, 2009; Crowe et al., 2012).

양극성장애 환자는 분노표출에서 주요우울장애, 강박장애, 편집형 정신분열병 환자에 비해 충동적이고 공격적인 행동을 보일 가능성이 상대적으로 높은 것으로 나타났는데(손옥선, 배금예, 이승재, 2009), 양극성장애에서는 삽화의 종류에 관계없이 재발하지 않는 것 자체가 예후에 매우 중요하다(Goldberg & Harrow, 2005).

2) 양극성장애와 가족상호작용

Ludwig Von Bertalanffy(1956)는 일반체계 이론을 창시하였으며, 하나의 체계는 일련의 상호 관련 요소의 집합으로 이루어져 있다고 보았다. 그 영향으로 가족을 하나의 체계이자 기능적 단위로 보고, 치료의 관점이 개인에서 가족으로 변화되었다(이영분 등, 2010). 가족을 하나의 체계로 보는 체계론적 입장은 가족을 서로 영향을 주고받으며 한 상황 내에서 상호작용하는 조직으로 파악한다. 가족은 상호작용이 이루어지는 하나의 단위로서 그 역동적 과정은 자녀에게 중요한 환경이 된다. 가족은 하위체계 간의 연계적인 상호작용을 통해 정서적 유대를 형성하며 안정이 유지된다.

Murray Bowen(1985)은 가족을 상호관련된 체계와 하위체계로 이루어진 복잡한 총체로서 정서적 관리체계로 본다. 가족 내 문제가 발생한 것은 개인과 상호작용하는 가족체계적 증상이며 가족원의 지적체계와 정서체계가 분화되지 못한 경우에 발생하는 것으로 본다. 가족체계의 한 구성원에게 어떤 변화가 생기면 가족 전체 체계에 영향을 미치고, 가족 전체의 체계의 변화가 구성원들에게 다시 영향을 미친다. 따라서 긍정적이거나 부정적인 정서적 감정은 다른 가족구성원에게 전이될 수 있다(김여진, 2008).

이러한 맥락에서 가족구성원의 양극성장애의 증상 호전과 재발 예방에 기능적인 가족상호작용이 중요하다. 가족구성원의 정신신체질환, 정신병, 신경증은 가족의 상호작용과 관련이 되는데, 정신신체질환의 대표적 증상에는 위궤양, 과민성 대장염, 고혈압 등이 있다. 이 때문에 가족상호작용과 관련이 있는 증상을 치료할 때는 가족구성원 사이의 대인관계 형태에 관심과 치료적 초점을 두어야 한다(Miklowitz, 2012). 따라서 역기능적인 상호작용을 하는 가족은 역기능적인 행동을 보이며(홍성화, 1990), 한 가족구성원의 신체 및 정신질환이 나머지 가족에게 심한 정서적 반응을 일으킨다. 가족 간의 상호작용의 양상에 따라서 신체 및 정신질환이 형성되고, 유지되고, 악화될 수 있다(고천석, 이형영, 1985). 양극성장애 환자가 양극성장애 치료를 위해 입원했다가 병원에서 퇴원한 이후에 역기능적인 가족환경에 노출되면 양극성장애 증상이 재발될 위험에 처할 수 있다(Miklowitz, 2008). 반면에 가족의 상호작용이 균형적으로 이뤄지고 있을수록 자녀의 사회적응이 원만하게 이뤄진다(정선영, 1989; 이순애, 2003). 이와 같이 양극성장애를 겪고 있는 환자에게 가족은 여러 체계에 적응을 돕는 중요한 체계다. 신체적 · 정신적 건강이 가족과의 관계에서 형성되고, 가족의 대응방법이 사회생활에까지 영향을 주므로 가족의 지지는 정신장애 환자에게 긍정적 영향을 미친다(윤지은, 2006).

3) 기분장애와 가족치료, 지지적 정신치료

Novalis, Rojcewicz와 Peele(박민철 역, 1996)는 지지적 정신치료(supportive psychotherapy)가 약물치료가 호전시켜 주는 증상과는 다른 증상을 호전시켜 주기도 하며, 양극성질환 치료, 급성 조증 치료, 다른 정신과적 문제를 보이는 우울증 환자 등을 치료하는 역할을 한다고 밝혔다. 또한 Novalis 등(박민철 역, 1996)은 약물요법의 효과는 장기간 소요될 수 있으며 상당수의 우울증상이 약물에 반응하지 않기도 한다고 강조하면서, 우울증 환자를 위한 지지적 전략을 다음과 같이 제시하였다. '첫째, 환자의 고통 수용하기' '둘째, 환자의 인지기술과 대인관계기술 향상시키기' '셋째, 환자의 자기상 향상시키기' '넷째, 만성질환과 관계되는 자존심 감소에 대항하게 하기' '다섯째, 환자의 약물 순응도 향상 및 부작용 감내를 돕기' '여섯째, 질환의 생물학적 과정에 대한 환자와 가족대상 교육 실시' '일곱째, 위기에 대한 지지 제공과 자살의 가능성 줄이기'가 해당된다.

이정연(1999)은 우울증을 겪고 있는 주부(IP)에게 구조적 가족치료를 적용하였는데, 부부관계 개선을 위한 가족치료를 하여 IP와 남편의 정서적 관계를 형성시켰다. 이로써 부부체계가 강화되었고 IP의 정서적 안녕과 자녀의 사회적응을 가져올 수 있었다. 또한 위의 연구에서 IP의 저항이 나타나거나 변화를 위한 노력이 보이지 않을 때는 내담자에게 사실을 직면시켰고 적극적이고 지시적인 방향으로 견인하면서도 내담자가 자율성과 주도권을 갖도록 치료적 접근을 하였다(이정연, 1999)고 밝혔다.

Miklowitz, George, Richards, Simoneau, 그리고 Suddath(2003)는 양극성장애 환자에 대한 약물요법과 더불어 환자의 가족을 대상으로 심리교육, 의사소통훈련, 문제해결기술훈련으로 구성된 가족중심치료(family focused therapy)를 했을 때 양극성장애 환자의 증상을 경감시킬 수 있었다고 보고하였다. 양극성장애 환자에게 약물요법뿐만 아니라 가족에 기반한 치료를 병행할 때 치료효과가 높으며, 가족의 정서적 분위기와 기능적인 상호작용은 증상의 예후에 중요하다(Miklowitz, Goldstein, Nuechterlein, Snyder, & Mintz, 1988; Miklowitz, 2004; Ozerdem, Oguz, Miklowitz, & Cimilli, 2009; Simoneau, Miklowitz, & Saleem, 1998). Rea 등(2003)에 따르면, 개인치료를 받은 양극성장애 환자와 가족중심치료를 받은 양극성장애 환자를 비교하였을 때 2년의 연구기간 동안에 가족중심치료를 받은 환자가 개인치료를 받은 환자보다 재입원율이 낮았으며, 또한 가족치료를 받은 환자는 기분장애 재발을 더 적게 경험하였다.

박태영과 정선영(2004)의 우울증을 겪는 부인(IP)에 대한 부부치료 사례연구에 따르면, IP는 고부갈등을 겪고 있었으며 원가족과 분화가 되지 못한 남편 때문에 남편과 의사소통이 어려웠다. 이에 대해 가족치료사는 부부상담과 개인상담을 병행하여 치료하였는데, 남편이 원가족(시부모)으로부터의 분화를 시도하고 부부간에 기능적인 의사소통 방식을 사용함으로써 부부간 대화가 원활히 이루어졌다. 또한 원만해진 부부관계의 변화로 고부갈등에 따른 스트레스가 감소되었고 IP의 우울증이 매우 호전되었다(박태영, 정선영, 2004)고 하였다.

박태영(2006)의 우울증과 폭식장애가 있는 여대생(IP)에 대한 가족치료 사례연구에서, IP는 어렸을 때 친오빠로부터 성폭행을 당한 이후에 분노조절이 안 되고 우울증과 폭식장애를 겪었고 자해행위도 하였다. IP와 친오빠는 부모의 역기능적인 의사소통 방식을 사용하고 있었는데 그 이면에는 부부의 원가족 문화에 큰 차이가 있었으며, 이를 이해할 수 있는 상호작용 방식이 부재하였다. 이러한 가족에 대해 가족치료사가 가족치료를 실시한 결과, 다른 가족구성원에 대한 긍정적인 인식 변화가 생겼으며 기능적인 의사소통 방식을 통해 부부관계와 가족관계가 변화되었고, 특히 IP의 우울증상과 폭식장애 증상이 감소되었다(박태영, 2006).

Ⅲ. 연구방법

1. 사례개요

이 장의 대상은 큰딸(IP)의 양극성장애(조울증)로 상담을 의뢰한 가족이다. 상담기간은 2009년 5월부터 9월까지였으며, 남편(53세), 부인(52세), 큰딸(23세), 작은딸(20세), 아들(19세)을 대상으로 총 14회기의 가족치료를 진행하였다(1~2회기 부인상담, 3회기 작은딸상담, 4회기 아들상담, 5회기 큰딸상담, 6~7회기 남편상담, 8회기 부부상담, 9회기 세자녀상담, 10회기 부인 · 큰딸 · 작은딸상담, 11회기 남편 · 큰딸 · 작은딸상담, 12회기 부부상담, 13회기 부부 · 큰딸상담, 14회기 부부 · 작은딸 · 아들상담).

부인이 상담을 의뢰하기 2년 전, 큰딸이 신경정신과에서 조울증 진단을 받고 치료를 위해 3개월간 약물을 복용한 전력이 있었다. 큰딸은 감정의 기복이 심하고, 분노조절을 못하며, 부모에게 욕설을 하고, 폭식과 자살생각을 하였다. 부부의 원가족 특성과 남편의 외도와 의처증으로 부부간에 긴장관계가 지속되었고, 갈등관계에 있는 부모를 지켜본 큰딸이 부모의 이혼을 원해 왔을 만큼 극도의 긴장과 불안이 내재하고 있었다. 부부는 결혼 초부터 부부갈등 때문에 이혼하려 했었는데, 이 과정에서 가족 간에 자신의 생각과 감정을 솔직하게 교류하지 못하였다. 이 가족은 자신의 감정을 표현하는 방식이 명확하지 않았으며, 가족 간에 긍정적인 상호작용이 안 되고 있었다.

2. 연구문제

첫째, 내담자 가족이 시도했던 상호작용 방식은 무엇인가?
둘째, 내담자 가족의 상호작용을 어렵게 한 요인은 무엇인가?
셋째, 내담자 가족의 상호작용을 개선시키기 위한 치료자의 개입기술은 무엇인가?
넷째, 가족치료를 통하여 변화된 가족상호작용 방식은 무엇인가?
다섯째, 상담회기에 따른 딸(IP)의 변화는 어떠한가?

3. 분석방법

이 장은 질적 데이터 분석에 개방코딩을 사용하였으며, 가족상호작용의 효과를 디스플레이하기 위하여 매트릭스와 네트워크 방법을 활용하였다. 매트릭스는 둘 또는 그 이상의 차원(변인)이 교차하는 것으로 이들의 상호작용 방법을 제시해 준다. 네트워크는 변인의 복잡한 상호작용을 보여 줄 뿐만 아니라 시간의 흐름에 따른 일련의 연결된 이야기를 재창조하도록 해 주며, 사례지향적인 통합적 접근에 유용한 분석방법이다(Miles & Huberman, 1994).

이 장은 원자료를 반복적으로 분석할 때 개방코딩을 통해 개념을 추출하였으며, 이 가운데 유사하거나 공통적인 개념을 범주화하고 이를 다시 상위단계로 범주화하여 핵심적인 범주를 도출하였다. 이처럼 귀납적인 방법을 통해 다섯 개의 연구문제를 구성한 후에는 각 질문에 관해 원자료를 재검토하면서 이미 추출했던 개념을 확인하거나 수정하고 새로운 개념을 보완하여 앞서 범주화시켰던 내용을 교정하였다. 이와 같이 자료분석에서 귀납적인 방식과 연역적인 방식을 넘나들면서 자료의 범주화를 완성한 다음에는 매트릭스를 사용하여 내담자 가족의 가족상호작용의 변화를 가족치료적 개입 이전과 개입 이후로 구분하여 비교하였고, 상담회기별로 내담자의

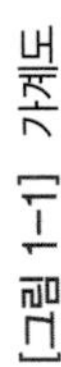

[그림 1-1] 가계도

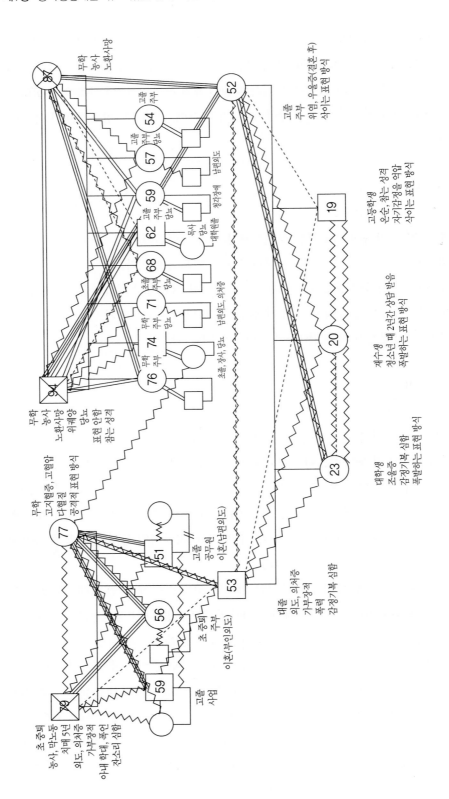

변화를 제시하였다. 그리고 네트워크를 통해 이 장 결과에서 나타난 가족치료의 효과를 요약하였다.

4. 신뢰도 검증 및 윤리적 고려

이 장은 상담자와 연구자의 토론, 질적 연구 경험이 있는 전문가의 피드백을 통해 연구자의 삼각화를 실시하였다. 또한 상담 축어록과 상담녹화자료, 상담 메모 등을 사용하여 자료의 삼각화를 구축하여 연구에 대한 신뢰도를 높였다. 상담내용을 사용할 때는 내담자의 동의를 받았으며, 내담자를 보호하기 위해 내담자의 사적인 정보를 삭제하였다.

Ⅳ. 연구결과

〈표 1-1〉 내담자 가족이 시도했던 상호작용 방식

상위 범주	하위 범주	개념 추출
역기능적 교류 방식	회피하는 방식	무대응함, 말을 하지 않음, 의견을 마음속에 묵힘, 혼자 말하게 됨, 가족과 얘기하면 벽에 대고 말하는 것 같음, 상대방의 반응이 없음, 말로써 의사표현을 명확하게 하지 않음, 짜증을 표정으로 표출함
	비난하는 방식	가족을 비난함, 맞장구를 쳐 주지 않음, 호응하지 않음, 가족에게 탓을 돌림, 가족을 옹호하지 않음, 가족이 아닌 다른 사람 입장을 변호함, 가족에게 동조하지 않음
	공격적인 방식	언어적 자극(욕설, 긁는 표현, 자극적인 표현, 거친 표현, 무시함), 신체폭력

1. 내담자 가족이 시도했던 상호작용 방식

내담자 가족이 시도했던 상호작용 방식은 역기능적 교류 방식으로 회피하는 방식, 비난하는 방식, 공격적인 방식을 포함하였다.

1) 회피하는 방식

부인은 남편과 대화를 할 때 남편의 무반응으로 의사교류에 장벽을 느끼고 있었으며, 부부간에 호응하는 표현 방식이 되지 않아서 기능적인 상호작용이 이루어지지 않았다. 아빠가 큰딸에게 질문을 하면 큰딸은 무반응을 보이는 방식을 취했다. 둘째딸은 스트레스를 받았을 때 가족에게 그와 관련된 이야기를 내어놓기보다는 혼자 해소하는 방식을 취해 왔다. 아들 또한 가족과의 대화를 회피하고 있었다. 이 가족은 가족구성원이 이야기를 하면 그에 응수해서 동조를 하는 의사소통 방식을 사용하지 않았기 때문에 가족과의 대화가 마치 벽을 마주보고 혼잣말을 하는 것과 흡사하게 여겨졌다.

부 인: 거의 저 혼자 떠들어요. 어떤 때는 벽에다 대고 이야기하는 것 같아요. 이 사람(남편)은 반응도 없어서 혼자서 떠들다 보면 짜증 나요. (8회기 부부상담)

큰 딸: (남동생은) 모든 일에 신경을 안 써요. 심지어 사람이 물어봐도 대답을 전혀 안 해요. 분명히 말했는데, 귀가 먹었는지. (9회기 세 자녀상담)

남 편: (큰딸이) 친구 만나러 갈 때 '어디 나가니? 누구 만나니? 어디 갔다 오니?' 이런 식으로 물어보면 대답도 안 해요. 너는 너, 나는 나. 대꾸도 안 했거든요. (중략)

둘째딸: 저는 특히 가족이 서로 싸우고 이런 것 보잖아요? 그럼 스트레스를 너무 많이 받고. 혼자 짜증 내고 아, 왜 저러냐, 큰 소리 내고. 방에 들어가서 혼자 울고.

치료자: 그런 것을 언니한테 이야기했어요?

둘째딸: 아니요.

치료자: 동생한테는?

둘째딸: 저는 그런 이야기 아무한테도 안 해요. (11회기 남편 · 큰딸 · 작은딸상담)

부 인: 애 문제로 전화를 애한테 걸어 달라고 하면 딱 끊어 버려요. 그래서 '(남편이) 전화를 왜 끊었지?' 하면서 다시 전화를 걸면 그냥 신호 가자 마자 끊어 버리고……. (중략)

남 편: (아들이) 대화하는 게 성의가 없어요. 얘기도 거의 없고 얘기를 시키면 대

답도 안 하니까.

치료자: 또 어머니께서 말씀하실 것 있으세요?

부 인: 저는 (아들이) 누가 이렇게 얘기를 걸면 쳐다라도 봐 줬으면 좋겠어요. (14회기 부부 · 작은딸 · 아들상담)

모든 가족구성원이 자기 의사를 명확히 전달하지 않고 마음속에 감정을 차곡차곡 쌓아 두었다가 나중에 느닷없이 표정이나 행동으로 짜증을 표현하는데 그 이유에 대해 상대방에게 구체적인 설명을 하지 않았다. 이는 남편과 부인을 포함한 온 가족의 의사소통 방식이기도 하였다.

큰 딸: 가족이 다 그래요. 말 안하고 그러는 거. 엄마도 꾹꾹꾹 쌓아 놓았다가 나중에 가서 화내고 짜증 내고 이래요. (13회기 부부 · 큰딸상담)

2) 비난하는 방식

큰딸이 엄마와 대화할 때 엄마는 큰딸에게 호응해 주고 맞장구를 쳐 주기보다는 큰딸을 오히려 비난하는 방식을 보였다. 엄마는 큰딸과 관련된 사건의 인과관계를 해석하면서 타인이 아닌 큰딸에게 탓을 돌림으로써 큰딸은 엄마에 대한 부정적인 인식을 갖게 되었다.

큰 딸: 저 혼자 어떻게 생각했냐면 '난 왜 이렇게 병적일까?' '나는 진짜 미쳤나 보다.' 왜냐하면 저 사람들은 분명히 자기들 얘기를 하고 있었을텐데. 저 사람들이 내 얘기를 하고 있을 거라고 생각을 한다고 (엄마에게) 말을 하니까 엄마가 '그렇게 생각하냐? 너가 이상한 거다.' 그래서 '내가 돌았나 보다. 정신이 이상한가 보다.'라고 생각했어요. (10회기 부인 · 큰딸 · 작은딸상담)

3) 공격적인 방식

남편은 부인에게 욕설을 하며 부인을 무시하고 공격하는 표현 방식을 사용하였다. 한편 부인은 남편과 갈등 상황에 직면했을 때 말로써 대항하지 않고 물건에 화풀이를 하는 식으로 공격적인 상호작용 패턴을 보였다.

부　인: 제가 무엇을 지적해서 얘기를 하면, (남편이) 욕을 해 가면서. (중략)
남　편: (부인이) 어느 날부터 물건을 던지는 거예요. 던지고 막 깨고. 그 심정을 이해는 하지만, 그런 행동이 나오니까……. (중략)
치료자: 그런 현장을 큰 따님이 목격했을 때가 있었나요?
남　편: 제가 알기로는 아이들이 목격했을 때가 있었어요. (8회기 부부상담)

큰딸은 엄마에게 자신의 생각을 전달할 때 합리적인 의사소통 방식을 사용하기보다는 화를 내고 욕설을 하는 등의 자극적인 방식을 사용하였다. 둘째딸은 엄마에 대한 아빠의 자극적인 표현 방식 때문에 초등학교 시절부터 불안감을 갖고 있었으며 스트레스가 높았다.

부　인: 자기(큰딸) 생각하고 내 생각하고 다를 때가 있잖아요. 그러면 얘기를 해줬으면 좋겠는데 무조건 화내고 욕하고 그러니까 어쩔 때는 내가 엄마인데 엄마한테 욕한다는 게 용납이 안 되는 거죠. (10회기 부인 · 큰딸 · 작은딸상담)

둘째딸: (아빠가) 밖에서 스트레스 받은 것을 엄마한테 푸는 것 같아요. '아우 씨.' 하면서 무섭게 쳐다보고. 표정이 되게 무서워요. 막 때릴 것처럼. 불안하고 엄청 짜증 나요. 저는 엄마하고 둘이서 알아서 잘 살았으면 좋겠어요.
치료자: 두 분이 이혼할 수도 있다는 불안이 들 때도 있었어요?
둘째딸: 어렸을 때. 초등학교 때. 저는 특히 가족이 서로 싸우고 이런 것 보잖아요? 그럼 스트레스를 너무 많이 받고. (11회기 남편 · 큰딸 · 작은딸상담)

아빠는 큰딸이 어릴 적에 신체적 폭력을 한 적이 있었다.

남　편: (큰딸이) 어렸을 때 저한테 충격받은 게, 제가 아내 때문에 화가 나서 아이를 크게 야단친 적이 있어요. 그때가 서너살 그렇게 되지 않았나. 아내에 대한 불만이 있어서 아이를 호되게 야단쳤는데, 빗자루로 때리고 겁을 주면서 바깥에 내쫓아 버렸어요. (6회기 남편상담)

큰　딸: 저랑 아빠랑 엄마랑 (한약방에) 셋이 갔던 걸로 기억하거든요? 근데 제가 그때 말을 많이 했나? 장난을 많이 친 것 같아요. 그런데 아빠가 복도로 데리고 나와 가지고 싸대기를 때렸는데 진짜 세게 때렸거든요. 진짜 어렸을 땐데. 그때 충격을 먹은 적이 있어요. (11회기 남편 · 큰딸 · 작은딸상담)

2. 내담자 가족의 상호작용을 어렵게 한 요인

내담자 가족의 상호작용을 어렵게 한 요인은 부부갈등이었다. 부부갈등의 하위요인에는 남편의 원가족 특성, 남편의 외도, 남편의 의처증, 부인의 원가족 특성이 포함되었다.

1) 남편의 원가족 특성

남편의 원가족은 부모와 자식 간에 상호작용이 적었다. 남편의 부친은 잔소리가 매우 심했고 가부장적이었으며, 외도와 의처증이 있었다. 남편의 모친은 괄괄하며 다혈질이었다. 남편의 모친은 말을 할 때 상대방을 비꼬는 식으로 말하는 표현 방식을 갖고 있었다. 이 때문에 남편의 부친과 모친은 항상 서로 부딪힐 수밖에 없었다. 또한 남편의 부모는 자녀 간 차별을 하였다. 남편의 원가족의 표현 방식은 이중 메시지를 사용하는 것이었는데 이는 상대방의 속을 뒤집어 놓는 방식이었다. 이에 남편은 원가족을 통해 상대방과 공감하는 대화를 하며 애정표현을 하는 방식을 학습할 수 없었다. 남편의 형제 역시 부부관계가 원만치 않았는데 그의 누나와 막내동생이 외도를 하여 배우자와 이혼을 하였다.

남　편: 어머니가 성격이 욱하고 굉장히 다혈질이에요. 저희 외갓집이 엄청 다혈질이셨더라고요. 일제시대 때 일본 순사가 건들지도 못할 정도로. 성질이 참 더러워요.

큰　딸: 할머니가 표현을 빈정 상하게 하세요.

남　편: 아버지는 잔소리가 많고 소심하셨어요.

치료자: 할머니하고 아빠하고 표현 방식의 유사성은 어떤 게 있어요?

큰　딸: 아빠가 원하는 건 속에 숨겨 놓고서 부드럽게 말하는 척하는 거. (11회기 남편 · 큰딸 · 작은딸상담)

2) 남편의 외도

남편의 외도 사실을 세 자녀 모두가 어릴 적부터 알고 있었으며, 이 문제로 부부 갈등이 발생되면서 부부관계, 부모–자녀관계와 자녀관계가 악화되었다. 자녀들은 가족에게 말을 꺼내 놓아도 해결이 안 되고 오히려 갈등이 증폭되었기에 대화를 회피해 왔다.

> 치료자: 왜 막내가 집에서 말을 안 하는 지 혹시 아세요? 어느 순간부터였는지?
>
> 남 편: 정확한 원인은 모르겠고요. 일단은 내 문제, 집사람과 나와의 문제 때문에 말수가 줄어들었다고 감지를 했어요. 그게 사춘기로 접어들면서 말수가 더 없어요. 제가 아이들한테 많이 미안하고 가슴 아픈 게 저로 인해 아이들이 말을 꺼내 봤자 해결이 안 되기 때문에 말을 안 한다라고. (6회기 남편상담)

3) 남편의 의처증

남편은 부인과의 첫 성교 이후에 부인을 순결하지 않은 여자로 보았고 부인을 의심하기 시작하였다. 게다가 남편은 이에 대해 자기의 원가족(시댁)에 발설하여 부인이 시댁식구로부터 음란한 여자로 취급을 받게 되었다. 그 사건 이후로 부인은 남편과의 성관계에서 성적 욕구를 표현하지 못하고 억제시켜 왔다. 남편은 부인의 휴대전화 통화기록을 검사하는 등 의처증을 보였기 때문에 부인은 자녀들을 돌보고 그들의 스트레스를 응수해 줄 겨를이 없었다. 남편은 부인에 대한 실망 내지는 불만을 큰딸에게 전이하여 큰딸을 빗자루로 때리고 겁을 주고 바깥으로 내쫓는 등 자극적인 방식으로 표현하였다.

> 부 인: 그때부터 (남편이) 약간 저를 의심하는 게 있었거든요. 그랬는데 의처증이 최근에 굉장히 심한 적이 있어요. 신혼 초부터 (의처증이) 있었기 때문에 제가 항상 조심을 했는데, 딸이 한창 힘들어서 휴학계를 내고 왔잖아요. 그 무렵에 저를 잠을 안 재웠어요. 일일이 휴대전화를 점검하고, 어느 누구하고 놀아났다고 일일이 체크하고. (1회기 부인상담)

4) 부인의 원가족 특성

부인은 부모와 자식 간에 속 깊은 대화가 없는 원가족 특성을 갖고 있었다. 또한 부인은 자녀들과 의사소통하는 데 어려움을 호소하였다.

부　인: 애들이 저보고 답답하대요. 즉흥적인 대답을 안 해 주는데, 큰딸이 그것 때문에.

치료자: 친정어머니가 대화하는 방식이 어땠나요? 친정어머니한테 얘기하면 속마음이 시원하다고 느끼신 적이 있으세요?

부　인: 엄마한테 그런 말을 안 했어요. 아버지한테도 그런 말은 안 했던 것 같아요. (2회기 부인상담)

3. 내담자 가족의 상호작용 방식을 개선시키기 위한 치료자의 개입기술

상담 1회기부터 7회기까지는 초기단계로 가족구성원들을 개별적으로 상담하여 가족구성원 각자의 입장에서 보는 가족의 문제와 가족관계, 가족의 상호작용 방식 등을 사정하였다. 초기단계에서 치료자는 남편과 부인의 원가족 특성을 파악하여 원가족의 핵가족에 대한 영향을 분석하였다.

다음으로 8회기부터 12회기까지는 중기단계로 가족의 하위체계별로 상담을 진행하였다. 8회기에서 치료자는 부부상담을 통해 부부간에 시도되었던 역기능적인 해결책을 탐색하였다. 또한 치료자는 부부에게 배우자의 원가족 특성을 인식하도록 하여 원가족의 정서체계가 현재 핵가족의 상호작용 방식에 미친 영향을 인식하도록 유도하였다. 부부상담을 통해 남편과 부인은 부부간 생략되었던 언어를 탐색할 수 있었으며 치료자가 소개하는 유사사례(외도사례)를 통해 남편의 외도문제를 가족체계적인 관점에서 조망해 볼 수 있었다.

9회기에서 치료자는 세 자녀를 대상으로 상담하여 핵가족에서 이뤄지고 있는 역기능적인 상호작용 방식을 인식하게 하였고, 이를 부모의 원가족 특성과 연결시켜서 통찰해 볼 수 있도록 하였다. 또한 치료자는 세 자녀에게 솔직하게 교류하는 상호작용 방식을 제안하였다. 이로써 세 자녀는 자신들이 사용해 왔던 역기능적인 상호작용 방식이 자신의 결함에서 발생된 것이기보다는 비효과적인 가족상호작용의 순환성 안에서 산출된 결과라는 것을 이해하게 되었다.

10회기에서 치료자는 부인, 큰딸, 작은딸을 대상으로 그들 간의 역기능적 상호작용 방식을 살펴보았고 이를 더 확대하여 핵가족의 상호작용 방식을 탐색하였다. 큰딸은 아빠의 외도로 어릴 때부터 불안감이 증폭되었고 이는 기능적인 가족상호작용을 막는 큰 장애요인이 되었다. 치료자는 10회기에서 가족구성원에게 맞장구쳐 주기, 지지(옹호)해 주기와 같은 기능적인 교류 방식의 적용을 제안하였다.

11회기에서 치료자는 남편, 큰딸, 작은딸을 대상으로 핵가족의 상호작용 방식을 인식하도록 하였다. 상담을 통해서, 부인과 자녀들은 남편(아빠)의 외도로 부인과 자녀들이 남편(아빠)과의 상호작용에 거부반응을 일으키게 된 것을 알게 되었다. 한편 가족구성원은 남편(아빠)과 부인(엄마)의 원가족 특성 때문에 역기능적 표현 방식이 세대 간으로 전수된 것을 파악하게 되었다. 그리고 치료자는 가족구성원에게 가족과 대화를 할 때 가족의 편을 들어 주는 방식, 솔직한 표현 방식, 상대방과 공유하는 방식과 같이 기능적인 교류 방식을 사용할 것을 제안하였다.

치료자는 핵가족에서 부부관계가 기능적으로 정립되어야 큰딸(IP)을 통해 나타난 증상이 호전되는 데 기여할 수 있다고 보았고, 이에 12회기에서 부부상담을 재차 실시하였다. 이 사례에서 부부는 결혼 초기부터 자신과 상이한 배우자의 원가족 문화를 절충해 갈 수 있는 기능적인 상호작용이 어려웠고, 이러한 비효과적인 표현 방식은 핵가족에서 자녀를 통해서도 나타나고 있었다. 특히 남편(아빠)과 큰딸의 심한 감정기복과 공격적인 표현 방식은 거의 유사하게 나타났다. 12회기 상담에서 치료자는 부부체계 강화를 위하여 부부로 하여금 그들의 자극적인 상호작용 방식을 인식시키고, 이를 기능적인 방식으로 개선시켜 나갈 수 있도록 유도하였다.

종결단계에 해당하는 13회기, 14회기에서도 치료자는 중기단계(8~12회기)에서와 마찬가지로 큰딸과 가족구성원의 변화된 내용을 회기마다 확인하였다. 또한 치료자는 가족구성원으로 하여금 문제를 해결하려고 시도하였던 역기능적인 상호작용 방식(훈계하기, 잔소리하기, 욕하면서 폭발하는 방식, 젊은 세대에 맞지 않는 과거사 늘어놓기, 자녀의 얘기를 듣기도 전에 부모의 의견을 먼저 제시하면서 자녀의 말을 막기)을 통찰하도록 하였고 이를 기능적이고 효과적인 방식(호응하기, 맞장구치기, 반응하기, 솔직하게 교류하기, 상대방을 응시하며 대화하기)으로 변화하도록 인식 변화와 행동 변화를 동시적으로 촉진하였다. 치료자는 가족구성원에게 새로운 상호작용 방식을 형성시키기 위해서 그들이 시도해 온 역기능적인 상호작용 방식을 인식하도록 하였고 그러한 비효과적인 방식이 유지되며 더욱 악화될 수밖에 없었던 배경, 즉 부부(부모)

〈표 1-2〉 양극성장애를 겪고 있는 큰딸(IP)에 대한 가족치료과정

회기	상담대상	가족치료적 개입방법
1	부인	– 부인이 진술하는 문제사정(큰딸의 문제, 가족관계, 가족 간 상호작용 방식)
2	부인	– 남편 및 부인의 원가족 정보수집(가족관계, 가족 간 상호작용 방식)
3	둘째딸	– 작은딸이 진술하는 문제사정(가족관계, 가족 간 상호작용 방식)
4	아들	– 아들이 진술하는 문제사정(가족관계, 가족 간 상호작용 방식)
5	큰딸	– 큰딸이 진술하는 문제사정(가족관계, 가족 간 상호작용 방식) – 부모의 부부갈등에 대한 배경 이해
6	남편	– 남편의 가족상호작용 방식 탐색, 부부관계사정
7	남편	– 부부문제사정, 남편의 원가족 정보수집(가족관계, 가족 간 상호작용 방식)
8	남편, 부인	– 가족의 변화 내용 확인(큰딸의 긍정적 변화 및 부부관계 개선) – 부부간 상호작용 방식 인식(부부간 시도된 해결책 탐색, 통찰력 강화) – 배우자의 원가족 특성(상호작용 방식 포함) 인식 – 핵가족의 상호작용 방식(시도된 해결책) 인식 – 유사사례 소개(외도사례)
9	큰딸, 둘째딸, 아들	– 가족관계의 변화 내용 확인 – 핵가족의 상호작용 방식 인식 – 부모의 부부갈등에 대한 배경 이해(부모의 원가족 특성, 아빠의 외도와 의처증) – 새로운 해결책 제시(솔직한 교류 방식의 적용 제안)
10	부인, 큰딸, 둘째딸	– 가족관계의 변화 내용 확인 – 부인과 자녀 간의 상호작용 방식 인식, 핵가족의 상호작용 방식 인식 – 새로운 해결책 제시(맞장구치기, 지지 · 옹호해 주기)
11	남편, 큰딸, 둘째딸	– 변화 내용 확인 – 남편과 자녀 간의 상호작용 방식 인식(아빠의 외도사건에 따른 자녀의 거부반응) – 핵가족의 상호작용 방식 인식 – 표현 방식의 다세대 전수(남편의 원가족의 영향) 이해 – 새로운 해결책 제시(공유, 교류하는 방식, 가족의 편을 들어 주기)
12	남편, 부인	– 변화 내용 확인(큰딸의 변화, 가족관계, 상호작용 방식) – 부부간 시도된 해결책(자극하는 방식) 인식, 새로운 해결책(솔직하게 반응하기)의 적용
13	남편, 부인, 큰딸	– 변화 내용 확인(아빠와 큰딸의 관계 개선, 표현 방식의 긍정적 변화) – 핵가족의 상호작용 방식(시도된 해결책: 감정을 쌓아 놓았다가 폭발함, 명확하게 의사전달을 하지 않고 짜증을 냄)에 대한 인식 – 기능적인 상호작용 방식(새로운 해결책: 호응하며 맞장구치기, 편들어 주기, 의견 절충하기, 순차적으로 이야기하기)의 지속적 실행 제안
14	남편, 부인, 둘째딸, 아들	– 변화 내용 확인(큰딸 및 가족구성원의 긍정적 변화, 가족관계 개선) – 핵가족의 시도된 해결책 인식(부모의 방식: 훈계, 잔소리, 욕하면서 폭발, 젊은 세대에 맞지 않는 과거사 늘어 놓기, 부모의 의견을 먼저 제시하여 자녀의 말을 막아 버림) – 새로운 해결책(호응, 맞장구치기, 반응하기, 솔직한 교류, 상대방을 응시하며 대화)의 지속적인 적용 제안

의 원가족 특성, 남편(아빠)의 외도와 의처증을 파악하도록 하였다. 그리고 치료자는 가족 하위체계를 강화시킴으로써 전체 가족체계가 재구조화될 수 있도록 개입하였다.

이와 같이 내담자 가족의 상호작용 방식을 개선시키기 위한 치료자의 개입과정을 상담회기별로 구체적으로 제시하면 〈표 1-2〉와 같으며, 양극성장애를 겪고 있는 큰딸(IP)에 대한 가족치료과정에서 치료자의 개입기술은 시도된 해결책 탐색과 새로운 해결책 제시, 그리고 통찰력 강화를 통한 인식 변화 유도로 나타났다.

1) 시도된 해결책 탐색과 새로운 해결책 제시

치료자는 내담자 가족에서 시도된 해결책을 탐색하였고 나아가 새로운 해결책을 제시하였다. 즉, 치료자는 가족구성원의 기존 표현 방식을 탐색하고 가족구성원들이 새로운 의사소통 방식을 실천할 수 있도록 하였다. 치료자는 남편이 부인이나 큰딸에게 적절하게 또한 상황에 따라 융통성 있게 맞장구쳐 주면서 그들의 의견을 경청하는 방식을 사용하도록 제안하였다. 치료자는 가족구성원 간에 자신의 의사를 서로 솔직하게 내놓고 절충해 갈 수 있는 상호작용 방식, 개방적이며 솔직한 의사소통 방식의 교류를 제안하였다. 치료자는 내담자 가족이 자신의 얘기를 솔직히 표현하고 상대편이 그것에 대해 솔직히 반응해 줄 수 있는 표현 방식만 변화되어도 큰딸의 표현이 달라진다고 보았다.

치료자: 큰따님이 엄마한테 '이년아, 저년아, 병신 같은 년아! 너는 왜 날 낳았냐?' 엄마한테 막 그런다는 거예요. 그러면 아버님께서는 딸이 엄마한테 저렇게 하면 안 된다고 생각하시는 거 아닙니까?

남 편: 그렇게 생각을 했죠. 용서가 안 되고 인간 말종이 할 수 있는 짓이지. (중략)

치료자: 그 방법으로 따님하고 엄마하고 관계가 변했는가? 전혀 변하지 않았을 거예요. 그리고 아빠하고 또 부딪혔을 거예요. 너는 뭐 잘했다고 그러냐?

남 편: 네. 그렇죠. 그런 식이죠.

치료자: 그런데 그건 안 먹히는 방식이라는 거죠. 아빠가 할 수 있는 건 딸하고 엄마하고 부딪쳤을 때 거기서 중재자 역할을 하지 마시고 딸의 편을 들어주어야 돼요.

남 편: 음.

치료자: 딸이 엄마한테 왜 그렇게 화가 났는지에 대해 들어 주셔야 되는데 그런 표현 방식을 이 가족이 아직까지는 몰라요. 그러니까 딸 앞에서 엄마를 두둔하지 마세요. 그 방법으로는 안 먹히니까. 이해되셨습니까?

남 편: 네.

치료자: 또 반대로 와이프 앞에서 딸 편을 들어 주면 안 돼요. (6회기 남편상담)

남 편: 사위놈들은 다 도둑놈이라든가 그런 말에 엄청 충격을 받았어요.

치료자: 아버님은 처가 식구들이 툭툭 내뱉는 말의 뉘앙스가 '너는 처가의 부(富)를 바라봐서 그걸 믿고 돈을 쓰느냐.' 이렇게 해석하신 거예요?

남 편: 그렇게 해석할 수도 있고. 소위 말해서 그런 면에서 깔본다고 할까요? 그런 속사정도 있는 거 같고.

치료자: 만약 아버님이 실제로 집안에 여유가 있었고 진짜 그런 걸 사도 아무 부담이 없는 위치에 있었다면 그런 것까진 못 느낄 수도 있었을 거예요.

남 편: 그런데 참 웃기는 게 사람이 다 그런가봐요.

치료자: 저는 그런 거죠. 사람들은 내용이 중요하다 하겠지만, 저는 내용보다도 표현을 어떻게 솔직하게 하느냐가 중요하다고 봅니다. 그리고 표현을 솔직하게 하는데 상대방의 감정을 긁는 게 아니고 그냥 덤덤히 있는 그대로 내가 생각하는 걸 내놓는 표현 방식이 안 돼서 문제가 일어나는 것이거든요. (8회기 부부상담)

치료자: '아빠가 실수하시기 전에 엄마한테 솔직하게 내놓는 것 자체가 힘드셨다 이거지. 엄마 또한 있는 그대로를 이야기해 주지 못하고 참는 분이셔. 두 분이 위기가 안 들어왔을 때는 어떻게 살아오셨는데, 위기가 들어오니까 이야기가 달라지는 거지.' 그 대응 방식 가지고는 안 된다는 거예요. 댁에서 큰 따님, 둘째 따님의 표현 방식과 여기서 대화하는 표현 방식의 차이가 무엇이라고 생각하세요?

큰 딸: 아빠의 진심을 들을 수 있어서. 처음이니까.

치료자: 처음이에요?

큰 딸: 이런 이야기 안 해요. 여기서는 아빠가 내놓기 힘든 이야기를 했다는 것. 그걸 터놓고 이야기할 수 있다는 거? 터놓고 있는 그대로 이야기하니까

그게 다른 것 같아요. (11회기 남편, 큰딸, 둘째딸상담)

치료자: 분명한 건 아빠에 대한 큰따님의 표현 방식이 바뀌었다는 거예요. 문제를 해결하려고 했던 역기능적인 방식에서 새로운 표현 방식으로 바뀌고 있는 과정이라는 거죠. 그게 참 신기한 게 뭐냐면 표현 방식의 변화로 정신과에서 약을 먹던 사람들이 나중에는 복용량이 줄어들거든요. 저는 체험을 많이 하고 있습니다. 두 분 간에 표현 방식이 큰따님한테도 걸렸고 둘째, 막내도 걸리는데 문제는 그 외도라는 상당히 안 좋은 변수가 탁 걸려 터졌다는 거죠. (중략) 솔직한 교류를 하는 가정이 되자 이거예요. 지금까지 두 분이 썼던 원가족에서 내려오는 표현 방식이 솔직하게 딱 '난 이거야.' 내놓고 상대편은 '난 이거야.' 내놓고 그 다음에 또 내놓고 하면서 절충이 돼야 하는데, 그 방식이 양쪽 가에서 내놓질 않는다 이거예요. (12회기 부부상담)

치료자는 부모에게 큰딸이 어떤 이야기를 꺼내 놓으면 일단은 인정해 주고 맞장구쳐 주고 나서 이야기를 진행시켜 나가도록 제안하였다. 큰딸이 아빠에게 이야기를 할 때 아빠가 큰딸의 입장을 수용하지 않고, 오히려 큰딸로 하여금 타인의 입장을 이해하도록 강요하면 큰딸이 아빠에게 솔직하게 이야기하려는 것을 차단하기 때문이다.

치료자: 아버님은 내 딸을 배려하기보다 상대편을 이해시키려고 하지 않냐 이거예요. 많은 부모는 자녀에게 자꾸 교육을 시키려고 해요. '그건 아니다. 네가 잘못했다.' 그럼 자녀는 분명히 그걸 느끼고 부모님에게 솔직하게 이야기했는데 부모의 말하는 방식으로 오히려 자녀로 하여금 솔직하게 이야기하는 것을 막아 버리는 격이 된다는 거죠. (11회기 남편, 큰딸, 둘째딸상담)

남편이 부인을 변화시키려고 했던 시도된 해결책 자체가 부인을 변화시키는 방식이기보다는 부인을 더욱 자극하는 표현 방식이었다. 부인은 남편의 표현 방식 때문에 솔직하게 자신의 생각과 마음을 내어놓기보다는 남편을 더욱 자극시키는 표현 방식을 사용하였다. 큰딸의 표현 방식 또한 아빠의 표현 방식과 유사하였다. 따라서 부인은 남편의 표현 방식과 더불어 큰딸의 표현 방식으로 더욱 힘들어하고 있었고 부인의 표현 방식도 남편, 큰딸과 충돌하고 있었다. 이에 치료자는 부부로 하여금 시도된 해결책을 인식하도록 하고 비자극적인 방식(기능적인 의사소통)의 사용을 제안하였다.

치료자: 큰따님이 아빠하고 표현 방식이 유사하지 않냐 이거예요.

남 편: 제가 봐도 답답해요. 저게 닮을 걸 닮아야지. 왜 저걸 닮았어.

치료자: 지금 제가 알기로는 아버님도, 큰 따님도 감정기복이 심하다고 알고 있거든요. 그러면 두 분이 표현을 주거니 받거니 한다면 따님들이 안정화될 거고 따님한테 직결될 거라는 거죠. 그런데 지금 어머님이 보셨을 때 남편이 옛날 얘기 꺼내고 언짢은 얘기를 꺼냈어요. 남편이 댁에서 했던 표현 방식과 여기서의 방식에서 오는 차이점과 그 차이점으로 인해서 감정에 어떤 차이가 있으시나요?

부 인: (남편의) 억양과 표정이 여기서는 좀 부드러워요. 여기에서는 저를 배려하는 말이 중간중간 들어가니까 저를 공격한다고 보지는 않죠. (12회기 부부상담)

2) 통찰력 강화를 통한 인식 변화 유도

치료자는 큰딸에게 부모의 부부관계가 악화된 배경을 설명하여 큰딸의 통찰력을 강화시켜서 부모에 대한 부정적 인식이 긍정적으로 변화되도록 유도하였다. 또한 치료자는 남편의 통찰력을 강화시켜서 남편이 기존에 고수했던 자신의 관념을 재고하여 자신의 입장에서만 생각하지 않고 상대방을 배려하는 접근을 할 수 있도록 개입하였다. 이에 더하여 치료자는 세 자녀에게 가족의 표현 방식에 대한 통찰력 강화를 통해 큰딸의 양극성장애에 대한 인식 변화를 도모하였다.

치료자: 이런 얘기를 서로 하면 오해를 풀 수 있는데 엄마, 아빠가 표현하는 방식이 애정표현도 없어. 아빠는 감정 기복이 심해. 그런데 그 표현하는 방식이 큰딸이 비슷해.

큰 딸: 저도 감정기복이 심해요.

치료자: 엄마가 여유가 없었어. 아빠가 늘 의처증을 가지고 의심을 했으니까. 그

러니까 엄마가 애들을 돌볼 겨를이 없었다는 거야. 애들 스트레스를 풀어 줄 수 있는 여유가 없었어. 남편한테 쪼이니까. (5회기 큰딸상담)

남 편: 대화, 애정표현, 공감하고 공유하는 성숙된 분위기의 가정이었으면 얼마나 좋았을까라는 그런 거. (중략)

치료자: 그 문제가 걸려서 큰따님의 표현하는 방식도 거칠거든요. 그러면 지금 이 표현하는 방식, 어머니, 아버지 두 분 자체도 항상 부딪치시는 표현 방식이었다는 거예요. 형제 관계도 결론적으로 썩 좋지 않다는 거죠. 본인 어머님, 아버님 두 분 간에 타협을 하고 협상하실 수 있는 방법을 쓰셨더라면 자녀 또한 무슨 문제가 생겼을 때 타협하고 절충이 가능했을텐데. 아마 그게 쉽지 않았던 거라고 보는 거예요. (중략) 솔직하게 표현을 하고 인정을 하고 협상을 하는 이런 건 약하지 않았나? 속으로 다 삭이지 않았나? 이거예요. 어떻게 생각하세요?

남 편: 맞고요. 진지하게 서로 대화하고 있는 그대로 교류를 했었어야 했는데 많이 부족했어요. (7회기 남편상담)

치료자: 댁에서 나누는 대화 방식하고 여기서의 대화 방식에서 차이를 느끼세요?

남 편: 네. 저는 기존의 제 관념에 대해서 허물어뜨릴 필요가 있고 상대방이 왜 이런 말을 하게 되었는지 내 주관보다 상대방을 배려한다고 할까요. 그런 측면으로 접근을 해야겠다는 것을 느꼈어요.

치료자: 부인께서는 남편의 표현 방식의 차이에 대해 뭘 느끼세요?

부 인: 제가 느끼기에는 자기 감정, 자기 속에 있는 것이 나오는 것. 그게 제일 크게 다른 것 같아요. (8회기 부부상담)

치료자: 세 사람이 한 시간 십분 정도 대화를 나눴거든요. 이런 대화가 처음이에요?

아 들: 처음.

치료자: 여기서 대화할 때랑 집에서 대화할 때의 차이점은 일단은 본인의 얘기를 있는 그대로 내놓는 거예요. 이 집에서는 순차적으로 표현하고 자신의 감정을 차분하게 내놓는 방식을 배우겠냐 이거예요. 엄마, 아빠한테. 안 되지 않았어요? 그런데 큰언니가 조울증이라는 게 터져나와 버렸거든. 이

〈표 1-3〉 가족치료를 통하여 변화된 가족상호작용 방식

상위 범주	하위 범주	개념추출
기능적 교류 방식	반응하는 방식	문자메시지 주고 받음, 전화통화함, 대화가 잦아짐, 아빠가 자녀에게 관심을 가짐, 가족 간에 대화함, 아빠가 자녀에게 표현을 하려고 함
	호의적인 방식	큰딸이 아빠에게 호의적임, 외식을 했는데 큰딸이 음식을 떠서 아빠 입안에 넣어 드림, 둘째딸이 부모와의 관계에서 이해하려고 함, 남편이 자녀들을 탓하기 전에 자신부터 돌아보고 억제하려고 함, 남편이 부인에게 맞춰 주려고 애를 씀, 가족이 함께 영화관람과 외식을 함
	비자극적인 방식	큰딸이 부드럽게 말함, 큰딸의 짜증이 감소됨, 엄마와 충돌이 감소됨, 큰딸이 동생과 충돌이 감소됨, 막내아들이 부드러워짐, 남편이 가족에게 표현을 긍정적으로 하고 부드럽게 함

가족이 엄마, 아빠한테, 내 동생한테, 우리 누나한테 속 시원하게 이야기를 한다면 그런 증상을 가질 필요가 없다는 거죠. (9회기 세자녀상담)

4. 가족치료를 통하여 변화된 가족상호작용 방식

가족치료를 통하여 변화된 가족상호작용 방식은 기능적 교류 방식이었고, 반응하는 방식, 호의적인 방식, 비자극적인 방식이 포함되었다.

1) 반응하는 방식

내담자 가족은 치료적 개입 이전의 회피하는 방식으로부터 반응하는 상호작용 방식으로 변화되었다. 가족 성원 간의 무대응하고 상대방의 의견을 묵살시키던 방식에서 가족 간에 대화가 잦아지고 부모와 자녀 간에 관심을 갖는 교류 방식으로 변화되었다.

치료자: (큰따님과) 동생과의 관계는 어때요?

부 인: 동생하고 문자를 주고받고. 그 전엔 그런 게 없었거든요. 지금은 전화통화도 하고. (8회기 부부상담)

부 인: 전에는 아빠한테 할 얘기를 꼭 저를 거쳐서 얘기하게 했는데 상담 받고 나서 아빠한테 직접 문자하고 전화 주고받고.

치료자: 그 전엔 문자도 안 했던 거예요?

부 인: 네.

큰 딸: 아빠한테 문자오면 다 씹었어요.

치료자: 다 씹어 버렸어요?

큰 딸: 네. 답장 안 했어요. (13회기 부부 · 큰딸상담)

가족구성원은 상대방에게 말로써 의사표현을 명확하게 하지 않고 짜증이 나는 것을 표정으로만 표출하거나 물건에 화풀이를 하였는데, 가족치료를 통하여 가족 간에 반응하는 방식을 사용하게 되었다. 이로써 가족 간 대화가 증가하고 아빠가 자녀에게 관심을 갖고 긍정적이며 부드러운 표현을 하는 노력이 나타났다.

치료자: 남편의 변화는요?

부 인: 여러 모로 노력을 많이 하려고 하는 것 같아요. 애들한테도 신경 쓰려고 하고 관심을 많이 가지려고 노력하고 그 전에 관심을 가졌던 걸 표현을 안 했대요. 니네가 알아서 해라 그런 식이었는데 지금은 좀 더 관심을 갖고 표현을 하려고 하는 게 보여요. (10회기 부인 · 큰딸 · 작은딸상담)

남 편: 전에는 무심결에 내 식대로 했는데, 많이 조심스러워지고 표현을 긍정적이고 부드럽게 달리 해야겠다. 애들한테도 미안하고. 요즘 많이 고치려고 하는데, 손바닥도 마주쳐야 소리가 난다고. 아이들을 탓하기 전에 제 자신부터 많이 돌아보고 억제하고. (11회기 남편 · 큰딸 · 작은딸상담)

남 편: 어제 피자, 치킨을 시켜서 부르면 와야 되는데, 얘는 컴퓨터 하고 있고. 막내는 지 공부한다고 하고. 몇 번 불러도 안 나와. 전에 같으면 안 좋은 소리가 나왔는데 요즘은 자제하려고 그런 소리는 안 해요. 몇 번 크게 부드럽게 이야기를 하는데, 그럴 때 모여 주고. (중략) 생각이 있고 마음이 있으니까 조금씩 노력하면 좋아지지 않을까. 그게 제 바람이에요. (11회기 남편 · 큰딸 · 작은딸상담)

2) 호의적인 방식

치료적 개입 이전에는 큰딸이 어떤 이야기를 했을 때 가족구성원이 아닌 다른 사람의 입장을 변호하면서 큰딸을 비난하는 방식이었는데, 개입 이후에는 가족구성원이 다른 가족구성원에 대해 호의적인 방식으로 변화되었다. 가족이 함께 영화관람과 외식을 하고 큰딸이 가족과의 외식에서 음식을 떠서 아빠의 입안에 넣어 드린다든지, 둘째딸이 부모와의 관계에서 이해하려고 노력하는 모습이 보였다. 남편은 자녀를 탓하기 전에 자신부터 돌아보고 역기능적인 표현 방식을 억제하려고 하였으며, 집안일을 도와주는 등 부인에게 맞춰 주려고 애를 쓰게 되었다.

부 인: (큰딸이) 아빠를 보니 미안하니까 수박도 먹고 가라고 잘라 주고 아빠 챙기니까. (8회기 부부상담)

부 인: 애기아빠가 저한테 많이 맞추려고 애를 쓰셔요. 저도 그렇고 애기아빠도 서로 도와주려고 하고. 집안일이라든가 그런 것을 저 힘들까 봐 도와주고 애들한테도 잘하려고 애를 쓰고 애들도 그걸 느끼는 거 같아요. 그러니깐 우리 아빠가 이렇게 노력하는 것이 보이는 것 같아요. (8회기 부부상담)

남 편: (큰딸이) 저한테 호의적이에요. (중략) 엄마한테 평소에 안 쓰던 표현을 쓰는 거예요. 어쩔 때는 잔다 안 잔다 이런 말도 안 하거든요. 그날은 제가 얼핏 듣기에.

치료자: 주무신대요?

남 편: 아빠 주무신다고. 그 표현을 쓰더라고. 어제 같은 경우는 예배 끝나고 오랜만에 다섯 명이서 영화를 봤어요. (중략) 영화 끝나고 외식을 했는데 음식 떠 가지고 아빠 먹여 주고. (12회기 부부상담)

남 편: (둘째딸이) 오히려 더 많이 참고 이해하려 하고. (14회기 부부 · 작은딸 · 아들상담)

3) 비자극적인 방식

치료적 개입 이전에 존재하였던 욕설, 긁는 표현, 자극적인 표현, 거친 표현, 무시하는 표현과 같은 공격적인 표현이 비자극적인 가족상호작용 방식으로 변화되었다.

치료자: (큰딸이) 엄마한테 대하는 거는요?

부 인: 안도감이 있으니까 그 불안감에서 짜증 부리던 게 조금 덜해졌죠. (8회기 부부상담)

남 편: 분위기도 좋은 것 같고 나아진 것 같아요. '2학기 수강 시간표를 출력해야 되지 않냐?' 전에 같으면 난리를 떨었거든요. 그런데 어제는 그 얘기까지 하더라고요. 내가 원하는 수강신청을 했는데 많이 밀려서 3과목이 바뀌게 될지 모르겠으니까 기다려 보라고. 제가 느끼기에 (큰딸이) 상당히 부드러워졌다 그럴까요? 그런 게 있어요. (중략)

부 인: 제가 간섭을 안 하니까 (큰딸과) 부딪치는 게, 잔소리를 안 하니까 없죠. 제가 잔소리를 하게 되면 짜증 난다고 화난다고 하길래 그런 거를 안 하니까. (중략)

치료자: 아드님도 말을 안 한다고 그러잖아요.

남 편: 요즘은 부드러워졌어요. (12회기 부부상담)

치료자: 큰 따님은 어떠세요?

남 편: 예, 많이 좋아졌어요. 표정이나 나를 부르는 행동이 전처럼 부정적인 건 없어요. (중략)

치료자: 큰 따님과 둘째 따님은 어떠세요?

둘째딸: 나쁘지 않아요. (중략)

치료자: 부딪치는 횟수라든지 강도는 어때요?

둘째딸: 요즘은 거의 없어요. (14회기 부부 · 작은딸 · 아들상담)

이와 같은 가족치료적 개입을 통한 내담자 가족의 가족상호작용 방식의 변화에 관한 매트릭스를 변화주체와 해당 변화주체에 따른 상호작용 대상자를 대비하여 제시하면 〈표 1-4〉와 같다. 가족치료과정을 통해서 내담자 가족은 인식의 변화뿐만 아니라 행동의 변화(가족상호작용의 변화)가 발생하였는데, 양극성장애를 가진 큰딸에 대한 다른 가족구성원의 변화된 상호작용 방식은 다음과 같다.

첫째, 남편(아빠)은 큰딸에 대한 회피, 비난하는 방식과 공격적인 방식에서 벗어나 반응하는 방식, 호의적인 방식, 비자극적인 방식을 사용하게 되었다. 둘째, 부인(엄마)은 가족치료적 개입 이전에 큰딸에게 주로 비난하는 방식을 사용해 왔는데, 치

〈표 1-4〉 내담자 가족의 가족상호작용 변화 매트릭스

변화내용 / 변화주체	상호작용 대상자	가족치료적 개입 이전	가족치료적 개입 이후
		역기능적 교류 방식	기능적 교류 방식
남편	부인	회피하는 방식, 비난하는 방식, 공격적인 방식	반응하는 방식, 호의적인 방식, 비자극적인 방식
	큰딸	회피하는 방식, 비난하는 방식, 공격적인 방식	반응하는 방식, 호의적인 방식, 비자극적인 방식
	작은딸	회피하는 방식	반응하는 방식
	아들	회피하는 방식	반응하는 방식
부인	남편	회피하는 방식	반응하는 방식
	큰딸	비난하는 방식	호의적인 방식
	둘째딸	회피하는 방식	반응하는 방식
	아들	회피하는 방식	반응하는 방식
큰딸	아빠	회피하는 방식, 공격적인 방식	반응하는 방식, 비자극적인 방식
	엄마	공격적인 방식	비자극적인 방식
	여동생	회피하는 방식	반응하는 방식
	남동생	회피하는 방식	반응하는 방식
작은딸	아빠	회피하는 방식	반응하는 방식
	엄마	회피하는 방식	반응하는 방식
	언니	회피하는 방식	반응하는 방식
	남동생	회피하는 방식	반응하는 방식
아들	아빠	회피하는 방식	반응하는 방식
	엄마	회피하는 방식	반응하는 방식
	큰누나	회피하는 방식	반응하는 방식
	작은누나	회피하는 방식	반응하는 방식

료자의 개입 이후에는 큰딸에게 호의적인 방식을 보였다. 셋째, 작은딸은 언니(큰딸)와의 상호작용에서 회피하는 방식이 아닌 반응하는 방식을 보였다. 넷째, 아들은 큰누나(큰딸)와의 상호작용에서 작은딸과 마찬가지로 회피하는 방식에서 반응하는 방식을 보였다. 이러한 가족구성원의 기능적인 상호작용 방식은 큰딸로 하여금 회피하는 방식과 공격적인 방식에서 탈피하도록 하였고, 큰딸 또한 가족구성원에게 반응하는 방식과 비자극적인 방식을 사용하여, 가족구성원 간에 선순환적인 상호작용 방식이 만들어졌다.

양극성장애를 겪고 있는 큰딸의 가족에 대한 가족치료적 개입 이전에는 모든 가족구성원들이 역기능적 교류 방식을 사용한 반면에, 가족치료적 개입 이후에는 전

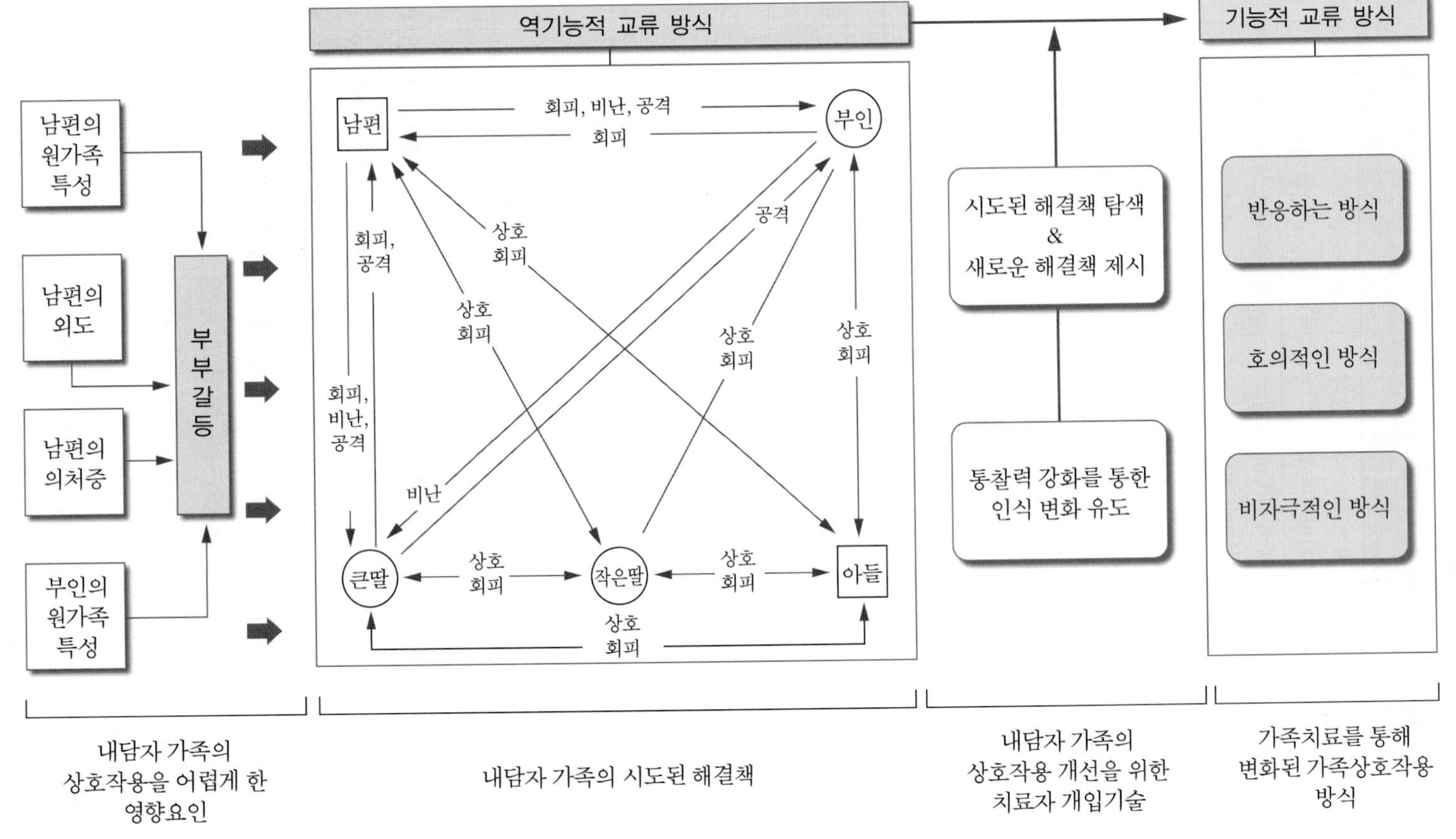

[그림 1-2] 양극성장애를 겪고 있는 딸에 대한 가족상호작용의 효과 네트워크

체적으로 기능적 교류 방식의 사용으로 전환된 것을 알 수 있다. 내담자 가족의 가족상호작용의 효과 네트워크는 [그림 1-2]와 같다.

5. 상담회기에 따른 큰딸의 변화

양극성장애를 겪고 있었던 큰딸은 상담이 거듭될수록 〈표 1-5〉와 같이 가족과의 상호작용 방식이 긍정적으로 변화되는 양상을 보였다. 상담 첫 회기에서 큰딸은 가족에게 역기능적인 감정 표출의 정도가 심하였었는데, 상담의 중반을 넘어선 8회기에서는 큰딸이 엄마를 대할 때 짜증이 감소되었다. 12회기에서는 큰딸이 아빠에게 호의적이며, 엄마와의 충돌이 덜하였다. 13회기에서는 큰딸이 아빠와 부딪히는 사건이 발생하더라도 엄마를 통해 우회적으로 아빠와 소통하지 않고, 큰딸이 직접 아빠와 화해하고 대화하는 변화가 나타났다. 종결 회기에서는 큰딸이 가족과 기능적인 상호작용을 하는 변화를 보였다.

〈표 1-5〉 상담회기별 큰딸의 변화

상담회기	큰딸의 변화	예 시
1회기 (부인상담)	가족에게 화를 표출 아빠에게 욕설	치료자: 증상이 어떠한가요? 부 인: 화를 딴 사람한테는 표출을 못하니까 가족한테 막 표출을 해요. 아빠한테도 병신 같은(이라고) 욕을 했대요.
8회기 (부부상담)	짜증이 감소됨	치료자: 혹시 따님의 변화가 조금이라도 있나요? 부 인: 엄마한테 대하는 것도 안도감이 있으니까 짜증 부리던 게 조금 덜해졌죠.
12회기 (부부상담)	아빠에게 호의적임 엄마와 충돌 감소	치료자: 큰따님과 엄마와의 관계는 어떤가요? 부 인: 제가 간섭을 안 하니까 부딪히는 게 없죠. 치료자: 아빠하고 큰따님하고 어떠세요? 남 편: 저한테 좀 호의적이에요.
13회기 (부부 · 큰딸상담)	아빠와 직접 소통함	치료자: 그 전에 아빠랑 부딪히고 이런 메시지 오고 간 적은? 큰 딸: 아니요. 그런 적 전혀 없었죠. 치료자: 변화가 있네요? 큰 딸: 네. 그냥 딱 단절하고 그랬었죠. 치료자: (아빠와 큰딸이) 다투는 한이 있더라도 직접 부딪치고 있고, 그 뒤에 나름대로 화해의 문자가 됐든 직접 소통한다는 변화가 분명히 있네요.

14회기 (부부 · 작은딸 · 아들상담)	아빠에게 호의적임 엄마와 충돌 감소 여동생과 충돌 감소 남동생과 충돌 감소	치료자: 큰 따님은 어떠세요? 남　편: 예, 많이 좋아졌어요. 표정이나 나를 부르는 행동이 전처럼 부정적인 건 없어요. 치료자: 어머니하고 따님 관계는 어떠세요? 부　인: 제가 개입을 안 하니까 부딪치는 것은 없어요. 그리고 저를 배려하려고 나름대로 하는 게 있는데, 좋아지긴 했지만 완전히 나아지지는 않았어요. 치료자: 그렇죠. 그런데 어머니하고 부딪히는 거는 훨씬 줄었나요? 부　인: 그렇죠. 치료자: 본인과 언니의 부딪치는 횟수라든지 강도는 어때요? 둘째딸: 요즘은 거의 없어요. 치료자: 큰따님하고 아드님하고 어때요? 아　들: 누나랑 비슷해요.

V. 결 론

이 장의 결과를 요약하면 다음과 같다. 첫째, 내담자 가족이 시도했던 상호작용의 방식은 역기능적 교류 방식이었으며, 회피하는 방식, 비난하는 방식, 공격적인 방식이 포함되었다. 둘째, 내담자 가족의 상호작용을 어렵게 한 요인은 부부갈등이었는데, 하위요인으로 남편의 원가족 특성, 남편의 외도, 남편의 의처증, 부인의 원가족 특성이 나타났다. 셋째, 내담자 가족의 상호작용을 개선시키기 위한 치료자의 개입 기술은 시도된 해결책 탐색과 새로운 해결책 제시, 통찰력 강화를 통한 인식 변화 유도로 분석되었다. 넷째, 가족치료를 통하여 변화된 가족상호작용 방식은 기능적 교류 방식이었으며, 반응하는 방식, 호의적인 방식, 비자극적인 방식으로 나타났다. 다섯째, 상담회기별로 큰딸의 변화가 나타났는데, 기능적인 가족상호작용 방식을 통해 가족과의 관계가 향상되었고, 양극성장애 증상이 경감되었다.

남편은 부인과 갈등이 생겼을 때 자신의 원가족 특성에 따라 생각과 감정을 솔직하게 내어놓고 문제를 해결하기보다는 마음속으로 삭이고 덮어 놓는 방식을 취해 왔다. 남편은 진지하게 상대방을 이해하고 배려하는 차원의 대화 방식을 배워 본 적이 없었다. 남편이 표현하는 방식은 남편의 모친이 표현하는 방식과 같이 자신의 감정을 묻어 놓고 상대방을 공격하는 방식을 사용하였다. 한편 부인은 속 깊은 대화가 오가는 원가족에서 성장하지 못하였으며, 부인의 표현 방식을 자녀들이 답답해 하였다. 따라서 이러한 배경의 가정문화에서 성장한 부부가 신혼 초부터 서로의 차이를 절충할 수 있는 표현 방식을 모르고 있었기 때문에 부부간 잦은 마찰이 있었다. 자녀의 입장에서는 엄마와 얘기하면 답답하고 아빠와는 부딪히기 때문에 대화 자체를 회피하였다. 즉, 부모의 역기능적인 표현 방식 때문에 자녀 또한 부모의 역기능적인 표현 방식을 사용하게 되었으며, 부부가 충돌하듯이 자녀도 충돌하였으며, 부모와 자녀 또한 유사한 방식으로 충돌하는 상황이 되었다.

부부는 결혼 초부터 대화가 되지 않았고 일련의 사건으로 오해가 누적되어 이혼을 고려하고 있었다. 남편이 의처증을 갖고 부인을 의심했기 때문에 부인은 건강한 가족관계 속에서 자녀를 양육하고 자녀의 스트레스를 완충시켜 줄 여유가 없었다. 이러한 과정에서 가족구성원 간에 자신의 생각과 감정을 솔직하게 교류하지 못하였다. 이 가족은 자신의 의중을 표현하는 방식이 명확하지 않았으며 가족 간에 타협을 못하였다. 큰딸이 엄마에게 다른 사람에 대한 얘기를 하면 엄마는 딸에 대하여 맞장구쳐 주기보다는 오히려 큰딸을 비난하고 큰딸에게 탓을 돌리는 대화 방식을 사용하여 큰딸은 엄마와 얘기할 때 벽을 마주하고 얘기하는 것 같은 느낌을 받았다. 큰딸은 부친의 외도 후 긴장관계가 지속되고 불안한 부부관계를 지켜보면서 부모의 이혼을 원해 왔을 만큼 극도의 긴장과 불안이 있었는데, 큰딸은 이 문제에 대해서 터놓고 대화할 수 있는 상대가 전혀 없었다. 다른 가족구성원 또한 상호작용이 이루어지지 못하였고, 가족구성원 중 단 2명이 함께 있어도 교류가 없는 것은 마찬가지였다. 이는 부부갈등이 부부관계뿐만 아니라 자녀에게 부정적인 결과를 야기한다는 것을 보여 주는 결과이기도 하다.

이 장은 의사소통을 통하여 가족체계에서의 가족구성원의 행동과 체계 전체로서의 행동이 규제된다(이순애, 2003)는 선행연구와 같이 가족의사소통 방식이 가족상호작용에 영향을 미치는 요인이며, 기능적인 의사소통 방식이 원만한 가족기능에 중요하다는 것을 반영하고 있다. 또한 이 장의 결과는 자녀문제를 접근할 때 자녀 개인의 문제가 아닌 가족관계로 파악하고 접근해야 함을 보여 준다. 가족에 문제가 발생한 것은 개인과 상호작용하는 가족체계적 증상이며(Bowen, 1985), 가족체계는 모빌과 같으므로(Satir, 1972) 이 장의 사례와 같이 부부갈등은 부부관계뿐만 아니라 가족관계 전반에 영향을 미칠 수 있다. 가족은 상호작용이 이루어지는 하나의 단위이기 때문에 부정적인 가족상호작용을 감소시키면 양극성장애 증상을 호전시킬 수 있다(박원명, 전덕인, 2009; Miklowitz, 2007).

이 사례에서 부부는 갈등 상황에 직면했을 때 상대방의 주장에 반응하며 문제해결을 위해 자신의 행동을 변화시킬 준비가 되어 있는 상호작용 형태를 보이기보다는 문제해결을 위한 구체적 전략은 없으면서 불만을 축적하는 갈등, 즉 회피전략의 형태를 갖고 있었다(Gottman, 1979). 부부가 역기능적 교류 방식을 보인 것은 '갈등 상황에 있는 부부가 정서적 반응성이 매우 낮거나 비대칭적이다(Gottman, 1994).'라는 연구결과와 일치한다. 또한 이 장에서 내담자 가족이 역기능적 교류 방식을 사용하였을 때 큰딸의 양극성장애가 호전을 보이지 않았던 것에 반해서, 가족치료적 개입을 통하여 가족구성원이 기능적 교류 방식으로 전환되었을 때 가족관계가 개선되고 양극성장애 증상이 두드러지지 않았다는 것은 긍정적이거나 부정적인 정서적 감정이 가족의 다른 구성원에게 전이될 수 있다(김여진, 2008)는 결과를 입증하고 있다. 이 장에서는 가족 간 상호작용의 양상에 따라서 정신질환이 형성, 유지, 악화될 수 있으며(고천석, 이형영, 1985), 가족구성원의 양극성장애가 가족상호작용과 연관이 있다(홍성화, 1990)는 결과를 확인하였다. 이 장은 가족의 역기능적인 상호작용 방식을 기능적인 상호작용 방식으로 변화시키기 위하여 가족구성원들의 기존의 의사소통 방식에 대한 새로운 표현 방식이 선결되어야 한다는 것을 보여 준다.

그러나 이 장은 단일사례설계로 효용성과 재현 가능성은 높으나 설계가 단순하며 인과관계의 추론에서 외부사건의 영향을 통제하지 못하였다는 한계를 갖고 있다. 따라서 이 장 결과의 해석과 적용에서 유의할 필요가 있다. 후속연구에서는 양극성장애를 보이는 IP의 가족치료에서 이 장과 동일한 치료 모델의 적용을 통해 그 효과성을 재평가하거나 종단적 조사를 통해 개입의 효과를 추적해 볼 수 있을 것이다. 그리고 양극성장애를 가진 내담자와 관련한 연구에서 양적 연구방법론, 질적 연구방법론, 통합적 연구방법론을 적용한 연구가 다양하게 전개되기를 바란다. 또한 이 장에서 사용된 가족치료모델 외에도 다른 치료 모델의 적용을 통한 연구가 이루어져 궁극적으로는 양극성장애를 겪고 있는 내담자의 증상 호전과 삶의 질 향상을 도모할 수 있기를 기대한다.

참고문헌

고천석, 이형영(1985). 정신과 환자 가족의 불안에 관한 연구. 신경정신의학, 24(3), 421-429.

김양진, 강시현, 김창윤(2007). 양극성장애 환자의 기분 전환 현상 연구를 위한 다단계 모형의 적용. 응용통계연구, 20(30), 449-458.

김여진(2008). 직장에서 경험한 강한 감정의 전이(spillover)와 교차전이(crossover): 시카고 지역 맞벌이 부부를 중심으로. 한국 사회복지학, 60(3), 253-274.

김은주, 조현상, 이은, 김세주, 석정호, 김택수, 전덕인(2007). 4개 병원에서 양극성장애 입원 환자의 최근 5년간 약물 처방 경향. 대한정신약물학회지, 18(5), 308-317.

김정현, 차보석, 하규섭(2002). 양극성장애 입원 환자에서 약물치료의 경향: 12년 자연적 연구. 대한정신약물학회, 13(1), 37-46.

나경세, 김용구(2007). 양극성장애에서 발병연령에 따른 증상 및 예후의 차이. 신경정신의학, 46(2), 122-128.

박원명, 전덕인(2009). 양극성장애. 서울: 시그마프레스.

박태영(2001). 가족치료 이론의 적용과 실천. 서울: 학지사.

박태영(2006). 성폭행으로 인하여 우울증과 폭식장애를 경험하고 있는 여대생에 대한 가족치료 사례연구. 임상사회사업연구, 3(3), 69-108.

박태영, 김현경(2004). 친밀한 가족관계의 회복: Murray Bowen의 가족체계 이론의 적용. 서울: 학지사.

박태영, 정선영(2004). 고부갈등으로 인하여 우울증을 겪고 있는 부인의 부부치료 사례연구. 한국가족치료학회지, 12(1), 141-177.

손옥선, 배금예, 이승재(2009). 주요우울장애, 양극성장애, 강박장애, 편집형 정신분열병 환자의 분노특성 비교. 생물치료정신의학, 15(2), 155-165.

윤지은(2006). 가족체계유형과 스트레스대처방식간의 관계에 관한 연구 - 정신장애인 경험을 중심으로. 계명대학교 대학원 사회복지학과 석사학위논문.

이선우(1998). 양극성장애에서 항정신병약물. 생물치료정신의학, 4(1), 61-70.

이순애(2003). 저소득 부자가정의 가족상호작용과 자녀의 사회적응과의 관계: 부산광역시 모 · 부자복지 급여 수급자 중 · 고등학생 자녀 중심으로. 부산대학교 행정대학원 석사학위논문.

이영분, 신영화, 권진숙, 박태영, 최선령, 최현미(2010). 가족치료 모델과 사례. 서울: 학지사.

이정연(1999). 구조적 가족치료를 적용한 우울증 주부 사례연구. 한국가족치료학회지, 7(2), 27-43.

정선영(1989). 부모가 시각장애자인 청소년들이 지각한 가족체계상호작용유형과 사회적응형태에 관한 연구. 이화여자대학교 대학원 사회사업학과 석사학위논문.

정영인(2008). 양극성장애의 새로운 개념: 혼재성 상태를 중심으로. 신경정신의학, 47(2), 119-125.

홍성화(1990). 정신신체 질환을 일으키는 가족상호작용의 특성. 인문연구, 12(1), 209-242, 영남대학교 인문과학연구소.

Bateson, G., Jackson, D. D., Haley, J., & Weakland, J. (1956). Toward a theory of schizophrenia. *Behavioral Science, 1*, 151-164.

Becvar, D. S., & Becvar, R. J. (1988). *Family therapy: A systemic integration.* New York: Allyn and Bacon.

Bowen, M. (1985). *Family therapy in clinical practice.* New York: Jason Aronson.

Cohen, A. N. (2001). The nature and effect of interpersonal relationships on the course of bipolar I disorder. Doctoral Thesis of University of California, Los Angeles.

Crowe, M., Inder, M., Carlyle, D., Wilson, L., Whitehead, L., Panckhurst, A., O'Brien, A., & Joyce, P. (2012). Feeling out of control: A qualitative analysis of the impact of bipolar disorder. *Journal of Psychiatric and Mental Health Nursing, 19*(4), 294-302.

George, E. L., Taylor, D. O., Goldstein, B. I., & Miklowitz, D. J. (2011). Family focused therapy for bipolar adolescents: Lessons from a difficult treatment case. *Cognitive and Behavioral Practice, 18*(3), 384-393.

Goldberg, J. F., & Harrow, M. (2005). Subjective life satisfaction and objective functional outcome in bipolar and unipolar mood disorders: A longitudinal analysis. *Journal of Affective Disorders, 89*, 79-89.

Goldenberg, H., & Goldenberg, I. (2012). *Family therapy: An overview.* Belmont, CA: Brooks/Cole.

Gottman, J. M. (1979). *Marital interaction: Experimental investigations.* New York: Academic Press.

Gottman, J. M. (1994). *What predicts divorce? The relationship between marital processes and marital outcomes.* Hillsdale, NJ: Lawrence Erlbaum Associates.

Miklowitz, D. J. (2004). The role of family systems in severe and recurrent psychiatric disorders: a developmental psychopathology view. *Development and Psychopathology, 16*(3), 667-688.

Miklowitz, D. J. (2007). The role of the family in the course and treatment of bipolar disorder.

Current Directions in Psychological Science, 16(4), 192-196.

Miklowitz, D. J. (2008). *Bipolar disorder: a family-focused treatment approach*. New York: Guilford Press.

Miklowitz, D. J. (2012). Family Treatment for Bipolar Disorder and Substance Abuse in Late Adolescence. *Journal of Clinical Psychology, 68*(5), 502-513.

Miklowitz, D. J., George, E. L., Richards, J. A., Simoneau, T. L., & Suddath, R. L. (2003). A randomized study of family-focused psychoeducation and pharmacotherapy in the outpatient management of bipolar disorder. *Archives of General Psychiatry, 60*(9), 904-912.

Miklowitz, D. J., Goldstein, M. J., Nuechterlein, K. H., Snyder, K. S., & Mintz, J. (1988). Family factors and the course of bipolar affective disorder. *Archives of General Psychiatry, 45*(3), 225-231.

Miles, M. B., & Huberman, A. M. (1994). *Qualitative data analysis*. Thousand Oaks, CA: Sage.

Novalis, P. N., Rojcewicz, S. J., & Peele, R. (1996). 기분장애의 지지적 정신치료(박민철 역). **원광정신의학**, 12(2), 42-59.

Ozerdem, A., Oguz, M., Miklowitz, D., & Cimilli, C. (2009). Family focused treatment for patients with bipolar disorder in Turkey: a case series. *Family Process, 48*(3), 417-428.

Rea, M. M., Tompson, M. C., Miklowitz, D. J., Goldstein, M. J., Hwang, S., & Mintz, J. (2003). Family-focused treatment versus individual treatment for bipolar disorder: results of a randomized clinical trial. *Journal of Consulting and Clinical Psychology, 71*(3), 482-492.

Satir, V. (1972). *Peoplemaking*. Palo Alto, CA: Science & Behavior Books.

Simoneau, T. L., Miklowitz, D. J., & Saleem, R. (1998). Expressed emotion and interactional patterns in the families of bipolar patients. *Journal of Abnormal Psychology, 107*(3), 497-507.

Watzlawick, P., Beavin, J. H., & Jackson, D. D. (1967). *Pragmatics of human communication: A study of interactional patterns, pathologies, and paradoxes*. New York: W. W. Norton & Co.

Watzlawick, P., Weakland, J. H., & Fisch, R. (1974). *Change: principles of problem formation and problem resolution*. New York: W. W. Norton & Co.

제2장

부부갈등 문제를 가진 남편의 변화 과정 연구:

MRI의 의사소통모델과 Bowen의 가족체계 이론을 적용한 사례를 중심으로

박태영 · 유웅희 · 박진영

이 장은 이혼위기에 놓여 있는 부부를 위한 가족치료 사례연구로서 '가족치료가 진행되는 동안 남편이 경험한 변화과정은 어떠한가?' 에 대한 연구질문을 통해 범주를 도출하였다. 또한 남편의 변화과정을 시간의 흐름에 따라 전개하기 위해 초이론적 모델을 분석의 틀로 활용하였다. 남편은 전인식단계에서 일명 '독불장군' '시한폭탄' 과 같은 범주로 표현될 수 있는 역기능적 의사소통 방식을 유지해 오다가 인식단계(치료자의 개입 단계)와 준비단계(약간의 행동 변화를 알리는 단계)를 거쳐 행동단계에서 '배려하기' '맞장구치기' 등의 새로운 시도를 시작하였다. 마지막으로 유지단계를 거쳐 사후상담을 통해 '가족이 함께' '부부가 함께' 라는 변화 모습이 관찰되어 부부관계의 개선과 향상이 눈에 띄게 증가했음을 알 수 있었다.

I. 서 론

갈등은 인간관계에서 필연적으로 발생하는 중심적인 경험이다. 그러기에 공동생활을 통하여 자신의 욕구충족과 행복 및 자기 성장을 추구하는 존재인 부부에게 갈등은 필연적이며 자연스러운 현상이다. 그렇기 때문에 많은 가족 관련 학자 및 임상가는 어느 정도의 갈등은 단순히 부정적인 결과만을 초래하는 것이 아니라 부부간 차이를 표출시켜 서로 조절하고 이해하는 과정을 갖는 긍정적인 기능을 한다고 하였다(박경란, 이영숙, 2005). 따라서 부부가 어떻게 갈등을 대처하고 해결할 수 있는가에 초점을 맞추어 건설적이고 효과적인 갈등대처 방식을 습득하는 것은 매우 중요하다. 즉, 부부관계에서 갈등 자체가 문제가 아니라 부부가 서로의 위치와 역할에서 어떻게 갈등에 긍정적으로 대응하는가가 더 중요하다(Gottman & Driver, 2005: 69).

이러한 부부갈등에 대한 남녀의 입장은 여러 측면에서 질적으로 차이가 나타날 수 있는데 많은 선행연구에서는 결혼만족도, 결혼안정성에 대한 인식 및 부부갈등의 영역, 부부갈등에 대한 대처 등에서 비교적 일관성 있게 성(gender)에 대한 차이가 있다고 하였다(현경자, 2005; 현경자, 김연수, 2002; 이동원, 1988; Levenson et al., 1994). 특히 부부갈등에 대한 인식은 여성이 남성보다 높게 인식하는 경향이 우세하고(현경자, 2005; Maccoby, 1990), 갈등에 대한 대처 방식에서 아내는 남편보다 요구적이며 외부도움 요청과 같은 적극적인 행동을 많이 취하는 반면 남편은 아내보다 독립적이며 공격적 행동표출 혹은 회피를 더 많이 사용하고 있는 것으로 나타났다(이선미, 전귀연, 2001). 즉, 남편은 아내에 비해 부부갈등에 대한 민감성이 높지 않거나 혹은 대처하는 방식이 다소 미숙할 수 있음을 시사하는데, 이에 대해 많은 연구에서는 성역할의 사회화 과정과 가부장적 사회구조 내에서 기인한 성차(gender difference)라는 두 가지 이유를 들어 설명하고 있다. 사회화 과정을 통해 남녀 각각에게 부여되는 사회적 역할은 질적인 차이가 있는데, 남성은 가족 내에서 가장으로서의 책임을 수행하는 독립적인 역할을 부여받는 반면 여성은 가족 간 유대를 관장

제2장은 '한국사회복지질적연구(2013). 제7권 1호, pp. 57-83.'에 게재된 논문임.

하는 역할을 부여받는 경향이 더 높다. 또한 남편과 아내의 욕구충족에서도 남편 쪽이 조금 더 용이하도록 구조화되어 있는 가부장적 가족구조 속에서 남편은 부부간의 대립이나 차이에 따른 문제점을 아내에 비해 간과하게 되거나 덜 느낄 수 있다(Heavey et al., 1993; Gilligan, 1982).

그러나 몇몇 선행연구(김영희, 정선영, 2007; 노치영, 최혜경, 1996)는 부부갈등에서 남편의 역할이 매우 중요함을 강조하면서 부부갈등에 대해 남편이 기능적이고 생산적인 역할을 바람직하게 수행해 낼 때 결혼만족도가 높아질 수 있음을 밝혔다. 이는 한국의 가부장적 부부관계의 특성을 고려해 볼 때 부부관계의 향상에 남편의 역할이 절대적인 영향력을 미칠 수 있다는 것을 보여 준다. 따라서 부부갈등에 대한 남편의 역할이 매우 중요함에도 불구하고 남편이 이를 민감하게 받아들이지 못하거나 해결하려는 적극적인 자세를 취하지 않을 경우, 혹은 갈등에 대해 미숙하게 대처할 경우 부부관계의 향상은 더욱 어려워질 수 있다.

이 연구에서 분석한 사례의 남편 역시 부부갈등에 대해 민감하게 인식하지 못해 왔을 뿐 아니라 부부갈등에 대해 기능적인 대처를 하지 못하여 별거 중인 상태에서 가족치료가 시작된 경우였다. 더욱이 이 사례는 아내는 이혼을 원했고 상담 자체를 원하지 않았기 때문에 남편에 대한 상담만 진행될 수밖에 없는 한계가 있었다. 따라서 이 연구에서는 이혼위기의 부부를 위한 가족치료에서 남편의 변화 과정에 초점을 맞추어 분석함으로써 부부갈등에 대한 남편의 상담 전 경험과 입장이 상담 후에는 어떠한 변화와 차이를 나타내고 있는가를 제시하고자 한다. 이러한 사례 내용 분석 연구는 남성을 대상으로 하는 상담의 실제적인 예를 제시해 줄 수 있고 이를 통해 중요하게 요구되고 있는 가족 내 남편의 역할 수행에 대한 교육 및 상담 프로그램의 기초 자료가 될 수 있다. 또한 모든 가족이 상담에 동참하지 못할 경우의 한계점을 극복하고 한 사람만의 변화를 통해 나머지 다른 가족체계에까지 어느 정도의 영향력을 미칠 수 있는가에 대한 실제적인 예를 제시해 줄 수 있다.

II. 문헌고찰

1. 부부갈등 요인

결혼생활에서의 부부갈등은 부부 사이가 원만한 경우나 그렇지 않은 경우나 모두 발생할 수 있는 필수불가결한 요소라고 할 수 있으며(현경자, 2005), 이러한 부부갈등은 결혼생활의 전 영역에 걸쳐 발생할 수 있다(Fincham, 2003). 세 부부 사례를 분석한 연구에서 부부갈등은 개인적인 결함 때문에 발생하는 것이 아니라 그들을 둘러싼 개인과 사회 전반의 다양한 가치관과 각 개인의 원가족이 가진 독특한 특성이 어우러져 발생하는 역동에 의한 것으로 나타났다(박태영, 김혜선, 김태한, 2010). 부부갈등은 연구자에 따라 다양하게 정의될 수 있는데 갈등 이론적 관점에서 본 부부갈등은 '부부간의 관계에서 자신의 이익을 추구하려는 쟁취과업'으로 정의할 수 있다(조성경, 최연실, 2006; 이민식, 오경자, 2000; 이선미, 전귀연, 2001). 기능주의적 입장에서는 체계의 기능을 유지시키고 통합시키는 긍정적 갈등기능에 초점을 맞추어 부부갈등을 '부부간의 관계에서 변화의 출발점으로 극복해 나가야 할 위기'로 정의내림으로써 위험과 기회를 모두 포함하고 있다(조성경, 최연실, 2006).

부부갈등의 원인을 살펴보면 배우자에 대한 이해와 수용의 부족, 역기능적 의사소통 방식, 갈등에 대한 미숙한 해결 방법, 부부 사이의 친밀감 부재, 원가족과의 미해결된 문제 등이 있다(권정혜, 채규만, 2000). 부부갈등의 원인은 다양한 측면에서 분류될 수 있는데 개인적 요인을 중심으로 부부갈등의 원인에 대한 연구(김영희, 1999; 최규련, 1994; 김갑숙, 최외선, 1992)에서는 배우자와의 성격 차이나 의사소통 문제, 생활습관 및 사고방식의 불일치 때문에 부부갈등이 발생할 수 있다고 하였다. 그런데 이러한 부부갈등 요인 가운데 의사소통은 부부갈등의 핵심적 요인으로 나타나고 있다(장미희, 전원희, 2008; 박태영, 2005; Ledermann, Bodenmann, Ruda, & Bradbury, 2010; Bodernmann, Kaiser, Hahlweg, & Fehm-Wolfsdort, 1998). 가족 간의 의사소통 중 불만스러운 표현이나 역기능적인 대화방법이 지속되면 가족체계의 재조정이 어려울 뿐 아니라 새로운 가족관계가 악화되거나 단절되어 부정적인 결과를 초래할 수도 있다(박태영, 김태한, 김혜선, 2009; 김혜숙, 2008; 박태영, 김혜선, 2008; Canary, Cupach, & Serpe, 2001).

부부관계 특성을 중심으로 부부갈등의 원인에 관해 살펴본 연구(이경희, 1998)에서는 부부간 애정, 친밀감, 성문제 등으로부터 부부갈등이 기인할 수 있다고 하였다. 박태영, 김선희, 유진희, 그리고 안현아(2012)의 연구에 따르면, 이혼위기에 있는 부부갈등의 내용은 배우자에 대한 부정적 태도, 성생활의 문제, 의견불일치로 나타났으며, 부부갈등에 미친 영향요인은 부부의 원가족과의 자아미분화와 원가족과 부부가 사용하는 역기능적인 의사소통 방식으로 나타났다(박태영, 김선희, 2012; 조지용, 박태영, 2011; 박태영, 김혜선, 김태한, 2010; 박태영, 문정화, 2010). 이창숙(1996)도 성문제에 따른 부부갈등이 점차적으로 증가하고 있다고 하였다. 또한 부부가 공동생활을 영위하면서 겪게 되는 갈등, 즉 경제적 문제 혹은 가사노동분담 등도 부부갈등을 야기시킬 수 있는데, 통계청(2004)에 따르면 경제적 문제로 인한 이혼이 1999년 7.1%에서 2004년 14.7%로 2배 이상 증가하였음을 알 수 있다. 이밖에 부부 이외의 관계로 발생되는 자녀문제, 원가족을 비롯한 친인척 문제 등도 부부갈등의 중요한 요인이 될 수 있다. 이 중에서 특히 원가족과의 미해결된 문제가 현재 배우자와의 관계에 투사되어 부부갈등이 발생되는 경우가 많은 것으로 나타났다(한국가정법률상담소, 2002). 특히 한국에서는 확대가족문화가 잔존하는 특성 때문에 원가족 요인이 부부갈등의 원인으로 나타났는데(임유진, 박정윤, 김양희, 2008; 하상희, 2007), 원가족의 정서적 체계와 기능은 부부갈등의 발생과 대처방법에 영향을 줄 수 있다(박태영, 김선희, 유진희, 안현아, 2012). 이는 한국의 가족이 형태상으로는 부부 중심의 핵가족 양상을 보이고 있지만 내면적으로는 확대가족의 영향을 많이 받고 있기 때문일 수 있다(조성경, 최연실, 2006).

앞의 내용을 살펴보면, 결국 부부갈등의 가장 큰 요인은 부부갈등을 해결할 때의 미성숙한 의사소통 방식이 주된 요인으로 작용하고 있으며 이러한 의사소통 방식은 원가족과의 미분화된 결과임을 알 수 있다. 따라서 선행문헌 고찰의 결과는 본 연구의 사례에 적용된 치료적 준거틀과 맥락을 같이하고 있음을 나타내고 있다.

2. 부부갈등에 대한 남편의 대처와 역할

많은 학자는 부부가 갈등하는 상황에 대해 효과적으로 처리하지 못하면 갈등이 더욱 고조되어 이혼과 별거에 이르게 될 가능성이 높아진다고 함으로써 갈등 자체가 중요한 것이 아니라 효과적인 갈등처리방법을 습득하고 활용하는 것이 더 중요함을 강조하고 있다(Bowman, 1990; Gottman, 1994). 갈등을 기술적으로 잘 해결하는 것은 부부관계에 매우 큰 영향을 미치는데 부부갈등에 대한 해결 방식의 유형을 살펴보면 다음과 같다. Gottman(1994)은 부부의 갈등 상황에 대한 종단실험연구를 통해 갈등대처유형을 갈등회피, 갈등폭발, 합리적 갈등해결의 3가지로 유형화시켰으며, Kurdek(1994)은 긍정적 문제해결 대처 방식, 갈등표출 대처 방식, 갈등회피 대처 방식, 철회의 4가지로 분류하였다. Rusbult(1986) 등은 갈등대처유형을 표현형, 탈출형, 순종형, 무시형의 4가지 유형으로, Hindman(2002)은 적극적, 순응적, 회피적 3가지 유형으로 갈등대처행동을 분류하였다. 최선희(2002)는 갈등대처유형을 대화로 인한 문제해결, 입을 다물거나 자리를 피하는 철회, 혹은 회피, 큰 소리를 치는 공격이 자주 사용되는 해결방법으로 나누었으며, 이선미와 전귀연(2001)은 이성적 대처, 외부도움 요청, 회피, 언어적 공격, 신체적 공격, 순응 및 체념으로 분류하였다.

이러한 부부갈등에서 남편과 아내의 갈등대처 방식에 어떠한 차이가 있는지를 살펴보면, 남편의 경우 아내보다 회피(Gottman, 1994) 혹은 무시(이선미, 전귀연, 2005; 이현주, 1997; 최규련, 1994)를 사용하는 경우가 더 많이 나타나는데 이는 남편이 부부관계에서 더 많은 독립성을 원하기 때문에 갈등 시 후퇴하는 경향이 나타난다. 반면 아내의 경우 부부관계에서 더 많은 친밀성을 원하기 때문에 갈등 시 요구하는 경향이 나타난다는 Rusbult 등(1986)의 주장과 맥을 같이하고 있다. 김영희와 정선영(2007)의 연구에서도 이와 같은 주장을 뒷받침해 주고 있는데, 남편이 아내보다 갈등 상황에서 자신의 입장을 표현하는 것을 꺼리는 철회를 더 많이 사용하는 것으로 나타났다.

부부갈등을 인식하는 정도에서도 남편과 아내의 차이가 있다는 연구결과가 나타나고 있는데, 현경자(2005)는 아내는 남편보다 배우자와의 갈등을 더 높게 인식하는 경향이 있는 반면 남편은 부부간의 차이나 문제점에 대해 덜 민감할 수 있다고 하였다(현경자, 2005). 이는 성역할의 사회화 과정에서 남성은 주로 가족의 생계를 책임지는 도구적 역할을 수행할 수 있도록 독립성을 장려받고 여성은 가사와 자녀양육 및 가족 간 유대를 관장하는 표현적 역할을 수행할 수 있도록 관계성을 장려받기 때문일 수 있다(Eagly, 1987; Maccoby, 1990).

이처럼 부부갈등에 대한 남편의 대처와 역할은 아내와 많은 차이를 나타내고 있는데, 남편의 경우 갈등에 대해 민감하게 인식하지 못하거나 혹은 효과적으로 처리하지 못하고 회피하는 경향이 더 높다는 선행연구의 결과를 근거로 하여 볼 때 남편의 갈등대처방법이 아내보다 다소 미숙할 수 있음을 알 수 있다. 그러나 김영희와 정선영(2007)의 연구결과에 따르면, 부부갈등을 다루는 데 남편의 역할이 매우 중요하다. 결혼기간 8~14년 이내에 해당하는 부부의 갈등과 결혼만족도에 관한 연구를 한 결과, 아내의 부부갈등과 결혼만족도에서 남편의 갈등표출 대처방식이 조절효과를 가진다고 하였다. 이러한 결과는 부부갈등이 발생하여 상호작용을 할 때 보다 기능적인 부부관계의 향상은 남편에게 달려 있음을 의미하며, 이러한 결과는 한국의 가부장적 부부관계의 특성을 보여 주는 것이라고 하였다. 노치영과 최혜경(1996)의 연구 역시 이러한 연구결과를 지지하고 있다. 또한 박태영, 김혜선, 김태한(2010)의 부부치료 사례연구에서는 남편의 원가족과 부부 사이에 갈등이 발생했을 때 남편의 원가족과 부부의 매개가 되는 남편의 역할이 분명해지는 것이 부부갈등 해결의 실마리를 풀 수 있는 방법이라고 제안하였다. 따라서 부부갈등에 대한 남편의 역할은 매우 중요한 요소가 될 수 있는 반면, 정작 남편의 역할은 아내보다 미숙할 수 있다는 우려가 있을 수 있으므로 남편이 부부갈등 시 바람직한 대처 방식을 사용할 수 있는 방법을 효과적으로 습득할 수 있도록 돕는 것이 필요하다.

III. 치료의 준거틀

이 연구의 사례는 이혼위기 부부갈등을 위해 가족치료를 의뢰한 남편을 치료하기 위해 MRI의 의사소통 이론과 Bowen의 가족체계 이론을 활용하였다.

1. MRI의 상호작용적 가족치료 모델

MRI에서는 가족의 문제는 문제를 해결하려는 가족의 시도 때문에 오히려 유지되고 있다고 본다. 즉, 두 가지 방법으로 문제가 발달되는데 하나는 어려움을 잘못 다루는 것이며 또 하나는 문제를 해결하려는 시도의 실패와 똑같은 문제해결 방식의 적용이다(Watzlawick, Weakland, & Fisch, 1974). 사람들이 자신의 문제를 감소시키려고 시도해 온 해결방법이 오히려 문제를 유지시키거나 그 문제를 더욱 악화시키기까지 한다는 것이다(Goldenberg & Goldenberg, 2012). 따라서 치료자는 내담자에게 기존의 해결책을 대체할 수 있는 새로운 해결책을 소개하는 일차적인 임무를 갖는

다(Weakland, 1993).

또한 MRI 모델은 의사소통과 체계 개념에 기반을 두고 있으며 내담자에게 나타나는 증상에 초점을 맞춘 단기치료접근법이다(박태영, 2009). 가족체계 내 관찰할 수 있는 현재의 상호작용(관계)에 초점을 두고(박태영, 2001) 의사소통을 명료하게 하도록 돕는 것이 치료의 목적이기 때문에 내담자의 저항을 최소화할 수 있는 치료 이론 중 하나다.

부부갈등은 부부가 가지고 있던 잘못된 의사소통으로부터 기인할 수 있으며(김영희, 1999; 최규련, 1994), 이러한 부부갈등이 더욱 심화되는 원인은 갈등의 존재 자체를 넘어 갈등을 해결하고 조정해 나가는 부부의 방식이 잘못 다루어졌기 때문이라는 주장(송말희, 1990; Miller et al., 1999; Natarius & Markman, 1993; Gottman, 1994)을 근거로 하여 볼 때 MRI 모델은 유용한 치료적 준거틀이 될 수 있다. MRI 모델을 이 사례에 적용하는 데 유용한 이유는, 내담자가 아내와의 문제를 해결하기 위해 사용하는 의사소통 방식이 독단적이고 폭력적인 방법을 사용하고 있고 이 때문에 부인이 더욱 깊은 부부갈등을 경험하게 하는 잘못된 방식으로 나타났기 때문이다.

2. Bowen의 가족체계 이론 모델

Bowen 이론의 기초는 자아분화인데 이 개념은 두 가지로 설명될 수 있다. 하나는 타인으로부터의 자기의 분리이고, 다른 하나는 감정과 정서를 지적 체계인 사고를 통해서 적절하게 잘 통제하고 분별하는 능력의 정도다. Bowen은 가족 내에서 감정적으로 상호의존 혹은 감정의 상호관계로부터 얼마나 자유로울 수 있는가에 대한 감정적인 과정을 분화라고 설명하면서, 개인의 융합된 상태는 가족 내에서 감정적으로 상호 고착되어 있는 경우라고 설명한다. 즉, 융합된 가족은 다른 가족 성원을 자기 자신의 연장으로 보는 환상을 가지고 있으며, 개인 간의 분리와 성장을 거부하는 병리적인 면이 있다(김혜숙, 2008). 한국문화에서는 가족에 대한 응집력이 강조되기 때문에 가족은 동고동락하는 개념으로 이해되어 이러한 이해관계로부터 빚어지는 많은 갈등과 문제점이 있다. 이러한 의미에서 본다면 Bowen의 가족체계 이론은 한국적 상황에 맞는 가족치료 이론 중 하나라고 말할 수 있다.

또한 Bowen은 현재의 가족을 형성하게 하고 지속적으로 영향을 미치고 있는 윗세대의 가족까지 시야를 넓혀 보다 넓은 가족관계망을 통해 치료의 해결책을 찾으려 했다. 즉, 결혼을 통하여 새롭게 가족을 이룬 개인과 그 개인의 현재 가족에게도 지속적이면서 중요한 역할을 하며 영향력을 행사하는 원가족의 근원적인 영향력을 강조하였다(조성경, 최연실, 2006). 이에 부부갈등을 이해하고 치료함에 있어 내담자와 그 배우자의 과거 원가족 경험을 통해 현재 상황에 대한 상호작용을 더욱 깊이 있게 이해하고 통찰할 수 있도록 돕는 Bowen의 가족체계 이론 모델을 치료의 준거틀로 적용하는 것은 바람직한 방법일 수 있다. 특히 이 사례는 현재 가족에서 지속되고 있는 부부갈등을 바라보고 해석하는 남편과 부인의 입장이 각기 서로 다른 원가족에서의 준거틀을 가지고 다른 방식으로 재해석하여 받아들이기 때문에 더욱 깊은 갈등을 초래하고 있었다. 이러한 부분에서 Bowen 모델은 유용한 적용점을 가지고 있다고 할 수 있다.

Ⅳ. 연구방법

1. 사례개요

이 연구의 사례는 부부갈등으로 현재 3년 동안 별거 중에 있는 남편이 치료자에게 상담을 의뢰하였다. 남편은 사회복지사로 근무하고 있으며 아내 역시 직장생활을 하고 있었고, 초등학교 2학년과 4학년인 두 딸은 친조부모와 함께 살고 있었다. 남편은 부부관계가 개선되어 가족 모두 함께 살기를 원하고 있었으며 나름대로 여러 가지 방법을 통해 부부관계 개선을 시도해 왔으나 이러한 시도는 부부관계를 더욱 악화시키는 요인으로 작용해 오고 있었다.

이 사례는 2012년 3~5월 동안 남편에 대한 개별상담의 형태로 총 6회의 상담이 진행되었으며 상담은 가족치료 전문가 1인이 진행하였다. 총 6회의 상담이 진행되는 동안 가족치료자는 남편에게 부부가 경험한 원가족 배경을 탐색하게 함으로써 이러한 경험이 현재 가족에서 지속되는 갈등과 어떠한 연관성이 있는지 접목시킬 수 있도록 개입하였고, 그동안 시도해 왔던 반복적인 해결방법이 오히려 갈등을 더 악화시키고 있음을 통찰시킴으로써 새로운 해결책을 시도하도록 코칭하였다. 그 결과, 남편은 아내와의 기능적인 대화 방식이 가능해졌으며 아내 역시 남편과의 대화를 시도하기 시작했고 이를 출발점으로 하여 두 사람이 함께 보내는 시간 또한 증가하는 모습을 관찰할 수 있었다.

2. 연구질문

이 연구에 대한 연구질문은 '가족치료 과정에서 남편은 어떠한 변화과정을 경험하였는가?'다.

3. 분석방법

이 연구는 사례연구의 방법을 적용하였는데 연구자는 이 사례가 '이혼위기의 부부갈등을 겪는 남편에 대한 가족치료'라는 일련의 프로그램으로서 시간과 공간의 제한된 경계를 가지고 있기에 사례연구방법이 적절하다고 판단하였다. Creswell (2012)에 따르면, 사례연구는 분명한 시간적 · 공간적 경계를 가진 사례를 연구하기 위해 선택되는 방법으로 사례의 배경에 대한 맥락적 자료를 찾고 사례에 대한 깊이 있는 그림을 제공하기 위해 폭넓은 자료를 수집한다. 사례연구는 맥락 속에서 세부적이고 심층적인 자료 수집을 통해 시간의 경과에 따라 하나의 '경계지어진 체계'를 탐색하는 것이며, 이 경계지어진 체계는 시간과 장소에 따른 경계를 갖게 된다. 사례의 맥락은 사례를 그 상황에 놓는 것을 포함하는데 이는 물리적 · 경제적 · 사회적 · 역사적 상황이 될 수 있다. 연구의 목적은 명료한 이론의 확인이나 명료한 이론에 대한 도전, 혹은 그 이론의 확대를 목적으로 한다.

이 연구의 분석은 치료를 진행한 가족치료자와 가족치료과정에 참석하지 않은 다른 연구자가 공동으로 진행하였으며, 분석방법은 질적 연구방법인 지속적 비교분석방법을 이용하였다. 이 방법은 사례 간 그리고 사례 내 유사점과 차이점의 패턴을 밝히는 데 유용하며(Erlandson, Skipper, & Allen, 1993. 김경미, 2005에서 재인용), 처음에는 귀납적인 접근으로 시작했다가 연역적으로 옮아 가고 또 다시 귀납적 접근으로 되돌아가는 반복적인 특징을 갖는다. 연구자는 수집된 자료를 수회 반복적으로 읽으면서 가족치료과정에서 나타난 남편의 경험을 중심으로 1차 코딩체계(coding sheme)를 임시적으로 만들었고 이 코딩체계를 이용하여 첨가 혹은 제외되어야 할 범주들과 합해져야 할 범주들을 재정리함으로써 최종적인 코딩체계가 만들어졌다. 마지막으로 추출된 범주들 간의 관계를 Miles와 Huberman(1994)이 주장한 시간에 따른 디스플레이 중 하나인 "사건 흐름 네트워크"의 방법을 활용하여 도식화하였다.

연구의 신뢰성을 높이기 위하여 연구자, 자료, 이론, 방법론의 삼각화(triangulation)를 주장한 Patton(2002)의 의견에 따라 이 연구에서는 전문가 집단에 의한 연구자의 삼각화를 실시하였고 자료의 삼각화를 위하여 상담 축어록과 상담 비디오테이프, 상담메모를 사용하였다. 자료 수집 및 자료화 절차에 대해 설명하면, 이 연구의 자료는 한 명의 가족치료자가 실시한 가족치료 상담내용을 2차 자료로 분석에 활용하였다. 연구에 사용된 사례는 상담자가 직접 내담자에게 동의를 얻어 녹음, 녹화해 두었던 상담내용을 검토하여 연구를 위해 적절한 자료라고 판단된 경우 내담자에게 이 연구의 목적을 재설명하여 내담자가 허락한 내용에 한하여 연구자료로 채택하였다. 녹음 및 녹화된 상담내용은 문자로 전사하여 분석자료로 만들었으며 만들어진 녹취록은 정확성을 위해 녹음된 음성자료와 비교하면서 점검하였다. 또한 사례연구는 여러 가지 자료원으로부터 자료를 수집하기 때문에 문자로 전사된 녹취록을 기본적으로 활용하고 그 외에 녹화된 영상자료의 관찰 및 치료자의 상담기록도 자료로 활용하였다. 또한 연구의 윤리성을 확보하고자 이 상담자료를 분석하기 이전에 내담자 가족에게 동의를 얻었고 내담자 가족의 사생활보장을 위해 실명이나 신분이 노출될 수 있는 내용은 삭제하였다.

한편 내담자인 남편의 변화 과정이 어떻게 나타나는가에 대한 결과를 제시하는 틀은 초이론적 모델(Prochaska & Norcross, 2002)을 활용하였다. 초이론적 모델은 내담자가 변화하는 데 5가지 단계가 있다고 제시한다. 즉, 전인식단계, 인식단계, 준비단계, 행동단계, 유지단계다. 첫째, 전인식단계는 내담자가 문제를 가지고 있다는 것을 의식하지 못하거나 다른 이유 때문에 변하는 것에 대하여 진지하게 생각하지 않는 단계다. 이 단계에서는 자신의 행동이 문제가 있다거나 병리적이라는 것으로 인식하려는 것에 대한 저항이 나타난다. 둘째, 인식단계는 개인적인 문제가 존재하는 것을 인식하는 단계로 내담자가 문제와 원인, 해결책을 이해하려고 하며 무엇이 잘못되었는가 그리고 어떻게 자신의 삶에 대해 통제를 할 수 있을까를 결정하기 위하여 노력하기 시작하는 단계다. 셋째, 준비단계는 자신의 의도와 행동적인 기준을 통합하는 단계다. 이 단계에 있는 내담자는 즉각 행동을 취하려고 의도하고 약간의 행동의 변화를 알린다. 그렇지만 비록 문제행동에 대한 약간의 변화가 일어나고 있다고 하더라도 준비단계에 있는 내담자는 효과적인 행동을 위한 기준에 도달하지 못한 상태다. 넷째, 행동단계에서는 자신의 문제를 극복하기 위하여 행동, 경험, 환경을 바꾸는 단계다. 행동은 가장 현저한 행동의 변화를 포함하며 엄청난 시간과 에너지의 투자를 요구한다. 행동단계에서 이루어진 문제행동의 변화는 확실히 보이는 경향이 있으며 굉장한 외부의 인정을 받게 되는 단계다. 다섯째, 유지단계는 행동단계에서 얻은 것을 계속하고 더 문제화된 기능의 수준으로 재발되는 것을 막기 위하여 노력하는 단계다. 이러한 유지단계는 최소한 6개월 정도 지속되는 경향이 있다. 또한 종종 수년 동안 지속되거나 평생 동안 지속될 수도 있다(Prochaska & Norcross, 2002).

V. 분석결과

연구질문인 '가족치료과정에서 남편은 어떠한 변화 과정을 경험하였는가?' 에 따른 연구결과는 다음과 같다.

1. 전인식단계

전인식단계는 사람들이 문제를 가지고 있다는 것을 인식하지 못하거나 어떤 이유때문에 변하는 것에 대해 진지하게 생각하지 않는 단계다. 따라서 이 단계에서는 자신의 행동이 문제가 있다는 것으로 인식하려는 것에 대한 저항이 나타난다.

1) 독불장군

자료분석을 통해 나타난 전인식 단계에서의 남편의 행동적 특성 중 하나는 일명 '독불장군' 라고 명명할 수 있는 '일방적인 의사소통' 의 문제가 있었다. 남편은 집안의 중요한 문제에 대해서 아내의 의사를 배제하고 독단적으로 판단하고 결정하여 아내에게 통보하는 방식을 사용함에 따라 부부갈등이 초래되는 경우가 많았다. 하지만 남편은 본인의 '독불장군' 식 의사소통 방식에 대해 인식하지 못한 채 아내가 자신을 이해하고 지지해 주기만을 원하고 있었다.

'일방적인 의사소통 방식'

치료자: 그럼 혹시 다니던 직장을 그만두고 완전히 다른 분야로 이직을 할 때는 부인과 사전에 의사소통을 하고 결정한 건가요?

남 편: 아니요. 제가 다 결정한 후에 쉼터에서 숙식하면서 지내게 되었다고 아내에게 통보했어요. (1회기)

'남편의 일방적인 의사소통 방식에 질려 도망가는 아내'

치료자: 최근에 부인이랑 크게 싸웠다고 했는데 어떤 문제였나요?

남 편: 2월말쯤 제 나름대로 이벤트를 준비했어요. 아이들을 데리고 서울 실내 놀이공원에 가서 놀고 지금 아내가 살고 있는 집에 가서 놀았어요. 아이들과 노는 건 제가 아내보다 잘하니까요. 그리고 최근에 아내와 긴장관계가 없고 무난하게 흐르고 있었기 때문에 '함께 자는 것도 가능하지 않을까?' 라고 생각했어요. 물론 제가 날짜를 평일로 일방적으로 정한 게 있어요.

치료자: 아내가 뭐라고 하던가요?

남 편: 왜 자기랑 상의하지 않았냐고 했어요. 그리고 함께 자는 것을 강력하게 반발 했어요. 자기(아내)는 나(남편)를 피해 도망 왔다는 거예요. (1회기)

'숨통을 조이며 강요하는 남편과 숨 막히는 아내'

남 편: 제 아내가 이런 말을 한 적이 있었어요. "당신은 나를 눌러서 당신 의사를 관철시키려고 해. 매사 그런 식으로 안 되면 윽박지르고 소리를 질러서라도 나를 주눅 들게 만들고 나를 숨도 못 쉴 만큼 꼼짝 못하게 만들고 결국은 당신 마음대로 해 버리지." (1회기)

2) 시한폭탄

전인식 단계에서 남편의 행동적 특성 중 또 다른 하나는 일명 '시한폭탄' 이라고 명명할 수 있는 '폭력적인 의사소통 방식' 이라고 할 수 있다. 이는 아내의 역기능적 의사소통 방식에 대응하는 남편의 대처전략이라고도 할 수 있는데, 아내의 조목조목 따지는 의사소통 방식에 대하여 남편이 큰 거부감을 가지고 있어서 참고 지내다가 폭발하고 급기야 폭력적인 행동으로 대화를 단절시키는 행동이 반복되어 왔다.

'아내의 의사소통 방식에 폭발하는 남편'

남 편: 화가 나면 사고가 마비되는 것 같아요. 아내는 저를 열 받게 하는 천부적인 재능이 있는 것 같아요. 제가 분을 못 이겨서 신혼 초에 크게 한 번 싸웠을 때 도로에서 사람들이 지나다니는데 아내에게 크게 소리 지른 적이 있어요. 신혼 초에 살던 반지하 방문을 주먹으로 쳐서 박살 낸 적도 있고……. (1회기)

'자신을 통제할 수 없는 남편'

남 편: 굉장히 감정이 상하죠. 저는 폭군이 아닌데……. 저는 그런 의도로 한 것이 아니라 단지 답답해서 소리를 지른 거예요. 답답하니까 논리적으로는 안 되고 말은 하고 싶고 답답함에 미쳐 버릴 것 같아 감정이 차오르니까 소리치게 되는 거예요. 심호흡을 하고 말하는 건 이론이 그렇지 그런 상황에서는 실제로 나를 컨트롤할 수 없어요. (1회기)

'폭발하듯 극단적인 행동을 취하는 남편'

치료자: 아내가 동생과 제수씨에 대해서 불만을 털어놓았을 때 어떻게 반응했나요?

남 편: 제가 동생네랑 관계를 끊겠다, 당신이 싫으면 관계를 아예 끊겠다고 말했어요. 이렇게 아내가 속상한 이야기를 저한테 하면 제가 그냥 와이프 속상한 것 때문에 극도로 흥분을 하게 되요. 그러면 와이프는 황당해지는 거죠. 그냥 속마음을 말한 건데 제가 극단적인 선택을 하겠다고 반응을 하니까 그걸로 또 다시 싸우는 거예요. (3회기)

이렇듯 남편은 부부갈등을 유발시키는 주된 원인이 되고 있는 자신의 역기능적인 의사소통 방식에 대해 인식하지 못하고 있었으며 자신을 멀리하고 피하려는 아내를 오히려 원망하고 있었다.

3) '엄마처럼'을 강요

원가족에서 남편의 부모님이 가지고 있는 의사소통 방식은 아버지의 일방적이며 독선적인 의사소통 방식에 대해 어머니는 무조건 참고 견디는 반응을 해 왔다. 이에 남편은 아내도 어머니와 같이 순종적인 대응을 하기를 원하였는데 아내가 조목조목 따지는 의사소통 방식을 사용하기 때문에 더욱 큰 분노를 느끼고 자신의 강요가 일방적이라는 것을 인지할 만한 여유가 없었다.

'엄마처럼 해 주었으면'

남 편: 저희 엄마는 아버지가 그러실 때 절대 말대답하거나 덤비듯 말씀하시는 법이 없었어요. 엄마는 아버지가 화났을 때 건드리면 안 된다는 걸 알아요. 그래서인지 저도 제가 화났을 땐 그냥 가만히 놔뒀으면 좋겠는데 아내는 저를 미치게 해요. (1회기)

2. 인식단계

인식단계는 개인적인 문제가 존재한다는 점을 인식하는 단계로 문제와 원인, 해결책을 이해하고자 노력하며, 자신이 어떻게 자신의 삶에 대해 통제할 수 있는가를 결정하기 위해 노력하기 시작한다.

1) 자신의 모습에서 아버지를 보다

인식단계에서 남편은 치료자와의 상담을 통해 자신의 의사소통 방식이 아버지의 방식과 유사하며 이는 원가족에서 전수되고 있음을 인식하게 되었다. 어려서부터 남편은 아버지의 일방적이고 폭력적인 의사소통 방식에 대하여 부정적인 시각을 가지고 있었음에도 불구하고 현재 자신이 아내와의 대화에서 아버지와 동일한 의사소통 방식을 사용하고 있음을 치료자를 통해 확인하면서 자신의 의사소통 방식에 문제가 존재한다는 점을 인식하게 되었다.

'무섭게 어머니를 몰아세웠던 아버지, 그러나 자신 역시…….'

남 편: 아내도 저희 아버지를 무서워해요. 저도 어렸을 때 정말 아버지가 무서웠어요.

치료자: 그럼 어렸을 때부터 본인도 솔직한 감정을 털어놓은 적이 없다는 것 그것이 와이프한테 걸려 들어가고, 답답할 때 버럭 하는 것도 아버지한테 전수되어서 와이프에게 버럭 하는 거예요.

남 편: 아버지도 엄마가 뭘 이야기하면 아버지 의견대로 되지 않을 때 소리를 꽥

지르시는데 그럼 집안 분위기가 안 좋았어요. (2회기)

'내가 가장 싫어하고 두려워하던 아버지를 자신에게서 보다'

남 편: 저는 선생님(가족치료자)이 말씀하신 일방적인 의사결정 방식이 아버지에게서 전수되었다는 것까지는 생각 못했고, 단순히 욱하는 것만 아버지를 닮았다고 생각했어요. (3회기)

2) 아내의 눈으로 자신을 반추하다

남편은 자신의 원가족 경험뿐만 아니라 아내의 원가족에 대한 이해를 통해 자신이 가지고 있던 역기능적 의사소통 방식이 아내에게 얼마나 큰 상처를 주는지 인식하게 되었다. 아내의 아버지는 본처가 있는 상태에서 외도하여 아내를 낳게 되었고 본처가 있는 집으로 아내의 친어머니와 함께 들어가 살려고 했으나 본처의 심한 반발을 견디지 못하고 아내의 어머니는 아내만을 남겨 둔 채 도망을 갔다. 아내는 친어머니에게 버려지고 아버지의 집에서 계모와 의붓오빠들의 눈치를 보며 살아왔고 의붓오빠들로부터 심한 폭행을 당하며 성장해 왔다. 이러한 원가족 경험 때문에 아내는 남편의 배려 없는 일방적인 의사소통 방식과 폭력적인 행동에 더욱 민감한 대응을 할 수밖에 없었음을 인식하게 되었다.

'아내의 입장에서 바라본 나'

남 편: 제 아내의 가족도 그렇게 평범하진 않아요. 장인어른도 그렇고 장모님도 한 번도 뵙지 못했어요. 결혼할 당시에도 부모 없이 혼자였어요. 제 아내가 장인어른의 둘째 부인의 딸이에요. 제 아내는 배다른 오빠들하고 지냈는데 오빠들이 어렸을 때 제 아내를 너무 많이 괴롭혔대요. 들은 이야기인데 5~6살 때 고등학생 오빠들이 자기를 벽에 던진 적도 있대요.

치료자: 아내 분은 어려서부터 눈치를 많이 봤을 거예요. 자기 의견은 가족 내에서 존중되지 못했고, 그리고 오빠들로부터 폭행을 당했는데 심한 경우 성적인 추행이나 성폭행도 있을 수 있어요. 이러한 아내 분의 원가족 상황을 보면 아내 분은 당연히 남편의 일방적이고 폭력적인 의사소통에 대해서 치가 떨릴 정도로 싫었을 거예요.

남 편: 성적인 추행이나 성폭행에 대해서는 들은 이야기는 없지만 커 가는 과정

에서 배다른 오빠들에게 그렇게 무시당하거나 폭행을 당했다면 제가 지금 아내에게 말하는 태도나 어떤 것을 결정하는 것에서 아내가 저를 그 오빠들처럼 보게 될 수도 있을 것 같아요. (1회기)

3. 준비단계

준비단계는 자신의 의도와 행동적 기준을 통합하는 단계로 즉각 행동을 취하려고 하며 약간의 행동 변화를 알리지만 효과적인 행동을 위한 기준에는 아직 도달하지 못한다.

1) 반신반의하기

준비단계에서 남편의 행동적 특성 중 하나는 일명 '반신반의하기'다. 남편은 아내와의 관계 개선을 위해 노력을 시작하려고 하지만 남편을 단호하게 거부하고 있는 아내가 이러한 변화를 받아줄지에 대하여 고민하는 모습을 보였다.

'자신의 노력에 대한 아내의 냉소적 반응이 걱정됨'

남 편: 근데 제가 이렇게 변한다고 해도 아내가 받아줄지 걱정이고 이 얘기를 꺼내려 하다가도 스스로 마음이 상하고 '내가 뭐가 아쉬워서?'라는 생각이 들어요. (중략) 아내한테 미안한 마음이 들기도 해서 "자기야, 힘내!" 이런 말로 내 마음을 표현하고 싶은데 솔직히 무시당할까 봐 두려워요. (2회기)

2) 용기 내어 시도하기

그러나 남편은 반신반의하는 마음을 극복하고 약간의 행동 변화를 알리는 일명 '용기 내어 시도하기'의 모습을 나타내기 시작했다. 인식단계를 통해 자신이 어떠한 변화를 시도해야 하는지 보다 명확한 통찰을 시작한 남편은 서서히 변화를 위한 준비를 시작하는 모습을 보였다.

'변화를 위한 작은 시도'

치료자: 지난 상담을 마치고 나서 부인이랑 관계는 어떠셨나요?

남 편: 아직까지 조심스럽죠. 실수할까 봐……. 그런데 일단 제 마음이 전달된다

는 느낌을 받기 시작했어요. 전에 사이가 좋지 않을 때는 안부도 묻지 않고 용건만 말하는 식이었는데 요즘은 '회사가 많이 바쁘지?' 이렇게 문자도 보내고요. 전에는 이렇게 보내지 않았어요. 뭐 물어보고 싶지도 않았고요. 서운했으니까요. 근데 최근에는 의도적으로 할 말이 없어도 "날씨가 참 좋은데 놀러가지도 못하고 마음이 좀 그렇지 않냐?"라는 이야기도 먼저 건네고 그래요. (6회기)

4. 행동단계

행동단계는 자신들의 문제를 극복하기 위해 행동, 경험, 환경을 바꾸는 단계로, 가장 현저한 행동 변화를 포함하며 엄청난 시간과 에너지의 투자가 필요하다. 행동단계에 와서 남편은 현저한 행동적 변화를 나타내기 시작했는데, 구체적인 내용으로는 '배려하기' '손 내밀기' '맞장구치기' '섣부른 오해 멈추기'가 범주화되었고 남편의 이러한 변화는 부부관계 개선에 절대적인 영향을 미치기 시작하여 부부간의 대화 빈도 및 내용에 긍정적 변화를 가져왔다.

1) 배려하기

남편은 '배려하기'라는 변화를 행동화하기 시작했는데 전인식 단계에서 보였던 '독불장군' 식의 의사소통 방식에서 벗어나 아내의 의사를 존중해 주기 시작했다. 부부는 남편의 일방적 결정 후 통보하는 패턴으로부터 빚어지는 갈등이 많았는데 남편은 이러한 패턴으로부터 벗어나 아내에게 먼저 의사를 물어보고 타협하는 방식으로 행동이 변화되고 있었다.

'아내의 의사를 존중하기'

남 편: 아내와 함께 식당에서 밥을 먹는데도 제가 의도적으로 의식을 많이 하게 되더라고요. 아내를 불편하지 않게 하려고……. (4회기)

남 편: 이번에는 제가 아내에게 먼저 물어봤어요. 시간이 되냐고, 그리고 시간이 안 되면 내가 조정할 수도 있고 옵션을 많이 줬던 것 같아요. (5회기)

2) 손 내밀기

남편의 두 번째 행동 변화 중 하나로서 아내에게 지지적이고 친밀한 표현을 하는 횟수가 증가했음을 알 수 있다. 남편이 '손 내밀기'의 행동 변화를 시작한 주된 이유는 아내의 원가족 경험을 통찰한 후 아내가 지지적인 환경에서 성장하지 못했음에 대한 상처가 있었다는 것에 의미를 부여하고 지지적이고 친밀한 표현이 아내에게 필요하다는 것을 인지했기 때문이다.

'먼저 다가가기'

남 편: ○○이(큰딸)을 낳아 줘서 참 고마워. 정말 애썼어. 그동안 내가 많이 못 했지만 앞으로는 잘하고 싶어. (4회기)

남 편: 최근에는 아내에게 안부도 자주 묻고 힘내라는 말도 자주하게 되요. (2회기)

3) 맞장구치기

남편의 적극적인 노력으로 시도된 많은 행동 변화는 부부관계에 긍정적인 변화를 가져왔다. 이러한 긍정적인 변화는 부부간의 대화 시간 증가뿐 아니라 단순한 안부를 묻는 내용에서 보다 깊이 있게 마음을 소통하는 수준으로 발전하는 계기가 될 수 있었다. 특히 남편은 '맞장구치기'라는 새로운 시도를 통해 아내와의 대화에서 조금 더 원활한 소통의 경험을 하기 시작했다. 이는 전인식 단계에서 남편이 가지고 있던 일명 '시한폭탄'과 같은 의사소통 방식과 대조되는 새로운 해결책으로, 아내의 말에 남편이 더 흥분하면서 극단적인 행동을 취하려고 하는 방식에서 탈피하여 아내의 말에 공감해 주고 동조해 줌으로써 대화의 양과 횟수를 늘려 나가는 새로운 방식이 시도되기 시작한 것이다.

남 편: 제가 요즘은 아내의 기분이 어떤지 자주 물어보곤 해요. 얼마 전에는 아내가 회사에서 짜증 났던 일을 이야기 하더라고요.

치료자: 그래서 아내에게 뭐라고 하셨어요?

남 편: "와! 진짜 열 받았겠다. 지금은 기분이 괜찮아?"라고 했어요.

치료자: 그랬더니 아내 분이 뭐라고 하시던가요?

남 편: "지금은 괜찮아졌고, 그래도 오늘 하루 잘 보냈어." 라고 말했어요. 이런 식으로 대화를 나누다 보니 아내와 대화하는 것이 즐겁고 아내와의 관계가 많이 좋아진 거 같아요. (6회기)

4) 섣부른 오해 멈추기

행동단계에서 나타난 남편의 새로운 시도 중 하나는 '섣부른 오해 멈추기'로 남편은 상황에 대해 혼자 오해하거나 넘겨 짐작하는 식의 해석을 멈추고 아내에게 확인하는 절차를 거침으로써 상황을 곡해하지 않고 있는 그대로 받아들이는 방법을 시도하였다.

남 편: 전에는 제가 문자를 했는데 바로 연락이 없으면 '나랑 이야기하기 싫으니까 답장도 안 하는구나.'라고 오해하고 이미 기분이 상했을 텐데 요즘은 제가 문자를 했는데 바로 연락이 없으면 "혹시 내 문자 보고 기분이 나빴어?"라고 직접 확인해요.

치료자: 아내가 뭐라고 하던가요?

남 편: "아니야. 지금 많이 바빠서 길게 못해."라고 답장이 왔어요. 이런 식으로 답이 와서 아내의 상황을 이해할 수 있고 제 마음도 편했어요. (6회기)

5. 유지단계

유지단계는 행동단계에서 얻은 것을 계속하고 더 문제화된 기능수준으로 재발되는 것을 막기 위해 노력하는 단계다. 따라서 유지단계는 치료과정에 속한다기보다 치료 종결 후 내담자가 치료과정에서 도달한 행동단계의 특성을 계속해서 유지하고 있는가를 사후상담을 통해 확인할 수 있는 부분에 해당된다.

이 연구의 사례에서도 상담 종결 6개월 후 1~2회의 사후상담을 시행하였고, 그 후 다시 6개월 후 1회의 사후상담을 통해 행동단계까지 이어진 부부관계의 변화가 어떻게 유지, 확대되고 있는가를 점검하였다. 그 결과, 별거 중인 부부에게 획기적인 변화가 지속되고 있음을 파악할 수 있었다. 구체적인 내용으로 가족이 함께하는 시간이 증가되었고 부부가 함께 여행을 가려고 준비하고 있음을 알 수 있었다. 오랜 시간 동안 갈등을 지속해 오다가 결국 별거 중인 상태에까지 이르렀던 부부에게는 무척 큰 변화의 시작일 수 있다.

1) 가족과 함께

남 편: 요즘은 전보다 가족이 함께하는 시간이 많아졌어요. 저는 요즘 정말 행복합니다. (사후상담)

내담자와 부인은 가족이 함께하는 여가활동의 횟수가 증가하였는데 그 과정에서 남편이 주로 일방적으로 계획을 세우고 부인에게 통보하는 방식에서 부인의 의견을 존중하고 함께 계획을 세우는 방식으로 변화했음을 알 수 있었다. 남편의 일방적 통보 때문에 가족과 함께하는 시간을 갖기도 전에 계획 과정에서 다툼이 있었던 부부였는데 이러한 남편의 변화로 가족이 즐거워하는 시간이 가능해졌다.

2) 부부가 함께

남 편: 이번 주말에는 아내와 단둘이 여행을 가기로 했어요. 당일에 다녀와야 하는 여행이지만 아내와 여행을 갈 수 있다는 것만으로 정말 마음이 좋아요. 그리고 아내도 저에게 마음을 많이 연 것 같아요. (사후상담)

부부갈등이 심각했을 당시에는 자녀를 통해서만 부부가 함께하는 시간을 갖는 것이 가능했으나 상담 후에는 자녀가 없는 상황에서도 부부 둘만의 시간을 갖고 그러한 시간을 통해 친밀감을 회복하기도 하였다.

6. 치료적 준거틀에 따른 가족치료의 투입 내용

이 사례에 적용된 치료적 준거틀에 따라 가족치료의 투입 내용이 어떠하였는지 단계별로 제시해 보면 〈표 2-1〉과 같이 요약될 수 있다.

〈표 2-1〉 치료적 준거틀에 따른 가족치료의 투입 내용: MRI의 상호작용적 가족치료 모델

적용된 치료의 준거틀	치료기법	단계별 가족치료의 투입 내용
MRI의 상호작용적 가족치료 모델	1) 재정의: 어떤 행동, 관계, 현상을 지금과는 다른 측면에서 보고 그 특징에 새로운 의미를 부여하는 과정 2) 역설적 개입: 치료자가 치료의 목표와는 반대되는 것을 실행하도록 지시하여 보다 효과적인 결과를 초래하려는 시도 3) 은유: 직접적인 의사소통이 유효하지 않을 때 그 메시지를 비유로 전달하는 것 4) 의식: 가족에게 구체적인 행동을 지시하여 변화를 시도하는 방법	① 시도된 해결책 탐색 (1회기~2회기) • 무엇이 그 문제를 지속시키는가에 관심 갖기 〈예시문〉 저는 우선 무엇을 보냐면 현재 부부관계에서 걸려 있는 의사소통 방식을 봐요. • 문제를 지속시키는 구체적인 행동패턴을 발견하기 〈예시문〉 그 방식이 부인을 더 열 받게 하는 거예요. 남편 분은 열 받은 부인을 또 자극하지 않았겠냐 이거예요. 남편이 이렇게 공포감을 조성하고 폭력적인 부분이 있는 것을 부인이 볼 때는 아주 비열한 방식이라는 거예요. ② 시도된 해결책에 대한 비효과성 인식 (2회기~4회기) • 내담자가 시도해 왔던 해결 방식이 효과가 없음을 인식시키기 〈예시문〉 부인이 시댁이나 제수씨에 대해서 서운하고 속상했던 이야기를 남편한테 했을 때 남편이 극단적으로 반응을 하니까 부인 입장에서는 이야기를 하는 것이 부담이 된다는 거예요. 부인 입장에서는 남편에게 이야기를 해서 조금 풀고 싶은데 남편이 시댁이나 동생이랑 관계를 끊어 버린다는 등의 반응을 보이니까 부인 입장에서는 이야기를 하기가 무섭다는 거죠. ③ 새로운 해결책 시도 (5회기~6회기) • 그동안 시도했던 것과는 다른 시도를 생각해 내고 그것을 실행에 옮기기 〈예시문〉 부인 입장에서는 남편이 변했다는 것을 당연히 느끼게 되지요. 남편이 전에는 자기 생각만하고 통보하는 방식의 의사소통 방법을 사용하면서 부인은 남편이 자기를 무시한다는 생각 때문에 대화를 거부하기만 했었는데 이제는 부인의 감정도 물어봐 주고 의견을 존중해 주니까 부인 입장에서는 점점 대화가 가능해진다고 생각하는 거죠. 전에는 남편한테 전화가 오면 받기 싫고 짜증만 났는데 이제 대화하고 싶은 상대가 남편인 거죠.

〈표 2-2〉 치료적 준거틀에 따른 가족치료의 투입 내용: Bowen의 가족체계 이론 모델

적용된 치료의 준거틀	치료기법	가족치료의 결과와 결과가 도출된 과정 설명
Bowen의 가족체계 이론	1) 탈삼각화 과정: 증상을 제거하거나 변화시키기 위해 역사적 요소를 발견하는 과정이며 역사적 요소의 발견은 원가족에 대한 이해로부터 시작된다. 가족에 대한 정보가 많을수록 원가족에 대한 이해의 폭이 넓어지고 이는 곧 자아분화로 이어진다. 자아분화는 자신과 관련된 삼각관계를 인식하고 거기에서 탈삼각화하는 것이다.	① 역사적 요소의 발견 시도 (1~2회기) • 원가족에 대한 이해 시작 〈예시문〉 부인이 어렸을 적에 성적인 학대 경험이나 오빠 또는 아빠가 소리를 지르는 경우였다면 남편이 소리를 지를 때마다 부인은 굉장한 공포심과 두려움을 느낄 수밖에 없어요. 왜 부인이 남편의 소리 지르는 의사소통 방식에 이렇게 민감하게 반응하는가? 원가족에서 걸려 있는 것을 보는 거죠. • 삼각관계의 인식 〈예시문〉 남편 분의 어머니가 늘 순종적으로 살아온 것에 대해 어머니의 그런 모습을 부인에게 강요하고 있으세요. 그리고 정서적으로 아내 쪽보다는 어머니에게 더 밀착되어 있고 우리 엄마처럼 해 줬으면 하는 바람을 계속 부인에게 주고 있다는 거죠.
	2) 가계도의 활용: 3세대에 걸친 가족의 정보를 얻기 위해 가족치료자는 가계도를 사용한다. 가족에 관한 정보가 도식화되어 있는 가계도를 통하여 가족 성원 간 반복되어 나타나는 사건이나 유형을 파악함으로써 원가족에서 경험한 패턴과 영향력을 현 핵가족의 문제를 규정하는 데 사용함으로써 가족을 평가한다.	② 가족평가 • 가족관계에 대한 재해석 및 재인식 〈예시문〉 부인이 자신을 무시하는 남편의 의사소통 방식에 이토록 예민하게 반응하는 이유가 어려서 자기를 버리고 가버린 친정엄마에 대한 분노와 새엄마와 배다른 오빠들 사이에서 천덕꾸러기로 자기 의견은 항상 무시되고 학대를 받은 경험 때문에 남편이 자기를 무시한다고 생각이 들면 새엄마와 배다른 오빠들이 자기를 무시했던 것처럼 남편도 자기를 무시한다고 생각이 드니까 민감하게 반응을 한다는 거죠. ③ 탈삼각화 시도 • 관계 실험하기 〈예시문〉 어머니에 대한 연민의 정과 부인에 대한 친밀함이 뒤섞여 있어요. 중요한 것은 부부관계입니다. 어머니와 밀착되어 있는 남편의 모습과 행동을 바꾸셔야 해요.

7. 치료과정에서 남편의 경험과 변화에 관한 전체 네트워크

추출된 범주들 간의 관계를 '사건 흐름 네트워크'로 구성하여 가족치료과정에서 나타난 남편의 경험과 변화를 [그림 2-1]과 같이 나타낼 수 있었다.

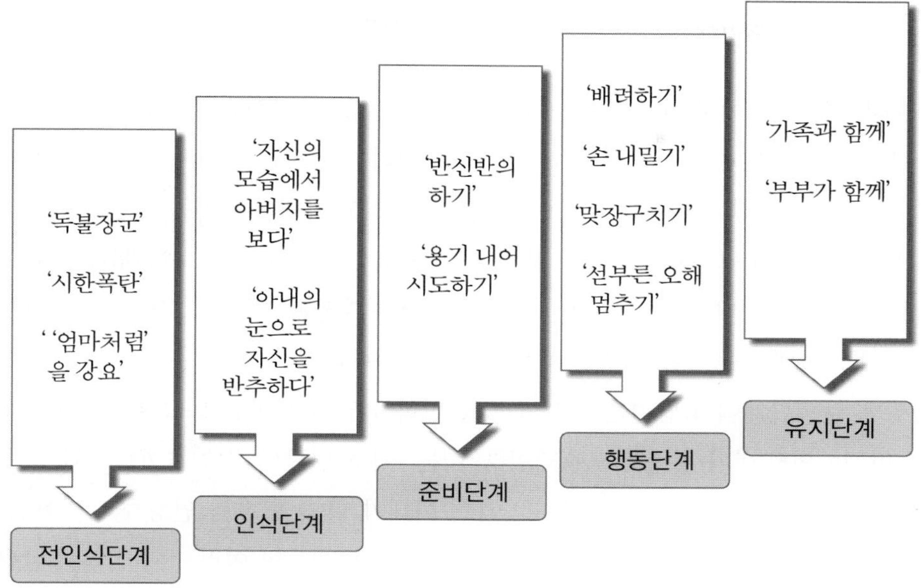

[그림 2-1] 가족치료과정에서 남편의 경험과 변화에 관한 전체 네트워크

VI. 결 론

1. 요 약

이 연구는 이혼위기에 놓여 있는 부부를 위한 가족치료 사례로서 남편을 대상으로 개별상담이 진행된 경우였고, '가족치료가 진행되는 동안 남편이 경험한 변화 과정이 어떠한가?' 에 대한 연구질문을 통해 범주를 도출해 내었다. 그리고 남편의 변화과정을 시간의 흐름에 따라 전개하기 위해 초이론적 모델을 분석의 틀로 활용하였다. 이에 따른 연구결과를 요약하면 다음과 같다.

첫째, 전인식단계에서 남편은 일명 '독불장군(일방적이고 독선적인 의사소통 방식)' '시한폭탄(폭력적이고 극단적인 의사소통 방식)'과 같은 역기능적 의사소통 방식을 사용해 왔음에도 불구하고 이를 인식하지 못한 채 아내를 원망하고 탓하고 있었으며 오히려 아내가 자신을 이해해 주기를 바라고 있었다. 즉, 변화의 몫이 자신에게 있지 않고 상대방에게 있다고 생각하는 전인식단계에서의 전형적인 반응을 보이고 있었다. 또한 원가족 경험으로부터 빚어진 투사를 아내에게 하고 있었는데 자신의 어머니가 아버지에게 무조건 참고 희생하는 모습을 아내에게 일방적으로 강요하기도 했다.

둘째, 인식단계에서 남편은 가족치료자의 개입을 통해 자신의 역기능적 의사소통 방식의 잘못된 효과성을 인식하기 시작했고, 이러한 역기능적 의사소통 방식이 자신의 원가족으로부터 비롯되었음을 통찰했다. 그리고 아내의 원가족 경험을 탐색하고 통찰함으로써 자신의 의사소통 방식이 아내를 더욱 자극하고 힘들게 했음을 이해할 수 있게 되었다. 인식단계에서의 남편의 변화 과정은 '자신의 모습에서 아버지를 보다' '아내의 눈으로 자신을 반추하다'로 범주화되었다.

셋째, 준비단계에서 남편은 약간의 행동 변화를 알리는 반응을 나타내었는데 우선 '반신반의하기'가 범주로 도출되었다. 이는 '과연 변화할 수 있을까?'에 대한 치료 자체에 대한 의구심일 수도 있고 '과연 아내가 나의 변화를 인정하고 받아 줄까?'에 대한 상대 배우자에 대한 의구심일 수도 있다. 이러한 여러 가지 상황이 남편으로 하여금 반신반의하는 반응을 야기시켰다고 볼 수 있다. 그러나 남편은 이러한 의구심을 극복하고 행동 변화를 구체적으로 시작하는 일명 '용기 내어 시도하기'를 통해 새로운 시도를 시작하였다.

넷째, 행동단계에서 도출된 남편의 변화 모습은 '배려하기' '손 내밀기' '맞장구치기' '섣부른 오해 멈추기'로서 그동안 유지해 왔던 시도된 해결책으로부터 탈피하여 새롭고 다양한 시도를 하는 모습을 볼 수 있었다. 이는 전인식 단계에서 도출된 범주인 '독불장군' '시한폭탄' '엄마처럼을 강요' 하는 남편의 행동과는 대조되는 모습으로 행동단계부터 부부관계의 개선과 향상이 눈에 띄게 증가했음을 알 수 있었다.

다섯째, 유지단계에서 도출된 범주는 '가족이 함께' '부부가 함께'로서, 범주명에서 알 수 있듯이 별거 중인 이 가족은 가족이나 부부가 함께 시간을 보내는 시간과 횟수가 증가하는 관계 개선의 놀라운 변화 모습을 보여 주고 있다. 물론 상담이 종료되는 시점을 기준으로 볼 때 별거 상태를 철회하고 동거를 시작한 것은 아니지만, 사후상담을 통해 확인된 이러한 변화 모습은 차후 이 부부가 더욱 긍정적으로 관계 개선을 이어 가고 유지하는 것의 바람직한 신호가 될 수 있다고 분석된다.

2. 함 의

이 연구의 가장 큰 의의는 가족구성원 중 한 명만 가족치료에 의뢰되었을 때 그 개인에게도 가족치료 모델의 적용이 가능하며 효과성을 도출할 수 있다는 사례를 제시한 데 있다. 누구나 자발적으로 상담에 응하지 않을 수 있으며 부부 문제의 해결을 위한 상담일지라도 상대 배우자가 상담을 거부할 수 있다. 그러나 한 명의 변화는 나머지 가족구성원 모두에게 영향을 미칠 수 있다는 체계론적인 관점에 입각해 볼 때 개인 한 명을 위한 가족치료 모델의 적용은 충분한 의미를 가지고 있을 수 있으며 실제로 상담을 통해 남편이 변화하기 시작했고 남편의 변화가 상담에 참여하지 않는 아내의 변화까지 이끌어 내었음을 분석을 통해 알 수 있었다.

또한 이 연구는 남성을 대상으로 하는 가족치료 사례를 제시한 것에서도 큰 의의를 찾을 수 있다. 남성 자체가 가지고 있는 심리적인 기제가 여성과 다르고 또한 현 시점에서는 가부장적인 한국의 가족구조 및 사회구조에서 개인적인 문제를 공식적인 방법으로 해결하는 상담이라는 체계가 익숙하지 않은데, 이 연구의 결과는 남성이 상담에 의뢰되었을 때 어떻게 효과적으로 상담을 진행할 수 있는가에 대한 구체적이고 실제적인 예를 제시해 주고 있다. 더욱이 남편이 아내에 비해 부부갈등을 해결해 나가는 방법이 미숙할 수 있고 혹은 민감하게 인식조차 하지 못하는 경우도 있다는 선행연구(이선미, 전귀연, 2001; Heavey et al., 1993; Gilligan, 1982)의 결과를 고려해 볼 때, 부부관계 개선을 위한 남편의 역할을 인지시키고 나아가 구체적인 행동으로 실행할 수 있을 때까지의 전 과정을 분석한 이 연구의 결과는 남성을 대상으로 하는 많은 교육 프로그램 및 상담 프로그램의 기초 자료로 충분히 활용될 수 있을 것으로 보인다.

마지막으로 이 연구결과를 통해 MRI의 상호작용적 가족치료 모델과 Bowen의 가족체계 이론 모델이 이혼위기에 놓여 있는 부부를 돕기 위한 상담에 효과적임을 알 수 있었다. 부부갈등이 유발된 원인을 가족체계라는 맥락에서 이해시킴으로써 그동안 유지해 왔던 시도된 해결책을 인식한 후 이를 탈피할 수 있는 새로운 대처 방식을 시도하고 유지하여 가족의 문제는 해결될 수 있었다. 또 부부의 원가족 특성은 현재 부부의 상호작용을 이해하는 데 폭넓은 기반을 제공하여 배우자에 대해 이해하고 오해의 간격을 좁히게 해 주는 중요한 역할을 하고 있음을 알 수 있었다. 두 모델의 이러한 원리와 개념은 향후에도 부부갈등을 겪고 있는 부부 및 개인에게 유용하게 적용될 수 있으리라고 기대한다.

마지막으로 이 사례는 별거 상태의 철회와 이에 따른 새로운 부부관계의 확립 및 정착이라는 과제가 여전히 남아 있다. 이 부부는 3년이라는 오랜 시간 동안 별거해 왔기 때문에 새롭게 재결합을 했을 경우 이에 대한 적응이 필요하고 상담을 통해 얻은 새로운 상호작용을 계속해서 유지시켜 나갈 필요가 있다.

이 연구는 하나의 사례만을 가지고 분석하였기에 이혼위기에 있는 부부를 위한 가족치료 개입의 효과성을 일반화하기에는 분명한 한계점을 가지고 있다. 향후 유사 사례에 대해 MRI의 상호작용적 가족치료 모델과 Bowen의 가족체계 이론을 활용한 가족치료 사례연구가 계속적으로 이루어져 이 연구의 결과를 수정 혹은 확대할 수 있기를 기대한다.

또한 이 연구가 가지고 있는 두 번째 한계점은 분석방법에서 초이론적 모델을 분석의 틀로 활용함으로써 남편의 변화 과정 경험을 귀납적 방식으로 새롭게 해석하고 내용을 추출하여 결과를 제시하는 것을 기존 모델의 틀로 제한하였다는 점이다. 초이론적 모델은 내담자의 변화 과정을 단계화시킨 모델로, 내담자의 변화모습을 유용하게 가시화시키는 데 많은 장점을 가지고 있지만 차기 연구에서는 기존 모델의 분석틀에 제한받지 않고 질적 연구가 지향하는 귀납적 방식으로 결과를 도출할 필요가 있다.

참고문헌

권정혜, 최규만(2000). 부부적응 프로그램의 개발과 그 효과에 관한 연구. 한국임상심리학회지, 19(2), 242-275.

김갑숙, 최외선(1992). 아내가 인지한 부부갈등에 관한 연구. 한국가정관리학회지, 10(2), 133-143.

김경미(2005). 장애인의 활동보조서비스 이용 이후 삶의 변화에 대한 연구: 신체적 · 심리적 · 사회관계적 측면을 중심으로. 한국 사회복지학, 57(4), 253-274.

김영희(1999). 결혼생활의 질과 안정성: 이론적 모델의 검증. 대한가정학회지, 37(6), 77-95.

김영희, 정선영(2007). 부부갈등과 결혼만족도: 갈등대처방식의 조절효과. 한국가정관리학회지, 25(5), 65-82.

김혜숙(2008). 가족치료 이론과 기법. 서울: 학지사.

노치영, 최혜경(1996). 한국 부부의 부부문제 해결 과정: 자아상태, 문제인지, 문제해결 행동을 중심으로. 한국가정관리학회지, 14(3), 223-248.

박경란, 이영숙(2005). 부인의 성격유형, 갈등대처방법과 부부갈등의 관계. 대한가정학회지, 43(9), 59-70.

박태영(2001). 가족치료 이론의 적용과 실천. 서울: 학지사.

박태영(2005). 한국인 기혼남녀들의 결혼만족도에 대한 비교연구. 상담학연구, 60(2), 601-619.

박태영(2009). 마리화나 피는 아들에 대한 가족치료 사례연구. 한국가족치료학회지, 17(1), 57-96.

박태영, 김선희(2012). 부부갈등 해소를 위한 치료적 개입의 효과에 관한 사례연구. 한국가족복지학, 17(1), 31-60.

박태영, 김선희, 유진희, 안현아(2012). 이혼위기에 있는 부부에 대한 가족치료 다중사례연구. 한국가족치료학회지, 20(1), 23-56.

박태영, 김태한, 김혜선(2009). 이혼위기에 있는 결혼 초기 부부에 대한 부부치료 사례연구. 한국가정관리학회지, 27(3), 93-114.

박태영, 김혜선(2008). 가족치료과정에서 발생한 내담자 부모의 저항에 대처하는 치료자의 개입방법에 관한 연구. 한국가족복지학, 13(4), 5-25.

박태영, 김혜선, 김태한(2010). 남편의 원가족과 갈등을 겪는 부부들의 가족치료 사례연구. 한국가족관계학회지, 15(3), 43-66.

박태영, 문정화(2010). 이혼위기로 인한 부인의 우울증과 아들의 학습문제 해결을 위한 가족치료사례연구. 한국가족치료학회지, 18(1), 27-61.

송말희(1990). 기혼남녀의 부부간 갈등정도와 대응행동에 관한 연구. 한국가정관리학회지, 8(2), 31-47.

이경희(1998). 부인이 지각한 갈등과 친밀감에 따른 부부관계유형. 서울대학교 사회복지학과 박사학위논문.

이동원(1998). 도시 부부의 결혼의 질에 관한 연구. 연세대학교 사회복지학과 박사학위논문.

이민식, 오경자(2000). 부부갈등이 아동의 내면화 및 외현화 문제에 미치는 영향: 아동의 지각된 부부갈등과 양육태도의 매개효과. 한국심리학회지: 임상, 19(4), 727-745.

이선미, 전귀연(2001). 결혼초기 남편과 아내의 부부갈등과 갈등대처 방식이 결혼만족도에 미치는 영향. 한국가정관리학회지, 19(5), 203-220.

이현주(1997). 부부의 자아분화정도와 갈등대처행동에 관한 연구. 성균관대학교 사회복지학과 석사학위논문.

임유진, 박정윤, 김양희(2008). 원가족 부모와의 애착 및 심리적 독립 지각과 신혼기 결혼적응과의 관계에 관한 연구. 한국가정관리 학회지, 26(5), 143-154.

장미희, 전원희(2008). 성인여성의 가족기능에 영향을 미치는 요인. 정신간호학회지, 17(2),

236-244.

조성경, 최연실(2006). 결혼초기 기혼남녀의 원가족 특성과 갈등 및 상담요구의 관계. 한국가정관리학회지, 24(5), 17-35.

조지용, 박태영(2011). 갈등으로 인한 이혼위기를 경험하고 있는 부부의 부부치료 사례연구. 한국가족치료학회지, 19(2), 41-62.

최규련(1994). 가족체계 유형과 부부간 갈등 및 대처방안에 관한 연구. 한국가정관리학회지, 12(2), 140-152.

최선희(2002). 부부관계. 서울: 학지사.

천혜정, 최혜경, 강인(2006). 결혼지속년수에 따른 부부갈등 및 갈등대처방법의 차이와 결혼불안정성에 미치는 영향. 한국가족관계학회지, 11(1), 179-202.

하상희(2007). 기혼남여가 지각한 원가족경험이 자존감 및 부부갈등에 미치는 영향. 한국가정관리학회지, 25(4), 17-29.

통계청(2004). 2003년 혼인이혼 통계결과. http://www.nso.go.kr.

한국가정법률상담소(2002). 2001년 상담통계분석개요: 가정상담. 3, 5-7.

홍성례, 유영주(2000). 남편이 지각한 가족의 건강성과 결혼만족도와의 관계. 생활과학논집, 4(1), 1-17.

현경자(2005). 결혼의 질과 안정을 저해하는 부부갈등 영역: 성별에 따른 유사점과 차이점. 정신보건과 사회사업, 21, 158-193.

현경자, 김연수(2002). 기혼남녀의 결혼만족 이유에 대한 내용분석: 결혼 만족 근원의 유사점과 차이점. 한국 사회복지학, 49(2), 225-263.

Bodernmann, G., Kaiser, A., Hahlweg, K., & Fehm-Wofsdort, G. (1998). Communication patterns during marital conflict: A cross-cultural replication. *Personal Relationships, 5*(3), 343-356.

Bowman, M. L. (1990). Coping effort and marital satisfaction: measuring marital coping and its correlates. *Journal of Marriage and the Family, 52*, 463-474.

Canary, D. J., Cupach, W. R., & Serpe, R. (2001). A competence-based approach examine interpersonal conflict: Test of a longitudinal model. *Communication Research, 28*, 79-104.

Creswell, J. W. (2012). *Qualitative inquiry and research design: Choosing among five traditions.* New York: The Guilford Press.

Eagly, A. (1987). *Sex Differences in Social Behavior: A Social-Role Interpretation.* Hillsdale, NJ: Erlbaum.

Erlandson, D. A., E. L., Skipper, H. B. L. and Allen S. D. (1993). *Doing naturalistic inquiry: A guide to methods.* Thousand Oaks, CA: Sage.

Fincham, F. D., & Beach, S. R. (1999). *Marital Conflict: Implication for Working with Couples.* Annual Review of Psychology, 50, 47-77.

Fincham, F. D. (2003). Marital Conflict: Correlates, Structure, and Context. *Current Directions in Psychological Science, 12*(1), 23-27.

Gilligan, C. (1982). *In A Different Voice: Psychological Theory on Woman's Development.* Cambridge, MA: Harvard University Press.

Goldenberg, I., & Goldenberg, H. (2012). *Family therapy: An overview.* Pacific Group, CA: Brooks/Cole.

Gottman, J. (1994). *Why marriages succeed or fail.* New York: Simon /Schuster.

Gottman, J., & Driver, J. (2005). Dysfunctional marital conflict and everyday marital interaction. *Journal of Divorce & Remarriage, 43*, 63-78.

Heavey, C. L., Layne, C., & Christensen, A. (1993). Gender and conflict structure in marital interaction: a replication and extension. *Journal of Consulting and Clinical Psychology, 61*(1), 16-27.

Hindman, D. W. (2002). Conflict management and dyadic adjustment among married couples. Graduate School of Psychology Fuller Theological Seminary.

Kurdek, L. A. (1994). Conflict resolution styles in gay, lesbian, hetero sexual non-parent, and hetero sexual parent couples. *Journal of Marriage and the Family, 56*(3), 705-722.

Ledermann, T., Bodenmann, G., Rudaz, M., & Bradbury, T. N. (2010). Stress, communication, and marital quality in couples. *Family Relations, 59*(2), 195-206.

Levenson, R. W., Carstensen, L. L., & Gottman. J. M. (1994). The influence of age and gender on affect, physiology, and their interrelations: A study of long-term marriage. *Journal of Personality and Social Psychology, 67*(1), 56-68.

Maccoby, E. E. (1990). Gender and Relationships: A developmental Account. *American Psychologist, 45*(4), 513-520.

Miles, B. M., & Huberman, A. M. (1994). *Qualitative data analysis.* Thousand Oaks, CA: Sage.

Patton, M. Q. (2002). *Qualitative research & Evaluation methods.* Thousand Oaks. CA: Sage Publication.

Prochaska, J., & Norcross. J. C. (2002). In Search of how people Change: Applications to addictive behavior. *Journal of Psychiatry, 47,* 1102-1114.

Miller, G. E., Dopp, J. M., Myers, H. F., Stevens, S. Y., & Fahey, J. L. (1999). Psycho social

Predictors of natural killer cell mobilization during marital conflict. *Heath Psychology, 18*, 262-271.

Natarius, C., & Markman, H. (1993). *We Can work it out: making sense of marital conflict.* New York: Putnam.

Rusbult, C. E., Johnson, D. J., & Morrow, G. D. (1986). Impact of couple patterns of problem solving on distress and non-distress in dating relationship. *Journal of Personality and Social Psychology, 50,* 744-753.

Watzlawick, P., Weakland, J., & Fisch, R. (1974). *Change: Problems information and problem resolution.* New York: Norton.

Weakland, J. H. (1993). Conversation-but what kind?. In S. Gilligan & R. Price (Eds.), *Therapeutic conversations.* New York: Norton.

제3장

이혼의향이 있는 목회자부인에 대한 가족치료 사례분석

박태영 · 김선희

이 장은 이혼을 고려하고 있는 목회자부인에 대한 가족치료의 개입 효과를 밝히는 데 목적이 있다. 이 장에서 치료자는 MRI의 상호작용적 가족치료 모델과 Murray Bowen의 가족체계 이론을 절충하여 사용하였으며, 가족구성원들의 변화단계를 제시하기 위해 Prochaska의 초이론적 모델을 적용하였다. 이 장은 가족치료 사례를 분석하기 위하여 지속적 비교분석, 개방형 부호화, 그리고 Miles와 Huberman(1994)이 개발한 매트릭스와 네트워크 방법을 활용하였다. 이 장의 결과는 다음과 같다. 첫째, 부인의 전인식단계에서의 이혼 고려 원인은 목사 같지 않은 남편의 행동, 남편의 무능함, 성관계 불만족, 남편의 정서장애로 나타났다. 둘째, 인식단계에서 부인이 인지한 가족갈등의 원인은 부부의 원가족 특성과 역기능적 표현 방식이었다. 셋째, 상담이 진행될수록 가족구성원 개인과 가족관계의 변화가 나타났다.

I. 서 론

목회자는 신(神)에게 부름을 받은 성직(聖職)으로 구별되고 있으며, 앎과 삶의 합일이 요구되고 어떤 도덕적인 규준이나 행동양식에 대한 타인의 기대치가 높다. 그런데 상당수의 교인은 목회자의 부인에게도 목회자의 수준 못지 않은 수행을 기대하는 경향이 있으며(이복희, 1991), 목회자부인이 목회의 주체자가 아님에도 불구하고 성공적인 목회를 위한 역할을 요구한다. 그런데 이처럼 적극적인 역할을 요구받으면서도 한편으로는 교회에서 목회자부인의 활동이 너무 드러나길 원치 않는다. 소위 '있는 듯, 없는 듯' 처신해야 하기 때문에 목회자부인의 지위에 대한 역할기대에 모순이 있다(강묘월, 1994; 반신환, 1999). 목회자부인은 '어항 속의 물고기'와 같이 사생활이 외부에 드러나며, 자제해야 하는 부분이 많으므로 고통을 겪게 된다(현순원, 1998). 특히 교회를 개척하는 목회자의 아내는 경제적 수입원으로서의 역할까지 담당하며 전천후 능력을 요구받는다(김종환, 2005). 실상 목회자의 부인이 일반기혼여성이나 목회자보다 스트레스를 경험하는 수준이 높다고 보고되었으며(임경섭, 1997; 반신환, 1999, 2001), 목회자를 남편으로 둔 부인은 스트레스를 받는 많은 요인에 둘러싸여 있다(이복희, 1991; 반신환, 2000).

임경섭(1997)은 목회자부인이 소명, 영성, 자기관리, 교인의 신앙관리, 그리고 부부관계의 영역에서 목회자보다 높은 수준의 스트레스를 경험한다고 보고하면서, 목회자부인이 부부갈등이나 부모-자녀 간 갈등에서 목회자인 남편보다 훨씬 의식의 정도가 높으며 고민이 많다고 하였다. 여기서 가리키는 스트레스는 자극원만을 의미하는 것이 아니라 목회자부인이 경험하는 신체적 · 심리적 반응으로서의 부정적인 스트레스를 의미한다. 한편 김남준(1998)은 목회자로서 경험한 가장 어려운 관계가 아내와의 관계였다고 토로하면서, 소속 노회의 목회자 가운데 1/3이 부부관계로 고통을 받는다고 얘기한 교계지도자의 말을 인용하였다. 이와 같이 종교적 배경과 무관하게 목회자부부도 일반부부와 마찬가지로 부부갈등에 처하게 될 수 있다. 부

제3장은 '한국가족복지학(2013). 제18권 2호, pp. 5-39.'에 게재된 논문임.

인에게 가해지는 외부적 스트레스 요인에 더하여 목회자남편이 내부적 스트레스 요인으로 작용할 경우에 부인의 갈등은 더욱 심해지며 정신 · 신체증상을 호소하게 될 수 있다. 특히 남편의 역기능적 의사소통은 부인의 정신 · 신체증상 호소에 영향을 준다(김은심, 최영희, 1988).

이혼사유의 절반 이상은 부부간 성격차이에서 비롯된 불화로 나타났으며(서문희, 1993), 반신환(2001)은 목회자부인의 스트레스에 대한 대처양식에 관하여 목회자부인 개인의 성격적 특징의 개조를 강조하는 경우가 많다고 보았다. 그런데 성격은 성격심리학자가 성격을 연구하는 데 설정한 가정에 따라 대략 50가지 이상으로 다양하게 정의되지만 그 내용에서 성격을 감정, 행동의 패턴이나 경향을 설명하는 특징으로 본다는 공통분모를 갖고 있으며(이주희 외, 2010; 김세곤, 현정환, 2011), 인간의 감정, 행동 방식은 결국 상호작용, 즉 의사소통 방식을 통해 설명된다. 예컨대, 성격이 내성적인가 외향적인가 하는 것은 표현 방식에 따라서 정의된다. 따라서 이혼사유의 다수는 결국 부부간 의사소통문제로 볼 수 있고, 성격의 개조는 표현 방식의 개선으로 가능하다고 볼 수 있기 때문에 이혼의향이 있는 부부에게 기능적인 의사소통이 선결되어야 한다.

전국적으로 15만 명에 이르는 목회자부인이 있는데, 이 중에서 많은 목회자부인이 가정의 갈등으로 신음하고 있으며, 목회자가정의 갈등이 증가하는 추세에 있다(정석환, 2002). 이의용(1996)은 목회자의 37.5%가 이혼을 고려하거나 어쩔 수 없이 살고 있다고 하였다. 목회자부부는 양쪽 혹은 한쪽의 배우자가 이혼을 고려하면서도 목회자부부이기 때문에 주위 사람의 비판적인 시선을 의식하며, 신앙적인 사유 등 때문에 누구에게도 상담을 의뢰할 수 없거나 해결방안을 찾지 못한 채 부부갈등이 갈수록 더 심화될 수 있다(김윤심, 2007; 김재권, 2009). 목회자부부는 부부갈등을 표면적으로 드러내지 못하고 내적으로 삭이고 묻어 둠으로써 가정 내부적으로 갈등이 첨예화되어 점차적으로 부부관계가 악순환되고, 게다가 부부갈등으로 파생된 자녀의 문제행동을 방치하여 문제의 골을 깊게 만들어 가족관계까지 파괴시킬 수 있다. 전한나(2012)는 목회자자녀가 일반자녀에 비하여 부정적인 가족관계를 경험하거나 부모로부터 거부와 방임을 경험한 비율이 높다고 보고하였다. 또한 목회자자녀는 일반자녀에 비해 부(父)에 대한 부정적 표현을 많이 하였으며, 가족 내 지지자가 없음, 형제 간 차별과 부모로부터의 위협, 그리고 외상적 경험의 비율이 일반자녀에 비해 더 높은 것으로 나타났다(전한나, 2012).

부부갈등에 영향을 미치는 요인 가운데서도 의사소통문제가 가장 큰 요인이며(이신영, 1983), 특히 부부간의 역기능적인 상호작용에 의하여 발생하기 때문에(박태영, 2000; Nussbeck et al., 2012) 부부간에 기능적인 상호작용을 하게 되면 부부관계뿐 아니라 부모-자녀관계와 자녀 간 관계가 개선되어 결과적으로 가족관계가 호전될 수 있다(박태영, 김선희, 2012). 또한 부모-자녀 간 의사소통이 개방적이고 원활하면 자녀에게 미치는 부정적인 영향을 감소시킬 수 있다(우연희 외, 2012). 이상과 같이 부부갈등이 적절하게 해소되어야 이혼위기를 극복할 수 있으므로(박태영 외, 2012), 이혼의향이 있는 목회자가정의 역기능적인 부부상호작용과 가족체계를 기능적으로 변화시켜 나갈 수 있도록 지원하는 가족치료적인 개입이 필요하다.

그러나 아직까지 목회자의 가족에 대한 임상적 개입에 관한 연구는 미미하였다. 기존연구에서는 목회자가정에 대한 개입과 효과를 임상사례연구를 통해 보여 주기보다는 문제해결방안을 제안하는 수준에 머물렀다(강선영, 2001; 김선자, 2001; 강주희, 2003; 허정, 2003; 김경란, 2006; 김영경, 2006; 이강은, 2007; 최미선, 2007; 박인숙, 2009; 전정희, 2010; 김진아, 2012; 강은영, 2013; Hileman, 2008). 목회자부인에 대한 개별적인 개입(윤영숙, 2004; 변정숙, 2008; 김보경, 2010; 은신성, 2013)만으로는 가족체계의 기능적인 변화를 기대하는 데 한계가 있다. 이에 이 장은 이혼을 고려하고 있는 목회자부인에 대한 가족치료를 통해 나타난 가족의 변화 과정을 심층적으로 밝히는 데 목적이 있으며, 유사사례에 대한 실천적 접근 방안을 제시하는 데 의의를 갖는다.

Ⅱ. 문헌고찰

1. 이론적 배경

1) MRI의 상호작용적 가족치료모델

MRI(Mental Research Institute) 모델은 가족체계 내 현재의 상호작용과 행동의 변화에 초점을 둔다. MRI 집단의 Gregory Bateson은 의사소통이 가족관계를 규정한다고 보았다(Bateson et al., 1956). Don Jackson은 이중구속과 가족항상성을 발견하였고, 병리적 의사소통이 정신분열증의 발병에 중요한 관계가 있으나 환자가족의 고유한 것은 아니라는 사실을 밝혔으며, 가족 내 새로운 관계적 균형을 발전시키기 위하여 오래된 항상성을 깨고자 하였다(Becvar & Becvar, 1988). Paul Watzlawick의 의사소통 이론은 상황을 고려하지 않고 현상을 완전히 이해할 수 없다는 것이다(Watzlawick et al., 1967). 그는 MRI의 단기치료에 관심을 두었는데, 이는 내담자의 현재의 구체적인 문제를 치료하는 것으로 작은 문제의 해결이 가족의 다른 전반적 문제에 긍정적인 영향을 준다고 보았다. 치료의 주된 기법은 내담자의 의사소통 방법의 변화다(박태영, 2001).

MRI 집단은 내담자의 문제는 어려움에 잘못 대처하기 때문에 발생한다고 보았고 문제를 해결하기 위해 '시도된 해결책(attempted solution)'이 문제를 유지시키거나 악화시킨다고 하였다(Goldenberg & Goldenberg, 2012). 따라서 문제를 유지시키는 행동이 적절히 변화되면 문제가 해결된다고 보았다(Watzlawick et al., 1974). MRI 모델에서 치료자의 일차적 역할은 문제를 지속시키는 내담자와 상호작용하는 이들이 반복하는 특정행동에 초점을 두고, 내담자가 시도해 온 바람직하지 못한 행동을 소개하고, 기존의 시도된 해결책을 새로운 해결책으로 대체한다(박태영, 2001). 이 사례에서 치료자는 MRI의 상호작용적 가족치료 모델을 적용하여 내담자의 시도된 해결책, 즉 역기능적인 상호작용의 방식을 탐색하고 이를 새로운 해결책으로 대치시킴으로써 가족관계 변화를 유도하고자 하였다.

2) Murray Bowen의 가족체계 이론

Murray Bowen의 가족체계 이론에서 핵심 개념은 자아분화이며, 가족을 정서적 체계로 보았다. 치료 목표는 가족 성원을 미분화된 가족자아집합체로부터 분화시켜 확고한 자아를 수립하는 데 있다(Bowen, 1985). 즉, 불안 수준을 감소시키고 자아분화 수준을 높이는 것이다. Murray Bowen은 가족구성원 중에서 한 사람이 분화될 때 그 효과가 가족을 통해 발생된다고 보았다(박태영, 2001). 가족체계를 변화시키고 가족원의 분화 수준을 향상시키기 위해서는 부부가 다른 가족을 끌어들이는 삼각관계에서 벗어나야 한다(Goldenberg & Goldenberg, 2012). 자아분화가 잘 이루어진 사람은 자기의 감정과 가족체계의 정서로부터 분화되어 있으며, 가족의 정서적 융합(fusion)으로부터 벗어날 수 있다. 분화 정도가 높을수록 가족 내에서 역기능적 유형의 사용이 줄어든다. 이와 반대로 역기능적인 가족일수록 분화(differentiation) 수준이 낮으며, 자아분화가 안 된 경우에 나타나는 인간관계의 추구형은 지나치게 친밀한 관계 유형을 추구하거나 지나치게 거리감을 두는 형태로 나타난다(박태영, 김현경, 2004). 이 사례에서 상담자는 Bowen의 가족체계 이론을 적용하여 원가족과의 미분화로 발생된 부부의 문제를 사정하여 가족관계 개선을 위한 치료적 개입을 하였다.

3) Prochaska의 초이론적 변화단계모델

1970년대 후반에 등장한 초이론적 변화단계모델(Transtheoretical Model and Stages of Change)은 주요한 행동 변화와 심리치료 이론을 비교분석하는 통합적 연구를 통해 개발되었는데 개인의 행위 변화의 원칙과 과정을 설명해 준다(Prochaska & Norcross, 2009). Prochaska는 인간행동이 다섯 단계를 거쳐 변화된다고 보았다. 전인식단계에서는 문제인식을 못하며 행위의 변화에 대한 의도가 없고, 인식단계에서는 변화를 고려하나 구체적 계획이 없다. 준비단계는 변화를 위한 준비를 하며, 행동단계에서는 행위 변화를 시도하고, 유지단계에서는 행위 변화가 유지 및 정착된다. 행위의 변화는 성공과 실패의 이분화가 아닌 역동적인 과정으로 일련의 단계를 거친다(Prochaska & DiClemente, 1983). 이 사례에서는 초이론적 변화단계모델이 가족치료모델에 해당되지 않으나 이를 적용하여 이혼의향을 갖고 있었던 목회자부인의 가족구성원이 가족치료적 개입을 통해서 이루어진 변화단계를 제시하였다.

2. 선행연구

1) 부부의사소통과 부부 · 가족갈등, 이혼의향

황민혜와 고재홍(2010)의 연구에서 부부간의 의사소통은 상호적인 것으로 나타났다. 부부 가운데 한쪽이 비난과 같은 손상적인 의사소통을 사용하면 배우자 역시 같은 방식의 의사소통을 사용하기 때문에 부부간 부정적 의사소통의 상호성은 부부갈등을 증폭시켰다. 반면에 부부간 건설적인 의사소통의 사용은 부부갈등 완화에 도움을 주는 것으로 나타났다. 부부의 건설적 의사소통은 부부간의 결혼가치관 차이와 부부갈등 간의 관계에서 조절효과가 있었는데, 특히 남편이 사용하는 건설적 의사소통은 부부의 결혼가치관 차이에 따른 부부갈등을 완화시키는 데 중요한 요인이었다. 또한 부부간 건설적 의사소통은 결혼가치관 차이 때문에 부인이 경험하는 부부갈등을 조절하는 것으로 나타났다(황민혜, 고재홍, 2010). 이강호(2006)의 연구는 가족생활주기에서 결혼적응기, 자녀아동기, 자녀청소년기 그리고 자녀독립기 이후 모두 남편의 지지도가 높을수록 결혼만족도가 높음을 보여 주었는데, 특히 자녀청소년기에는 남편과의 의사소통이 원만하고 남편 지지도가 높을수록 결혼에 대한 만족도가 높았다. 이에 가족생활주기에 관계없이 부부의 결혼만족도를 향상시키기 위해서는 남편과의 의사소통을 개선하고 남편의 지지를 높임으로써 부부갈등을 경감시키는 노력이 필요하다고 보았다. 상기한 연구들은 남편의 기능적인 의사소통이 부부갈등을 해결해 나갈 수 있는 기제가 된다는 것을 시사해 준다.

Nussbeck 등(2012)은 배우자의 부정적인 상호작용 행동과 긍정적인 상호작용 행동은 부부관계에 대한 만족과 이혼의향을 예측해 주기 때문에 관계성의 질적인 측면에서 긍정적인 행동이 중요하다고 하였다. 왜냐하면 지지적 상호작용이 스트레스를 완화시켜 주어 관계성을 비롯하여 삶의 만족스러운 결과에 영향을 주기 때문이다(Shrout et al., 2006). 이에 반하여 역기능적인 행위적 상호작용은 부부의 불안정성에 영향을 준다(Matthews et al., 1996). Donnellan 등(2004)은 신경증이 부정적인 상호작용과 관계가 있고, 우호성과 개방성은 부부간 친밀한 관계를 유지하는 데 유의미하게 관련이 있다고 하였다. 그리고 부부관계를 이해하는 데 있어서 내면적인 요인을 고려하는 것이 중요하다고 보았다(Donnellan et al., 2004). Bertoni와 Bodenmann(2010)은 226쌍의 부부를 대상으로 부부의 기능을 연구하였는데, 결혼에 만족하는 부부가 불만족하는 부부에 비하여 더욱 긍정적인 차원에 있었으며 적절한 갈등형태, 즉 더욱 타협적(절충적)이고 덜 폭력적 · 회피적 · 공격적인 형태를 보였다. 이뿐만 아니라 원가족과의 관계가 더 양호하였다(Bertoni & Bodenmann, 2010). Bodenmann 등(2009)은 부부 109쌍을 대상으로 2년간 종단연구를 수행한 결과, 부부간 의사소통과 대처기술을 향상시키는 개입을 실시하였을 때, 부부관계에서 부인은 긍정적으로 문제를 해결하려는 행동이 증가되었고 남편은 부정적으로 문제를 해결하려는 행동이 감소되었다. 또한 부부 공동의 긍정적인 대처행동이 증가하였다. 따라서 부부문제에 대한 개입에서 대인관계적 과정을 고려하는 것이 중요하다고 강조하였다(Bodenmann et al., 2009).

부부갈등은 자녀의 발달에 미치는 부정적 영향과 긍정적 영향의 두 차원에서 보고되었는데(Cummings & Davies, 2002), 부부갈등이 자녀에게 미치는 부정적인 영향이 전통적인 초점이었다. 전통적으로 부부간 불화는 자녀의 외현화 문제와 연관이 있으며(Emery, 1982), 또한 내면화 문제와도 연관이 있다고 보고되었다(Cummings & Cummings, 1988). 장영애와 이영자(2011)의 연구에서 부부갈등과 부모-자녀 간 역기능적 의사소통은 자녀의 스트레스와 문제행동에 영향을 주는 것으로 나타났다. 아동기 자녀가 인지한 부부갈등과 부모-자녀 간의 문제형 의사소통은 자녀의 스트레스와 문제행동에 가장 많이 영향을 주는 변인으로 나타났다. 또한 자녀가 부부갈등의 정도를 높게 지각할수록, 그리고 부모-자녀 간 문제형 의사소통이 이루어질수록 자녀의 스트레스와 문제행동이 높았다(장영애, 이영자, 2011). 그러나 Fincham과 Grych(2001)의 연구에서, 어떤 경우에는 부부갈등 행동이 자녀들의 정서적 기능과 사회적 기능에 긍정적인 영향을 줄 수도 있다고 하였다.

한편 Swenson(1996)은 구조적 변인(지리적 위치, 종교적 소속, 성역할), 사회행렬적(여성의 직업 참여) 변인, 사회심리적(이혼에 대한 태도) 변인 모두가 이혼가능성에 유의미하게 관련되었다고 하였다. Bodenmann 등(2006)은 독일, 이탈리아, 스위스의 이혼자 711명을 대상으로 이혼을 유도하는 요인과 이혼에 장벽이 되는 요인을 연구하였는데, 이혼으로 이끄는 요인 중에서 미시적 수준의 심리적인 변인으로 소외(alienation)가 세 국가 모두에서 가장 관련이 있었으며, 거시적 수준의 변인에서는 경제적인 변인(자산)이 이혼 제약에 가장 큰 영향요인으로 보고되었다. 또한 이혼에 장벽이 되는 요인은 세 국가 모두에서 자녀의 존재로 나타났다. 독일과 스위스 여성의 경우, 재정적인 중압감이 이혼 제약의 주된 요인으로 나타났다(Bodenmann et al., 2006).

이와 같이 부부간에 건설적 의사소통을 사용하여 상호작용이 기능적일 경우에는 부부관계를 정적으로 향상시켜서 부부갈등이 경감되며, 부모-자녀 간 의사소통에도 긍정적으로 영향을 주어 가족갈등을 완화시키는 데 영향을 준다고 할 수 있다. 따라서 이혼의향이 있는 목회자부인에 대한 치료적 개입에서 부부간 기능적인 상호작용의 유도가 필요함을 알 수 있다.

2) 목회자부인 관련 국내연구

지금까지 목회자부인을 대상으로 진행된 국내연구의 전반적인 흐름을 살펴보면, 목회자부인이 경험한 문제와 해소방안이라는 두 축으로 크게 나누어 볼 수 있다. 첫째, 목회자부인이 경험한 문제는 갈등과 정신·신체증상이 주된 연구주제로 나타났으며, 목회자부인이라는 전제에서 오는 제약 때문에 발생하는 정체성 혼란(신경희, 1990) 등 여러 가지 갈등 요인이 목회자부인의 정신·신체건강에 악영향을 주고 있었다. 이복희(1991)는 목회자부인이 경험하는 갈등을 경제적 갈등, 역할 및 대인관계갈등, 남편에 대한 기대 및 부부관계갈등, 가정적 갈등, 자아적 갈등의 5가지로 분류하였는데, 경제적 갈등을 제외한 나머지 4가지는 목회자부인이 경험하는 정신장애와 밀접한 관계가 있었다. 반신환(2000)의 연구에서는 목회자부인의 신분불안정에 대한 지각이 높을수록 신체적 증상이 높은 것으로 나타났는데, 신분불안정은 목회자부인의 소화기장애, 심장혈관장애 그리고 동통과 정적 상관관계가 있었다. 또한 목회자부인의 사생활 노출 및 대인갈등은 불면증과 관련이 있었다. 유은정(2004)의 연구에 따르면, 목회자부인은 자신의 역할갈등에 대해 고독감, 분노와 적개심, 상실감, 죄의식, 우울증과 무기력증, 대인기피증과 피해망상 등의 정서장애 반응을 보였다. 이와 같이 목회자부인이 경험하는 갈등은 목회자부인의 정서 · 신체증상과 관련이 있다고 볼 수 있다.

목회자부인의 스트레스 유발 요인에 관하여, 홍이석(2001)은 부부관계, 자녀양육 문제, 교회에서의 과중한 사역(심방, 교육, 상담, 지역사회봉사 등), 교인의 비현실적인 기대로 보고하였다. 김현정(2005)은 목회자부인의 신분의 특수성, 성경 또는 사역전반에 관한 지식 부족, 새벽기도와 경건생활에 대한 부담, 소명감에 대한 의심, 가정에서의 경제적 어려움과 대화시간 부족, 남편의 목회부진 또는 사직, 성도의 비신앙적 행위, 교회성장의 부진 등이 목회자부인의 스트레스 유발 요인이라고 하였다. 이러한 스트레스는 목회자부인에게 생리적으로 질병을 가져오고 심리적으로 불안과 분노를 가중시키며 무기력하고 탈진하게 한다(이홍배, 2001). 오미희(2012)의 연구에 따르면, 목회자부인 143명을 대상으로 조사한 결과, 가정의 경제적 여건이 상당히 열악한 것으로 나타났다. 68.6%에 이르는 목회자부인 가정의 월평균 수입이 200만 원 미만이었고, 14.7%의 가정은 100만 원 미만의 빈곤상태에 있었다. 그리고 목회자부인 가운데 직업이 없는 경우가 60.8%로 나타났는데, 84.6%가 전문대학 졸업 이상으로 고학력자가 다수임에도 불구하고 무직이었다. 또한 목회자부인 가운데 평균적 우울이 46.9%, 심각한 우울이 53.1%로 나타났는데, 결론적으로 목회자부인의 경제상황은 경제적 스트레스 수준에 영향을 주고 있었고, 이것은 목회자부인의 우울감과 유의미한 상관관계를 가지면서 정신건강에 영향을 미치는 것으로 나타났다(오미희, 2012).

둘째, 목회자부인의 문제해결방안과 관련한 국내연구가 진행되었는데 역할갈등과 정신 · 신체증상을 극복하기 위한 방법이 모색되었다. 목회자부인의 역할갈등을 극복하기 위한 방편으로는 부부목회(강선영, 2001), 목회자부인을 위한 교육훈련이 제시되었는데, 교육훈련에는 영성훈련(김선자, 2001), 리더십 개발(강주희, 2003; 강은영, 2013), 상담가훈련(김영경, 2006), 용서상담프로그램(윤영숙, 2004), 교육프로그램 개발(김경란, 2006)과 관련한 연구가 있었다. 강선영(2001)은 여성에게 목사안수제도를 허용하지 않는 교단이 아직도 존재하는 교회 내 성차별적 구조가 여러 형태로 목회자부인을 억압하고 있다고 하면서, 목회자부인의 역할갈등을 부부목회라는 대안을 통해 극복할 것을 제안하였다. 김선자(2001)는 목회자부인이 가정주부의 역할 외에 목회자의 동역자이자 교회의 상담자, 심방자의 역할을 갖고 있으므로 사명을 감당하기 위해 영성을 개발해야 한다고 보았다. 강주희(2003)는 목회자부인의 역할과 그 사명을 강조하면서 영적 성장을 통한 리더십 개발을 제시하였다. 윤영숙(2004)은 목회자부인을 대상으로 실험집단과 통제집단으로 구분하여 사전, 사후로 비교연구한 결과, 용서상담프로그램을 통해 목회자부인의 용서 수준이 유의미하게 향상되었고, 분노정도가 감소되었다고 하였다. 반면에, 긍정적 대인관계와 삶의 목적에서 유의미한 결과가 나타나지 않았는데, 윤영숙(2004)은 이를 목회자부인이 억압된 감정을 적절히 해소할 수 있는 기회를 갖지 못한 결과라고 보았다.

다음으로 목회자부인의 정신 · 신체증상(스트레스, 불안, 우울증, 자기소외, 낮은 자아존중감 등)을 극복하기 위한 각종 방안이 연구되었는데, 가족치료(허정, 2003), 무용/동작치료(은신성, 2013), 미술치료(박희연, 2005; 김보경, 2010), 인지치료(오원택, 2004; 최미선, 2007), 인지행동스트레스관리프로그램(변정숙, 2008), 자기심리학적 접근(박인숙, 2009) 등이 목회자부인의 정서표현(표출)을 도움으로써 스트레스를 경감시키고 심리적 안녕감을 향상시킬 수 있다고 보고되었다. 이강은(2007)은 목회자부인의 역할갈등에서 오는 우울증은 단순히 개인의 문제가 아니라 교회와 사회 전체에 영향을 주기 때문에 목회자 부부에게 안식년 제도와 양질의 상담프로그램을 제공해야 한다고 보았다. 최미선(2007)은 목회자부인의 우울증이 성차별적인 구조화 속에서 야기됨을 인식하고 목회자부인을 한 인간으로 존중해 주어야 한다고 피력하면서, 상담을 통해 목회자부인의 가슴 속에 있는 소리를 밖으로 표출함으로써 치유가 되어야 한다고 강조하였다. 허정(2003)은 한국지역복음화협의회에서 목회자부인 500명에게 설문조사한 결과, 72%가 여러 가지 갈등문제 때문에 상담자의 도움을 필요로 하고 있는 것으로 나타났으며 여러 문제 중에서 부부문제가 60%를 차지하고 있었다고 강조하면서, 한국교회 목회자부인의 문제를 Salvador Minuchin의 구조적 가족치료 이론을 적용하여 가족의 재구조화를 통해 해결해 나갈 것을 제안

하였다.

은신성(2013)은 무용/동작치료프로그램(주 1회, 총 8회기)이 중년기 목회자부인의 우울 감소에 효과가 있었으나 스트레스와 불안 감소에는 효과가 없었다고 보고하였다. 김보경(2010)의 연구에서, 미술치료는 목회자부인의 정서표현력을 향상시켰으며, 스트레스 감소 및 대처 방식의 효과성을 가져왔다. 변정숙(2008)은 인지행동스트레스관리프로그램이 목회자부인의 분노조절과 자기표현능력, 자아정체감을 향상시키는 데 효과가 있다고 하였는데, 목회자부인의 분노조절능력이 높을수록 자기표현능력도 높게 나타났다고 하였다. 박인숙(2009)은 현대사회에서 여성에 대한 인식의 변화에도 불구하고 여전히 가부장적인 유교문화와 교회의 전통 속에서 목회자부인들이 주체성을 갖지 못하고 가면을 쓴 채 살아야 하는 상황에 있다고 하였다. 그래서 목회자부인은 한국의 전통적 문화에서 오는 이중구속 메시지와 목회자부인에 대한 기대역할 등 다양한 요인 때문에 많은 정신적 · 신체적 증상을 보이고 있다고 하였다. 이에 박인숙(2009)은 Heinz Kohut의 대상관계 이론을 소개하면서 대상과 관계를 맺는 주체로서 자기(self)의 문제를 중심으로 논하고, 목회자부인이 자신의 허약한 자기에 공감해 주는 자기대상을 가지고 있어야 한다고 보았다.

한편 김세승(2012)은 목회자부인이 겪는 문제(정신적 압박 등)와 아울러 그와 연관된 목회자자녀 문제의 심각성을 보고하였다. 그는 특히 Donald W. Winnicott의 대상관계 이론 중 모성적 돌봄[의미 있는 관계형성을 위한 의사소통(상호성) 필요 등]에 대해 강조하면서 Winnicott의 대상관계 이론을 통한 목회자자녀 문제의 해결방안을 제언하였다. 이경애(2000)의 연구에서는 목회자부인의 삶의 질에 가장 영향을 미치는 변인이 소명의식과 부정적 평가였고, 그 다음으로 상호 건설적 의사소통, 구조적인 사회적 지지 연결망, 교인수, 사모의 적극적 활동유형으로 나타났다. 전정희(2010)는 목회자부인이 경험하는 심리사회적 자기소외는 남편(목회자)과의 관계에서만 발생되는 것이 아니라 원가족에서부터 축적되어 온 수치심에 기초한 정체성의 심리적인 문제와 목회자부인이 경험하고 있는 무관심과 냉담이라는 사회적 정황 때문인 것으로 나타났다고 하였다. 그러면서 목회자부인의 자기소외로부터의 치료는 우선적으로 원가족에서 경험된 내면의 문제를 먼저 탐색하고 치유해야 하며, 현재의 삶에서 관계 회복에 초점을 두어야 한다고 보았다.

김진아(2012)의 연구에 따르면, 목회자부인의 연령에 따른 결혼만족에서 차이가 나타났는데 60대의 결혼만족도가 가장 높았고 20대의 결혼만족도가 가장 낮았다.

이에 대해서 김진아(2012)는 목회자부인의 특성상 결혼 후 25년 이후가 목회에서 안정을 찾는 시기이므로 60대가 결혼만족도가 가장 높다고 해석하였다. 그리고 목회자부인의 학력이 낮을수록 역할만족은 높게 나타났고, 목회자부인의 결혼만족이 역할만족에 영향을 주는 것으로 나타났다. 김진아(2012)는 목회자부인의 결혼생활에서의 만족이 목회현장에도 영향을 주기 때문에 목회자 가정의 삶의 질을 높여야 한다고 보았다.

국내 선행연구에 따르면, 목회자부인은 기혼여성 중에서 특수한 입장에 있으며 목회자부인의 정신 · 신체증상은 목회자부인의 갈등과 관련이 있다. 또한 목회자부인에 대한 치료의 과정과 결과를 통해서 볼 때, 목회자부인이 자신의 앓는 가슴을 터놓고 억압되어 왔던 감정을 해소할 수 있는 기능적인 상호작용이 절실함을 알 수 있다. 그리고 목회자부인이 자신과 현재 핵가족의 문제를 보다 거시적인 관점에서 이해하기 위하여 원가족에 대한 탐색이 필요하다.

3) 목회자부부 관련 국외연구

한국교회에서 목회자부인에게 목회자와 비슷한 수준의 역할 수행을 기대하듯이(이복희, 1991; 강묘월, 1994; 반신환, 1999), 국외연구에서도 교회의 회중이 목회자가 영웅과 같기를 기대하며(Laaser & Adams, 1997), 많은 신도가 목회자부인을 목회자와 같은 선상에 놓고 보는 경향이 있다(King, 2003)고 하였다. Rebuli와 Smith(2009)는 목회자부인의 역할을 세 가지로 구별하였는데, 목회자부인은 창조주를 닮아 가도록 섭리 안에 있는 '여성'이며, 남편을 돕는 조력자로서의 역할을 하는 '부인'이자, 그리스도 안에서 정체성을 찾으며 은사와 소명에 따라 그리스도를 섬기는 '신앙인'이라고 설명하였다. Soothill(2010)은 가나(Ghana)의 성령파 교회의 여성역량 강화를 위해서는 여성지도력에서 전통적인 장벽의 철폐, 사회적인 변화의 메시지, 사회적인 쇄신, 개인의 발전에 대한 강조가 생성되어야 한다고 보았으며, 목회자부인의 역할 및 여성 창립자의 파워와 이들의 영향을 강조하였다.

Chang과 Perl(1999)의 연구에 따르면, 미국에서 개신교의 16개 교파에 종사하는 남성 및 여성목사의 소득에서 혼인 여부가 남성목사에게는 긍정적인 영향을 보였으나 여성목사에게는 그렇지 않은 것으로 나타났다. 배우자가 교회 밖에서 전업으로 근무하는 기혼남성목사의 소득과 부인이 전업주부로서 남편(목사)의 교회사역을 보조하고 있는 기혼남성목사의 소득에 차이가 없는 것으로 조사되었다. 기혼여성목사의 소득과 미혼여성목사의 소득에 차이가 나타나지 않았으며, 근무시간을 통제하였을 때 이혼한 여성목사와 기혼여성목사의 소득에도 차이가 없었다. 그리고 개신교의 보수파 목사들의 소득에서 이혼이 가져오는 부정적인 영향이 나타나지 않았는데, 이에 대하여 Chang과 Perl(1999)은 조사대상자 중에서 이혼한 보수교단 목사가 소수(남성목사 11명, 여성목사 1명)였기 때문에 통계적으로 유의한 결과를 보이지 않았다고 하였다. 이러한 결과를 통해서 Chang과 Perl(1999)은 남성목사는 성(gender)뿐만 아니라 결혼으로 얻는 이익이 있는 반면에, 여성목사는 혼인 여부보다는 여성이라는 점이 더욱 중요한 특성으로 작용했다고 보고하였다.

Henry(1991) 등의 연구는 교회의 조직적인(organizational) 요인과 원가족의 가족체계(family systems) 요인이 목회자의 스트레스 증상에 영향을 준다고 하였다. Hileman(2008)은 미국의 개신교 목사의 가족구성원이 특수한 집단에 속하기 때문에 이들을 위한 상담이 필요하다고 보았다. 이와 같이 목회자부부에게 요구하는 성도의 기대치가 높고, 혼인 여부가 여성목회자보다 남성목회자에게 긍정적으로 작용하고 있다. 또한 목회자의 스트레스 증상에 가족체계 요인이 영향을 미치며, 목회자부부를 비롯하여 목회자의 가족구성원을 위한 상담이 필요함을 알 수 있다.

Ⅲ. 연구방법

1. 사례개요

이 장의 연구대상은 호흡곤란증세를 보이며 이혼을 고려 중인 목회자부인(46세), 남편(50세), 아들(17세), 큰딸(15세), 작은딸(11세)이다. 부인의 주 호소문제는 자기에게는 문제가 없고 남편(목회자)에게 전적으로 문제가 있기 때문에 남편이 자신의 문제를 깨닫도록 해 달라는 것이었다. 상담기간은 2010년 9월~2011년 11월이며 총 29회기의 가족치료가 진행되었다. 이 사례에서 목회자남편을 둔 부인은 남편의 문제점(새벽기도 불참, 흡연, 음주, 난폭운전, 무절제한 TV시청 및 게임, 성관계 불만족, 무능함 등) 때문에 이혼을 고려하고 있었다. 부인은 아들과도 갈등관계에 있었으며, 아들은 불면증, 조울증, ADHD, 왕따의 경험이 있었다. 그런데 부인은 어려서부터 완벽주의인 친정아버지로부터 막대한 스트레스를 받고 살았고, 친정부모로부터 분화가 되지 않은 상태에 있었다. 부인은 분노조절이 안 되었고 감정기복이 매우 심하고 의심이 많은 편이며 늘 비교하는 표현 방식을 사용하였다. 이러한 부인의 특성을 큰아들이 가지고 있었으며, 남편은 원가족의 영향을 받아서 자신의 의사표현을 안 하고 있었다. 부인이 가족구성원을 변화시키려고 시도해 왔던 방식은 가족원을 변화시키지 못했을 뿐 아니라 부부관계와 가족관계를 악화시켰다.

이에 이 사례에서 치료자는 부인이 가족치료를 통하여 남편과 자녀와의 관계에서 자신의 원가족과 걸린 문제를 의식하면서 역기능적인 의사소통 방식(가족구성원에게 비난하고 잔소리하는 방식)을 줄이도록 하고, 부인의 표현 방식을 변화하게 하였다. 이에 남편 또한 기능적인 표현 방식을 사용함으로써 부부관계가 변화하였다. 이와 더불어 치료자는 부모-자녀관계 개선을 위하여 MRI의 상호작용적 가족치료 모델과 Murray Bowen의 가족체계 이론을 선택하였다. 치료자는 첫째, 내담자 가족이 '시도한 해결책'으로부터 탈피하여 '새로운 해결책'을 시도하도록 MRI의 상호작용적 가족치료 모델을 적용하였다. 둘째, 이혼의향이 있는 목회자부인이 당면한 문제는 가족의 상호작용에 따라 발생될 수 있다는 관점에서 Murray Bowen의 가족체계 이론을 적용하여 기능적인 가족관계를 위한 치료적 개입을 하였다.

두 가지 이론을 절충한 치료자의 회기별 개입방법은 〈표 3-1〉과 같다.

치료자는 1~2회기에서 부인을, 3~4회기에서 남편을 대상으로 원가족에 대한 정보를 수집하고 문제를 사정하여 '시도된 해결책'을 탐색하였다. 5~7회기에서는 자녀를 개별상담하여 자녀 각자가 진술하는 가족문제를 사정하였다. 8회기에서는 자녀 모두를 대상으로 가족의 역기능적인 상호작용의 방식을 인지시키고 기능적인 의사소통의 사용을 제안하였다. 9회기에서는 모자 간 '시도된 해결책'을 탐색하고 부인의 역기능적인 자녀양육 방식이 원가족과의 자아미분화에 따른 것임을 인식시키며 기능적인 의사소통 방식을 연습하였다. 10~11회기에서는 부부를 대상으로 관계 변화 내용을 확인하고 배우자의 원가족 특성을 이해하도록 하며, 유사사례를 소개하면서 기능적인 표현 방식의 실행을 제안하였다. 12~29회기까지는 치료자가 가족의 하위 또는 상위체계를 대상으로 상담을 진행하되, MRI의 상호작용적 가족치료 모델을 적용하여 내담자에 의해 '시도된 해결책'을 탐색하였고 '새로운 해결책'의 사용을 유도하였으며, Murray Bowen의 가족체계 이론을 적용하여 가족 성원의 자아분화 향상을 도모하였다. 이러한 상담의 형태와 치료 모델 적용은 시작부터 종결에 이르기까지 일관적으로 이루어졌다.

71
초졸
주부
위염
순종적
38
초대졸
재혼
d
m
78
대학 중퇴
독단적, 권위적
완벽주의
과도한 역할
분노조절 안 됨
44
대졸
감정기복
심함
자폐
46
대졸
화병(호흡곤란증세)
완벽주의, 과도한 역할
잔소리, 간섭多
11
15
17
74
초졸
주부
43
대졸
주부
48
대졸
주부
77
고졸
50
대학원졸
목사

[그림 3-1] 가계도

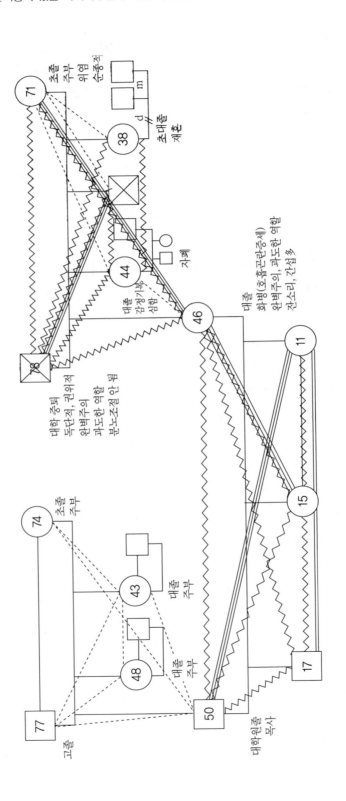

〈표 3-1〉 치료자의 회기별 개입방법: MRI 및 Murray Bowen의 가족치료 모델(이론) 적용

회기	상담대상	개입방법
1	부인	부인이 진술하는 문제사정(시도된 해결책 탐색)
2	부인	부인의 원가족 정보 수집(부모관계, 부모-자녀관계, 형제관계, 의사소통 방식)
3	남편	남편이 진술하는 문제사정(시도된 해결책 탐색)
4	남편	남편이 진술하는 문제사정(시도된 해결책 탐색), 남편의 원가족 정보 수집
5	큰딸	큰딸이 진술하는 가족문제 사정(가족구성원의 시도된 해결책 탐색)
6	둘째딸	둘째딸이 진술하는 가족문제 사정(가족구성원의 시도된 해결책 탐색)
7	아들	아들이 진술하는 가족문제 사정(가족구성원의 시도된 해결책 탐색)
8	아들, 큰딸, 둘째딸	가족의 역기능적인 상호작용 방식 인식 및 기능적인 의사소통 방식 사용 제안
9	부인, 아들	모자 간 시도된 해결책 탐색, 원가족의 영향(자아미분화)으로 인한 부인의 역기능적인 자녀양육 방식 인식, 기능적인 의사소통 방식 연습
10	남편, 부인	변화내용 확인, 부부관계 정보 수집, 부부의 배우자 원가족 특성 이해
11	남편, 부인	변화내용 확인, 유사사례 소개, 시도된 해결책(역기능적인 표현 방식: 부인의 이중구속 메시지) 탐색, 기능적인 표현 방식 제안
12	부인	부인의 원가족 특성과 현재 역기능적인 의사소통 방식, 자아미분화 간 관련 인식
13	남편, 아들	변화내용 확인, 부자 및 모자관계에서 시도된 해결책(역기능적인 표현 방식: 자극적인 방식) 탐색, 기능적인 표현 방식 사용 제안(상대방을 흡수하는 방식)
14	남편, 부인	변화내용 확인, 역기능적인 상호작용 방식 인지(부인)
15	부인	부인의 표현 방식이 역기능적으로 회귀한 데 대해 기능적인 방식(지지적인 표현 방식, 상호교류/교차적 방식, 경청)을 유지해 나가도록 제안
16	남편	변화내용 확인, 부부문제에 대한 치료자의 객관적 사정 및 기능적 해결 방식 조언
17	남편, 부인	변화내용 확인, 부인의 원가족 특성과 역기능적인 표현 방식과의 관련성을 남편이 인식하도록 함, 부부의 시도된 해결책(역기능적 방식) 인식
18	남편	변화내용 확인, 부인의 저항 표출에 대한 치료자의 해설, 남편의 기능적인 역할 제안
19	남편, 부인, 아들, 큰딸, 둘째딸	변화내용 확인, 원가족과의 미분화 인식(부인), 가족구성원의 기능적인 상호작용 방식 제안(I-message 사용, 상대방의 말을 중간에 끊지 않기, 상호 간 절충/협상할 수 있는 방식 등)
20	아들, 큰딸, 둘째딸	변화내용 확인(가족원의 새로운 해결책 시도)
21	남편, 부인	변화내용 확인, 원가족 특성에 대해 상호 인식(부부), 새로운 해결책(기능적인 양육 방식: 부모의 방식을 자녀에게 강요하지 않기) 제안
22	부인, 아들, 큰딸, 둘째딸	변화내용 확인(가족원의 새로운 해결책 적용), 타 사례 소개(엄마의 기준에만 맞춰 살아온 거식증을 겪는 딸의 사례), 새로운 해결책(자녀에 대한 부모의 융통성) 제시
23	남편, 부인, 아들	변화내용 확인, 모자 간 표현 방식의 유사성 인식, 모(母)의 아들에 대한 기능적 표현 방식 제안
24	남편, 부인	변화내용 확인, 시도된 해결책(남편의 회피하는 방식, 부인의 공격적인 방식) 인식, 새로운 해결책(상호 조율하는 방식, 부인이 잔소리를 줄이고 자녀를 흡수해 주는 방식) 제안

25	부인, 아들	변화내용 확인(새로운 해결책의 지속적인 적용)
26	남편, 부인	변화내용 확인, 부부간 마찰 중재(남편의 TV시청 문제에 대한 부부간 협상 제안)
27	남편, 부인	남편에게 기능적인 표현 방식(긍정적인 표현)의 실행 강화 요구
28	남편, 부인	새로운 해결책 시도 제안(부인에 대한 남편의 맞장구치는 반응)
29	남편, 부인, 둘째딸	변화내용 확인(부부간 기능적인 상호작용 및 가족관계의 전반적 개선)

2. 연구문제

첫째, 부인은 전인식단계에서 이혼을 고려하게 된 원인을 무엇으로 보았는가?
둘째, 부인은 인식단계에서 가족갈등의 원인을 무엇으로 보게 되었는가?
셋째, 상담을 통해 가족구성원과 가족관계에 어떤 변화가 있었는가?

3. 분석방법

이혼의향이 있는 목회자부인의 가족상담 녹취내용을 전사한 원자료를 가지고 지속적 비교분석(constant comparative analysis)을 실시하였으며, 개방형 부호화를 통해 도출된 범주 간 관련된 내용을 포함한 결과를 가지고 Miles와 Huberman(1994)이 개발한 매트릭스와 네트워크 분석을 하였다. 데이터 디스플레이에서 배열된 행과 열로 이루어진 매트릭스와 선으로 연결된 점으로 이루어진 네트워크는 방대한 원자료에 분산되어 있는 여러 변인을 전체적으로 한눈에 보는 데 적절한 분석방법이다. 이 장에서는 총 29회기의 상담내용 가운데 가족이 인식단계에 접어든 10회기부터 종결회기까지 회기별로 상담대상(가족)의 긍정적 변화와 부정적 변화를 분석하였으며, 남편, 부인 그리고 아들의 변화단계와 회기별 가족의 주요 변화를 매트릭스를 통해 나타내었다. 또한 이혼을 고려하는 목회자부인의 전인식단계부터 가족관계의 효과적인 변화에 이르는 일련의 과정과 결과를 네트워크를 사용하여 종합적으로 제시하였다.

4. 신뢰도 검증 및 윤리적 고려

이 사례의 부인은 목회자인 남편과의 이혼을 고려하던 중에 지인의 소개로 가족치료사에게 가족상담을 의뢰하게 되었다. 연구자는 연구대상자의 동의를 받아 자료수집을 하였고 이를 연구자료로 활용하였는데, 자료수집에서 상담메모, 상담녹취 및 녹화를 하여 자료의 삼각화를 이루었다. 또한 가족상담을 통해 수집된 원자료를 분석하는 데 치료자와 연구자의 토론, 전문가의 피드백을 통해 연구자의 삼각화를 구축하였다. 연구자 2인 가운데 한 명은 이 사례의 가족을 상담한 가족치료사(슈퍼바이저 자격 보유)로서 19년 이상의 상담과 연구경력을 갖고 있으며, 두 연구자 모두 다사례의 질적 연구 경험이 있다. 연구자는 전사된 데이터를 가지고 개방코딩(open coding) 작업을 하여 개념을 추출하고, 유사한 개념을 묶어서 범주화하였다. 이와 같이 범주화한 개념 중에서 상호관련성이 있는 범주는 상위 차원의 범주로 재통합하는 과정을 거쳐 최종적인 상위 범주를 도출하였다. 연구자는 연구결과를 끌어내는 과정에서 이견이 있는 부분에 관해 원자료를 재검토하면서 토론과 동료연구자의 피드백을 통해서 합의된 내용을 분석에 반영하였다. 이로써 연구자 개인의 판단이나 편견을 지양하였다. 그리고 연구결과를 제시하는 데 있어 연구대상자에 대한 보호를 위해 내담자의 사적인 정보를 삭제하였다.

Ⅳ. 연구결과

1. 부인의 전인식단계에서 이혼고려 원인

상담을 받기 이전에 부인은 호흡곤란증세로 응급실에 실려 간 경험이 있었고 화병(울화증) 진단을 받았다. 부인은 '목사는 성직자로서 탁월한 도덕적 기준을 갖고 살아야 한다.'고 생각하고 있었기 때문에 이 기준에 부합하지 못했던 남편이 한심하게 느껴졌다. 부인은 자기의 기준과 맞지 않았던, 목사 같지 않은 남편의 행동, 남편의 무능함, 성관계 불만족, 남편의 정서장애 등의 이유로 이혼을 고려하고 있었다. 한편 남편은 부인 때문에 귀가하는 것이 수도원에 들어가는 기분이 들었고 목사로서 밖에서 활동할 때보다 집에서 더욱 긴장하게 되었다.

부 인: 남편과 함께 사는 생활에 종지부를 찍을 것인지……. 제가 들숨이 안 되어서 응급실에 실려 간 일이 있었거든요. 한 두 주 전에. 그 전부터 숨 쉬

는 게 힘들어졌어요. 내 명에 못 죽겠구나라는 생각이 들어서 남편을 협박해 합의 이혼을 하러 갔었어요. (중략)

치료자: 응급실에 가셨을 때 그 증상이 뭐 때문에 온다고 합니까?

부　인: 의사 얘기로는 화병, 울화증이라고 그러더라고요. (중략)

부　인: 목회자는 도덕기준보다 탁월한 삶을 살아야 된다고 생각했거든요. (남편이) 멀거니 앉아서 싸구려 TV를 보고 있는 시간에 성경 읽고 기도하고 경건서적도 열심히 훑어보고 쿡 찔러도 알맹이가 툭 튀어나올 수 있을 만큼 준비된 목회자로. (1회기)

부　인: 목사는 적어도 어떤 돈이나 안락함은 포기하지만 탁월한 도덕기준을 가지고 살아야 된다는 절대 타협할 수 없다는 나름대로의 선이 있었는데. (중략) 저는 텔레비전 보는 거 너무 싫어했어요. 텔레비전을 뉴스 외에 보는 거는 할 일 없는 할아버지, 할머니나 보는 거라고 생각했거든요. 그랬는데 (남편이) 텔레비전 보고 낄낄낄 거리고 웃고 앉아 있질 않나. '이게 완전히 속았구나. 왕사기를 당했구나.' 그런 생각을 하면서 제가 결혼 초기에 쇼크가 너무 커 가지고요. (중략)

남　편: 집에만 들어오면 수도원 들어오는 것 같은 느낌, 목사가 교회에서는 긴장되어 있는 상태거든요. 다른 사람을 만나면 (목사가) 일단 흠이 없이 보이기를 원하고, 그래서 긴장된 상태에서 집에 오면 이게 착 풀어져야 하는데 오히려 집에 들어오면 더 긴장하는 거예요. (10회기)

〈표 3-2〉 부인의 기준에 미달하는 남편의 문제점: 개념추출과 범주화

상위 범주	하위 범주	개념추출
부인의 기준에 미달하는 남편의 문제점들	목사 같지 않은 남편의 행동	새벽기도에 불참하는 남편, 난폭운전을 하는 남편, 음주하는 남편, 도둑담배를 피우는 남편, 컴퓨터 게임을 하는 남편, 무절제하게 TV 시청하는 남편을 보면 질식할 것 같음, 남편이 TV 시청을 즐기는 모습을 보면 부인 자신도 함께 질적 저하가 되는 느낌을 받음
	남편의 무능함	무능력한 남편, 절체절명의 순간에 힘이 되지 못한 남편
	성관계 불만족	불만족한 부부의 성관계
	남편의 정서장애	무감정인 남편, 남편과 감정교류가 되지 않음, 정서장애가 있는 남편

1) 목사 같지 않은 남편의 행동

남편은 새벽기도 참석 문제로 부인과 마찰을 빚어 왔으며, 운전습관이 난폭하여서 부인은 남편이 운전하는 차에 탑승할 때마다 불안하였다. 대개 목회자에게 음주와 흡연이 금기되어 있음에도 불구하고 남편은 음주와 흡연을 하였으며, 게다가 교회의 새 신자와 음주를 해서 부인은 이를 용납할 수 없었다. 또한 남편은 집에서 컴퓨터게임에 몰입하거나 TV 시청에 몰두하는 경향이 있어서 부인은 목사의 사모로서 자신도 질적으로 저하된다고 여겨져서 감내하기가 어려웠다.

부　인: 부딪히는 것 중 하나가 새벽기도 문제인데요. 남편이 야행성이에요. 두 시, 세 시까지도 안 자고 버티고, 새벽기도는 안 가고. (1회기 새벽기도에 불참하는 남편) (중략)

부　인: 또 하나 견딜 수 없었던 것이 운전습관인데요. 일단 사람은 굉장히 온순한데 운전대에 앉으면 그때부터 택시기사로 변신해서 난폭운전을 해요. 남편이 운전하는 차를 탔다 하면 타는 순간부터 머리가 아파 가지고 어디를 같이 가는 게 굉장히 힘들어요. (1회기, 난폭운전을 하는 남편) (중략)

부　인: 둘째가 태어났는데, (남편이) 담배를 끊지 못하고 핀다는 걸 제가 발견했어요. 그때 분노하고 완전히 끝낼라 그랬었는데.

치료자: 뭐 때문에 그렇게 분노하셨어요?

부　인: 목사가 담배를 피니까요. (1회기, 도둑담배를 피우는 남편) (중략)

부　인: TV에 넋을 놓고 몇 시간씩 앉아 있는 상황을 쳐다볼 때 질식할 것 같아요. 목사님이 아이들과 함께 넋 놓고 그걸 같이 깔깔깔 웃으면서 보는 걸 보면.

치료자: 속 뒤집어지시겠네요?

부　인: 뒤집어지는 정도가 아니라, 내가 여기 왜 살까? 질적 저하가 함께 오는 것 같은 느낌 때문에 참 힘들었어요. (1회기, 무절제하게 TV 시청하는 남편을 보면 질식할 것 같음, 남편이 TV 시청을 즐기는 모습을 보면 부인 자신도 함께 질적 저하가 되는 느낌을 받음)

부　인: (남편이) 텔레비전 늦게까지 보는 거, 컴퓨터게임에 몰입하는 거, 술, 담배하는 거……. 새벽기도도 못 가거든요. (중략) 겨우 교회 등록시켜 놓은

사람하고 목사가 술을 먹고 오다니. (15회기, 음주하는 남편, 컴퓨터게임을 하는 남편)

2) 남편의 무능함

남편이 교회 개척에 실패하거나 교회 사역을 그만두어 소득이 없을 때 부인은 가정생활을 꾸려 나가는 데 고생을 하였다. 부인은 남편이 목사이기 때문에 경제적 수입이 양호하지 못하며 궁핍한 상황이 될 수도 있다는 것을 이해하지만, 절체절명의 난관을 극복해 나가려는 일말의 노력이 보이지 않는, 무능한 남편 때문에 답답함을 금치 못하였다.

부 인: 남편은 개척교회 문 닫은 뒤에는 방에 박혀서 나오지도 않고, 그냥 이런 물건 같은. (1회기, 무능력한 남편)

부 인: 남편이 교회를 그만두고 뭐 6개월씩, 3개월씩 계속 쉬고 뭐 이래도 무대책으로 그냥 가만히 있고, 생필의 문제가 해결되지 않은 상태에서 나 몰라라 하고. (10회기, 절체절명의 순간에 힘이 되지 못한 남편)

3) 성관계 불만족

부부는 성관계 빈도가 잦지 않았는데, 남편이 성적 욕구가 있을 때는 부인과 성관계를 할 수 없었고, 부인의 요구가 있을 때만 성관계를 가질 수 있었다. 부인은 신혼 초부터 남편과의 성관계에 만족한 적이 전혀 없었다.

치료자: 신혼 초부터 두 분 성관계는 어떠셨어요?
부 인: 저는 지금까지 성관계가 만족스러웠던 적은 한 번도 없었어요. (1회기, 불만족한 부부의 성관계)

치료자: 목사님하고 사모님 지금 성관계는 얼마나 하세요?
남 편: 거의 없어요. 지금 한 일 년 됐어요. 그 전에도 자주 있었던 건 아니에요. 집사람이 원할 때만 하는 분위기가 되어 버린 거예요. 내가 원할 때 할 수 있는 게 아니고. (16회기, 불만족한 부부의 성관계)

4) 남편의 정서장애

남편이 부인에게 감정표현을 하지 않아서 부인은 남편이 정서장애가 있다고 생각하였다. 부인은 남편이 냉혈동물이며 병적으로 감정이 없어서 남편과 대화를 하면 유리벽에 대고 얘기를 하는 것 같다고 보는 반면에, 남편은 부인에게 자기감정을 솔직히 표출하면 부인의 감정이 폭발하면서 더욱 거세게 공격을 받기 때문에 표현을 자제하고 있었다.

치료자: 그때 목사님은 듣고만 계셨어요? 사모님이 '남편은 무감정이다'라는 거예요.

남 편: 감정이 없진 않겠지만 자제하고.

치료자: 그때 자제를 안 하시면 더 폭발하실 거라고 생각하시는 것 아니에요?

남 편: 그렇죠. 내가 얘기하면 할수록 더 세진다고 생각하는……. (3회기, 무감정인 남편, 남편과 감정교류가 되지 않음)

부 인: 자기 쪽에서의 문제를 자기가 정서장애라는 걸 제대로 알고, 그 부분에 대해서 뼈아프게 알고, 고칠 수 있게 됐으면 하는 바람인데요. (11회기, 정서장애가 있는 남편)

2. 인식단계에서 부인이 인지한 가족갈등의 원인

부인은 전인식단계에서 이혼을 고려하게 된 모든 원인을 남편에게 귀결시키고 있었으나 상담이 진행되면서 인식단계에 접어들게 되었고, 부부갈등, 모자갈등에서 부부의 원가족 특성과 부부의 역기능적 표현 방식의 영향을 파악하게 되었다.

〈표 3-3〉 부부의 원가족 특성과 역기능적 표현 방식: 개념추출과 범주화

상위범주	중간범주	하위범주	개념추출
부부의 원가족 특성과 역기능적 표현 방식	부인의 역기능적 표현 방식	불통(不通)의 방식	강하며 고집이 세고 옳다고 생각하는 것에 양보하지 않음, 부인은 의사소통 방식이 친정부의 방식이며, 듣기보다 말하기를 많이 해서 상대방이 매우 피곤함을 느낌, 친정아버지의 양육 방식을 전수하여 아들을 엄격하게 대함, 친정부의 양육 방식이 딸(부인)에게서 재현되고 있음
		이중구속적 방식	이중구속 메시지 사용, 지적하는 방식, 꼬투리 잡고 쏘아댐
		비교하는 방식	남편과 다른 가정의 남편을 비교함, 자기 자녀와 다른 집 자녀를 비교함
		불안정한 감정표현	분노조절이 안 됨, 감정기복이 심함, 과민반응, 예민함
	부인의 원가족 특성	친정부(父)의 불통(不通)의 방식	독단적 · 권위적인 친정부, 아버지 의견에 이견을 달 수 없음, 언어폭력적인 친정부
		친정(처가)의 강한 표현 방식	모두가 투쟁형인 처가식구
	남편의 역기능적 표현 방식	회피하는 방식	회피하는 방식, 아내의 반응을 예측하고 겁이 나서 대화의 시도를 못하는 남편
		기능적인 감정표현의 어려움	감정표현이 어려움, 남편은 병적으로 감정이 없음, 사건 발생 시 반박하고 담판 짓는 것을 잘 못해서 나서지 않음, 맞장구를 못 치고 다른 사람 편을 들어 주는 남편
	남편의 원가족 특성	감정표현이 약한 시댁의 문화	대화가 거의 없는 남편의 원가족, 늘 조용한 남편의 원가족, 친부와 조근조근 이야기를 나눠 본 적 없는 남편, 친구가 없는 시누이, 사람들과 소통 없이도 사는 시댁식구

1) 부인의 역기능적 표현 방식

(1) 불통(不通)의 방식

부인은 남편을 비롯한 가족구성원과 대화를 할 때 소통이 되지 않는 방식을 갖고 있었다. 부인은 본인이 옳다고 판단하는 부분에서는 주장을 굽히지 않았다. 부인은 완고하며 강한 방식과 상대편이 피곤을 느낄 정도로 말을 길게 늘어놓는 의사소통 방식을 사용하였다. 이와 같은 부인의 의사소통 방식은 원가족으로부터 전수된 것이었으며, 특히 아들을 대할 때 엄하게 대하고 몰아세우는 모습은 친정아버지의 방식과 유사하였다.

부　인: 제가 성격이 강하고 또 옳다고 생각하는 것에 대해서 양보하지 않고 고집 세고 그런 거 있어요. 그건 인정합니다. (11회기, 강하며 고집이 세고 옳다고 생각하는 것에 양보하지 않음)

치료자: 사모님하고 아버지 모습에서 어떤 유사성을 느끼세요?

부　인: 많이 비슷해요. 제가 많이, 징글징글하게 싫은데, 아버지가 저희를 숨 못 쉬게 다그치던 모습이 저에게 그대로 있어요. [12회기, 친정아버지의 양육 방식을 전수하여 아들을 엄격하게 대함, 친정부의 양육 방식이 딸(부인)에게서 재현되고 있음]

치료자: 사모님이 얘기를 많이 하시지 마시고 목사님 얘기를 들어 보세요. 사모님하고 얘기하면 사모님은 말씀 한 번 하시면 최소한 20분, 30분 가요. 끊지 않으면. 상대편은 굉장히 피곤함을 느낄 수 있습니다. 듣기보다는 말씀을 많이 하시는 분 같아요.

부　인: 네. 우리 아버지도 그랬어요. Slow to speak, Quick to listen! 맨날 써 놓고 읽는데도 잘 안 되네요. (15회기, 부인은 의사소통 방식이 친정부의 방식이며, 듣기보다 말하기를 많이 해서 상대방이 매우 피곤함을 느낌)

(2) 이중구속적 방식

남편은 부인에게 항상 지적을 당하는 편이었는데, 어떤 언행을 하든지 부인에게 꼬투리를 잡혀서 자기표현을 편하게 할 수가 없었다. 부인의 이중구속 메시지 때문에 남편은 거리낌 없이 표현을 하기 어려웠으며, 자녀 또한 엄마에게 표현하는 데 방해를 받고 있었다. 이에 남편은 부인의 기분상태를 주시하면서 자기의견을 전달하였다. 남편은 부인의 기분이 좋지 않을 때는 의사전달을 못 하거나 자녀를 통해서 우회적으로 표현하고 있었다.

치료자: 사모님과의 관계에서는 늘 지적을 당해 오셨다 생각하시는 거 아니에요?

남　편: 그렇죠. (3회기, 부인의 지적하는 방식) (중략)

치료자: 와이프가 소위 이중속박이라는 메시지를 쓴다는 것. 목사님께서는 사모님에게 이래도 터지고 저래도 터진다는 거예요. 그렇죠? 그게 평상시 부딪힐

때 항상 그렇습니까?

남 편: 그렇죠.

치료자: 그러면 목사님 의견은 어떻게 전달하세요?

남 편: 기분 좋을 때 하죠. 기분 나쁜 때는 거의 얘기 안 해요. 못하고, 아니면 애들 통해서 하죠.

치료자: 어떻게요?

남 편: 집사람도 그렇고 "너희 아빠 밥 먹으라고 그래라." "나 아까 밖에서 먹고 들어 왔다고 그래." 이런 식으로. (3회기, 이중구속 메시지 사용)

치료자: 사모님이 쓰는 표현 자체가 목사님을 굉장히 힘들게 하는 표현을 쓰세요. 소위 이중구속의 메시지를 쓰고 계세요. 사모님은 "당신이 한 번이라도 나한테 미안하다는 얘기를 해 봤냐?" 이거예요. 목사님은 했다 이거예요. 그러면 미안하다는 얘기를 하면 뭐하냐 이거예요. "야, 그걸 믿지 못하겠어." 이런 식으로. 그 표현 방식으로 목사님이 표현을 하겠냐 이거예요. (11회기, 이중구속 메시지 사용, 꼬투리 잡고 쏘아댐)

(3) 비교하는 방식

부인은 남편을 다른 가정의 남편과 비교하였으며, 자녀를 다른 가정의 자녀와 비교하는 방식을 사용하였다. 이러한 역기능적인 방식은 남편과 자녀로 하여금 부인(엄마)과 소원하거나 갈등관계에 놓이도록 하였다.

남 편: 집사람이 비교를 많이 하더라고요.

치료자: 자녀끼리요?

남 편: 네. 뭐 저도 그렇고.

치료자: 다른 남자, 남편하고요?

남 편: 네.

치료자: 세 명의 자녀를 서로 비교합니까? 아니면 다른 애들을.

남 편: 그렇죠, 다른 애들. 뭐 부모한테 잘한다더라, 어떤 아이는 이렇게 용돈을 많이 주지도 못했는데 그걸 모아 가지고 무슨 기념일에 엄마, 아빠한테 선물을 사 온다더라. (4회기, 남편과 다른 가정의 남편을 비교함, 자녀와

다른 집 자식들을 비교함)

(4) 불안정한 감정표현

부인은 감정기복이 심하였으며 분노조절이 되지 않아서 남편이 부인에게 표현을 하는 데 다소 어려움이 있었다. 부부간의 짧은 대화에서도 부인이 과민하게 반응함으로써 남편은 표현을 할 때 주의를 기울이게 되고 부인에 대한 솔직한 의사표현을 줄이게 되었다.

남 편: 어쩔 때는 몇 마디 안 했는데 어떤 단어 하나 때문에 굉장히 예민하게 반응을 하더라고요. 그런 것 때문에 자꾸 말을 '아, 이거 함부로 말하면 안 되겠다.' (3회기, 과민반응, 예민함) (중략)

치료자: 사모님도 분노조절이 전혀 안 되시나요?

남 편: 네. 좀 힘들더라고요. (부인이) 하여튼 쏟아낼 만큼 막 쏟아내야 제풀에 좀 이렇게 안정이 되고, 막 시작하면은 한 시간? 제가 그냥 들어요. (3회기, 분노조절이 안 되는 부인, 부인의 감정기복이 심함)

2) 부인의 원가족 특성

(1) 친정부(父)의 불통(不通)의 방식

부인의 친정아버지는 독단적이고 권위적이었기에 가족구성원이 아버지의 의견을 거역할 수가 없었다. 또한 친정아버지는 언어폭력적이어서 자녀의 자존감을 세워 주지 못했다.

치료자: 모든 가족이 아버지 의견에 대해서는 다른 의견을 낼 수가 없었습니까?

부 인: 브레이크 못 걸었죠. 어우, 브레이크 걸면 난리 나죠. (2회기, 독단적 · 권위적인 친정부, 아버지 의견에 이견을 달 수 없음)

부 인: (친정아버지의) 언어폭력이, "허구한 날 그 똥통 대학 다녀서 뭐하냐?" 등교할 때도 "그 똥통 대학 간판 따서 뭐할라 그러냐? 그 똥통 대학도 대학이라고 다니냐." 하여간 그 똥통 대학이라는 말을 아예 입에 달고 사셨

어요. (12회기, 언어폭력적인 친정부)

(2) 친정의 강한 표현 방식

부인의 친정식구들은 모두 부인과 같이 거센 표현 방식을 갖고 있었다. 부인의 여동생들은 언어적인 표현 방식뿐만 아니라 비언어적인 방식에서도 공격적인 방식을 보였다.

남 편: 처가쪽 식구 성품을 봐도 모두가 다 투쟁형이에요. 처제들이 가끔 와서 며칠 지내고 나면 편하게 헤어지질 못해요. 문을 걷어차고 밤에 그런 일도 있고. (11회기, 모두가 투쟁형인 처가식구)

3) 남편의 역기능적 표현 방식

(1) 회피하는 방식

남편은 부인과의 교류에서 부인과의 갈등을 무마하기 위하여 회피하는 방식을 보이고 있었다. 가정에 어떤 일이 발생하였을 때 그 사건에 대해 부인에게 물어보면 부인과의 마찰이 더욱 증폭되어 두려운 마음에 남편은 부인의 반응을 예측하고 대화를 기피하게 되었다.

치료자: 목사님은 일단 회피하시는 거예요? 부딪히는 것을 힘들어하시는 거예요?

남 편: 네. 나중에 기회 있으면 조용조용히 얘기하거나 그렇게 풀거나, 아니면 그냥 또 묻어요. (3회기, 회피하는 방식)

남 편: 아들 말로는 "엄마(아내)가 어디 가서 검사받는다고 했어." 라고 했는데 그 뒤로는 사실 몰라요. 아들도 모르고 저도 모르고, 물어볼까 해도 겁이 나서 못 물어보고. (중략)

치료자: 그때 목사님이 말씀하셨더라면 "자기 괜찮아? 어디가 안 좋대? 어휴, 얼마나 놀랐어?" 라고 표현하셨더라면 사모님이 어떻게 응답하셨을 것 같으세요?

남 편: 그때 제 생각으로는 오히려 화를 내고, 더…….

치료자: 어떤 식으로요?

남　편: 예를 들어서 이렇게 친한 척 제가 하면 "마음에도 없는 소리한다." 또 뭐 하여튼 입에 침 바르고, 그런 식의 말을 해 봤으니까, '으레, 괜히 누워서 조용히 있는 사람 건드려 봤자 오히려 화를 돋우는 결과가 될 거다.' 그렇게 생각을 한 거죠.

치료자: 항상 그런 식입니까?

남　편: 그렇죠. 제가 느끼기에는 그런 식으로 반응할 거다. (11회기, 아내의 반응을 예측하고 겁이 나서 대화의 시도를 못하는 남편)

(2) 기능적인 감정표현의 어려움

남편은 자기의 감정을 표현하는 데 익숙하지 못했다. 남편은 어릴 적부터 자신의 생각을 조리 있게 표현하거나 상대방의 말에 맞장구를 치면서 순차적으로 대화하는 기능적인 방식을 습득하지 못했다.

남　편: 저는 금방 딱 마주쳐서 그 자리에서 담판 짓고 이런 거는 못해요. 뭐 조리 있게 이렇게 반박하고 이런 것도 못하고. 그런데 늘 그런 감정적인 표현 자체를 거의 안 하고 자란 것 같아요.

치료자: 어려서부터요?

남　편: 네. (10회기, 사건 발생 시 반박하고 담판 짓는 것을 잘 못해서 나서지 않음) (중략)

부　인: 남편하고 이야기를 하면 해소가 되고, 시원해야 하는데요. 한 번도 커뮤니케이션이 된 적이 없으니까, 제가 예를 들어서 누구 흉을 본다 그러면, 흉보는 게 옳지 않죠. 욕하는 거 옳지 않은데, 일단은 좀 맞장구를.

치료자: (남편이 부인과) 같이 흉 안 보세요?

부　인: 절대 안 보죠. 그 사람 편을 들어줘요, 오히려. (10회기, 맞장구를 못 치고 다른 사람 편을 들어 주는 남편)

부　인: (남편이) 감정이 없는 사람. 좀 병적이에요, 제가 볼 때는. (12회기, 감정표현이 어려움, 남편은 병적으로 감정이 없음)

4) 남편의 원가족 특성

(1) 감정표현이 약한 시댁의 문화

남편은 상호작용이 거의 없는 원가족에서 성장하여 감정표현이 약하였다. 남편의 원가족은 표현이 미약하여 가족구성원 간에 대화가 많지 않았고, 외부인과의 교류에도 소극적이었다. 남편은 아버지와 감정표현을 원활하게 해 본 경험이 없었고, 남편의 여동생은 사회적 교류 없이 생활하고 있었다.

남 편: 저희 아버지께서 말씀을 거의 안 하셨죠. 늘 그냥 조용한 가운데 있었어요. 집안이 조용해요.
부 인: 시어머니 속이 다 썩었어요. 시어머니가 저한테 속 얘기 하셨는데……. (중략) 시아버지가 말이 서투르고……. 시아버지 친구가 없었거든요. (10회기, 대화가 거의 없는 남편의 원가족, 늘 조용한 남편의 원가족, 친부와 조근조근 이야기를 나눠 본 적이 없는 남편.

부 인: 사람들하고 소통 안 하고도 혼자서도 얼마든지 사는 사람, 우리 아가씨들도 마찬가지예요. 우리 시어머니, 시아버지도 마찬가지고. (중략) 본인 스스로도 잘 살아요. 제 평가이기도 하지만 저희 시외숙모님의 평가이기도 해요. 외부인 없이 이 사람들은 본인끼리도 얼마든지 사는 별종이라고. (12회기, 친구가 없는 시누이들, 사람들과 소통 없이도 사는 시댁식구)

3. 가족구성원과 가족관계의 변화

1) 남편의 변화

1~10회기까지 전인식단계에 있었던 남편은 11회기에서 자녀에게 짜증과 화를 내는 게 감소하여 인식단계에 들어서고 있음을 보여 주었다. 남편과 부인은 13회기에서 서로 부딪힐 때 이전보다 강도가 약하고 마찰의 시간과 앙금이 사라지는 시간이 짧아졌다. 남편은 16회기에서 TV 시청 문제로 부인과 부딪히지 않았으며, 변화를 위한 준비단계에 해당하는 17회기에서 부인과 부딪히지 않기 위해 많은 부분에서 인내하는 노력을 보였다.

남 편: 아이들한테 짜증 내고 화 내는 게 조금 준 것 같은 느낌도 들고요. (11회기)

남 편: 두 주 동안 한, 두 번 부딪혔는데요. 예전하고 다른 게 순해졌어요. 그 전에는 한 번 부딪혔다 하면은 큰 소리 나고 길게는 며칠씩 가는데, 어제는 부딪히고 밤에 풀어졌고요. 그러니까 일단은 시간이 짧아요. 소리는 안 지르고 그런 차이가 있어요. (13회기)

치료자: 목사님이 요즘 TV 보시는 건 없겠네요?
남 편: 없죠.
치료자: TV 때문에 부딪히는 건 지금 없어요?
남 편: 일단은 없죠. (16회기)

남 편: 저도 나름대로 긴장하고 있고, 많은 부분에서 참고 있고, 아무 노력 없이 그냥 가만히 있는 건 아니에요. (17회기)

남편은 20회기부터 행동단계에 진입하였는데, 20회기에서 표현하는 양이 증가하였다. 예를 들어, 아빠가 아들에게 전화통화를 적극적으로 먼저 시도하였고, 또한 아내와의 소통을 시도하여 부부간에 대화가 되기 시작하였다. 남편은 아내에게 화법에 대해 조언을 주기도 하였다. 남편과 부인은 23회기에서 한 달 이상 싸우지 않는 고무적인 변화를 보였으며, 24회기에서 남편은 자기표현이 더욱 많아졌다. 25회기, 26회기, 28회기에서 남편(아빠)은 아들의 늦은 귀가시간 때문에 아들과 대립하였다. 이는 그동안 가정에서 과도한 역할을 해 왔던 아내(엄마)의 역할을 남편(아빠)이 일부분 감당하게 되면서 이전에는 갖지 않았던 불편하고 소원한 부자간의 관계를 겪게 되는 현상이었다. 남편은 29회기에서 성질을 내는 모습이 줄었고, 부인과 소통이 되고 솔직하게 표현하는 변화가 나타났으며, 상담종결 이후에 어떤 어려움에 직면하더라도 맞서 극복해 나갈 자신감이 생겼다.

아 들: 아빠가 말을 많이 하시고요. 엄마나 저하고 대화를 하려 하세요. 아버지가 (아들에게) 먼저 적극적으로 전화도 하시더라고요. (아빠가) 엄마하고 뭔가 얘기를 하고 커뮤니케이션을 시도조차 안 했었는데, 지금은 시도를

하세요. 엄마의 화법에 대해서도 좀 말리고. (20회기)

남 편: 지금 이제 한 달 넘었죠.
치료자: 안 싸우신 지가요?
남 편: 네. 기록이죠. (23회기)

남 편: 제가 말이 좀 많아졌죠.
부 인: 네. 옛날보다는 조금 말이 많아졌죠.
치료자: '많아졌다'라는 것은 좋은 의미에서 말씀하시는 겁니까?
부 인: 네, 네. 그렇죠. 자기 느낌을 얘기하는 거나 사실을 좀 더 길게 얘기하거나. 말이 조금 많아졌어요.
치료자: 주거니 받거니가 가능하세요?
부 인: 그 전보다는 그렇죠. 워낙 우리가 말없이 살아와서. (24회기)

부 인: (아빠에게) 인사도 하는 둥 마는 둥 하고, 아빠에 대해서 얘기를 잘 안 하네요.
치료자: 엄마와의 관계가 회복이 되면서 오히려 아빠와 관계가 멀어진 상태입니까?
부 인: 네. 약간 그런 느낌이에요. (26회기)

치료자: 요즘 사모님께서는 목사님의 어떤 변화를 느끼세요?
부 인: 성질 내던 거를 좀 덜 내죠.
남 편: 요즘 몇 달 동안은 솔직하게 내가 얘기를 하니까 좀 통하는 거 같고……. 최근에는 저도 표현을 하니까, 내 마음을 얘기하니까 그게 해결이 되더라고요. 그러니까 아무래도 짜증을 덜 내는 것처럼 보이겠죠. 그 전에는 저도 시도도 안 했고, (부인에게) 무언가를 얘기해도 사실 제 입장에서는 묵살 당했다는 느낌이 강했죠. 이제 우선은 자기(부인)도 부족한 부분이 있다는 걸 인정을 했으니까. 아, 그렇다면 이제 얘기가 되겠다는 느낌이 저한테 있는 거죠. 가만히 생각해 보니까 이제 헤쳐 나갈 자신이 있고, 전에는 아예 말도 안 하고 감췄으니까. 이제 내가 솔직하게만 얘기해도 일단 통하겠다는 감이 와요. 앞으로는 힘든 일이 있어도 예전처럼 극단적으로

치우치지는 않겠다는 생각이 들더라고요. (29회기)

2) 부인의 변화

1~9회기까지 전인식단계에 있었던 부인은 10회기에서 모자간에 덜 부딪히게 되는 표현의 변화를 통해 인식단계를 반증하였다. 상담 전에는 모자간에 하루에 한 번 이상 언쟁이 있었는데, 11회기에서 부인은 아들과 고성이 오고 가는 게 사라졌다. 부인은 11회기에서 자신의 강한 표현 방식과 지나치게 확고한 자기만의 틀(기준)을 인식하게 되었다. 12회기에서 부인은 자신의 표현 방식과 원가족의 특성을 인식하였는데, 친정아버지의 표현 방식과 양육 방식이 다시 자신에게서 재현되고 있음을 발견하였다. 부인은 13회기에서 표현할 때 자기통제를 하게 되어 아들과 충돌하는 면이 없었고, 남편과의 마찰의 강도가 약해져서 부부관계가 이전보다 편안해졌다. 14회기에서 부인은 전적으로 자기문제를 인식하고 남편에 대해 지지적인 입장으로 방향을 선회하였다. 상담 이전에 부인은 자신에게 문제가 전혀 없다고 생각했었으나, 상담에 참여하면서 완고했던 자신의 모습을 객관적으로 바라보게 되었다.

치료자: 지금 아드님하고 다녀가신 다음에 관계는 좀 어떠세요?
부　인: 덜 부딪혀요. (10회기)

부　인: 제가 성격이 강하고 옳다고 생각하는 것에 대해 양보하지 않고 고집 세고 그런 거 있어요. 그건 인정합니다. (중략)
치료자: 아드님하고 지금 엄마하고 관계는 조금 변화가 있네요?
부　인: 네, 일단 고성이 오고 가는 건 일단 없어졌으니까.
치료자: 네. 고성이 오가는 건요? 그것도 굉장히 큰 변화인데요?
부　인: 네.
치료자: 그전에는 늘 고성이 오고 가셨었나요?
부　인: 그렇죠. 주로 하루에 한 번 이상 큰 소리가 나죠. (11회기)

치료자: 사모님하고 아버지 모습에서 어떤 유사성을 느끼세요?
부　인: 많이 비슷해요. 제가 많이, 징글징글하게 싫은데, 아버지가 저희를 숨 못 쉬게 다그치던 그런 모습들이 저에게 그대로 있어요. (12회기)

아 들: 저도 가능하면 막 부딪히거나 공격적으로 안 하려고 하고, 어머니도 그러는 것 같아요. 엄마도 그래서, 요새 서로 부딪힌 일은 없었어요.

남 편: 요즘 집사람이 조심을 하는 거 같아요. (13회기)

부 인: 제가 상담하기 전에는 샘플이라고 생각했고 다른 사람들이 여기에 못 미치기 때문이지 나는 문제가 없다, 정석이라고 생각을 해 왔어요. 그런데 이 상담을 하면서 내가 중환자인 걸 알게 되었어요. 내가 이만한 빈대 하나 잡자고 초가삼간 태우는 시스템이고, 말이 컨트롤이 안 되고, 업다운이 심하다는 걸 알게 됐고. (14회기)

부인은 인식단계를 넘어 15~18회기에서 변화를 위한 준비단계에 있었는데, 16회기에서 말하는 분량을 줄이는 변화가 나타났다. 상담 이전에 부인은 가족구성원에게 기본적으로 30~40분 이상 말을 하였고 잔소리를 1~2시간씩 늘어놓았었는데, 인식단계에 들어선 이후로 10~15분 정도 말을 하다가 스스로 중지하는 변화를 보였다. 17회기에서 부부간 충돌이 없었고, 모자간에 부딪히는 게 현저히 줄어들었다. 부인은 직설적으로 과격한 말이 나오기 전에 멈추게 되었고, 부드럽게 표현하는 변화가 나타났다. 18회기에서는 예전에 비해 폭발하는 표현 방식을 사용하지 않고 인내하는 모습이 나타났다. 그런데 점차적으로 변화를 보였던 부인은 한편으로 치료자에 대한 저항이 일시적으로 나타났다. 즉, 부인은 자기에게는 전혀 잘못이 없는데 치료자와 남편이 연합해서 부인에게만 변화를 요구한다며, 남편이 자기 잘못을 시인해야 한다고 주장하였다.

남 편: 제가 한 2, 3년 전부터는 (부인이 잔소리를) 시작했다 그러면 제가 나름대로 시간을 재 가지고 한 시간쯤 지났다 싶을 때 그냥 나가 버려요. 그런데 요즘은 여기 상담하고 나서 (부인이) 조금 안 거 같아요. (부인이) 막 오랫동안 그렇게 얘기하는 건 최근에는 없었어요. (16회기)

치료자: 이 주 동안 지금 목사님하고 사모님하고 충돌은 없으셨잖아요?

남 편: 네.

치료자: 그리고 사모님하고 아드님하고 부딪히는 게 현저히 줄지 않았습니까?

남 편: 네. 최근에 (부인이) 잘 참더라고요. 과격한 말이 나오기 전에 일단 이렇게 멈추게 되더라고요. 예전에는 금방 직설적으로 딱딱 튀어나왔는데, 가끔 욕도 들어가고 이렇게 튀어나왔었는데 요즘은 (부인이) 부드럽고 우회적으로 표현하고, 표현이 부드러워졌고 가시라고 느껴지는 부분이 좀 둔해졌고. (17회기)

남 편: (치료자가) 왜 자기(부인)한테만 바꾸라고 하느냐 하면서, 자기만 바꾸라고 한다고, "혹시 둘(치료자와 남편)이 짠 거 아니냐." 그러면서 하여튼 "자기(부인)는 아무 잘못 없고, 백퍼센트 옳고 당신(남편)이 잘못했다. 이거를 이제 시인해라." 하는 거예요. (18회기)

부인은 저항을 넘어 19회기에서 행동단계에 진입하여 남편을 배려하는 모습을 보였다. 20회기에서 부인은 화를 내지 않으며, 남편의 편을 많이 들고 남편의 얘기를 경청하는 변화가 생겼다. 부인은 21회기에서 남편에게 잔소리를 하지 않는 변화가 나타났으며, 22회기에서 남편이 부인의 과도한 역할을 부분적으로 감당해 주면서 모자간 충돌이 없었다. 23회기에서 부인은 남편과 충돌이 없었고 24회기에서 남편에게 두 달 이상 자극적인 표현을 일절 하지 않는 지속적인 변화를 보였다.

치료자: 목사님은 사모님의 어떤 변화를 느끼십니까?

남 편: 일단 그 전 하고는 지금 완전히 다르니까요. (부인이) "내(부인)가 전적으로 잘못해서."라는 말은 한 적은 없었거든요.

치료자: 엄마의 어떤 변화를 느끼나요?

아 들: 아버지 위주로 말을 하는 걸 보고 '아, 엄마가 조금 바뀌었구나.'라는 생각은 했어요. (19회기)

치료자: 엄마한테 어떤 변화가 있으신 거 같니?

둘째딸: 자주 화를 내지 않으세요.

치료자: 엄마가 어떤 변화가 있으신 거 같니?

큰 딸: 아빠 편을 좀 많이 드시는 거 같아요. 아빠가 TV를 트는 건 괜찮다고 해서 놀랐어요.

아 들: 아버지 말을 듣는 경향이 생긴 건 솔직히 좀 있어요. 엄마가 화나면 무조건 다시 제론데, 이번에는 (엄마가) 화난 상황에서 아버지(남편) 말을 듣는다는 것. 그거 자체가 정말 놀라운 변화죠. (20회기)

치료자: 사모님이 어떤 변화가 있으신지요?
남 편: 저한테는 잔소리를 안 해요. (21회기)

치료자: 지금 일단 엄마하고 관계에서 충돌은 없어?
아 들: 근래에는 없었어요.
치료자: 응, 그런데 이제 엄마가 하셨던 역할을 아빠가 하신다는 거지?
아 들: 네.
치료자: 그러면서 좀 엄마하고 충돌했던 거하고는 다르지만 아빠하고 조금씩 충돌이 있다는 거야?
아 들: 네. (22회기)

남 편: 지금 이제 한 달 넘었죠.
치료자: 안 싸우신 지가요?
남 편: 네. 기록이죠. (23회기)

치료자: 실제적으로 지금 목사님하고 사모님 부부관계에 많은 변화를 느끼세요?
남 편: 네. 저한테 화내는 말, 긁는 말 이런 걸 일체 안 하고 있어요.
치료자: 비난하거나 공격하지 않으세요?
남 편: 네.
치료자: 말투 자체가?
남 편: 네.
치료자: 그게 지금 얼마나 지속되시는 겁니까?
남 편: 지금 두 달 넘었죠. (24회기)

부인은 25회기 이후로도 꾸준히 행동의 변화를 보였는데, 남편이 아들의 문제를 부인 탓으로 돌려도 남편과 충돌하지 않고 수긍하는 모습을 보였으며 모자간 대화하는 데 충돌이 없었다. 26회기에서 모자관계가 양호하였고, 27회기에서 남편이 중재자 역할을 하지 않아도 모자간에 직접적으로 소통이 원활하였다. 부인은 29회기에서 남편의 말을 존중해 주는 모습을 보였으며 아들과의 마찰이 감소하였다.

치료자: 사모님하고 지금 아드님하고는 대화하는 데 충돌은 없으신가요?

부 인: 네. 충돌은 없어요. 제가 아들이 일단 밉지가 않거든요. 얘가 안됐고, 그냥 마음이 너무 아파요. 남편이 저한테 당신 때문에 아들이 그렇게 됐다고 말을 해도 제가 그 말이 섭섭하거나 화나지가 않고 맞다고 수긍이 되는 거예요.

아 들: 저도 엄마가 나를 미워하지 않는, 그러니까 엄마가 나한테 진심으로 대하는구나 하는 게 느껴지니까 그때부터 저도 죄송스러워지는 거예요. (25회기)

치료자: 사모님하고 아드님하고 직접적으로 항상 소통이 된다는 거죠? 목사님이 중재자 역할을 했는데 빠지셨고요?

남 편: 네. (26회기)

치료자: 지금 사모님께서 목사님 말씀을 존중해 준다는 거는 느끼시는 거예요?

남 편: 그렇죠. 이제 내 말을 들어 주는구나, 하는 걸 제가 느끼죠.

치료자: 아드님하고 엄마하고 부딪히는 건 많이 줄었나요?

남 편: 그렇죠. 줄었죠. (29회기)

3) 아들의 변화

부모가 신혼 초부터 부부갈등관계에 있었으므로 아들은 가정에서 어릴 때부터 불안감을 느끼고 있었다. 아들은 조울증이 있었으며 ADHD 치료를 위해 소아정신과에 다녔었다. 또한 중학생 시절에 왕따를 당한 경험이 있었는데, 엄마와는 감정적으로 충돌하고 아빠는 감정을 내비치지 않으므로 부모와 대화가 잘되지 않아서 아들은 부모에게 학교에서 경험한 일을 표현하는 것을 꺼려했다. 특히 아들은 중학생 시절 중반부터 엄마와의 대화에 거부감이 들었다.

아 들: 가정에서 불안하다는 느낌은 초등학교 때부터 받았어요. 어머니가 아버지한테 일방적으로 막 뭐라 그러시면 아버지는 묵묵히 계시다가 엄마가 히스테리가 심해지면 그냥 나가시고. (중략)

아 들: 제가 조울증이 있고요. ADHD 때문에 신경정신과를 다녔었어요. (중략)

치료자: 왕따당했을 때 그 얘기를 누구한테 했니? 집에 와서.

아 들: 안 했죠. 중학교, 초등학교 때도 그런 게 좀 있었거든요. 어머니가 항상 나서고 나면 일이 더 커졌어요. 엄마한테는 뭐든 얘기를 안 해요, 솔직히. (중략)

치료자: 너와 아빠가 생각을 주거니 받거니 이런 건 없었다는 거지?

아 들: 없었어요. 엄마하고는 감정적으로 아예 충돌을 하고 아버지는 아예 감정을 안 내비치세요. (7회기)

아 들: 어느 순간부턴가 부모님, 특히 엄마하고 대화하기가 싫어졌고.

치료자: 어느 순간부턴데?

아 들: 저 사춘기……. 그러니까 중학교 2학년 때였을 거예요. (19회기)

아들은 10~13회기까지 인식단계에 있었는데, 10회기, 11회기, 13회기에서 모자간 충돌이 발생하지 않는 긍정적인 모습이 나타났다. 13회기에서 아들은 가족관계에서 아빠의 입장을 인식하게 되었다.

아 들: '아빠도 나랑 비슷한 처지구나.' 이게 딱 느껴지니까 말을 안 해도 대충 알아요. 말 안 해도 '아빠가 지금 어떤 상황이겠구나.' 대충 알아요. (13회기)

아들은 17회기부터 행동단계에 들어섰는데, 17~18회기에서 엄마와 부딪히는 게 현저히 감소하였다. 22회기에서 모자간 충돌이 없었고, 아들과 부모와의 관계에서 대화의 양과 내용에 기능적인 변화가 나타났는데 이전과 다르게 아들이 부모에게 솔직하게 얘기하는 변화가 나타났다.

치료자: 아드님과 엄마, 아드님과 아빠 관계에서 대화하는 내용이라든지 그 양은 변화가 있네요?

부 인: 네. 그렇죠.

치료자: 그리고 좀 더 솔직해졌고요?

부 인: 네. (22회기)

25~26회기에서 모자간 대화에 충돌은 없었으나, 아버지의 역할이 증가하면서 부자간에 이전에 없었던 소원한 관계를 경험하게 되었다. 그래서 아들은 27회기에서 엄마와 소통이 원활해진 반면에, 28회기에서 소원한 부자관계에 있었다. 29회기에서 아들은 엄마와의 관계에서 부딪히는 게 줄었고, 여동생과 상호 자극하거나 비난하지 않는 방식으로 대화하며 다정하게 교류하였다.

부 인: "오빠, 내가 노래를 다운받으려고 하는데 어떻게 하는지 가르쳐 줘." 하면서 자기들끼리(아들과 큰딸이) 대화가 오고 가고 하더라고요. 그 전에는 아주 (큰딸이) 오빠하고 거의 견원지간이었거든요. (29회기)

4) 가족관계의 변화

부인은 이 상담을 시작할 때, 남편이 가족갈등의 원인이자 모든 문제를 파생시킨 근원이라는 사실이 치료자를 통해서 밝혀질 것이라고 생각하고 있었다. 부인은 자신이 만들어 놓은 틀과 잣대에 모든 가족구성원이 맞추어서 살아 주기를 원하였으나, 그 방식으로는 가족이 부인(엄마)과 상호작용을 하는 데 어려움이 있었다. 융통성이 없는 부인의 날선 기준과 날카로운 표현 방식은 부부관계를 향상시키거나 자녀를 흡수해 줄 수 있는 기능적인 방법이 아니었다. 또한 부인의 과도한 역할 때문에 상대적으로 가족, 특히 남편이 미흡한 역할을 하게 되었다. 그러나 상담이 진행되면서 부인은 남편이 아닌 자기문제를 인식하게 되었는데, 자신의 표현 방식과 원가족의 특성을 보게 되면서 전인식단계에서 인식단계로 접어들었다. 이러한 부인의 인식의 변화와 함께 표현 방식에 변화가 나타났으며, 남편과 아들 또한 변화의 모습을 보이면서 부부관계와 모자관계, 자녀관계에 긍정적인 변화가 나타났다. 상담 이전에 부모의 싸움으로 불안을 계속적으로 느껴 왔던 둘째딸(막내)은 29회기 상담에서 부모가 이혼할 것 같은 불안감을 해소하였다.

요컨대, 부인이 인식단계에 들어서면서 모자관계가 변화되기 시작하였고(10회기), 남편의 변화가 나타나면서(11회기) 부부관계에 변화가 왔다(13회기). 일시적으로 부인의 저항이 나타났으나(18회기), 남편과 부인, 그리고 자녀의 행동에 변화가 나타나서(19~28회기) 결과적으로 부부관계와 모자관계, 자녀관계가 호전되었다(29회기). 이혼의향이 있는 목회자부인에 대한 가족치료효과 네트워크는 [그림 3-2]와 같으며, 가족구성원과 가족관계의 변화를 초이론적 변화단계모델에 따라 매트릭스로 분석하여 〈표 3-4〉로 제시하였다.

> 남편: 엄마 아빠가 예전보다 말다툼을 안 하지?
>
> 둘째딸: 응.
>
> 치료자: 그럼 너는 불안한 건 어떠니?
>
> 둘째딸: 불안한 건 많이 나아졌어요. (29회기)

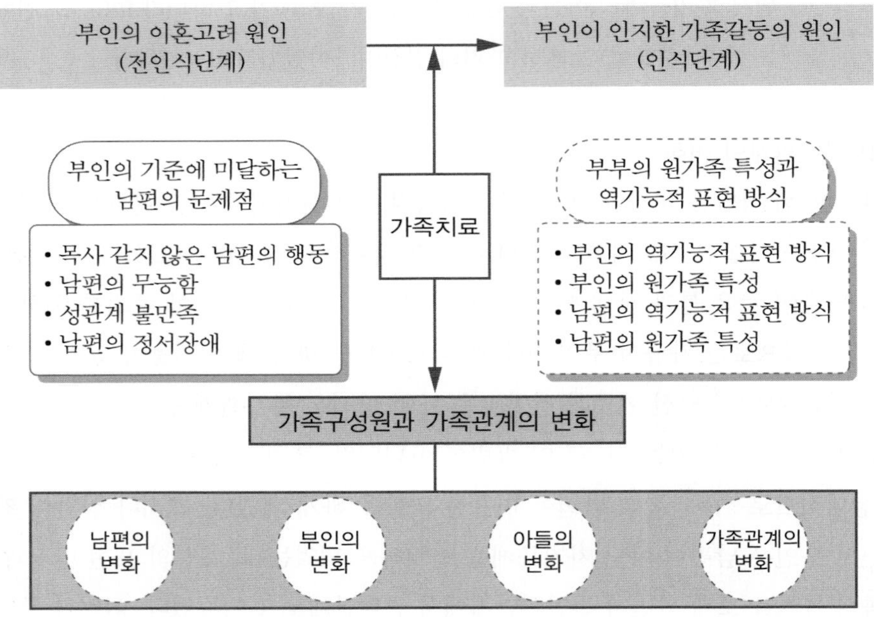

[그림 3-2] 이혼의향이 있는 목회자부인에 대한 가족치료효과 네트워크

〈표 3-4〉 초이론적 변화단계모델에 따른 가족의 변화 매트릭스

<table>
<tr><th rowspan="2"></th><th rowspan="2">상담대상</th><th rowspan="2">남 편</th><th rowspan="2">부 인</th><th rowspan="2">아 들</th><th rowspan="2">큰 딸</th><th rowspan="2">둘째딸</th><th colspan="3">변화단계</th><th rowspan="2">주요 변화</th></tr>
<tr><th>남 편</th><th>부 인</th><th>아 들</th></tr>
<tr><td>10회기</td><td>남편, 부인</td><td></td><td>✓</td><td>✓</td><td></td><td></td><td>전
인식</td><td rowspan="5">인
식</td><td rowspan="4">인
식</td><td>– 모자관계 변화</td></tr>
<tr><td>11회기</td><td>남편, 부인</td><td>✓</td><td>✓</td><td>✓</td><td></td><td></td><td rowspan="6">인
식</td><td>– 남편: 자녀에게 짜증 감소
– 모자관계 변화</td></tr>
<tr><td>12회기</td><td>부인</td><td></td><td>✓</td><td></td><td></td><td></td><td>– 부인: 표현 방식, 원가족 특성 인식</td></tr>
<tr><td>13회기</td><td>남편, 아들</td><td>✓</td><td>✓</td><td>✓</td><td></td><td></td><td>– 부인: 자기통제, 모자간 충돌 없음
– 부부관계 변화
– 아들: 아빠 처지를 이해함</td></tr>
<tr><td>14회기</td><td>남편, 부인</td><td></td><td>✓</td><td></td><td></td><td></td><td rowspan="3">준
비</td><td>– 부인: 자기문제인식, 남편을 지지함</td></tr>
<tr><td>15회기</td><td>부인</td><td></td><td></td><td></td><td></td><td></td><td rowspan="4">준
비</td><td></td></tr>
<tr><td>16회기</td><td>남편</td><td>✓</td><td>✓</td><td></td><td></td><td></td><td>– 부인: 말하는 분량 줄임
– 부부간 마찰 없음(TV 시청 문제)</td></tr>
<tr><td>17회기</td><td>남편, 부인</td><td>✓</td><td>✓</td><td>✓</td><td></td><td></td><td rowspan="3">준
비</td><td rowspan="13">행
동</td><td>– 모자관계 변화
– 부부간 충돌 없음
– 남편: 참는 노력을 함</td></tr>
<tr><td>18회기</td><td>남편</td><td></td><td>✓
*</td><td>✓</td><td></td><td></td><td>– 부인: 인내시간 길어짐
– 모자간 충돌 감소
– 부인의 변화가 지속되었으나 일시적으로 저항이 나타남(*)</td></tr>
<tr><td>19회기</td><td>남편, 부인,
아들, 큰딸,
둘째딸</td><td></td><td>✓</td><td></td><td></td><td></td><td rowspan="11">행
동</td><td>– 부인: 남편을 배려함</td></tr>
<tr><td>20회기</td><td>아들, 큰딸,
둘째딸</td><td>✓</td><td>✓</td><td></td><td></td><td></td><td rowspan="10">행
동</td><td>– 남편: 말하는 분량 늘어남 적극적으로 아들과 통화
– 부인: 남편의 얘기를 경청, 화내지 않음</td></tr>
<tr><td>21회기</td><td>남편, 부인</td><td></td><td>✓</td><td></td><td></td><td></td><td>– 부인: 남편에게 잔소리 없음</td></tr>
<tr><td>22회기</td><td>부인, 아들,
큰딸, 둘째딸</td><td></td><td>✓</td><td>✓</td><td></td><td></td><td>– 모자간 충돌 없음
– 아들: 솔직하게 얘기하는 변화</td></tr>
<tr><td>23회기</td><td>남편, 부인,
아들</td><td>✓</td><td>✓</td><td></td><td></td><td></td><td>– 부부간 충돌 없음(한 달 이상)</td></tr>
<tr><td>24회기</td><td>남편, 부인</td><td>✓</td><td>✓</td><td></td><td></td><td></td><td>– 부부관계 좋음</td></tr>
<tr><td>25회기</td><td>부인, 아들</td><td>*</td><td>✓</td><td>✓
*</td><td></td><td></td><td>– 모자간 충돌 없으나 부자간 불편함(*)</td></tr>
<tr><td>26회기</td><td>남편, 부인</td><td>*</td><td>✓</td><td>✓
*</td><td></td><td></td><td>– 모자관계 좋음
– 부자관계 소원(*)</td></tr>
<tr><td>27회기</td><td>남편, 부인</td><td></td><td>✓</td><td>✓</td><td></td><td></td><td>– 모자간 소통 좋음</td></tr>
<tr><td>28회기</td><td>남편, 부인</td><td>*</td><td></td><td>*</td><td></td><td></td><td>– 부자관계 소원(*)</td></tr>
<tr><td>29회기</td><td>남편, 부인,
둘째딸</td><td>✓</td><td>✓</td><td>✓</td><td>✓</td><td>✓</td><td>– 모자관계 마찰 감소
– 부부관계 좋음
– 아들과 큰딸관계, 자매관계 좋음
– 부모의 이혼에 대한 둘째딸의 불안감이 감소됨</td></tr>
</table>

✓: 긍정적 변화, *: 부정적 변화, 1~9회기: 부인, 아들의 전인식 단계, 1~10회기: 남편의 전인식 단계
1~9회기 상담대상: 1, 2회기 부인, 3, 4회기 남편, 5회기 큰딸, 6회기 둘째딸, 7회기 아들, 8회기 아들, 큰딸, 둘째딸, 9회기 부인, 아들

V. 결 론

이 장의 결과를 바탕으로 몇 가지 내용을 논의하고 제언하고자 한다. 첫째, 이 사례에서 목회자남편을 둔 부인은 남편의 문제점 때문에 이혼을 고려한다고 진술하나, 이혼의향을 가져온 요인을 단지 냉혈인간같이 무정하고 목사로서 무능한 남편의 문제로 단정하는 것에는 모순이 있다. 부인의 이혼의향 이면에 갈등과 결부된 부인의 문제점을 간과해서는 안 된다. 오히려 부부갈등은 남편이나 부인의 어느 한 사람의 잘못 때문이 아니라 부부의 역기능적인 상호작용, 곧 표현 방식에 달려 있다고도 볼 수 있다. 기능적인 표현 방식은 부부관계에 선순환을 가져오지만 역기능적인 표현 방식은 악순환을 초래할 수 있기 때문이다. 이 사례는 이혼을 고려하고 있는 유사사례에서 부부의 원가족과의 자아분화 문제와 지금까지 문제를 해결하려고 시도해 온 의사소통 방식에 초점을 둠으로써 거시적 관점과 미시적 관점을 병행해야 할 필요성을 보여 준다.

둘째, 이 사례에서 목회자부인은 자신의 표현 방식과 원가족 특성에 대한 인식의 변화가 오면서 행위의 변화가 왔으며, 역으로 행위 변화를 통하여 자기문제를 인식하는 선순환을 나타내었다. 그런데 인식에 저항이 오면서 행위 변화에도 저항이 잠시 나타났다. 이처럼 상호작용 행위의 효과적인 변화를 위해서는 인식의 변화가 반드시 포함되어야 한다(권윤아, 김득성, 2011). 인식 변화와 행위 변화 두 가지 모두가 이루어지지 않으면 변화가 어려운데, 이 중 한 가지만 변하게 될 경우에 변화의 진척이 매우 더디거나 진전에서 퇴행될 수 있기 때문이다. 황민혜와 고재홍(2010)은 부부가 역기능적인 의사소통행동을 사용하지 않도록 하기 위해서는 남성에게는 부부간에 호응하는 상호작용을 통해 긍정적인 감정을 느끼도록 해야 하며, 여성에게는 배우자의 반복적인 문제행동을 건설적으로 다루는 것이 중요하다고 보았다. 이 장에서도 이혼의향을 갖고 있었던 목회자부인이 전인식단계에서 문제의 귀인을 남편에게 두고 있었다. 이에 대해 치료자는 부인이 생각하는 남편의 문제행동을 가족체계적 관점에서 거시적으로 재조망하고 부인의 인식을 재구축하도록 유도함으로써, 부인이 남편을 배려하고 화를 내지 않으며 남편의 얘기를 경청하고 부드럽게 표현하게 되었다. 이에 따라 남편 역시 부인에 대해 긍정적인 인식과 감정을 쌓게 되어 부부간에 충돌이 줄어들었다.

셋째, 이 사례를 변증법적 관점에서 논의하면, 부인이 이혼의향을 갖도록 한 남편의 문제를 정(正)의 단계에 둔다면 모든 문제의 원인은 남편에게 귀결된다. 그러나 반(反)의 단계에서는 정(正)의 단계와 대립되는 주장이 도입된다. 즉, 부인이 이혼의향을 갖게 된 것은 부인의 탓이다. 부인의 결함으로 이혼의도를 자초하게 된 것이라고 볼 수 있다. 하지만 변증적 논리의 마지막 단계인 합(合)의 단계에서 보면, 정(正)의 단계와 반(反)의 단계 양자는 모순을 내포하고 있다. 목회자남편과 그의 부인은 서로 다른 표현 방식과 원가족 문화를 절충하고 조율할 수 있는 기능적인 표현 방식을 갖지 못했기에 부인이 이혼을 고려하게 된 것이다. 여기서 정(正)과 반(反)의 단계는 서로 대립하고 있으나 연관되어 있음을 알 수 있다. 남편이 진술한 부인의 문제와 부인이 진술한 남편의 문제는 상호작용의 결과로 보아야 하며, 배우자의 일방적인 작용의 결과로 판단하는 것을 지양해야 한다. 이처럼 정(正)과 반(反)의 관계는 변증법적인 대립관계이자 상호작용의 관계다. 부부의 문제는 부부의 상호작용을 보아야 하고 나아가 가족의 문제 또한 가족을 하나의 체계로 보아 가족 전체를 조망해야 하는데, 문제해결을 위해서는 인식과 표현(행동)에서 기능적인 상호작용이 이루어지는 합(合)의 단계가 필요하다.

다음으로 이 장의 의의와 제한점, 후속연구에 대한 제언은 다음과 같다. 이 사례는 이혼의향이 있는 목회자부인에 대한 임상 사례연구가 적은 실정에서 유사사례에 대한 개입 방안의 토대를 제공하였다는 데 의의가 있다. 특히 부부갈등의 문제를 효과적으로 해결할 수 있는 기능적인 상호작용 방식의 중요성을 밝혔으며, 자신의 문제를 인식하지 못하는 내담자에 대해 상담을 진행할 경우에 내담자의 인식 변화를 돕고 행위 변화까지 도모할 수 있는 방식에 대한 시사점을 제시하는 데 기여하였다. 그러나 이 장은 단일사례에 국한되므로 이 사례의 결과를 모든 목회자부인에게 일반화시키는 데 제한점이 있다. 이혼위기라는 동일한 상황에 처하게 되더라도 목회자부인 개인과 원가족의 특성 등 다양한 변인에 따라 이 사례의 결과와 구별되는 분석이 도출될 수 있다. 따라서 후속연구에서 이혼의향이 있는 목회자부부를 대상으로 다른 연구방법을 적용하여 이 장에서 제시되지 못한 특질을 발견하고 세밀히 분석하여 이를 논거로써 목회자부부가 이혼위기를 극복할 수 있는 개입 방안을 연구해 주기를 바란다.

끝으로 실천가를 위한 제언은 다음과 같다. 임상현장에서 부부갈등을 겪는 목회자부부의 문제해결을 위해 개입을 할 때, 부부가 문제를 해결하기 위해 시도해 온 방식을 탐색하고 이를 새로운 해결책으로 대체하는 것이 필요하며, 부부의 원가족과 핵가족을 연계하여 문제의 원인을 분석하면서 접근해야 한다. 또한 목회자부부를 대상으로 의사소통기술에 대한 실용적인 교육이 요청되는데, 부부갈등을 심화시키는 의사소통행동을 보다 효과적으로 감소시키기 위해서는 의사소통기술훈련뿐만 아니라 어떤 문제에 대한 인식 변화를 촉진할 수 있는 과정이 동시적으로 요구된다.

참고문헌

강묘월(1994). 목회 협력자로서 목회자 아내의 역할. 침례신학대학 신학대학원 석사학위논문.

강선영(2001). 부부목회를 통한 목회자 부인의 역할갈등 해소방안에 대한 연구. 이화여자대학교 신학대학원 석사학위논문.

강은영(2013). 목회자 사모의 서번트 리더십에 대한 인식 조사 연구. 숙명여자대학교 여성인적자원개발대학원 석사학위논문.

강주희(2003). 목회자 아내의 리더십 개발에 관한 연구: 영적리더십을 중심으로. 안양대학교 신학대학원 석사학위논문.

권윤아, 김득성(2011). 부부갈등악화 의사소통 행동에 영향을 미치는 변인들: 인지행동적 관점을 중심으로. 대한가정학회지, 49(7), 67-80.

김경란(2006). 한국교역자사모를 위한 교육프로그램개발에 관한 연구. 총신대학교 대학원 박사학위논문.

김남준(1998). 목회자의 아내가 살아야 교회가 산다. 서울: 두란노.

김보경(2010). 미술치료가 목회자 사모의 정서 표현과 스트레스 대처 방식에 미치는 효과성 연구. 한양대학교 산업경영디자인대학원 석사학위논문.

김선자(2001). 사모의 역할과 영성훈련에 관한 연구. 기독신학대학교 대학원 석사학위논문.

김세곤, 현정환(2011). 인간 심리의 이해. 고양: 공동체.

김세승(2012). 목회자 자녀의 정신건강에 관한 연구: 위니캇을 중심으로. 한신대학교 신학대학원 석사학위논문.

김영경(2006). 목회상담협력자로서의 상담역할에 대한 사모의 인식연구. 총신대학교 상담대학원 석사학위논문.

김윤심(2007). 목회자 부인의 스트레스와 대처방안. 한남대학교 기독교상담학과 석사학위논문.

김은심, 최영희(1988). 부부의 역기능적 의사소통 유형과 부인의 정신, 신체증상 호소정도와의 관계. 대한간호학회지, 18(2), 135-152.

김재권(2009). 내외통제성과 비합리적 신념이 목회자 부인의 스트레스에 미치는 영향. 계명대학교 대학원 교육학과 석사학위논문.

김종환(2005). 사모의 역할은 어디까지. 목회와 신학, 190, 136-137.

김진아(2012). 목회자아내의 결혼만족도가 역할만족도에 미치는 영향. 성결대학교 신학대학원 석사학위논문.

김현정(2005). 목회자 사모가 받는 스트레스 및 대처양식에 관한 연구: 서울, 경기지역 중심으로. 총신대학교 선교대학원 석사학위논문.

박인숙(2009). 목회자 부인의 정신건강과 치유에 관한 연구: 자기심리학적 접근으로. 한신대학교 신학전문대학원 석사학위논문.

박태영(2000). 의사소통의 문제를 지닌 목회자 부인의 부부치료. 한국 사회복지학회 학술대회 자료집, 268-291.

박태영(2001). 가족치료 이론의 적용과 실천. 서울: 학지사.

박태영, 김선희(2012). 부부갈등 해소를 위한 치료적 개입의 효과에 관한 사례연구. 한국가족복지학, 17(1), 31-60.

박태영, 김선희, 유진희, 안현아(2012). 이혼위기에 있는 부부에 대한 가족치료 다중사례연구. 한국가족치료학회지, 20(1), 23-56.

박태영, 김현경(2004). 친밀한 가족관계의 회복: Murray Bowen의 가족체계 이론의 적용. 서울: 학지사.

박희연(2005). 목회자 사모의 미술치료 경험. 서울여자대학교 특수치료전문대학원 석사학위논문.

반신환(1999). 개신교 목회자부인에 대한 역할기대의 구조적 갈등. 동서문화, 32, 179-190.

반신환(2000). 목회자부인의 스트레스에 영향을 주는 요인에 대한 연구. 아동교육, 9(2), 143-161.

반신환(2001). 개신교 목회자부인의 대처양식: 분석과 평가. 동서문화, 34, 145-160.

변정숙(2008). 목회자사모의 인지행동 스트레스관리프로그램과 그 효과성 검증. 한영신학대학교 대학원 박사학위논문.

서문희(1993). 부인의 이혼과 재혼에 영향을 미치는 사회인구학적 및 결혼 관련 요인. 보건사회연구, 13(2), 1-19.

신경희(1990). 설 곳 없는 불안한 존재. 새가정, 398, 64-69.

오미희(2012). 목회자 사모의 경제적 스트레스 및 자아존중감이 우울감에 미치는 영향 연구. 백석대학교 사회복지대학원 석사학위논문.

오원택(2004). 목회자 사모의 우울증 인지적 치료. 장로회신학대학교 대학원 석사학위논문.

우연희, 이종각, 문수백(2012). 청소년 자녀가 지각한 부부갈등, 청소년 문제행동 간의 관계에서 아버지 의사소통유형의 매개효과. 한국아동학회, 33(2), 185-201.

유은정(2004). 목회자부인의 역할갈등에 관한 연구. 서울신학대학교 상담대학원 석사학위논문.

윤영숙(2004). 기독교인 용서상담 프로그램이 목회자 부인들의 용서, 분노 및 심리적 안녕감에 미치는 영향. 계명대학교 석사학위논문.

은신성(2013). 무용/동작치료 프로그램이 중년기 목회자부인의 스트레스, 불안 및 우울에 미치는 영향. 원광대학교 동서보완의학대학원 석사학위논문.

이강은(2007). 목회자 사모의 역할 갈등에서 오는 우울증 치료 방안 연구. 호서대학교 석사학위논문.

이강호(2006). 가족생활주기별 결혼만족도 영향요인에 관한 연구. 목원대학교 사회복지학과 석사학위논문.

이경애(2000). 한국 개신교 목회자 사모의 삶의 질에 관한 연구. 가톨릭대학교 석사학위논문.

이복희(1991). 목회자 아내가 겪는 갈등유형과 정신건강과의 관련성. 고려대학교 교육대학원 석사학위논문.

이신영(1983). 결혼초기의 부부갈등에 관한 조사연구. 이화여자대학교 대학원 사회사업학과 석사학위논문.

이의용(1996). 사모님을 해방시켜주자. 월간목회, 2, 246-247.

이주희, 권재환, 박은민, 박희현, 안효자, 오명자, 이숙자, 임현선(2010). 심리학의 이해. 고양: 공동체.

이홍배(2001). 목회자 아내의 탈진에 대한 연구. 연세대학교 연합신학대학원 석사학위논문.

임경섭(1997). 목사와 목사부인이 겪는 스트레스와 대처방안에 관한 비교연구. 인하대학교 교육대학원 석사학위논문.

장영애, 이영자(2011). 아동이 지각한 부부갈등 및 부모–자녀 간 의사소통이 아동의 스트레스와 문제행동에 미치는 영향. 한국가족치료학회지, 19(3), 183-205.

전정희(2010). 자기소외를 경험하는 목회자 아내의 심리사회적 현상연구. 백석대학교 기독교전문대학원 박사학위논문.

전한나(2012). 목회자가정 성인자녀의 가정환경지각과 부모-자녀관계 표상에 관한 연구. 한신대학교 대학원 재활학과 석사학위논문.

정석환(2002). 목회자부인들에게 찬사를 보냅니다. 목회와 신학, 5, 66.

최미선(2007). 인지요법을 활용한 목회자 사모의 우울증 치료 프로그램. 서울여자대학교 기독교대학원 석사학위논문.

허정(2003). 한국교회 목회자 사모 문제의 가족치료: 미누친의 이론을 중심으로. 이화여자대학교 신학대학원 석사학위논문.

현순원(1998). 마지막 결혼 이야기. 대구: 영문사.

홍이석(2001). 목회자 부인의 스트레스 원인과 대처 방안. 목원대학교 석사학위논문.

황민혜, 고재홍(2010). 부부간 결혼가치관 차이, 오해 및 부부갈등: 의사소통의 역할. 한국심리학회지-여성, 15(4), 779-800.

Bateson, G., Jackson, D. D., Haley, J., & Weakland, J. (1956). Toward a theory of schizophrenia. *Behavioral Science, 1,* 151-164.

Becvar, D. S., & Becvar, R. J. (1988). *Family therapy: A systemic integration.* New York: Allyn & Bacon.

Bertoni, A., & Bodenmann, G. (2010). Satisfied and dissatisfied couples: Positive and negative dimensions, conflict styles, and relationships with family of origin. *European Psychologist, 15*(3), 175-184.

Bodenmann, G., Bradbury, T. N., & Pihet, S. (2009). Relative contributions of treatment-related changes in communication skills and dyadic coping skills to the longitudinal course of marriage in the framework of marital distress prevention. *Journal of Divorce and Remarriage, 50*(1), 1-21.

Bodenmann, G., Charvoz, L., Bradbury, T. N., Bertoni, A., Iafrate, R., Giuliani, C., Banse, R., & Behling, J. (2006). Attractors and barriers to divorce: A retrospective study in three European countries. *Journal of Divorce and Remarriage, 45*(3-4), 1-23.

Bowen, M. (1985). *Family therapy in clinical practice.* New York: Jason Aronson.

Chang, P. M. Y., & Perl, P. (1999). Enforcing family values? The effects of marital status on clergy earnings. *Sociology of Religion, 60*(4), 403-417.

Cummings, E. M., & Cummings, J. S. (1988). A process-oriented approach to children's coping with adults' angry behavior. *Developmental Review, 3,* 296-321.

Cummings, E. M., & Davies, P. T. (2002). Effects of marital conflict on children: recent advances and emerging themes in process-oriented research. *Journal of Child Psychology and Psychiatry and Allied Disciplines, 43*(1), 31-63.

Donnellan, M. B., Conger, R. D., & Bryant, C. M. (2004). The Big Five and enduring marriages. *Journal of Research in Personality, 38*(5), 481-504.

Emery, R. E. (1982). Interparental conflict and the children of discord and divorce. *Psychological Bulletin, 92,* 310-330.

Fincham, F. D., & Grych, J. H. (2001). Advancing understanding of the association between

Interparental conflict and child development. *Child development and Interparental conflict,* 443-452. New York: Cambridge University Press.

Goldenberg, H., & Goldenberg, I. (2012). *Family therapy: An overview.* Belmont, CA: Brooks/Cole.

Henry, D., Chertok, F., Keys, C., & Jegerski, J. (1991). Organizational and family systems factors in stress among ministers. *American Journal Of Community Psychology, 19*(6), 931-952.

Hileman, L. (2008). The unique needs of protestant clergy families: implications for marriage and family counseling. *Journal of Spirituality in Mental Health, 10*(2), 119-144.

King, S. (2003). The impact of compulsive sexual behaviors on clergy marriages: perspectives and concerns of the pastor's wife. *Sexual Addiction & Compulsivity, 10*(2-3), 193-199.

Laaser, M. R., & Adams, K. M. (1997). Pastors and sexual addiction. *Sexual Addiction & Compulsivity, 4*(4), 357-370.

Matthews, L. S., Wickrama, K. A. S., & Conger, R. D. (1996). Predicting marital instability from spouse and observer reports of marital interaction. *Journal of Marriage and Family, 58*(3), 641-655.

Miles, M. B., & Huberman, A. M. (1994). *Qualitative data analysis.* Thousand Oaks, CA: Sage.

Nussbeck, F. W., Hilpert, P., & Bodenmann, G. (2012). The association between positive and negative interaction behavior with relationship satisfaction and the intention to separate in married couples. *Zeitschrift fur Familienforschung, 24*(1), 85-104.

Prochaska, J. O., & Norcross, J. C. (2009). *Systems of psychotherapy: A transtheoretical analysis.* Belmont, CA: Brooks/Cole.

Prochaska, J. O., & DiClemente, C. C. (1983). Stages and processes of self-change in smoking: Toward an integrative model of change. *Journal of Consulting and Clinical Psychology, 5,* 390-395.

Rebuli, L., & Smith, K. G. (2009). The role of the pastor's wife: what does the Bible teach?. *Conspectus: The Journal of the South African Theological Seminary, 7,* 101-116.

Shrout, P. E., Herman, C. M., & Bolger, N. (2006). The costs and benefits of practical and emotional support on adjustment: A daily diary study of couples experiencing acute stress. *Personal Relationships, 13*(1), 115-134.

Soothill, J. E. (2010). The problem with women's empowerment: female religiosity in

Ghana's charismatic churches. *Studies in World Christianity, 16*(1), 82-99.

Swenson, D. (1996). A logit model of the probability of divorce. *Journal of Divorce and Remarriage, 25*(1-2), 173-194.

Watzlawick, P., Beavin, J. H., & Jackson, D. D. (1967). *Pragmatics of human communication: A study of interactional patterns, pathologies, and paradoxes.* New York: W. W. Norton & Co.

Watzlawick, P., Weakland, J. H., & Fisch, R. (1974). *Change: principles of problem formation and problem resolution.* New York: W. W. Norton & Co.

제 4 장

가족치료를 통해 본 부부갈등 및 이혼결정 요인에 관한 연구

박태영 · 문정화

이 장의 목적은 이혼을 앞둔 부부의 갈등해결을 위해 가족치료 개입을 시도하였음에도 불구하고 이혼을 결정하게 된 주요 요인을 파악함으로써 효과적인 가족치료 개입 방안을 모색하고자 하는 것이다. 이 장은 어린 자녀를 둔 신혼기 단계의 부부가 이혼 위기에 처하게 되면서 상담을 의뢰하여 총 13회기 동안 진행된 가족치료 사례를 Miles와 Huberman(1994)의 질적 분석방법을 활용하여 부부갈등 요인, 치료개입을 통한 부부의 변화, 이혼결정 요인을 분석한 질적 사례연구다.

분석결과 부부갈등에 영향을 미친 요인은 부부간 원가족 배경의 차이, 부부의 원가족으로부터의 미분화, 역기능적인 갈등대처 방식인 것으로 나타났으며 치료개입에도 불구하고 이혼을 결정하게 된 주요 요인으로는 만성화된 부부갈등으로 인한 정서적 고갈, 지속되어 온 부부간의 역기능적인 의사소통 방식, 시댁으로부터의 남편의 미분화, 배우자의 변화에 대한 기대 욕구와 불신, 이혼을 부채질하는 양가 부모의 개입, 빈번한 이혼결심에 대한 의견 표출로 나타났다. 이러한 연구결과에 근거하여 이혼 위기에 처한 부부의 갈등을 해결하기 위한 실질적인 임상실천 방안을 제시하였다.

I. 서 론

최근 우리 사회는 결혼제도의 변화에 따른 다양한 가족의 유형이 출현함에 따라 가족의 변화를 가족의 재구조화로 보고 다양한 가족을 수용해야 하는 상황에 놓여 있다. 따라서 가족의 변화 중 하나로 이혼이 가족문제를 해결하기 위한 대안으로 논의하기도 한다. 그러나 이혼의 결과는 부부 당사자와 자녀의 심리사회적 기능에 영향을 미치게 되며 더 나아가 원가족 생활영역과 대인관계의 적응문제를 가져올 수 있다(김동일, 2010; 김정옥, 2011). 우리나라의 이혼추이를 살펴보면 전체 이혼 중 동거기간이 4년 이하인 부부의 이혼율이 가장 높은 구성비를 차지하고 있는 것으로 나타났다(통계청, 2011). 실제로 가족치료를 의뢰하는 사례를 보면, 젊은 신혼부부단계와 어린 자녀를 둔 단계에 있음에도 불구하고 많은 남편이 부모, 특히 어머니로부터 분리가 안 되어 있는 경우가 매우 많다. 즉, 성인이 되어 결혼을 했음에도 불구하고 과거에 유지했던 부모와 자식 간의 관계를 그대로 유지해야만 한다는 사고가 결혼한 부부관계를 어렵게 하고 있다고 볼 수 있다(박태영, 2003).

이와 같이 부부갈등 또는 이혼에 영향을 미치는 요인은 부부 각자의 서로 다른 원가족 경험에 기인하고 있음을 알 수 있다. 남녀가 만나 결혼하여 가족체계를 재조정하는 과정에서 서로의 원가족 문화의 배경 차이는 결혼초기 부부의 상호작용과정에서 다양한 역동의 발생과 갈등을 야기한다. 즉, 부부가 서로의 차이점을 수용하지 못하고 효과적으로 대처하지 못할 경우 결혼관계가 단절되는 결과를 초래할 수 있다(신수진, 최준식, 2002; 김혜정, 2008; 박태영, 김태한, 김혜선, 2009). 따라서 부부가 갈등 상황을 어떻게 대처하고 해결하느냐가 무엇보다 중요하다. 이는 동일한 갈등 상황이더라도 부부의 갈등대처 방식에 따라 서로 다른 결과를 가져올 수 있기 때문이다.

이와 같은 차이는 부부 각자의 자아분화 정도에 따라 다를 수 있다. 많은 연구에서 부부의 자아분화 수준이 높을수록 부부관계가 좋고 적응이 잘되며 결혼만족도가 높은 것으로 나타났다(이신숙, 2000; 이종원, 2003). 이러한 결과는 이혼위기에 처해

제4장은 '한국가족관계학회지(2013). 제18권 1호, pp. 23-49.'에 게재된 논문임.

있는 결혼초기 부부갈등을 해결하기 위해 체계론적 관점에서의 가족치료 개입이 필요함을 시사해 주고 있다.

최근 이혼율의 급증으로 이혼 전 단계에서 이혼조정상담을 통한 사회적 개입이 이루어지고 있는 실정이다. 이혼과 관련된 가족치료는 이혼 전 의사결정단계, 이혼 재구조화단계, 이혼 후 회복단계로 구분된다(Sprenkle & Storm, 1983). 이혼 전 의사결정단계는 결혼생활 지속과 이혼 이후 새로운 현실에 대한 불안과 긴장에 따른 양가감정을 느끼는 시기이므로, 이 시기의 가족치료 개입은 이혼 예방과 이혼 적응을 대비하는 데 효과적일 수 있다(김정옥, 2011). 즉, 결혼초기 과정에서 원가족 경험의 차이와 역기능적인 갈등대처 방식 등에 따른 이혼위기의 부부갈등을 해결하기 위한 효과적인 가족치료적 개입이 이루어져야 한다.

그러나 이혼을 앞둔 부부를 대상으로 이혼을 예방하기 위해 가족치료를 최후의 수단으로 활용한다고 해도 모든 부부의 이혼을 예방할 수는 없다. 즉, 가족치료 개입 후에도 이혼으로 치달을 수밖에 없는 결과를 야기할 수 있다. 이는 2008년 6월 22일부터 의무화된 이혼숙려제도를 통해서도 살펴볼 수 있다. 즉, 이혼숙려제도 시행 이후 '홧김' 이혼이 감소됨에 따라 이혼숙려제도의 효과성을 제시하고 있다. 그러나 우리나라의 이혼 동향을 볼 때 1995년 이후 이혼건수와 조이혼율이 증가하다가 2004년을 기점으로 감소하였는데, 이는 2005년 3월부터 시범 운영된 이혼 전 상담과는 상관없이 2004년부터 이미 이혼율이 감소하기 시작하였기 때문이다. 이는 이혼 전 상담제도의 효과에 대한 해석을 전적으로 신뢰할 수 없음을 보여 준다. 따라서 이혼 발생 건수를 강조하기보다 이혼 실태의 다양성을 인식해야 한다(김지혜, 2008).

따라서 가족치료 개입 후 이혼을 결정하게 되는 요인을 파악하는 것 또한 효과적인 치료 개입 전략을 모색하는 데 중요하다고 본다. 그러나 기존 연구에서는 주로 가족치료 개입의 성공 사례를 통한 가족치료 개입의 효과성을 파악하였다. 예를 들어, 성공적인 가족치료 사례 분석을 통해 부부갈등 해결방안을 모색한 연구(박태영, 2000; 박태영, 김태한, 김혜선, 2009; 김정옥, 2011)와 이혼위기 극복을 위한 상담 방법(이승하, 2006), 이혼을 고려하는 부부를 위한 상담(조현주, 2008; 박성주, 박재황, 2011), 이혼 전후 가족상담 운영 모형 및 전략에 관한 연구(유계숙, 장보현, 한지숙, 2006)가 있다. 이와 같이 성공 사례를 통해 이혼위기 극복을 위한 상담 전략을 모색한 연구가 주를 이루고 있다. 그 외에 결혼만족도와 이혼가능성을 조사한 연구(Amato & Marriott, 2007; 공성숙, 2008), 이혼위기 부부상담을 통한 이혼사유 분석(박성주, 2009), 협의이혼 청구자의 원가족 경험 연구(전영주, 이성희, 2006) 등에서는 상담과정에서 이혼 사유를 파악하고자 하였다.

이 장에서는 기존 연구와 달리 이혼을 앞둔 부부를 대상으로 실시한 가족치료 과정에서 부부가 변화를 보였다가 결국 이혼을 결정한 가족치료 사례를 심층적으로 분석함으로써 이혼위기 부부의 부부갈등 촉발 요인과 치료 개입 후 이혼결정에 영향을 미친 요인을 파악하고자 하였다. 이혼을 협상하는 과정에서는 부부의 정서적 혼란과 이혼에 대한 양가감정을 유발하는 심리적 특성, 부부가 사용하는 의사소통과 갈등해결 방식 등의 상호작용 특성, 확대가족 등의 제3자의 개입과 부부간의 권력의 불균형, 이혼욕구에 대한 불일치와 같은 구조적인 특성이 영향을 미친다(김수정, 2003). 이에 이 장에서는 치료 개입 후 이혼결정 요인에 대해 상담과정에서 나타난 내담자 요인을 중심으로 살펴보고자 하였다. 이를 통해 이혼 전 부부갈등 해결을 위한 효과적인 가족치료 개입 방안을 모색하고자 하였다.

Ⅱ. 이론적 배경

1. 치료에 대한 이론적 준거틀

이 장에서 가족치료의 이론적 준거틀은 Bowen의 가족체계 이론과 MRI의 의사소통모델이다. 첫째, Bowen(1976)은 부모, 특히 어머니와 자녀 사이의 미분화된 정서적 관계를 강조하였고 이러한 관계는 부모가 자신의 미성숙과 분화의 결여를 전달하는 가족투사과정을 통해 전수된다고 보았다. 따라서 Bowen의 가족체계 이론의 치료적 초점은 여러 세대를 거쳐 반복되는 가족의 정서적 과정을 이해하고 미분화된 가족자아집합체로부터 분화시키는 데 두었다(Friedman, 1991; Papero, 1995; Goldenberg & Goldenberg, 2012).

자기분화는 Bowen 이론의 핵심개념으로 개인이 사고와 감정을 분리시킬 수 있는 능력과 자신과 타인을 분리시킬 수 있는 능력을 의미한다(정문자, 정혜경, 이선혜, 전영주, 2008). 원가족 경험에서 형성된 자아분화는 부부관계의 건강성을 평가하는 중요한 지표인 자율성과 독립성에 영향을 미친다. 이러한 원가족 경험은 대인관계의 상호작용 패턴에도 영향을 미친다. 즉, 결혼생활에서 부부의 문제해결 능력과 적응력, 그리고 스트레스 상황에서의 지각, 대처방법은 자아분화 정도에 따라 차이가 있을 수 있다(한영숙, 2007).

따라서 치료자는 부부갈등 문제를 해결하기 위한 치료과정에서 부부의 서로 다른 원가족에서 형성된 관계의 패턴이 세대 간 전수되므로 가족구성원과 세대 간 상호관계에 초점을 두어야 한다(Harvey & Bray, 1991). 이는 개인의 자기분화를 높여 가족체계를 변화시키고자 하는 것이다.

이 장의 사례에서 남편은 2세인 아들을 두었음에도 불구하고, 39세에 미망인이 된 어머니에 대한 정을 정리하지 못하고 효자로서 매주 시댁을 방문하기를 원하였다. 한편 부인 또한 장녀로서 친정 부모님으로부터 분화가 안 되어 거의 매일 친정에 가서 부부관계에 대한 모든 이야기를 부모님께 이야기하였다. 남편과 부인 모두 원가족으로부터 분리가 안 되어 시어머니와 친정부모님이 자녀의 결혼생활에 직접적으로 간섭을 하여 부부관계를 더욱 악화시키는 결과를 낳고 있었다. 따라서 치료자는 Bowen의 가족체계 이론을 적용하여 부부가 근본적으로 원가족과의 미분화 때문에 부부갈등을 일으키고 있다는 가정에 입각하여 개입하였다.

둘째, MRI 집단의 의사소통 이론은 내담자에게 나타나는 증상에 초점을 맞춘 단기치료접근법으로서 치료의 목적은 내담자가 생활을 잘해 나갈 수 있도록 가능한 빨리 그리고 효과적으로 내담자가 제시하고 있는 문제 또는 불평을 해결하는 것이다(Shoham et al., 1995). MRI 집단은 문제란 생활주기를 통하여 개인이나 가족을 통해 경험하게 되는 기회 혹은 변하는 환경으로부터 발전하게 된다고 본다. 변화에 대한 적응이 문제를 발전시키는 어려움으로 인식하게 될 때 문제가 되는 것이다. MRI 집단은 단순히 문제발달의 필요한 것으로 어려움을 잘못 다루는 것과 문제를 해결하려는 시도의 실패와 결국에는 악순환을 유발시킬 똑같은 문제해결 방식의 계속적인 적용의 두 가지 조건을 제시한다(Watzlawick et al., 1974). 즉, MRI 집단은 '문제'란 오랫동안 그 문제를 변화시키려고 지속해 온 바람직하지 못한 행동으로 이루어진 것으로 본다. 그러한 문제행동이 지속되는 것은 일차적으로 사람들이 그 문제행동을 변화시키려고 행하여 왔던 방법, 즉 사람들의 '시도된 해결'에 있다고 본다. 내담자는 효과가 없는 방법으로 문제를 해결하려는 시도 속에서 곤경에 처하게 된다는 것이다. 이와 같이 결실이 없는 노력은 오히려 내담자의 삶을 진척시키는 것을 막을 수 있다. 따라서 치료자의 일차적인 임무는 새로운 또는 다른 행동을 기존의 행동과 대체하거나, 본래의 문제행동을 '하찮은 문제'로 재평가하는 것으로 내담자에게 지금까지 시도해 온 해결책을 알려 주는 것이다(Weakland, 1993).

또한 MRI 모델에서는 사람들은 의사소통하지 않을 수 없으며 행동하지 않을 수 없다고 하였다. 즉, 모든 행동이 의사소통 역할을 한다고 하였다(Bateson, 1991). 또한 내담자로 하여금 의사소통하게 하도록 하는 것이 치료의 목적이며 이는 내담자의 저항을 최소화하는 데 효과적이라고 보았다.

이와 같은 치료의 이론적 준거틀을 근거로 이 장의 사례에서 가족치료자는 Bowen의 가족체계 이론과 MRI의 의사소통모델을 적용한 통합적 접근을 시도하였다.

2. 선행연구

부부는 결혼과 동시에 원가족에서 벗어나 신혼부부 단계를 거쳐 어린 자녀를 둔 단계로 가족발달을 이루어 가며 각각의 가족생활주기에 따른 발달과업을 성공적으로 수행할 때 다음 단계로의 발달이 원만할 수 있다. 즉, 신혼기 부부 단계에서는 원가족에서 분화하여 부부하위체계를 형성해야 하는 과업을 성공적으로 수행할 때 건강한 가정을 이루어 갈 수 있다. 그러나 결혼초기의 이혼율이 가장 높다는 이혼 통계를 볼 때, 결혼 전 또는 결혼초기에 적절한 개입이 필요하며 이혼결정과정에서 효과적인 가족상담적 개입이나 프로그램의 개발이 시급함을 보여 준다.

최근 이혼율 증가에 따라 국가적 차원에서도 이혼숙려제도를 통해 이혼위기 부부를 위한 사회적 개입이 이루어지고 있다. 이와 같은 가족의 복리를 위한 개입의 성과를 위해선 부부갈등 및 이혼에 영향을 미치는 요인과 이혼 전 부부상담의 전략 및 효과성을 파악함으로써 좀 더 실제적인 개입 방안을 모색해야 한다.

첫째, 이혼을 초래하는 부부갈등에 영향을 미치는 요인을 살펴보면 부모와 자녀간 정서적 미분화, 그리고 원가족 문화와 생활 경험의 차이로 볼 수 있다(박경, 2002; 남순현, 전영주, 황영훈, 2005).

박태영 등(2009)은 가족문제를 해결하는 데 있어서 다세대를 통해 반복되고 있는 가족과정과 구조를 탐색하여 원가족으로부터의 자기분화를 높이는 데 초점을 두는 Bowen의 이론과, 문제를 지속시키고 악화시키는 요인을 부부의 서로 다른 역기능적인 의사소통 방식에 초점을 두는 MRI 의사소통모델을 통합적으로 적용하였다. 또한 효과적인 가족치료 사례연구에서 치료자는 원가족과의 분화 정도가 부부관계에 미치는 영향을 탐색함으로써 자녀세대까지 원가족의 미분화 문제가 이어지지 않도록 하는 데 초점을 두어야 함을 제시하고 있다.

김정옥(2011)의 이혼 전 의사결정단계 부부를 위한 치료 사례연구에서도 부부갈등의 주요 원인으로 부부의 개인적 특성보다 원가족의 문화적 차이를 밝히고 있다. 또한 부부는 의사소통 방식에도 차이가 있었는데, 이는 부부가 원가족에서 용인되어 온 방식을 사용하였음을 알 수 있으며 이러한 차이는 부부관계와 배우자의 부모와의 관계를 악화시키는 요인이 되는 것으로 나타났다. 이현송(1999)은 의사소통 문제, 애정 부족, 역할갈등과 같은 관계적 수준의 문제를 이혼의 원인으로 지적하였는데 이는 원가족의 관계가 개인의 정서형성과 의사소통에 매우 많은 영향을 미치는 것으로 짐작해 볼 수 있다(Benson et al., 1993; Amato, 1999).

반면 공성숙(2008)의 심리적 요인과 이혼가능성에 대한 연구에서는 남편의 강박성과 부인의 내향성, 우울이 이혼가능성에 대한 주요 예측변인으로 나타났다. 그 외 다른 연구에서도 우울이 심할수록 결혼만족도가 낮다는 결과를 제시하고 있는데(Strokes & Wampler, 2002; Rehman et al., 2008), 이는 이혼위기에 이르기까지 부부갈등 상황에서 심리적 기능이 약화된 것으로 예측할 수 있다.

둘째, 우리 사회는 이혼율 증가와 가족해체의 문제에 관심을 가지게 되면서 위기부부와 가정의 회복을 위해 심리학, 사회복지학, 가족학 등에서 전문 개업가들을 중심으로 치료적 개입을 시도해 오고 있으며 이와 관련된 다수의 연구가 발표되어 왔다. 그러나 부부 및 가족을 대상으로 뚜렷한 이론적 배경을 가지고 개입한 상담의 효과성을 증명한 연구는 미흡하다(신혜종, 2008).

이혼위기 부부상담과 관련된 선행연구 중 박태영 등(2009)은 이혼위기 부부에 대한 치료적 개입 전략으로 부부간 의사소통의 촉진과 원가족에서의 분화에 초점을 두었다. 이를 통해 신혼부부 단계에서 원가족으로부터의 독립과 부부하위체계 형성의 과업을 달성하도록 개입하였다. 이와 관련된 연구로 김정옥(2011)은 부부의 원가족과의 관계, 의사소통 방식을 탐색하는 과정을 거치면서 부부문제를 부부 개인의 탓으로 보지 않고 원가족체계와의 역동적인 관계에 기인된 결과물로 이해하였다. 이러한 치료과정을 통해 이혼 직전의 부부가 관계 회복의 목표를 수행할 수 있었다. 이 외에 이혼위기에 따른 부인의 우울증과 아들의 학습문제해결을 위한 가족치료 사례연구에서는 Bowen의 가족체계 이론과 MRI의 상호작용적 모델을 통합적으로 적용하여 원가족에서의 분화와 가족체계의 상호작용적 역동에 초점을 두고 개입함으로써 이혼위기에 처해 있던 부부의 갈등을 완화시킨 결과를 제시하였다(박태영,

문정화, 2010). 이와 같은 연구는 성공적으로 이루어진 이혼위기 부부상담의 효과성을 파악한 연구다.

반면 이혼 전 부부상담 사례를 질적 분석하여 상담 후 이혼사유를 조사한 연구는 거의 부재한 상황이다. 이와 같은 연구는 어떤 유형의 내담자가 부부치료의 효과를 얻는지와 치료적 예후에 대해 규명할 수 있으므로 의미 있는 연구가 될 수 있을 것이다. 즉, 치료를 받는 모든 부부가 동일하게 향상되지 않을 수 있으며, 오히려 치료 후에 더욱 관계가 악화되는 경우가 있을 수 있다(Jacobson & Addis, 1993). 이러한 점에서 이 장은 기존의 연구와 차별화될 수 있다.

즉, 이혼위기에 처해 있는 부부의 특성을 파악하여 효과적인 치료적 전략을 모색해야 한다. 특히 이혼 전 의사결정단계에 있는 부부는 결혼관계 지속에 대해 회의적으로 생각하므로 불안과 긴장이 고조되어 있다(Sprenkle & Storm, 1983). 따라서 이혼 전 단계에 있는 부부를 위한 상담에서는 이혼 여부에 대한 합리적인 의사결정을 도와 부부가 가족의 복지를 위한 선택을 할 수 있도록 개입해야 한다(전영주, 2004).

Ⅲ. 연구방법

1. 연구대상

이 장은 이혼 직전의 부부갈등을 겪고 있는 가족을 중심으로 개입한 가족치료 사례를 분석하였다. 상담에 참여한 가족은 부부와 친정어머니가 참여하였다. 1회는 친정어머니와 부인, 2회는 남편, 3~4회는 부인, 5~7회는 부부, 8회는 부인, 9회는 남편, 10~11회는 부인, 12회는 부부, 13회는 친정어머니와 부인상담을 하였다. 치료자는 2009년 1~6월 동안 총 13회 상담을 진행하였다.

2. 사례개요

이 장의 사례는 시댁과의 갈등으로 부부관계가 악화되어 치료자를 내방한 사례다. 남편은 매주 시댁을 방문하기를 원하였고, 시댁을 방문하는 과정에서 귀가할 때 항상 부부싸움이 발생하였다. 시댁을 방문할 때마다 부인은 화가 나서 무언으로 일관하였고 부부싸움 후에는 친정이나 다른 집, 또는 여관으로 가출을 하는 방식을 취하였다. 또한 부인은 남편에게 폭언과 함께 폭력을 사용하였고, 남편은 부인의 폭력에 대처하기 위한 방어적인 폭력을 행사하고 있었다. 한편 남편은 퇴근 후 늦게 귀가하여 항상 TV를 보면서 대화를 하였는데, 부인은 남편의 그러한 의사소통 방식에 대하여 불만이 많았다. 부부는 두 사람 간의 원가족 문화에 따른 차이를 좁힐 수 있는 기능적이고 효과적인 의사소통 방식을 사용하지 못하고 있었고 게다가 양가 부모의 지나친 간섭은 부부갈등을 더욱 악화시켜 왔다. 그러나 부부는 치료과정에서 새로운 문제해결 방식을 시도하면서 변화가 나타났다. 치료자는 내담자의 증상보다 가족체계의 역동성에 초점을 두고 체계를 변화시키는 데 중점을 두고 개입하였다. 즉, 내담자의 핵가족과 원가족의 정서과정을 탐색하기 위해 상담회기에 따라 가족구성원을 참여시킴으로써 체계적 접근을 시도하였으며 이를 통해 내담자의 가족체계 과정에 대한 통찰과 균형 있는 사고 기능을 강화하고자 하였다. 또한 치료자는 MRI 의사소통모델을 중심으로 부부가 문제를 해결하기 위해 반복적으로 시도해 온 의사소통 방식에 초점을 두면서 새로운 해결책을 통한 부부관계의 변화를 촉진하고자 하였다. 이를 통해 이혼위기 상황에 있었던 부부는 자신의 문제를 객관적으로 인식하면서 서로의 차이를 이해하게 되었고 적극적인 변화를 위해 노력하는 모습이 나타났다. 그 이후 역기능적인 의사소통 방식을 자제하였고 서로의 입장을 배려하는 태도를 보였다. 이를 통해 이혼을 고려하던 부부가 이혼에 대한 생각을 취소하거나 중지하는 결과를 가져왔으며 점차적으로 부부가 서로 편안한 부부관계를 느끼면서 부부싸움이 감소하는 변화를 보였다. 그러나 이와 같은 치료 개입에도 불구하고 11회기 후에 부인과 시어머니가 전화상으로 충돌한 사건은 이전의 부부갈등 패턴으로 퇴행하는 결과를 가져왔으며, 13회기 친정어머니와 부인의 상담에서 최종적으로 이혼결정 사실을 진술하였다.

3. 연구질문

첫째, 이혼위기의 부부갈등에 영향을 미친 촉발 요인은 무엇인가?
둘째, 치료 개입 후 이혼을 결정하게 된 주요 요인은 무엇인가?

4. 신뢰도 검증

이 장에서는 연구의 신뢰성을 높이기 위해 1회부터 13회기까지 나타나고 있는 반복되는 개념들에 대한 지속적인 비교의 방식과 전문가 집단에 의한 삼각화(triangulation)를 실시하였다. 이 장은 개념의 지속적인 비교 방식을 통하여 1회부터 13회기까지 진행되는 상담 과정 속에서 반복되는 개념을 지속적으로 비교하여 그 의미를 정확하게 파악하고자 하였다.

Patton(2002)에 따르면, 삼각화(triangulation)에는 데이터의 삼각화, 조사자의 삼각화, 이론의 삼각화, 방법론적인 삼각화가 포함된다. 이 장에서는 데이터의 삼각화 방법으로 상담의 축어록과 치료자가 상담을 하면서 기록했던 메모와 상담녹화테이프를 참고로 하여 자료의 신뢰성을 높였다.

5. 분석방법

이 장은 단일사례연구로 가족상담 축어록에 나타나고 있는 부부간의 갈등에 영향을 미친 다양한 요인과 이혼을 하게 된 요인을 찾기 위하여 질적 분석방법을 사용하였다. 다양한 질적 연구방법 중 연구 목적에 적합한 방법으로 단일사례연구방법을 사용하였으며, 상담 축어록과 상담 시에 기록된 메모를 원자료로 하여 개방코딩의 과정을 통해 연구 목적에 따른 분석을 실시하였다. 개방코딩을 통하여 발견된 부부갈등 요인과 치료 개입 후 이혼을 결정한 주요 요인을 중심으로 Miles와 Huberman(1994)의 네트워크를 활용하여 디스플레이하였다.

Ⅳ. 연구결과

1. 내담자들의 인구사회학적 배경

이 사례의 내담자들의 인구사회학적 배경은 〈표 4-1〉과 같다.

〈표 4-1〉 내담자의 인구사회학적 배경

대상 \ 내용	연 령	학 력	직 업	결혼기간
남편	35	대졸	회사원	2년 8개월
부인	32	대졸	주부	
친정모	62	고졸	주부	–

2. 부부갈등에 영향을 미친 촉발 요인

이혼위기 부부의 부부갈등에 영향을 미친 촉발 요인은 신혼기 적응과정에서 나타난 부부간의 원가족 배경 차이, 원가족과의 미분화, 역기능적인 갈등대처 방식으로 분석되었으며 부부가 신혼기 결혼생활을 회고하며 진술한 내용으로 볼 수 있다.

1) 부부간의 원가족 배경 차이

이 사례의 부부는 결혼준비 과정에서 결혼 전 함 사건을 계기로 의견충돌이 있었고 결혼 이후에도 서로의 원가족 배경 차이에 따른 부부갈등이 지속되어 온 것으로 나타났다. 원가족 배경의 차이를 구체적으로 살펴보면 다음과 같다. 남편의 대가족 문화와 부인의 핵가족 문화, 부모님의 사랑을 받고 곱게 자라 온 부인, 아버지의 사망으로 이중역할을 하느라 늘 바빴던 어머니와의 정서적 친밀감의 부재(남편), 시댁과 친정의 경제적 형편의 차이, 부인의 가족과 달리 대가족이 자주 모이는 화목한 시댁 분위기, 가족의 외식 문화 등의 차이였다. 이러한 차이는 결혼과정에서 서로가 배우자의 원가족 경험을 이해하고 허용하기보다 자신의 원가족 경험을 중심으로 배우자를 통제하는 방식을 사용하게 되면서 부부갈등이 더욱 악화되는 결과를 초래하였다.

(1) 남편의 대가족 문화와 부인의 핵가족 문화

남 편: 제가 초등학교 5학년 때 아버님께서 돌아가셔서 외가댁에서 저희를 도와주셔서 어머니 혼자서 아들 3형제를 키우시고 새벽에 나가셔서 밤늦게 들어오시고 거리노점상 등 외가댁, 할머니가 건사해 주시고, 정신적으로 아버지 역할을 큰아버님이 해 주셨어요. 저는 친가 쪽으로는 멀어요. 일년에 한두 번 찾아뵐까 말까고 외가 쪽은 가까워서 도움을 많이 받았어

요. 와이프는 그런 거를 이해를 못하는 것 같았어요. 저희 와이프 쪽은 명절이면 아무도 안 모여요. 추석 구정 때 가면 달랑 4식구예요. 와이프는 그런 것만 보고 자라니까 모이는 것을 이해를 못해요. 장모님도 이해를 못해요. 왜 외가댁까지 가서 도와줘야 하냐 말이 나오고 그러니까 나 혼자서 갔다 와요. (중략) 나 혼자 가서 변명을 하고 오는데 우리 와이프만 안 오니깐 표시가 나잖아요. 말은 안 해도 이번에는 신정 때 우리 집에 모이신다고 했는데 모여 봤자 어머니, 외삼촌, 이모예요. 형수도 일 나가시니까 와이프가 혼자 일했고 어머니는 애기를 돌봐 주셨는데, 어머니는 쉬는 날 쉬지도 못하는데 와이프는 저희 부부끼리 가족끼리 놀러 가자고, 애당초 외가댁 가는 것은 내가 양보를 했는데 본가에서 벌어지는 일은 우리가 해야 하는데 내가 와이프를 이해해 주면 오히려 더 요구를 해요. (2회기)

(2) 성장 배경의 차이

'곱게 자란 부인'

남 편: 얘기 들어 보니까 둘째처남은 자기여동생이 문제가 있다고 봐요. 어려서부터 장인어른이 너무 곱게 키웠다는 거예요. 오냐오냐 막내라고 한 번도 손찌검한 적도 없어요. 그래서 둘째처남이 손찌검까지 했었대요. (2회기)

부 인: 아빠는 공무원이셨고요. 저는 경제적으로 어렵게 자라진 않았어요. 제가 하고 싶은 것은 해 주시고 항상 다정다감하시고 퇴근하실 때 과일 사 가지고 오시면 엄마랑 저랑 손잡고 과일봉지 들고 들어오고 외식도 자주하고 크리스마스 땐 백화점 가서 사 주시고 그렇게 자랐어요. 아빠가 가정적이어서 주말에 엄마랑 시장도 같이 갔다 오시는 것을 보면서 자랐어요. (5회기)

남 편: 딸 하나고 막내고 그러니깐 다 받아 주고 그랬나 봐요. 울면 받아 주고 지금까지 장인어른은 혼 한 번 안 냈대요. 와이프도 그렇고 처남도 그러더라고요. 화도 한 번 안 내셨대요. 장인 장모님도 타이르고 해야 하는데 그렇지가 않아요. (9회기)

'힘들게 살아온 남편'

남 편: 아버님이 초등학교 5학년 때 돌아가시고 어머니는 새벽 4시 반에 나가서 밤 9시에 들어오셨어요. 그때 파김치가 되어서 들어오셔서 빨래와 집안 일하고 주무시고 또 새벽 4시 반에 나가셨어요. 쉬는 날에는 저는 학교에 가기 때문에 일요일 날 쉬는 날이 드물었고 대부분은 평일에 쉬셨어요. (5회기)

(3) 시댁과 친정의 경제적 형편의 차이

남 편: 장인어른이 정년퇴직하시고 연금이 이백몇십만 원씩 나오고 또 월급을 드리기도 하고, 장모님께 들어오는 돈이 오백이 넘으니깐 그 돈 가지고 쓰는 재미밖에 없지요. 저는 와이프 첫 생일에 저 나름대로 뭐 해 줄까 하다가 부츠를 십 몇 만 원짜리를 사 줬어요. 그런데 장모님은 와이프한테 밍크코트를 사준 거예요. 그러니깐 내가 이백만 원을 벌어다 주는 것을 고맙게 생각을 못하지요. (중략) 어머니가 일을 안 하셔서 걱정이에요. 연금 70만 원 가지고 사시는 거예요. 형수는 돈을 벌기 시작한 것이 2~3달밖에 안 돼요. 제가 도와드려야 하는데 못 도와드리고 답답해요. 그렇다고 그런 얘기를 집사람한테 하지도 못하고. 저번에 몇 번 일이 있어서 드렸는데 그때도 우리도 살기 힘든데 그렇게 얘기를 해서 외식은 꿈도 못 꾸지요. 없으면 없는 대로 그렇게 살지요. (중략) 없는 데서는 불편한 것을 참아야지요. 일부러 그런데 가는 것이 아니라 속초, 설악산에 가면 안 그래요. 저는 수세식이 아니라도 아무렇지도 않아요. 그런 것은 제가 이해할 수 있어요. 제가 자라온 환경이 그래서 감사한 생각이 들어요. 자라면서도 겨울에 입김이 불면 훠하는 데서 자라서 와이프는 조금만 추워도 안 나가려고 해요. (9회기)

친정모: 애기가 토를 했는데 얘는 휴지를 가져다가 닦는데 사위는 얼른 가서 걸레로 닦더라고요. 그때 제가 그걸 느꼈거든요. 사위는 알뜰하게 저렇게 살고 얘는 뭣 모르고 휴지를 갖다 닦고, 그래서 두 사람이 차이점이 있다는 것을 제가 느꼈어요. 생활 속에서 얘네들이 많이 쌓인 것 같아요. (13회기)

(4) 화목한 시댁식구

부 인: 시댁이 화목하고 다들 잘 모이는 집안이라고 상상도 못했고, 아들만 3형제 그리고 어머님 한 분만 계셔서 시댁 간의 문제가 있으리라고는 생각도 못했고 신랑만 보고 차남이고 사람 착해 보이고 나 하나만 봐 주겠다 생각해서 달랑 결혼한 거예요. 그런데 결혼하니깐 시댁식구가 다들 모여 있는 분위기고 맨날 일도 해야 하니깐 힘들더라고요. (4회기)

(5) 가족 외식 문화의 차이

부 인: 우리 엄마는 우리 언니(올케) 힘들까 봐 친척 집에 가지도 않아. 있어도 얘기도 안 할뿐더러. 작은 오빠는 오긴 오는데 잠깐 저녁만 먹고 가요. 그런데 저 같은 경우는 시댁에 가면 토요일 날 갔다가 일요일 저녁에 와요. (7회기)

남 편: 며느리는 의외로 사이가 좋아요. 일단은 일을 안 시키니깐. 가면 나오질 않아요. (처가는) 90%가 외식이에요. 갈 때마다 외식하는 집안이 많지는 않잖아요. 저는 오히려 바깥에서 먹으니 일요일은 집에서 먹고 싶은데 나가서 먹으면 질리잖아요. (9회기)

2) 원가족으로부터의 미분화

이 사례의 부부갈등을 촉발시킨 주요한 요인 중 하나는 문제사정단계인 상담 초기 단계의 진술을 중심으로 분석된 부부 각자의 원가족으로부터의 미분화인 것으로 나타났다.

(1) 부인의 미분화

부인은 친정모로부터 구속받고 자라 왔다. 예를 들어, 친정모는 딸에게 대학 때 MT에 가거나 연애생활 등에서 자율성을 부여하지 못하고 지나치게 간섭해 오면서 딸의 분화를 방해한 것으로 볼 수 있다. 결혼 후에도 친정모는 딸에게 거의 매일 전화를 하면서 딸의 결혼생활에 관여하였다. 이러한 친정모의 간섭은 결혼 이후 딸이 부부갈등 및 시댁과의 갈등을 겪고 있는 상황에서 더욱 강화되고 있었다. 게다가 시댁 방문을 꺼리는 상황에서 잦은 친정 방문은 남편의 불만을 초래하였고, 딸의 부부갈등 상황에서 친정부모는 중립적으로 중재하기보다 사위를 나무라고 무조건적으로 딸의 편을 드는 방식을 사용하고 있었다.

'친정모의 지나친 간섭'

남 편: 자기는 결혼하기 전에 자기 엄마(장모님)한테 구속받고 자랐다고 해요. 대학 때 MT도 한 번도 못 갔고 제가 연애할 때도 집에 바래다 주면 꼭 장모님이 아파트 현관에 나와 계셨어요. 10시, 11시 이전에는 꼭 들어가야 하고 그렇게 자랐다고 하는 거예요. (2회기)

부 인: 결혼하기 전에 어머니 간섭이 심했고 결혼해서는 남편과 관계도 그렇고 시댁식구하고도 그렇고 해서 더 심하지요. (3회기)

'부인의 잦은 친정 방문'

남 편: 와이프가 친정에 갔으면 전화를 해야 하는데 가서는 아무 연락 없어요. 싸우면 표시 안 나게 하려고 하는데 철이 없어서 그런지 결혼 초부터 와이프는 싸우면 친정으로 달려가서 장모님한테 얘기를 했어요. (2회기)

'사위를 나무라는 장모'

남 편: 결혼 초부터 와이프는 싸우면 친정으로 달려가서 장모님한테 얘기를 해서 장모님은 저한테 전화 걸어서 왜 그러냐 하고, 내가 그러지 말라고 해도 장모님도 싸운 상황도 안 들어 보고 아내 얘기만 듣고 처가댁까지 도와줘야 하나 여자만 왜 그러냐고 하셨어요. (중략) 내가 와이프에게 가계부를 써 보라고 했더니 그 얘기를 장모님한테 해서 장모님은 우리 집은 가계부 같은 것은 안 쓰니깐 쓰고 싶으면 여기 책 많으니까 갖다 쓰라고 하더라고요. (2회기)

'딸 편드는 장인 · 장모'

남 편: 장인 · 장모가 어른이니까 와이프를 타일러야 하는데 오히려 감싸니깐 어른들을 바꿀 수는 없죠 뭐. (2회기)

'매일 전화하는 장모'

남 편: 장모님이 매일 아침마다 전화하는데 와이프가 싸워서 목소리가 다르니까 얘기를 안 하려고 해도 장모님이 뭣 때문에 그래 하면 와이프가 털어놓으면 장모님께서 호응을 하고 그래요. 그쪽은 그것이 당연하다는 거예요. (2회기)

(2) 남편의 미분화

남편은 초등학교 4학년 때 아버지가 사망하였고 그 이후 아버지가 부재한 상황에서 이중역할로 과도한 역할을 해 온 어머니에 대해 미안함과 안타깝게 생각하는 마음을 가지고 살아왔다. 그리고 아버지가 사망한 이후 가족생활의 중심이 외가 쪽을 기준으로 바뀌었고, 특히 외삼촌은 남편(ct)에게 아버지의 역할을 대신해 왔다. 이 때문에 남편은 자신의 원가족뿐만 아니라 외가 쪽 식구와 친밀한 관계를 형성해 왔으므로 외가집의 대소사에 의무적으로 참석하였고, 이러한 행동은 그동안 보살펴 준 은혜에 보답하고자 하는 것이었다.

이에 남편은 부인에게 잦은 시댁 방문을 요구하였고 평소 부인과 자식보다 시댁 일을 우선적으로 챙겨 왔다. 게다가 남편은 부부문제를 어머니에게 고자질하여 남편에 대한 부인의 불만은 점차적으로 증폭되었다. 게다가 시어머니는 가부장적 의식이 강하여 여자가 시집을 왔으면 남편의 뜻을 따라야 한다면서 무조건 아들의 편을 들었다. 이러한 남편의 원가족과의 미분화 양상은 부부갈등을 더욱 악화시킨 것으로 볼 수 있다.

'잦은 시댁 방문'

부 인: 시댁에 12월에는 일이 많아서 5~6번이고 보통 한 달에 두 번 가고 그래요. 안 가면 한 번. (3회기)

'시댁을 우선적으로 챙기는 남편'

부 인: 저도 오빠한테 불만이 너무 많이 쌓여서 그런지 모르겠지만 매번 시댁 일에 저보다도 우선으로 생각하니깐. 예를 들어서 형님네 이사하는데 안 갔으니깐 이혼하자고 하더라고요. 시댁에서 나 혼자 힘들게 일하는데 자기는 내 옆에 와서 힘드냐고 이야기하기는커녕 자기식구끼리만 어울려서

히히닥거리면 얼마나 화가 나겠어요. 저는 신랑 하나만 보고 시집 와서 사는데 시댁식구 모두 다 저한테 나쁜 감정 갖고 안 좋게 보고 그러는데 신랑이라도 저를 위해 주지 못하고 오히려 한통속이 되어서 이러니깐 그런 것이 쌓였어요. 제가 오빠한테 그러는 것도 한 번이라도 제 입장에서 얘기를 안 하고 내가 시댁에 안 간다면 무조건 화를 먼저 내니깐 저도 신랑이 먼저 시댁에 가자고 하면 짜증이 나는 거예요. (4회기)

'모에게 고자질하는 남편'

부 인: 이번에도 1월 1일 날에 싸우고 자기 엄마한테 제가 자기 욕하고 때리고 부수고 6백만 원 빚지고 4년 동안 고통 받았다고 전화로 얘기를 했어요. 어머님도 지금까지 나를 나쁘게 보시지 않았는데 그런 얘기를 듣고 너무 황당해하셨어요. 저에 대해서 나쁘게 생각을 하시니깐 배웠니 못 배웠니 하시면서 저한테 욕까지 하시고 그러셨어요. (5회기)

'아들 편드는 시어머니'

부 인: 여자가 시집을 왔으면 남편이 오기 싫다고 하더라도 네가 손잡고 데리고 와야지, 남편이 오자고 하는 것도 가기 싫다고 하냐고, 네가 배워 먹은 애냐고, 배웠다는 애가 어떻게 그런 식으로 행동하냐고, 인간의 탈을 쓰고 네가 양심이 있는 애냐고, 난 너 그렇게 안 봤는데 너에 대해서 실망 많이 했고 감히 내 아들을 때리냐고. 그래서 저는 오빠 때린 것은 죄송하고 앞으로는 그런 일 없을 거라고 제가 잘못한 거라고 인정했어요. 그런데 어머님이 너 두 번 다시 내 아들 때리면 내가 가만 안 놔 둘 거라고 어디서 감히 남편을 때리냐고 하시더라고요. 저도 때렸지만 저도 맞은 형편이라고 오빠도 잘못한 입장 아니냐고 했더니, 네가 맞을 짓을 하지 않았냐고 얘기하시면서, 너 오기만 하면 가만 안 놔 둘 거라고 벼르고 있으니까 너 각오하고 오라고 하면서 전화를 딱 끊으시더라고요. 제가 어떤 얘기를 해도 먹혀 들어가지 않고. 어떻게 하지요. (3회기)

3) 역기능적인 갈등대처 방식

부부갈등에 영향을 미친 촉발 요인은 상담초기 단계에서 진술된 내용으로 원가족 경험에서 기인된 부부가 사용해 온 역기능적인 갈등대처 방식으로 볼 수 있으며 자세한 내용은 다음과 같다.

(1) 남편의 갈등대처 방식

남편이 부부갈등에 대처해 온 방식은 부인의 시댁 방문과 며느리로서의 도리에 대해 부인의 입장을 배려하지 않고 자신의 기준을 강요함으로써 부인과 충돌해 온 것으로 나타났다. 또한 고부관계에서 어머니에게 부인의 입장을 대변해 주지 못했고 오히려 고부갈등을 유발하고 악화시키는 미흡한 방식을 사용해 왔다.

특히 시댁문제로 초래된 부부갈등 상황에서 남편은 부인이 시어머니에 대한 비난을 할 때 부인을 때리거나 가사도구를 부수는 등의 폭력과 시댁에서 부인이 할 일에 대해 격려하기보다 비아냥거리기, 욕설, 귀가 후 TV를 보면서 불성실한 태도로 말하기와 같은 의사소통 방식을 사용함으로써 남편에 대한 부인의 부정적 감정을 증폭시켜 온 것으로 나타났다.

또한 남편은 부부갈등을 악화시키지 않기 위해 일방적으로 참기, 불만을 솔직하게 표현하지 않기, 삐치기, 외박, 의도적인 대화 단절, 부인과 성관계를 하지 않고 포르노 보기와 같이 부인에 대한 불만을 우회적인 방식을 표출해 오고 있었다. 이러한 방식은 부부갈등을 해결하기보다 오히려 악화시킨 결과를 가져온 것으로 볼 수 있다.

'양보할 수 없는 기준 고집'

• 시댁 방문에 대한 기준

남 편: 와이프가 시댁에 실제로 간 것은 어머니 환갑과 돌 때였는데 매주 보지 않았느냐 한 달에 몇 번씩 가냐고 안 가겠다고 해서 거기까지는 양보했어요. 어른들 다 오시는데 표시 나 가지고 나도 미안하고 형수한테도 미안하고 형수도 직장도 다니는데 말은 안 하지만 그런 거는 제가 도저히 양보할 수가 없었어요. (2회기)

• 며느리로서의 도리

남 편: 이번 일로 와이프를 기대하고 잘해 보고 싶은데도 와이프가 시댁을 더 중요시하는 것은 사람의 도리 문제라고 생각하는데 도리는 안 지키고 사랑만 하면 뭐하겠습니까? (2회기)

'미숙한 중재 역할'

• 부인의 입장을 대변 못해 주는 남편

부 인: 저도 참고 있는데 이번 같은 경우도 1월 1일 날 제가 시댁에 안 갔잖아요. 그것을 신랑이 내가 가기 싫어서 그것 때문에 싸워서 안 갔다고 그렇게 얘기했어요. (3회기)

• 고부관계를 악화시키는 남편

부 인: 시어머니가 힘들게 생활하셔서 제가 결혼하고 나서 어머님 모시고 맛있는 것도 사 드리고 딸처럼 하려고 했었어요. 처음에는 어머니에게 잘했었고. 그런데 신랑 때문에 멀어졌어요. 신랑이 저에게 배려를 해 주고 잘했으면 저도 어머니에게 잘했었을 거예요. 그것을 중간에서 신랑이 악화를 시키더라고요. 나와 어머니와의 관계가 좋아지도록 해 주는 것이 아니라 제가 신경 쓰는 것을 알지 못하더라고요. (5회기)

'남편의 역기능적인 의사소통 방식'

• 폭력

남 편: 저는 와이프에게 폭력을 행한 것이 뺨 때린 것과 정강이 때린 것 딱 두 번이에요. (2회기)

부 인: 어머님이 간섭을 한 적이 있었어요. 애기 백일인데 팔찌를 두 돈 해 와라. 그래서 신랑한테 어머님은 사사건건 간섭을 하시냐고 어련히 알아서 할 텐데 오라 가라고 그러시냐고 했더니, 신랑이 그때 침대에 누워 있었는데 유리창을 주먹으로 깨부수는 거예요. (중략) 신혼 초에 신랑이랑 싸웠을 때 신랑이 화가 나서 문을 걷어차서 문짝이 다 부서졌거든요. 저도 잘못했지만 신랑도 화가 나면 자제력을 잃어 버리거든요. (3회기)

• 비아냥거림

부 인: 저는 결혼 전에는 욕이란 것도 모르고 욕도 할 줄 몰랐어요. 결혼하면서 신랑이랑 대화가 안 되니깐, 신랑이 말을 해도 약 올리는 식으로 해요. 예를 들어서 내가 시댁에서 일하고 너무너무 힘든데 자기는 막내 도련님이랑 내 기분 무시한 채 웃고 떠들고 집에 와서는 딱 하는 소리가 "너 시댁 가서 고거 일했다고 기분 나빠서 이러는 거야?" 그런 식으로 하면 제가 열

을 받잖아요. 무슨 소리냐고 물으면 몰라서 묻냐며 너는 결혼했으면 당연히 시집에 잘해야 되는 것 아니냐고, 여자가 할 도리는 그런 것 아니냐고 그런 식으로 비아냥거리면서 저의 기분을 뒤집어 놓아요. 제 입장에 대해서 이야기를 하다 보니깐 그게 안 먹혀 들어가요. 너는 여자고 나는 남잔데 그럼 자기가 살림할 테니까 네가 나가서 돈 벌어 와라 이런 식으로 하니까 대화가 안 되는 거예요. 너의 할 일은 시댁일 챙기고 집안일 챙기고 그게 다지, 나는 나가서 돈 벌어 오는 게 다다. (3회기)

• 욕설

부 인: 신랑도 저한테 욕해요 . 저한테 개 같은 년 하고 그래요. (3회기)

• TV와 다른 데를 보면서 말을 하는 남편

부 인: 신랑은 퇴근하고 들어오면 저랑 얘기하기보다는 텔레비전을 봐요. (4회기)

부 인: 신랑은 제가 말을 하면 응답이 없어요. 듣는지 안 듣는지 텔레비전에 빠져서 모르겠더라고요. 한 번은 내 얘기 듣냐고 물었는데 듣고 있다고 하면 알지만 내가 혼자 주절주절 얘기하고 있는 기분이어서 얘기하기 싫어지더라고요. 얘기를 안 하게 되고 얘기해 봤자 딴 데 쳐다보고 하니깐, 나는 심각하게 생각하고 얘기하고 싶은데 상황을 안 만들어 주니깐 마음속으로 삭이고 말을 안 하게 되요. 여러 가지가 쌓여 있었어요. (5회기)

• 우회적인 표현 방식

−일방적으로 참는 방식

남 편: 저는 그냥 넘어가고 그랬어요. 참다 인내의 한계가 와서 어머니한테 얘기를 직접 못하고 저희 형님이 동생 이혼하는 게 가슴 아프지만 한두 가지 걸리는 게 아니니까요. 저는 둘이 있을 때는 제가 일방적으로 참는 거죠. (중략) 네. 그냥 참고 있었지요. 더 이상 확대하기 싫어서 참고 있었어요. (2회기)

−불만을 솔직하게 표현하지 않음

부 인: 이 사람도 나한테 불만 있는 것을 얘기를 안 하더라고요. 예를 들어서 제가 저축을 안 했다. 여러 가지 불만이 있었더라고요. 예전에 저희 엄마한테 사죄의 편지를 썼대요. 제가 읽기에는 저의 험담을 썼어요. 제가 어떻게 생활하고 돈을 어떻게 썼는가에 대하여 내 앞에서는 그런 얘기를 안

하고 남들한테 불만을 얘기를 하니 뒤통수 친 거잖아요. 저는 예전에도 불만 있으면 얘기를 하라고 해도 얘기를 안 하고 나온 것들. (5회기)

–삐치기

부 인: 남편이 상담 다 끝난 다음에 얘기하자고 해도 삐쳐서 말도 안 해요. (3회기)

–외박

부 인: 남편이 결혼하고 나서 지금까지 다섯 번 정도 외박을 했어요. (3회기)

–의도적인 대화 단절

부 인: 내가 너무 힘들었는데 남편은 막내 도련님이랑 얘기만 하고 나는 왕따시키고 말 한 마디도 안했어요. 시댁만 가면 저한테 말을 한 마디도 안 해요. 얼굴보기도 힘들어요. 시댁에서 그렇게 힘들었는데 차 안에서도 말도 안 해요. (4회기)

부 인: 신랑은 얘기를 안 하는 거지요. 불만은 있는데 해결되지는 않았는데 속으로 삭이고 웬만한 것 아니면 얘기를 안 하는 거지요. 기본적인 애기 얘기나 밥 먹었니 같은 것만 하지요. 나는 앉아서 대화로 다 풀어 버리고 싶은데 신랑 입장에서는 머리가 아파서 그런지 복잡해서 그런지 내가 그런 얘기를 하면 간단하게 괜찮다 불만 없다 그런 식으로 일축해 버리거든요. 대화를 깊이 못하고 단절돼요. (6회기)

–포르노를 보고 부인과 성관계를 안 함

부 인: 신랑은 컴퓨터 틀어 놓고 포르노 같은 것 보고 그래요. 몇 번 그 문제 가지고 다퉜었어요. 저랑 관계는 안 하고 그런 것 보고 그럴 때 제가 얼마나 배신감 느끼겠어요. (5회기)

(2) 부인의 갈등대처 방식

부인이 부부갈등에 대처해 온 방식은 남편과 마찬가지로 남편의 입장을 배려하지 않고 자신의 주장을 고집해 왔고 시댁에 가는 것에 대해 구속받고 싶지 않다는 입장을 고집함으로써 부부간에 서로 다른 입장과 의견에 대해 타협하지 못하고 있었다. 게다가 부부갈등 상황에서 히스테리적으로 표현하기, 의견충돌이 있을 때 욕하기, 폭력 행사하기 등 공격적인 방식으로 대처해 온 것으로 나타났다. 또한 부부싸움 후에 친정이나 친구집으로 가출을 하거나 의도적으로 대화를 단절하는 우회적인 표현 방식을 사용하고 있었다. 이와 같이 부인이 사용해 온 역기능적인 의사소통 방식은 부부갈등을 해결하기보다 남편에게 부정적 감정을 증폭시켜 온 것으로 볼 수 있다. 즉, 부부는 서로가 동일한 방식을 사용함으로써 부부갈등을 더욱 악화시켜 왔다.

'타협할 줄 모름'

• 고집이 강함

남 편: 이번에 신정이 4일 연휴이었잖아요. 그래서 4일이니까 후반부 이틀은 시댁에 가자고 얘기했지요. 이틀 동안 놀러 가자고 얘기했거든요. 이틀이면 놀러 갔다 오기 충분하잖아요. 그 얘기를 하는 즉시 와이프는 나가 버리더라고요. 그래서 저녁 늦게 들어와 가지고 여행 못 가겠다 하더라고요. 나는 화가 나도 참고 1박 2일로 여행도 갔다 오고 시댁도 갔다 오자고 했지요. 그래서 그 다음날 하루라도 갔다 오자고 했더니 이런 기분으로 무슨 여행이냐고 하면서 화를 내고 안 가는 거예요. 도저히 이해를 못하겠어요. (2회기)

• 구속 받기 싫어함

남 편: 와이프는 시댁 가는 것이 구속이라 그거예요. 자기는 구속 안 받고 살았으면 좋겠다는 거예요. 자기를 구속하는 것이 가장 싫다는 거예요. 그 부분을 제가 설득을 못하겠어요. 그러니까 대화가 항상 평행선이에요. (2회기)

'부인의 역기능적인 의사소통 방식'

• 히스테리적인 표현 방식

남 편: 사소한 일로 싸우더라도 상당히 히스테리적으로 표현을 해서 제가 깜짝 놀랐다니까요. (2회기)

• 욕설

남 편: 이번 12월 30일에 전화를 받고서 또 싫어할 텐데 하고 조심스럽게 얘기했거든요. 우리 가자고 했어요. 화를 내면서 우리 여행 가는 것은 어떻게 하고, 여행 가는 것은 충분히 시간이 있었거든요. (중략) 예전부터 그랬어요. 와이프가 욕을 입에 달고 다녀요. 개새끼야라고 하고 지랄하고 자빠졌네라고 해요. 충격도 몇 번 받았었고 열 받아서 욕에 대한 의미도 모르고 한 거구나라고 생각했어요. 폭력성이 강해요. 처남이 직접적으로 얘기는 안

하고 여동생의 성격이랑 욕하는 것에 대해서 얘기하더라고요. (2회기)

• 폭력

남 편: 와이프가 먼저 폭력과 욕을 했어요. 백 번 갔다 오면 99번은 항상 삐쳐 있어서 달래줬어요. 이유도 말도 안 하고 시댁에서 일 좀 했다고 그러냐고 했더니 뺨을 두 대 때리더라고요. 그래서 나도 때렸지요. 때리고서는 아차 싶더라고요. (중략) 제가 퇴직할 때 외박을 3번인가 4번 했거든요. 와이프한테 잘못했다고 했는데 아침부터 오후까지 문도 안 열어 줘서 차에서 떨면서 있다가 들어가서는 와이프가 저의 가슴을 세게 쳐서 멍이 한 달 갔어요. (중략) 와이프가 이번에도 저의 정강이를 걷어찼어요. 이런 상황인데도 친정 가서는 자기가 맞았다고 얘기하더라고요. 그 배경 설명은 안 하고요. (중략) 저는 멍이 들어서 지금도 자국이 남아 있어요. 와이프가 꼬집어서 피멍이 들었어요. 와이프는 구타, 폭력, 욕하는 것을 너무 밥 먹듯이 한다는 거예요. (2회기)

부 인: 그때 싸운 것도 내가 오빠(남편)한테 맞아서 다리를 걸었거든요. 먼저 제가 때린 것은 인정해요. 제가 화가 나서 먼저 때리긴 했어요. 심하게 때린 것은 아니에요. (3회기)

부 인: 단지 남편이 나를 무시하고 한 술 더 떠서 내가 화가 났고 일해서 힘들었지라고 말하기는커녕 오히려 비아냥거리면서 얘기를 했기 때문에 너무 화가 나서 그때 처음으로 남편의 뺨을 때렸거든요. 저도 한 대 맞았어요. (4회기)

• 우회적인 표현 방식

–가출

남 편: 와이프가 싸우면서 욕하고 폭력 쓰고 가출을 많이 해요. 친정으로 가다가 이제는 친구네 찾아가고 자기 말로는 친정에 가는 것은 가출이 아니라고 하는데, 아무 이야기 안 하고 가는 것은 제 입장에서는 가출이죠. 전화해도 안 받고 처갓집에 전화할까 망설이는데 4일 동안 안 들어오더라고요. 4일을 안 들어오니까 저도 어쩔 수 없어서 장인장모님께 전화를 했지요. 그런 게 비일비재해요. 친구네 집에 가서 밤에 안 들어오고 새벽에 전화해서 멀리 차 타고 가서 데려오고 아무리 싸워도 지킬 것은 지키자고

했는데 자기는 화가 나면 집에 있으면 못 견딘다고 가출을 해요. 집 나가는 것은 비일비재하고 자꾸만 그러니깐 못 견디겠더라고요. (2회기)

-의도적인 대화 단절

남 편: 와이프를 풀어 주어야 하는데 와이프가 말도 안 하고 집기 던지고 그러니까 내가 어떻게 감당을 할 수가 없더라고요. (4회기)

3. 치료 개입 후 이혼에 영향을 미친 요인

총 13회기 동안의 치료자의 치료 개입을 통해 부부 내담자는 자신이 부부문제를 해결하기 위해 시도해 왔던 문제해결 방식이 오히려 갈등을 악화시켜 왔음을 인식하면서 새로운 방식을 시도하게 되었다. 이에 따라 다툼의 횟수가 감소되고 이혼 의사를 취소하거나 중지하는 결과를 가져왔음에도 불구하고 부부는 이혼을 결정하였다. 다음은 이러한 치료 개입 후 이혼에 영향을 미친 요인을 중심으로 살펴본 결과다.

1) 시댁으로부터의 남편의 미분화

치료자의 개입에도 불구하고 이혼을 결정하게 된 요인 중 하나는 상담중기 단계 이후의 진술을 중심으로 분석된 시댁으로부터의 남편의 미분화였다. 11회기 상담 이후 남편은 15일 만에 친가를 방문하는 과정에서 자고 오기 싫다는 부인을 배려하여 혼자 친가를 방문하였고 어머니에게 부인은 약속이 있어 오지 못했다고 거짓말을 하였다. 그러나 어머니는 아들의 말을 믿지 않고 며느리에게 전화해서 왜 오지 않았는지 추궁하면서 고부간에 감정적으로 충돌하게 되었고 이러한 사건은 이혼을 철회했던 상황에서 남편이 다시 이혼을 결심하게 된 촉발요인이 된 것으로 볼 수 있다. 이외에도 남편은 부인이 지각하기에 결혼과정 내내 부인보다 시댁을 먼저 챙기고 형수와 화해하라는 압력을 행사하였으며, 부인보다 시어머니를 편들었으며, 자신의 가정보다는 시어머니를 선택하고, 시댁을 우선시하였다. 이 때문에 부인은 남편에게 소외감과 배신감, 그리고 서운한 감정을 가지고 있었으며 이와 같은 부인의 부정적 정서는 남편과의 갈등 상황에서 비효과적인 방식을 더 많이 사용하는 데 영향을 미쳤다.

(1) 변함 없는 시댁 방문에 대한 남편의 요구

남 편: 와이프에게 요구하는 것은 별 것 없어요. 특별히 없고 저희 집에 한 달에 한번 기분 좋게 갔다 오면 그거 하나 좋겠어요. 그게 그렇게 어려운 문제인가요. 한 달에 한 번인데. (중략) 미리 얘기를 하면은 좋게 갔다 오냐고? 그렇지 않잖아? 내가 생각하기에는 되도록이면은 시댁에 안 갔으면 좋겠다는 거라고. 한 달에 한 번도 못 간다면 방법이 없지요. (중략) 네가 시댁 얘기를 자꾸만 하니깐 내가 그 얘기를 하는 거지. 네가 시댁에 가 봐 내가 아무소리 안 하지. 한 달에 한 번이고 두 번이고 갈 때만 딱딱 가 주면 너가 친정에서 살든 뭐하든 아무 소리 안 해. (12회기)

(2) 부인보다 시댁 챙기기

부 인: 저는 이런 남자라면 살고 싶은 마음이 없거든요. 매사에 그런 식이에요. 행동을 그렇게 하는데 뭘 믿어 달라는지. 안 믿겨지더라고요. 항상 자기 집안에 무슨 일이 있을 때 내가 몸이 아파서 안 간다면 싫어하고 극단적으로 살지 말자고 그런 식으로 한 적이 몇 번 있었거든요. 이런 식으로 나보다도 자기집이 우선이면 나도 살 마음 없어요. (중략) "그렇게 시댁이 좋으면 나랑 이혼하고 살면 되잖아?" (중략) 자기 식구가 나를 따돌려도 내가 나빠서 그런 거라고 그럴 것 아니에요. 내가 나쁘게 한 것도 없는데 자기 식구라고 두둔하고 나는 두둔해 주지 않고 이런 남자랑 뭘 믿고 살아요. 지금까지 살아도 이 남자의 머릿속에는 시댁식구밖에 없고 나는 도구로만 생각하는 것 같아요. 그런 느낌밖에 없어요. (7회기)

부 인: 제 딴에는 노력했어요. 근데 오빠는 그게 중요한 게 아니에요. 나는 할 마음이 있는데 오빠는 그것을 다 무시하고 단지 자기한테 머릿속에 있는 것은 그러더라고요. 니가 딴 것 아무리 잘해 줘도 소용이 없고 시댁에 잘해라 그거예요. 오빠의 모든 것은 내가 오빠한테 평상시에 못해 줘도 괜찮고 시댁에 가는 것만 들어 주면 아무런 문제가 없다는 거예요. (8회기)

(3) 형수와 화해하라는 압력 행사하기

남 편: 와이프가 형수와 일단은 대화를 해야 될 것 같아요. 계속 안 가면 멀어지

는 거지요. 힘들더라도 가서 풀어야 하는데 자기 자존심이 상해서 안 하는데 제가 어떻게 할 수가 없잖아요. (중략) 가면 벌써 둘(형수와 와이프)이 얘기도 안 하고 썰렁하게 있는데 기분이 좋겠습니까? 말을 안 해요. 그렇다고 내가 이래라 저래라 할 수도 없지 본인 스스로 해야지요. (11회기)

(4) 우선적으로 시어머니 편들기

남 편: 저도 (와이프한테) 열 받아서 어머니의 전화를 뺏어서 들었는데 이거는 시어머님께 하는 것이 아니라 남한테 하는 것처럼 대들더라고요. (와이프는) 내가 들었는지 몰랐는데 내가 무슨 소리를 그렇게 싸가지 없게 하냐고 하니깐 그때 (와이프가 전화를) 뚝 끊어 버리더라고요. (중략) 살 생각이 있는 여자가 시어머니에게 대들고 그런가? 살 생각이 없는가 보다고 생각이 돼요. 그리고 지금까지 전화 한 번 없어요. 혼자 갈 생각은 지금까지 한 번도 없었어요. (중략) 바뀐 것은 제가 전화 안 해도 불평 안 하는 것밖에 없어요. 저희 어머니가 마음이 너무 아프셔서 오죽하면 저한테 시댁에 오는 것을 그렇게 싫어하면 오지 말고 너희끼리 잘살아라 하셔서 그 소리 듣고 제가 가슴이 아파서 눈물이 나더라고요. 인연을 끊더라도 자식은 잘 살라는 것이지요.

부 인: 신랑은 아무리 중요한 거라도 취소하고 시어머니가 자고 가라면 자고 가지 그런 식으로 얘기를 하거든요.

남 편: 전화 통화하는 소리가 내가 떨어져 있었는데도 들릴 정도인데 시어머니한테 대드는지 모르겠어?

부 인: 그런데 어머님이 그렇게 언성을 크게 하시니깐 나도 거기에 맞춰서 크게 나온 것뿐이고 내가 어머니한테 대든 게 이번이 처음이지 그럼 내가 예전에도 이렇게 나왔단 말이야? 오빠는 정말 시어머님 앞에서 내가 조금만 잘못 말했으면 아마 그 자리에서 나에게 뺨 올라갔을 것 같은데? (중략) 그런데 시어머니가 나에게 남편 말에 따라야 하는 것 아니냐고. 그래서 내가 요즘 세상에 조선시대도 아니고 남편만 순종하는 사람이 얼마나 되냐고. 그랬더니 신랑이 전화를 확 뺏으면서 '뭐라고 했어. 어디다가 엄마한테 막말을 하냐'고 소리를 빽 지르면서 전화를 끊는 사람이 어디 있어?

남 편: 뭐 나랑 그런 스타일로 시어머니한테 얘기를 하던데 뭐. 우리 어머니가

전화 받고 어땠는지 알아? 웬만하면 흥분 안 하시는 분인데. (부인에게) 시어머니한테 사과해. (12회기)

(5) 자신의 가정보다 시어머니 선택하기

부 인: 그러니깐 전화 통화를 했는데 자기가 지금 힘들다고 의절지경에 이르니깐 그러더라고요. 그래서 나도 지금 힘들다고, 하지만 신랑한테 중요한 게 뭐냐고 우리 가정이지 않냐고. 애가 불쌍하지 않냐고, 그러니깐 잘 살아 보자고, 우리 가정이 중요하지 않냐고, 우리 가정이 많이 흔들리고 있지 않냐고, 지켜야 하지 않냐고 그랬더니 자기 엄마를 버릴 수가 없다는 거예요. (13회기)

(6) 시댁을 우선시하는 양분화된 사고(자신이 옳다고 생각하는)

남 편: (치료자에게) 솔직히 저를 혼내시려면 혼내시고, 와이프를 혼내시려면 혼내세요. 그냥 이렇게 뜨뜻미지근하게 하지 마시고요. (중략)

치료자: 저는 옳고 그른 것 보편적인 것을 따지는 것이 아니에요. 부부가 서로 상대편을 들어 주면 거의 싸울 일이 없어요. 객관화하지 말아요.

남 편: 그런데 잘못한 것은 따져야지요. 따져서 개선할 것은 개선해야지요. (7회기)

남 편: 자기가 잘못한 것은 인정을 해야지. 자기를 이해를 못한다고 오히려 화를 내니깐. (11회기)

남 편: 자라 온 환경, 배경을 이해한다고 해서 잘못된 것을 나무라지 않을 수는 없잖아요. (12회기)

2) 이혼을 부채질하는 양가 부모의 개입

이 사례의 이혼위기의 부부갈등은 부부 모두 원가족과의 미분화로 촉발된 것으로 볼 수 있다. 이는 결국 치료 개입에도 불구하고 이혼을 결정하게 되는 주요 요인으로 밝혀졌다. 즉, 양가 부모의 이혼을 독려하는 과도한 개입 때문에 부부는 자신의 자율적이고 독립적인 의사결정에 따르지 않고 이혼을 결정한 것으로 볼 수 있다.

시어머니는 자신의 아들(ct)과 같은 생각으로 남편(아들)의 의견에 순종하지 않고 시댁에 자주 오지 않으려는 며느리에 대해 이혼당할 만하다고 하며 며느리를 질책해 왔으며 이혼을 막기보다 오히려 이혼을 독려하는 태도를 보여 왔다. 또한 장모의 경우에도 무조건 딸의 편을 들며 사위에 대한 못마땅한 감정을 표현해 왔고 상담 과정에서 딸의 이혼 의사에 동의하는 태도를 보이고 있었다. 그리고 평소 사위 앞에서 이혼을 독려하는 말을 자주해 온 것으로 나타났다. 이와 같이 양가 부모와의 미분화는 결국 자녀의 이혼을 막기보다 오히려 부추기는 결과를 초래한 것으로 볼 수 있다.

(1) 이혼당할 만하다는 시어머니의 질책

부 인: (시어니가 며느리에게) 너 같은 애는 처음 본다. 너 같은 애가 이 세상에 어디 있겠냐. 그렇게 막돼먹게 남편 이겨 먹으려 하고 너같이 마음대로 하려는 애가 어디 있냐고, 살다 살다 너 같은 애는 처음 본다고. 남편이 오라면 오고 가라면 가고 시어머님이 오라면 오고 순종하면서 살아야지 니가 어떻게 막돼먹은 애도 아니고 그런 식으로 나가냐며 언성을 높이면서 그러는데 제가 어떻겠어요. 그 자리에서 아무 말 안 하고 듣고 있을 수도 없잖아요. (중략) 저도. 어머니 그게 아니고요. 약속이 있어서 못 갔다고 그랬더니 아무리 약속이 중요하다고 해도 니가 와야 되는 것은 와야 되는 것 아니냐고 시댁을 우습게 아는 것 아니냐고 그러더라고요. 그런 게 아니고 신랑이 이혼하자고 해서 저도 상처받고 그런 것이 있어서 그랬다고 했더니, 네가 이혼당할 만하지 않냐고. (12회기)

(2) 이혼하라는 시어머니

남 편: 엊그제 부모님 집에 갔었어요. 와이프가 안 가겠다고 해서 저 혼자 갔어요. 5월 1일에 가고 보름 만에 갔어요. (시댁에서) 자고 오기 싫다고 해서 가기 싫으면 가지 말라고 했지요. 처음에 엄마한테 집사람 약속 있어서 못 왔다고 하니깐 엄마가 벌써 눈치를 채고 전화를 했지요. 애기도 보고 싶은데 왜 안 왔냐고 했는데 아내의 말소리가 제 귀에까지 들리는데 대드는 소리가 들리더라고요. 그래서 엄마가 혈압이 있으셔서 쓰러지실 정도로 스트레스 받으셔 가지고 그냥 끝내라고 하시더라고요. 웬만하면 살게 하려고 했는데 안 되겠다고 그러시더라고요. 와이프가 아무리 철이 없더

라도 가르쳐서 우리집 식구 만들려고 했는데 그 당시에는 엄마가 열 받으셔서 헤어지라고 그랬다면 지금은 헤어지라는 것이 내 의견이니깐 저더러 알아서 하라고 그러시더라고요. (중략) 저희 어머니가 이번에도 형수랑 대화를 안 하는 것을 아시고 엄마가 안 되겠다고 그래서. (12회기)

(3) 사위에 대한 장모의 부정적인 시각과 이혼에 대한 고려

친정모: 여자로서는 속상한 일이 있으면 집안일도 남편이 할 수 있는 것 아니에요. 그런데 그걸 받아 주질 않은가 봐요. (중략) 소소한 일, 가만히 보니깐 사위가 생활 속에서 많이 쌓인 것 같아요. 비누 헤프게 쓰고, 물 헤프게 쓰고, 돈 헤프게 쓰고, 사실은 얘 결혼하고 옷 한 번도 안 사 입었어요. (중략) 내 사위이지만 이번 일로 섭섭한 점이 많았지요. (중략) 한마디로 말해서 피곤해요. 저도 여자잖아요. 그런 사람(사위) 하고 살라면 피곤한 거예요. 외가집에 외삼촌, 작은 외삼촌, 어머니 피곤해요. 그래서 저는 될 수 있으면 사위도 며느리도 우리 직계 이상은 오지 말라고 해요. (중략) 저도 실수한 것이 그거였어요. 가정을 안 보고 학벌을 보고 착하다는 것 하나만 보고 보낸 것이 잘못이었어요. (중략) 그래서 제가 깨달은 것은 우선은 가정이 어느 정도 비슷한 가정에서 자란 애가 원만하게 살 수 있겠다는 것을 느꼈어요. 거기에서 우리 사위가 많이 쌓인 것 같아요. 이 생활이 오래 지속이 못될 것 같아요. (중략) 나도 (딸의 결혼생활을) 살리고 싶은 마음 없어요. 항상 얘 체중 봐요. 결혼할 때 얘가 60Kg 나갔어요. 그런데 지금은 49Kg밖에 안 나가요. 이렇게 말랐어요. 그런 상황에서 그냥 둘 수가 없는 것 같아요. 저는 얘 의견(이혼)을 따라 줄 것 같아요. (13회기)

(4) 이혼하라는 장모

남 편: 장모님은 뭐 나 듣는 앞에서 이혼해라 그런 얘기도 많이 했잖아. (7회기)

3) 만성화된 부부갈등에 따른 정서적 고갈

부부는 결혼 전 부터 함 사건을 계기로 다툼이 시작되었고 시댁문제로 결혼 기간 내내 만성화된 부부갈등은 부부간에 정서적 고갈 상태를 초래하였다. 이 때문에 부부간에 대화가 거의 없고 애정의 욕구가 충족되지 않은 상태에서 점진적으로 부부관계가 소원해졌으며, 특히 부인은 남편의 배려를 진심으로 느끼지 못하게 되면서 자신도 남편에 대해 배려하지 않는 악순환이 반복되었다.

(1) 점차 식어져 온 부부관계

부 인: 신랑은 얘기해 봤자 아들 얘기나 꼭 필요한 얘기만 해요. 어떻게 보면 저도 싸울 일이 없는 것 같기도 하고 신랑에게 약간 불만이 있지만 지쳐 가지고 있어요. 그래서 신랑한테 결혼한 지 10년은 된 것 같다고 얘기해요. 서로 대화도 없고 애정도 없고 살가운 것도 없고 서로 터치하는 것도 없고, 10년 되면 그렇다고 하지만 우리 같은 경우는 이제 2년밖에 안 됐는데 너무 심한 것 아닌가 싶어요. (6회기)

부 인: 정말 신랑이 이런 식으로 나오면 도저히 못 견디겠더라고요. 완전히 배신감을 느끼고 이 사람한테 내가 뭔가, 이런 식으로 대하면 정말 안 살 거예요. (8회기)

(2) 남편의 배려가 진심으로 느껴지지 않음

부 인: 신랑이 저를 어느 정도 배려해 준다고 얘기를 하지만 마음이 진짜로 배려해 주는 것인지. 어떨 때는 말하는 것에서 나를 배려를 하고 있는 거구나 느끼면서도 (중략) 저는 신랑 배려한다고 했는데 그런 걸 아는지 모르는지 말하는 것도 그렇고, 작은 어떤 것도 보여 주지도 않고 전화도 없고 바쁘다고만 하고 밤에도 필요한 얘기 이외에는 안 하지요. 저도 하기 싫어졌고요. (7회기)

4) 지속되어 온 부부간의 역기능적인 의사소통 방식

이 사례의 부부는 결혼생활 동안 긍정적인 부부관계의 경험보다 원가족으로부터의 미분화에 따른 부정적인 경험이 더 많았다. 이에 따라 부부갈등 과정에서 기능적인 의사소통 방식을 사용하기보다 역기능적인 의사소통 방식을 지속적으로 더 많이 사용하였으며 이러한 방식은 오히려 부부갈등을 더 악화시켜 왔다.

남편이 사용해 온 방식은 중간과정 생략하고 통보하기, 일방적으로 내뱉기, 부인보다 형수 편들어 얘기하기, 무시하기, 벽과 대화하는 느낌을 줄 만큼 무반응하기,

폭력으로 감정 표현하기로 분석되었다. 부인의 경우는 쏘아붙이기와 같은 방식을 반복적으로 사용해 왔다. 이러한 부부간에 사용해 온 의사소통 방식은 결혼 기간 동안 패턴화되어 왔으며 문제를 해결하는 방식으로 고착되었다. 이러한 방식은 만성화된 부부갈등으로 정서적 고갈 상태에 있는 부부관계에서 더욱 강화되었다.

(1) **중간과정 생략하고 통보하기**(남편)

부 인: 신랑이 어머니랑 통화를 했었는데 자기도 안 가겠다고 했대요. 그러더니 일요일 날 시댁에 간다고 그러더라고요. 그때 제가 기분이 상했어요. 어머니하고 얘기가 되었다면 미리 나한테, 어머니랑 통화를 했는데 일요일 날 가기로 했다고 안 간 지 오래되었으니깐 가자라는 식으로만 했다면 좋았을 텐데, 나를 배려했다면 끝까지 배려하는 마음으로 나의 의사를 물어볼 수 있는 거잖아요. 그런 말 한 마디도 안 하고 그런 식으로 일요일 날 간다고 하는 얘기를 들으니깐 기분 나쁘고 억울하더라고요. 나도 신랑의 마음을 이해하고 갈 생각으로 마음먹고 있었는데 미리 어머니랑 통화해서 가기로 결정된 것 같더라고요. (7회기)

(2) **일방적으로 내뱉기**(남편)

부 인: 신랑의 말하는 방식이 누구나 기분 나빠지게 일방적으로 내뱉으니깐. 신랑에게 그런 식으로 얘기를 하면 기분 나쁘지 않냐고 하면 그 말 자체가 듣기 싫은가 봐요. 내가 잔소리하는 것 같기도 하고 듣기 싫으니깐 너 맘대로 하라고 이런 것 가지고 싸우고 싶지 않으니깐 맘대로 하라고 해요. 어제도 그러더라고요. (중략) 노력하고 싶지가 않아요. 이렇게 나오니깐. 저도 마음을 먹었잖아요. 가려고 했고 좋게 좋게 할 생각인데 그 생각에 물을 확 끼얹어 버리니까. (7회기)

부 인: 평상시의 생활에서는 제가 얘기를 통해서 안 좋은 것도 풀어 주려고 했고 마음에 안 드는 것도 내가 잘해 주려고 노력도 했고 무슨 발렌타인데이다 하면 초콜릿도 사다 주면 너는 뭐 이딴 것을 사냐고 하고 화이트데이 때 너 뭐 받을 생각도 하지 말아라 하고. (8회기)

남 편: 저도 옛날 같으면 달래 보고 그랬는데 요즘 들어서는 그렇게 안 돼요. 내뱉은 말은 제가 잘못했지요. 화가 난 상태여서 그랬는데 그것은 제가 사과하고. (중략)

부 인: 저도 화가 나면 그런 마음이 들 때도 있지만 내뱉지는 않아요. 신랑 같은 경우는 서슴없이 그냥 툭툭 나와 버리니깐 그것 좀 안 했으면 좋겠어요. 듣는 입장에서는 단도직입적으로 들으면 불쾌하고 기분 나쁘지요. (11회기)

(3) 부인보다 형수 편들어 얘기하기(남편)

부 인: 형수도 형도 다 배운 사람들이라며 왜 그런 식으로 나오는지를 생각을 해 보라고 너만 잘하라고 왜 생각을 그렇게밖에 못하냐고 해요. 항상 이런 식이에요. 자기 형수는 올바르고 나는 이상하고 이런 식으로 이야기를 하니깐 대화가 안 돼요. (7회기)

남 편: 가면 벌써 둘(형수와 와이프)이 얘기도 안 하고 썰렁하게 있는데 기분이 좋겠습니까? 말을 안 해요. 그렇다고 내가 이래라 저래라 할 수도 없고 본인 스스로 해야지요. (11회기)

(4) 무시하기(남편)

부 인: 감싸 줘? 당신이 언제 날 감싸 준 적 있어?

남 편: 네가 잘못했잖아. (7회기)

부 인: 당신 이런 식으로 하면 나랑 이혼할 수도 있는 상황이 된다고 어른들 알게 되면 이혼까지 간다고 당신 알지 않냐고. 그랬더니 너랑 이혼해도 상관없대요. 그럼 내가 (시댁에) 안 가면 내가 욕 얻어 먹지 않냐고 했더니 그래 너야 욕 얻어 먹지, 나는 욕 안 얻어 먹는다. 날 무시하고 깔보고 내가 어떻게 하든 상관이 없다는 거예요. 이혼을 해도 네가 이혼하고 엄마한테 혼나도 네가 혼나고 나한테는 아무 지장이 없다는 거예요. 그래서 내가 나 혼나면 어떻게 하려고 했냐고 했더니 너 혼나는 것이 내가 무슨 상관이야 네가 혼나는 거지. 그러면서 막 나가는 거예요. (8회기)

(5) 벽과 대화하기(무반응하기, 남편)

남 편: 어떨 때 얘기하다 보면 미륵 세워 놓게 얘기하는 느낌이 들 때가 있어요. 저 혼자서는 도저히 마음이 안 바뀌니깐 힘들어요. (9회기)

(6) 폭력으로 감정 표출하기

부 인: 저번에는 비디오 때문에 싸우게 됐는데 오빠가 의자를 집어던졌어요. (11회기)

부 인: 근데 신랑도 난폭한 데가 있어요. 의자도 다 부수고 유리창도 다 깨뜨리고 문짝도 남아 나는 게 없어요. 남편은 욱하는 성질이 있어서. (13회기)

(7) 쏘아붙이기(부인)

남 편: 얘기를 하려고 했는데 여의치가 않았어요. 이번 주에 계모임이 있다고 해서 못 가겠다고 일요일 날 가겠다고 어머니한테 얘기를 했거든요. 얘기를 하려고 했는데 와이프가 먼저 아침에 얘기를 하더라고요. 쏘아붙이는 식으로 얘기를 하는 거예요. 일요일 날 가자고 말 꺼내기가 무섭게 말꼬리를 붙잡더라고요. 얘기를 해야지 해야지 하다가 한 건데 그걸 배려를 안 했다고 그러고. (7회기)

부 인: 저는 성격이 참지를 못하고 소리를 지르게 되고 흥분하고 그런 것이 있거든요. (12회기)

(8) 패턴화된 역기능적인 의사소통 방식

치료자: 늘 대화하시면서 이런 식으로 끝나세요?

남 편: 네. 와이프는 항상 언성 높이고.

부 인: 당신은 안 그래? 어제도 당신은 소리치지 말라고 했는데 소리쳤잖아?

남 편: 너가 언성 높였는데. (7회기)

부 인: 자꾸 상처받는 얘기를 하니깐 좋게 얘기를 못하니깐 제가 기분이 상하게 돼요. (중략) 말 안 하고 그러니깐, 또 얘기하면 오빠가 기분 나빠 하니깐

피하게 돼요. (중략) 이제는 표현하는 것도 하기 싫어요. 상대방의 기분 나쁜 것을 얘기하면 그런 문제 가지고 또 싸울 수도 있고 그러니까 하고 싶지도 않고 내가 기분 나쁜 것을 얘기를 안 하게 돼요. (10회기)

부 인: 맨 먼저 물어본 것은 외삼촌 생일이라고 해서 언제 갔다 언제 오냐고 물어봤어요. 그랬더니 내일 자고 온다는 거예요. 그래서 내일 약속도 있고 그래서 가지 못한다고 했더니 안 된다고 그러는 거예요. (중략) 저도 처음부터 안 된다고 했어요. 약속문제는 나중에 하기는 했어요. 자기는 꼭 자고 와야 된다는 거예요. 나도 약속 한 거여서 나도 우겼지요. (중략) 그럼 아예 듣지 않았다고 거짓말하지 그래? 항상 이런 식이에요. 내가 말을 했는데도 맨 마지막에 얘기했다는 거예요. (중략) (내가) 요즘 시댁 자주 갔는데 오늘 굳이 잘 필요가 있냐고 했더니 (남편이) 그 다음에 하는 소리가 너 경고하는데 다음부터 시댁에 갈 때 이딴 식으로 또다시 하면 그땐 가만 안 있는 다고 극단적인 방법을 취해서라도 너 이딴 식으로 하는 행동 가만두지 않겠다고 너 그 얘기 했어 안 했어? (중략) (남편에게) 너 이혼하자고 안 했어? 내가 그 말만 안 해도 (내가 시댁에) 갔어.

남 편: 어느 부부도 싸우면 이혼하자고 해. (12회기)

5) 배우자의 변화에 대한 기대 욕구와 불신

만성화된 부부갈등이 지속되어 오면서 부부는 상대방이 자신의 기대 욕구만큼 변화되기를 바라고 있었고 배우자의 관점을 인정하고 존중하기보다 부정적인 평가를 반복해 온 것으로 나타났다. 이러한 과정에서 부부는 변화가 없는 서로의 모습에 대해 불만을 느꼈고 비난하게 되면서 점차적으로 서로의 변화 가능성에 대해 불신하였다.

(1) 변화가 없는 부인에 대한 불만과 비난

남 편: 상담을 하면서 저번에도 그랬지만 와이프가 바뀌어야 되는 것을 느껴야 하는데 바뀌질 않더라고요. (7회기)

남 편: 제가 전부터 불만이 변했다고 하지만 기본 자세가 안 변한 것은 알고 있

었거든요. 한 달에 한 번 만나는 것조차도 좋아하지 않았지만 기본적인 대화에는 변화가 없었어요. (중략) 지금까지 갈 때 안 싸운 적 없잖아. 에버랜드 갈 때도 싸웠잖아. 우리 결혼해서 우리집 식구랑 처음 가는 건데 그것도 차 안에서까지 아주 엄청나게 싸웠잖아. 내가 지금까지 놓고 볼 때 네가 변한 게 뭐가 있냐?

부 인: 신랑은 저에 대해서 뭐든지 기분 나쁘게 생각하고 재는 뭐든지 시댁에 대한 것은 싫고 시댁일 참견하는 것 싫고 가는 것도 싫고 그렇게 생각하고 나에 대해서 나쁜 감정만 갖고 있고 그렇게 듣는 거예요. (12회기)

(2) 변화가 없는 남편에 대한 비난과 불신

부 인: 신랑이 근본적인 생각이 바뀌지가 않는데 어떻게 바뀌겠어요. 그게 문제죠. 시댁식구는 아무런 잘못이 없고 나한테 흉보고 그래도 그게 올바른 거고 다 내가 잘못한 거고. (7회기)

부 인: 나도 똑같아. 당신은 변한 것 없고 더 심해졌어. 마마보이처럼 쪼르르 가서 엄마한테 이르고. (12회기)

6) 빈번한 이혼결심에 대한 의견 표출

그동안 지속되어 온 부부갈등 과정에서 남편은 툭하면 부인에게 의혼의사를 먼저 표출해 왔고 이에 부인은 스트레스를 받아 왔으며, 반복되는 이혼 언급으로 부인 또한 홧김에 이혼의사를 표출해 온 것으로 나타났다. 이렇게 부부가 갈등 상황에서 익숙하게 표현했던 이혼 결심에 대한 표출은 결국 결심이 아닌 이혼을 결정하는 현실이 된 것으로 볼 수 있다.

(1) 툭하면 이혼의사를 표출해 옴(남편)

부 인: 툭하면 오빠가 시댁에 서운한 것 있다고 하면 걸핏하면 이혼하자고 그러고. 제가 제일 싫어하는 것이 남자가 먼저 이혼하자는 소리거든요. 요즘도 그게 잦아졌어요. (중략) 그런다고 자꾸 화난다고 이혼하자고 툭툭 내뱉고 하는 것을 저는 참을 수가 없거든요. 이혼하자는 것이 생각을 깊이 하지 않고 그래서 전에도 싸웠는데 지금은 가끔씩 아무렇지도 않게 그래요. 그걸 몇 번 지켜봤어요. 그냥 넘어갔는데 자꾸 그러니깐 이제는 못 참

겠어요. 안 하기로 신랑이 약속을 했거든요. 그런데 잊어버렸는지 지금도 가끔 하거든요. 그럴 때마다 기분이 상하죠. 작은 일 가지고도 이혼하자고 하면 쫀쫀하다는 생각이 들고 앞으로 더 큰 일 있을 때는 어떻게 될까 생각하니깐 이런 식으로는 못 살겠다는 생각이 들었어요. (11회기)

남 편: 아기가 17개월 됐는데 욕을 하고 있어요. 아기가 '에이 시팔.'이라고 하더라고요. 거기에서 교육을 정말 잘못하고 있다고 생각해요. 엄마 아빠 소리도 잘 못하는 애가 '에이 시팔' 소리를 하고 있어요. 그래서 이번 기회로 안 되면 미련 없이 끝내려고요. 지금까지 해 달라는 것 다 해 주었는데 그러니깐 사람 미치겠잖아요.

부 인: 똑바로 얘기해. 툭하면 치사하게 이혼하자고 그래요. 전에도 너무 충격적이어서. 남자가 먼저 이혼하자는 얘기 정말 듣기 싫거든요. (12회기)

(2) **홧김에 이혼의사 표출**(부인)

남 편: 난 그 주에 처갓집 두 번이나 갔고 더군다나 5월 8일에 시댁에 안 갔으니깐 자고 오려고 했는데 자기는 자기 집에서 안 자고 왔다고 하니깐 열받더라고요. 그래서 제가 너 시댁 가는 일로 변화도 없고 그러면 나도 극단의 조치를 취할 수밖에 없다고 하니깐 성질을 내면서 그래 이혼해 하면서 소리를 지르는 거예요. (12회기)

4. 치료 개입의 효과성과 이혼결정 요인의 네트워크

이혼위기 부부가 당면한 부부갈등을 해결하기 위한 치료 개입의 효과성과 이혼결정 요인에 대해 [그림 4-1]과 같이 네트워크로 디스플레이하였다.

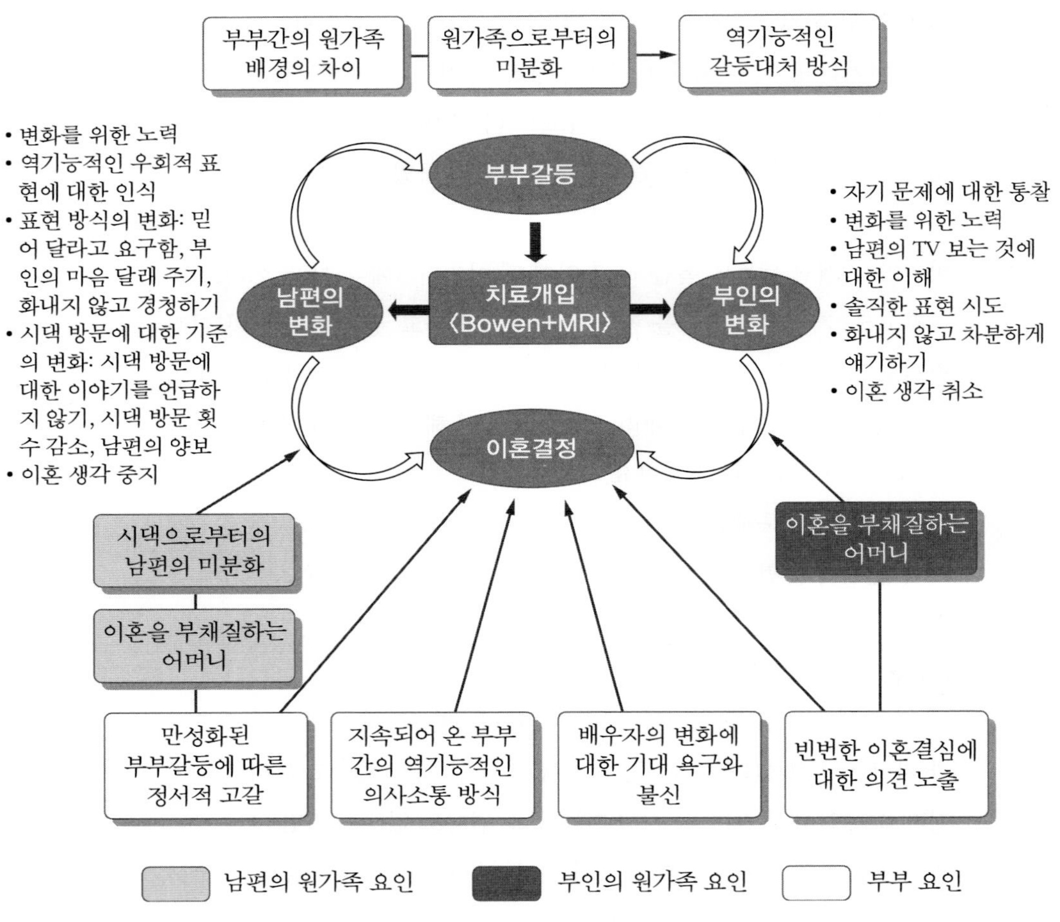

[그림 4-1] 치료 개입의 효과성과 이혼결정 요인의 네트워크

V. 논의 및 함의

1. 요 약

지금까지 총 13회 상담에 관한 축어록을 중심으로 부부갈등에 영향을 미친 요인과 이혼을 결정하는 데 영향을 미친 주요 요인을 살펴보았다. 이혼위기 부부의 부부갈등에 영향을 미친 촉발 요인으로는 부부간의 원가족 배경 차이, 원가족으로부터의 미분화, 그리고 원가족 경험에 기인된 역기능적인 갈등대처 방식인 것으로 나타났으며, 그 내용은 다음과 같다.

첫째, 이 장의 사례에서 부부는 둘 다 원가족과 미분화되어 핵가족 내에서 부부하위체계를 적절히 형성하지 못하였다. 즉, 부인의 잦은 친정 방문과 친정모의 지나친 간섭, 그리고 남편의 잦은 시댁 방문에 대한 강요, 시댁을 우선적으로 챙기기, 어머니와의 밀착관계를 유지하면서 부부문제에 대한 지나친 정보공유와 같은 미분화 양상이 나타났다. 특히 양가 부모는 사위나 며느리의 입장을 배려하기보다 무조건 아들과 딸의 편을 드는 태도를 취하면서 고부갈등과 장모와 사위 간 갈등을 유지하고 있었다. 또한 부부갈등을 더욱 악화시킨 요인은 원가족과의 미분화와 원가족 경험에 기인된 역기능적인 갈등대처 방식의 지속적인 사용인 것으로 나타났다. 이러한 결과는 원가족으로부터 자아분화 수준이 낮을수록 부부간의 갈등과 역기능적인 행동이 더 많이 발생되며 갈등대처 방안 중 감정 및 행동표출, 회피와 같은 부정적 방법을 더 많이 사용한다는 것을 알 수 있다(한미향, 1999; Feigal, 1985; Lim & Jennings, 1996).

둘째, 가족상담을 통하여 치료자와 함께 부부는 자신들의 차이를 인식하게 되었고 의사소통의 변화가 가능하였음에도 불구하고, 근본적으로 두 사람 간의 신뢰를 회복하기는 힘들었다. 즉, 치료 개입에도 불구하고 이혼을 결정하게 된 요인은 시댁으로부터의 남편의 미분화, 이혼을 부채질하는 양가 부모의 개입, 만성화된 부부갈등에 따른 정서적 고갈, 지속되어 온 부부간의 역기능적인 의사소통 방식의 사용, 배우자의 변화에 대한 기대 욕구와 불신, 빈번한 이혼결심에 대한 의견 표출로 나타났다.

특히 부인에 비해 남편의 경우 원가족과의 미분화 정도가 더 높은 것으로 나타났다. 즉, 남편의 경우 어린 시절 아버지의 사망 이후 홀어머니와 살아오면서 밀착관계를 유지해 왔으며 이러한 홀어머니와 원가족에 대한 분리를 하지 못한 것이 결국 이혼을 결정하게 되는 가장 중요한 요인으로 작용하였다. 또한 부인의 경우는 친정의 문화와 너무나 다른 시댁의 문화, 그리고 남편의 대화 방식에 상처를 받았다. 한편 남편 또한 미성숙한 부인의 대응 방식으로 매번 시댁방문 문제로 부인과 충돌하였고 상담실을 벗어나서 부부의 정서적 반응성이 높은 위기 사건이 발생할 경우 치료자 개입의 제한 등은 부부간의 충돌이 의사소통의 변화 하나만으로는 부부가 재결합하기가 쉽지 않음을 보여 주었다. 즉, 부부간의 이혼에는 시어머니와 시댁식구들, 그리고 장모 등 제3자의 부정적인 역할이 기여하였다고 볼 수 있다.

이러한 결과들은 부부갈등의 원인이 부모와 자녀 간 미분화된 정서적 관계(남순현, 전영주, 황영훈 2005), 원가족 문화와 경험 차이(박경, 2002)임을 알 수 있다. 또한 확대가족과 같은 외부적 수준의 개입은 이혼협상을 더 격렬하게 만드므로(김수정, 2003), 이혼결정에 많은 영향을 미칠 수 있다. 이는 생성가족의 가족체계 재조정 과업의 수행을 어렵게 하며 그 결과 이혼을 촉발시키는 원인이 될 수 있다는 것을 보여 준다.

2. 함의 및 제언

이 장의 결과를 통한 함의는 다음과 같이 살펴볼 수 있다.

첫째, 개별 가족체계의 특성에 따라 동일한 치료 개입이 이루어진다 해도 가족체계의 다귀결성의 특징에 따라 서로 다른 치료 결과를 가져올 수 있다. 또한 가족체계의 자율성과 자기 생성적 특징에 의해 상담자의 치료 개입은 내담자의 변화를 위한 촉발 요인이 될 수 있으나 내담자의 특성에 따라 개입의 결과는 다를 수 있다는 것을 시사한다. 따라서 이 장에서는 이혼을 앞둔 부부를 상담할 때 상담자는 내담자의 개인적 특성과 개별 가족체계의 특성을 파악하여 체계적인 가족치료 전략을 모색할 필요가 있음을 제시하고 있다. 특히 가족치료를 하는 상담자는 이혼하려는 부부를 상담할 때 만성적인 부부갈등과 이에 따른 잦은 이혼의사 표출, 이혼을 허용하거나 부추기는 원가족의 정서적 분위기, 부부의 의사소통수준, 자아분화 수준 등을 고려할 필요가 있다.

둘째, 한국에서의 가족문제를 다룰 때는 Bowen의 가족체계 이론에 근거하여 핵가족뿐만 아니라 확대가족의 역사를 살펴볼 필요가 있으며 근본적으로 남편뿐만 아니라 부인의 원가족과의 분리를 함께 고려해야 한다. 또한 상담자는 MRI의 의사소통모델을 적용함으로써 문제를 해결하려고 시도했던 역기능적인 의사소통 방식을 기능적이고 효과적인 새로운 의사소통 방식으로 대체하도록 하여야 한다. 특히 Bowen의 가족체계 이론과 MRI 의사소통모델을 통합적으로 적용할 경우 치료자는 Bowen의 가족체계 이론에 비중을 두어 양가 부모님의 상담 참여를 촉구함으로써 부부가 원가족과 분리를 효과적으로 수행할 수 있도록 하는 데 초점을 두어야 한다. 이 장의 사례에서는 부인의 친정모만 참여하였고 시어머니는 참여하지 않았기 때문에 치료과정에서 시어머니가 이혼을 재촉함에 따라 이혼결정이 촉발되는 결과를 야기하였다고 볼 수 있다.

이 장의 결과를 바탕으로 신혼기 단계의 이혼위기 부부의 결혼생활을 지원할 수 있는 임상적 개입에 대해 다음과 같이 제언하고자 한다.

첫째, 이혼위기 부부의 상담 성과를 촉진하기 위해서는 부부갈등의 수준과 정서적 고갈 상태, 심리적 증상의 정도, 부부의 자아분화 수준과 이혼결정과의 상관관계에 대한 전문적인 치료자의 지식을 갖출 필요가 있으며 내담자의 특성에 따른 적합한 치료적 개입이 필요하다. 특히 자아분화 수준에서 남편의 분화 수준이 낮은 경우, 부인의 분화 수준이 낮은 경우, 부부 모두 분화 수준이 다른 경우를 고려해야 한다.

둘째, 부부갈등은 가족관계적 차원에서 볼 때 부모와의 미분화와 관련된다. 즉, 부부가 원가족과의 미분화로 부부갈등이 야기될 수 있기 때문에 가족치료 과정에서 원가족의 참여를 도모해야 한다. 특히 이 사례에서 남편은 시어머니와 부인은 친정어머니와 분리가 안 되어 있었다. 또한 부부갈등이 시댁문제 때문에 발생되었을 때 부부는 모두 어머니와 부부문제를 상의하였다. 그 결과 양쪽 어머니의 개입으로 부부관계는 더욱 악화되었다고 볼 수 있다.

셋째, 신혼기 부부를 위한 효과적인 결혼적응 상담 프로그램이 필요하다. 즉, 가족생활주기단계에서 신혼기 부부의 과업에 초점을 둔 맞춤형 상담이 이루어질 수 있도록 해야 한다.

이 장은 이혼위기 부부상담의 효과성을 중심으로 살펴본 기존 연구와 달리 치료개입에도 불구하고 이혼을 결정한 사례를 중심으로 신혼기 단계 부부의 부부갈등 요인과 이혼결정 요인을 살펴보고 임상적 개입 방안을 모색하였다는 점에서 의의가 있다고 본다. 그러나 이 장은 단일사례연구이므로 표본추출의 문제가 있을 수 있으며 연구결과를 일반화시키기에는 한계가 있다. 하지만 향후에는 다중사례연구를 통해 연구결과를 일반화시킬 수 있을 것이다. 특히 이혼위기 상담의 성과에 대해 치료자와 내담자 요인을 비교분석한 연구를 통해 효과적인 이혼위기 부부상담을 위한 효과적인 임상적 개입 방안을 도출하여 임상실천현장에 더 많은 도움이 될 수 있기를 기대한다.

참고문헌

공성숙(2008). 부부클리닉 방문부부의 심리적 요인이 결혼만족도 및 이혼가능성에 미치는 영향. 대한간호학회지, 38(4), 550-560.

김동일(2010). 이혼상담사 조정위원을 위한 심화교육. 서울: 한국상담연합회.

김수정(2003). 이혼 남성과 여성이 이혼협상 과정에서 경험한 이혼갈등에 관한 연구. 신학과 목회, 20, 413-445.

김정옥(2011). 이혼 전 의사결정단계 부부를 위한 치료 사례연구. 대한가정학회지, 49(10), 91-100.

김지혜(2008). 이혼숙려제도에 대한 비판적 고찰. 지역사회, 59, 37-42.

김혜정(2008). 가족 간 갈등대화의 구조와 책략 연구: 고부 · 부부간 갈등대화를 중심으로. 인제대학교 대학원 박사학위논문.

남순현, 전영주, 황영훈(2005). 보웬의 가족치료이론, 서울: 학지사.

박경(2002). 우울한 중년여성의 부부관계 및 의사소통. 여성건강, 3(2), 19-32.

박성주(2009). 숙려기간 이혼위기 부부상담을 통한 이혼사유 분석 연구. 복지상담학연구, 4(1), 67-78.

박성주, 박재황(2011). 이혼위기 부부를 위한 문제해결 단기상담프로그램의 개발. 한국심리학회지:상담 및 심리치료, 23(1), 47-73.

박태영(2000). 이혼하려는 부부에 대한 MRI의 상호작용적 가족치료와 이야기치료의 적용. 가족치료이론의 적용과 실천. 서울: 학지사.

박태영(2003). 가족생활주기와 가족치료. 서울: 학지사.

박태영, 김태한, 김혜선(2009). 이혼위기에 있는 결혼초기 부부에 대한 부부치료 사례연구. 한국가정관리학회지, 27(3), 93-114.

박태영, 문정화(2010). 이혼위기로 인한 부인의 우울증과 아들의 학습문제해결을 위한 가족치료 사례연구. 한국가족치료학회. 18(1), 27-61.

신수진, 최준식(2002). 현대 한국 사회의 이중가치체계. 서울: 집문당.

신혜종(2008). 가족 및 부부치료의 효과성 검증 연구의 현황과 과제. 상담학연구, 9(1), 277-294.

유계숙, 장보현, 한지숙(2006). 이혼 전후 가족상담 운영 모형 및 전략에 간한 연구. 한국가족관계학회지, 11(2), 59-96.

이신숙(2000). 기혼남녀의 자아분화 수준과 생활만족도간의 관계 연구. 한국가족관계학회지. 5(1), 23-43.

이승하(2006). 이혼위기 극복을 위한 상담방법 연구. 상명대학교 대학원 석사학위논문.

이종원(2003). 원가족변인이 부부갈등에 미치는 영향. 대한가정학회지, 41(3), 147-163.

이현송(1999). 주관적 이혼 사유의 변화. 가족과 문화, 11(2), 73-97.

전영주(2004). 이혼 전 상담의 임상적 쟁점에 대한 고찰. 상담학 연구, 6(1), 245-259.

전영주, 이성희(2006). 협의이혼 청구자의 원가족 경험 분석. 한국가정관리학회지, 24(5), 191-203.

정문자, 정혜선, 이선혜, 전영주(2008). 가족치료의 이해. 서울: 학지사.

조현주(2008) 이혼을 고려하는 부부를 위한 상담. 중앙사회과학연구. 20, 93-109.

한미향(1999). 부부의 자아분화와 부부갈등 및 갈등대처방안과의 관계. 서강대학교 교육대학원 석사하위논문.

한영숙(2007). 부부의 자아분화 수준에 따른 부부갈등과 결혼만족도에 관한 연구. 한국생활과학지, 16(2), 259-272.

통계청(2011). 통계연감. http://www.kostat.go.kr

Amato, P. R. (1999). Children of divorced parents as young adults. In E. M. Hetherington (Ed.), *Coping with divorce. single parenting, and marriage: A risk and resiliency perspective* (pp.147-163). Mahwah, NJ: Lawrence Erlbaum.

Amato, P. R., & Hohmann-Marriott, B. (2007). A comparison of high and low disress that end in divorce. *Journal of Marriage and Family, 69,* 621-638.

Bateson, G. (1991). *A sacred unity: Further steps to an ecology of mind.* New York: Harper/Collins.

Benson, M. J., Larson, J. H., Wilson, S. M., & Demo, D. H. (1993). Family of origin influences on late adolescent romantic relationships. *Journal of Marriage and the Family, 55,* 663-672.

Bowen, M. (1976). Theory in the practice of psychotherapy. In P. J. Guerin(Ed.), *Family therapy in clinical practice.* New York: Gardner Press.

Feigal, T. J. (1985). An examination of the relationship between differentiation of self and marital adjustment. Unpublished Master's Theses, University of Iowa.

Friedman, E. H. (1991). Bowen Theory and Therapy. In A. S. Gurman & D. P. Kinskern (Eds.), *HandbooK of Family Therapy*(pp. 134-170). New York: Brunner/Mazel.

Goldenberg, K., & Goldenberg, H. (2012). *Family therapy: An overview.* Pacificrove, CA: Brooks/Cole.

Harvey, D. M., & Bray, J. H. (1991). Evaluation of intergenerational theory of personal development: Family process determinants of psychological and health distress. *Journal of Family Psychology, 4,* 298-325.

Jacobson, N. S., & Addis, M, E. (1993). Research on couples and couples therapy: What do we know? where are we going?. *Journal of Counseling and Clinical Psychology, 61*(1), 85-93.

Lim, M. G., & Jennings, G. H. (1996). Marital satisfaction of hearthy differentiated and undifferentiated couples. *Family Journal:Counseling and Therapy for Couples and Families, 4*(4), 308-315.

Miles, M. B., & Huberman, A. M. (1994). *Qualitative data analysis.* Thousand Oaks, CA: Sage.

Papero, D. V. (1995). Bowen's famiy systems and Marriage. In. N. S. acobson A. S. Gurman (Eds.). *Clinic handbook of couple therapy.* New York: Guilford Press.

Patton, M. Q. (2002). *Qualitative research & evaluation methods.* Thousand Oaks, CA: Sage Publications.

Rehman, U. S., Gollan, J., & Morrimer, A. R. (2008). The marital context of depression: Research, limittions, and new directions. *Clinical Psychology Review, 28,* 179-198.

Shoham, V., Rohrbaugh, M., & Patterson, J. (1995). Problem-and solutions-focused couple therapies: The MRI and Milwaukee models. In N. S. Jacobson., & A. S. Gurman (Eds.), *Clinical handbook of couple therapy* (pp. 142-163). New York: The Guilford Press.

Sprenkle, D. H., & Storm, C. L. (1983). Divorce therapy outcome research: A substantive and methodological review. *Journal of Marital and Family Therapy, 9,* 239-258.

Strokes, S. B., & Wampler, R. S. (2002). Remarried clients seeking marital therapy: Differences in levels of psychological and marital distress. *Journal of Divorce & Remarriage, 38,* 91-106.

Watzlawick, P., Weakland, J., & Fisch, R. (1974). *Change: problems formation and problem resolution.* New York: W. W. Norton.

Weakland, J. H. (1993). Conversation-but what kind? In S. Gilligan. & R. Price (Eds.), *Therapeutic conversations* (pp. 136-145). New York: Norton.

제5장

분노조절이 안 되는 초혼 남편과 재혼 부인의 결혼초기 부부갈등 해결을 위한 부부치료 사례연구

박태영 · 문정화

이 장은 이혼 직전에 놓여 있는 분노조절이 안 되는 초혼 남편과 재혼 부인의 결혼초기 부부갈등을 해결하기 위해 개입한 부부치료 사례에 대한 내용으로, 매트릭스와 네크워크를 사용하여 부부치료의 개입방법과 효과성을 파악한 것이다. 사례분석 결과, 초혼남과 재혼녀로 이룬 재혼가족의 부부갈등 양상은 스트레스와 잦은 다툼, 신체적 폭력, 대화단절, 의도적인 접촉 회피, 성관계 기피로 분석되었다. 그리고 부부갈등 요인은 촉발 요인과 지속 및 악화요인으로 나타났다. 촉발요인은 준비가 부족한 결혼 결정, 남편의 이성에 대한 무지, 부인의 과거 경험 들추기, 부인의 낮은 자존감과 두려움과 같은 핵심범주가 도출되었으며 이는 초혼남 재혼녀 재혼가족의 특수성을 반영하는 결과로 볼 수 있다. 또한 지속 및 악화 요인은 역기능적인 언어적 · 비언어적 갈등대처 방식의 반복적인 사용으로 볼 수 있다. 이는 부부갈등을 해결하기보다 오히려 부부갈등을 지속시키고 악화시켜 왔으며, 갈등대처 방식 중 부부는 우회적인 방식을 더 많이 사용하다가 점차적으로 극단적인 방식을 사용해 온 특징을 나타냈다. 부부갈등 완화에 기여한 치료자의 개입방법으로는 의사소통 방식 탐색, 비언어적 갈등대처 방식 탐색, 통찰력 강화하기, 공감하기, 문제사정하기, 경청하게 하기, 문제해결 방식의 비효과성 설명, 새로운 해결책 제안 등이 나타났다. 치료 개입 후 부부에게 의사소통 방식의 변화와 행동의 변화가 나타났다.

I. 서 론

결혼은 서로 사랑하는 남자와 여자가 만나서 사회가 인정하는 법적 절차에 따라 부부관계를 맺는 것을 말한다. 결혼의 동기는 성적 욕구 충족, 경제적 · 정서적 안녕, 자녀출산의 동기, 성인으로서의 신분획득, 사회적 기대의 부합 등으로 볼 수 있다. 모든 사람은 결혼생활을 통해 이와 같은 기대가 충족될 것이라 생각하며 결혼생활이 대단히 만족스럽고 행복할 것이라는 기대를 갖는다. 즉, 결혼생활의 만족이란 전반적인 결혼생활의 질에 대한 주관적 평가로, 사람들마다 상대적인 차이가 존재할 수 있으나 결혼생활을 통해 욕구와 기대가 어느 정도 충족되느냐 하는 것이다. 그러나 최근 들어 생활 주변에서 이혼이나 재혼을 한 사람들을 쉽게 찾아볼 수 있는데, 이는 산업화 이후 급변하는 한국 사회의 가족변동의 한 단면으로 볼 수 있다. 이와 같은 이혼 및 재혼의 증가에 대해 부정적인 사회적 통념에서 벗어나 객관적인 관점에서 이혼과 재혼의 문제를 생각해 보아야 한다. 최근 우리나라의 이혼율은 2010년 116,900건으로 하루 평균 3,200쌍이 이혼하고 있으며(통계청, 2010) 재혼율은 1995년 13.4%, 2003년 22.3%, 2004년 24.3%, 2005년 26.1%로 재혼이 점차적으로 증가추세를 보이다가 2005~2010년에 소폭 감소하였다. 그러나 최근 10년간의 재혼가구는 연평균 5만 건 이상이며 전체 혼인비율 중 19% 정도인 것으로 나타났다(통계청, 2010). 또 다른 현상으로는 재혼유형의 변화로 1995년을 기준으로 재혼녀와 초혼남의 혼인이 재혼남과 재혼녀의 혼인건수를 추월하여 1995년에 재혼남과 초혼녀, 초혼남과 재혼녀의 비율이 3.4%로 동일하였으나 2011년에는 초혼남과 결혼하는 재혼녀의 비율이 6.9%로 재혼남과 초혼녀의 5.1%보다 더 높은 비율로 증가하였다(통계청, 2011).

또한 이혼한 사람들의 동거기간에 따른 이혼율을 살펴볼 때 0~4년인 경우가 27.1%, 5~9년이 20.5%, 10~14년이 17.5%, 15~19년이 14.7%, 20년 이상인 경우가 20.2%로 결혼초기 과정의 시기에 이혼율이 가장 높게 나타났으며 이는 결혼초기 과

제5장은 '한국가족치료학회지(2013). 제12권 1호, pp. 129-148.'에 게재된 논문임.

정에 이혼을 결정할 만큼 부부갈등이 심각하다는 것을 의미한다(박태영, 김태한, 김혜선, 2009). 결혼초기는 가족생활주기로 볼 때 결혼해서 자녀를 낳는 시기까지로, 특히 성장배경이 다른 남녀가 만나 가족을 형성하여 서로에 대한 조정과 협력을 통한 적응과 새로운 역할정립, 그리고 배우자 친족과의 관계망 등이 이루어지는 시기다. 이와 같은 결혼초기의 부부관계는 불안정성이 높으며 이때 형성된 상호작용패턴은 계속 유지되어 전체 결혼관계에 영향을 미치고 역기능적인 패턴이 고착되어 문제를 더 심각하게 할 수 있다(최정숙, 2008). 앞서 언급하였듯이 결혼초기 이혼율은 다른 가족발달주기에 비해 높게 나타나고 있으므로 결혼초기 부부에 대한 적극적인 관심과 지원이 필요하다.

일반적으로 이혼에 이르게 되는 부부간의 갈등 요인을 보면 대화문제, 성격 및 가치관의 문제, 원가족문제 등 때문인 것으로 볼 수 있으며 서로 다른 가족환경에서 성장한 부부는 각기 다른 사고방식, 가치관, 역할기대 등의 차이를 가지고 있으므로 부부갈등은 부부간의 상호작용 과정에서 발생하는 필수불가결한 것일 수 있다(천혜정, 김양호, 2007). 이와 같은 부부갈등 요인은 재혼가정의 경우도 다르지 않겠지만 재혼가족의 특성을 고려하여 일반가정과 다른 관점을 가지고 접근할 필요가 있다. 정현숙 등(2000)의 연구에서는 재혼부부 62.7%가 부부갈등 문제로 상담을 의뢰한 것으로 나타났으며 이는 재혼가족의 구조와 관계상의 복잡성 때문에 초혼부부보다 더 어려움이 많다는 것과 가족해체의 위험성이 크다고 볼 수 있다. 김연옥(2007)의 연구에서는 재혼 후 이혼하는 재혼생활의 특성에 대해 정서적 애착이 결여된 재혼동기, 취약한 부부유대, 계자녀와의 갈등, 시집의 소외 등으로 제시하고 있으며 그 외 기존 연구에서는 재혼가족의 기능, 재혼모의 역할 수행, 재혼가족관계와 가족적응에 대한 연구가 진행되었다(임춘희, 정옥분, 1997; 김연옥, 1999, 2002; 김효순, 2006; 장혜경, 민가영, 2002). 현실적으로 재혼과 재혼이혼율이 급증하고 재혼유형도 점차적으로 변화하고 있으나 재혼에 대한 사회적 · 학문적 관심은 전무한 상태다. 특히 재혼자의 자기노출 기피로 심층적인 면접을 통해 재혼가족의 부부갈등 상황을 분석할 수 있는 사례연구는 많지 않은 실정이다. 더욱이 초혼남과 재혼녀의 결혼초기 부부갈등을 다룬 연구는 기존 연구에서 쉽게 찾아볼 수 없다. 따라서 이 장에서는 이혼 직전의 초혼남 재혼녀 재혼가족의 결혼초기 부부갈등 해결을 위한 가족치료 사례에서 나타난 부부갈등의 촉발 요인과 지속 및 악화 요인을 심층적으로 분석하고 부부갈등을 해결하기 위한 치료자의 개입방법과 그 효과성을 살펴보고자 하였다.

이를 통해 재혼가족의 효과적인 결혼초기 가족형성과 가족기능 강화를 위한 방안과 재혼가족의 가족해체를 위협하는 위험요인으로부터 보호할 수 있는 예방적 대안을 모색하고자 한다.

II. 이론적 배경

1. 재혼가족의 특징

재혼은 초혼과 달리 혼인상태와 자녀 유무를 기준으로 재혼가족의 유형에 따라 그 성격이 다르며 매우 복잡한 특징을 지닌다. 즉, 초혼과 재혼은 가족관계의 복잡성, 재혼가족 성원 간의 서로 다른 가족 역사, 전혼 경험과의 비교 등에 따른 많은 차이점을 가지고 있다. 특히 재혼 동기의 차이를 살펴보면 재혼은 초혼의 로맨틱한 동기보다 경제적 문제, 자녀양육 문제, 사회적 압력과 외로움의 해소 등 현실적 이유로 결정된다. 이러한 재혼의 동기는 전혼실패에 대한 재혼에서의 과도한 보상심리, 경제적 문제와 자녀양육 부담의 분담, 외로움에서 도피할 수 있다는 희망 등 현실적으로 불가능한 기대를 가지는 것으로 나타났다(Ganong & Coleman, 1989, 1994). 이는 전혼관계 해소 경험과 이혼 후 혼자 생활했을 때의 서로 다른 경험에 따라 남녀 간 차이가 있을 수 있다. 이러한 차이는 재혼 후 재혼가족의 갈등 요인이 되어 또 다른 이혼으로 이어질 수 있으므로 충분한 준비가 필요함을 시사한다.

그러나 대부분의 사람은 초혼과의 차이점을 인식하지 못한 채 충분한 준비 없이 재혼을 하면서 많은 어려움을 겪는다. 특히 전혼 경험이 있는 배우자는 초혼에서 실패한 가족의 경험과 다른 재혼가족생활에 대한 비현실적 기대감을 가지게 된다. 따라서 재혼하면서 다른 성향의 결혼상대를 선택하거나 초혼의 결혼생활에서보다 의사결정에서 더 많은 책임을 지려는 노력을 한다. 이러한 특징은 여성에게서 더 두드러지게 나타나는 것을 볼 수 있다. 즉, 재혼한 사람은 전혼 생활에서와 다르게 행동할 수 있다. 예를 들어, 더 자유로운 성적 표현, 더 개방된 의사소통, 심화된 동료애 등에서 차이가 있는 것으로 볼 수 있다(장현정, 2010, 재인용). 이는 첫 결혼의 실수를 만회하기 위해 다르게 행동하는 것으로 짐작해 볼 수 있다. 그러나 전혼 경험이 있는 배우자는 재혼생활과 전혼 경험을 자주 비교하거나 전혼을 보상받고자 하는 기대가 충족되지 않을 때 더 큰 실망감을 가지게 된다. 이와 같은 재혼가족의 구조와 관계상의 복잡성은 재혼가족의 가족해체를 유발하는 위험요인이 될 수 있다. 사실 초혼이혼율에 비해 재혼과 그에 따른 재이혼율이 더 높은 것으로 나타나고 있으며(정현숙 등, 2000), 재혼부부의 62.7%가 부부갈등 문제로 상담을 의뢰한 결과는 재혼가족의 가족해체의 위험을 제시하는 결과로 볼 수 있다.

2. 재혼가족의 부부갈등

부부는 서로 다른 환경에서 자란 남녀가 결혼을 하여 사회적 · 심리정서적 · 생리적인 욕구 충족을 위한 상호보완적인 인간관계로 결혼초기에 적응할 때는 결혼의 성공 여부를 결정할 만큼 중요한 시기로 배우자 간의 상호 수용적인 생활양식의 형성과 타협을 위한 협력이 필요하다. 결혼초기 가족형성과 관련된 기존 연구에서는 결혼 전 성격 및 가치관의 일치 정도와 원가족의 건강성이 높을수록, 그리고 결혼 전 교제기간이 길수록 결혼적응도가 높은 것으로 나타났으며(김혜선, 1992; 김현정, 김명자, 1999; 김양희, 박정윤, 최유경, 2003), 결혼초기 부부갈등의 유무보다 갈등에 대처하는 방식이 가족형성과 유의미한 관계가 있는 것으로 나타났다(김은정, 1992). 따라서 결혼초기의 부부갈등을 효과적으로 대처하지 못하면 결국 이혼위기에 이를 수 있다.

그런데 부부갈등이란 부부의 상반된 욕구, 목표, 기대의 불일치이고(Coleman, 1984), 부부상호관계에서 부족한 자원이나 상충되는 목표에 직면하여 어려움을 겪는 것이다(김갑숙, 1991). 즉, 부부갈등은 갈등을 어떻게 인식하고 대처하느냐에 따라 부부관계를 향상시키거나 악화시킬 수 있다. 부부갈등과 관련된 선행연구에서는 부부갈등 요인으로 인척관계, 의사소통, 재정관리, 가사노동분담의 문제와(김재경, 문숙재, 1992) 성격 문제, 금전처리 문제, 자녀교육 문제, 부부대화 문제, 직장 문제, 친척 간섭 문제, 애정표현(홍원표, 1993)을 제시하였다. 이선미 등(2001)의 연구에서도 부부갈등에 영향을 미치는 주요 요인은 성격이었고 그 외에 부부역할, 의사소통, 성, 경제적 요인, 인척관계가 있었다. 또한 부부갈등을 해결하기 위한 남편과 아내의 갈등대처 방식을 살펴본 결과, 부부 각자가 인지한 상대 배우자의 갈등대처 방식과 동일한 방식을 사용하는 것으로 나타났다. 즉, 부부갈등은 부부가 서로 반복되고 있는 어려움을 어떻게 대처하는가에 따라 문제가 될 수도 있고 또는 되지 않을 수도 있다. 특히 문제를 해결하기 위해 역기능적인 해결책을 시도할 경우 결과적으로 부부갈등은 더욱 악화되거나 지속되는 악순환에 처할 수 있다(Watzlawick, Weakland & Fisch, 1974).

특히 재혼가족은 일반가정보다 위기에 처할 가능성이 높을 수 있으므로 재혼가족의 결혼초기 결혼적응과 부부갈등관리는 재혼가족의 원만한 결혼생활 유지에 중요하다. 재혼 및 재혼가족의 유형을 구분하는 데는 여러 기준이 있겠지만 일반적으로 공식적인 인구조사에서 사용되는 재혼유형은 혼인상태를 기준으로 재혼남+재혼녀, 재혼남+초혼녀, 초혼남+재혼녀의 유형으로 구분할 수 있다. 이와 같은 재혼유형에 따라 부부갈등의 특징은 서로 다를 수 있다. 재혼가족의 유형에 따라 부부갈등을 감소시키기 위해 사용해 온 폭력이나 비난과 같은 비효과적인 언어적·비어언적 갈등대처 방식은 오히려 부부간에 적대감을 심화시키고 부부갈등의 악순환을 야기시킬 수 있다. 예를 들어, 재혼남+초혼녀 유형의 재혼가족 사례에서는 남편의 경우 이전 결혼에서 형성된 가족체계를 옹호하기 위해 폭력과 욕설을 사용해 왔고 부인은 기존의 가족체계를 변화시키기 위한 비난, 지적, 간섭과 같은 역기능적인 의사소통 방식으로 부부갈등에 대처하는 것으로 나타났다(박태영, 김태한, 2010).

이와 같은 재혼자의 결혼적응 요인에 관한 연구에서는 본인의 의지, 배우자의 지지, 전 배우자와의 단절, 부부간의 정서적 동질감, 부부 모두 재혼인 경우, 재혼 후 출산 자녀가 없을 경우, 원활한 의사소통과 갈등해결, 이전 배우자와의 관계 명확성, 원만한 친족관계 등이 갖추어질수록 재혼자의 적응이 높은 것으로 나타났다. 그러나 한 배우자가 초혼이면서 심각한 스트레스 상황일 때, 낮은 재혼만족도, 친족관계의 어려움, 부부관계의 갈등, 정서적 균열, 경제적 어려움은 재혼자의 결혼적응에 부정적인 영향을 미치는 것으로 나타났다(이수정, 전영주, 2009). 또한 재혼부부는 낮은 자존감과 갈등에 대한 공포, 배우자에 대한 즉각적인 선택으로 초혼부부에 비해 서로에 대해 강압적이고 부정적으로 감정을 표현하고 문제해결 기술이 미숙할 수 있으며(Farrell & Markman, 1986), 재혼에 대한 '초혼핵가족 복원의 신화(myth of the recreated nuclear family)'와 같은 잘못된 신화와 파괴된 초혼의 가정을 복원할 수 있을 것이라는 기대를 가진다(Jacobson, 1979). 그렇지만 현실적으로 재혼가족의 경우 가족역동성, 가족경험, 상호 간의 기대는 초혼인 경우와 전혀 다르며 더 복잡하므로 초혼생활과 다른 수준의 스트레스와 긴장을 경험하게 된다(Kaplan & Hennon, 1992). 이와 같이 준비가 안 된 상태의 불안정한 결혼생활의 특성을 가지고 있는 재혼가족은 부부갈등을 촉발시키고 악화시킨 부부의 역기능적인 상호작용 방식에 대해 통찰로부터의 변화를 도모할 수 있도록 부부상담을 통한 체계적인 전략적 개입이 필요하다. 즉, 숙련된 전문가로부터의 전문적인 치료 개입을 통해 재혼가족의 부부갈등을 해결할 수 있도록 해야 한다.

3. 치료의 이론적 준거틀

이 장에서 분석된 사례에서는 부부치료 개입의 이론적 준거틀로 MRI의 의사소통모델을 적용하였다. MRI의 의사소통모델은 단 잭슨(Don Jackson)이 세운 정신건강연구소(MRI)에 관여한 연구자들과, 1950년대 후반 캘리포니아의 팔로 알토(Palo Alto)에서 그레고리 베이트슨(Gregory Bateson)을 중심으로 정신분열증 연구 프로젝트에 참여했던 인류학자가 정립한 의사소통 이론에 기초하고 있다. MRI 모델에서는 내담자가 가지고 있는 문제는 어려움에 잘못 대처함으로써 생겨나고 지속되며 문제를 해결하기 위해 시도했던 '해결책' 자체가 문제일 수 있다고 보았다(Watzlawick, Weakland & Fisch, 1974). MRI 모델은 '문제'란 오랫동안 그 문제를 변화시키려고 계속해서 사람들이 시도해 온 바람직하지 못한 행동으로 이루어진 것으로 여기며, 그러한 문제행동이 지속되는 것은 사람들이 문제행동을 변화시키려고 행하여 왔던 '시도된 해결책'에 있다고 본다(Watzlawick et al., 1974). 또한 MRI 집단은 문제는 겪고 있는 어려움을 변화시키려는 잘못된 수준에서 변화하는 경우의 결과로 발생하고 지속된다고 보았으며, 사람들은 의사소통을 하지 않을 수 없고 행동하지 않을 수 없다는 의견을 표명하면서 모든 행동이 일정 정도의 의사소통 역할을 한다고 하였다(Bateson, 1991).

따라서 가족의 문제도 문제를 해결하려는 가족의 시도로 오히려 유지되고 있다고 본다. 내담자가 생활을 잘해 나갈 수 있도록 가능한 빨리 그리고 효과적으로 내담자가 제시하는 불평을 해결하는 데 치료목적이 있으므로(Shoham, Rohrbaugh, & Patterson, 1995), 치료자는 문제를 지속시키는 내담자와 내담자와 상호작용하는 사람들이 반복하는 특정 행동에 초점을 두어야 하며 문제의 기원이 사람들 사이의 상호작용 안에 있는 것으로 보고 해결책을 의사소통 안에서 찾도록 하며 내담자들이 제시하는 문제에 초점을 두어야 한다. 즉, MRI 치료의 중심과업은 사람들 사이의 다양한 의사소통 수준을 긴밀하게 관찰하고 이러한 유형들이 문제가 지속되는데 어떻게 작용하는지 규명하는 것이다. 또한 내담자가 제안하고 있는 문제에 대하여 행동적인 용어로 구체적이고 분명한 묘사 얻기, 모든 시도된 해결책의 공통의 특징과 중요한 취지를 발견하기, 내담자가 새로운 또는 다른 행동을 기존의 행동과 대체하도록 치료자의 영향력을 사용하기 등이 치료에서 이루어져야 한다(박태영, 김현경, 2011; Schlanger & Anger-Diaz, 1999).

Ⅲ. 연구방법

1. 연구대상

이 장은 이혼 직전의 부부문제로 갈등을 겪고 있는 부부를 대상으로 개입한 가족치료 사례에 대한 내용이다. 이 사례는 결혼한 지 1년 6개월 된 초혼남 재혼녀 부부가 결혼 직전 신혼집 수리문제에 대한 의견충돌과 신혼여행 중 심각한 부부싸움, 그리고 결혼초기의 생활 내내 지속적인 언어적 · 신체적 폭력으로 이혼위기의 심각한 상황에 처하게 되면서 남편이 상담을 의뢰한 것이다. 2008년 7~9월 총 10회기 동안 남편(1, 2, 5, 6, 7, 9, 10회기)과 부인(1, 3, 4, 5, 6, 7, 8, 9, 10회기)을 대상으로 개인상담과 부부상담을 진행하였다.

2. 신뢰도 검증 및 윤리적 고려

이 장에서는 연구의 신뢰도를 높이기 위해 1회기부터 10회기까지의 상담 축어록에서 반복되는 개념을 지속적으로 비교하였고 내담자가 진술한 언어를 인용하였으며 상담 축어록, 상담메모를 활용함으로써 자료의 삼각화를 시도하였다. 또한 이 장은 치료자와 연구자의 토론, 그리고 대학 가족치료연구센터 연구원에게 의뢰하여 연구자의 주관적 편견을 배제하기 위해 원자료에서 도출된 개념과 범주의 타당성을 검토하고 합의하는 과정을 거쳐 전문가집단에 의한 연구자 삼각화를 시도하였다. 한편 연구의 윤리적 측면을 고려하여 상담내용의 사용에 대해 내담자의 동의를 얻었으며 내담자 가족의 사생활보장을 위해 실명이나 신분이 노출될 수 있는 내용은 가명을 사용하거나 불필요한 내용은 삭제하였다.

3. 연구질문

이 장의 연구질문은 다음과 같다.

첫째, 초혼남 재혼녀 부부의 결혼초기 부부갈등양상은 어떠한가?

둘째, 초혼남 재혼녀 부부의 결혼초기 부부갈등에 영향을 미친 요인은 무엇인가?

셋째, 부부갈등해결을 위해 치료가 사용한 치료 개입방법과 그 효과성은 무엇인가?

4. 분석방법

이 장은 단일사례연구로, 부부상담에 대한 축어록과 상담 중 기록한 메모를 활용하여 코딩을 하면서 줄 단위 비교와 전체 비교를 통해 초혼남 재혼녀 재혼가족의 부부갈등 양상과 부부갈등에 영향을 미친 요인을 중심으로 질적 분석을 하였다. 이와 같은 과정에서 주요 개념도출과 범주화 작업을 거쳤고 분석결과를 효과적으로 디스플레이하기 위해 Miles와 Huberman이 제안한 매트릭스와 네트워크를 활용하였다 (Miles & Huberman, 1994).

5. 사례에 대한 개요

이 장의 사례는 초혼 남편과 재혼 부인으로 초혼남 재혼녀 재혼가족의 유형에 해당된다. 부부상담을 의뢰하게 된 배경을 살펴보면, 결혼초기 과정에서 부부는 부부갈등을 해결하지 못하고 정서적 단절, 성관계 회피, 폭력적 행동, 극단적 감정 표현과 우회적인 의사소통 방식을 지속적으로 사용해 오고 있었고 이로 인해 부부갈등은 더욱 악화되어 이혼위기 상황에 놓여 있었다.

남편의 부는 남편이 어릴 때부터 심한 우울증에 시달렸고 약물치료를 받았다. 남편은 평소 정서적으로 불안했던 부로부터 언어적 · 신체적 학대를 자주 받아 왔고 이 때문에 부에 대한 분노와 억울함을 품고 지내 왔다. 남편은 억울함과 분노를 표현할 대상이 없었으며 혼자 속으로 삭이며 지내거나 분노를 조절하지 못하여 자해를 하기도 하였다. 또한 부의 자살 장면을 목격하게 되면서 더 심각한 심리적 충격을 받았다. 부의 자살 이후 남편은 모와 누나, 여동생들에게 가장역할을 해 왔고 원가족에서 과도한 역할을 지속해 왔다.

부인은 친정부의 사망 이전에는 나름 행복한 가정에서 지냈고 친정부와 친밀한 관계를 유지해 왔다. 친정부는 가정에 충실한 가장이었지만 지나치게 청렴결백하고 고지식한 성격으로 가정의 경제적 어려움에 대해 타인에게 의존하지 않았다. 이 때문에 친정모는 어려운 가정살림과 자녀양육에 대한 부담을 대신 떠안고 지내 왔다. 또한 친정부는 음주 후 폭언과 폭행을 행사하였고, 친정모는 신경성으로 병원에 자주 다니곤 하였다. 부인은 친정모에 대한 염려로 불안감을 가지고 어린 시절을 지내 왔다.

친정부의 사망 이후에는 친정모가 일방적으로 남편의 퇴직금을 장애를 가지고 있는 둘째 아들에게 물려준 사건을 계기로 가족관계가 악화되었다. 가족 간에 솔직한 대화가 안 되고 큰 오빠는 장남대우를 받지 못한 것에 대한 서운한 감정을 해소하지 못해 가족과 소원한 관계를 유지하였다. 가족구성원 모두 서로 감정을 상하지 않게 하기 위해 지나치게 의식하면서 솔직한 감정을 표출하지 못하고 우회적인 의사소통 방식을 사용하며 지내고 있었다.

이와 같이 부부는 원가족 내에서 가족과 친밀한 관계를 유지하지 못해 왔다. 이러한 원가족 경험은 결혼초기에 발생한 부부갈등을 해결하기 위해 시도해 온 역기능적인 상호작용 방식에 영향을 미치고 있었으며, 부부는 부부갈등을 효과적으로 해결하지 못한 상태에서 이혼 직전에 놓여 있었다.

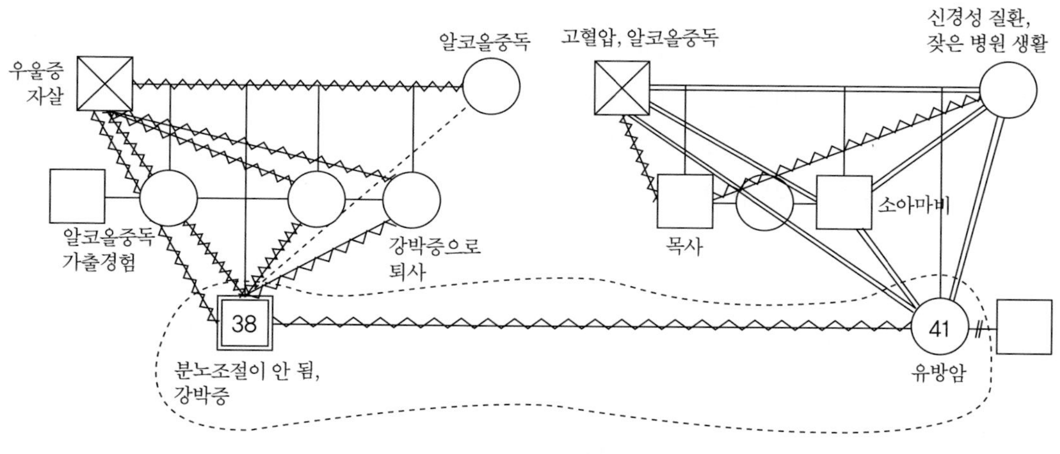

[그림 5-1] 가계도

Ⅳ. 연구결과

1. 부부갈등 양상은 어떠한가

이 장의 사례는 초혼남 재혼녀 부부의 결혼초기 부부갈등 사례로, 가족치료 과정에서 스트레스와 잦은 다툼, 신체적 폭력, 대화단절, 의도적인 접촉 회피, 성관계 기피 등의 부부갈등 양상이 나타났다.

남편은 부인과의 관계에서 항상 스트레스를 받았고, 결혼직전, 신혼여행, 현재의 결혼생활에 지속되는 잦은 다툼으로 결혼생활에 대한 흥미를 잃어 가고 있었으며, 부부갈등이 지속되면서 갈등 상황은 말다툼에서 그치지 않고 서로 격렬한 언어폭력과 신체적 폭력으로 발전되고 있었다. 또한 서로의 심리적 스트레스에 대해 솔직한 대화가 되지 않았고 남편은 힘든 일을 하는 자신을 배려하지 않는 부인에 대해 원망을 품고 의도적으로 대화를 하지 않았다. 그리고 의도적으로 밖에서 식사를 하거나 귀가시간을 늦추는 등 부인과의 접촉을 의도적으로 회피하였다. 반면 부인은 남편과 성관계를 회피하였고, 부인의 성관계 회피로 남편의 불만은 더욱 증폭되었다. 이처럼 점차 증폭된 부부갈등은 부인의 가출, 별거와 잠자리 분리 등을 유발하게 되었고 점차적으로 부부하위체계를 약화시키는 결과를 초래한 것으로 볼 수 있다.

1) 스트레스와 잦은 다툼

남　편: 집 사람하고 저요?

치료자: 연애생활 다 합쳐서요.

남　편: 불행이었죠. 굉장히.

치료자: 두 분 간에요?

남　편: 네.

치료자: 항상 스트레스를 받으셨어요?

남　편: 네.

치료자: 좋을 때는요?

남　편: 지금 이렇게 보면 거의 없었던 것 같아요. (1회기)

남　편: 신혼여행부터 싸웠으니까요. 신혼여행에서 굉장히 크게 싸웠어요. (2회기)

2) 신체적 폭력

남　편: 치고 박고 싸웠던 적은 세 번 정도 있었던 것 같아요.

치료자: 그럼 강도는 어느 정도입니까? 귀싸대기 치는 정도인가요?

남　편: 귀싸대기 치면 거기서도 귀싸대기가 날라와요. (중략)

남　편: 제가 누워 가지고 이렇게 있었었는데 야! 너! 이러면서 제 머리를 밀었나 그랬을 거예요.

치료자: 열 받으셨겠네요.

남　편: 안 당해 봤거든요. 집에서도 그런 경우를. 동생들도 그렇고 아버지 돌아가시고 나서는 누나도 그렇고 동생들도 그렇고 제가 욕을 하거나 화를 내면 냈지 그런 거를 당해 본 적이 없었거든요. (1회기)

3) 대화 단절

남　편: 현재 나에게 처해 있는 이런 심정과 입장을 내가 가식 없이 얘길 해야지. 이 안 좋은 상태가 심해지지 않고 더 원만하게 풀리거나 그래야지. 집사람도 지금 저하고 있으면서 계속 고통 속에 침묵과 이렇게 서로가 그러면서 보이지 않는. 그리고 집 사람한테 일단은 얘기할 수 없는 것은 내가 사실 내 마음이 이렇고 이렇다 이런 걸 잘 못하겠어요. (2회기)

4) 의도적인 접촉 회피

남　편: 그렇죠. 몸 피곤하고 집에 들어가면 재미가 없어요. 일단 아~주 힘들게 들어가요. 일 터지기 전에 한 일주일간을 12시 가까이에 들어간 적이 있어요. (중략) 집에 한 8시까진 들어가서 밥 먹고 9시 반부터 누워서 쉬어야 하는데 12시에 들어간 적이 있어요. (1회기)

5) 성관계 기피

남　편: 성관계할 때도 저는 제가 주로 요구를 많이 했어요. (중략) 기계적인 성관계였던 것 같아요. 그리고 잘못은 집사람한테 성관계를 해 달라고 할 때는 주로 그 애무 같은 거 입으로 해 달라고 하거나…….

치료자: 네.

남 편: 오럴섹스, 네. 그런 거를 좀 많이 요구를 했었어요.

치료자: 와이프는요?

남 편: 와이프가 그걸 또 응해 주고……. 근데 좋아서 응해 준 것 같진 않아요. 막 얼굴에 인상을 쓰면서. 그래서 하고 나서도 기분 좋고 그런 건 못느꼈어요. (1회기)

2. 부부갈등에 영향을 미친 요인은 무엇인가

이 장 사례에서 분석된 부부갈등에 영향을 미친 요인은 〈표 5-1〉 〈표 5-2〉 〈표 5-3〉 〈표 5-4〉와 같이 부부갈등의 촉발 요인과 지속 및 악화 요인으로 살펴볼 수 있다.

1) 부부갈등 촉발 요인

부부갈등의 촉발 요인은 〈표 5-1〉과 같이 준비가 부족한 결혼 결정, 남편의 이성

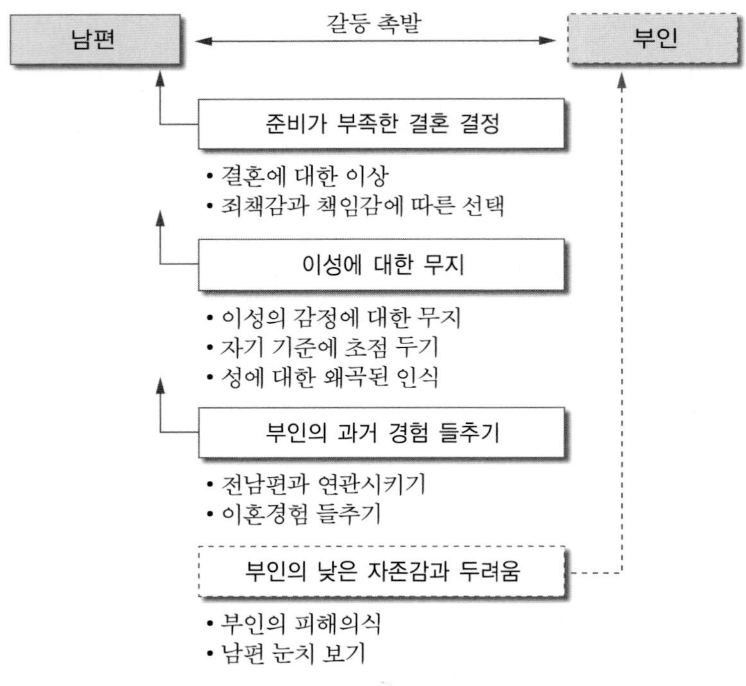

[그림 5-2] 부부갈등 촉발 요인의 네트워크

에 대한 무지, 부인의 과거경험 들추기, 부인의 낮은 자존감과 두려움인 것으로 분석되었다. 이 사례의 부부는 다른 초혼부부와 마찬가지로 결혼생활에 대한 기대 차이, 가정환경과 경험의 차이, 성격 차이, 의견 차이와 같은 일반적인 특징도 나타났다. 초혼남 재혼녀 재혼가족의 특성을 중심으로 분석한 결과는 다음과 같다. 이는 다시 [그림 5-2]와 같이 도식화하여 살펴볼 수 있다.

(1) 준비가 부족한 결혼 결정

부부갈등을 촉발시킨 요인으로 준비가 부족한 결혼 결정을 들 수 있다. 이와 관련된 주요개념으로는 결혼에 대한 이상, 죄책감과 책임감에 따른 배우자 선택인 것으로 분석되었다. 이에 대한 구체적인 내용을 살펴보면, 남편은 초혼이었으며 교회수련회에서 부인을 만났고 혼전 성관계를 가지게 되면서 부인에 대한 죄책감과 책임감 때문에 결혼을 결정한 것으로 나타났다. 또한 남편은 재혼이었던 부인과의 결혼생활에 대해 둘이 열심히 살고 서로 사랑해 주면서 잘살 수 있다는 이상적인 결혼생활을 기대했던 것으로 나타났다. 이와 같이 결혼에 대한 충분한 준비가 되지 않은 상태에서의 결혼결정이 결혼 이후 부부갈등을 촉발시킨 것으로 볼 수 있다.

〈표 5-1〉 초혼남 재혼녀 재혼가족의 결혼초기 부부갈등 촉발 요인

개 념	하위 범주	상위 범주
열심히 살고 서로 사랑해 주면 결혼생활에 문제 될 것이 없다고 여김	결혼에 대한 이상	준비가 부족한 결혼 결정
결혼했던 사람을 부인으로 삼는 것이 싫었지만 혼전 성관계에 대한 죄책감 때문에 결혼함, 부인을 사랑해서가 아닌 책임의식 때문에 결혼함	죄책감과 책임감에 따른 선택	
여자가 느끼는 감정에 대해 이해가 잘 안 감	이성의 감정에 대한 무지	남편의 이성에 대한 무지
부인의 생일에 선물을 사는 과정에서 남편이 좋아하는 것을 부인한테 강요해서 부인의 기분이 상함	자기 기준에 초점 두기	
남편은 가정을 위해 힘들게 일하고 있다는 것만으로 성관계는 원할 때 할 수 있다는 의식을 가지고 있는 것 같음, 자신은 여자문제, 술 문제, 돈 문제도 없고 힘들게 일하기 때문에 부인이 항상 성관계에 순종적이기를 바람	성에 대한 왜곡된 인식	

부부싸움하면서 부인이 가슴 치고 인상 쓰는 행동을 할 때 전 남편에게도 그렇게 했을 거라는 생각을 하게 됨, 남편이 봉사한 사람에게 직접 팁을 주고자 하는 의견을 무시하는 말과 표정에 대해 전 남편에게 했던 대로 행동한다고 비아냥거림	전 남편과 연관시키기	부인의 과거경험 들추기
남편을 믿고 얘기한 전 남편과의 이혼과정을 남편이 이해했을 것이라 생각했지만 갈등이 있을 때마다 부인의 이혼경험을 들추어냄, 남편은 다툴 때마다 부인이 이혼한 사실을 들추어냄, 부인이 결혼했던 여자라는 사실에 따른 불쾌한 감정과 분노의 표현을 자주 하면서 원망함, 불만 있는 얼굴 표정을 하고 있다 말다툼하게 되면 이혼 얘기를 들먹거림	이혼경험 들추기	
이혼경험 때문에 남편이 자신을 못마땅하게 생각한다고 여김, 남편이 귀가 시 기분이 나빠 있고 불편한 얼굴 표정을 하고 들어올 때면 남편 눈치를 보게 되고 자신이(부인이) 잘못한 것이 있어서 그런지 물어보게 됨	부인의 피해의식	부인의 낮은 자존감과 두려움
자신의 감정과 생각 위주로 결정해야 편안해 하는 성향을 알기 때문에 부인이 원하는 옷을 사지 않고 남편이 원하는 것을 눈치 보고 사게 됨, 남편이 부인의 약점에 대한 비밀을 지켜 주지 않은 일 때문에 남편에 대한 신뢰를 잃게 되었고 서운한 마음을 얘기하고 싶었지만 다툼이 될 것 같아 얘기하지 않음, 갈등 상황을 회피하기 위해 남편의 요구대로 영화 보러 나감	남편 눈치 보기	

'결혼에 대한 이상(남편)'

남 편: 이 사람하고 나하고 결혼을 하면 뭐가 문제이고 우리가 극복해야 할 게 뭐고 그런 거를 다 면밀하게 제가 생각한 게 아니에요. 그냥 좋아서 열심히 살면 될 줄 알고 그렇게 장애가 될 것 같지 않을 것 같고 서로 사랑해 주고 서로 사랑 받으면 그렇게 될 줄 알고 결혼을 시작했던 거고. 그렇게 했는데 문제가 심각하게 커지더라고요. 한 번 싸우면 와당탕 뭐가 부숴지고 난리가 나고 그러다 보니까 지금 여기까지 온 거거든요. (1회기)

'죄책감과 책임감에 따른 배우자 선택(남편)'

남 편: 근데 뭐……. 생각하기가 많이 힘들었는데 집사람이 결혼생활을 했다는 그 자체가 저로서는 싫었어요. (중략)

치료자: 그렇죠.

남 편: 싫고 그래도 제가 집사람하고……. 결혼을 하겠다고 마음을 먹고 내려갔

었을 때도 집사람하고 잠자리를 하다 보니까. (1회기)

치료자: 사랑해서 결혼하신 거 아니에요?
남 편: 그런 거는 아니에요. 그냥 책임 의식 때문에……. (2회기)

부 인: 사실 제가 봐서는 이 결혼이 본인이 수용할 수 없는 상황이었는데 본인이 어거지로 했던 것 같아요. (3회기)

(2) 남편의 이성에 대한 무지

남편의 이성에 대한 무지와 관련된 주요개념으로 이성의 감정에 대한 무지, 자기 기준에 초점 두기, 성에 대한 왜곡된 인식과 같은 개념이 도출되었다. 남편은 모와 부인이 눈물을 흘리면서 감정을 표현하는 대처 방식에 대해 이해하지 못하였고 이는 부인의 입장을 배려하거나 진심을 알아 주는 반응이 미흡한 결과로 초래되고 있었다. 또한 남편은 부인이 원하는 것을 충족시키기보다 자신의 기준을 우선시하여 부인의 불만을 초래하고 있었다. 예를 들어, 부인이 원하는 선물을 사 주지 않고 자신이 좋아하는 것을 강요함으로 오히려 부인과의 갈등을 촉발시키고 있었다.

게다가 남편은 성관계에서도 부인을 배려하지 않고 자신이 원하는 대로 일방적인 성관계를 가져온 것으로 나타났다. 예를 들어, 전 남편과 비교하면서 자신은 전 남편과 달리 부도덕하지 않고 성실하게 일하는 사람이기 때문에 언제라도 자신이 원할 때 성관계를 가질 수 있다는 비합리적인 생각을 가지고 자신을 합리화시켰다.

'이성의 감정에 대한 무지'

남 편: 무슨 얘기하는지 알겠어요.
치료자: 네.
남 편: 알겠는데 저는 그래요. 저도 집에 누나와 동생 둘이 있고, 어머니가 계십니다. 어머니는 아버지가 돌아가신 후 괴로워서 술을 드시고 오셔서 눈물을 흘리고 이러실 때 계속 그러더라고요. 술만 잡수시고 오면 그래서 여자의 감정이 이해가 안 된다. (중략) 여기 집사람의 이런 감정은 물론 지금 한 얘기는 다 들었는데 참 어렵다. (중략)
어느 때 집사람이 막 울면서 그런 얘기를 할 때 솔직한 얘기로 이상하다

나하고는 안 맞는다는 생각을 했어요.

치료자: 저쪽은 하도 답답하니까 분노가 나오는 거예요. 그런데 그것도 본인은 짜증 나고 '말을 하지, 왜 질질 짜고 저래?'라고 생각하는 거예요. (6회기)

'자기 기준에 초점 두기'

부 인: 무슨 일이 있었냐면 제가 4월 중순에 제 생일이 있었어요. 그래서 이 사람이 그날이 주중이고 그러니까 주말에 나가 선물을 사 주겠다고 해서 나갔어요.

치료자: 아, 그랬어요?

부 인: 그런 거는 잘해요. 그런데 제가 그날도 굉장히 마음이 불편한 걸 느꼈던 게 뭐냐면 본인이 좋아하는 것을 저한테 강요하는 거예요. (5회기)

'성에 대한 왜곡된 인식'

부 인: 잠자리를 거부하지 못하게 하는 이유가 나는 다른 여자한테 가서 이러지도 않고 술도 안 먹고 돈 문제도 안 발생시키지 않냐, 그리고 나는 뼈 빠지게 일하는데 내가 원할 때 언제든지 해야 되는 게 당연하지 않냐, 이렇게 자기 합리화를 들이대는 거예요. 그러니까 지금까지도 잠자리 문제를 제가 한 번도 그 사람 면박을 주거나 불편하게 한 적이 없어요. 항상 좋게, 나 오늘 못해, 이렇게 얘길 해도 그런 부분에 있어서 서로 배려나 존중이 없어요. 자기가 하고 싶으면 무조건 해야 하고……. (4회기)

부 인: 또 하나의 문제가 뭐냐면 이제 잠자리 문제에 있어서 이 사람의 생각이 내가 밖에 나가서 뼈 빠지게 일을 하고 들어왔는데 내가 관계를 원할 때 언제든지 해야지 정상 아니냐는 이런 생각을 갖고 있더라고요. (6회기)

(3) 부인의 과거경험 들추기

이혼경험이 있는 부인과의 결혼 결정 과정에서 남편의 결혼 동기는 혼전 성관계에 대한 죄책감과 책임감 때문이었다. 또한 남편은 결혼생활에 대한 이상을 가지고 부인의 이전 결혼경험을 이해하고 수용할 수 있을 것이라는 자신감을 가지고 결혼생활에 충실하고자 하였다. 그러나 남편은 평소 부인의 과거경험을 들추는 방식을 사용해 왔고 이는 부부갈등을 촉발시킨 것으로 나타났다. 이와 관련된 주요 개념으로는 전 남편과 연관시키기, 이혼경험 들추기가 도출되었다. 남편은 부인과의 갈등이 있을 때마다 부인의 인상 쓰는 표정과 표현 방식에 대해 비아냥거리며 부인의 행동에 대해 전 남편과 연관시키고, 결혼 전 남편을 믿고 얘기했던 이혼과정과 전 남편에 대한 정보 등 부인의 이혼경험을 들추어내고 불쾌한 감정과 분노를 표출하며 결혼생활을 원망하였다.

'전 남편과 연관시키기'

남 편: 제 생각에는 너 전 남편한테 했던 짓을 내가 왜 받아야 하냐 이년아, 개 같은 년아, 막 이렇게 성질이 나는 거죠. 내가 놈팽이도 아니고 지 전 남편은 주식 한답시고 컴퓨터 앞에서 앉아 가지고 그거나 두드리고 술이나 먹고 너하고 부부싸움하면서 술이나 먹던 사람이지만, 난 최선을 다해서 나가서 손이 퉁퉁 붓도록 영하 5~6도 되더라도 아파트 알뜰장에서 최선을 다해서 일하고 노동일하는 남자들의 두배 세배의 일을 최선을 다해서 하는데 내가 왜 너한테 그런 대우를 받아야 하는 거냐, 화가 나는 거죠. (2회기)

'이혼경험 들추기'

부 인: 그러니까 식구들이 다 모여 있는데 그 사람이 제 앞에 앉아 있는데 전혀 눈길도 한 번 맞추질 않고 제가 음식 이거 먹어 이래도 쳐다도 안 보고 그 불편한 상황을 상견례 자리에서 보이더라고요. (중략) 그래서 아니다 우리 일인데 주인공이 우린데 이렇게 당신이 기분 나빠 하고 그렇다고 해서 갈등이 특별히 있었던 것도 아니고 아무 일도 없었지 않았느냐, 당신이 단지 이런 식의 감정을 보인다는 것은 내가 느끼기에는 그렇다. 내가 결혼했다라는 것에 대해서 인정하기를 되게 힘들어하는 것 같다. 그랬더니 그 상견례 마치고 그날 새벽 3시까지 저희 오빠 집 근처에서 얘기를 했는데 결국은 인정을 하더라고요. 미안하다 안 그랬어야 하는데 내가 그런 감정을 당신에게 보여서 미안하다. (3회기)

(4) 부인의 낮은 자존감과 두려움

부부갈등을 촉발시킨 요인으로 초혼남 재혼녀 재혼가족의 특수성을 보여 주는 것은 부인의 경우 낮은 자존감과 두려움인 것으로 나타났다. 부인은 이전 결혼경험과 이혼경험으로 인한 낮은 자존감과 두려움을 가지고 있었다. 이와 관련된 주요개념으로는 피해의식과 남편 눈치 보기가 나타났다. 즉, 부인은 남편이 억지로 결혼생활을 유지하는 것으로 인식하였고 남편의 귀가 시 표정이 굳어 있는 이유에 대해 자신의 책임으로 돌리는 등 지나치게 눈치를 보는 태도를 취하였다. 이와 같은 부인의 태도는 초혼남과 재혼녀 재혼유형의 결혼초기 부부의 특징을 잘 보여 주고 있으며 이는 부부갈등을 촉발시키는 요인이 되었다.

'부인의 피해의식'

남 편: (전 남편 사이에) 애는 없어요. 애는 없고 결혼생활이 안 좋았다는 것만 알고 있고 (중략) 이런 갈등이 제가 자기를 받아들이지 못하는데 그냥 억지로 결혼생활을 유지하려는 것 같은 그런 마음이 자주 들었던 것 같기도 하고……. (1회기)

'남편 눈치 보기'

부 인: 그러니까 이제 처음에 결혼을 하고 나서 집에 들어올 때마다 저녁에 불편한 얼굴을 하고 기분이 나빠 있고 그러다 보니까 저는 남편 눈치를 보게 되지요. 심지어는 제가 (남편에게) 내가 뭐 잘못한 거 있냐 이제 그런 식으로 말을 하다 보니까 없다고 짜증을 내지요. (3회기)

2) 부부갈등의 지속 및 악화 요인

부부갈등을 지속시키고 악화시킨 요인으로는 〈표 5-2〉와 〈표 5-3〉과 같이 부부갈등을 해결하기 위한 시도를 해 온 비효과적인 언어적 · 비언어적 갈등대처 방식의 반복적인 사용으로 나타났다. 이는 [그림 5-3]과 같이 도식화하여 살펴볼 수 있다.

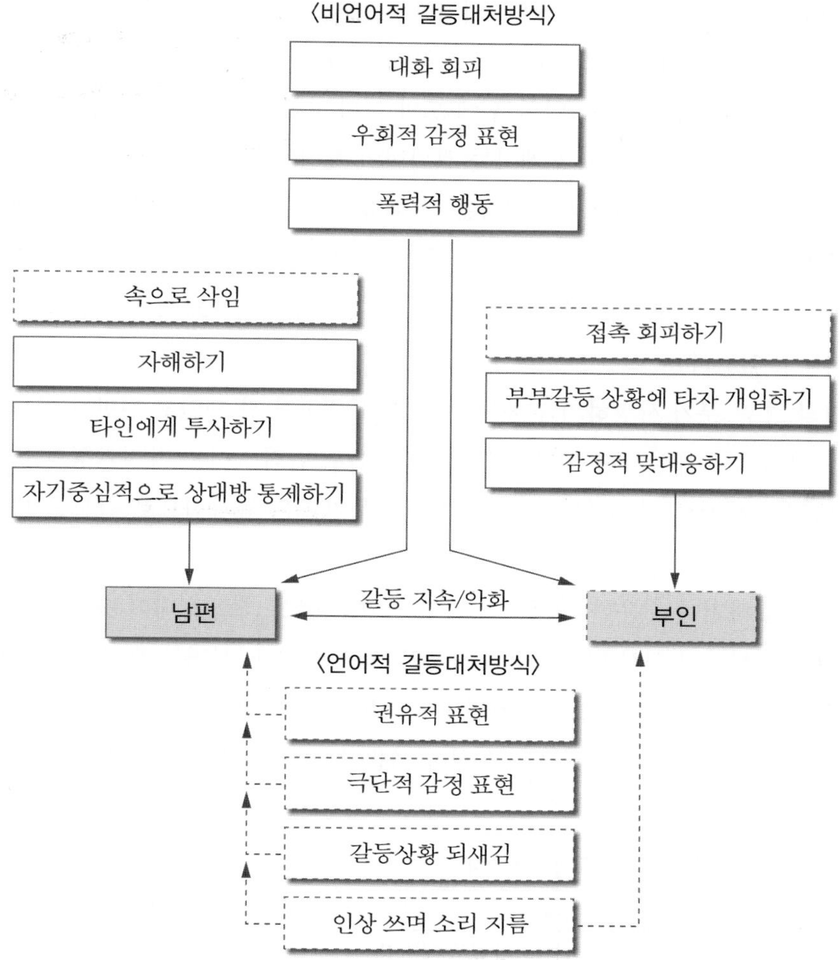

[그림 5-3] 부부갈등의 지속 및 악화 요인의 네트워크

(1) **언어적 갈등대처 방식**

남편과 부인이 부부갈등을 해결하기 위해 반복적으로 사용해 온 비효과적인 언어적 갈등대처 방식은 〈표 5-2〉와 같이 분석되었다. 먼저, 남편이 사용해 온 의사소통 방식은 권위적 표현, 극단적 감정 표현, 갈등 상황 되새기기인 것으로 분석되었다.

남편은 원가족 관계에서 기능적인 의사소통 방식을 학습하지 못하였다. 즉, 남편은 일방적인 부의 폭력에 대한 억울한 감정과 분노를 부에게 직접 표출하지 못하고 억압해 왔으며 가족 간에도 부에게 당한 억울한 감정에 대해 서로 솔직하게 표현하지 못하고 속으로 삭이며 지내 왔다. 이러한 원가족 경험은 핵가족에서 부인과의 부부갈등 상황에서 효과적으로 대처하지 못하게 하였다.

남편은 원가족에서 부가 사망한 후에 모와 누나, 여동생들에게 과도한 역할을 해 오면서 사용했던 지시적이고 훈계하는 권위적인 표현 방식을 부인에게도 그대로 사용하고 있었다. 또한 남편은 부부싸움을 할 때 감정을 통제하지 못하고 화를 내거나 관계를 단절하겠다는 극단적인 표현을 하였고, 갈등 요인을 부인에게 전가시켰다. 또한 남편은 부인에게 지난 얘기를 반복적으로 되새김질함으로써 부부갈등을 더욱 악화시키고 있었다.

부인의 경우, 부가 사망하기 전에는 가족 간에 대화가 잘 되었고 원만한 가족관계를 유지하였으나 예상하지 못했던 부의 사망 이후 갑작스러운 가정환경의 변화와 부의 퇴직금 사기로 가족갈등이 발생되었을 때 가족은 효과적으로 갈등을 다루지 못하였다. 특히 부인의 가족은 갈등 상황에서 서로를 지나치게 배려하고 의식함으로써 오해를 하거나 서운한 감정을 느끼고 있었고, 스트레스에 대해 솔직히 표현하지 못하고 우회적인 의사소통 방식을 사용해 오고 있었다. 이러한 부인의 원가족 경험은 결혼생활에서 남편에게 직접적인 의사소통을 하기보다 인상을 쓰며 소리를 지르거나 의견충돌 시 이혼하겠다는 표현을 하는 등 감정을 통제하지 못하고 극단적

〈표 5-2〉 남편과 부인의 언어적 갈등대처 방식

구분	개 념	하위 범주	상위 범주
남편	부인에게 지시적이고 훈계하는 스타일로 얘기함	권위적 표현	언어적 갈등 대처 방식
	전에 싸웠을 때 남편이 내가 너랑 좋아서 사는 줄 아느냐는 표현 때문에 결정적으로 마음이 닫히게 됨, 부인과 다툼 시 감정을 통제하지 못하고 화를 냄	극단적 감정 표현	
	신혼여행에서 있었던 부부싸움에 대해 갈등 상황이 있을 때마다 갈등 요인을 부인에게 전가하며 되새김질함	갈등 상황 되새김	
부인	남편이 못마땅할 때 한심한 표정과 소리를 지르는 표현을 함, 다툴 때마다 부인은 인상 쓰며 소리 지름, 편하게 얘기하고 싶었지만 부인이 말이 빠르고 목소리가 커져서 싸울 의도는 없었는데 싸우게 됨	인상 쓰며 소리 지름	
	결혼 전 집수리 문제로 의견이 충돌하여 다투는 중에 부인이 관계단절에 대한 의사표현을 함, 남편과 다툼 시 감정을 통제하지 못하고 화를 내게 됨, 결혼 전 성관계를 가진 것에 대해 죄악시하는 남편에 대하여 결혼을 회피한다고 여기고 화를 냄	극단적 감정 표현	

으로 화를 내는 역기능적인 의사소통 방식을 사용해 오면서 점차적으로 남편과의 관계가 악화되고 서로 대화를 차단하는 결과를 가져왔다. 즉, 부부갈등 상황에서 부부가 문제를 해결하기 위해 시도해 왔던 역기능적인 의사소통 방식은 문제를 해결하기보다 부부갈등을 악화시키고 문제가 지속되는 결과를 초래하였다.

'남편'

• 권위적 표현

남 편: 제가 예를 들어서 뭐를 안 했다고 하면 왜 안 했어? 내가 꼭 하라 그랬지, 뭐 한다고 그 어렵지도 않을 걸 갖고 그래, 왜 못해? 그걸 해 놓으라고 하는 건 해 놓고, 그리고 아까 그건 안 됐잖아. 왜 거짓말 해? 거짓말하는 건 나쁘잖아! 이렇게 얘길 하지 막 욕하고 그러진 않거든요. (2회기)

• 극단적 감정 표현

부 인: 그 사람이 굉장히 재수 없었다라는 표현을 지난 주에 너무나 강하게 표현하는 것을 보면서 떠올랐는데, 작년에 그 컴퓨터 집어던진 사건이 일어나기 전날 저랑 말다툼이 있었잖아요. 그때도 그런 얘기를 하더라고요. 내가 좋아서 너랑 사는 줄 아냐? 이런 식의 표현을 저한테 했었거든요. 그 말이 어쩌면 저한테 가장 결정적으로 이 사람에게 마음을 닫았던 말이었어요. 사실은 이 사람이 저를 때리고 했었을지라도 그냥 내가 조금 참고 내가 저 사람을 용서하자 이런 마음으로 왔었는데, 너랑 좋아서 사는 줄 아느냐는 그 말 한 마디가 굉장히 이 사람에게 마음을 닫게 되는 계기가 된 것 같아요. (6회기)

• 갈등 상황 되새김

부 인: 그래서 저도 그 상황에서 말한 이혼 얘기 갈등요소가 해결이 안 되니까 그런 표현한 것에 대해서 저 나름대로도 생각해 보았고 그리고 본인이 너무 아무것도 아닌 일에 이렇게 문제를 크게 확대한 것을 집에 와서 곰곰히 생각해 보면서 풀었나 보다 하고 생각을 했어요. 그런데 이제 갈등이 있으면 그 얘기를 또 꺼내는 거예요. 수시로 신혼여행은 너 때문에 망쳤다. (3회기)

'부인'

• 인상 쓰며 소리 지름

남 편: 돈을 많이 벌지는 못했지만 최선을 다해서 일하고 있었을 때 어머니하고 거처를 같이하고 있었어요. 근데 우리 결혼하면 집을 어떡할거냐고 물어보길래. 걱정하지 말라고 저는 제가 젊으니까 뭐를 하더라도 이렇게 없이도 잘 살 줄 알았는데 제가 없다고 얘길 하니 집사람 확 성질을 내더라고요.

치료자: 인상 팍 쓰면서요?

남 편: 네. 한심하다는 식으로 그러더라고요. (1회기)

• 극단적 감정 표현

남 편: 저는 이제 화를 많이 내고…….

치료자: 네.

남 편: 그리고 집사람도 똑같이 화를 내고.

치료자: 그러시겠죠, 네.

남 편: 싸움이 굉장히 많이 커지고.

치료자: 네.

남 편: 또 저라도 성격이 좀 온화해 가지고 참고 그러면 문제가 안 생길 텐데, 저 역시도 성질나면 성질나는 대로 하고.

치료자: 네.

남 편: 집사람 역시 화가 많이 나면 서로 대화가 안 돼 가지고. (1회기)

(2) 비언어적 갈등대처 방식

부부가 부부갈등을 해결하기 위해 시도해 온 비언어적 갈등대처 방식은 〈표 5-3〉 〈표 5-4〉와 같이 분석되었다.

〈표 5-3〉 남편이 시도해 온 비언어적 갈등대처 방식

구 분	개 념	하위 범주	상위 범주
남편	기분이 언짢게 되면 말을 안 함, 사소한 일로 기분이 나빠지면 얘기를 안 함	대화 회피	우회적 ↓ 비언어적 갈등대처방식 ↓ 극단적
	마지못해 처갓집에 같이 가면서 30분가량 난폭운전을 하며 부인의 성관계 거절에 따른 불쾌감을 표출함, 영화를 보고 오면서 부인이 남편과의 대화에 적극적으로 반응하지 않자 남편은 교차로에서 감정적으로 위험하게 운전을 하다가 교통사고가 날 뻔함	우회적 감정 표현	
	부인이 집을 나간 후 이혼에 대한 두려움으로 무조건 잘못했다고 해서 부인이 집에 들어왔지만 분한 마음이 사라지지 않음, 부인이 부부싸움을 집안 일로 크게 확대시킨 것에 대해 분이 남, 둘째 처남이 소리를 지르며 동생(부인)을 때린 것에 대해 야단친 것이 화가 남	속으로 삭힘	
	술을 먹고 했던 자해 행위 때문에 팔에 흉터가 남아 있음, 술을 먹고 유리병을 깨어 가슴을 그었던 적이 있음	자해하기	
	부인을 폭행한 후 자신의 문제행동의 이유를 부인 탓으로 돌림, 가족에 대한 자신의 폭행에 대해 주변 사람이 원인제공을 하기 때문이라고 생각함	타인에게 투사하기	
	남편이 요구하는 대로 얘기해야만 가정이 유지되고 표면적으로 갈등이 생기지 않음, 부인이 기분 나쁜 상황이라도 자신이 원하는 때 마음이 풀리기를 바람, 자신(남편)이 TV를 보고 있을 때 부인이 같이 보길 원하고 누워 있을 때 같이 누워 있길 원함, 남편이 기분 좋으면 좋아해야 하고 경직되어 있으면 어두워짐, 시어머니에게 드릴 생활비 금액에 대한 의견 차이가 있었을 때 부인의 의견을 수용하지 않고 경제적 권리를 주장하며 남편의 고집대로 하려고 함, 외출해서 친구를 만나는 것도 싫어하고 오로지 자신(남편)한테만 집중하기를 원하는 것이 숨이 막힘	자기중심적으로 상대방 통제하기	
	20대 초에 술을 먹고 공중전화 부스를 발로 차서 부서지고 깨진 유리가 살에 박힌 적이 있었음, 부인과 맞대응하며 말다툼을 하다가 물건을 집어던지며 폭력적으로 싸우게 됨, 새벽일을 나가지 못하게 하고 끝까지 달라붙으면서 사과를 받아내려는 부인에게 주방에 있던 칼로 위협함, 부인의 이혼하자는 말을 듣고 주변 사람을 의식하지 않고 부인을 구타함	폭력적 행동하기	

〈표 5-4〉 부인이 시도해 온 비언어적 갈등대처 방식

구분	개념	하위 범주	상위 범주
부인	결혼생활을 이어 가기 위해선 부인의 마음을 알고 이해해 주고 싶은데 부인이 말을 하지 않음	대화 회피	우회적
	남편이 자신의 일이 힘들다는 얘기를 진지하게 하고 싶어 하나 부인은 인상 쓰거나 울면서 이야기를 하므로 대화가 안 됨, 결혼 전 부인의 짜증스러운 표정을 보고 마음의 상처를 받아 눈물까지 나온 적이 있음	우회적 감정표현	↓ 비언어적 갈등대처방식
	결혼 전 부인이 화가 나서 안타까운 마음을 가지고 만나러 가도 전화도 안 받고 문도 열어 주지 않았음, 결혼 전 부인이 화가 났을 때 방의 불을 꺼 놓고 우울해 하고 하루 종일 얼굴이 퉁퉁 부을 때까지 울었던 적이 있음	접촉 회피하기	
	남편의 가족에게 부부싸움했던 일들을 고자질, 시어머니에게 남편과 신혼여행에서 싸운 일과 플라스틱 컵을 깨서 피가 났던 일 등 남편에 대한 허물을 얘기함, 친정식구들에게 남편의 구타와 성폭행에 대해 푸념함	부부갈등 상황에 타자 개입 시키기	
	부부싸움 시 부인은 한 번도 물러서지 않음, 부인이 흥분하면 남편이 일을 나가지 못하게 하고 이성을 잃고 남편의 미안하다는 사과를 끝까지 받아내려고 집착함, 남편이 물건을 던지며 부인을 위협하는 행동에 아랑곳하지 않고 깨진 유리를 의도적으로 밟고 다님	감정적 맞대응 하기	극단적
	옷이 찢어지면서까지 부인도 남편에게 달려들고 허리를 발로 차면서 더 난폭한 행동을 하였음	폭력적 행동하기	

'남편의 비언어적 갈등대처 방식'

남편이 부부갈등 문제를 해결하기 위해 시도해 왔던 대처 방식은 〈표 5-3〉과 같이 대화 회피, 우회적 감정 표현, 분한 마음을 속으로 삭이기, 자해하기, 폭력적 행동하기, 타인에게 투사하기, 자기중심적으로 행동하며 상대방을 통제하기와 같은 방식을 사용해 왔다. 즉, 남편은 부모에게 당한 억울한 감정과 부부싸움 시 분한 감정을 대화로써 표출하지 않고 자신을 자해하고 술을 먹고 기물을 파손하거나 부인과의 충돌 시 물건을 던지거나 부인을 구타하는 등 폭력적으로 행동하였다. 또한 자신의 폭력에 대해 부인이나 주변 가족의 탓으로 투사하였고 원가족에서 가장에 대한 과도한 책임의식과 역할을 해 오면서 상대방의 의견을 존중하거나 자율성을 부여하지 않고 자기방식대로 원가족구성원과 부인을 통제함으로써 부인과 여동생들과의 갈등이 증폭되고 있었다.

• 대화회피

부 인: 그래서 집에 차를 타고 오면서 한 마디도 안 하는 거예요. 기분이 상해서 집에 와서 그랬죠. 아니 여보! 그게 기분이 나쁠 일이야? (중략) 그런 식의 반응이 너무 많았었죠. 너무 황당한 거예요. (3회기)

• 우회적 감정표현

부 인: 여보, 나 때문에 뭐 화난 거 있어? 그러니까 저도 병이 들어가는 것 같더라고요. (울음)

치료자: 네네.

부 인: 그래서 뭐 화가 나는 거 있어? 내가 뭐 잘못했어? 그러니까 아니야 없어. 이러면서 운전을 하고 가더니 갑자기 교차로에서 좌회전을 하려고 그랬나 봐요. 근데 좌회전을 하려는 상황이 벌써 주황색 불로 떨어지고 저쪽에서 직진 신호가 바뀌려는 상황인데 거기서 액셀을 확 밟더라고요. 그러니까 만약에 교차로가 여기면 이 정도에서부터 막 밟기 시작하더니 거기서 핸들을 확 꺾어서 끽 소리가 나도록 거기서 확 돌더라고요. 벌써 저쪽에서는 차가 출발을 하고 가까스로 사고는 면했지요. (3회기)

• 분한 마음 속으로 삭힘

남 편: 일단은 큰 문제가 터지면서 집사람이 오빠네 집에 가고 그래서 저는 이러다가는 나도 이혼을 당할 수도 있겠구나 하는 굉장히 두려운 마음에 가서 무조건 잘못했습니다, 제가 잘못했습니다 하고 났는데 일단 집사람이 기도원 갔다가 거의 3주 만에 집에 돌아왔어요. 그 후 제가 여기까지 오게 됐는데 이제 분이 나는 거예요. 일단 뭐 깊은 얘기 않고 큰 변화도 없고 분이 한 번 나니 제가 집에 들어가고서도 분이 가라앉지 않고……. (2회기)

• 자해하기

남 편: 그렇죠, 술을 먹었죠.

치료자: 그게 몇 번이나 있었어요?

남 편: 어…….

치료자: 대략.

남 편: 제가 이거하고 가슴에 유리병 깨서 이렇게 그었던 적이 있어요.

치료자: 술을 드시고 나서요?

남 편: 네.

치료자: 그땐 어떤 사건이 있어서 그렇게 긁으셨습니까?

남 편: 그냥 마음속이 그랬던 것 같아요. 아, 나는 이런 것도 얼마든지 견뎌낼 수 있다. 그런 마음으로 그랬던 것 같아요. 이렇게 아픈 것도 사실 별것 아니다. (1회기)

- 폭력적 행동하기

치료자: 어느 정도의 폭행이에요?

부 인: 머리채를 휘어잡고, 바닥에 패대기치고 발로 걷어차고 그런 뭐 상황이었죠. 따귀가 오고 그런 상황이었어요.

치료자: 같이 또 때리고 맞대응하시고요?

부 인: 제가 달려들었죠. 왜 때리냐 그러니까 따귀도 때리고 제가 밀쳤지요. (3회기)

남 편: 칼까지 꺼내고 그러더라고요. 칼도 나왔었어요. 칼이 왜 나왔냐면 집사람이 달려들고 집사람이 흥분하게 되면 집사람이 저를 못 나가게 해요. 막 잡고서 못 나가게 하고 이렇게 잡고서 못 나가 못 나가 나가지 마, 나한테 잘못했다고 해 봐, 잘못했다고 해 봐, 미안해 미안해 해 봐, 막 이러니까 그땐 약간 꼭 미친 사람 같았죠…….

치료자: 그렇죠. 돌은 것 같죠.

남 편: (중략) 또 막 몸싸움하다가 못 나가 못 나가 못 나가 이러다 보니까는 주방에 칼이 있더라고요. 저는 아무리 흥분을 하더라도 웬만큼 미친 짓은 하지 말아야 한다는 이성이 있어요. 저는 오지 마! 오지 마! 하면서 막 소리를 지르면서 제가 오지 마! 오지 마! 십팔, 오지 마! 이렇게 칼을 들이댔던 거고 가서 찌르려는 그런 짓은 못해요. (2회기)

- 타인에게 투사하기

부 인: 너가 항상 그런 식으로 하기 때문에 내가 할 수밖에 없었다. (중략) 가까이 오지 말라고 저도 이성을 잃은 상태에서 달려드니까 본인이 칼을 잡아 빼더라고요. 그것도 다 네가 안 그랬으면 내가 안 그랬다. 나는 전혀 그럴 사람이 아닌데 항상 폭행에 대해서는 원인을 다 저로 그리고 어떤 갈등에 문제가 있어도 원인을 저한테 두는 거예요. (3회기)

- 자기중심적으로 상대방 통제하기

부 인: 그래서 지금 저희가 빚도 있고 지금 이 집 산 것에 대출금도 있어서 그 원

금하고 이자를 같이 갚아야 하니까 어머니한테 드리는 거는 그 정도는 지금 우리 생활에 조금 과하지 않겠냐, 한 10만 원 정도만 드리자 제가 그렇게 얘기를 했어요. 뭐 인상 쓴 것도 없고 그렇게 얘기를 했는데 기분이 나쁘다면서 한다는 소리가 내 돈 내가 벌어서 우리 엄마한테 주는데 무슨 상관이야? 그러면서 돈을 탁자에다 패대기치더라고요. 그래서 저는 그 상황을 보고 일어나서 나왔어요. 너무 속이 상해서요. (3회기)

'부인의 비언어적 갈등대처 방식'

부인이 시도해 온 비효과적인 비언어적 갈등대처 방식은 〈표 5-4〉와 같이 대화 회피, 우회적 감정 표현, 접촉 회피하기, 부부갈등 상황에 타자 개입시키기, 감정적 맞대응하기, 폭력적으로 행동하기로 나타났다. 결혼 전부터 부인은 화가 나면 토라져서 남편의 전화를 받지 않고, 집으로 찾아가도 문을 열어 주지 않았았다. 결혼 후에도 부인은 화가 나면 방에 불을 꺼 놓고 우울해 하며 하루 종일 혼자 우는 등 일방적으로 남편과의 접촉을 회피하였다. 부인은 남편과의 부부싸움 후 미해결된 감정을 시어머니에게 가서 남편의 흉을 보거나 부부싸움에 대해 고자질을 하였다. 또한 부인은 친정식구에게도 남편의 구타와 성폭행에 대하여 푸념을 하였다. 이와 같이 부인은 부부갈등 상황에 시어머니와 친정식구를 개입시킴으로써 부부관계를 악화시키고 있었다. 부인은 부부싸움 시 한 번도 물러서지 않고 남편의 위협에 맞대응하기 위해 오기로 깨진 유리를 밟고 지나가거나 남편에게 끝까지 사과를 받아내려고 하는 등 흥분된 감정을 자제하지 못하였다. 또한 부인은 남편의 폭력에 대응하여 남편에게 달려들면서 남편의 허리를 발로 차는 등 더 난폭한 행동을 하였다. 이와 같이 부부가 갈등 상황에서 문제를 해결하기 위해 시도해 왔던 대처 방식은 오히려 문제를 해결하기보다 부부갈등을 더 악화시킨 역기능적인 방법이었으며, 부부는 우회적인 방식에서 점차적으로 극단적인 방식을 사용해 온 것으로 나타났다.

• 대화 회피

남 편: 저도 솔직히 집사람 감정을 만져 주고 싶어요. 너 어디가 그렇게 슬프냐라고 나하고 공감하면서 좀 나눠 보자 하고 얘기를 하고 싶어요. 근데 그냥 눈물만 흘리고 그러니까 말을 물어봐도 말도 안 해요. (중략) 집사람 감정이 이랬구나 하면서 같이 교감이 되고 저도 집사람의 이런 섬세한 부분을 좀 알고 싶어요. 너는 종이니까 종처럼 살아라 그런 게 아니고 집사

람하고 저도 인생을 같이 살아가야 될 사람이면 저도 좀 집사람의 마음을 알고 좀 이해를 해 주고 싶은데 집사람이 그런 부분에 대해 말을 안 해요. (5회기)

- 우회적 감정표현

남 편: 3일은 잘 지냈어요. 서로 이렇게 해 주고 그런데 마사지 서비스 받고 팁통에다 그냥 넣어 하면서 그 표정이 시발점이 되어서.

치료자: 그런데 결혼하기 전부터도 그런 표정이 있었어요? 짜증스럽게? 자기 맘에 안 들 때?

남 편: 네네. 그래서 한 번 결혼 전에 너무 마음이 놀라 가지고 눈물까지 나온 적이 있었어요. (2회기)

- 접촉 회피하기

남 편: 저는 새벽일 하는 사람인데 집사람 또 그렇게 하고 있으면 안타까운 마음에 내려가요. 내려가면 또 전화도 안 받고 문도 안 열어 주고…….

치료자: 사람 미치게 만드네요?

남 편: 네. 그래서 간신히 달래 가지고 들어가 보면 방 불 꺼 놓고 하루 종일 울어서 얼굴 퉁퉁 부어 있고 그러다 보니까 저 나름대로는 그때 생각했던 게 아! 얘를 이렇게 내버려 두면 이러다 죽겠다 할 정도로 심각하더라고요. (1회기)

- 부부갈등 상황에 타자 개입시키기

남 편: 왜요? 너 몰라도 너무 모르고 있어 어머니가 그러시더라고요. 그게 무슨 소리에요? 하니까, 오빠, 오빠, 우리는 오빠 걱정해서 하는 소리인데……. 오빠 그동안 있었던 이야기를 쫙 해 주는 거예요. 뭐 진짜 자질구레하게 싸운 얘기까지도 집사람이 싸악 다 얘기한 거예요. (1회기)

- 감정적으로 맞대응하기

남 편: '왜 안 하던 짓을 하고 그래?' 그랬더니 아마 제가 뭐라고 말을 잘못했나 욕을 했나 그래서 말싸움이 붙어서 너무 성질나 가지고 뭐 옆에 있는 물컵이라든지 그런 거를 주방에다 던졌어요.

치료자: 열 받기도 하고 위협하는 감도 있게 던지셨다는 거죠?

남 편: 네. 던졌어요. 던졌는데 그게 와장창 깨지니까 저희 같으면 놀라 가지고 그냥 가만히 있고 뭐 이런 게 다 있어 이렇게 할 텐데 집사람은 그런 게 아

니라, 아! 하더니 유리 깨진 데를 가서 저벅저벅 밟고 가는 거예요. (2회기)

• 폭력적 행동하기

부　인: 그래서 남자가 이렇게 제치니까 옷이 막 찢어지고 그래서 저도 달려들었죠. 왜 때리냐? 이제 그러다 보니까…….

치료자: 그때 구타가 또 나왔었어요?

부　인: 그렇죠. 발로 제 허리를 차 가지고 넘어지고. 그래서 어머니한테 전화를 했더니 그 밤에 쫓아오셔서 찢어진 상황을 다 보셨죠. 그렇게 된 게 처음 갈등의 원인이었고 폭행으로 이어졌죠. (3회기)

3. 치료 개입방법과 효과성은 무엇인가

이 사례에 대한 치료 개입방법은 〈표 5-5〉에서 살펴볼 수 있다.

〈표 5-5〉 치료 개입기법

내 용	개입방법
다툼 시 사용하는 의사소통패턴, 부인의 표현 방식, 남편의 원가족에서 가족구성원 간 의사소통 방식(남편), 부의 폭언(남편), 처남이 화날 때 사용했던 표현 방식, 부인의 원가족에서의 의사소통 방식	의사소통 방식 탐색
부부싸움 시 구타 경험, 화가 나면 이성을 잃고 행동하는 부인의 상호작용 방식, 위협받거나 열 받을 때 대처 방식(남편), 부부싸움 시 부인의 맞대응하는 방식, 분노조절이 안 되어 자해한 경험(남편), 오빠와의 갈등 상황에서의 대응 방식(부인)	비언어적 갈등 대처 방식 탐색
원가족 배경과 핵가족에서 부부의 의사소통 방식과의 관련성 설명(남편), 솔직한 대화가 안 되는 이유 확인, 부인에게 부정적 감정을 표현하지 못하는 이유 확인, 부인의 표현 방식에 민감하게 반응하는 이유 확인, 억울한 마음을 솔직히 표현하지 못했던 상황 확인, 화가 났을 때 말로 표현하지 못했던 상황 확인, 동생들과 학교생활 등에 대해 솔직한 얘기를 해 본 경험 확인(남편), 남편의 원가족 경험에 관한 정보 제공, 큰오빠와 직접 소통하지 못하는 상황 설명, 부부싸움 시 꾹 참다가 폭발하는 방식과 부모의 표현 방식 비교(부인), 동생(ct)의 표현 방식이 큰오빠를 자극했을 수 있음	통찰력 강화하기
이명증으로 경청하기 어려운 남편 입장 공감, 부인의 전혼 경험을 들추었을 때 부인의 기분 공감	공감하기
부인은 인상 쓰며 소리 지르고 남편은 맞대응함, 부부싸움 시 분노조절이 안 되고 물러서지 않음, 평소 꾹 참았던 감정을 조절하지 못함, 친정부와 큰오빠 사이에서 모가 의사전달자 역할을 함, 친정부 사망 후 서로 상대방이 힘들까 봐 서운한 감정을 솔직하게 표현하지 못함, 모녀간 의사소통이 적극적으로 이루어지지 못함	문제 사정하기

남편의 얘기 도중 부인이 끼어들지 못하게 함, 부인이 말할 때 남편이 끼어들지 못하게 함	경청하게 하기
역기능적인 표현 방식의 비효과성, 부부간에 서로 힘들게 하는 표현 방식의 비효과성, 남편과 직접 소통하지 않고 시댁식구와의 우회적 소통의 비효과성, 남편의 비위를 맞추고 속마음을 표현하지 않는 것은 오히려 역효과임	문제해결 방식의 비효과성 설명
전 남편과 관련시켜 얘기하지 않기, 유방 절제에 대한 얘기 자제하기, 부인이 시댁에 가고 싶어 하지 않는다면 합의하여 당분간 가지 않기, 시댁에서 부인을 나무랄 때 남편은 부인의 편을 들어 주기, 서로 마음에 들지 않아도 서로 인정하는 새로운 방법을 시도해야 함, 상대방의 얘기를 끝까지 들어 주기, 표현할 때 폭발하는 감정을 자제하기, 자신의 기분에 따라 상대방이 맞춰 주길 바라는 마음을 통제하기, 부인과 대화 시 인상 쓴 상태로 표현하는 방식을 통제하기, 남편의 변화에 부인이 맞추지 못해도 그냥 그대로 둘 것을 제안하기, 부인이 굳이 원하지 않는 것에 대해 강요하지 말기	새로운 해결책 제안

1) 치료 개입기법

치료자가 내담자 부부의 변화를 위해 사용한 핵심적인 치료 개입기법은 〈표 5-5〉와 같이 의사소통 방식 탐색, 비언어적 갈등대처 방식 탐색, 통찰력 강화하기, 공감하기, 예외 경험 탐색, 문제사정하기, 경청하게 하기, 문제해결 방식의 비효과성 설명, 새로운 해결책 제안으로 분석되었다.

'의사소통 방식 탐색'

치료자는 원가족에서 가족구성원과의 의사소통 방식과 핵가족 내 부부간에 갈등을 지속시키거나 악화시킨 의사소통 방식을 탐색하였다.

> 치료자: 구체적으로 어떠한 말, 사건이 있었는데 거기서 왔다 갔다 하는 말, 말투, 표정, 행동을 좀 얘기해 주세요.
>
> 남　편: 제가 좀 언짢으면 이야기를 안 해요.
>
> 치료자: (부인이) 표현을 그런 식으로 했어요?
>
> 남　편: 네, 짜증스럽게요.
>
> 치료자: 아버지의 자살 장면을 목격했을 때의 충격에 대해 가족에게 얘기해 보신 적이 있으세요?
>
> 남　편: 거의 얘기하지 않았었던 것 같아요.
>
> 치료자: 남편 분 앞에서 처남이 소리를 지르셨나요?

남 편: 그렇죠. "왜 (동생을) 때린 거야!" 막 소리 지르면서 저한테 소리를 많이 질렀어요.

치료자: 대화는 겉돌겠네요. 서로 감정적이고 정서적인 대화보다는 표면적인 대화를 하겠네요.

부 인: 네. 남자다 보니까 여자와 달리 감정적인 대화보다는 현실적인 대화를 많이 하는데 작은오빠 같은 경우는 큰오빠와 대화하면서 좀 답답해해요. (4회기)

'비언어적 갈등대처 방식 탐색'

치료자는 부부갈등 상황에서 발생하였던 구타 경험, 비이성적 반응, 분노조절이 되지 않아 자해했던 경험 등 비언어적 갈등대처 방식에 대해 탐색하였다.

치료자: 구타가 있었나요?

남 편: 그런 적이 있지요.

치료자: 몇 번이나요?

남 편: 치고 박고 싸웠던 적은 2~3번 정도 있었던 것 같아요. 귀싸대기 때리고 그럼 거기서 (아내의) 귀싸대기가 날라와요.

치료자: 와이프가 달려들고 '너! 새끼!' 이래요?

남 편: (중략) 제가 폭발을 한 거죠. 악 하면서 저도 막 흥분을 해 가지고 너는 한 번 내가 참고 있었는데 안 되겠다 하면서 커다란 유리를 머리로 받아 가지고 왕창 내려앉은 적이 있어요.

치료자: 그러면 남편 분은 그 전에도 열 받으시면 자해 행위를 한 적이 있으세요?

남 편: 네. 술 먹고 20대 초반인가 자고 일어났는데 밤에 무슨 일이 있었나 하고 생각해 봤더니 공중전화 부스를 발로 차버려 가지고요. 깨지면서 그 유리가 살에 박혀가지고 병원에서 치료받은 적이 있어요. (1회기)

치료자: (부인이) 이성을 잃고 맨발로 깨진 유리를 밟았다고요?

남 편: 네, 모르고요. 막 발로 밟고 또 싸워서 저의 어머니가 오시면 길에 누워 버려요. 저는 그렇지는 않거든요.

치료자: 완전 이성을 잃어버리는군요? (2회기)

'통찰력 강화하기'

치료자는 부부에게 원가족 경험과 부부가 사용하고 있는 의사소통 방식과의 인관관계, 남편이 부정적 감정을 표현하지 못하는 이유, 부인의 표현 방식에 민감하게 반응하는 이유, 억울한 상황에서 감정을 솔직하게 표현하지 못했던 이유, 역기능적인 표현 방식이 상대방의 부정적 반응을 자극할 수 있다는 것에 대해 설명함으로써 내담자의 통찰력을 증진시켰다.

치료자: 부인도 상대방을 자극하는 표현 방식을 사용하고 있는데 원가족에서 부모님의 부부관계, 형제와 부모님관계, 본인하고 부모 관계가 지금 남편분 원가족에서 걸려 있는 것처럼 뭔가가 걸려 있을 거라는 거예요. 무엇 때문에 부인과 솔직한 대화가 되지 않는 거죠?

남 편: 결혼 초기에 나는 그게 아니고 내가 감정이 좀 정리될 때까지……. 절대 변심하려는 게 아니라고 얘기하면 집사람은 튀어요. 그리고 난리가 나 버리니까요. 난리가 나면 그게 힘들어요. 문 닫아 놓고 울고 간신히 달래서 문 열어 보면 (아내가) 컴컴한 데서 울고 있고 그러니까……. (1회기)

치료자: 남편 분은 열 받으면 어렸을 때부터 말로 표현하지 못했잖아요.

남 편: 표현 못했어요.

치료자: 쌓였다가 화가 나면 뭐라도 표시해야 하는데 문을 쾅 닫고 나간다든가 이런 식으로…….

남 편: 네. 그런 게 있지요.

치료자: 그렇죠. 그러니까 표현하는 방식이 버르장머리 없이 하고 대들었다고 표현했는데, 오빠 입장에서는 동생의 표현 방식이 자기를 자극했다는 거죠.

부 인: 네. 그렇죠. (2회기)

'공감하기'

치료자는 상담 과정에서 내담자가 진술하는 내용에 대한 공감적인 반응을 보임으로써 라포를 형성하였고 이는 상담 과정에서 내담자의 저항을 줄이고 상담 과정을 촉진시키는 결과를 가져왔다.

치료자: 대화하시는 데 문제가 좀 있으시겠어요.
남 편: 네.
치료자: 대화하실 때 경청하는 것이 어려우시군요.
남 편: 귀에 이명증이 있고 그러다 보니까. 또 하는 일이 피곤하다 보니까요. (1회기)

부 인: 남편이 이혼 얘기를 들추어내요.
치료자: 자기 아킬레스건은 건들지 말라고 했는데. 와이프는 남편을 믿고 있는데 남편은 그것을 건드리시는군요. (3회기)

'문제사정하기'

치료자는 내담자의 문제를 탐색한 후 내담자가 진술한 내용을 근거로 부부가 그동안 시도해 온 역기능적 상호작용 방식을 중심으로 남편과 부인의 문제를 사정하였다. 이를 통해 치료자는 내담자가 부부관계를 더 악화시켜 왔던 문제해결 방식의 비효과성을 인식하도록 하였다.

치료자: 두 분 간의 대화하는 패턴이 와이프도 인상 쓰면서 소리 지르고 남편 분도 맞대응하시고 있습니다. (1회기)

치료자: 제가 볼 때는 남편 분이 배가 쓸려 나가는 것 같다고 하시는데, 이런 게 스트레스를 받고 있다는 거예요. 스트레스를 외부에서도 받고 집에서도 또 와이프한테 받고 이 스트레스를 풀어야 하는데 풀 수는 없고 속에서부터 쌓일 때 그게 보통 술 한 잔 먹는다 이거죠. (중략) 남편 분은 열 받으면 꾹꾹 참았다가 술이 됐든 아니면 무언가 집어던지거나 인상을 쓰는 방식을 사용하고 있다는 겁니다. (2회기)

치료자: 큰오빠와 친정아버지 사이에서 어머니가 대신 의사전달을 해 왔던 방식이 아빠하고 아들의 관계를 오히려 소원하게 하는 방식일 수도 있고 직접 전달이 안 되기 때문에 오해가 생길 수 있습니다. (중략)
치료자: 지금 부인의 가족은 아버지가 살아계셨을 때는 원만하게 대화가 주거니

받거니 됐지만 한편으로 표현하는 데 있어서 내 표현 때문에 상대편이 힘들까 봐 표현을 못하지 않느냐는 거예요. (4회기)

'경청하게 하기'

치료자는 부부상담 과정에서 상대방이 진술하는 동안 다른 배우자가 방해하지 못하도록 하고 상대방의 얘기가 끝날 때까지 경청하도록 하였다. 이를 통해 내담자는 평소 익숙하지 않은 새로운 상호작용 방식을 시도하게 되었고 서로에 대한 솔직한 마음을 확인할 수 있었다.

치료자: 잠깐만요, 잠깐만요. 네, 계속 말씀하세요.

남 편: 여자가 힘들면 자기만 힘든 게 아니야 나도 힘들어. 나도 힘들고 나도 고통스러워. 난 바깥에서 일하느라 힘들고 들어와서도 힘들고…….

치료자: (부인에게) 잠깐만요. 끼어들지 마시고 일단 따지지 마세요. (중략)

치료자: 잠깐만요. 남편 분, 부인이 말하는 중에 말 자르지 마세요.

부 인: 그거는 이제 큰오빠 작은오빠 다 있었는데 그 얘길 하더라고요. 절대 폭력이란 있을 수 없고 해도 안 되는 것이라고 표현을 했대요. (중략) 집에 와서 다 해소하기로 했으면 그날 해소가 되어야 하는데 그 다음날이면 새로운 감정으로 가야 하잖아요? (6회기)

'문제해결 방식의 비효과성 설명'

치료자는 부부에게 그동안 부부갈등을 해결하기 위해 사용해 온 방식이 부부관계를 회복하는 데 효과가 없었다는 점을 분명히 인식시키고자 하였다. 이를 통해 내담자가 지금까지 사용한 상호작용 방식이 효과적이지 못했던 것을 깨닫고 새로운 해결책을 모색하였다.

치료자: 그런데 제가 볼 때 아까 뭘 발견했는데요. 와이프 입장에서 그거를 어떻게 보면 나를 가르치려고 하고 자기방식대로 하려고 하지 않나라고 느낄 수 있다는 겁니다.

남 편: 그걸 많이 느낄 거예요. 자신이 종이라고 그런 소리도 하더라고요.

치료자: 와이프 방식도 지금 부부관계를 해결하는 데 아무 도움이 안 되고 악화시

키고 또 하나 시댁과 친정식구가 이 두 사람 부부관계를 더 악화시키는 역할을 하고 있어요. 이해되십니까? (2회기)

치료자: 네, 폭발하죠. 당연하죠. 그러니까 지금 방식이 부인 입장에서도 남편에게 맞춰서 부닥치지 않고 사는 게 낫다고 생각해서 표현을 안 하신 거지만 그 표현 안 하는 게 효과적인 의사소통 방식은 아니라는 거죠. 누적되었다가 자신도 모르게 짜증스러운 표정이 나가고 톤도 아무래도 조금 올라가고 거칠게 자극하는 표현이 나올 거라는 거예요. (3회기)

'새로운 해결책 제안'

치료자는 부부에게 지금까지 사용해 온 상호작용 방식에서 벗어나 새로운 문제해결 방식으로 부부갈등의 촉발 요인이었던 전혼경험 얘기하지 않기, 부인의 결함 들추지 않기와 부부가 서로 가족 앞에서 편들어 주기, 감정 폭발을 자제하고 역기능적인 표현 방식의 사용을 자제하기, 통제하고 강요하지 않기를 제안하였다.

치료자: 다투더라도 표현 방식에 있어서 전 남편과의 관계와 유방암 수술을 해서 한쪽의 유방이 없다라는 것은 다음부터는 하지 말아야 할 것 같아요. 그 표현은 최소한 하지 않으셔야 해요. (중략)

치료자: 남편 분은 본가에 가서 와이프가 왜 안 오냐 마냐라는 이런 것에 있어서 막아 줘야 해요. 총대를 매 줘라 이거예요. 또 하나 어머니 편을 들어서는 안 돼요. 와이프 편을 들어 줘야 한다 이거예요. (중략) 두 분은 서로를 편들어 주지 못하는 표현 방식을 사용하고 있어요.

치료자: (중략) 최소한 참아 주고 일단 다 듣자라는 거죠. 어떨 땐 20~30분 갈 겁니다. 그리고 표현하실 때 폭발하는 감정을 자제하세요. (5회기)

치료자: 내 기분에 관계없이 내가 설사 TV를 같이 보자고 했을 때 부인이 싫다고 할 때 놔두라는 거죠. 그럼 부인 쪽에서는 우리 남편이 변했다고 생각할 겁니다. (7회기)

2) 치료 개입의 효과성

치료 개입을 통해 나타난 효과성은 남편과 부인의 변화를 통해 살펴볼 수 있다. 〈표 5-6〉에서 부부의 변화를 살펴볼 수 있다. 먼저 남편은 상담 과정에서 여동생들에 대한 지나친 보호와 훈계 등의 과도한 역할, 인상 쓰면서 귀가했던 부정적이고 비언어적 표현, 강압적인 부인에 대한 성관계 요구에 대한 문제, 힘들게 일하느라 부인을 충분하게 배려하지 못함, 남편의 눈치를 보면서 불안해 하는 부인의 입장을 배려하지 못했던 자신의 문제 등을 인식하게 되었다. 이를 통해 남편은 먼저 대화를 요청하거나 부정적인 감정에 대해 솔직히 표현하기, 추궁하지 않고 표현하기, 적극적으로 의사표현하기와 같은 의사소통 방식의 변화가 나타났다. 또한 남편은 설거지를 하며 가사 도와주기, 귀가 시 먼저 인사하며 반응하기, 운동을 하고 책을 읽으며 자기 관리하기, 부인에게 고마운 마음을 전달하기 위해 편지쓰기, 부인의 의견을 존중하며 부인의 입장을 배려하기 등 행동의 변화가 나타났다.

또한 〈표 5-6〉에서 부인의 변화를 보면, 부인은 상담 과정에서 부의 자살 이후 가족에게 과도한 역할을 해 왔으며 이러한 과도한 역할 경험은 부인과의 관계에 영향을 미치고 있다는 인식을 하게 되었다. 그리고 부인은 평소 남편에 대한 부정적인 감정을 참고 있다가 폭발하는 행동과 흥분하는 자신의 문제행동을 인식하게 되었다.

자신의 문제행동을 인식하면서 대화가 단절되었던 남편과의 관계에서 부인은 귀가 시 힘들어 보이는 남편에 대한 관심 표현하기, 남편의 편지와 유방암 수술 이후 실리콘을 착용하고 있는 자신을 배려했던 남편에 대한 고마운 마음 솔직하게 표현하기, 어조가 낮아지고 편안해짐, 남편에게 원하는 것을 요구하기, 부정적 비언어적 표현 감소와 같은 의사소통 방식의 변화가 나타났다. 게다가 남편을 배려하여 짐을 들어주는 등 남편의 일을 적극적으로 도와주려고 하였고 남편의 재능에 대해 칭찬하기, 꽃을 사다 화분에 심고 집안 분위기 바꾸기 등 행동의 변화가 나타났다.

〈표 5-6〉 부부의 변화

구 분	의사소통 방식의 변화	행동의 변화
남편	• 부인이 스트레스를 받아 병에 걸릴 수 있다는 생각에 불편한 걸 좀 풀어 주고 싶은 마음이 생겨 대화를 요청함, 부인에게 먼저 진솔하게 얘기하자고 제의함(5회기)/대화 요청하기 • 처가에서 받았던 부인의 상처에 대해 들음으로써 마음이 해소됨(5회기)/부정적 감정 솔직히 표현하기 • 전화를 못 받았을 때 남편이 추궁하지 않음(4회기)/추궁하지 않고 표현하기 • 자신(남편) 때문에 받은 상처가 빨리 회복되기를 바라며 도와달라는 표현을 함(4회기), 전에는 남편이 이명 현상으로 짜증이 많았는데 불편함을 부인에게 표현함(7회기), 전에는 본 체도 안 하고 아는 척하지 않았는데 관심을 가졌냐고 하며 반응을 보임/적극적으로 의사표현하기 • 남편의 전화를 받지 못한 일로 남편의 눈치를 보는 부인을 배려해서 화나지 않았다고 먼저 얘기함(7회기)/배려하는 마음 표현하기 • 귀가 시 현관문을 열면서 몸이 많이 불편하냐고 물어봄(7회기)/관심 표현하기	• 남편이 한 번도 설거지를 한 적이 없었고 부탁한 적도 없었는데 주말에 자발적으로 설거지를 해 줌(4회기)/가사 도와주기 • 예전에는 일터에 갔을 때 자신의 기분에 따라 반응했지만 상담 후 항상 왔냐고 먼저 인사함(10회기)/먼저 인사하며 반응하기 • 아침에 운동 간 적이 없었는데 운동을 함(10회기), 남편이 낮에 들어와서 책을 읽기도 함/자기 관리하기 • 부인에게 편지를 써서 고맙다는 솔직한 마음을 전함/부인에게 편지 쓰기 • 귀가하여 차 마시면서 얘기하자고 요구하고 얘기하고 싶지 않으면 안 해도 된다고 함/부인 입장 배려하기
부인	• 남편의 편지에 대해 고맙다고 표현함(10회기), 절개된 가슴을 커버하기 위해 실리콘을 착용하면서의 불편함을 얘기함, 남편에 대한 미안한 마음에 대해 처음으로 표현함(10회기), 설거지해줘서 고맙다고 표현함(6회기)/긍정적 감정 솔직히 표현하기 • 말의 톤이 낮아지고 편안한 느낌을 주는 표현을 함(7회기), 2주 동안 부인이 억양을 높혀 얘기하지 않았음/어조가 낮아지고 편안해짐 • 남편에게 산책하자고 요구함/원하는 것 요구하기 • 인상을 쓰면서 말하는 것이 줄었음(7회기)/부정적 · 비언어적 표현 감소	• 부인이 나와서 남편의 일을 도와주고 귀가 시 짐을 들어 줌(5회기), 전에 비해 부인이 남편을 도와주는 일이 증가함(7회기)/남편을 배려하여 일 도와주기 • 노래도 잘하고 악기도 잘 만지는 남편의 재능을 칭찬함(7회기)/남편의 재능 칭찬하기 • 집안 분위기를 바꿔기 위해 꽃을 갖다 심는 부인의 모습을 볼 수 있음(7회기)/집안 분위기를 바꾸려고 함

3) 부부갈등과 치료 개입 효과 네트워크

이 사례를 통해 분석된 초혼남 재혼녀 재혼가족에서의 부부갈등은 [그림 5-4]와 같이 도식화할 수 있다.

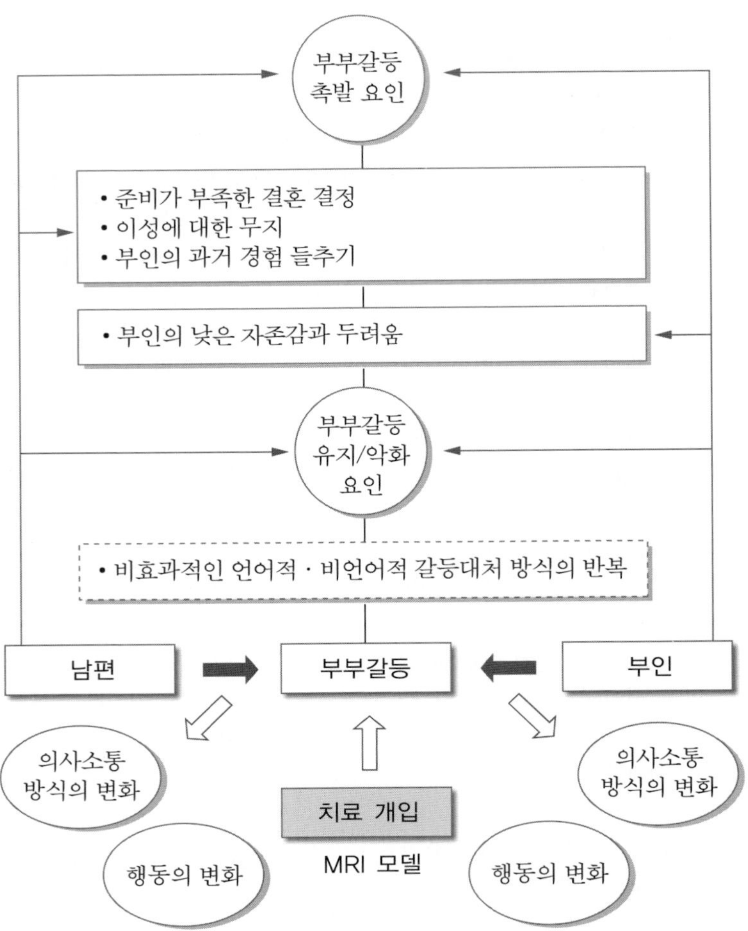

[그림 5-4] 부부갈등과 치료 개입의 효과 네트워크

V. 결 론

1. 요 약

이 장은 초혼남 재혼녀 부부의 결혼초기 부부갈등 해결을 위한 부부치료 사례연구로 부부가 경험하고 있는 부부갈등양상, 부부갈등에 영향을 미친 요인과 치료 개입방법과 효과성을 살펴보았고 그 연구결과를 요약하면 다음과 같다.

첫째, 초혼남 재혼녀 부부의 부부갈등양상으로는 스트레스와 잦은 다툼, 신체적 폭력, 대화 단절, 의도적인 접촉 회피, 성관계 기피로 분석되었다. 이 사례의 부부는 연애할 때부터 의견충돌로 잦은 다툼이 있었으나 혼전 성관계 때문에 남편은 부인에 대한 책임을 지기 위해 전혼 경험이 있는 부인과 결혼을 하였다. 그러나 부부는 결혼 전부터 신혼집 집수리 과정에서 의견충돌이 있었고 이로 인해 심각한 갈등을 경험하였다. 결혼 후에도 갈등 상황이 지속되었고 점차 이혼위기에 이를 정도로 악화되었다. 부부는 서로 스트레스가 심했고 신혼여행 중에도 의견충돌로 다투었으며 점차적으로 다툼의 빈도가 높아지고 있었다.

부부갈등 상황에서 남편은 자신의 감정을 조절하지 못하여 폭언과 폭력을 행사하였고 이에 대해 부인도 지지 않고 맞대응함으로써 신체적 폭력과 같은 폭발적인 갈등의 정도가 심각한 상태인 것으로 나타났다. 이와 같은 폭발적인 갈등은 대화 단절을 유발시켰고 점차적으로 정서적 단절의 결과를 가져왔다. 남편은 부인과의 접촉을 의도적으로 회피하였고 부인은 남편과의 성관계를 기피하는 상황에서 남편은 성관계에 대한 불만족이 증폭되었다.

둘째, 부부갈등에 영향을 미친 요인으로는 촉발 요인과 지속 및 악화 요인으로 구분해 볼 수 있다. 먼저 부부갈등의 촉발 요인을 살펴보면, 남편은 신앙수련회에서 부인을 만나 교제하면서 혼전 성관계를 가지게 되었고 이에 대한 죄책감과 책임감 때문에 충분한 준비 없이 결혼을 결정하였다. 남편은 초혼이었으며 이성의 감정에 대한 무지와 성에 대한 왜곡된 인식, 그리고 자기중심적으로 부인을 통제하였다. 특히 남편은 부부싸움을 할 때마다 부인의 전혼 경험에 대한 불쾌한 감정과 분노와 원망하는 표현을 자주 사용하였고 갈등이 있을 때마다 부인의 이혼과 관련된 과거경험을 들추어내었다. 또한 남편은 부인이 못마땅한 말과 표정을 지을 때마다 전 남편에게 했던 행동을 자기에게 그대로 한다고 하면서 부인의 행동에 대해 전 남편과 연관시켜 비아냥거리는 태도를 보임으로써 부부갈등을 유발하였다. 반면 부인은 자신의 이혼경험과 유방암 수술에 따른 유방의 상실로 낮은 자존감과 갈등 상황에 대한 두려움을 느끼고 있었다. 그리고 남편이 자신의 이혼경험 때문에 자신을 못마땅하게 여기고 있다고 생각하였고, 남편의 눈치를 보는 등 피해의식을 가지고 있었다. 이와 같은 특징은 초혼남 재혼녀 재혼유형의 결혼초기 부부의 두드러진 특징으로 이들의 갈등을 촉발시켜 온 요인으로 볼 수 있다.

부부갈등을 지속시키고 악화시킨 요인으로는 부부갈등 상황에서 문제를 해결하기 위해 시도해 온 남편과 부인의 역기능적인 언어적 · 비언어적 갈등대처 방식으로 볼 수 있었다. 이와 같은 역기능적인 해결책은 문제를 해결하기보다 오히려 부부갈등을 악화시키거나 지속시켰다.

남편은 새벽부터 일을 하면서 가장의 역할에 충실하기 위해 육체적으로 힘들고 지친 상황에서도 최선을 다하며 지내 왔다. 그럼에도 불구하고 어려서부터 원가족에서 해결되지 않은 부에 대한 분노와 부정적인 감정을 지니고 있어서 부인이 자신을 무시한다고 판단되었을 때 부에 대한 감정이 부인에게 전이시켰다. 남편은 부인의 과거를 들추어내어 공격하였고, 주변 사람이 자신의 비위를 맞추도록 일방적으로 강요하였으며, 자신의 과도한 역할에 대해 인정받고자 하는 욕구를 역기능적인 방식(아버지가 사용했던 방식)으로 표출하였다. 또한 남편은 스트레스나 부인에 대한 불만족을 직접적인 언어로 표현하지 않고 마음속으로 삭이면서 인상을 쓰는 우회적인 의사소통 방식을 사용하고 있었다.

또한 부인은 남편에게 우회적이고 극단적인 의사소통 방식으로 맞대응함으로서 남편과의 문제를 해결하기보다 오히려 부부갈등을 더 악화시킨 것으로 볼 수 있다. 이러한 결과는 부부갈등 정도와 남편의 역기능적인 상호작용 방식에 기인하는 상호순환적인 결과로 볼 수 있다.

이러한 결과로 볼 때 초혼남 재혼녀 부부는 부부갈등 상황에서 솔직한 대화로 직면하는 방식보다 우회적인 방식을 더 많이 사용하며 점차적으로 극단적인 방식을 사용한 특징을 보이고 있음을 확인할 수 있다. 또한 부부는 갈등 상황에서 극단적 감정 표현, 대화 회피, 우회적 감정 표현, 폭력적 행동과 같은 갈등대처 방식을 사용하고 있는 것으로 나타났는데 이는 이선미와 전귀연(2001)의 연구결과와 유사한 결과다. 이와 같은 역기능적인 상호작용 방식은 부부갈등을 오히려 지속시키고 악화시키는 방식이라는 것을 확인할 수 있었다.

셋째, 부부갈등 완화에 기여한 치료 개입방법과 효과성은 다음과 같다. 치료자는 MRI의 의사소통모델을 적용하여 부부갈등을 지속시키고 악화시켜 온 의사소통 방식과 비언어적인 갈등대처 방식을 탐색하는 데 초점을 두고 개입하였다. 다음으로 부부가 그동안 갈등 상황에서 시도해 온 문제해결 방식의 비효과성을 통찰할 수 있도록 부부 각자의 원가족의 가족관계에서 사용해 온 의사소통 방식을 심층적으로 탐색하고 진술하도록 하였다. 또한 내담자가 진술한 내용을 근거로 내담자들인 인식하지 못했던 문제와 문제의 원인에 대해 사정을 통해 내담자들의 통찰력을 강화한 후 부부가 그동안 시도해 왔던 문제해결 방식의 비효과성을 설명하고 새로운 해결책을 제안하였다.

이외에도 치료자는 개인상담 과정에서 그동안 부부갈등 상황에서 심리적으로 지쳐 있는 내담자의 입장을 공감하였고, 부부상담 과정에서 상대방이 진술할 때 끼어들지 않고 경청하도록 중재하면서 치료적 협력관계를 형성하기 위해 노력하였다. 이와 같은 치료 개입을 통해 부부는 그동안 부부가 시도해 오지 않았던 새로운 의사소통 방식의 사용과 함께 행동의 변화를 가져올 수 있었다.

2. 함 의

이와 같은 연구결과는 재혼가족에 대한 사회적 편견 때문에 가족생활의 노출을 기피하는 이유로 재혼가족과 관련된 심층적인 경험적 연구가 미흡한 실정에서, 특히 초혼남 재혼녀 재혼가족의 부부치료 사례를 통해 초혼남 재혼녀 재혼가족에서의 부부갈등의 요인과 역동성을 파악하였다는 점에서 의미가 있다고 볼 수 있다. 이에 대한 구체적인 함의는 다음과 같다.

첫째, 재혼한 부부는 재혼가족의 복잡성 때문에 초혼부부보다 취약하다고 볼 수 있다. 특히 한 배우자가 초혼일 경우 결혼적응에 더 어려움을 겪을 수 있으며 남편이 초혼일 경우 전혼 경험이 있는 부인을 배려하지 못하거나 부부갈등 상황에 부인의 전혼 경험을 들추어냄으로써 부인을 더 위축시키는 결과를 초래할 수 있다. 따라서 초혼남 재혼녀 부부의 경우 부인의 전혼 경험은 결혼초기 갈등의 촉발 요인이 될 수 있으므로 상담자는 전혼 경험 배우자와 초혼 배우자의 입장 차이, 즉 서로 다른 가족의 역사와 전혼 경험과의 비교 등에 따른 차이점에 대해 서로가 인식할 수 있도록 하여야 한다. 또한 상담자는 초혼배우자에게 재혼배우자의 과거 결혼생활에 대한 부정적인 측면을 가능하면 언급하지 않도록 요청해야 한다.

둘째, 이 장의 결과 초혼남 재혼녀 재혼가족에서의 결혼초기 부부갈등을 해결하기 위해 시도한 갈등대처 방식은 오히려 부부관계를 지속시키고 악화시키는 결과를 초래한 것으로 볼 수 있었다. 즉, 부부갈등을 해결하기 위해 남편과 부인은 극단적 표현을 하거나 상대방을 통제하거나 압력을 행사하는 등의 역기능적인 의사소통 방식을 동일하게 사용하였다. 또한 부부는 비언어적 갈등대처 방식으로써 상대방의 눈치를 살피면서 우회적인 감정 표현을 하고, 정서적 거리감으로 인한 대화 회피, 억압되었던 감정을 폭력적 행동으로 해소하는 등 부부가 서로 동일한 방식을 사용하여 결과적으로 부부갈등을 악화시키고 지속시킨 결과를 통해 부부의 위기를 가져왔음을 알 수 있다. 따라서 초혼남 재혼녀 재혼가족의 문제에 개입하는 상담자는 부부가 서로 사용해 온 상호작용의 순환적 인과관계를 유념하여 효과적인 갈등대처 방식을 사용할 수 있도록 지원하는 것이 유용하며, 이를 위해 MRI의 의사소통모델을 활용하는 것이 효과적이라 생각한다.

셋째, 전혼 경험이 있는 부인은 초혼에서의 실패를 만회하기 위하여 비현실적인 기대감을 가지게 되며, 정서적 애착이 결여된 동기에서 출발하여 재혼생활에 대한 불만족를 가지게 된다. 반면 초혼인 남편은 충분한 준비과정을 거치지 않고 결혼 결정을 한 경우나 전혼 경험이 있는 배우자의 입장을 수용할 만큼 성숙도가 낮아서 부부관계를 악화시키는 악순환을 초래할 수 있다. 이와 같이 재혼가족은 초혼가족에 비해 기존의 가족체계와의 새로운 결합을 이루는 과정에서 가족해체를 유발할 수 있는 위험 요인이 존재한다.

따라서 초혼남 재혼녀 부부의 문제에 대한 가족치료적 개입을 통해 부부갈등을 촉발시키고 악화시키는 데 영향을 미친 요인을 인식하도록 돕고 비효과적인 갈등대처 방식과 관련된 원가족 요인까지도 사정하는 등의 가족체계적 관점에 입각한 접근이 이루어져야 한다. 즉, 단순히 가족구조상의 차이에 초점을 두지 않고 가족 내에서 이루어지는 과정을 중요시 여기고 재혼가족의 부부하위체계 및 하위체계 간의 관계를 잘 설명해 줄 수 있는 치료적 준거틀을 가진 전문가의 개입이 필요하다. 또한 결혼 전 재혼준비를 도와줄 수 있는 예비교육, 재혼가족의 특수성을 반영한 결혼초기에 적합한 교육프로그램과 효과적인 서비스 지원을 통해 재혼가정의 효과적인 가족기능 강화를 위한 방안과 재혼가족의 가족해체를 위협하는 위험 요인을 제거할 수 있는 예방적 대안을 모색해야 한다.

마지막으로 이 장은 초혼남 재혼녀 부부의 갈등사례에 대한 단일사례연구이므로 모든 재혼가족에 대하여 일반화시킬 수는 없다. 따라서 후속연구에서는 재혼유형별에 따른 부부갈등 및 가족기능의 특징과 차이를 살펴보고 이에 대한 재혼가족을 지원할 수 있는 효과적인 방안을 모색하는 연구가 진행되기를 기대한다.

참고문헌

김갑숙(1991). 부부갈등이 부부폭력과 자녀학대에 미치는 영향. 영남대학교 박사학위논문.

김재경, 문숙재(1992). 부부의 갈등과 생활만족도에 관한 연구: 형성기 가정과 확대기 가정을 중심으로. 한국가정관리학회지, 10(1), 53-74.

김양희, 박정윤, 최유경(2003). 기혼남녀의 스트레스 지각, 스트레스 대처행동이 결혼적응에 미치는 영향. 생활과학논집, 18, 49-63.

김연옥(2007). 해체된 재혼의 특성에 관한 연구: 재혼모를 대상으로. 한국 사회복지학, 59(2), 171-195.

김연옥(1999). 재혼 가정내 모의 역할기능에 관한 연구. 한국가족복지학, 3, 41-62.

김연옥(2002). 재혼 가족내 모의 심리적 디스트레스의 예측요인에 관한 연구. 한국 사회복지학, 49, 319-342.

김현정, 김명자(1999). 근원가족 건강도, 자아존중감, 결혼적응의 관계. 한국가족관계학회지, 4(2), 36-60.

김혜선(1992). 배우자선택과정과 결혼적응도간의 관계, 숙명여자대학교 박사학위논문.

김효순(2006). 재혼가족의 양육태도 유형이 가족적응에 미치는 영향에 관한 연구. 한국가족복지학, 17, 57-87.

박태영, 김태한, 김혜선(2009). 이혼위기에 있는 결혼초기 부부에 대한 부부치료 사례연구. 한국가정관리학회지, 27(3), 93-114.

박태영, 김현경(2011). 가족치료사례집. 서울: CENGAGE Learning.

박태영, 김태한(2010). 재혼가족의 가족갈등사례분석. 한국가정관리학회지, 28(4), 15-28.

이선미, 전귀연(2001). 결혼초기 남편과 아내의 부부갈등과 갈등대처방식이 결혼만족도에 미치는 영향. 한국가정관리학회지, 19(5), 203-220.

이수정, 전영주(2009). 재혼연구 동향분석. 한국가족관계학회지, 13(4), 173-195.

임춘희, 정옥분(1997). 초혼계모의 재혼가족생활 스트레스와 적응에 대한 경험적 연구. 대한가정학회지, 35(5), 73-102.

장혜경, 민가영(2002). 재혼가족의 적응실태와 지원방안에 관한 연구. 서울: 한국여성개발원.

정현숙, 유계숙, 전춘애, 천혜정, 임춘희(2000). 재혼가족의 실태 및 재혼생활의 질에 대한 연구. 대한가정학회지, 38(4), 1-20.

장현정(2010). 여성의 경험을 통해 본 재혼관계의 구성과정. 가족과 문화, 122(2). 55-93.

천혜정, 김양호(2007). 기혼자와 이혼자의 결혼 및 이혼과정 차이. 한국가족복지학, 12(3), 103-152.

최정숙(2008). 결혼초기 부부의 가족레질리언스 강화프로그램 개발 연구. 한국가족복지학, 23,

103-152.

통계청(2010). 혼인 · 이혼통계 결과. 2012년 6월 5일. http://www.nso.go.kr

통계청(2011). 혼인 · 이혼통계 결과. 2012년 6월 5일. http://www.nso.go.kr

홍원표(1993). 도시 맞벌이 부부의 갈등관리: 부산시 거주자를 중심으로. 경북대학교 대학원 석사학위논문.

Bateson, G. (1991). *A sacred unity: Further steps to an ecology of mind.* New York: Haper/Collins.

Coleman, J. C. (1984). *Intimate relationships, marriage and family.* Indianapolis, IN: The Bobbs-Merrill.

Ganong, L. H., & Coleman, M. (1989). Preparing for Remarriage: Anticipating the Issues. Seeking Solution. *Family Relations. 38*(1). 28-33.

Ganong, L. H., & Coleman, M. (1994). *Remariied Family Relationships.* Thousand Oaks, CA: SAGE Publications Inc.

Farrell, J., & Markman, H. (1986). *Individual and interpersonal factors in the etiology of marital distress: The example of remarital couples.* In R. Gilmour & S. Duck (Eds.), The emerging field of personal relationships. 251-263. Hillsdale, NJ: Lawrence Erlbaum.

Jacobson, D. S. (1979). Stepfamilies: Myths and realities. *Social Work, 24,* 202-207.

Kaplan, L., & Hennon, C. B. (1992). Remarriage education: The personal reflections program. *Family Relations, 41,* 127-134.

Lawson, D. M., & Prevatt, F. F. (Eds.) (1998). *Casebook in family therapy.* New York: Brooks/Cole.

Miles, M. B., & Huberman A. M. (1994). *Qualitative data analysis.* Thousand Oaks, CA: Sage.

Shoham, V., Rohrbaugh, M., & Patterson, J. (1995). *Problem and solutions-focused couple therapies: The mri and milwaukee models.* In N. S. Jacobson & A. S. Gurman (Eds.), Clinical handbook of couple therapy(pp. 142-163). New York: Guilford Press.

Schlanger, K., & Anger-Diaz, B. (1999). *The brief therapy approach of the palo alto group.* In D. M. Lawson & F. F. Prevatt (Eds.), *Casebook in family therapy.* New York: Brooks/Cole.

Watzlawick P., Weakland J., & Fisch R. (1974). *Change: problems formation and problem resolution.* New York: W. W. Norton.

제6장

선천성면역결핍질환아를 둔 가족의 부부갈등 해결을 위한 가족치료 사례연구

박태영 · 문정화

이 장은 선천성 면역결핍질환아 부모가 경험하고 있는 부부갈등의 특징과 부부갈등에 영향을 미친 요인, 그리고 부부갈등을 해결하기 위한 가족치료 개입과정과 치료 개입의 효과성을 살펴보았다. 이 장은 생후 2개월부터 7년간 아들의 불치병을 치료하는 과정에서 부부관계가 악화되어 부부가 상담을 의뢰한 내용으로, 2006년 11월부터 2007년 4월까지 총 13회기 동안 개인상담과 부부상담을 진행한 가족치료 사례를 Miles와 Huberman(1994)의 질적 분석방법을 활용하여 분석하였다.

분석결과, 선천성 면역결핍질환아 부모가 경험하고 있는 부부갈등의 특징은 재정악화와 역할기에 따른 충돌, 아들의 질병악화가 초래한 충돌, 감정조절이 안되는 심리적 불안정 상태, 극단적인 부부위기 상황으로 분석되었다. 부부갈등에 영향을 미친 요인으로는 부부의 원가족 경험과 이에 따라 역기능적으로 시도해 온 '해결책'인 것으로 분석되었다. 치료 개입은 문제확인 및 상담의 구조화, 원가족과 핵가족의 정서과정 탐색, 딸이 지각하는 가족관계 패턴 및 딸의 정서적 문제 탐색, 치료적 삼각관계 유지 및 변화계획 수립, 새로운 해결책의 효과성 확인 및 변화 유지 권유의 과정으로 분석되었다. Bowen의 가족체계모델과 MRI 의사소통모델에 근거한 치료 개입을 통하여 부부는 의사소통이 원활해지고, 정서적 교류가 이루어졌으며, 부부갈등이 완화되었다. 이러한 연구결과는 선천성 면역결핍질환아 가정이 직면하는 복합적인 문제 중에서 부부 문제해결을 위한 전문적인 임상적 접근으로써 가족치료 개입의 효과성을 제시하였다.

Ⅰ. 서 론

최근 선천성 결핍질환을 가지고 태어나는 아동이 증가하고 있으며 만성질환아의 증가는 세계적인 추세를 보이고 있다. 만성질환을 앓고 있는 아동의 비율은 전체 아동의 10% 이상을 차지하며 이들은 건강과 성장발달상의 문제를 가지고 있다(Brandbury, 2001). 만성질환의 특징은 증세가 점차적으로 시작되다가 장기간 질병이 유지되어 영구적 회복 불능 또는 병리적 변화에 따라 신체적 · 정신적 기능이 손상된다(Hymovich, 1981). 이러한 기능적 손상 때문에 아동은 일상적인 생활에 제한을 받게 되며 절대적으로 가족에게 의존하는 상황에 직면한다. 아동의 만성질환은 아동 자신은 물론이고 부모를 포함하여 전체 가족구성원에게 스트레스와 위기감을 느끼게 하며 이는 가족분열을 촉진시키는 잠재요인이 되어 가족문제를 초래한다(Gayton & Friedman, 1973; Mattsson, 1972). 이와 같이 가족구성원의 만성질환에 따른 가족의 스트레스는 점차적으로 가족체계 기능에도 큰 변화를 초래한다(강혜원, 2003; 나혜경, 2006). 특히 부모는 환아의 일상생활 관리와 장기간 간호를 책임져야 하므로 다른 가족구성원보다 더 큰 신체적 · 정신적 · 경제적 스트레스와 고통을 경험하게 된다(김은진, 1992). 즉, 부모는 환아의 치료과정에서 가족 내외에서 역할 양상의 변화와 경제적 압박을 받으며, 부부관계에도 부정적인 영향을 받게 된다(박태영, 문정화, 2012).

이와 같이 만성질환아를 둔 가족이 환아의 간호과정에서 겪는 고통과 스트레스에 따른 가족의 반응은 환아의 질병 치료과정에 부정적인 영향을 미치게 할 수 있다. 즉, 가족의 질병에 대한 지나친 의식과 불안과 같은 정서는 환아에게 투사되어 불안이 증대되고 가족에 대한 과도한 의존심을 가지게 하여 질병 치료에 부정적인 영향을 미치게 된다(김규수, 1999). 만성질환아 가족이 위기에 얼마나 잘 대처하느냐에 따라 아동의 치료와 복지 향상, 그리고 가족의 성장이 좌우될 것이다. 만성질환아의 치료과정에서 가족이 서로 원활한 의사소통을 통해 문제를 해결함으로 심리적 스트레스를 해소할 경우 가족의 전반적인 적응 수준은 향상될 수 있다(기화, 2003). 즉, 만

제6장은 '한국가족복지학(2013). 제7권 1호, pp. 31-60.'에 게재된 논문임.

성질환아 가족이 각자의 감정을 적절히 표현하고 역할 변화를 수용할 때 전반적인 가족기능에 긍정적 변화를 가져오게 되며 가족구성원이 자신의 가치를 중요하게 인식할 수 있다(Koch, 1985; Venters, 1981). 따라서 만성질환아를 둔 가족의 적응 수준을 향상시키기 위한 전문적인 개입이 필요하며 이에 대한 개입 방안을 모색할 필요가 있다. 그러나 지금까지 이루어진 만성질환아 가족에 대한 연구는 가족탄력성과 만성질환아 가족의 적응(이은희, 손정민, 2008), 가족의 부담감 및 가족기능(이화자, 어용숙, 2000; 조성민, 김보영, 2001), 어머니의 스트레스와 부담감(김보영, 2002; 양수남, 신영희, 2005; 이선희, 유일영, 2007), 가족의 돌봄 경험과 어려움(노은선, 권혜진, 김경희, 1997; 강경아, 김신정, 2005), 가족의 불확실성과 불안(구현영, 2002), 가족의 대처전략 및 가족의 극복력(심미경, 1997; 백경원, 최미혜, 2006), 사회적 지지(전나영, 2001; 이영선, 2009)에 관한 연구가 주를 이루고 있으며 만성질환아의 치료과정에서 부부갈등이나 가족갈등을 경험하고 있는 가족의 어려움을 해결하기 위한 전문적인 개입 방안과 효과성을 다룬 연구는 부재한 상태다.

따라서 이 장은 선천성면역결핍질환아를 치료하는 과정에서 부부갈등을 경험하게 됨에 따라 상담을 의뢰하여 가족치료가 실시된 사례를 다루고 있다. 만성질환아의 간호과정에서 발생한 부부갈등의 특징과 부부갈등에 영향을 미친 요인, 그리고 가족치료 개입과정과 치료 개입의 효과성을 파악하고자 하였다. 이를 통해 가족복지실천 현장에서 일하는 실천가에게 만성질환아를 간호하는 과정에서 어려움을 겪고 있는 가족을 효과적으로 지원할 수 있는 가족치료적 개입 방안을 제시하고자 하였다.

Ⅱ. 이론적 배경

1. 치료의 이론적 준거틀

이 장의 사례에서 부부갈등을 해결하기 위해 적용된 가족치료의 이론적 준거틀은 Bowen의 가족체계 이론과 MRI의 의사소통모델이다.

Bowen의 가족체계 이론은 핵가족만을 중시하는 다른 이론과 달리 확대가족을 중요하게 다루며, 치료과정에 모든 가족구성원이 참여하지 않고 부부체계 또는 한 사람만의 참여를 통해서도 가족의 변화를 도모할 수 있다는 점에서 가족문제를 노출하는 것을 기피하는 한국의 가족문화에 적용하기에 적합하다. 따라서 만성질환아를 둔 가족의 경우 일반가정과 달리 환아를 비롯하여 가족구성원 모두가 치료과정에 참여하기 어려운 여건이므로 부부체계를 중심으로 상담이 이루어질 수밖에 없는 실정이다. 또한 만성질환아 가족은 환아의 질병의 경과와 예후에 대한 불확실성으로 불안을 경험하는데 이러한 불안은 가족 갈등을 촉발시킬 수 있으며, 특히 환아의 주양육자인 어머니의 경우 환아와 더욱 밀착된 관계를 유지하는 데 영향을 미칠 수 있다. 따라서 가족구성원의 불안을 경감시키고 자기분화를 촉진하여 삼각관계에서 벗어나게 하는 데 치료 목표를 두는 Bowen의 이론은 만성질환아 가족의 문제를 해결하는 데 적합하다.

Bowen 이론에서는 부모, 특히 어머니와 자녀 간의 미분화된 정서적 관계를 중요하게 여기며 이러한 미분화된 관계는 가족투사과정을 통해 전수된다고 보았다. 즉, 가족투사과정은 원가족으로부터의 미분화에 따른 핵가족 감정체계의 감정적 불안정을 다루기 위한 기제다. 가족 간에 감정적 갈등을 다루기 어려우면 가족은 자신의 불안을 다른 가족구성원에게 투사하게 된다. 예를 들어, 부모가 자신의 갈등을 자녀에게 전가하게 되는 경우를 들 수 있는데, 투사의 대상이 되는 자녀는 분화의 수준이 낮은 상태에서 성장하게 되며 부모와 삼각관계에 빠지고 부부의 정서관계에 자녀가 개입되어 속죄양을 만들게 된다. 이러한 경우 자신의 생각이나 원하는 것을 스스로 의사결정을 내리지 못하고 부모의 정서에 민감해진다. 삼각관계는 일시적으로 불안과 스트레스를 감소키는 데 효과적일 수 있으나 가족의 정서체계는 혼란스러운 증상을 나타낸다(Goldenberg & Goldenberg, 2012).

Bowen의 가족체계 이론의 치료 핵심은 여러 세대를 통해 전수되고 있는 가족의 정서과정과 구조를 파악하여 원가족 내에서 자기분화를 향상시켜 가족체계를 변화시키는 것이다. 즉, 내담자가 가지고 있는 문제나 증상을 개인의 탓으로만 보지 않고 다세대 체계적 맥락에서 파악하고자 하였다. 치료 목표는 가족원의 불안을 감소시키고 자기분화를 촉진하여 삼각관계에서 벗어나게 함으로써 다세대 정서체계에 퍼져 있는 만성불안에서 벗어나도록 하는 것이다. 따라서 이 장에서 치료자는 Bowen의 이론을 근거로 만성질환아를 간호하는 과정에서 발생한 부부갈등 문제를 해결하기 위해 부부의 원가족 정서적 관계에 초점을 두고 개입하였다.

MRI의 의사소통모델은 내담자가 가지고 있는 증상에 초점을 둔 단기치료 접근법으로 의사소통과 체계 개념에 기반을 두고 있다(박태영, 2009). 즉, 가족체계 내에서

관찰할 수 있는 현재의 상호작용(관계)에 초점을 두고(박태영, 2001), 가족구성원이 명료하게 의사소통을 이룰 수 있도록 하는 것이 치료의 목적이다.

부부치료와 가족치료에서 주로 다루어지는 치료적 기술은 의사소통 훈련과 문제해결 훈련이다. 왜냐하면 치료과정에서 나타나는 부부갈등의 공통적 요인은 서로 다른 의사소통 방식이며, 원가족 경험에 기인한 역기능적인 의사소통 방식을 결혼과정에서 부부관계 또는 부모-자녀관계에서 동일하게 사용하여 가족구성원 간에 의사소통 문제를 겪게 된다(Johnson & Jacob, 2000). MRI 집단은 모든 행동은 사회체계 내에서 더 폭넓게 진행되는 의사소통으로 설명되어야 함을 강조하고 있으므로 가족의 문제 또한 의사소통의 교류 가운데서 파악해야 한다(Duncan, Solovey, & Rusk, 1992).

MRI의 모델에 따르면, 문제란 개인이나 가족이 사용하는 방식이 생활주기에 따른 변화에 적응하지 못하고 오히려 문제를 악화시키는 것으로 인식될 때 문제가 된다고 보았다. '문제'란 문제를 변화시키기 위해 오랫동안 지속해 온 바람직하지 못한 행동으로 이루어지며 내담자는 결국 비효과적인 방법으로 문제를 해결하려는 시도 때문에 곤경에 처하게 된다. 즉, MRI 모델의 초점은 문제가 바로 시도된 해결책이므로 그 시도된 해결책을 중지하는 것이다.

따라서 치료자는 문제를 해결하지 못하고 악순환을 초래하는 똑같은 문제해결 방식의 적용에 초점을 두어야 하며 새로운 또는 다른 행동을 기존의 행동과 대체하거나 본래의 문제행동을 '하찮은 문제'로 재평가하여 내담자가 지금까지 시도해 온 해결책을 인식할 수 있도록 해야 한다(Weakland, 1993). 이 장의 사례에서는 원가족 경험으로부터 기인되고 있는 역기능적인 의사소통 방식이 만성질환아를 간호하는 과정에서 부부갈등을 더욱 악화시키고 있다. 따라서 치료자는 이 방식을 사정하여 그동안 시도해 오지 않았던 새로운 의사소통 방식을 제안함으로써 부부갈등이 완화될 수 있도록 전략적인 개입을 시도하였다.

2. 선행연구의 검토

아동의 만성질환 중 선천성면역결핍질환은 항체면역결핍질환, 식세포이상, 복합면역결핍질환, 세포면역결핍질환 등 95개 이상의 종류가 있으며 다양한 면역계의 결함을 나타내는 유전성면역결핍질환으로 250,000명당 한 명 정도의 빈도로 발생하는 보기 드문 질환으로 알려져 있다(선천성면역결핍증 환우회, http://www.cgd.co.kr).

선천성면역결핍질환은 발현시기가 생후 1개월부터 15세이고, 여자아이보다 남자아이가 80%로 더 높은 비율을 차지하며 잦은 감염을 일으켜 소아기의 성장 발달을 지연시키거나 사망할 수 있는 질병이므로 조기 진단을 통한 효과적인 치료와 감염예방이 중요하다(한영미, 박희주, 2009).

이와 같이 선천성면역결핍질환은 다른 질병에 비해 특별한 주의가 필요하고 오랜 투병과정을 겪게 되므로 아동의 성장과 발달과 전체로서 기능하는 가족의 능력에 영향을 미친다(Looman, 2004). 만성질환아의 부모는 예측할 수 없는 환아 상태의 불확실성 때문에 불안과 죽음의 위협에 대한 두려움과 같은 부정적 정서를 경험하며, 이는 아동의 적절한 치료뿐만 아니라 가족 전체가 위협에 처하는 악순환을 경험하게 한다(최명애 외, 2000). 이처럼 아동의 만성질환은 가족구성원 전체의 삶의 질 저하와 가족갈등과 같은 부정적인 결과를 초래한다고 볼 수 있다. 즉, 만성질환아 가족은 정상가족보다 스트레스 증상이 더 많으며 정서적으로 불안하고 삶의 만족도가 낮고 사회적 활동 참여에 어려움을 겪는다(George & Gwyther, 1986).

이는 가족구성원 중 만성질환자가 있을 때 그 가족은 자신의 욕구 충족을 희생하면서 가족의 모든 자원을 환아에게 집중하는 경향이 있다. 이에 가족의 발달적 욕구가 무시되어 가족의 사회화 기능 성취를 위협할 수 있으며(Patterson, 2002), 신체적 · 심리적 · 경제적 부담을 느낌에 따라 가족기능에 큰 변화를 초래한다(나혜경, 2006). 특히 부모는 다른 가족구성원에 비해 더 많은 고통과 스트레스를 받는데 이와 같은 가족의 스트레스와 위기를 제대로 해소하지 못할 경우 지속적인 부적응 상태를 경험하게 된다(채명옥, 2005).

이와 같은 가족의 심리적 · 육체적 스트레스는 아동의 치료와 복지에 매우 중요한 영향을 미치므로 환아의 간호를 전담하고 있는 가족을 위한 전문적인 지원이 필요하다. 특히 만성질환아의 간호과정에서 가족구성원의 역할 변화 또는 역할 과중은 가족 내 불안정을 증가시켜서 부부갈등과 가족갈등을 야기할 수 있으므로 이에 대처하기 위한 효과적인 임상적 지원이 필요하다. 최경원(2003)은 환아의 투병기간에 발생하는 위기를 잘 극복하고 적응하면 환아의 성장과 발달을 도울 수 있고, 가족 또한 성장하는 기회를 갖게 된다고 하였다. 그러나 기존의 연구에서는 장기간의 투병기간 동안 환아의 간호과정에서 경험하는 부부갈등 및 가족갈등 해결을 위해 필요한 전문적인 지원에 관한 연구가 미흡한 상황이다. 따라서 이 장에서는 만성질환아의 간호과정에서 발생하는 부부갈등과 이에 대한 가족치료 개입에 대해 심층적으로 살펴보고자 한다.

Ⅲ. 연구방법

1. 연구대상

1) 의뢰동기

이 장의 사례는 선천성면역결핍질환으로 투병생활을 하면서 시한부 삶을 살고 있는 아들의 간호과정에서 부부간에 역할분담과 다른 자녀의 양육문제에 따른 잦은 의견충돌로 부부갈등이 초래된 사례다. 부부는 점차적으로 서로 대화가 사라지고 성관계가 단절되는 등 부부관계가 악화되자 상담을 의뢰하였다. 상담기간은 2006년 11월부터 2007년 4월까지이며, 총 13회기 동안 남편과 부인, 그리고 딸을 대상으로 개인상담, 부부상담을 진행하였다.

2) 가계도

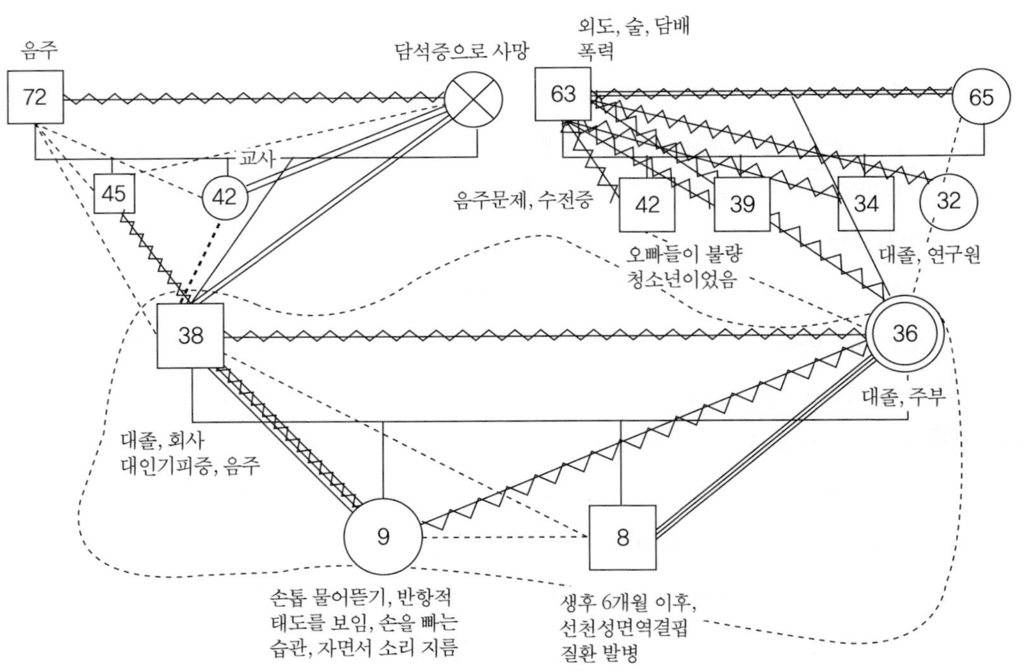

[그림 6-1] 가계도

2. 신뢰도 검증 및 윤리적 고려

이 장은 연구의 신뢰도를 높이기 위해 1회기부터 13회기까지의 상담 축어록에서 반복되는 개념을 지속적으로 비교하였으며, 상담 축어록과 상담메모를 활용함으로써 자료의 삼각화를 시도하였다. 또한 이 장은 치료자와 연구자의 토론을 통해 자료분석 과정에서 도출된 의미 단위와 범주에 대해 검토과정을 거치면서 연구자의 편견을 배제하고자 하였다. 그리고 대학 가족치료연구센터의 연구원으로부터 분석결과에 대한 피드백을 통해 연구자 삼각화를 시도하였다. 이 장의 치료자는 가족치료를 전공하여 현재 교수로 재직 중이며 18년 이상의 가족치료 임상 경험을 수행하였고 다수의 질적 연구논문을 발표하였다. 또 다른 연구자는 가족치료를 전공하고 대학에서 강의와 현장에서 가족치료 임상을 실천하고 있으며 여러 편의 질적 연구논문을 발표하였다. 한편 연구의 윤리적 측면을 고려하여 연구목적에 대해 설명한 후 상담내용의 사용에 대해 내담자의 동의를 얻었으며, 상담내용에 대한 내담자 가족의 사생활보장을 위한 익명성과 연구 이외의 목적에 자료를 이용하지 않을 것을 설명하였다. 또한 실명이나 신분이 노출될 수 있는 내용은 삭제하였다.

3. 연구질문

이 장의 연구 질문은 다음과 같다.
첫째, 만성질환아의 간호과정에서 나타난 부부갈등의 특징은 무엇인가?
둘째, 부부갈등에 영향을 미친 요인은 무엇인가?
셋째, 부부갈등 해결을 위한 치료 개입과정과 치료 개입의 효과성은 무엇인가?

4. 분석방법

이 장은 단일사례연구로서 선천성면역결핍질환아의 간호과정에서 나타난 부부갈등의 특징과 부부갈등을 해결하기 위한 가족치료 개입과정을 살펴보고 치료 개입과정에서 나타난 부부갈등에 영향을 미친 요인과 상담회기별 치료 개입 전략, 그리고 치료 개입의 효과성을 분석하였다. 이를 위해 상담회기별 상담내용을 전사 처리한 상담 축어록을 활용하여 남편과 부인, 그리고 딸의 개인상담과 부부상담에서 진술한 상담내용을 질적 분석하였다. 이 장은 분석과정에서 개방코딩을 활용하여 상담 축어록을 한 줄 한 줄 자세히 읽으면서 주요 개념을 도출하였고 유사한 개념을 묶어 하위범주를 도출한 다음 하위범주를 재분류하여 상위범주로 범주화하였다. 이 과정에서 연구자는 내담자가 진술한 언어를 그대로 인용하는 'in vivo code'를 사용함으로써 연구자의 주관적 편견을 배제하고 상담내용의 의미를 그대로 보존하고자 하였다. 또한 질적 분석에서는 모든 데이터를 한눈에 볼 수 있을 정도로 체계적으로 정리된 디스플레이가 필요하므로(Miles & Huberman, 1994), 이를 위한 질적 데이터 디스플레이 방법으로 배열된 줄과 열로 이루어지고 다시 매트릭스와 선으로 연결된 점으로 이루어진 네트워크는 효과적인 질적 분석 방법으로 볼 수 있다(Miles & Huberman, 2009; 박태영 외, 2009). 따라서 이 장에서는 Miles와 Huberman(1994)이 제안한 매트릭스와 네트워크를 활용하여 부부의 원가족 경험의 유사점과 부인의 원가족 경험의 특수성, 그리고 치료 개입을 통한 부부의 변화유형에 대한 매트릭스와 치료 개입과정에 대한 네트워크를 통해 분석결과를 효과적으로 보여 주었다.

Ⅳ. 연구결과

1. 만성질환아의 간호과정에서 나타난 부부갈등의 특징

선천성면역결핍질환아의 간호과정에서 나타난 부부갈등의 특징은 〈표 6-1〉과 같이 재정악화와 역할기대에 따른 충돌, 질병악화에 따른 충돌, 심리적 불안정 상태, 극단적인 위기 상황으로 범주화되었으며 구체적인 내용은 다음과 같다.

첫째, 재정악화와 역할기대에 따른 충돌상황은 재정악화와 부부갈등 증폭, 역할 불균형에 따른 부정적인 감정의 증폭인 것으로 나타났다. 둘째, 아들의 질병악화로 부부갈등이 고조되었으며 생존 가능성이 불확실해지면서 아들을 호스피스 병원으로 이동할 것을 고려하는 모는 자신의 생각을 반대하는 남편과 충돌하였다. 셋째, 부부갈등이 지속되면서 부부는 서로 감정조절이 안 되었고 부인은 남편과의 충돌에 대한 불안감을 느끼고 있었다. 넷째, 극단적인 위기 상황으로는 잦은 부부싸움, 성관계 단절, 정서적 단절, 대화 단절, 관계회복 포기, 이혼 고려 등으로 나타났다. 이 때문에 부부는 위기 상황에 직면하였고 이러한 부부갈등은 결국 환아와 다른 자녀에 부정적인 영향을 초래하였다.

1) 재정악화와 역할기대에 따른 충돌

남 편: 그건 교대했을 때잖아.

부 인: 그렇지, 그거지.

남 편: 교대하면 당연히 다 그렇게 되는 거지.

부 인: 그 전에 교대를 하지 않았을 때도 딸은 일주일에 한 번 병원에 와서 머리 감고 이런 일이 허다했어요. 저는 이런 부분에 대해서 잊는 게 너무 화가 나요. (1회기)

부 인: 경제적인 부분이 해결이 안 되었어요. 결혼 초 2년 정도는 잘 넘어갔지만 올해는 쌓여서 제가 얘기를 많이 했어요. (중략) 정기적으로 들어오는 소득이 사실은 없어요. 그래서 그런 부분에 대해서 자기도 속상한 것 같긴 한데, 나도 힘든데 어떻게 하란 말야 이렇게 얘기를 해요. 그런 것 때문에 많이 싸웠죠. 원초적으로 남편이 언성을 높이며 옷장 문을 부수고 폭력적으로……. (2회기)

2) 질병악화에 따른 충돌

부 인: 지금 소리가 크죠. 밥도 제대로 안 챙겨 주고. 내복도 일주일에 한 번밖에 안 갈아입히면서 당신은 기본적인 걸 안 해 주고 있지 않느냐. 그런 상태에서 숙제도 거의 안 봐 줬어요. 그럴 수도 있다고 생각은 하는데 그게 복합적으로 한 번에 다 터져 버린 거예요. 자기가 힘드니까 그런 부분에 대해서 신경을 쓸 수가 없었겠죠. 병원에서도 다툼이 있었고. 저번 주에 그러더라고요. 한 2주 정도 있다가 병원에 교대를 하러 와도 제가 거의 말을 하지 않고 아들을 보낼 때도 그냥 보내 버리고 남편 갈 때도 따뜻하게 보내거나 하는 건 없다고요.

남 편: 제가 호스피스병동에 대해서 생각을 안 하면 그거에 대해서 이해를 못해요. 그거에 대해서 자기가 생각한 부분을 제가 생각을 안 한다고만 하는 거예요. (중략) 그 전보다 더 심하게 아프고 하니까 그런 행동을 보이고 얘기를 하는 거지. 나는 이해가 안 가는 게. 이 사람은 사람의 죽음이라든

가 이런 운명에 대해서 직접 선택을 하려고 해요. 애가 힘들다는 이유로 편안하게 해 주고 싶다는 이유로……. 예를 들어서 어른들이 암에 걸렸다거나 식물인간이 된다거나, 식물인간은 좀 다르지만, 선택을 할 수 있지만 어떻게 그걸 자기 마음대로 결정을 할 수 있느냐는 거죠. (7회기)

3) 심리적 불안정 상태

부 인: 결혼초기에는 관계도 좋았고 서로 다른 사람이란 건 알았는데. 뭐 나와 생각이 다르거나 어떤 거에 대해서 제가 지금처럼 감정조절 못하면서 이렇게까지 표현하진 않았던 것 같아요. 아주 없진 않았겠지만.

치료자: 그 감정조절을 못하면서 표현이 나오는 이면에는 뭐가 있는 것 같으세요?

부 인: 불만 아닐까요? (1회기)

부 인: 겁나죠. 가는 것 자체가 변화는 되니까 병원생활을 무조건 빠져나오는 게 생기가 돌고 변화가 되니까 좋은 점이 더 많다고 생각해요. 근데 가면은 남편하고 부딪힐까 봐 좀 불안하죠. 겁나고. (2회기)

4) 극단적 위기 상황

치료자: 일단 두 분 간에 있어서.

남 편: 대화가 별로 없다는 거.

부 인: 그니까 얼굴을 자주 못 보니까 대화는 결혼하고 2년 이후부터는 거의 없었고요. 그러니까 아들이 나오면서부터. (1회기, 대화 단절) (중략)

치료자: 이혼에 대한 고려는요?

부 인: 했었어요.

치료자: 지금은요?

부 인: 지금은 할 수 있는 상황이 아니니까.

치료자: 애 때문에 안 되죠. 만약에 아들이 세상에 없다면 그 다음에는?

부 인: 이혼할 수도 있죠. (1회기, 이혼 고려하기)

부 인: 잘될 때는……. 별로 없는 것 같은데요.

치료자: 별로 없어요?
부 인: 잘될 때……. 그러니까 항상 얘기를 하다가 싸워요. (2회기, 잦은 부부싸움)
부 인: 저는 사실 개인적으로 남편의 성적 욕구 해소를 위해 신경 쓸 여유까지 없어요. 그럴 생각도 없고요. (2회기, 성관계 단절)

치료자: 같이 변해 주셔야 하는 건 명확하고 지금 아들이 어머니 나름대로 다 머릿속으로는 알고 있는데 행동화되지 않는다 이거예요.
부 인: 네. 행동하기 싫어요. (3회기, 관계회복 포기)

남 편: 저도 이혼에 대해서 구체적으로 생각을 해 봐요. 아까도 말씀드렸듯이 일만 하고 싶거든요. 아들이 어떻게 되면 이혼하고 일만 하고 싶어요. (4회기, 이혼 고려하기)

부 인: 네. 그러니까 제 생각에는 한 2년 정도 된 것 같아요.
치료자: 2년 전에 뭐가 있었기에. 사과도 안 하고 그랬어요? (7회기, 정서적 단절)

2. 부부갈등에 영향을 미친 요인

1) 부부갈등 요인

부부갈등을 지속시키고 악화시킨 요인으로는 남편과 부인의 원가족 경험과 원가족 경험에서 비롯된 부부문제를 해결하기 위해 역기능적으로 시도해 왔던 '해결책'인 것으로 분석되었다.

(1) 남편과 부인의 원가족 경험

남편과 부인의 원가족 경험은 〈표 6-1〉 〈표 6-2〉와 같이 분석되었다. 먼저 남편과 부인의 원가족 경험은 역기능적인 가족관계와 부에 대한 부정적 역할 지각으로 나타났다. 남편의 원가족은 가족 모두 각자 독립적인 생활을 하는 소원한 관계를 유지하였으며, 모의 사망 시 슬픈 감정을 가족과 나누지 않을 만큼 가족 간에 원활한 의사소통이 이루어지지 않는 역기능적인 가족관계를 형성하고 있는 것으로 나타났다. 또한 남편이 태어나기 전부터 어머니는 신장질환으로 병원생활을 하다가 남편

〈표 6-1〉 남편과 부인의 원가족 경험의 특징(유사점)

	역기능적인 가족관계	부에 대한 부정적 역할 지각
남편	• 부모님 관계가 그리 나쁘진 않았고 가끔 싸우는 것을 본 적이 있음/부모님이 싸워서 모가 집을 나갔던 일도 있었음–친밀하지 않은 부모님 관계 • 가족 모두 서로 부담 안 주고, 도움을 주고받지 않고 각자 생활하는 분위기임/가족과 주거니 받거니 대화가 된 적이 거의 없었음/모의 사망으로 슬픈 감정을 가족과 나누지 않고 친구들과 얘기했었음–소원한 가족관계 • 평소에는 대화를 안 하는 편이고 음주 시에 대화를 함/대학생이 되면서 부와 대화가 어느 정도 이루어짐–소원한 부자 관계	• 부는 술을 좋아해서 일하고 나서 술을 먹고 들어오곤 함/부가 주사가 심해 이웃과 싸워 말리러 간 기억이 있음–알코올중독과 주사에 따른 피해 • 부가 모가 사망한 지 얼마 되지 않아 여자를 사귀게 되면서 집 짓는 일도 도와주지 않고 충돌이 있었음/부가 남편이 있었던 여자와 사귀어 남편이 와서 행패를 부리고 가족이 반대함으로 헤어짐/두 번째 여자를 사귀면서 여자가 헤어지자고 하자 칼부림을 한 일로 여자가 합의하지 않아 교도소에 얼마 동안 있었음–부의 복잡한 여자문제 • 누나가 대학 때 늦게 들어와서 부가 방문을 못으로 박고 휘발유를 부으려고 했었음/부의 폭력적 행동 • 부가 돈 버느라 바빠 놀아 줄 시간도 없었음–자녀에 대한 부의 불충실
부인	• 친정부와 관계가 좋지 않았음/친정부를 무능력한 아버지로 인식하며 자라 옴–소원한 부녀관계 • 친정부모의 관계가 좋지 않았음–친밀하지 않은 부모님 관계 • 자녀들 모두 친정부에 대해 마음속에 응어리가 있음–부에 대한 자녀의 불만 • 친정부와 할 얘기도 없고 불편하게 느껴짐/친정모와 친밀하게 대화하는 관계는 아니었지만 큰 불만도 없는 관계임–소원한 부모님과의 관계 • 가족구성원이 모두 소원한 관계로 지내 옴/가족구성원 간에 대화가 없었음/어렸을 때부터 부모님과 주고받는 대화가 원활하지 않았음–가족 간에 대화가 안 됨	• 과거에도 알코올중독이었고 현재도 거의 매일 술을 마심–부의 알코올중독 • 친정부가 돈을 벌어 집에 갖다주지 않고 다른 여자한테 갖다주었음/친정부가 가정을 돌보지 않았고 한량이었음(부)–가장의 책임에 대한 불충실 • 친정부는 외박을 많이 했고 항상 술에 취해 있는 상태에서 친정모에게 폭력를 행사함/친정부는 항변하는 부인에게 형광등을 가지고 와서 위협한 적이 있음/친정모는 남편의 폭력을 피해 다녔음/친정부가 술에 취한 상태에서 친정모의 따귀를 때리는 것을 목격한 적이 있음–부의 폭력적 행동 • 형제가 집에 다 있을 때 외도한 여자를 데리고 왔던 적이 있었는데 아이들 앞에서 옷을 벗은 적도 있음/아이들 앞에서 작은오빠가 옷을 벗은 여자에게 죽이려고 칼을 들고 위협한 적이 있음–부의 외도문제 및 자녀와의 갈등 • 형제와 친정모는 친정부의 차 소리가 나면 화들짝 놀라고 무서워함–부로 인한 가족의 스트레스

〈표 6-2〉 부인의 원가족 경험의 특수성(세대 전수)

미흡한 역할과 문제행동 (부와 큰오빠)	과도한 역할(부인과 모)	
	모의 과도한 역할 지각	모의 과도한 역할
• 경제적인 문제에 대해 작은 오빠는 스스로 해결하려는 편이고 큰 오빠는 가족에게 의존적이었음–큰오빠의 경제적 무능함 • 큰오빠는 결혼하지 않고 동거하였음/동거녀는 시어머니에게 무례하였고 큰오빠와 자주 싸움/큰오빠와 다툰 후 동거녀는 시어머니에게 전화를 해서 집을 나간다면서 협박을 하고 돈을 요구했음–큰오빠의 여자문제 • 큰오빠는 술 문제로 수전증이 있음–음주문제 • 오빠들은 불량 청소년으로 지냈고 현재도 좋지 않게 살고 있음/큰오빠는 칼을 들고 다녔음/큰오빠가 학교의 창문을 부수는 등 문제를 일으켜 부모님이 자주 학교에 갔었음–큰오빠의 비행문제	• 경제적 책임을 친정모가 감당해 온 것을 보고 자람/집안 살림과 자녀양육을 전담함/친정모가 친정부의 술, 담배, 여자 문제로 빚진 돈까지 감당했음/친정모는 일을 하면서 육체적으로 아프고 힘들 때 표현하지 않고 혼자 감당해옴–모가 가사와 경제적 책임을 맡아 옴	• 작은오빠는 열심히 지내 왔고 돈을 벌면 자기를 위해 쓰기보다 집으로 보내 주었음/작은오빠는 친정부에게 대꾸한 적이 없었고 순하고 의기소침한 편이었음–작은오빠의 과도한 역할 • 아침식사도 반드시 해야 하고 설거지도 식사 후에 바로 해야 하고 빨래도 밀리지 말아야 함/집안일과 아이들에 대해 신경 쓰는 것만으로도 지치고 힘든 상황임/남편은 늘 늦게 들어왔고 둘째 입원 후에도 큰딸까지 돌보게 됨–부인의 과도한 역할

이 고 3때 신장절제 수술 후 사망하였다. 남편은 어린 시절 내내 질병을 앓고 있는 어머니의 모습을 보며 자라 왔다. 장기화된 건강악화로 어머니는 아들(남편)을 자주 체벌하였으며 이는 남편의 정서적 불안감에 영향을 미친 것으로 나타났다. 또한 아버지는 알코올중독으로 주변 사람들과 자주 다투었고 어머니가 사망한 후 복잡한 여자문제가 발생되면서 자녀들과 충돌하였다.

부인은 부모의 무관심으로 방치된 환경에서 자라 왔으며 남편과 마찬가지로 가족 간에 대화가 없이 소원한 관계를 유지하였고 부모의 부부관계도 좋지 않았다. 특히 부인은 친정아버지의 알코올중독, 불충실한 가장 역할, 외도 등의 문제 때문에 친정아버지를 무능력한 아버지로 인식하였다. 부인은 친정아버지와 관계가 좋지 않았고 친정어머니와 자녀는 친정아버지로부터 극심한 스트레스를 받았다. 이와 같은 부인의 친정아버지에 대한 부정적인 역할 지각과 역기능적인 가족관계의 특성은 남편과 유사한 것으로 나타났다.

남편과 부인의 원가족 경험의 유사점 외에 부인의 원가족 경험의 또 다른 특징은

〈표 6-3〉 부부갈등 해결을 위해 시도해 온 해결책(남편)

개 념	하위 범주	상위 범주
부인에게 소리 지름/남편이 소리를 질러 큰아이가 불안해 함/소름 끼치고 무섭게 소리를 지른 적이 있음/부인이 아이들을 야단칠 때 남편이 소리 지르면서 끼어듦	소리 지르기	역기능적 의사소통 방식 사용하기
일찍 일어나서 애들과 놀아 주라는 부인의 충고를 받아들이지 않고 짜증 냄	짜증 내기	
자신의 문제에 대해 인정하는 게 거의 없고 사과하는 경우도 없음/부인과 애들한테 빈정거리면서 표현하고 피곤하면 다 귀찮아 함	불만에 대해 우회적 표현하기	
성적 불만족에 대해 중요한 문제로 여기지 않아 부인과 얘기한 적이 없음	성적인 대화 차단	
부인의 지적으로 불쾌감을 느꼈으나 대화를 회피하게 됨	대화 회피하기	
자신이 고생하는 것보다 부인이 더 고생하고 있기 때문에 부인이 비난해도 그냥 가만히 있음	부인의 비난을 억지로 수용하기	직면하지 않고 소극적으로 대처하기
부인과 다투다가 나간 후 들어오지 않은 경우가 많음/늦게 귀가한 남편에게 푸념하면 집을 나가 버림/화난 상태로 집을 나가 회사나 친구 집에 있으면서 전화를 받지 않음	문제해결을 위해 직면하지 않기	
직장일로 귀가 시간이 늦을 경우 전화한 적이 없고 전화하기로 해 놓고도 지키지 않은 적이 많음/남편은 거의 회사에서 시간을 보내므로 함께할 시간이 없음	가정에 불충실함	배려하지 않기
회사를 확장시켜 경제적 안정을 찾는 것이 가장 중요한 일로 여겨짐	직장 일에 몰두하기	
집에 혼자 있는 부인에게 자상하게 전화하는 스타일이 아니고 부인이 전화하면 정신없이 바쁘다면서 전화를 끊음/술 마시고 있다고 솔직하게 얘기하지 않고 계속 들어간다는 말만 함	부인을 배려하지 않음	
딸 앞에서 옷장을 부수는 폭력적 행동을 보였던 적이 있음/딸을 통해 남편이 의자를 던진 적이 있다는 얘기를 들은 적이 있음/평소 불만을 쌓아 놓았다가 한 번에 폭발함	과격한 감정 표현	폭력적으로 행동하기
남편은 얘기를 끝까지 듣지 않고 코너로 몰아 넣음/부인이 말하고 있는 중에 더 이상 말을 할 수 없게 막아 버림	상대방의 대화를 일방적으로 차단하기	
TV를 보면서 스트레스를 풂/애들이 자면 새벽 3~4시까지 TV를 본 적도 있음	TV 시청하며 스트레스 해소하기	

〈표 6-3〉과 같이 친정부와 큰오빠의 미흡한 역할과 문제행동, 친정모와 부인의 과도한 역할의 세대 전수로 범주화하였다. 즉, 큰오빠의 경제적 무능함, 큰오빠의 여자문제, 음주문제, 청소년기 비행문제 등은 부의 부정적 행동이 세대 간 전수된 것이었다. 이와 반대로 친정모는 남편(친정부)의 불성실함 때문에 집안일과 자녀양육 및 경제적 책임을 도맡아 왔으며 이와 같은 친정모의 과도한 역할은 작은오빠와 부인에게 세대 간 전수되었다.

(2) 부부갈등 해결을 위해 시도해 온 해결책

아들의 생존가능성이 점차 희박한 상황에서 장기간 아들을 간호해 왔던 부인과 가사와 딸의 양육을 맡아 왔던 남편은 심리적 · 신체적 소진상태에 이르렀다. 이로 인해 부인은 아들의 병세에 따라 컨디션이 좌우되었고 남편에 대한 불만이 쌓이면서 부부갈등이 지속되었다.

먼저, 남편이 부인과의 갈등을 해결하기 위해 사용해 온 방식은 〈표 6-3〉과 같이 역기능적인 의사소통 방식 사용하기(소리 지르기, 짜증 내기, 불만에 대해 우회적 표현하기, 성적인 대화 차단, 대화 회피하기), 직면하지 않고 소극적으로 대처하기(부인의 비난을 억지로 수용하기, 문제해결을 위해 직면하지 않기), 배려하지 않기(가정에 불충실함, 직장 일에 몰두하기, 부인을 배려하지 않음), 폭력적으로 행동하기(과격한 감정 표현, 상대방의 대화를 일방적으로 차단하기), 그리고 TV 시청하며 스트레스 해소하기 등이었다. 이와 같은 남편의 역기능적인 상호작용 패턴은 원가족에서 세대 전수된 것이며 악화되고 있는 부부갈등 상황에서 부인과의 심리적 거리를 두게 되면서 가족으로부터 자신을 고립시키는 결과를 가져왔다.

〈표 6-4〉에서 보듯이 부인이 남편과의 갈등을 해결하기 위하여 시도해 온 방식은 역기능적인 의사소통 방식 사용하기(비난과 잔소리, 짜증 내고 화를 냄, 훈계하며 투사하기, 과소평가하며 훈계하기, 불만을 표현하지 않고 삭임, 긍정적 감정 표현 자제하기), 남편을 무능하게 여김(무시하고 외면하기, 남편에 대해 불신하기, 칭찬에 인색함), 융통성 부재(엄격한 규칙 적용하기, 자기중심적 태도), 화풀이하며 스트레스 해소하기 등으로 분석되었다. 이와 같은 부인의 상호작용 패턴 또한 원가족 경험에서 기인한 것이며, 특히 부에 대한 미해결된 부정적 감정이 남편과의 관계에서 전이되고 있었고 부부관계로 받은 스트레스를 자녀에게 풀었다. 이와 같이 부부가 문제를 해결하기 위해 시도해 왔던 해결책은 아들 문제로 초래된 위기 상황에서 문제를 해결하기보다 오히려 부부관계가 악화되는 결과를 가져왔으며 이는 부부 각자의 원가족 경험에서 기인한 것으로 볼 수 있다.

〈표 6-4〉 부부갈등 해결을 위해 시도해 온 해결책(부인)

개 념	하위 범주	상위 범주
큰아이에게 부정적인 영향을 미치는 남편의 습관에 대해 차가운 표현으로 고치라고 얘기함/남편이 소리를 내며 음식을 먹을 때 짜증스럽게 반응하며 소리 내지 말라고 지적함/부인의 잔소리 때문에 소리를 내지 않고 먹으려고 노력함	비난과 잔소리	역기능적 의사소통 방식 사용하기
방이 지저분해 있으면 일주일 내내 짜증을 냄/늦게 귀가하여 피곤한 기색을 하고 늦잠 자는 남편에게 화를 냄	짜증 내고 화를 냄	
남편의 얘기를 그대로 받아 주지 않고 잘못된 점만 얘기하고 남편의 생각이 잘못됐다고 말함/직장동료에 대해 얘기했을 때 그렇게 하면 안 된다고 훈계를 하므로 싸움으로 이어짐	훈계하며 투사하기	
부인과의 대화 중 학생 취급하며 가르치려고 하지 말라고 한 적이 있음/어린애 다루듯 얘기하는 것으로 불만을 가짐	과소평가하며 훈계하기	
남편에 대한 불만으로 표현은 하지 않지만 표정은 굳어 있음/늦잠 자고 부인을 도와주지 않으면 부인의 얼굴이 굳어 있고 남편과 단절됨/싸움이 벌어질까 봐 부인은 지저분하다는 표현을 하지 않고 불만만 쌓아 놓음	불만을 표현하지 않고 삭힘	
남편의 변화를 위한 노력에 대해 긍정적 지지나 고맙다는 표현을 하지 않음/딸을 보살피는 남편의 수고에 대해 고맙다거나 수고했다는 말을 하고 싶지가 않음	긍정적 감정 표현 자제하기	
피곤해 하거나 술을 먹고 들어가면 대꾸하지 않고 말도 안 시키고 뭘해도 칭찬 한 마디 안 함/술을 먹고 들어간 적이 있었는데 부인은 인상부터 쓰고 남편에게 말도 걸지 않음/여유가 생기면 가족여행을 계획하고 있다는 남편의 말에 대해 여행 가고 안 가고가 중요하지 않다고 말하여 사기를 저하시킴	무시하고 외면하기	남편을 무능하게 여김
남편은 부인이 자신의 일거수일투족을 감시하는 것 같다고 말함/변화를 위한 남편의 노력에 대해 신뢰하지 못하고 의심함/남편의 입장을 인정하지 않고 부인의 의견만 옳다고 함	남편에 대한 불신	
일년 동안 딸의 양육을 남편이 책임지다시피 했는데 부인은 남편을 칭찬하지 않고 잘못한 부분만 생각하는 것이 못마땅함	칭찬에 인색함	
자녀와 남편이 TV를 보지 못하게 하여 스트레스를 받음/남편이 TV를 보고 늦잠 자는 것을 부인이 허용하지 않음	엄격한 규칙 적용하기	
자신(부인)의 생각과 다르면 잘못된 것으로 생각함/부인과 다른 의견을 말하면 남편의 생각과 감정을 이해하지 않으려고 함	자기중심적 태도	
집에 와서 남편은 애들한테 짜증 내면서 나름대로 스트레스를 풀게 됨	화풀이하며 스트레스 해소하기	

2) 상담회기별 치료 개입 과정

치료자가 부부갈등을 해결하기 위해 개입한 치료과정은 다음의 [그림 6-2]와 같이 도식화하여 살펴볼 수 있다.

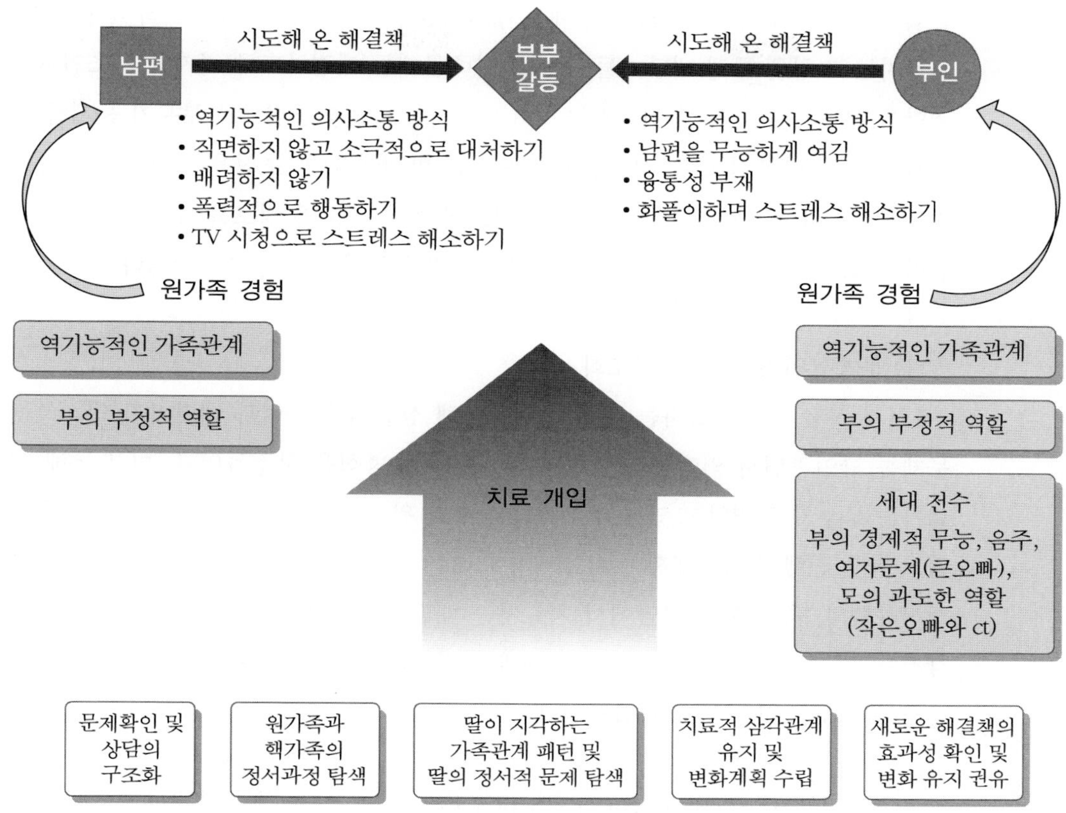

[그림 6-2] 치료 개입과정에 대한 네트워크

Bowen의 가족체계 이론과 MRI 의사소통모델에 근거한 상담회기별 치료 개입과정과 상담회기별 개입의 주요 특징은 〈표 6-5〉에서 〈표 6-9〉까지와 같이 분석되었다. 치료자는 증상보다 가족체계의 역동성에 초점을 두고 체계를 변화시키는 데 중점을 두는 Bowen의 가족체계 이론을 활용하여, 내담자의 핵가족과 원가족의 정서과정을 탐색하기 위해 상담회기에 따라 가족 성원을 참여시킴으로써 체계적 접근을 시도하였다. 이를 통해 내담자의 가족체계 과정에 대한 통찰과 균형 있는 사고 기능을 강화하고자 하였다. 이를 위해 치료자가 치료과정에서 사용한 주요 기법은 다음과 같다. 첫째, 치료자는 가계도를 주요 개입도구로 활용하여 탐색하는 과정에서 가족의 정서과정에 대한 과정질문을 통해 가족구성원으로 하여금 가족문제에 대한 지각과 관계유형에 어떤 방식으로 반응하였는지를 인지할 수 있도록 하였다. 둘째, 치료자는 치료적 삼각관계 기법을 통해 내담자 부부의 문제에 대해 옳고 그름을 판단하지 않고 중립적 입장을 취하여서 치료과정에서 내담자들이 안정감을 가지도록 하였다. 셋째, 치료자는 코칭을 통해 내담자들이 직접 가족문제를 해결하도록 지지하고 조언하는 역할을 시도하였다. 또한 치료자는 MRI 의사소통모델을 중심으로 부부가 문제를 해결하기 위해 반복적으로 시도해 온 의사소통 방식에 대한 초점을 두고 개입하였으며, 부부가 바람직한 변화를 위해 노력하도록 좋은 충고와 정보를 제공함으로써 그동안 시도해 오지 않았던 새로운 해결책의 처방을 통한 변화를 촉진시켰다.

(1) 문제확인 및 상담의 구조화

1회기 상담에서 치료자는 부부상담을 통해 상담의뢰 목적과 내담자가 인식하는 문제를 확인하면서 역기능적인 부부의 상호작용 방식을 사정하였다. 이를 통해 치료자는 부부가 당면하고 있는 부부갈등 상황과 원가족 경험과의 인과관계를 예측하였고 향후 진행될 치료계획과 치료과정에 대한 정보를 제공하면서 상담의 구조화를 실시하였다. 즉, 1회기 상담에서 치료자는 내담자가 제시하는 문제에 대한 생각과 감정을 표출하도록 하면서 치료적 관계를 형성하였고 이를 통해 내담자의 불안을 감소하는 데 초점을 두고 개입하였다.

치료자: 저를 찾아오신 주된 이유가 뭐예요?

치료자: 지금 무엇이 문제가 되시는지 말씀해 주시겠어요?

치료자: 그 전에는 두 분 간에 의사소통이 어떠셨어요? (과정질문)

치료자: 교대로 하자는 것은 병원하고 집안일을 교대하자는 거예요?

치료자: 근데, 남편에게 어떻게 반응하세요? (과정질문)

치료자: 제가 초점을 두는 것은 문제를 해결하기 위해 두 분의 원가족문제를 보는 것이고 (중략) 의사소통하는 방식과 원가족 분리문제를 봐요. (Bowen의 이론과 MRI 의사소통모델의 통합적 관점)

〈표 6-5〉 상담회기별 치료 개입의 특징: 1회기

회기 \ 내담자	개입 전략
1회기 남편 부인	상담을 의뢰한 주된 목적 확인/부부의 의사소통 방식 확인/부부가 인식하는 주요 문제 탐색/부부의 상호작용 방식 탐색/원가족에서 경험한 주요 사건과 가족관계 탐색/선천성면역결핍질환이 있는 아들의 미래계획 확인/치료계획 및 치료과정에 대한 정보 제공/부인의 남성 기피와 원가족 경험과의 인과관계 탐색의 필요성 언급

(2) **원가족과 핵가족의 정서과정 탐색**

2~5회기에서 치료자는 부인과 남편을 참여시킨 개인상담을 통해 심층적인 원가족 경험을 탐색하기 위한 의도적 질문을 통해 가족관계와 원가족에서 경험한 주요 사건을 중심으로 체계적인 접근을 시도하였다. 이를 통해 친정부에 대한 미분화된 정서문제에 따른 부인의 남성 기피와 남편의 폭력성, 남편의 미성숙함, 남편의 미흡한 역할과 부인의 과도한 역할 등은 원가족 정서과정을 통해 세대 간 전수되었음을 파악하였다. 이와 같은 원가족 정서과정은 핵가족 정서과정에서 부부가 아들의 불치병에 따른 위기사건을 경험하는 과정에서 역기능적인 의사소통 방식과 갈등대처 방식에 영향을 미치고 있었다. 또한 치료자는 4회기부터 상담 후 부부의 변화정도를 탐색함으로써 부부로 하여금 자신과 배우자가 변화를 인식하게 하면서 촉진시켰고, 역기능적으로 시도해 왔던 해결 방식과 원가족 경험과의 인과관계를 지속적으로 통찰할 수 있게 하였다. 치료자는 개인상담을 할 때 배우자의 원가족 경험에 대한 정보를 상대배우자에게 제공함으로써 부부에게 서로에 대한 이해를 확장시켰다.

치료자: 제가 오늘 볼 것은 일단 두 분 간의 의사소통과 자녀와의 의사소통, 원가족에서의 의사소통 방식을 볼 거예요. 일단 두 분 간에 대화가 잘될 때는 어느 때인가요? (2회기, Bowen의 이론과 MRI 의사소통모델의 통합적 관점) (중략)

치료자: 신혼 초부터 지금까지 전형적으로 부딪히는 패턴이 있을 텐데요. (중략) 예

〈표 6-6〉 상담회기별 치료 개입의 특징: 2~5회기

회 기 \ 내담자	개입 전략
2회기 부인	부인의 원가족 배경의 심층적 탐색/반복되고 있는 역기능적인 부부관계 패턴 탐색/남편에 대한 불만의 원인과 표현 방식 확인/부부문제의 상호적인 책임성 부여/남편의 성적 욕구 해소에 대해 이해시키기/부부의 원가족 문화 차이 인식의 필요성 제시
3회기 부인	부인의 원가족의 가족관계에 대한 체계적인 탐색/원가족에서의 주요 사건 심층 탐색
4회기 남편	변화 확인/딸과 부모와의 의사소통 방식 탐색/부부간에 성적인 대화 경험 확인/부부간의 대화를 통한 정서적 지지의 중요성 설명
5회기 부인	부부관계 변화 확인/변화 요인 확인/남편의 원가족 배경의 심층적 탐색/남편의 원가족 문화가 부인과 자녀관계와의 인과관계 설명함/부인의 원가족 배경에 대한 정보 제공

를 하나 들어 주시겠어요? (2회기, 역기능적으로 시도해 온 해결책 탐색)

치료자: 제가 볼 때 남편의 가족문화는 약속을 하면 반드시 지켜야 하는 게 아닌 문화일 가능성이 많아요. (2회기, 치료적 삼각관계)

치료자: 오늘은 어머니 아버지 부부관계하고 가족관계를 볼 거예요. 어머니 아버지 두 분의 부부관계는 어떠셨어요? (3회기, 원가족 정서과정 탐색) (중략)

치료자: 말씀하시기 싫을 수 있지만 원가족에서 주요 사건과 가족관계에 대한 저의 질문에 대해 내놓으시면서 어떤 흐름을 잡으실 수 있을 테고 내 문제가 왜 이렇게 걸려 있느냐에 대해서 통찰이 되실 거예요. (3회기, 원가족 경험 진술을 통한 내담자의 인지적 자각 촉진)

치료자: 지금 부인에게 어떤 변화가 있으세요? (중략)

치료자: 부부간에 관계의 변화는요? (중략)

치료자: 딸의 경우 엄마하고 아빠 중 누구와 대화가 잘되나요? (4회기, 핵가족 정서과정 탐색) (중략)

치료자: 성적 불만족을 와이프에게 얘기 안 해요? (4회기, 과정질문) (중략)

치료자: 부부관계에서 대화가 원활해지면 제가 볼 때는 피곤함 같은 것도 줄어들 수 있을 거라고 추측해요. (4회기)

치료자: 두 분 간에 조금 차이나 변화가 있으세요? (중략)

치료자: 그래요? 변화를 어떻게 했을까요? (5회기, 과정질문) (중략)

치료자: 제가 오늘은 남편의 원가족 관계를 좀 볼게요. (5회기, 원가족 정서과정 탐색) (중략)

치료자: 남편 분의 원가족 문화는 부인하고 자녀에게 연결이 되거든요. 예를 들면 만약에 ○○가 나중에 죽게 된다면 불안이 있을 거 아니에요. 짜증도 있을 테고, 여러가지 복잡한 감정이. (중략)

치료자: 부인의 가족을 보면, 아버지하고 엄청난 스트레스 관계에 있었고, 어머니하고도 소원한 관계에 있었고, 오빠하고도 둘 다 소원하고 밑에 남동생하고는 괜찮지만……. 부인도 가정 내에서 주거니 받거니 대화가 안 됐다는 거죠. (5회기, 정서과정 설명)

(3) 딸이 지각하는 가족관계 패턴 및 딸의 정서적 문제 탐색

6회기에 치료자는 딸과의 상담을 통해 부모관계와 남매관계를 탐색하면서 전반적인 가족관계 패턴을 탐색하였다. 특히 치료자는 환아를 위주로 가족의 생활양식이 변화되어 방치되고 있는 딸의 학교생활과 또래관계를 탐색하였고 부모의 갈등지각으로 초래될 수 있는 정서적 문제를 사정하였다. 치료자는 6회기에서 나타난 좋지 않은 부모관계에 대한 딸의 인식과 딸의 일상생활에 대한 정보를 부부에게 제공함으로써 부부관계 개선 의지를 고취시키고자 하였다.

> 치료자: 너하고 엄마하고 사이는 어떠니? (중략) 모르겠어? 너하고 아빠 사이는 어떠니? (중략)
>
> 치료자: 모르겠어? 그럼 엄마 아빠 사이는 어떠니? (중략)
>
> 치료자: 동생이 집에 올 때 하고 동생이 집에 있을 때 하고 차이점이 있니? (중략)
>
> 치료자: 친구들하고 사이는? (중략)
>
> 치료자: 그러면 너의 친구들하고 있었던 일, 담임선생님 하고 있었던 일, 학교에 있었던 일, 그런 얘기를 누구한테 하니? (중략)
>
> 치료자: 부모님이 다투실 때 불안한 마음을 누구한테 얘기하니? (안 해요.) 안 해? 그럼 마음속에 담아 둬? (6회기, 핵가족 정서과정 탐색)

> 치료자: 엄마의 기준에 안 맞을 때 부부가 싸움을 한다는 거죠. 부부가 사이가 좋을 때가 거의 없는 것 같다 그랬고요. (중략) 학교생활을 잘하고 있는 것 같아요. (중략)
>
> 치료자: 비율로 따지자면 어느 정도 되는 것 같아요? 딸을 돌봐 주고 목욕시켜 주

〈표 6-7〉 상담회기별 치료 개입의 특징: 6~7회기

내담자 / 회 기	개입 전략
6회기 딸	부모-자녀관계 탐색/딸이 관찰한 부모관계 탐색/남매관계 탐색/ 친구관계 탐색/의미 있는 대상과의 의사소통관계 탐색/부모의 다툼으로 불안감이 들 때 딸의 해소방법 탐색
7회기 남편 부인	딸이 인식하고 있는 부모관계에 대한 정보 제공/남편의 가사분담에 대한 역할 수행과 부인의 기대치의 차이 설명/남편에 대한 부인의 불신과 부인에 대한 남편의 부정적 감정을 설명함으로써 중재하기

고 빨래하고 밥 먹여 주고……. 예를 들어 남편이 와서 와이프가 생각하는 비율이 서로 다르다는 거지요. (중략)

치료자: 와이프 입장에서는 분명히 담배를 폈는데 안 폈다고 남편이 우긴다는 거죠. 그건 말한 사람만 거짓말하는 격이 되어 버리잖아요. 그렇지 않아요? 또 아들이 아빠 입장에서 보면 와이프는 항상 나를 지적하고 나를 학생 다루듯이 가르치려고 하고 나를 변화시키려고 했다는 거 아니에요. 어떻게 보면 동갑인 남편이 더 자존심 상하셨을 거 아니에요……. (7회기, 치료적 삼각관계)

(4) 치료적 삼각관계 유지 및 변화계획 수립

8회기부터 11회기에 치료자는 선천성면역결핍질환아 가정에서 나타나는 특징적인 내용을 다루었다. 즉, 환아의 일차적 책임을 맡아 온 부인은 아들의 생존문제에 대해 생명을 연장시키고자 하는 마음과 호스피스 병원으로 옮겨 더 이상 고통당하지 않고 보내 주고 싶어 하는 양가감정을 가지고 있었다. 따라서 치료자는 8회기부터 아들을 호스피스 병원으로 이동하고자 하는 부인의 의견과 이에 반대하는 남편과의 의견충돌 및 가치관의 차이로 발생한 갈등 상황에 개입하였고 치료자는 중립적인 입장에서 치료적 삼각관계를 유지하면서 서로의 입장을 대변하고자 하였다. 치료자는 부부에게 부부간의 의견과 가치관은 절대적인 기준에 따라 틀린 것으로 인식하기보다 서로 다름을 인정하고 존중하는 것이 더 효과적이라고 설명하였다. 또한 치료자는 부부에게 의사소통 방식의 변화는 사고와 감정의 변화를 가져올 수 있다는 것을 인식시키고 부부갈등 상황을 극복할 수 있는 새로운 해결책을 제안하였다. 이를 통해 11회기에서 치료자는 부인의 진술을 통해 남편이 부인의 의견을 따라 호스피스 병원에 동행한 사실이 확인되었다.

치료자: 지난번에 다녀가시고 나선 조금이라도 변화를 느끼세요? (중략)

치료자: 남편이 어떻게 애쓰는 것 같은가요? (중략)

치료자: 본인은 어떤 부분이 바뀌셨나요? (8회기, 과정질문)

치료자: (중략) 문제를 해결하려고 시도했던 역기능적인 방식, 비효과적인 방식이라는 걸 제가 잡는 거예요. 그러면 저는 그것 가지고는 상대편의 습성을 변화시키지도 못하는데 왜 그 방식으로 계속 하느냐 이거예요. (8회

기, 역기능적으로 시도해 온 해결책)

치료자: 사람에 따라 정리 정돈하는 기준이 다르죠. (중략)

치료자: 부인도 남편에게 즉각 즉각 반응을 해 주시면 남편은 부인이 나를 훨씬 잘 받아 준다고 느끼실 수 있다는 거예요. (8회기, 치료적 삼각관계)

치료자: 제가 이해를 한 것은요. 두 분이 관점이 완전히 나뉘어져요. 부인은 아들이 현재 잠정적으로 나아지더라도 궁극적으로는 언젠가는 죽지 않을까라는 생각을 가지고 있고요. 남편께서는 아들이 나을 수 있다는 희망을 가지고 계신 것 같아요. (중략)

치료자: 부인의 생각은 그 병실에 있는 것 자체가 아들한테 도움이 안 될 거라고 보는 것 같아요. (9회기, 치료적 삼각관계)

치료자: 지난번에 남편께서 그러세요. 호스피스 문제를 제외하고는 자신은 변하고 있다고요. (중략)

치료자: 남편이 많이 애를 쓰는 것 같은 예를 하나 들어 주시겠어요? (중략)

치료자: (남편의) 긍정적인 행동으로 나타나는 게 어떤 게 있습니까? (중략)

치료자: 저는 사실 이 사건의 초점을 어디에 두냐 하면 아들의 죽음과 관련해서 대화하고 이런 것에 대해서 말을 하지만 아들이 죽은 뒤에 두 분이 이혼에 대해서 생각할 수 있다는 거에 또 초점을 두고 있는 거예요. (중략)

치료자: 남편이 일찍 와서 가사분담도 하고, 그런데 대화하는 데 있어서 변화는요? (10회기, 치료적 삼각관계) (중략)

치료자: 그런데 최악의 경우 주의산만이 계속되고 애도 엄마도 짜증 나게 되면 포기하는 거죠. 엄마의 기준을 내려놓자는 거예요. (10회기, 코칭, 새로운 해결책 제안)

치료자: 그런데 제가 볼 때는 우리 남편은 그런 상황(위급한 상황)을 받아들이려고 하지 않고 만약에 그런 상황에 부딪혔을 때 결정할 수 있겠느냐는 거예요. 지금도 결정을 못하는데. (중략)

치료자: 그런데 남편은 아들의 호스피스 문제 저변에 전 뭘 느끼냐면 늘 당신(부인)은 내 의견을 받아들여 주기보다 내 의견을 무시하고 당신의 의견대로

〈표 6-8〉 상담회기별 치료 개입의 특징: 8~11회기

회 기 \ 내담자	개입 전략
8회기 남편 부인	남편의 변화 탐색/남편의 노력하는 구체적인 내용 탐색/남편이 인식하는 자신의 변화 탐색/정리 정돈하는 방식과 가사에 대한 기준이 서로 다름을 설명/차이점을 인정하고 시도해 온 방식을 중지해야 함을 권유/남편의 노력에 대한 적극적인 부인의 반응이 필요함을 언급/아들을 호스피스 병원으로 이동하는 것에 대한 부부간의 가치관의 차이에 대해 해석하기
9회기 남편	아들을 호스피스 병원으로 이동하는 것에 대한 부부간의 관점 차이 재정리/호스피스 병원 이동을 원하는 부인 입장 대변하기
10회기 부인	호스피스 병원 이동 문제 외에 남편의 변화와 의지에 대한 정보 제공/남편의 노력하는 예시 요구/남편의 긍정적 행동 변화 탐색/아들의 사망 후 이혼문제가 악화될 수 있는 가능성 예측/가사분담과 대화 방식의 변화 탐색/딸의 주의산만한 문제 탐색/양육 방식의 차이에 따른 갈등 탐색/ 새로운 해결책의 제안 및 효과성 강조
11회기 남편 부인	호스피스 병원으로 아들을 옮기려는 부인의 입장 대변하기/부인의 뜻을 건성으로 따르려고 하는 남편의 입장 대변하기/아들 얘기 외에 부부간에 나누는 대화내용 탐색/변화 요인 탐색/남편 귀가 시 부인이 반겨 주길 바라는 남편의 마음 대변하기/남편의 권한을 부여해 주길 권유함/부인의 과도한 역할에 대해 남편이 이해해 주고 분담해 주길 권유함/남편을 비난하고 비하하는 표현 방식을 자제하도록 권유함/부부의 변화를 발견하고 지지함

하지 않았냐 그게 밑에 깔려 있지 않아요? (중략)

치료자: 지금 댁에 오시면 아들 얘기 말고 어떤 얘기를 하세요? (중략)

치료자: 그런데 일주일 동안 어떤 게 변했어요? 두 분이? (11회기, 치료적 삼각관계) (중략)

치료자: 남편이 들어오시기 전에 좀 쌩쌩하게 남편을 조금만이라도 반겨준다면 일찍 들어올 수 있을 것 같군요. (11회기, 코칭, 새로운 해결책 제안)

치료자: 근데 남편은 일단 내가 할 때 설거지를 하든 청소를 하든 일단 나를 내버려두라는 거죠. (중략)

치료자: 표현하는 데 있어서 일단 상대편을 인정해 주시고 깎아내리지 말라는 거예요. (11회기, 코칭, 새로운 해결책 제안)

(5) 새로운 해결책의 효과성 확인 및 변화 유지 권유

12회기와 13회기에서 치료자는 부부의 변화를 중점적으로 다루면서 부부가 서로의 변화를 인정하고 존중하는 태도의 중요성과, 부부관계의 개선이 자녀관계와 전

반적인 가족기능에 긍정적인 영향을 미친다는 점을 설명하였다. 또한 치료자는 새롭게 시도된 해결책의 효과성과 부부관계의 변화가 유지될 수 있도록 꾸준한 노력이 필요함을 강조하였다. 13회기의 상담과정에서 치료자의 가족치료를 통해 부부는 원가족 경험과 역기능적인 문제해결 방식에 대해 인식하게 되었고 부부간에 의사소통 방식이 변화되면서 점차적으로 부부관계가 개선되는 결과를 가져왔다.

치료자: 지난번 다녀가시고 나서 일주일 정도 지났네요. 어떤 변화가 있으셨어요? (12회기, 새로운 해결책의 효과 확인)

치료자: 지금 두 분의 원가족 경험 때문에 걸려 있는 문제가 대화를 길게 자세하게 내놓고 주거니 받거니 하지 않은 문화이므로 두 분 간의 스트레스가 없다면 그냥 무난히 넘어갈 수도 있었다는 거죠. 근데 아들로 인해서 사실 가장 큰 위기가 들어와 있다고 볼 수 있거든요. 장기화되고 있거든요. 그러니까 힘든 상태로 들어가 있는 거거든요. 근데 보통 위기 상황이 없으면 나름대로 대처해 나갈 수 있지만 원활하지 못한 의사소통이 들어와 버리면 관계가 나빠지는 거죠. (12회기)

치료자: 그렇지 않아도 그 이야기를 할 시점이에요. 부인께서 거의 처음으로 새벽 1시에 전화를 해서 어디 있다는 것 하고 귀가시간을 알려 줬다는 거예요. 이게 별것 아닌 거 같은데 부인 입장에서는 남편의 변화라고 느낄 수 있다는 거예요. (13회기, 변화 유지 권유)

치료자: 그리고 저쪽(부인)에서는 불안하지 않고 그리고 언제 오겠다는 걸 정확히 맞춰 줬으니까 약속을 지킨 거고, 부인을 존중해 주고 있는 남편이라

〈표 6-9〉 상담회기별 치료 개입의 특징: 12~13회기

내담자 / 회기	개입 전략
12회기 부인	남편의 표현 방식의 변화 탐색/원가족 배경의 차이와 부부관계에 미치는 영향 재강조/남편의 의견을 묻는 표현 방식을 사용할 것을 권유하기/부부가 연합된 모습을 자녀에게 보여 주기를 권유함
13회기 남편 부인	부인이 남편의 변화를 인식하고 있음을 전달함/새로운 해결책의 효과성 강조/남편의 변화로 부인이 긍정적인 느낌을 받고 있음을 전달함/남편이 인식하는 부인의 변화 탐색/남편을 존중하고 짜증을 내지 않는 사례 탐색

고 볼 수 있는 거죠. (13회기, 새로운 해결책의 효과성)

치료자: 부인이 변화하고 있다고 느끼시는 것이 있으세요? (중략)

치료자: 어떤 면에서 부인이 남편을 존중한다는 느낌을 받았었나요? (13회기)

3. 치료 개입의 효과성

치료자의 전략적인 치료 개입의 효과성은 남편과 부인의 변화유형과 유형별 변화내용, 부부갈등 극복을 통해 살펴볼 수 있다.

1) 남편과 부인의 개인적 변화

치료 개입 후 남편의 구체적인 변화는 가족을 위한 변화의지, 의사소통 방식의 변화, 포용력 확대, 그리고 긍정적 행동 변화로 나타났다. 이에 대한 구체적인 내용은 〈표 6-10〉에서 나타나고 있는데, 남편은 과도한 역할을 하고 있는 부인에 대한 죄책감 때문에 비자발적으로 부인의 비위를 맞추면서 스트레스를 표출하지 못하고 일에 몰두하여 집에 늦게 들어오거나 휴일에도 가족과 함께 시간을 보내기보다 TV를 보거나 늦잠을 자는 등 가정에 불충실한 모습을 보여 왔다. 그러나 상담과정에서 남편이 부인과 자녀를 위해 시간을 내고 부인의 불만 해소를 위해 노력하는 모습이 부인에 의해 관찰되었고 자녀와 약속한 귀가시간을 지키기 위해 노력하면서 가족을 위한 변화의지를 보여 주었다. 또한 남편의 의사소통 방식의 변화내용으로는 가족에게 화를 내거나 짜증 내는 등의 부정적 감정 표현을 자제하고 말의 톤을 낮추는 등의 표현 방식의 변화와 함께 부인의 말을 경청하는 것으로 나타났다. 포용력에 대한 변화로서 남편은 부인의 스트레스를 이해하게 되었고, 부인의 마음과 입장을 수용하였으며, 부인을 인정하는 것으로 나타났다. 마지막으로, 남편의 긍정적 행동 변화에선 귀가 전에 부인에게 미리 전화하여 귀가 시간을 알려 주었고, 전보다 귀가시간이 빨라졌으며 가사분담에서 역할을 더 증진시켰다. 또한 남편은 아들의 병간호를 위하여 부인과 교대할 때 병원 침대 시트 정리 등에서 부인과 충돌하지 않기 위해 분담된 역할에 충실하였고 부인의 요구에 순응적인 태도를 보여 주었다.

치료 개입 후 부인의 구체적인 변화는 인식의 변화, 의사소통 방식의 변화, 표정의 변화, 포용력 확대로 나타났다. 부인은 상담초기에 정신적 · 신체적으로 소진된

〈표 6-10〉 치료 개입 후 남편과 부인의 개인적 변화

남 편		부 인	
변화유형	내 용	변화유형	내 용
가족을 위한 변화의지	• 변화를 위해 노력하기 • 약속 지키기 위해 노력하기	인식의 변화	• 부정적 태도에 대해 인식함
의사소통 방식의 변화	• 부정적 감정 표현 자제하기 • 억양이 낮아짐 • 부인의 말에 경청하기	의사소통 방식의 변화	• 명확하게 표현하기 • 솔직하게 요청하기 • 고마운 마음 표현하기 • 잔소리의 감소 • 짜증과 화내는 횟수 감소
포용력 확대	• 부인의 스트레스 이해하기 • 부인의 마음과 입장 수용하기 • 부인을 인정하기	포용력 확대	• 남편에 대한 허용적인 태도 • 남편에 대한 호의적인 태도 • 남편 인정하기 • 남편 존중하기 • 남편의 피곤함 이해하기
긍정적 행동 변화	• 귀가 전 미리 전화하기 • 귀가시간이 빨라짐 • 분담한 역할에 충실하기 • 순응적 태도 취하기	표정의 변화	• 짜증스러운 표정이 줄어듦

상태에서 남편에 대한 불만이 쌓이면서 남편에게 부정적인 감정을 투사해 왔다는 것을 인식하였다. 또한 상담과정을 통해 부인은 자신이 평소 남편을 못마땅해 하고 신뢰하지 않는 자신의 습관과 남편이 소리 내며 음식을 먹는 식습관에 대해 훈계하고 지시적으로 표현해 왔던 자신의 부정적인 태도를 인식하게 되었다. 또한 평소 남편에 대한 불만을 직접 표현하지 않고 속으로 삭이면서 체념해 왔으나 상담과정에서 점차적으로 남편이 일찍 일어나 주기를 요청하거나 힘들다고 하며 도움을 요청하는 등 솔직한 표현을 시도하였다. 한편 부인은 전에는 의도적으로 남편에 대한 긍정적인 마음을 의도적으로 표현하지 않았으나 상담 후 남편에게 고마운 마음을 표현하였고 잔소리와 짜증이 줄었으며, 남편에 대한 포용력도 증대되었다. 예를 들어, 상담 전에 부인은 남편이 TV 보는 것과 늦게 자는 것에 대해 못마땅해 했으나 상담 후에 허용적인 태도를 취하게 되었고, 남편의 요구대로 남편의 귀가 시 반갑게 맞이해 주고 출근할 때 자녀들에게 인사시키는 등 남편을 존중하는 태도의 변화가 나타났다. 또한 부인은 남편이 피곤해 할 때 휴식할 수 있도록 아이들을 데리고 나갔다 오는 등 남편을 진심으로 배려하고 포용하는 변화가 나타났다.

2) 부부갈등 극복

치료 개입 후 남편과 부인의 개인적인 변화는 궁극적으로 부부관계 개선에 직접적인 영향을 미친 것으로 볼 수 있다. 이를 통한 구체적인 부부갈등 극복은 〈표 6-11〉과 같이 의사소통이 원활해지고 정서적 교류가 이루어지며, 부부갈등이 완화된 것으로 나타났다. 13회기 상담과정을 통한 내담자들의 가장 큰 변화는 의사소통 방식이었으며 이를 통해 상담초기에 비해 부부가 서로 전화통화 시 원활한 의사소통이 이루어졌다. 또한 아들의 호스피스 병원 이동 문제가 중점적으로 다루어진 4차례의 상담이 진행되면서 부부는 점차적으로 상대방의 입장을 이해하게 되었으며 의견 차이가 있는 상황에서도 충돌하지 않고 대화를 했다. 한편 부부는 서로의 불만과 의견에 대해 솔직한 표현이 가능해졌고 대화시간이 점차 길어졌다. 부부간에 원활한 대화가 가능해지면서 그동안 쌓여 있던 오해가 해소되었고 대화 시 반응적인 태도를 취하였으며 단절되었던 성관계가 회복되면서 다툼의 횟수가 감소되었고 부부

〈표 6-11〉 부부갈등 극복

개 념	하위 범주	상위 범주
예전보다 전화 통화를 해도 소통이 잘되고 있음/전에는 전화 통화를 하면서 싸웠는데 지금은 싸우지 않고 넘어가게 됨	전화통화 시 원활한 의사소통	의사소통이 원활해짐
아들의 생사를 결정하는 문제에 대한 의견 차이에 대해 점차적으로 상대방의 입장을 이해하려는 태도로 대화가 이어짐/남편과 의견 차이가 있는 상황에서 주거니 받거니 의사소통이 이루어짐/장시간 부부간에 충돌 없이 원활한 의사소통이 이루어지면서 호스피스 병동으로 이동하는 것에 대한 합의가 이루어짐	의견 차이 극복과 원활한 의사소통	
서로에 대한 불만에 대해 주거니 받거니 솔직하게 표현되고 있음/상담을 다녀와서 애들한테 화를 내지 않았으면 좋겠다는 얘기를 하면서 처음으로 길게 대화를 했음/부부가 서로의 의견을 솔직하게 표현함으로써 충돌 없이 대화가 이어지게 됨/지난번 상담 때보다 아들문제에 대해 부부가 더 효과적으로 대화가 이루어짐	솔직한 표현의 시도와 대화가 길어짐	
대화가 이어지면서 부인의 의견에 대한 오해가 풀리게 됨	대화를 통한 오해 해소	정서적 교류가 이루어짐
코미디 프로를 봐도 웃기지 않았는데 남편이 웃어야 할 시기를 농담조로 얘기해 주어 웃었던 적이 있음/최근 성관계가 있었음	정서적 교류와 성관계 회복	
싸우는 횟수가 좀 줄었음/최근에 크게 싸운 적이 없음/늦게 들어오고 피곤해 했지만 큰 소리 내지 않고 탈 없이 지냄/술 먹고 늦게 들어가지 않게 되면서 부부싸움이 감소함	싸움횟수 감소와 충돌 완화	부부갈등이 완화됨

갈등이 완화되는 결과가 나타났다.

V. 결 론

이 장은 선천성면역결핍질환아의 간호과정에서 발생한 부부갈등을 해결하기 위한 가족치료 사례연구로 간호과정에서 나타난 부부갈등의 특징, 부부갈등에 영향을 미친 요인, 그리고 부부갈등 해결을 위한 치료 개입과정과 치료 개입의 효과성을 살펴보았고, 연구결과를 요약하면 다음과 같다.

첫째, 선천성면역결핍질환아의 간호과정에서 나타난 부부갈등의 특징은 재정악화와 역할기대에 따른 충돌, 질병악화에 따른 충돌, 심리적 불안정 상태, 극단적인 위기 상황으로 나타났다. 환아의 질병악화와 경제적인 압박감은 부부갈등을 촉진시키는 요인이 되었으며, 특히 남편이 가사와 딸의 양육을 전담하면서 부인의 기대와 상충되는 남편의 미흡한 역할 때문에 부부갈등이 증폭됨에 따라 부인은 이혼을 고려하는 극단적인 위기 상황을 맞고 있었다.

둘째, 치료자는 부부갈등을 유지시키고 악화시킨 데 영향을 미친 요인을 파악하는데 초점을 두었다. 치료과정에서 나타난 부부갈등 요인으로는 남편과 부인의 원가족 경험과 부부문제를 해결하기 위해 시도해 온 역기능적인 의사소통 방식과 갈등대처 방식인 것으로 나타났다. 남편과 부인의 유사한 원가족 경험은 가족구성원 간의 소원한 가족관계와 남편의 부의 음주문제, 폭력, 여자문제 등에 따른 부의 부정적인 역할에 대한 지각으로 나타났으며 부인의 경우 남편과 부인의 유사한 원가족 경험 외에 친정아버지와 큰오빠의 미흡한 역할과 문제행동과 친정어머니와 부인의 과도한 역할이 세대 전수되고 있는 특징이 나타났다. 이와 같은 내담자의 원가족 경험은 불치병 아들을 장기간 돌보는 과정에서 부부문제를 해결하기 위해 시도해 왔던 해결책이 부정적인 영향을 미쳐 부부갈등을 악화시킨 것으로 볼 수 있다.

셋째, 치료자는 부부갈등 해결을 위하여 Bowen의 가족체계 이론과 MRI의 의사소통모델을 적용함으로써 통합적 접근을 시도하였다. 즉, 치료자는 Bowen의 가족체계 이론을 통하여 내담자의 원가족에서의 미분화된 정서적 관계, 핵가족 정서과정, 세대 전수 과정, 가족투사과정 등을 탐색함으로써 내담자의 가족체계에 대한 통찰을 강화하였다. 한편 치료자는 MRI 의사소통모델을 중심으로 부부가 문제해결을 위해 시도해 온 해결책 찾기, 시도된 해결책 저지하기, 의사소통 수준 탐색하기, 새로운 해결책 제안하기와 같은 방법을 활용하였다.

넷째, 치료 개입의 효과성은 남편과 부인이 공통적으로 의사소통 방식과 포용력이 확대되는 변화를 통해 살펴볼 수 있었다. 남편은 부정적인 감정 표현 자제하기, 음성 톤 낮춤, 부인의 말에 경청하기와 같은 표현 방식의 변화가 나타났으며, 부인은 명확하게 표현하기, 솔직하게 요청하기, 고마운 마음 표현하기, 잔소리와 짜증과 화내는 횟수의 감소와 같은 변화가 나타났다. 이와 같은 부부의 의사소통 방식의 변화는 상담초기에 호소했던 위기 상황을 극복하는 데 직접적인 영향을 미친 것으로 볼 수 있다. 즉, 상담을 통하여 남편의 긍정적 행동 변화(귀가 전 미리 전화하기, 귀가 시간이 빨라짐, 분담한 역할 충실하기, 순응적 태도 취하기)와 부부간에 포용력이 확대되는 변화를 가져왔다. 이를 통해 부부간에 의사소통이 원활해졌고 정서적 교류가 되면서 부부갈등이 완화되었다. 따라서 이와 같은 연구결과는 다음과 같은 함의를 가진다.

첫째, 장기 입원 환아를 둔 가족 중, 특히 부모는 여러 가지 차원에서 스트레스에 직면하게 된다. 한국은 전통적으로 빈곤, 노령, 실업, 불건강, 양육과 요양을 포함한 노동을 가족이 책임져 오면서 다양한 기능과 역할을 한꺼번에 수행해야 하는 기능적 과부하 상태에 놓여 왔다. 특히 장기 입원 환아를 돌보는 부모는 경제적 압박과 돌보는 데서 오는 스트레스를 받으면서 부부관계가 악화되는 상황에 놓일 수 있다. 이와 관련하여 이 장은 기존 연구와 달리 만성질환아를 간호하는 과정에서 경험하는 가족의 어려움과 부부갈등, 그리고 이를 중재하기 위한 가족치료적 개입과정을 심층적으로 분석함으로써 만성질환 가족의 어려움에 대한 이해를 도모하였다. 이는 아동의 만성질환과 관련된 기존의 연구들은 질적 연구에 비해 양적 연구가 주를 이루고 있고, 연구주제는 주로 심리 · 영적인 문제와 대처 등이며, 그 외 가족기능, 질병경험, 증상조절, 사회적 지지와 중재요구 등을 다루고 있다. 이 중에서도 사회적 지지와 중재요구를 다룬 연구는 극소수다(조헌하, 윤지원, 2010). 즉, 만성질환아와 가족에 대한 연구는 증가하고 있지만 환아와 가족의 중재에 대한 연구는 부족한 실정이며 간호과정에서 겪는 가족의 역동에 대한 질적 연구는 거의 찾아보기 어렵다. 이러한 점에서 이 장은 기존 연구와 차이점이 있다고 볼 수 있으며 가족의 돌보는 책임을 지원하는 임상적 개입 방안을 제시하였다고 볼 수 있다.

둘째, 장기 입원 환자를 돌보는 과정에서 처할 수 있는 부부위기와 같은 전반적인 가족기능 약화의 문제를 해결하기 위해 제도적 차원에서의 전문적인 임상적 개입 방안을 모색해야 할 것이다. 즉, 장기 입원 환자를 돌보는 과정에 참여하는 가족도 다중고에 시달리는 제2의 희생자이며 숨겨진 환자로 볼 수 있으므로 돌보는 과정에서 적시에 전문가의 개입이 이루어질 수 있도록 사회적 지원체계를 마련해야 한다.

셋째, 이 장의 결과를 통해 MRI 모델과 Bowen의 가족체계 이론에 기초한 만성질환아 가족의 부부갈등 해결을 위한 치료 개입의 효과성을 파악할 수 있었다. 특히 Bowen의 이론은 핵가족뿐만 아니라 확대가족도 중요하게 고려하며, 가족구성원 모두가 참여하기보다 부부 또는 가족성원 중 한 사람과의 치료과정을 통해서도 가족의 변화를 도모하기 때문에 환아의 간호에 더 많은 신경을 써야 하는 만성질환아 가족을 위해 더 효과적일 수 있다. 또한 장기간 환아의 간호를 위해 주로 병원에서 시간을 보내는 부인은 남편과 다른 자녀와의 정서적 교류 부재로 의사소통문제를 경험하게 된다. 이 장 결과에서도 부인은 다른 자녀(딸)와 남편과 원활하게 의사소통을 못하였고 이 때문에 가족구성원은 갈등을 경험하고 있었다. 따라서 MRI 모델은 만성질환아 가족의 가족갈등 중재를 위해 효과적인 치료모델임을 이 장 결과를 통해 확인할 수 있었다.

따라서 다양한 유형의 가족을 접하는 가족복지 실천 현장에서, 특히 만성질환아 가족의 부부갈등 해결을 위해 Bowen의 가족체계 이론과 MRI 모델을 통합적으로 적용한 맞춤형 가족치료 개입으로 효과적인 가족복지서비스를 제공할 수 있을 것이다. 이를 통해 장기입원 환자를 돌보는 과정에서 유발되는 부부위기를 극복하여 환자를 돌보는 질을 높일 수 있으며, 궁극적으로 환아의 복리를 향상시킬 수 있다.

이 장의 결과는 선천성면역결핍질환과 같은 만성질환으로 장기간 투병 기간 동안 돌보는 과정에 참여하는 과정에서 유발되는 부부위기 극복을 위한 효과적인 개입 방안을 모색하는 기초자료가 될 것으로 사료된다. 마지막으로 이 장은 단일사례연구이므로 모든 만성질환아 가족에 대하여 일반화시킬 수는 없다. 따라서 앞으로 다중사례연구를 통해 만성질환의 유형에 따른 부부갈등 또는 가족갈등의 특징과 차이를 살펴보고 효과적인 도움을 제공할 수 있는 임상적 방안을 모색하는 후속연구가 진행되기를 기대한다.

참고문헌

강경아, 김신정(2005). 말기 암 환아 부모가 경험하는 어려움. 아동간호학회지, 11(2), 229-239.

강혜원(2003). 소아암 환아 가족의 적응에 관한 연구: 가족 탄력성 개념을 중심으로. 숭실대학교 대학원 석사학위논문.

구현영(2002). 입원 아동 가족의 불확실성과 불안. 아동간호학회지, 8(1), 67-76.

기화(2003). 만성질환 아동 가족탄력성 모델검증: 백혈병 환아 가족을 중심으로. 카톨릭대학교 대학원 석사학위논문.

김규수(1999). 의료사회사업 실천론. 서울: 형설출판사.

김보영(2002). 간질아동 모의 스트레스에 관한 연구. 한국아동복지학, 14, 37-63.

김은진(1992). 만성질환아 가족의 사회적 지지와 가족기능간의 관계연구. 이화여자대학교 대학원 석사학위논문.

나혜경(2006). 아토피 아동 어머니의 양육스트레스에 관한 현상학적 연구. 이화여자대학교 대학원 박사학위논문.

노은선, 권혜진, 김경희(1997). 중환자 가족의 돌봄 경험에 관한 연구. 성인간호학회지, 9(2), 251-261.

박태영(2001). 가족치료 이론의 적용과 실천. 서울: 학지사.

박태영(2009). 마리화나 피는 아들에 대한 가족치료 사례연구. 한국가족치료학회지, 17(1), 57-96.

박태영, 김태한, 김혜선, 박소영, 유명이, 은선경, 이재령, 장윤영, 정선영, 조성희, 조용길(2009). 가족치료사례와 질적 분석. 서울: 학지사.

박태영, 문정화(2012). 선천성면역결핍질환아 간호과정에서의 시간의 경과에 따라 가족이 경험하는 어려움에 관한 연구. 한국가족복지학, 17(4), 26-30.

백경원, 최미혜(2006). 만성질환을 가진 아동과 가족의 극복력. 아동간호학회지, 12(2), 223-232.

선천성 면역결핍증 환우회, http://www.cgd.co.k

심미경(1997). 장애아 어머니의 자아존중감, 대처유형, 삶의 질에 관한 연구. 대한간호학회지, 27(3), 673-682.

양수남, 신영희(2005). 만성질환아 어머니의 부담감과 대처에 관한 연구. 계명간호과학, 9(1), 75-84.

이선희, 유일영(2007). 선천성 심장병을 가진 아동어머니의 개인적 자원과 양육스트레스. 아동간호학회지, 13(1), 73-80.

이영선(2009). 사회적 지지와 암환자 가족의 삶의 질의 관계에서 돌봄부담감과 내적성장의 매개효과. 한국사회복지학, 61(2), 325-348.

이은희, 손정민(2008). 가족탄력성이 만성질환아 가족의 적응에 미치는 영향 연구. 한국아동복지학, 27, 95-120.

이화자, 어용숙(2000). 뇌성마비아 부모의 부담감 및 가족기능에 관한 연구. 아동간호학회지, 6(2), 199-211.

전나영(2001). 암환아의 질병적응 관련요인 분석. 연세대학교 대학원 박사학위논문.

조성민, 김보영(2001). 간질아동 가족의 가족기능에 관한 연구. 대한소아신경학회지, 9(2), 375-302.

조헌하, 윤지원(2010). 소아암 아동과 가족에 관한 국내 연구 동향. 아동간호학회지, 16(1), 73-83.

채명옥(2005). 만성질환아 가족의 기능 회복력 측정도구 검증. 간호과학, 16(2), 51-59.

최경원(2003). 만성질환아 가족과 정상아 가족 기능의 강점비교연구. 서울대학교 대학원 석사학위논문.

최명애, 이현숙, 김대희, 박명희, 윤소영, 조연희, 방경숙, 박연환(2000). 만성질환아 어머니의 삶의 질에 관한 연구. 아동간호학, 6(2), 249-261.

한영미, 박희주(2009). 선천성 면역결핍질환의 임상적 고찰. 소아알레르기 및 호흡기학회지, 19(3), 220-232.

Brandbury, J. (2001). *Deaths from congenital heart defects decrease*. USA: The LANCET.

Duncan, B. L., Solovey, A. D., & Rusk, G. S. (1992). *Changing the rules: A client-directed approach to therapy*. New York: The Guilford Press.

Gayton, W. F., & Friedman, S. B. (1973). Psychological aspects of cystic fibrosis. *American Journal of Disabled Children,* 126, 856-859.

George, L. K., & Gwyther, L. P. (1986). Caregivers wellbeing: A multidimensional examination of family caregivers of demented adults. *The Gerontologist, 26* (3), 253-259.

Goldenberg, I., & Goldenberg, H. (2012). *Family therapy; An overview*. Pacific Group, CA: Brooks/Cole

Hymovich, D. P. (1981). Assessing the impact of chronic childhood illness of the family and parent coping. *Got Image, 13*, 71-74.

Johnson, S. L., & Jacob, T. (2000). Sequential interactions in the marital communication of depressed men and women. *Journal of Consulting and Clinical Psychology, 68*(1), 4-12.

Koch, A. (1985). If only it could be me: the families of pediatric cancer patients. *Family Relation,* 34, 63-70.

Looman Wendy Sue. (2004). Defining social capital for nursing: Experience of family caregivers of children with chronic conditions. *Journal of Family Nursing. 10*(4), 412-428.

Mattsson, A. (1972). Long-term psysical illness in childhood: a challenge to psychosocial adaptation. *Pediatrics, 50*(5), 801-809.

Miles, M. B., & Huberman, A. M. (2009). 질적자료분석론(박태영, 박소영, 반정호, 성준모, 은선경, 이재령, 이화영, 조성희 공역). 서울: 학지사.

Miles, M. B., & Huberman, A. M. (1994). *Qualitative data analysis*. Thousand Oaks, CA: Sage.

Patterson, J. M. (2002). *Resilience in families of children with special health needs*. Paper presented at Pediatric Grand Rounds, University of Washington Children's Medical Center, Seattle, WA.

Venters, M. (1981). Family coping with chronic and science childhood illness: The case of cystic fibrosis. *Social Science Medicine. 15*(a), 289-297.

Weakland, J. (1993). Coversation-but what kind?. In S. Gilligan & R. Price (Eds.), *Therapeutic conversations*(pp. 136-145). New York: Norton.

제7장

전환장애를 가진 부인에 대한 가족상담의 효과 분석

박태영 · 박신순 · 김선희

이 장의 목적은 전환장애를 가진 부인에 대게 MRI의 의사소통 이론과 Bowen의 가족체계 이론을 적용한 가족상담의 효과를 밝히는 데 있다. 이 장은 자료분석을 위해 개방코딩을 사용하였고, 범주 간 관련성을 밝히기 위하여 Miles와 Huberman이 고안한 매트릭스와 네트워크를 활용하였다. 이 장의 결과, 첫째, 상담의 내용은 탐색하기, 내담자의 진술 촉진하기, 진단하기, 치료하기, 상담계획하기, 희망 주기로 나타났다. 둘째, 전환장애를 가진 부인에 대한 가족치료의 상담효과는 증상 변화, 인지 변화, 행동 변화, 의사소통 변화, 재결합의사의 변화로 나타났다. 셋째, MRI의 의사소통 이론과 Bowen의 가족체계 이론을 적용한 상담은 전환장애를 가진 부인의 치료과정에 효과적인 것으로 나타났다. 이 장은 전환장애 환자에 대한 개입에서 가족체계와 기능적 의사소통 방식의 중요성을 보여 준다.

Ⅰ. 서 론

일반적으로 전환장애(conversion disorder)는 특별한 신체질환이 없는 감각기관의 기능상실을 주증으로 하는데, 심리적 갈등이나 정서적 스트레스 때문에 금지된 욕구, 마음속의 억압된 요소가 증상으로 전환되어 나타난다(김명진, 최병만, 이상용, 2000; 김보경, 이상룡, 1996; 김보영 외, 2002; Kozlowska, Scher, & Williams, 2011; Uijen & Bischoff, 2011). 이러한 전환장애 증상을 호전시키기 위해서는 정서적 지지(김보경, 이상룡, 1996; 김은정, 이동원, 2001; 유미숙, 2004; Ruddy & House, 2005)가 매우 중요한데 이는 의사소통 방식, 즉 표현 방식을 통해 이루어진다. 또한 지지적 환경에서 일차적으로 가족환경체계가 실로 중요하므로 가족의 기능적인 표현 방식이 필수적이다. 따라서 가족체계가 불안정하고 가족의 의사소통 방식이 역기능적일 경우에 가족환경을 긍정적으로 개선시키기 위하여 상담자의 개입이 필요하다.

정성경과 김정희(2004)의 연구에 따르면, Bowen의 가족체계 이론을 활용한 가족관계 증진 집단상담은 역기능적 가족관계를 갖고 있는 가족원에게 자기분화 수준을 향상시키고 불안 수준을 낮추는 데 효과가 있다고 하였다. 임원선(2008)의 가족치료 사례연구에서는 부부갈등, 자녀와의 갈등 등의 문제가 복합되어 있는 남성을 대상으로 Bowen의 가족치료 모델을 적용하여 탈삼각화와 코칭을 통해 자아분화 수준을 향상시켜 부부관계와 자녀와의 관계가 개선되었다고 하였다. 그리고 박태영 등(2012)의 연구에 따르면, 치료자가 이혼위기에 있는 부부를 대상으로 MRI의 상호작용적 가족치료 모델에서 주로 보는 의사소통문제와 Murray Bowen의 가족체계 이론에서 중점을 두는 자아분화문제를 중심으로 개입한 결과, 부부갈등이 완화되어 가족치료적 개입의 효과성을 보여 주었다. 또한 부부갈등을 경험하고 있는 부부에게 MRI 모델과 Bowen의 가족체계 이론을 통합하여 접근한 개입방법은 부부관계가 기능적으로 변화하도록 하였다(박태영, 김혜선, 김태한, 2010; 조지용, 박태영, 2011).

전환장애 증상을 호전시키기 위해서는 가족에 대한 접근이 중요하고 또한 여러 전

제7장은 '상담학연구(2013). 제14권 1호, pp. 1-30.'에 게재된 논문임.

문분야에 걸친 접근이 요청된다(Tickle & Crockford, 2011; Wald, Taylor, & Scamvougeras, 2004). 그럼에도 불구하고 지금까지 전환장애에 관한 연구는 인지행동치료적 접근(Wald, Taylor, & Scamvougeras, 2004) 또는 놀이치료를 통한 접근(유미숙, 2004)을 제외하고는 대부분이 의학적인 연구(김명진, 최병만, 이상용, 2000; 김보경, 이상룡, 1996; 김보영 외, 2002; 김승기, 김현우, 권택술, 1991; 김시경, 신철진, 홍성도, 1997; 김윤용 외, 2007; 김은정, 이동원, 2001; 김정일, 정인과, 곽동일, 1987; 박영숙, 1991; 박재훈, 1982; 서덕원 외 2011; 정효창 외, 2002; 최우진, 곽선, 이승기, 2003; Ford & Folks, 1985; Hurwitz, 2004; Roffman & Stern, 2006; Uijen & Bischoff, 2011; Voon et al., 2010; Vuilleumier, 2005)로 전환장애 환자와 관련하여 그 가족에 초점을 두어 접근한 연구가 거의 없는 실정이며, 특히 전환장애 증상을 보유한 내담자에 대한 상담내용과 그 효과를 상세하게 기술한 연구가 미미하기 때문에 이와 같은 임상사례연구가 요구된다.

이 장은 부부관계의 악화로 이혼 직전에 처해 있고 전환장애 증상에 따른 어려움을 가지고 있는 부인의 상담 사례를 다루었다. 상담과정에서 치료자는 이 가족이 가진 역기능적인 의사소통 방식이 원가족과의 관계에서 비롯되고 있음을 파악하고 이에 대한 상담을 진행해 나감으로써 부부의 위기를 해결하고자 하였다. 이 장은 내담자의 문제를 해결하고 가족관계의 회복을 돕기 위해 치료자가 구체적으로 어떻게 상담을 진행하였으며 이에 대하여 내담자는 어떤 변화를 보이면서 회복의 단계로 나아갔는지를 알아보고, 이를 연구자료로 제공하여 실천현장에서 상담에 임하는 전문가에게 실질적인 도움을 주고자 한다.

II. 문헌고찰

1. 선행연구

1) 전환장애의 개념과 증상

전환(轉換)이라는 용어는 프로이트가 명명하였는데, 심리적인 내부갈등이 외적 증상으로 나타나는 것을 가리킨다(Ford & Folks, 1985). 정신질환의 진단분류체계는 미국정신의학회(APA)가 편찬한 정신장애 진단 및 통계 편람이 가장 널리 통용된다. 그 중 제4판의 개정판(DSM-IV-TR)에 따르면, 전환장애는 신체형장애의 하위에 속한다.

신체형장애의 공통적 특징은 일반적인 의학적 상태를 시사하는 신체적 증상이 나타나지만 이러한 신체증상이 충분히 설명되지 않는 것으로, 신체형장애(somatoform disorders)에는 신체화장애, 감별 불능 신체형장애, 전환장애, 동통장애, 건강염려증, 신체변형장애 등이 있다(APA, 2000).

전환장애는 신경조직의 손상으로 진단되지 않는 감각운동기관의 손실이나 마비와 같은 증상, 기존의 생리학적 · 해부학적 지식으로 설명되지 않는 감각운동장애, 신경학적 결손을 말하며(박재훈, 1982), 신경생물학적 기질 이상이 없다고 확인된 상황에서 심리학적 구조를 기반으로 하는 진단이다(김윤용 외, 2007; Owens & Dein, 2006; Voon et al., 2010; Vuilleumier, 2005). 전환장애는 억압된 욕구와 충동, 무의식적인 심리적 갈등이 전환되어 수의적 운동이나 감각기능에 영향을 미치는 증상을 말한다(최우진, 곽선, 이승기, 2003). 전환증상에는 동통, 실어증, 실성증, 건망증, 말더듬, 귀먹음, 축소시야 혹은 침침함, 실명, 감각상실, 의식불명 또는 의식혼탁, 보행장애, 경련, 마비, 근약화 등이 있다(정효창 외, 2002). 김정일, 정인과, 곽동일(1987)의 연구에서는 전환장애 증상으로 근육의 마비감 및 허약감, 보행장애, 언어곤란 등이 높은 빈도를 나타내었다. 전환장애의 발병은 일반적으로 급성이지만 증상이 서서히 심해지기도 한다(Roffman & Stern, 2006). 전환장애는 신체화장애에 비하여 증상발현 기간이 보다 짧고 치료의 반응이 더 좋으며 특수 감각기관이나 수의근에서 주로 증상을 나타내고, 신체화장애는 보다 만성적이고 치료에 잘 반응하지 않으며 자율신경계를 증상 부위로 하는 등 두 장애의 임상 양상에 차이가 있다(김승기, 김현우, 권택술, 1991; Hurwitz, 2004).

2) 전환장애 유발 요인

전환장애의 발생동기는 대인관계나 이해관계에서의 어려움이나 자극이 계기가 되어 극적 증상을 나타냄으로써 여러 가지 심리적 이득을 얻기 때문이라고 볼 수 있다. 극적인 증상 자체로 내적인 긴장을 푸는 1차적 이득과 그 증상을 통해 주변인의 관심을 끌고 자기에게 유리하도록 상황을 조정하거나 불리함을 피하는 2차적 이득을 얻게 되기도 한다(김보경, 이상룡, 1996).

우리나라에서 정신과에 의뢰하는 환자의 5~15%가 전환장애라고 추정되는데(민성길, 1995), 일반적으로 농촌인구, 사회경제적 수준이 낮은 개인이나 의학적 · 심리학적 지식이 낮은 개인에게서 흔하며, 결혼한 여성에게서 전환장애가 많이 나타난다(박재훈, 1982). 이정균(1981)은 우리나라에서 전환장애는 신경정신과 여성 입원환자의 10~20%를 차지한다고 하였는데, 여성에 대한 성적인 억압, 고부갈등, 며느리의 경우 불쾌한 감정을 말로 표현하기 어려운 전통적인 가족제도 등이 전환장애를 발생시키는 요인으로 보았다. 김정일, 정인과, 곽동일(1987)의 연구에 따르면, 전환장애를 초래한 심리사회적 스트레스 가운데 부부간의 문제가 56%로 나타났으며, 심리사회적 스트레스에서 전환장애가 신체화장애에 비해 스트레스 정도가 심했다. 김시경, 신철진, 홍성도(1997)는 전환장애의 유발인자에서 주부에게 가족과 배우자에 의한 요인이 다른 계층보다 유의하게 높다고 보고하였다. 여기서 가족과 배우자에 의한 요인은, 특히 남편 및 시댁식구와의 문제로 나타났다. 그리고 전환장애가 여성, 중하류의 생활 수준, 낮은 교육 수준에서 많은 것으로 나타났다.

국외연구에서는 전환장애가 트라우마 또는 스트레스와 연관이 있다는 것을 보여주고 있는데, 아동기에 경험한 학대가 전환장애를 가져올 수 있으며(Roelofs et al., 2002), 성학대가 전환장애 발달과 관련이 있었다(Sobot et al., 2012). 전환장애가 있는 아동의 가정은 부부간에 불화가 있거나 자녀가 신체적 학대 혹은 성학대를 받았거나 학교폭력에 시달리거나 하는 경험을 하여 여러 면에서 안정되어 있지 못하였다(Binzer & Eisemann, 1998). 또한 정서 면에서 아동기 또는 청소년기에 갈등, 분노와 같은 부정적인 감정을 억누르고 표출하지 않으면 이것이 전환장애로 나타날 수 있다(Pehlivant rk & Unal, 2002). 이와 같이 정신적 충격과 스트레스를 부가하는 생활사건은 전환장애 증상 유발에 영향을 미치는 것으로 나타났다(Roelofs et al., 2005). 따라서 전환장애는 시간과 장소에 관계없이 심리적 갈등, 스트레스, 트라우마와 같은 내적 또는 외적 요인에 의하여 언어적 의사소통과 욕구충족이 억압된 데 대한 반응이라고 할 수 있다(김시경, 신철진, 홍성도, 1997).

3) 전환장애 치료와 기능적 의사소통

전환장애 증상은 일종의 상징이기 때문에, 전환장애의 치료는 근래에 발생한 신체증상을 제거해 주는 것과 더불어 마음의 갈등을 해소해 줄 수 있는 환기, 암시, 안심 등의 기능적인 지지가 중요하다. 전환장애 환자로 하여금 자기의 괴로움을 다 털어놓도록 하면 대개는 증상이 해소되므로 지지적인 심리치료는 증상 해소와 예방에 중요하다(김보경, 이상룡, 1996; 김은정, 이동원, 2001).

김보경과 이상룡(1996)의 전환장애 실어증 환자에 대한 임상보고에 따르면, 부인

(37세)은 남편의 무관심과 고부갈등으로 불만과 불안을 느껴 왔고 이에 대해 표현하지 않고 억누르다가 남편의 외도문제로 부부싸움을 한 후 실어증(전환장애)이라는 극적인 형태를 보였고 불면을 비롯한 심리적 불안을 호소하였다. 부인은 처음에는 입원한 지 2일 만에 증상이 호전되었으나 퇴원 후 남편의 무관심이 나아진 것이 없고 상황이 개선되지 않아 증상이 다시 재발하여 재입원을 하게 되었다고 하였다. 이에 의료진은 남편에게 부인(환자)에게 다정하게 대할 것을 당부하였고 부인과 보내는 시간이 필요함을 인지시켜 입원 중 부인이 남편과 외출하는 횟수가 증가하면서 증상이 점차적으로 호전되었다고 하였다. 의료진은 전환장애 부인의 치료에서 두부에 약하게 간헐적 자극을 주는 전침을 두는 등의 치료를 시행하였고 환자의 억울했던 감정을 표현해 내도록 유도하고 권유하였다. 입원 15일째에도 부인의 실어증이 지속되었으나 신체증상은 전반적으로 약화되었고 남편과의 잦은 접촉을 위해 퇴원을 권유하였는데, 퇴원 당시 남편에게 부인에 대한 관심과 다정한 모습이 부인(환자)의 병세 호전에 필수적임을 상기시켰다고 보고하였다.

전환장애에 대한 양방적 치료는 전통적으로 정신치료, 전기자극치료, 최면요법 등을 통해 정신과 의사가 전환장애 환자의 정서적 상태를 향상시키고 불필요한 의학절차를 최소화시키며 관리하였다(정효창 외, 2002). 한편 한의학에서는 전환장애 증상을 실의, 좌절, 억울, 근심, 걱정 등 때문에 발생하는 것으로 보았다(김은정, 이동원, 2001). 사상의학에서는 병의 원인을 몸과 마음의 양면에 있다고 하면서 약물에만 의존하는 치료는 옳지 않다고 보고 정신적 요인을 다스리는 치료를 중시하여 한방정신요법을 실시한다(정효창 외, 2002).

전환장애 증상을 치료하기 위해서는 심리사회적 개입이 요청된다(Ruddy & House, 2005). 전환장애군은 신체화장애군이나 정상군에 비해 부정적인 생활사건을 보다 많이 보고했고, 지지감과 대처 방식이 부족하였다(김승기, 김현우, 권택술, 1991). 따라서 전환장애 치료를 위해서는 기능적인 의사소통이 필요하다. 전환장애 증상을 호소한 아동은 치료자의 공감과 정서적 지지를 받으며 놀이를 통해 심리적 어려움을 표현하여 전환장애 증상이 소멸될 수 있었다(유미숙, 2004). 유미숙(2004)의 전환장애 아동의 놀이치료 사례연구에 따르면, 치료 대상인 아동은 4세 때 귀가 후 유아원에 두고 온 물건을 가지러 갔다가 돌아오는 길에 군인으로부터 성폭행을 당하였는데 원가족에서 따뜻하게 보호받은 경험이 부족한 어머니는 자녀의 성폭행 피해에 대해 부인하고 억압하는 방어기제를 사용하였다고 한다. 아동의 어머니는 군인인 아버지와 정신분열증 환자인 어머니 사이에서 태어나 방치된 상태에서 양육되었던 경험이 있다. 아동이 공격적이고 산만한 행동을 보였을 때는 놀이치료를 받고 문제행동이 다소 줄어들어 치료를 종결하였으나, 초등학교에 입학한 후에 칠판의 글씨가 보이지 않는다고 하며 두통과 같은 전환장애 증상을 보였다. 아동은 안과진료를 받았으나 시력이 정상이라고 하여 심인성으로 여겨져 소아정신과에 의뢰되었고 또 다시 놀이치료센터로 의뢰되어 초등학교 1학년 1학기 말 무렵에 놀이치료를 받았다. 아동은 성폭행을 당했던 당시 가해군인의 군복 색상을 연상시키는 칠판의 빛깔과 담임교사가 남성이라는 점에 자극을 받았던 것이었다. 치료자는 성학대 후유증으로 전환장애 증상을 보인 아동에 대해 수용적이고 지지적인 태도로 놀이를 촉진하였다. 치료 초기에는 모래놀이를 통해 감정 표현 활동을 하였고, 중기 이후에는 게임과 미술 등의 기법으로 자기표현을 하도록 하였으며, 아동의 어머니에게는 행동수정기법을 교육하고 이를 실시하도록 유도하였다. 이와 같이 아동으로 하여금 자신을 표현하게 하는 놀이치료과정은 결과적으로 아동의 전환장애 증상을 호전시켰다(유미숙, 2004).

서덕원 등(2011)의 전환장애환자에 대한 치료 사례 보고에 따르면, 33세의 미혼여성 환자가 DSM-IV-TR의 진단기준에 따라 경련이나 발작을 동반한 전환장애 진단을 받았고 불면증을 호소하였으며, 한 달이 넘는 입원 기간에 침구치료(침치료, 뜸치료), 한약치료, 한방정신요법 및 이완요법, 양약치료, 물리치료를 받았다. 또한 퇴원 후 입원 당시보다는 약하나 경련이 재발하여 내원하였다고 하였다. 서덕원 등(2011)은 치료에서 한방정신요법을 추가적으로 시행하는 것이 퇴원 후에도 환자가 본인이 감당하지 못했던 스트레스에 대해 인식할 수 있게 되고 퇴원 후 일상생활에서 문제해결에 적극적인 자세를 갖게 된다고 하였다. 한편 이 사례의 환자는 중학교 때 부모님이 이혼했고 무뚝뚝한 아버지와 함께 1남 1녀 중 장녀로 자랐으며 어릴 때부터 고민을 털어놓을 사람이 없어 외로움을 많이 느꼈고 가정경제를 책임지고 있었다. 직장생활을 할 때는 상사와 잦은 의견충돌이 있어 힘들었다. 그 부담에서 벗어나고자 해외봉사활동을 갔다가 교통사고를 당했는데 통증과 경미한 떨림을 겪었고 약복용에도 불구하고 재발되어 귀국하여 치료를 받는 과정에서 전환장애 진단을 받게 되었다고 한다(서덕원 외, 2011).

박영숙(1991)과 서덕원 등(2011)의 연구에서는 전환장애환자에게 구체적인 행동지시 또는 가족구성원의 지지적 개입을 요구하는 행동치료나 가족치료 접근이 타당하다고 보았다. 이상에서 전환장애 환자는 마음의 갈등 해소와 기능적인 정서적 소통(상호작용)이 필요하다고 볼 수 있다.

이 가족상담 사례에서 부인의 문제는 자신의 어려움에 대한 호소에 무반응하거나 배려가 없는 반응을 나타내는 남편과의 역기능적인 의사소통 방식에서 비롯된 것으로, 이들 부부의 문제는 자녀의 의사소통 방식과 그들의 생활에까지 많은 문제를 발생시키고 있었다. 따라서 치료자는 전환장애 증상을 가진 부인에 대한 치료과정에서 MRI의 의사소통 이론과 Bowen의 가족체계 이론을 적용하였다.

이 사례에서 남편은 부인과 자녀와의 대화에서 일방적이고 지시적인 표현 방식을 사용하였다. 이에 대해 부인과 자녀가 속마음을 드러내 놓지 못하고 삭임으로써 부인의 전환장애 증상에 영향을 미치고 있었을 뿐만 아니라 가족관계에 부정적인 영향을 미치고 있었다. 선행연구에 따르면, 전환장애의 치료는 기능적인 의사소통을 통한 마음의 갈등 해소가 중요하기 때문에 치료자는 MRI의 의사소통 이론을 적용하여 전환장애를 가진 부인과 그 가족에 의해 '시도된 해결책(역기능적인 상호작용 방식)'을 탐색하였고 그들이 '새로운 해결책(기능적인 상호작용 방식)'을 시도하도록 유도하였다.

또한 이 상담 사례에서 전통적 가풍을 이어 가고 있는 지방 가문의 종손인 남편이 본가에 대하여 갖는 밀착성, 그리고 부인의 성장과정에서 보인 장녀로서의 과도한 역할이 미분화 양상으로 나타났다. 이에 따라 치료자는 Bowen의 가족체계 이론을 적용하여 부부의 자아분화 수준의 향상을 도모하였고 이를 통해 자녀와의 관계 개선과 기능적인 가족관계의 변화를 시도하였다.

2. 치료의 이론적 준거

이 사례에서 치료자는 전환장애를 가진 부인과 가족을 치료하기 위하여 가족치료 이론 가운데 MRI의 의사소통 이론과 Bowen의 가족체계 이론을 적용하였다. 가족치료는 하나의 접근방법으로써만 아니라 다른 가족치료 이론을 접목하여 사용된다(이영분 외, 2011).

1) MRI의 의사소통 이론

MRI(Mental Research Institute)의 의사소통 이론은 의사소통(상호작용)과 체계 이론에 기반을 두고 접근하는 방법으로, 내담자의 문제발달에 필요한 두 가지 조건을 제시한다. 첫째는 어려움을 잘못 다루는 것이고, 둘째는 문제를 해결하려는 시도의 실패와 문제를 유발시킬 동일한 해결 방식의 계속적인 적용이다(Watzlawick, Weakland, & Fisch, 1974). MRI의 의사소통 가족치료 모델은 가족체계 내에서 관찰할 수 있는 현재적 상호작용에 초점을 두며, 문제의 기원을 정신 내부에서 찾지 않고 사람들 사이의 상호작용에 있는 것으로 보고 그 해결책을 의사소통에서 찾는다(이영분 외, 2011). MRI 집단에 따르면, 문제는 오랫동안 그 문제를 변화시키려고 계속해 온 바람직하지 못한 행동으로 이루어진다. 즉, 문제행동이 지속되는 이유는 일차적으로 사람들의 '시도된 해결책'에 있다. 내담자는 효과가 없는 방법으로 문제를 해결하려는 시도 속에서 오히려 삶의 곤경에 처하게 된다는 것이다. 따라서 치료자의 역할은 시도된 해결책의 비효과성을 인식시키고 새로운 행동을 기존의 행동과 대체하도록 유도하는 데 있다(Weakland et al., 1974).

2) Murray Bowen의 가족체계 이론

Murray Bowen의 가족체계 이론에서는 치료 목표를 미분화된 가족자아집합체로부터 분화되는 것에 둔다(Bowen, 1978). 자아분화는 자신과 타인과의 관계에 감정 반사적으로 대응하지 않고 감정과 사고를 분리시킬 수 있는 능력을 가리킨다. Bowen은 가족을 하나의 정서적 단위로 보며, 현재의 가족문제를 원가족의 미해결된 문제가 세대 전수된 것으로 파악한다. 역기능적인 증상을 갖고 있는 가족은 만성적인 높은 불안 속에서 미분화된 가족정서과정으로 인해 문제와 증상이 발달된 것으로 본다. Bowen이 보는 건강한 개인은 사고와 감정체계를 자율적으로 통제하는 기능적인 사람이다(이영분 외, 2011).

Bowen의 가족체계 이론에 따르면, 체계가 감당하기 어려울 정도로 불안이 심할 때 증상이 발생한다. 분화 수준이 낮은 사람은 낮은 정도의 외부 자극에도 불안을 크게 느끼고 감정 반사적으로 역기능적 패턴을 사용한다. 원가족에서 미해결된 정서적 융합 문제는 가족투사과정과 삼각관계를 통해 다음 세대로 전수되고 역기능적 패턴은 세대 간 반복되는데, 이는 신체적 · 정서적 · 사회적 증상으로 나타난다(Kerr & Bowen, 2005).

III. 연구방법

1. 사례개요

이 사례에서 부부는 이혼의 목전에서 별거상태에 있었는데 부인은 가족상담에 참여하기 3개월 전에 신경정신과에서 전환장애 진단을 받았다. 남편은 아내의 활동을 감시하였고 부부가 자녀교육문제나 시댁문제에서 대립관계에 있었으며, 부부가 상호 신뢰하지 못하였다. 부인은 자기감정을 잘 표현하지 못하였는데, 특히 남편과의 소통이 어려워 감정표출이 안 될 때 몸이 경직되고 질식할 것같이 숨 쉬기 힘든 증상이 나타나거나 경련이 오는 증상이 있었다. 남편과 부인은 상대의 의견을 듣고 기능적으로 반응하고 교류하는 의사소통 방식을 갖지 못했다. 남편이 아내의 감정 표현에 무반응하거나 기능적으로 상호작용이 되지 않았고 부인 또한 남편에게 표현을 하지 않게 되는 악순환이 이루어졌다. 남편은 아내의 의견을 수용하거나 상의하지 않고 통보하는 의사소통 방식을 사용하였고 부인은 자녀의 얘기를 듣고 서로 조율하기보다 협박하고 화를 내는 자극적인 표현 방식을 사용하였다. 이러한 부인의 표현 방식은 딸에게 전수되고 있었다.

한편 남편은 자녀의 양육에서 권위적이고 폭력적인 방식을 보였으며 자녀 간 편애를 하였다. 자녀양육에서 부부가 각자의 의견을 내놓고 절충하고 합의하여 함께 양육하기보다는 남편이 일방적으로 의사결정을 하여 부인은 권한이 없었기에 자녀의 요구에 응대할 수 없었다.

그런데 남편과 부인의 원가족을 탐색한 결과, 남편은 ○○대 종손으로 극진하게 양육되어 성장하였고 원가족과 밀착된 관계에 있었으며 가부장적인 모습에서 시부와 흡사하였다. 또한 부인도 원가족과 밀착된 관계에 있었는데 성장과정에서 친정모 대신에 과도한 역할을 수행하였고 융통성이 없는 면에서 친정부와 유사한 모습을 보였다. 부인의 친정부는—핵가족에서 부인의 남편처럼—가부장적이었고, 부인은 친정모처럼 삭이는 표현 방식을 갖고 있었으며 우울증을 겪었다. 이와 같이 남편과 부인이 핵가족에서 보인 역기능적 반응은 [그림 7-1]의 가계도와 같이 이들이 원가족에서 자라면서 가족구성원과의 관계에서 감정반응의 강도와 특징을 배운 것이다(하상희, 정혜정, 2008). Bowen의 가족체계 이론에 따르면, 가족구성원 사이에서

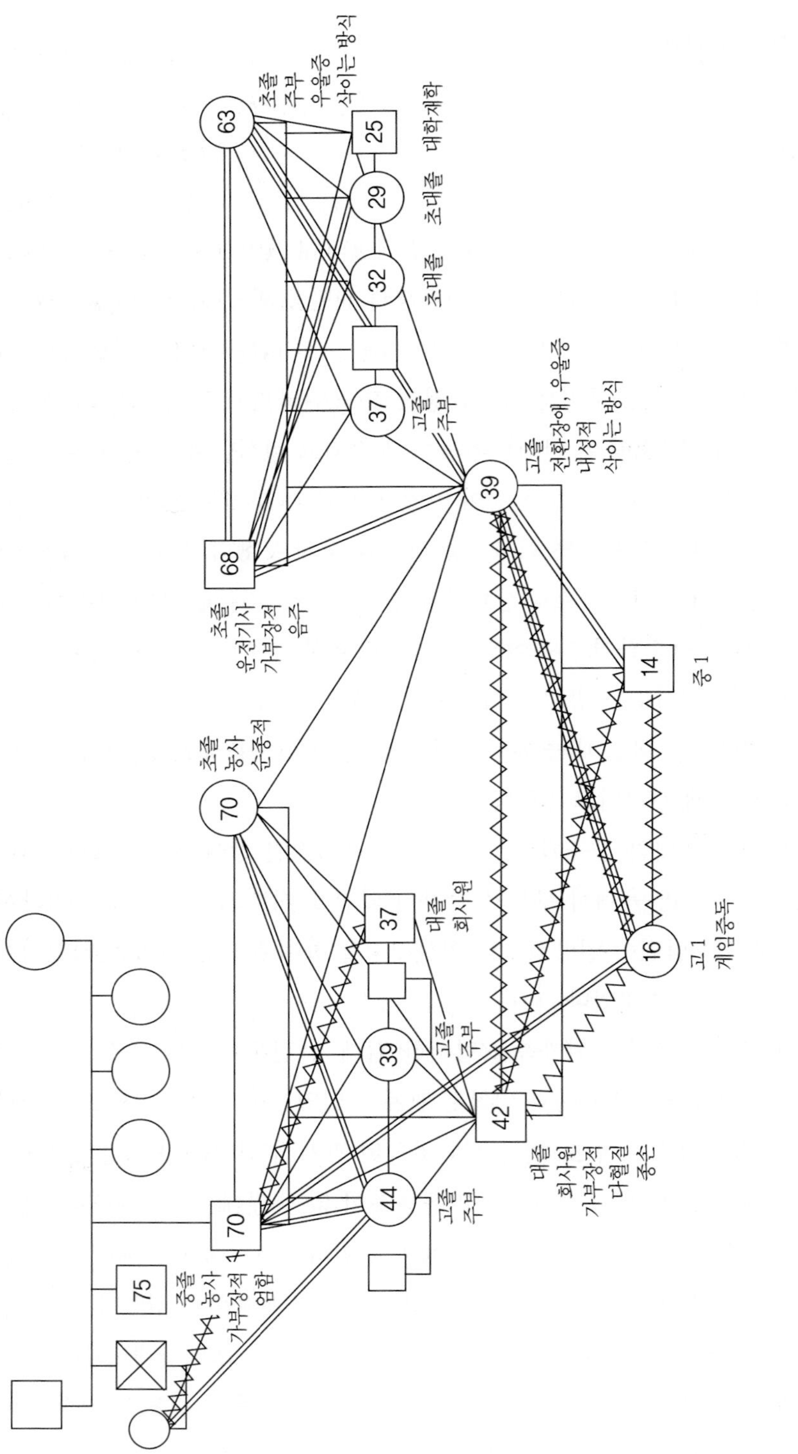
63
초졸
주부
우울증
삭이는 방식
25
대학재학
29
초대졸
32
초대졸
37
고졸
주부
39
고졸
전환장애, 우울증
내성적
삭이는 방식
68
초졸
운전기사
가부장적
음주
14
중1
16
고1
게임중독
70
초졸
농사
순종적
37
대졸
회사원
39
고졸
주부
42
대졸
회사원
가부장적
다혈질
종손
44
고졸
주부
70
75
중졸
농사
가부장적
엄함

[그림 7-1] 가계도

역기능적 상호작용의 유형이 지속적으로 일어나면 불안의 정도가 높아지면서 가족 내 배우자나 자녀를 통해 증상, 즉 신체적 질병(의학적 장애), 정서적 질병(심리장애), 사회적 질병(범법장애)이 발달된다. 이는 곧 핵가족 전체 구성원의 미분화된 기능을 흡수하고 있는 것이다(Kerr & Bowen, 2005).

가족의 분화 정도가 낮을수록 증상을 일으키는 역기능적 정서적 유형이 활발히 작용하게 된다. 이 사례의 가족은 의사소통 방식이 역기능적이고 부부가 각각 원가족으로부터 분화되어 있지 않은 상태이며 자녀에 대한 양육태도 또한 역기능적인

〈표 7-1〉 치료자의 상담회기별 개입내용

상담회기	상담참여자	개입내용
1	남편	남편이 인지한 문제사정, 남편의 원가족 탐색, 가족의 시도된 해결책 탐색, 치료구조 설명
2	남편	남편의 원가족 탐색, 남편의 문제인식 유도, 차회 상담에 대한 전략 공유
3	부인	부인이 인지한 문제사정, 부인의 원가족 탐색, 가족의 시도된 해결책 탐색(의사소통 패턴, 자녀에 대한 남편의 역기능적 양육 방식 등), 문제의 핵심 진단, 차회 상담에 대한 전략 공유(내담자에게 합류하기)
4	딸	딸을 통한 가족문제 및 가족관계 사정, 가족의 시도된 해결책 탐색(자녀에 대한 남편의 폭력 행사 등)
5	남편, 아들	아들을 통한 가족문제 및 가족관계 사정, 시도된 해결책의 비효과성 인식시키기, 남편의 저항 다루기, 새로운 해결책 제시(기능적 대화 방식 설명), 격려하기
6	남편, 부인	가족체계적 관점에서 전환장애 증상의 함의 설명하기, 원가족 특성 이해, 시도된 해결책 탐색, 부부간 오해를 증폭시킨 사건에 대한 재명명, 격려하기
7	친정부모	친정부모를 통한 부인의 원가족 사정, 시도된 해결책 탐색, 새로운 해결책 제시
8	부인	변화 탐색(부인의 자기표현 증가 등), 남편의 원가족에 대한 이해, 시도된 해결책 탐색, 새로운 해결책 제시
9	부인, 남편	변화 탐색, 희망 주기, 시도된 해결책 탐색, 새로운 해결책 제시
10	남편, 딸, 아들	변화 탐색(남편의 기능적 표현 방식 등), 새로운 해결책 제시(기능적 대화 실행 유도)
11	부인	변화 탐색, 새로운 해결책 제시 및 적용 유도, 남편의 변화인지
12	부인, 딸, 아들	변화 탐색(부부관계, 부인의 자기표출, 모녀간 기능적 대화 등), 새로운 해결책 제시(내담자에게 구체적 과업 제공), 희망 주기
13	부인, 남편	변화 탐색(자녀양육 방식 등), 상담종결계획하기
14	부인, 남편, 딸	변화 탐색(부부관계, 부부간 상호작용 방식, 자녀양육 방식, 가족관계 등)
15	부인, 남편	변화 탐색(배우자에 대한 인식 변화 등), 상담 종결

것으로 나타났다. 결과적으로 남편과 전환장애를 가진 부인이 처한 문제는 부부관계 악화, 부인의 증상, 부부의 역기능적 의사소통 방식, 부부의 자아미분화 양상, 역기능적 양육 방식이었다.

2. 연구참여자 및 상담회기별 개입

전환장애를 가진 부인(39세)과 남편(42세), 딸(16세), 아들(14세), 친정부(68세), 친정모(63세)가 가족상담에 참여하였으며, 총 15회기에 걸쳐 진행하였다. 각 상담의 대상자와 개입내용은 〈표 7-1〉과 같으며, 치료자(T)의 전략적 의도와 개입의 필요성에 따라 회기별로 개인상담 또는 부부상담, 부모와 자녀 등으로 조합되었다(이영분 외, 2011: 113). 치료자는 다음과 같이 상담 전략을 세웠다. 첫째, MRI의 의사소통이론에 따라 내담자의 문제의 기원이 가족의 상호작용에 있는 것으로 보고 그 문제를 지속시켜 온 각 가족구성원의 '시도된 해결책'을 가족상담을 통해 사정(assessment)하고 가족이 '새로운 해결책'인 기능적 상호작용 방식을 사용하도록 유도하였다. 둘째, 치료자는 Bowen의 가족체계 이론을 준거로 원가족으로부터 전수된 문제를 파악하고자 남편과 부인의 원가족을 탐색하였다. 이로써 부인의 전환장애가 미분화된 가족정서과정 때문에 발달된 역기능적 증상인 것임을 인식시키고자 하였다.

치료자는 MRI의 의사소통 이론과 Bowen의 가족체계 이론을 적용하여 구체적으로 다음과 같이 상담을 진행하였다. 1회기에서 치료자는 남편을 대상으로 남편이 인식하고 있는 문제와 원가족 탐색과 핵가족에 의해 시도된 해결책을 탐색하였고, 치료과정을 설명해 주었다. 또한 2회기에서는 보다 심층적으로 남편의 원가족을 탐색하고 문제인식을 유도하였으며 상담에 대한 전략을 공유하였다. 3회기에서 치료자는 부인이 인식하고 있는 문제를 사정하고, 부인의 원가족을 탐색하였으며, 가족의 시도된 해결책을 탐색하였다. 그리고 문제의 핵심을 진단하면서 내담자에게 합류하였다. 4회기에서 치료자는 딸을 통해서 가족문제와 가족관계를 사정하고 가족구성원의 시도된 해결책을 탐색하였다. 5회기에서는 남편과 아들, 6회기에서는 남편과 부인, 7회기에서는 친정부모에 대한 상담을 통해 가족구성원에게 가족상호작용의 중요성을 깨닫게 하였고, 가족체계적인 관점에서 가족문제를 조망하도록 하였다. 8회기, 11회기에서는 부인을 대상으로 개별상담을 하여 변화된 내용을 탐색하였고 새로운 해결책을 제시하여 실천적 적용을 유도하였다. 치료자는 9회기, 10회기, 12회기, 13회기, 14회기, 15회기에서 가족구성원 가운데 2인 또는 3인조 상담을 진행하여 가족체계적 관점에서 가족구성원이 서로 기능적인 의사소통 방식을 실행하도록 개입하면서, 가족에게 나타나는 기능적이며 긍정적인 변화를 확인하였다. 치료자는 이와 같은 일련의 단계를 통해 가족구성원으로 하여금 가족문제의 원인을 어느 가족원 한 사람에게 귀인하는 편향된 시각을 지양시켰으며, 거시적인 관점에서 가족의 문제를 바라보고 이를 극복해 나갈 수 있도록 개입하였다.

3. 연구문제

첫째, 치료자의 상담의 내용은 무엇인가?

둘째, 전환장애를 가진 부인에 대한 상담의 효과는 무엇인가?

셋째, MRI와 Murray Bowen의 가족치료 이론을 적용한 상담은 전환장애를 가진 부인의 치료과정에 효과가 있는가?

4. 자료분석방법

이 장은 단일사례를 질적 연구방법에 따라 분석한 것으로 축어록과 치료자가 상담 중 기록한 메모를 원자료로 사용하였다. 이 장의 연구자는 모두 다년간 질적 연구를 수행한 경험이 있으며 2명은 가족치료를 전공하였고 1명은 가족치료를 전공 중에 있다. 연구자 중 1명은 이 상담 사례의 가족치료사(슈퍼바이저 자격 보유)로 18년 이상의 상담경력을 갖고 있으며, 수련감독전문상담사(가족상담) 자격증(한국상담학회), 가족치료전문가 자격증(한국가족치료학회) 등의 상담관련 자격증을 보유하고 있다. 또한 치료자는 가족상담, 가족치료, 질적조사방법론과 질적자료분석론을 강의한 경험이 있다.

연구자는 지속적인 비교분석방법(constant comparative analysis)을 통해 전환장애를 가진 부인에 대한 상담내용과 상담효과와 관련된 주요개념을 확인하고 범주화하는 개방코딩(open coding) 작업을 하였는데, 개방코딩된 결과는 이 장 결과에서 제시한 축어록의 우측 괄호 안에 표기하였다. 그리고 개방코딩된 결과의 상위 범주는 연구결과의 각각의 제목으로 제시하였다. 이와 같이 범주화된 내용은 매트릭스와 네트워크를 통하여 제시하였는데, 행과 열로 만들어지는 매트릭스와 선으로 연결된 점으로 이루어진 네트워크는 방대한 질적 원자료를 집적으로 축약하여 핵심적인 변인을 한눈에 보여 주는 데 유용하다(Miles & Huberman, 1994).

5. 연구의 엄밀성과 윤리적 고려

이 장은 질적 연구에서 엄밀성의 하나의 기준이 되는 다원화(triangulation)를 이루고자(Patton, 2002) 자료의 다원화를 위해 축어록과 상담메모, 녹화비디오를 활용하여 신뢰도를 높였다. 또한 치료자와 연구자가 상담기록을 각자 분석하고 이를 다시 비교분석하였으며 매트릭스와 네트워크를 통해 분석하는 과정에서 토론으로 상호 피드백을 줌으로써 연구자의 다원화를 이루고 각 연구자의 편견에 따른 반영성을 최소화하여 신뢰도를 확보하였다. 이에 대한 구체적 내용을 부연설명하면 다음과 같다. 연구자가 각기 따로 개방코딩작업을 수행하여 추출한 개념을 서로 비교 검토하였으며, 분석에 이견이 있는 것은 다시 원자료로 돌아가 확인하는 과정을 거치면서 의견을 통합하였다. 이러한 과정을 밟은 후에 하위 범주와 핵심 범주를 발견하고 규합하며 이것을 매트릭스와 네트워크로 생성시키는 작업을 하였는데 이 역시 연구자의 의견교환과 토론을 통해 이루어졌다. 매트릭스는 변인 지향적인 분석결과를 나타내 주며, 네트워크는 보다 전체적이며 시간의 흐름에 따른 변인의 작용을 보여 주기 위해 활용하였다(Miles & Huberman, 1994). 그리고 연구참여자의 동의를 받아 상담내용을 녹취 및 메모하고 이를 연구에 활용하였으며 연구참여자를 보호하기 위해 신원을 추정할 수 있는 자료를 삭제하였다.

IV. 연구결과

1. 치료자의 상담내용

치료자는 내담자의 시도된 해결책을 파악하고 새로운 해결책을 제시하기 위하여 MRI의 의사소통 이론과, 내담자의 자아분화 수준을 향상시키기 위하여 Bowen의 가족체계 이론을 적용하여 상담하였다. 치료자의 상담내용은 정보수집과 탐색을 촉진하는 '탐색하기'를 비롯하여 '내담자의 진술 촉진하기' '진단하기' '치료하기'

'상담계획하기' '희망 주기'로 나타났다.

1) 탐색하기

상담자는 가족에 대한 치료에 앞서 정보를 수집하였는데 신상정보, 가족구성원, 상담의뢰사유, 원가족, 부부 성관계, 가족관계, 내담자의 희망사항, 가족역동, 내담자 심리, 직장생활, 의사소통 방식, 갈등이슈를 탐색하였다.

치료자: 연세가 어떻게 되세요?

남 편: 올해 42세입니다.

치료자: 사모님은요? (1회기, 신상정보 탐색) (중략)

치료자: 자녀분은 몇이나 있으세요?

남 편: 큰애가 딸이고 작은애가 아들인데요. (1회기, 가족구성원 탐색) (중략)

치료자: 저를 찾아오신 이유는 무엇인가요?

남 편: 제가 집사람하고 1년 전부터 안 좋았어요. (1회기, 상담의뢰사유 탐색) (중략)

치료자: 오늘은 남편 분 원가족을 알아볼게요.

남 편: 네.

치료자: 지금 어머님, 아버님 다 살아계신 거죠? (1회기, 원가족 탐색) (중략)

치료자: 두 분의 성관계는 어떠셨어요?

남 편: 그런 대로 괜찮았습니다. (1회기, 부부 성관계 탐색) (중략)

치료자: 남편과 딸하고 아들 관계는 어떠신가요?

남 편: 크게 뭐……. 말 잘 들으니까. (1회기, 가족관계성 탐색) (중략)

치료자: 지금 직장에서 받는 스트레스는요?

남 편: 일반적인 스트레스죠. (2회기, 직장생활 탐색)

치료자: 그 전형적으로 부딪치실 때, 패턴에 대해서 얘기해 주실 수 있으세요?

부 인: 결혼 초반에는 저하고 애 아빠하고 싸우면요. 저는 성격이 그때는 그냥 돌아 버리니까. (3회기, 의사소통 방식 탐색)

치료자: 아빠 하고 엄마, 딸, 아들이 다 스트레스를 받고 있네요? 아빠가 어떻게 변해 줬으면 좋겠어요?

딸 : 여유롭게 풀어 준다든지, 저희 집은 너무 폐쇄적이에요. (4회기, 내담자의 희망사항 탐색) (중략)

치료자: 그때 많이 다투셨어?

아 들: 네.

치료자: 어떤 식으로?

아 들: 그냥, 몸이 힘들다고 그냥 놔 두라고.

치료자: 엄마가? 그때 넌 뭐라고 했니?

아 들: 엄마가 너무 힘드니까 그냥 주무시게 놔 두라고 그랬는대요.

치료자: 응, 그럼 아빠가 어떻게 반응하셨니? (4회기, 가족역동 탐색) (중략)

치료자: 평상시 불안하지는 않니?

아 들: 아니요.

치료자: 엄마, 아빠가 예를 들어서 이혼할 것 같았을 때 그런 불안은?

아 들: 그때는 좀 그런 것이 있었어요. (4회기, 내담자의 심리 탐색) (중략)

치료자: 아빠하고는 뭐 때문에 안 좋은 것 같아요?

딸 : 성적도 그렇고 둘이 성격 차이도 안 맞고.

치료자: 두 사람이 어떻게 안 맞는데? (4회기, 갈등이슈 탐색)

2) 내담자의 진술 촉진하기

상담자는 탐색을 촉진하기 위하여 추측하는 질문, 예외상황에 대한 질문, 내담자가 인지하는 문제에 대한 질문을 하였고, 내담자가 진술한 내용을 토대로 문제의 단서를 파악하여 더욱 구체적으로 질문을 좁혀 들어가면서 탐색하였다. 때로는 어떤 상황을 가정하여 내담자와 치료자가 가상적으로 역할을 맡아 봄으로써 내담자의 진술을 보다 상세하게 이끌어 내었다. 상담자는 내담자에게 구체적인 예를 들어서 진술하도록 요구하였고 공감 반응을 하였으며 내담자에게 의도적으로 합류하거나 자유발언의 기회를 부여하여 진술을 촉진하였다.

치료자: 따님하고 사이가 좋았을 때가 있었습니까?

남 편: 아, 어릴 때는 그런 대로 괜찮았는데 커서부터, 중학교 들어가서부터는

뭐랄까, 안 좋다고 볼 수 있죠. (1회기, 예외상황 질문하기) (중략)

남 편: 제 기준으로 봤을 때 큰 문제는 없었어요. 사소한 부부싸움을 몇 번 했고, 의견이 안 맞아서 싫은 소리 한 적도 간혹 있었고.

치료자: 예를 들면, 싫은 소리라는 건 어떤 소리요? (1회기, 내담자의 진술에서 문제의 단서를 파악하여 구체적으로 질문하기)

치료자: 부부간에 근검절약에서 어떤 갈등이 없나요?

남 편: 뭐, 크게……. (2회기, 추측 질문하기) (중략)

치료자: 저한테 더 하시고 싶으신 말씀 있으세요?

남 편: 뭐, 저 사람을 심각하게는 생각 안 해요. 왜냐하면 일시적인 문제이고 애가 이제 사춘기니까. (2회기, 내담자에게 자유발언 기회 부여)

부 인: 제가 뭐 좀 하려고 하면 "너 그거 왜 하려고?" 하면서 제재를 가하니까 하루 종일 집에 있어야 하는 거예요.

치료자: 어휴. (3회기, 공감 반응) (중략)

치료자: 지금 뭐가 문제세요?

부 인: 애 아빠 하고 있으면 답답해요. (3회기, 내담자가 인지하는 문제 탐색)

치료자: 그때 이제 댁에 안 계시고, 또 노래방을 가셨거나 남자 분을 만나거나 그런 거 있으세요?

부 인: 남자는 없었는데요. 제가 마음을 못 잡고 힘들어하니까. (3회기, 주어진 정보를 토대로 질문하기) (중략)

치료자: 예를 한 번 들어 주세요.

부 인: 그때부터 집을 치웠죠. 그릇이며 싱크대며 다 닦았는데, 점심이 조금 늦었어요. 근데 어머니는 점심 늦는다고 뭐라고 하시더라고요. 뭐라고 그럴 때 애 아빠가 한 마디만 거들어 주면 무마가 되는데 그냥 넘어가더라고요. (3회기, 구체적인 예를 들어 진술할 것을 요구함)

치료자: 스트레스 받을 때는 주로 공부하라고 할 때?

아 들: 네.

치료자: 그때 아빠가 뭐라고 표현하시니? 공부하라고.

아　들: 그냥 "공부해라." 그러고.

치료자: 내가 너야. 그리고 네가 아빠라고 해 봐. 아빠가 너한테 어떻게 하시는지 나에게 해 봐. (4회기, 역할극하기) (중략)

치료자: 말 안 할게. 너한테 불리한 얘기는 나만 기억하고 엄마, 아빠한테 얘기 안 할 테니까 염려하지 마.

딸　: 엄마가요, 제가 진짜 지금은 아니고요. 8, 9, 10월 동안 PC방에 가면 화내셨거든요. (4회기, 내담자에게 합류하기)

3) 진단하기

상담자는 내담자의 진술을 통해 문제의 원인과 핵심을 진단하였으며, 부인의 전환장애 증상이 갖는 이면의 요인과 함의를 설명하였다. 상담자는 내담자의 상호작용 방식에서 시도된 해결책의 문제점을 진단함과 동시에 가족체계에서 가족구성원에게 미치는 영향을 설명하였다.

치료자: 일단 간단하게 (남편과 부인) 두 분만의 관계를 보면 큰 스트레스가 없으면 그나마 대충 어울려서 지내 왔을 거라고 보는데요. 그런데 위기가 딱 들어오면 남편의 표현하는 방식하고 부인의 방식이 지금 안 맞고 있어요. (1회기, 내담자의 진술 이면의 요인에 대한 진단)

치료자: 그전까지 이런저런 얘기가 되셨다가 미국 갔다 오셔서 안 된다고 보지는 않고요. 과연 내 속에 있는 마음을 어려서부터 엄마로 여겼던 큰어머니한테, 또 생모한테 누나하고 동생에게도 주거니 받거니 자질구레한 얘기를 내놓고 하셨을까요? (2회기, 내담자의 의견과는 다른 문제의 원인을 제시)

치료자: 지금 핵심은 남편하고 대화할 때 남편이 벽이라는 거예요.

부　인: 지금 내 심정이 어떤지 내가 말하는 강도, 심각성이 어느 정도인지 남편은 인지를 못하는 것 같아요. (3회기, 상황의 핵심을 전함) (중략)

치료자: 두 분 간에 의사소통하는 방식이 기능적이거나 효과적이지 못한 것이 아니었나 하는 거예요. 그런데 또 와이프 입장에서는 애가 영어연수 갔었던

그 1년, 그게 상당히 돌출된 사건이었어요. 그 전에 누적됐던 부부간의 관계, 표현이 안 됐던 방식이 이 돌출된 사건으로 더 부딪히지 않았냐는 거예요. 그런데 이게 도화선이지 근본적인 건 아닙니다. (3회기, 문제의 핵심 진단하기)

치료자: 식구들이 싸우면 모두 말을 안 한다는 거예요. 물론 기분이 안 좋은데 말을 하겠어요? 그런데 말을 안 하는 방식이 지금 나왔다는 거예요. 그 다음에 아빠는 "학원 가라. 방 청소해라." 이거예요. 그게 틀린 말은 아니에요. 그런데 그 표현 방식으로 방 청소를 했다거나, 학원을 제시간에 재깍재깍 갔다면 그게 먹힐 수 있겠지요. 그런데 그 방법이 안 먹힌다는 거죠. 그러면 약발이 안 먹히는 말을 뭐하려고 계속 또 하냐 이거예요. 그게 잔소리가 되거든요. (5회기, 시도된 해결책의 비효과성 이해시키기)

치료자: 저를 찾아오는 많은 사람을 보면 어렸을 때 엄마한테, 아빠한테 여러 모양으로 당했어요. 인간에 대한 신뢰를 못해요. 왜? 엄마, 아빠도 신뢰 못했는데 누구를 신뢰하겠냐 이거예요. 지금 이 문제가 걸려 있어요. 그리고 표현하는 방식에서 "나는 타협 못해." 그래 괜찮아요. 그런데 애들 또한 그런 방식으로 살아갈 거라는 거죠. (6회기, 증상이 갖는 함의를 설명하기)

치료자: 남편도 지금 변하려고 무던히 애를 쓰는데 그 방식이 쉽게 변하지는 않아요. '또 저러는구나.' 하고 중지하면 이쪽에서는 변화하려는 용기가 차단된다는 거예요. 중요한 거는 이런 증상이 안 나타나면서 부닥쳐야 되거든요. 이게 다투는 게 아니고 말로서 얘기가 통하기 시작해야 된다는 거죠. 이쪽에서도 노력을 해 주셔야만 남편이 조금 더 인지하게 된다는 거예요. (11회기, 문제점 지적하기)

4) 치료하기

남편은 자신이 시도한 역기능적인 의사소통 방식을 인식하지 못하였고, 전환장애 증상이 아내 자신 때문에 발생한 것으로 인지하고 있었기 때문에 상담과정에서 저항을 보였다. 남편은 자신이 아닌 아내를 변화시켜야 할 대상으로 여기고 있었고 자기 역시 변화의 주체가 되어야 한다는 것을 수용하지 못했었다. 그러나 상담자가 남편에게 새로운 해결책을 시도할 수 있도록 인식 변화를 유도하고, 부부가 과거에 마찰을 빚었던 사건에 대해 오해를 풀 수 있도록 중재하였다. 또한 가족구성원들에게 기능적인 대화 방식을 설명하고 구체적인 과업을 제시하여 새로운 해결책이 효과적으로 실행되도록 중재자 역할을 하였다. 이로써 남편과 부인을 포함한 가족구성원들은 비효과적인 해결책 대신에 효과적인 해결책을 수행하게 되었다.

치료자: 저는 (남편의 의도를) 와이프를 변화시켜 달라는 것으로 받아들입니다.

남 편: 네.

치료자: 그런데 사모님의 증상은 본인 때문에 나오는 게 아니고, 남편하고 시댁 문제와 관련해서, 그리고 남편하고 대화가 안 되니까 답답함을 느끼는 데서 연유하는 거고, 부인의 변화를 도와줄 수 있는 분은 배우자라는 거죠. 따라서 남편께서 변화를 해야 하지만. (5회기, 내담자의 저항 다루기) (중략)

치료자: 여기서 협상할 수 있는 방식을 찾는 거예요. 남편 거 내놓고, 와이프 거 내놓고. 두 분이 예를 들면, 10을 요구하셔요. 그럼 여기서는 10을 다 못 줘요. 여기서는 3이나 4를 내놔요. 그럼 남편이 그 3, 4를 어떻게 받아들이시냐는 거예요. 남편은 어려서부터 순종하는 스타일이에요. 그런데 그 방식이 와이프나 자녀도 그대로 먹힐 거라고 생각하시는 것 같아요. '그냥 하면 되지, 뭐 어렵게 생각하냐. 그냥 해.' 이런 식인 것 같아요. 그런데 지금 따님도 아빠하고 충돌하고 있거든요. (5회기, 기능적 대화 방식을 설명하기)

부 인: 제가 애아빠 목도리를 하고 갔어요. 그런데 애아빠가 "어, 그거 내 건데?" 그래서 바로 애아빠한테 벗어 줬어요.

치료자: 뭐 때문에 그러신 거예요?

부 인: 그런 식으로 얘기 듣는 게 싫으니까 차단하는 거죠.

치료자: 목도리를 확 벗어 줬을 때 그 느낌은 어땠어요?

남 편: 저랑 안 좋으니까 저와 관계된 거는 다 안 할 줄 알았는데, 제 거를 했길래 반가운 마음에 "야, 너 내 거 했네?"

치료자: 아, 반가운 마음에 정겨운 뜻에서 하신 거예요?

남 편: 그렇죠. 그때 기억이 저는 없는데 그랬나 봐요.

치료자: 그럼 황당하실 거 아니에요? 목도리에 대해서 "어? 내 거 맸네?" 그랬을 때 거기에 깔려 있던 뉘앙스를 캐치하셨는지요?

부 인: 그거는 몰랐어요.

치료자: 모르셨어요? 오늘 처음 얘기하시는 거죠?

남 편: 그 당시에 난 이미 내 거 맸으니까, 내 거 달라고 그런 뜻은 아니었어요. (6회기, 과거사건을 다루면서 오해를 풀도록 유도함).

친정모: 제가 하는 말은 그래요. 저기 누구는 이혼을 해서 사는데 안 좋다더라.

치료자: 그건 이혼하지 말라는 메시지를 주시는 것이거든요.

친정모: 그럼 그런 말은 하지 말라는 거예요?

치료자: 저는 그걸 자극을 준다고 보는 거죠. 따님이 지금 이혼을 할 생각이 있든, 무슨 생각이 있든 어머니한테 내놓고 어머니나 아버지로부터 판단을 받기를 원하는 건 아니죠. 일단 자기는 내놓기 바빠요. (7회기, 새로운 해결책 제시하기)

치료자: 그전에 아빠하고 타협하기가 힘들었어. 자, 아빠한테 제안을 해 봐. "아빠, 내가 알림장을 아빠한테 안 보여 주더라도 학교에서 깨지면 내가 깨질 테니까 염려하지 마."라든지, "연필 깎지 못하고 가면 다른 애 것 빌려서라도 쓸 테니까 걱정 마."라든지. 네가 대안을 내놓아 봐.

아 들: 아빠, 내 책가방 좀 건들지 마요. (10회기, 기능적 대화 실행을 유도하기)

치료자: 집에 가시면 명확하게 내가 뭐 때문에 기분이 상했다는 걸 엄마, 아빠한테 전하는 거예요.

부 인: 아직까지는.

치료자: 왜 그러냐면 지금 계속 연습하는 과정이거든요. 내가 왜 화가 났는지를 엄마, 아빠한테 명확하게 전달해 주면, 엄마 아빠가 조심하실 수 있겠죠. (12회기, 구체적 과업 제공하기)

5) 상담계획하기

상담자는 내담자 가족이 치료에 대한 기대를 갖고 능동적으로 참여할 수 있도록 사전에 치료의 구조를 설명해 주었고, 다음 상담회기에 대한 계획과 전략을 공유하였다. 또한 가족 성원이 남편과 첨예하게 부딪혔던 휴가문제를 내놓고 기능적으로 상호작용하는 연습을 해 볼 수 있도록 차회 이슈를 미리 정하기도 하였다.

치료자: 제가 이제 남편하고 다음번에 한 번 보고, 개별상담으로 사모님을 두 번을 더 봐야 돼요. 그러면은 뭐가 걸렸다는 것을 알고. (1회기, 치료구조 설명하기)

치료자: 사모님이 오시면, 제가 어떻게든 한편이 될 거예요. 전략적으로요. (2회기, 다음 회기에 대한 전략 공유하기, 합류하기)

치료자: 여기서 분명히 말씀하세요. "내가 나 혼자 갈 테니까 당신 혼자 가라." 만약에 여기서 또 밀어붙이면 제가 여기서 편들게요. 여기서 한 번 해 보세요.
부　인: 네. (3회기, 내담자와 전략 공유하기, 합류하기) (중략)
치료자: 지금 부부문제가 자녀에게로 내려가서 엄마, 아빠 부부관계를 답습할 가능성이 높다는 거죠. 이 상태에서 상담을 받지 않을 경우에요. 일단 자녀분하고 아빠하고의 변화를 먼저 시도할게요. 순서상으로. 그러고 나서 나중에 다시 말씀드릴게요. (3회기, 다음 회기 계획하기)

치료자: 다음에는 특히 휴가문제를 놓고 협상을 해 보겠습니다. 과연 남편이 아직도 완강하게 휴가는 본가로 가야 된다고 하는지, 그걸 볼게요. 너희도 아빠한테 "우리끼리 휴가 가요."라고 해 봐. (12회기, 다음 회기 이슈 정하기)

치료자: 제가 할 수 있는 방법은 최종적으로 자녀 분하고 같이 상담하는 거예요. 그러고 나서 또 도움이 필요하다면 제가 계속 보는 거고요. 그런데 대화만 이렇게 되면, 단언컨대 약은 안 드셔도 돼요. 저는 그렇다고 봅니다. (13회기, 종결 계획하기)

6) 희망 주기

상담자는 가족치료를 통하여 부인의 전환장애 증상이 호전될 수 있다는 가능성을 열어 주었다. 또한 치료과정 중에 나타나는 내담자의 변화를 파악하였고 내담자의 진술 가운데 긍정적인 측면을 포착하여 인정하고 격려하였다.

치료자: 일단은 본인 몸이 힘드니까, 사실은 (상담에) 들어오면 사모님이 많이 나아지실 거예요. 그건 많이 해결될 수 있을 것 같고. 중요한 건 뭐냐면, 제가 당분간은 그 역할을 해 드릴 수 있는데, 앞으로 그 역할을 할 분은 남편이라는 거죠. (1회기, 치료의 효과성 보장하기)

치료자: 오늘 피곤하시죠? 그래도 대단하신 거예요. 거기서 이렇게 오신다는 것만 해도요.

남　편: 아니요, 뭐 잘되려면 뭐든 못 하겠습니까? 노력해서 가정을 잘 꾸려 가야 하는데. 행복한 가정을 만들어야 되는데.

치료자: 사실은요, 그게 가장 중요해요. (5회기, 노력을 인정하여 격려하기)

부　인: 자기가 친정에 잘한 건 알아.

치료자: 아, 처가에 잘하셨어요?

부　인: 네, 처가에 잘한 건 저도 알아요.

치료자: 아, 어떻게 잘하셨어요? 예를 들면? (6회기, 진술 중에 긍정적인 면을 포착하여 격려하기)

치료자: 오늘처럼 이 표현 방식이 되신다면, 아마 변하실 걸요. 두 분 간에 대화문이 열리실 걸요. 오늘은 제가 볼 때 훨씬 편안하고 저도 편안했습니다. 증상도 안 나타나셨고요. (9회기, 내담자의 변화를 발견하여 희망 주기)

치료자: 그렇죠. 이 표현 방식만 잘되면, 약을 드실 필요가 없다는 걸 어느 때인가 느끼실 거예요. 제가 한두 케이스 본 게 아닙니다. 약을 먹다가 상담하고 좀 편해져서 약을 안 먹고도 지탱을 해요. 왜? 표현을 해 버리니까요. 표현이 안 돼서 증상이 오는 거거든요. (12회기, 임상경험을 토대로 희망 주기)

2. 상담의 효과

상담과정에서 내담자가 상담초기에 진술했던 문제가 치료되는 변화를 보였다. 우선 전환장애를 가진 부인과 남편에게 나타났던 문제가 긍정적으로 변화하였다. 남편과 부인의 인식의 변화와 함께 행동의 변화로 말미암아 부부관계가 개선되었으며, 부인의 전환장애 증상이 호전되었고 부부의 역기능적 의사소통 방식과 양육 방식이 기능적으로 변화하였다. 또한 부부체계가 강화됨에 따라서 부부의 자아분화 양상을 반증하였다.

1) 증상 변화

부인은 가족치료자에게 가족상담을 의뢰하기 3개월 전에 병원(신경정신과)에서 전환장애 진단을 받고 신경안정제를 복용하고 있었다. 그런데 경련, 마비와 같은 전환장애 증상을 호소하였던 부인은 가족상담의 회기가 진행될수록 약복용 횟수를 줄였고 전환장애 증상도 감소하였다. 상담초기에 부인은 남편과 의견이 대립할 때마다 전환장애 증상이 나타나고, 남편과 오래 있으면 증상이 더욱 심해진다고 진술하였다. 그러나 상담 8회기부터 부인은 그러한 증상이 약화되었고, 11회기에 약물을 복용한 지 6개월이 되었는데 12회기부터 약복용이 감소되었다. 부인의 약물 복용량 감소는 스스로 조금씩 줄여 나간 결과였다. 또한 부인은 13회기부터 전환장애 증상이 사라졌고, 15회기 상담에서는 약복용 중지를 고려하였다.

> 부　인: 전환장애는 제가 하고 싶은 말을 분출해야 되는데, 내가 어떤 감정에 대한 표현을 잘 못해요. 표현을 못해서 그게 우울로 나타나는 거. 숨을 못 쉬거나 몸이 경직되거나. 그러니까 다른 사람한테는 안 그러는데, 남편하고만 무슨 얘기를 하다가 의견이 안 맞으면 바로 그런 증상이 나타나니까요. (중략) 불안해서 살 수가 없어요. 갑자기 운전을 하다가도 갑자기 불안해지면 이게 안 되니까, 손도 떨리고요. (3회기, 부인의 전환장애 증상)

> 부　인: 남편을 만나면 그래요. 만약에 같이 있을 경우는 좀 더 심해지고요.
> 치료자: 답답하고 옥죄어 오는 것 같아요?
> 부　인: 네. 처음에는 괜찮아요. 그런데 조금 시간이 지나거나 한 방에 같이 있거

나 그러면 증상이 많이 심해지죠. 친정에 있을 때는 애아빠(남편)랑 자꾸 서로 부딪히지 않는 이유가, 만약에 방안에 둘이 있으면 이거보다 증상이 더 심해지죠. 그때는 경련까지 와요. 병원에서는 전환장애라고 얘기를 하더라고요. (7회기, 부인의 전환장애 증상)

치료자: 지난번에 여기 다녀가시고 나서요. 혹시 그 증상이 나타나셨어요?
부　인: 아니요. 많이 좋아졌어요. (8회기, 증상 약화)

부　인: 두 번이요? 아침, 저녁으로요? 어쩔 때는 저녁 약도 가끔은 안 먹어요.
치료자: 그래도 별 문제 없으시고요?
부　인: 네. 근데 아침 약 같은 경우는 안 먹으면 안 돼요. 안 먹으면 점심 때쯤 되면 여기가 울렁거려 가지고, 아침 약은 꼭 먹어요. 저녁 약 같은 경우는 좀 많이 피곤하고 많이 걸어다니고 그런 날은 조금 힘들더라도 그냥 자는데요. 제가 스스로 약을 조금 줄여 가려고요.
치료자: 이제 분명한 거는 증상이 약하게는 있었지만, 이제 거의 없다시피하다는 거예요. (12회기, 약복용 감소)

치료자: 지난번에 다녀가시고 일주일 되셨는데 증상은요? 안 나타나셨어요? 약한 거라도요.
부　인: 한두 번이요.
치료자: 그럼 거의 안 나타나셨어요?
부　인: 네.
치료자: 그럼 지난 주나 지지난 주, 거의 안 나타나고 계시네요.
부　인: 네. (13회기, 증상이 거의 사라짐)

치료자: 혹시 또 증상 나타나셨던 건요?
부　인: 없어요. (15회기, 증상 사라짐) (중략)
치료자: 증상은 없으셨고요? 그 다음에, 약 드시는 거는요?
부　인: 약은 많이 줄였어요. 저녁 약만 먹고 자요.
치료자: 아, 하루에 한 번이요?

부 인: 네. 아침 약은 사이사이에 먹고요. 이제는 잠 못 자고, 이렇게 예민해질 때만 약을 먹고요. 평소에는 안 먹으려고 해요. (15회기, 약복용 중지를 고려함)

2) 인지 변화

남편은 원가족과의 미분화된 자아를 인식하였고 자기의 역기능적인 표현 방식을 인정하여 자기 기준과 주장만을 내세우기보다는 가족의 의견을 수용할 의지를 갖게 되었다.

치료자: 그게 하루 이틀 사이에 된 게 아니거든요. 내가 중얼중얼, 꿍얼꿍얼해서 남편이 그걸 들어 주고, "아, 그래?" 이러면서 마음을 녹여 줬더라면 부인 입장에서는 불평이 있으면 내놓고 해결을 보고 위로를 받고, 또 불평이 있으면 내놓고 그랬을 거란 말이에요. 그런데 추석 날 분명히 속으로는 화가 났는데, 그 내용에 대해서 남편한테는 자세하게 못 내놨다는 거예요. 그건 그 전부터 그런 게 대화가 안 됐다는 거예요.

남 편: 아, 그렇게 생각할 수 있죠. (2회기, 남편이 자기문제를 부분적으로 인정함)

남 편: 제 생각에는 이번 문제는 저에게 원인이 있는데요. 저랑 살면서 자기주장을 몇 번씩 내세우고 했는데, 제가 워낙 안 받아 주니까. (6회기, 남편이 문제점을 스스로 인정함)

남 편: 90%까지 내가 생활을 이끌었다면 이제 그걸 애들한테도 10%씩 주고, 집사람한테도 20% 줘서 많이 바꿔 생활하려고 그래요. (9회기, 남편의 변화에 대한 의지 표현) (중략)

남 편: 그런 대화를 해 본 적이 없었고, 제가 어릴 때 남을 배려하는 것을 못 배웠어요. 모든 게 제 기준이었거든요. 제가 ○○대 종손이고 아들도 저밖에 없었으니까 남을 배려할 수 있는 방법을 몰랐죠. 받기만 했고. (9회기, 원가족과의 미분화 인식)

남 편: 애들은 제가 최대한 설득해 보고, 그래도 싫다고 그러면 가만둬야죠. 아

내도 못 가겠다고 하면 못 가는 거죠.

치료자: 양보하실 수 있겠어요?

남 편: 양보라고는 못하고요.

치료자: 절충, 협상은요.

남 편: 본인이 갈 수 없다고 그러면 다음번에 가면 되니까. 다음번에도 못 가면 뭐, 그런 거고. (13회기, 가족의 의견을 수용할 의사 표현)

남편에 대해 불신감이 있었던 부인은 남편의 변화하는 모습이 보이자, 남편의 입장을 이해하게 되었고, 변화에 대한 의지를 표현하였다.

부 인: (제가) 마음을 조금 바꾸니까요. 제가 편해졌어요. 돌이켜 보니까 내가 남편에게 참 못된 짓을 했다는 생각을 많이 했어요. 마음만 바꾸면 되겠다는 생각이 들었어요. 그래서 애아빠한테 얘기할 때 조금 더 '그래, 부드럽게 받아 주자.'(11회기, 표정이 밝아짐, 마음을 바꾼 아내, 변화에 대한 의지 표현) (중략)

부 인: (남편이) 변화하는 모습이 조금 보이고 내가 뭐 완전히 변화하는 걸 원하는 건 아닌데요. 그래도 내가 숨 쉴 수 있을 만큼의 변화는 있어야겠다. 그리고 조금 변화한 것 같고요. (11회기, 남편의 변화를 인정함)

부 인: 요즘은 좀 달라요.

치료자: 어떻게 바뀌셨어요?

부 인: 전에는 "이번 주에 시댁 간다. 내일 모레 시댁 간다." 그러면 거기에 대한 토를 달면 안 돼요. 그런데 이번에는 "어른들이 걱정하시니까, 괜찮으면 시댁 한 번 안 갈래?" 하고 물어보더라고요. 그래서 그런 걸 곰곰이 생각해 보고 나니까 조금 이해가 되더라고요. '그럴 수도 있겠다.' 자기는 마음이 급하니까 나한테 물어볼 수도 있겠다 싶었어요. (15회기, 남편 입장을 이해함)

3) 행동 변화

남편은 자녀양육에서 예전의 일방적인 방식에서 탈피하여 부인에게 도움을 요청하는 모습이 나타났으며 자녀 간 편애하지 않고 딸도 배려해 주는 모습을 보였고 아들의 책가방을 뒤지는 횟수가 감소하였다. 남편과 별거하였던 부인은 집에 오는 횟수가 점차적으로 증가하였다. 부부관계에서 남편이 아내의 의견을 수용하고 꽃과 케이크를 선물하는 감동적인 변화도 나타났다.

부 인: 애아빠가 딸이랑 트러블이 있으면 저한테 전화를 해요.

치료자: 뭐라고요?

부 인: 딸하고 다퉜다. 그래서 제가 "한 번 참지." 그러면 "그러게." 그래요. 그러면 제가 딸에게 얘기해요. "아빠하고 무슨 일 있었다며? 왜 그랬어. 니가 좀 참아, 아빠 힘든데." 그러면 얘도 아빠한테 미안한 감정을 느끼고 애아빠도 제가 딸 입장을 얘기해 주면 그걸 이해하면서 그래, 내가 잘못한 것 같다고 딸에게 말한다고 그래요. (12회기, 부부관계: 아내에게 도움을 청하는 남편, 아내 의견을 수용하는 남편) (중략)

치료자: 아빠가 엄청 변하셨네요. 생일도 아닌데, 케이크를 사 주시네요.

부 인: 스스로 꽃도 사 주더라고요.

치료자: 아빠가요? 많이 변화하셨네요.

부 인: 놀랐어요. (12회기, 아내에게 꽃과 케이크를 선물한 남편)

치료자: 요즘 아들 가방 뒤지시는 건요?

남 편: 거의 안 뒤지죠. 거의 매일 했었는데 이제 줄였죠. 거의 안 하죠. (13회기, 자녀양육 방식: 아들의 가방을 뒤지는 횟수가 감소됨)

치료자: 전에 아빠가 동생하고 너하고, 어떤 차별대우를 한다고 느꼈었니?

딸 : 아, 네.

치료자: (차별대우가) 없어졌다는 걸 어떻게 느끼니?

딸 : 엄마가 한 말도 그렇고요. 행동도, 예전에는 동생만 대우해 주고 그랬는데, 이제는 저한테 잘해 주세요. 예전에 동생이 우유를 먹고 싶으면 다 먹으라고 하셨는데, 그러면 제 우유가 없잖아요. 그러면 아빠가 "먹고 싶으

면, 하나 더 사 주면 되지." 그랬는데 지금은 그러면 제가 못 먹으니까 아빠가 동생한테 제 거 먹지 말라고 그래요.

치료자: 편들어 주시네?

딸 : 네. (14회기, 자녀양육 방식: 딸도 배려해 주는 아빠) (중략)

남 편: 애엄마가 옛날하고는 너무 달라졌죠. 요즘 챙기는 거랄까. 집에 오는 횟수도 많아졌고요. 내적으로나 외적으로 많이 좋아졌어요. 마음도 많이 편해진 것 같다고 느껴졌어요.

치료자: 지금 댁에 방문하시는 횟수는 일주일에 몇 번 정도 되세요?

부 인: 세 번 정도 가요. 아들아, 엄마 몇 번 가지?

아 들: 3, 4번 오지.

부 인: 3, 4번 가지. (14회기, 집 방문 횟수 증가)

4) 의사소통 변화

부부간 상호작용에서 부인은 남편이 진지하게 경청해 주는 느낌을 받았고 부인이 마음속에 묻은 말을 표현할 수 있게 되면서 남편에게 자기주장을 할 수 있게 되었다. 부모와 자녀 간 의사소통에서 아빠의 표현 방식이 온화해지면서 자녀들이 아빠에게 저항감 없이 화목한 분위기에서 소통하게 되었으며, 모녀가 대화를 할 때 이전의 갈등을 일으키는 방식으로 역행하지 않기 위해 자기를 제어하였다.

치료자: 그전에는 얘기 못했는데, 요즘 들어서 나타나는 차이가 있으세요? 내용면에서?

부 인: 그전에는 마음속에 있는 말을 거의 얘기 안 했죠. 요즘에는 조금 얘기해요. (8회기, 자기표현을 하는 아내)

치료자: 집에서 하는 대화 방식과 오늘 여기서 했던 대화 방식에 어떤 차이가 있니?

딸 : 있어요. 예전에는 강압적이었어요. 예전에는 "우리는 뭐 해야 돼." "너 이거 안 하면 안 돼." 그랬고 말투도 예전에는 까칠했어요. 그래서 저희도 많이 까칠해진 건데, 오늘은 많이 부드러워졌고. (10회기, 아빠 말투가 부드러워짐, 아빠에게 저항감 없이 대화함)

치료자: 이제 표현이 달라지셨네요. “아니야, 됐어. 그만해.” 이러시잖아요. 표현에 주장이 좀 있어지셨다는 거예요.

부　인: 이제 좀 하죠. (11회기, 남편에게 자기주장을 하는 아내)

치료자: 어떻게 해서 그런 변화가 일어났니? 그전하고 요즘하고 엄마랑 대화하는 데 있어서 차이점은 뭐가 있니?

딸　: 예전에는 둘이 얘기하면 싸웠거든요? 둘 다 예전에는 양보를 안 하는 것 같았어요. 그런데 둘 다 화가 나고 그러면 요즘에는 둘 다 한 발짝 물러서고 그러는 것 같아요. (12회기, 모녀간 기능적인 대화 경험을 함, 서로 양보하기, 표현 방식이 달라진 엄마, 대화가 많아짐)

치료자: 어떤 면에서는 시원함을 좀 느끼셨어요?

부　인: 이렇게 얘기하는 게 처음이에요. 그전에는 애아빠랑 얘기하면 항상 답답했고, ‘이 사람은 내가 얘기해도 못 알아듣는구나.’ 그리고 나는 진심을 원하는데, 항상 농담으로 받아들이거나. (14회기, 남편이 경청하는 느낌을 받음) (중략)

남　편: 확실히 이제 안 그래요. 8월에 들어온다고 했으니까. 더 좋아질 것 같고. 저도 미운 마음이 40%는 있었는데, 이제 내가 줄여 줄게.

딸　: 아빠 너무 귀여워.

치료자: 아빠 너무 귀여워? 저런 표현은 처음이세요?

딸　: 네. (14회기, 가족 간 화기애애한 대화를 나눔)

5) 재결합의사 변화

별거상태에 있었던 부부는 상담에 지속적으로 참여하면서 부인의 증상 변화, 부부의 인지 변화 및 행동 변화, 의사소통의 변화를 경험하였고 이를 통해 관계가 개선됨에 따라서 배우자와의 재결합에 대한 의향 역시 갈수록 높아졌다. 8회기 상담에서 부인은 재결합의사가 30%로 나타났고, 12회기에서 재결합의사를 유지하였으며, 13회기 상담 이후부터는 귀가를 결정하였다.

치료자: 지금 재결합의사는요.

부 인: 70대 30이요.

치료자: 재결합이 70이요?

부 인: 아니요.

치료자: 이혼입니까, 별거입니까?

부 인: 이혼도 괜찮고요. 별거도 괜찮아요. (8회기, 재결합의사 30%)

치료자: 어머니가 훨씬 편안해지셨다고 보는데. 그러면 지금 댁에 들어가실 계획은 있으세요?

부 인: 네.

치료자: 언제쯤이요?

부 인: 그건 모르겠어요. 두려움만 없으면 가려고 하는데요. (12회기, 재결합의사가 있음)

부 인: 집에 들어가려고 마음을 먹었거든요.

치료자: 그러셨어요? 대단한 결정하셨네요. (13회기, 귀가 결정)

치료자: 언제쯤 귀가하시려고요?

부 인: 잘 모르겠는데, 제 생각은 '다음 달쯤 들어갈까.' 하고 생각했어요. (14회기, 다음 달로 귀가결정)

3. MRI와 Murray Bowen 이론 적용의 효과

치료자가 MRI의 의사소통 이론과 Murray Bowen의 가족체계 이론을 적용하여 상담을 진행한 결과, 남편과 부인을 비롯한 가족구성원의 기능적인 변화가 나타났다. 첫째, 치료자는 MRI의 상호작용적 가족치료 이론을 적용하여 이 상담 사례의 가족구성원이 자신의 '시도된 해결책'을 인지하고 이를 새로운 해결책으로 대체하여 행동할 수 있도록 유도하였다. 둘째, 치료자는 Murray Bowen의 가족체계 이론을 적용하여 남편이 원가족과의 미분화를 인지하고 자아분화를 위해 노력할 수 있도록 지지하였다. 남편이나 부인이 가족구성원에게 감정 반사적으로 대응하지 않고 자신의 감정과 사고를 분리하여 배우자 및 자녀와 친밀한 관계를 유지할 수 있게 된 것이다.

남편은 2회기에서 자신의 문제를 부분적으로 인정하였고, 5회기에서는 변화의 주체를 자신이 아닌 부인으로 지정하며 부인을 변화시켜 달라고 하면서 치료자에게 저항을 보였다. 그러나 6회기에서 남편은 부인의 전환장애와 관련하여 자신의 문제를 인식하면서 인지 변화를 보였다. 이는 남편이 그동안 부인의 전환장애를 유지시켜 왔던 자신의 '시도된 해결책'을 인식하였다는 것을 가리킨다. 8회기 상담을 통하여 부인은 자기표현이 증가하면서 전환장애 증상이 감소하기 시작하였으며, 남편과의 재결합의사가 30% 있다고 하였다.

9회기에서 남편은 자신이 원가족과 미분화되었다는 것을 인지하였고, 변화에 대한 의지를 보였다. 그 이후에 아빠(남편)는 표현 방식이 부드러워져서 자녀가 저항감 없이 아빠와 대화하는 변화가 나타났다. 남편이 저항의 단계를 넘어 변화가 보이자 부인은 11회기 상담에서 남편의 변화를 인정하였고, 부인 또한 변화에 대한 의지를 표현하였다. 상담을 통하여 부인은 남편에게 자기주장을 표출할 수 있게 되었고, 12회기에서 부인의 약복용 감소와 집 방문 횟수의 증가가 나타났으며 재결합할 의향이 더 높아졌다. 이때 남편은 아내의 의견을 수용하는 변화와 아내에게 자발적으로 꽃과 케이크를 선물하는 변화가 있었고, 아들의 가방을 수색하는 횟수가 감소되었으며, 아들과 딸을 편애하지 않고 딸을 배려하는 모습이 나타났다. 부인은 딸과의 대화에서 자극적인 방식으로 대화하지 않았고 모녀 각자가 자신을 제어하는 모습이 나타나 모녀간 기능적인 대화 방식이 보였다. 이는 Murray Bowen의 가족체계 이론에 따르면, 감정이 사고를 지배하지 않는 것으로 정서적 과정과 지적 과정이 분리되어 자신을 통제하면서 자아분화 수준이 향상되는 것을 뜻한다.

분화가 이루어질수록 각각의 배우자는 독단적으로 역할을 진행하는 것이 아니라 조화를 이루면서 상대방의 필요와 기대에 유연성을 갖고 대처하게 되며 상호보완적인 삶을 살게 된다(Kerr & Bowen, 2005). 13회기에서는 부인의 전환장애 증상이 거의 사라졌으며, 남편이 가족구성원의 의견을 수용하는 변화가 나타났고, 별거상태에 있었던 부인이 귀가를 결정하는 변화가 나타났다. 14회기 상담에서 부인은 남편이 배우자의 얘기를 경청해 주는 느낌을 받고 있었으며, 가족 간에 화목한 분위기에서 대화할 수 있게 되었고 부인은 다음 달에 귀가할 것을 결정하는 변화가 나타났다. 종결 회기에서는 부인이 남편의 입장을 이해하게 되었으며, 부인의 전환장애 증상이 사라졌고 부인은 약복용 중지를 고려하게 되었다.

〈표 7-2〉 상담회기에 따른 상담효과 매트릭스

상담회기			2	6	8	9	10	11	12	13	14	15
상담효과	증상 변화				증상 약화				약복용 감소	증상 거의 사라짐		증상 사라짐 약복용 중지 고려
	인지 변화	남편	자기문제 부분 인정	자기문제 인정		변화의지 표현 원가족의 미분화 인식				가족의사수용		
		부인						변화의지 표현 남편의 변화 인정				남편 입장 이해
	행동 변화	남편							아내 의견 수용, 아내에게 선물 아들의 가방 수색 횟수 감소 자녀 간 편애하지 않음 (딸도 배려)			
		부인							집 방문 횟수 증가			
	의사소통 변화	남편					온화한 표현 방식 (부드러운 말투)					
		부인			표현 증가			남편에게 자기주장	딸에 대한 표현 변화	남편이 경청하는 느낌을 받음		
		자녀					저항감 없이 아빠와 대화					
		가족							모녀간 기능적 대화	가족 간 화목한 대화		
	재결합의사 변화				재결합 의사 30%				재결합의사 유지	귀가 결정	다음 달로 귀가 결정	

이 사례에서 치료자는 MRI의 의사소통 이론과 Murray Bowen의 가족체계 이론을 적용하여 탐색하기, 내담자의 진술 촉진하기, 진단하기, 치료하기, 상담계획하기, 희망 주기와 같은 상담을 통하여 남편과 전환장애 증상을 겪는 부인의 문제에 개입하였고, 내담자에게는 증상 변화, 인지 변화, 행동 변화, 의사소통 변화, 재결합의사의 변화가 나타났다. 이로써 전환장애를 가진 부인에 대한 MRI와 Murray Bowen의 가족치료 이론을 적용한 상담은 효과적인 것으로 나타났다. 이러한 상담회기에 따른 상담효과 매트릭스는 〈표 7-2〉와 같으며, 전환장애를 가진 부인에 대한 상담의 효과 네트워크를 [그림 7-2]에 제시하였다.

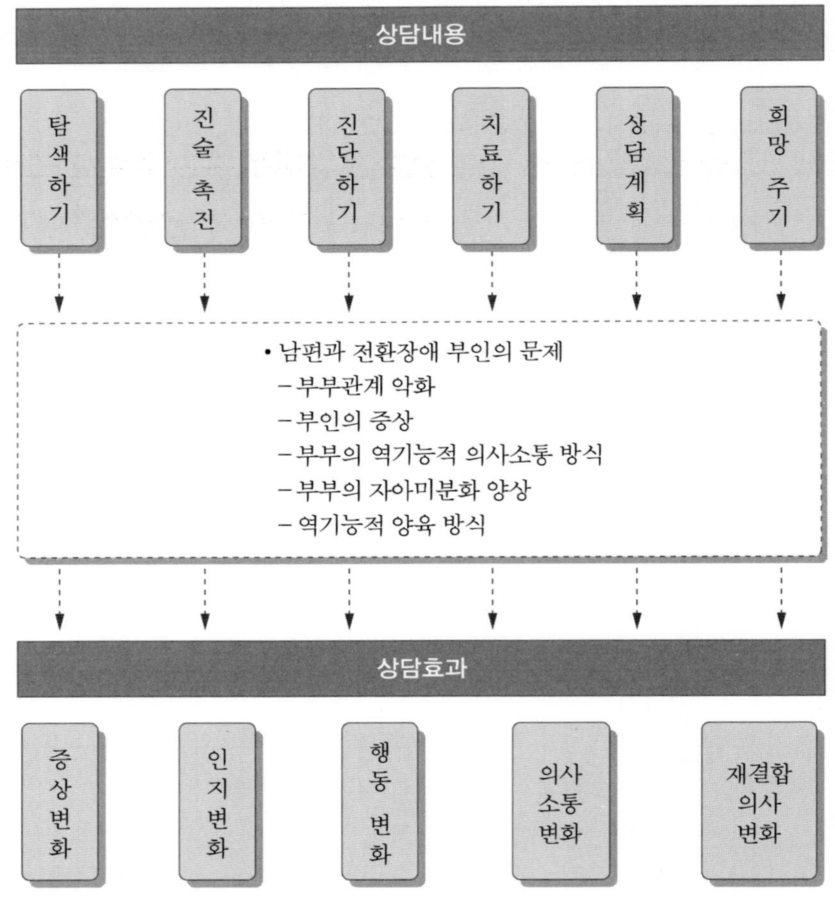

[그림 7-2] 전환장애를 가진 부인에 대한 상담의 효과 네트워크

V. 결 론

1. 연구결과 요약

이 장은 전환장애 증상을 호소하는 부인에 대한 가족상담의 효과를 규명하고자 하였다. 사례에서 부인은 ○○대 종손인 남편과의 관계에서 겪는 극심한 역기능적 의사소통 방식에 따라 문제를 갖고 있다가 아들의 미국연수 동행에서 경험한 고충이 도화선이 되어 경련, 마비와 같은 전환장애 증상이 나타났고 남편과 이혼위기를 겪게 되면서 상담에 의뢰되었다. 남편과 전환장애를 가진 부인이 처한 문제는 부부관계 악화와 부인의 증상, 부부의 역기능적 의사소통 방식, 부부의 자아미분화 양상, 역기능적 양육 방식이었다. 이에 대한 치료자의 상담내용은 탐색하기, 내담자의 진술 촉진하기, 진단하기, 치료하기, 상담계획하기, 희망 주기로 드러났다. 상담과정에서 내담자 가족구성원은 전인식단계와 인식단계를 거쳐 변화를 시도하였으며, 특히 남편은 저항을 넘어 변화를 유지하는 단계들을 경험하였다. 결과적으로 내담자들은 여러 영역에서 뚜렷한 변화를 나타내었는데, 전환장애 증상을 호소하였던 부인의 약복용 횟수가 점차적으로 줄어들어 약복용 중지를 고려하게 되고 전환장애 증상이 감소되어 증상의 변화를 비롯한 부부의 인지변화, 행동 변화, 의사소통 방식의 변화, 그리고 부인의 재결합의사의 변화가 나타나 부부가 초기의 문제를 극복하고 해결하는 회복상태에 이르렀다. 이는 MRI의 의사소통 이론과 Murray Bowen의 가족체계 이론을 적용한 상담이 전환장애를 가진 부인의 가족치료에서 기능적이고 긍정적인 변화를 가져왔기 때문에 효과적이라는 결과를 보여 준다.

2. 논 의

Murray Bowen의 가족체계 이론의 원칙에 입각한 불안에 대한 치료적 접근은, 개인의 자아분화 수준이 증가하면서 만성불안이 감소된다는 점에서 간접적이라는 치료적 특징을 갖는다. 자아분화는 다른 사람의 증상을 재발시키지 않고도 개인 내의 불안과 증상을 줄일 수 있는 과정이다. 이 가족상담을 통해서 남편과 부인은 타인과의 관계에서 감정 반사적으로 대응하는 수준이 현저히 낮아졌는데 이는 자아분화 수준이 향상되었다는 것을 보여 준다. 자아분화 수준이 증진되면 사고와 감정체계를 기능적으로 통제할 수 있게 되며, 개인적 만성불안 수준을 감소시킬 뿐 아니라 타인에게 정서적 영향을 주는 관계체계의 만성불안 수준을 줄일 수 있게 된다.

개인이 자신의 만성불안 수준을 감소시킬 수 있는 과정은 주로 학습에 달려 있다. 학습은 반복적 및 정서적으로 강렬한 상황에 개입되지 않고, 개입에 따르는 불안과 내적 감정반응을 인내하는 용기에 달려 있다. 만성불안의 감소를 초래하는 학습은 자신과 타인의 감정과 사고반응의 차이에 대한 인식, 또 이런 감정반응이 자극되고 소통되는 기제(예컨대, 특정 얼굴표현과 같은)에 대한 인식 등과 관련이 있다(Kerr & Bowen, 2005 재인용). 이와 같이 개인의 분화 수준을 개선하고 불안을 줄이기 위한 노력은 개인이 자신의 감정반응을 통제하는 데 달려 있는데, 내담자가 '가족'을 하나의 '체계'로 인식하면서 자신의 감정의 힘을 통제하여 행동하는 것을 배우는 데는 시간이 걸린다. 이러한 측면에서 MRI의 의사소통 이론을 적용한 치료적 접근은 내담자가 자신의 감정을 통제하기 위한 학습을 도움으로써 가족상호작용의 방식을 개선시켜 준다는 특징을 갖는다.

이 장에서 부인은 남편과 기능적인 의사소통이 되지 않아 내면적으로 억압되어 왔고 외적으로 전환장애가 나타났는데, 이는 전환장애가 심리적인 내부갈등이나 억압된 욕구가 전환되어 수의적 운동이나 감각기능에 영향을 준다는 기존의 연구(김시경, 신철진, 홍성도, 1997; 최우진, 곽선, 이승기, 2003; Ford & Folks, 1985)와 일치하고 있다. 또한 전환장애가 결혼한 여성에게서 많이 나타나며(박재훈, 1982), 부부문제가 그 영향요인이 된다는 연구를 비롯하여(이정균, 1981), 주부에게 남편에 의한 요인이 전환장애 유발을 높인다(김시경, 신철진, 홍성도, 1997)는 연구와 같은 맥락에 있다. 그리고 이혼청구자가 기혼자집단보다 당면한 스트레스가 크기 때문에 높은 신체증상을 보고하였는데, 여성이 남성보다 높은 신체증상을 나타내었다(전영주, 2008)는 연구의 결과와도 관련이 있다.

이 사례에서 전환장애를 겪고 있는 부인을 둘러싼 가족체계를 기능적인 의사소통을 통하여 긍정적으로 개선시킨 결과, 부인의 증상이 호전되었을 뿐만 아니라 부부관계와 가족관계에 효과적인 변화가 나타났다. 따라서 이 장의 결과는 전환장애 증상을 호전시키기 위해 기능적인 의사소통이 중요하다(김보경, 이상룡, 1996; 유미숙, 2004)는 선행연구를 지지한다. 또한 전환장애 환자에 대해 가족의 지지적인 개입, 곧 기능적인 의사소통이 필요하고(김보경, 이상룡, 1996; 김은정, 이동원, 2001) 가족치료적 접근이 유효하다(박영숙, 1991; 서덕원 외, 2011)는 기존 연구의 내용을 확인할 수 있는 임상적 결과를 보여 주고 있다.

또한 이 장의 결과는 Bowen의 가족체계 이론을 활용한 상담이 역기능적 가족관계를 갖고 있는 가족원의 분화 수준을 향상시키고 불안을 낮추는 데 효과가 있으며(정성경, 김정희, 2004), 부부관계와 자녀와의 관계를 개선시킨다(임원선, 2008)는 연구결과를 확인하였다. 그리고 MRI의 의사소통 이론과 Murray Bowen의 가족체계 이론을 통합하여 적용한 상담이 부부갈등을 완화시키며 부부관계를 기능적으로 변화시키는 데 효과가 있다(박태영, 김혜선, 김태한, 2010; 조지용, 박태영, 2011; 박태영 외, 2012)는 연구결과를 지지하였다. 그러므로 상담가는 전환장애 증상을 갖고 있는 부인에 대한 접근에서 MRI 모델과 Bowen의 가족체계 이론을 이론적 준거틀로 하여 가족의 의사소통 방식과 가족체계에 초점을 두어 상담을 계획하고 진행할 필요가 있다.

3. 연구의 의의와 제한점

이 장은 가족치료사례의 내용을 다룬 연구 중 전환장애 증상이 있는 내담자의 가족치료적 접근을 시도한 사례를 찾아보기 매우 어려운 실정에서, 임상사례를 분석하여 상담내용과 효과를 구체적으로 제시하였다. 여성은 남성에 비해 주요 정신장애에서 유병률이 더 높은 것으로 알려져 있는데(APA, 2000), 여성의 사회적 지위와 신체적 · 정신적 건강 간에는 강한 부적 상관관계가 있다(WHO, 2000). 심리적 장애는 여성 개인의 내적인 요인 외에 심리사회적 발달요인과 사회문화적 · 환경적 요인의 영향을 받으므로, 이 장은 가부장적 문화권에 속한 우리나라의 기혼여성에 대한 치료적 개입에서 가족체계적 관점이 효과적인 대안이 될 수 있음을 보여 주고 있다. 그러나 이 장은 단일사례에 국한된 결과이므로 이를 일반화하는 데 제약이 따르며, 각 사례의 역동과 상황에 따라 상담자가 사용하는 기법이 다양하게 발휘될 수 있다는 면에서 연구의 한계성을 지닌다. 이에 전환장애 내담자 가족에 대한 후속연구가 활발히 생성되고 그에 따른 결과물이 축적된다면 체계화된 상담기법으로 발전됨과 동시에 매뉴얼의 형식을 갖춤으로써 임상가에게 활용 가능한 자료가 될 수 있을 것이라 기대한다.

참고문헌

김명진, 최병만, 이상용(2000). 전환장애로 입원한 환자 41례에 대한 임상적 연구. 대한한방신경정신과학회, 11(2), 131-140.

김보경, 이상룡(1996). 전환장애 실어증 환자 1례에 대한 임상보고. 동의신경정신과학회지, 7(1), 167-172.

김보영, 이승희, 이승진, 황선미, 정대규(2002). 전환장애 중 운동감각장애우 환자 1례의 임상적 고찰. 동의신경정신과학회지, 13(2), 225-232.

김승기, 김현우, 권택술(1991). 생활사건, 사회지지, 대처방식에 대한 전환장애와 신체화장애와의 비교연구. 신경정신의학, 30(5), 840-848.

김시경, 신철진, 홍성도(1997). 충북대학교병원 응급실에 내원한 전환장애 환자의 인구통계학적 특성에 관한 고찰. 충북의대학술지, 7(1), 87-98.

김윤용, 변순임, 김지영, 황의완, 조성훈(2007). 초기에 전환장애로 잘못 진단되었던 위증(僞證) 환자 보고 1례. 동의신경정신과학회지, 18(3), 147-156.

김은정, 이동원(2001). 학업과 관련된 전환장애 환자 치험 2례. 동의신경정신과학회지, 12(2), 215-221.

김정일, 정인과, 곽동일(1987). 전환장애와 신체화장애의 임상적 비교 연구. 신경정신의학, 26(2), 306-319.

민성길(1995). 최신정신의학. 서울: 일조각.

박영숙(1991). 전환장애와 신체화장애의 MMPI반응 비교연구. EMJ(Ewha Medical Journal), 14(2), 155-163.

박재훈(1982). 히스테리신경증의 증상 양상 변화. 신경정신의학, 21, 603-610.

박태영, 김선희, 유진희, 안현아(2012). 이혼위기에 있는 부부에 대한 가족치료 다중사례연구. 한국가족치료학회지, 20(1), 23-56.

박태영, 김혜선, 김태한(2010). 남편의 원가족과 갈등을 겪는 부부들의 가족치료 사례연구. 한국가족관계학회지, 15(3), 43-66.

서덕원, 안효진, 류호선, 이수빈, 고인성, 박세진(2011). 한방정신요법 및 자율훈련법을 사용한 경련을 주증상으로 하는 전환장애 1례. 동의신경정신과학회지, 22(4), 143-155.

유미숙(2004). 전환장애 아동의 놀이치료 사례연구. 한국놀이치료학회지, 7(1), 25-40.

이영분, 신영화, 권진숙, 박태영, 최선령, 최현미(2011). 가족치료: 모델과 사례. 서울: 학지사.

이정균(1981). 정신의학(제2판). 서울: 일조각.

임원선(2008). 어머니와의 자아분화수준이 낮아 직장과 가정에서 갈등을 겪고 있는 가족치료 사례연구. 한국가족치료학회지, 16(2), 31-48.

전영주(2008). 협의이혼 청구자와 기혼자의 성별에 따른 자기분화 및 신체증상. 상담학연구, 9(1), 305-316.

정성경, 김정희(2004). Bowen 이론을 활용한 가족관계 증진 집단상담이 자기분화와 불안에 미치는 영향. 상담학연구, 5(3), 823-838.

정효창, 이승현, 정성민, 차재덕(2002). 소음인 전환장애 환자 1례에 대한 증례보고. 동의신경정신과학회지, 13(2), 233-239.

조지용, 박태영(2011). 갈등으로 인한 이혼위기를 경험하고 있는 부부의 부부치료 사례연구. 한국가족치료학회지, 19(2), 41-62.

최우진, 곽선, 이승기(2003). 해리성 기억상실과 전환장애를 동반한 환자의 증례－정신요법을 사용하여. 동의신경정신과학회지, 14(2), 191-198.

하상희, 정혜정(2008). 원가족 건강성과 자기분화의 세대 간 전이. 상담학연구, 9(2), 789-806.

American Psychiatric Association. (2000). *Diagnostic and statistical manual disorders: DSM-IV.* (4th ed). Washington, DC: American Psychiatric Association.

Bowen, M. (1978). *Family therapy in clinical practice.* New York: Jason Aronson.

Binzer, M., & Eisemann, M. (1998). Childhood experiences and personality traits in patients with motor conversion symptoms. *Acta Psychiatrica Scandinavica, 98*(4), 288-295.

Ford, C. V., & Folks, D. G. (1985). Conversion disorders: an overview. *Psychosomatics, 26,* 371-383.

Hurwitz, T. A. (2004). Somatization and Convension Disorder. *Canadian Journal of Psychiatry, 49*(3), 172-178.

Kerr, M. E., & Bowen, M. (2005). 보웬의 가족치료이론(남순현, 전영주, 황영훈 공역). 서울: 학지사.

Kozlowska, K., Scher, S., & Williams, L. M. (2011). Patterns of emotional-cognitive functioning in pediatric conversion patients: Implications for the conceptualization of conversion disorders. *Psychosomatic Medicine, 73*(9), 775-788.

Miles, M. B., & Huberman, A. M. (1994). *Qualitative data analysis (2nd).* Thousand Oaks, CA: Sage.

Owens, C., & Dein, S. (2006). Conversion disorder: The modern hysteria. *Advances in Psychiatric Treatment, 12*(2), 152-157.

Patton, M. Q. (2002). *Qualitative research & evaluation methods* (3rd). Thousand Oaks, CA: Sage.

Pehlivant rk, B., & Unal, F. (2002). Conversion disorder in children and adolescents: A 4-year follow-up study. *Journal of Psychosomatic Research, 52*(4), 187-191.

Roelofs, K., Keijsers, G. P. J., Hoogduin, K. A. L., N ring, G. W. B., & Moene, F. C. (2002). Childhood abuse in patients with conversion disorder. *American Journal of Psychiatry, 159*(11), 1908-1913.

Roelofs, K., Spinhoven, P., Sandijck, P., Moene, F. C., & Hoogduin, K. A. L. (2005). The impact of early trauma and recent life-events on symptom severity in patients with conversion disorder. *Journal of Nervous and Mental Disease, 193*(8), 508-514.

Roffman, J. L., & Stern, T. A. (2006). Conversion disorder presenting with neurologic and respiratory symptoms. *Journal of Clinical Psychiatry, 7*(6), 304-306.

Ruddy, R., & House, A. (2005). Psychosocial interventions for conversion disorder. *Cochrane Database Syst Rev, 4.*

Sobot, V., Ivanovic-Kovacevic, S., Markovic, J., Misic-Pavkov, G., & Novovic, Z. (2012). Role of sexual abuse in development of conversion disorder: Case report. *European Review for Medical and Pharmacological Sciences, 16*(2), 276-279.

Tickle, A. C., & Crockford, H. (2011). A multidisciplinary approach to conversion disorder with nonepileptic seizures: A case study. *Internet Journal of Mental Health, 7*(1).

Uijen, A., & Bischoff, E. (2011). Conversion disorder. *Huisarts en Wetenschap, 54*(10), 560-564.

Voon, V., Gallea, C., Hattori, N., Bruno, M., Ekanayake, V., & Hallett, M. (2010). The involuntary nature of conversion disorder. *Neurology, 74*(3), 223-228.

Vuilleumier, P. (2005). Hysterical conversion and brain function. *Progress in Brain Research, 150*, 309-329.

Wald, J., Taylor, S., & Scamvougeras, A. (2004). Cognitive behavioral and neuropsychiatric treatment of post-traumatic conversion disorder: A case study. *Cognitive Behaviour Therapy, 33*(1), 12-20.

Watzlawick, P., Weakland, J., & Fisch, R. (1974). *Change: Principles of problem formulation and problem resolution.* New York: W. W. Norton.

Weakland J. H., Fisch, R., Watzlawick, P., & Bodin, A. M. (1974). Brief therapy: focused problem resolution. *Family Process, 13*(2), 141-166.

World Health Organization. (2000). *Women's mental health: An evidence based-review.* WHO: Geneva.

제8장

간질증상을 가진 성인자녀에 대한 가족치료 사례연구:

간질과 스트레스의 관계를 중심으로

박태영 · 박신순 · 김선희

이 장은 간질증상을 가진 성인자녀의 가족치료 사례를 간질과 스트레스의 관계를 중심으로 살펴보았다. 치료자는 간질증상을 가진 성인자녀를 치료하기 위하여 MRI의 의사소통 이론과 Bowen의 가족체계 이론을 사용하였다. 이 장은 자료분석을 위해 개방코딩을 사용하였고, 범주 간 관련성을 밝히기 위하여 Miles와 Huberman이 고안한 매트릭스와 그래프, 네트워크를 활용하였다. 이 장의 결과, 첫째, 간질을 경험하는 성인자녀의 문제에 질병과 스트레스, 경제적 의존상태의 생활, 가족 내 대화상대의 부재, 사회적 낙인감과 소외, 모녀간 극심한 갈등, 애정결핍이 포함되었다. 둘째, 간질을 경험하는 성인자녀의 문제에 영향을 미치는 요인들은 부모의 역기능적 양육 방식, 가족 성원 간 미분화 양상, 가족의 역기능적 의사소통 방식, 가족의 증상과 대응 방식, 그리고 주변인의 태도로 나타났다. 셋째, 내담자가 경험하는 간질과 스트레스는 스트레스가 증폭될수록 발작이 증가하는 정적관계를 보였다. 넷째, 가족치료적 개입으로 가족 성원들에게 기능적인 변화가 나타났다. 이 장은 간질환자에게 있어서 가족이라는 체계의 기능과 그 중요성을 보여 주며, 간질이 정신질환까지 동반할 수 있고 사회적 낙인이 크다는 것을 나타내고 있다.

I. 서 론

현대는 과학과 의학의 발달에 힘입어 인간 수명이 증가하는 추세를 보이고 있고 인류의 숙원인 무병장수 생의 실현을 시사하는 듯하다. 그러나 현대인은 질병의 공격으로부터 자유롭지 못한 것이 현실이다. 현대인이 겪는 수많은 질병의 원인 중 영향력 있고 대표적인 것 중 하나가 스트레스로 알려져 있다. 기존에 가지고 있는 개인의 질병이 스트레스로 악화되는 순환적 연관성을 갖기도 한다. 즉, 스트레스는 신체적 · 심리적 질병의 발병과 지속에 중요한 기능을 한다(이웅천 외, 1996에서 재인용; Acuna, Garcia, & Bruner, 2012). 따라서 신체적 질병에 국한되지 않고 정신적 질환의 형태로까지 나타날 수 있는 스트레스는 개인뿐 아니라 그 가족과 사회에까지 고통을 양산하는 주범이 되고 있다는 사실에서 심각성이 크다. 가족치료 영역에서도 정신질환을 가진 내담자에 대한 상담 사례가 적지 않은 것은 상기한 사실이 우리 사회에서 실제적으로 발생하는 현상이라는 것을 의미한다. 가족치료를 의뢰하는 가족 중에서 한 가족 성원이 가진 정신적 질병이 상담 의뢰의 시발점이 되는 사례가 상당하다. 이러한 정신과질환은 아동에게서 많이 나타나는 틱장애, ADHD 등을 비롯하여 우울증 또는 조울증, 대인기피증, 전환장애, 공황장애 등 다양하다.

그런데 정신과질환 중 간질은 뇌세포의 갑작스럽고 비정상적인 흥분으로 발작 증세가 반복하여 나타나는 만성적인 신경계 질환으로서(서울대학교 의과대학, 1997), 발작시기를 예측할 수 없는 불안, 일상생활의 제한과 이에 따르는 우울증 등의 여러 이차적인 정신적 문제를 초래할 수 있는 심각한 질병이다(이웅천 외, 1996; 허선희, 2010). 특히 대인관계와 직업 적응, 정서적 적응, 재정적 적응, 간질발작에의 적응 등의 과정에서 간질에 대한 가족과 사회의 부정적인 시각과 편견으로 발생하는 사회심리적인 스트레스가 두드러지는 질병이다(문성미, 2000). 간질발작의 유발인자에서 정신적 요인이 33.8%에 이른다(이대희, 1974)는 보고와 발작의 빈도는 환자가 인지하는 감정의 스트레스나 갈등과 밀접한 연관성을 가지고 있다(이웅천 외, 1996에서 재

제8장은 '상담학 연구(2013). 제14권 1호, pp. 1-33.'에 게재된 논문임.

인용; Ross, 1956; Snyder, 1991; Temkin & Davis, 1984)는 연구로 미루어 볼 때, 간질발작과 스트레스, 그리고 동반장애로서 정신적 질환은 상호작용하는 관계에 있다.

그럼에도 불구하고 간질발작은 항경련제를 적절히 사용하면 80% 이상에서 조절이 잘되며 그 횟수를 충분히 줄일 수 있다(서울대학교 의과대학, 1997; 이정균, 1994). 당뇨나 다른 만성질환과는 달리, 발작이 있는 동안을 제외한 대부분의 시간에는 질병의 영향을 거의 받지 않는 것이 간질의 질병적 특성인데, 이를 위해서는 환자의 자기관리가 가장 주요한 과업이다(송자경, 2008). 자신의 통제하에 자기관리가 충분히 이루어졌을 때 간질발작으로부터 자유로울 수 있고 삶의 질이 전반적으로 향상될 수 있는데, 간질환자의 자기관리의 주요 예측인자인 자기효능감과 가족통정감, 가족강인성을 위해서는 지지적 가족환경의 마련이 중요하다(송자경, 2008). 또한 지지적 가족환경으로서의 가족응집력을 증진시키는 방법으로 가족이 현재 가지고 있는 의사소통 및 관계 패턴을 파악하여 가족 성원 간의 관계와 의사소통의 긍정적 가능성을 향상시켜야 한다(송자경, 2009).

한편 간질을 주제로 의학적 접근을 수행한 연구(서혜정, 2005; 허소영, 2009)는 간질의 신경학적 측면에서 항경련을 위한 활용방안을 제고하는 데 기여하였다. 그러나 이러한 기존 연구는 간질환자의 예후에 대한 가족요인의 중요성을 예측하고 설명하는 데 한계가 있었다. 특히 성인의 간질에 대하여 가족치료적으로 접근한 사례는 보고된 것이 거의 없다. 많은 간질환자는 자기관리에서 무엇보다 질적으로 향상된 삶을 살아가기를 원하고 있으며, 이는 지지적인 관계 및 기능적인 상호작용과 매우 밀접한 연관이 있다(박영숙, 정은남, 양진향, 2011)는 점에서 간질을 경험하고 있는 이들에게 가족관계는 매우 유의미하다.

간질의 질병적 특성과 간질환자가 경험하는 문제에 대한 이러한 전반적인 이해를 제공하는 연구를 볼 때, 실제로 가족 내에서 간질환자가 경험하는 스트레스와 동반되는 정신적 장애가 가족역동 속에서 어떻게 일어나고 있는지에 대한 구체적 이해가 필요하다. 또한 간질환자를 둔 가족이 경험하는 고통에 대하여 가족치료가 어떻게 가족기능을 회복시킴으로써 가족의 삶의 질이 향상될 수 있도록 지원할 수 있는지를 파악하기 위해서는 임상사례에 대한 심층적인 연구가 요구된다.

현재까지 간질환자에 대한 연구는 주로 단일 범주의 환경변인과의 연관성을 살펴보는 것이 대부분으로 가족 전체적인 적응적 특성을 반영하지 못하는 한계를 갖기(송자경, 2008) 때문에, 간질환자의 가장 핵심적인 환경체계인 가족의 영향에 대한 이해와 가족 단위에 대한 접근이 필요하다(Ellis, Upton, & Thompson, 2000). 그러므로 이 장은 간질을 겪고 있는 성인자녀의 가족치료 사례를 다루는 데 있어서 간질을 경험하고 있는 성인자녀의 문제와 이러한 문제에 영향을 미친 요인, 그리고 내담자가 경험하는 간질과 스트레스 간 관계를 살펴보고자 한다. 그리고 간질을 경험하고 있는 성인자녀에 대한 가족치료과정에서 치료자의 개입방법과 결과를 분석하고자 한다.

이 사례에서 성인자녀는 간질과 함께 동반장애로 나타난 조울증 때문에 심한 생활상의 어려움과 심리적 고통을 받고 있었고 이는 고스란히 가족이 함께 져야 할 짐이 되고 있었다. 요컨대, 이 장은 내담자가 경험하는 간질이 스트레스와 어떠한 관계가 있는지를 중심으로 가족치료 사례를 분석하고자 하며, 이것이 가족 내 역기능적인 양상과 어떤 관련이 있는지를 규명하여 간질환자를 둔 가족관계를 기능적으로 회복시킬 수 있는 방안을 제시하고자 한다. 이 장은 간질을 경험하고 있는 성인자녀를 둔 가족에 대한 가족치료 사례를 통하여 간질환자에게 미치는 가족의 영향을 확인하는 데 의의가 있으며, 연구목적을 달성하기 위해 설정한 연구문제는 다음과 같다.

첫째, 이 사례에서 간질을 경험하는 성인자녀의 문제는 무엇인가?

둘째, 이 사례에서 간질을 경험하는 성인자녀의 문제에 영향을 미치는 요인은 무엇인가?

셋째, 이 사례에서 내담자가 경험하는 간질과 스트레스의 관계는 어떠한가?

넷째, 이 사례에서 간질을 경험하는 성인자녀에 대한 가족치료적 개입방법과 결과는 무엇인가?

II. 문헌고찰

1. 치료의 이론적 준거틀

첫째, MRI의 의사소통 이론은 의사소통과 체계 개념에 기반을 두고 접근하며 내담자의 문제 발달의 조건을 제시하는데, 어려움을 잘못 다루는 것과 문제를 해결하려는 시도의 실패, 그리고 결국에는 문제를 유발시킬 똑같은 문제해결 방식의 계속적인 적용이다(Watzlawick, Weakland, & Fisch, 1974). 즉, MRI의 의사소통 이론은 '문제'란 오랫동안 그 문제를 변화시키려고 계속해 온 바람직하지 못한 행동으로 이루어진 것이며, 문제행동이 지속되는 이유는 일차적으로 사람들의 '시도된 해결책'에 있다고 본다. 즉, 내담자는 효과가 없는 방법으로 문제를 해결하려는 시도 속에서 오히려 삶의 곤경에 처하게 된다. 따라서 가족치료자의 역할은 기존의 행동(시도된 해결책)이 효과가 없음을 인식시키고 이에 대해 새로운 행동을 대체하도록 유도하는 데 있다(Weakland et al., 1974).

둘째, Murray Bowen의 가족체계 이론에서는 치료 목표를 미분화된 가족자아집합체로부터 분화되는 것에 두었다. 자아분화는 Bowen 이론의 핵심 개념이며, 높은 수준의 분화는 독립성, 분리성을 가리키는 것이 아니라 적절한 애착, 연결감, 친밀감을 의미한다. Bowen의 가족체계 이론은 다양하게 나타나는 증상과 장애가 가족 내의 정서기능의 패턴과 어떠한 관계가 있는지를 설명해 준다. 가족구성원 사이에 역기능적 상호작용 유형이 지속적으로 이루어지면, 불안의 정도가 높아지면서 가족 내의 배우자 또는 자녀를 통하여 증상이 발달되어 나타난다. 핵가족의 분화정도가 낮으면 낮을수록 정서기능(불안을 유발하는 관계과정)의 유형은 더욱 다양하고 강렬하며 병적인 증상은 더 심해진다. 가족의 분화 정도가 낮으면 낮을수록 증상을 일으키는 정서적 역기능적인 유형이 활발히 작용하게 되고, 역으로 분화 정도가 높으면 높을수록 가족 내에서 역기능적인 유형의 사용은 줄어들게 된다. 그러나 분화 정도와 관계없이 가족이 극심한 스트레스를 겪을 때 증상이 일어날 수 있다(Kerr & Bowen, 2005). 분화 정도가 높으면 상대방에 대하여 감정적으로 자동 반응하지 않기 때문에 의사소통을 기능적이고 개방적으로 할 수 있으며 서로 양립할 수 있다. 분화가 잘 이루어진 관계 내에서는 서로 유연하게 대처해 나감으로써 상호보완적인 삶을 살아 나갈 수 있다.

Bowen의 가족체계 이론을 활용한 상담은 역기능적인 가족관계를 갖고 있는 가족구성원의 분화 수준 향상과 불안의 경감에 효과가 있다(정성경, 김정희, 2004). 분화 수준이 높을수록 부부의 적응 수준이 높으며(제석봉, 2002), 아동의 자아분화는 불안과 높은 부적인 상관이 있고 또래관계에도 영향을 미치는 것으로 나타났다(심혜숙, 정경연, 2007).

2. 간질과 스트레스의 관계

간질은 생리학적으로 과도한 신경 방전(neuronal discharge)에 따라 반복적인 의식 상실, 불수의적인 경련운동, 감각증상, 자율신경증상 및 정신증상 등을 나타내는 것으로 질환이라기보다 증후군이라고 할 수 있다(Betts, 1988; 이정균, 1994). 주증상인 발작이 일과성으로 반복되는 경우는 심각한 심리사회적 문제를 야기하게 되고, 간질에 대한 사회적 낙인의 영향으로 간질을 가지고 있다는 사실 자체만으로 간질환자뿐 아니라 가족에게 주는 영향이 심각하다(문성미, 2000; 송자경, 2008). 간질환자는 크게 간질만이 주된 문제가 되는 간질표준집단(epilepsy-only)과 기질적인 병인이나 정신과적 질환을 동반한 간질플러스집단(epilepsy-plus)으로 나뉘는데(정진복, 최정윤, 1993; 김보영, 2002), 간질의 질병적 특성과 심리사회적 요인들이 간질환자에게 스트레스로 작용할 때 간질환자에게 인지적 장애와 정신과적 동반장애가 발생할 가능성이 높다(정진복, 최정윤, 1993).

간질은 시기와 장소를 막론하고 존재하여 왔는데, 이 질환에 대한 잘못된 이해와 편견이 지배적이었다(Burden & Schurr, 1976; 김보영, 2002에서 재인용). 우리나라에서 실시된 조사에 따르면, 간질환자에 대한 부정적인 감정과 거부적 태도가 심한 것으로 나타났다(오석환, 유계준, 1971). 이와 같은 현상은 20여 년이 지난 후에도 큰 변화가 없는 것으로 나타나 신의 저주나 천벌이라는 미신적 믿음, 불치라는 속단 등 간질에 대한 잘못된 인식을 가지고 있다(이정균, 1994). 일반인은 간질을 암과 정신분열증 다음으로 무서워하며 환자와 그 가족은 간질에 대한 멸시, 오해, 편견 등을 두려워하고 방어적 태도를 취하게 되는데(노승호, 1982), 사회적 낙인 때문에 간질환자가 갖는 열등감, 수치감, 만성적 불안 및 공포 등과 같은 심리적 스트레스는 실로 심각하다(이웅천 외, 1996).

심각한 신체질환이라는 상황에 처할 경우, 자기방어기제의 기능성이 저하되면서 두려움, 우울, 불안, 공포 등을 경험하게 되고, 억압되어 있던 감정적 욕구와 무의식적 갈등이 되살아나거나 신경증적 또는 정신병적 경향이 유발되거나 악화되기도 한다(Arieti, 1975; 노승호, 1982; 이웅천 외, 1996). 스트레스는 신체적 · 심리적 발병 및 지속에 중요한 기능을 한다고 알려져 있는데, 간질환자에게도 감정적 자극이나 정서적 충격에 따른 스트레스 생활사건은 발작빈도 증가와 유의한 상관관계를 갖고 있다(Temkin & Davis, 1984; Snyder, 1991). 이는 Mittan(1982)의 연구에서 간질환자가 하루 중 높은 수준의 스트레스를 경험한 후 발작의 빈도가 더 높았으며, 발작을 하지 않았다고 느꼈던 경우는 스트레스가 없었을 때라는 연구결과를 통해서도 알 수 있다.

질병 자체뿐만 아니라 심리사회적 문제로 발생되는 스트레스로 간질환자의 약 25%가 신경증을 보이며(Gudmudsson, 1966; 정진복, 최정윤, 1993에서 재인용), 일반인구 또는 다른 만성신체장애환자보다 간질환자에게서 모든 정신장애의 발병빈도가 약 30~58% 높다고 알려져 있다(Pond & Bidwell, 1960; Zielinsky, 1974; 이응천 외, 1996에서 재인용). 특히 불안상태가 가장 빈번하고 강박적 행동, 우울증상, 히스테리성 증상도 자주 나타난다(Betts, 1988). 이와 같이 다수의 연구에서 보고하듯 정신장애는 가능성 있는 간질의 합병증이라고 할 수 있다(Pond & Bidwell, 1960; Scott, 1978; Reynolds & Trimble, 1981; 이응천 외, 1996에서 재인용).

3. 간질환자와 가족

간질환자의 질병의 강도와 스트레스 및 정신적 장애의 상관관계를 살펴볼 때 간질환자가 갖는 환경체계는 중요하다. 즉, 스트레스가 높을 때 발작의 발생이 증가하므로 간질환자의 환경적 상황에 대한 이해가 필요하며, 일차적으로 가장 핵심적 환경체계인 가족의 상황과 영향을 파악해야 한다. 가족 중 한 성원이 만성질환을 가진 경우 이는 가족 전체가 극복해야 할 스트레스원으로 작용하는데, 그 질환이 사회적으로 낙인이 있는 간질이면 가족이 경험하는 스트레스는 더욱 크다. Austin(1998)은 간질이 있는 아동의 가족은 정상인 가족은 물론 만성질환자녀를 가진 가족과 다른, 어려운 생활을 경험할 수 있다고 하는데, 역동적인 과정으로서 가족생활에서의 자녀의 간질은 가족 전체에게 직·간접적으로 정서적·신체적·사회적·재정적 스트레스를 유발할 가능성이 매우 크기 때문이다. 이러한 상황에서 가족은 특수한 상황에 적응하기 위해 여러 방법을 시도하는데, 전체적인 가족기능 면에서 긍정적일 수도 있고 부정적일 수도 있다(Goldberg et al., 1990; Weiss, 1999). 즉, 가족이 변화에 적응하는 경우는 환자에게 든든한 지지자원이 되지만, 그렇지 못할 경우에 가족이 경험하는 과도한 스트레스는 부모와 간질자녀 간에 영향을 주고 받는 상호작용을 하게 되어 고통이 배가될 수 있다. 이러한 관점에서 간질환자를 가진 가족에 대한 가족체계적 차원의 접근이 필요하다. 따라서 간질은 질병의 특성상 장기적으로 인내심을 가지고 환자의 자기관리를 통해 주증상인 발작의 빈도와 발생을 조절함으로써 극복해야 하는데, 가족의 지지가 절대적으로 필요하다. 송자경(2008)은 간질환자의 자기관리를 위한 중요기제로 내적규제요인인 자기효능감과, 외적환경변인으로써 가족통정감과 가족강인성을 제시하면서 가족요인의 중요성을 강조하였다.

III. 연구방법

1. 상담 사례개요

이 장의 참여자는 간질증상을 가진 큰딸(40세), 그리고 아빠(63세), 엄마(62세), 큰아들(37세), 막내아들(32세)이다. 이 사례의 가족은 그들이 처한 어려움을 해결하기 위해 노력하는 과정에서 여러 유형의 역기능적 의사소통 방식을 사용하였고 이것이 간질증상을 가진 성인자녀의 문제와 연관이 있었다. 또한 아빠와 그의 모친, 엄마와 내담자인 딸, 그리고 아빠와 딸의 관계에서 미분화 양상이 나타났기에 분화를 위한 치료적 접근이 필요하였다. 이에 상담자(T)는 MRI의 의사소통 이론과 Bowen의 가족체계 이론을 절충하여 개입하였다. 상담은 18년 이상의 상담경력이 있는 치료자(가족치료전문가자격증, 가족상담수련감독전문상담사자격증, Family Social Work Practice Certificate 등 보유)가 2004년 6월부터 2005년 4월까지 총 8회기에 걸쳐 진행하였다(1회기 큰아들, 엄마 / 2회기 큰딸 / 3회기 큰딸, 엄마 / 4회기 큰딸, 엄마, 큰아들 / 5회기 아빠, 엄마, 큰딸 / 6회기 아빠 / 7회기 큰딸, 아빠 / 8회기 큰딸, 아빠, 막내아들). 상담자는 가족구성원을 개별로 면담하거나 2인 또는 3인조로 상담하였는데, 이는 내담자의 문제를 사정하고 개입하여 문제가 경감되도록 유도함에서 결국 그 문제를 해결해 나가는 주체는 상담자가 아닌 가족이며, 가족구성원이 기존의 '시도된 해결책'을 '새로운 해결책'으로 대치시켜 나가는 실질적인 역할을 해야 하기 때문이다. 이에 상담자는 가족구성원이 간질을 경험하는 성인자녀의 문제를 개인의 병리적 결함으로 치부하지 않고 가족체계적인 프레임에서 재인식하고 기존의 상호작용 방식을 효과적으로 변화시켜 나갈 수 있도록 하기 위해 회기별 상담대상자를 전략적으로 배치하여 치료적 접근을 시도하였다.

2. 자료분석방법

이 장은 질적 연구방법 가운데 사례연구를 하였다. 우선적으로 연구자는 각자 연구문제에 초점을 두고 관련된 주요 개념을 추출하는 개방코딩(open coding)을 하고 이를 바탕으로 유사한 개념을 묶어 분류하여 하위 범주화를 한 후에 재차 상위 범주화하는 작업을 하였다. 이와 같이 연구자 개인이 분석한 내용은 연구자가 모여 비교분석을 하였는데, 특히 연구자 간 의견이 상충되는 부분은 원자료를 같이 재검토하면서 상호간 피드백과 논의를 통하여 범주를 수정하고 보완하는 과정을 거쳤으며 이를 통해 연구자 개인의 편견이 최소화되도록 하였다. 수렴된 연구결과는 매트릭스, 그래프, 네트워크(Miles & Huberman, 1994)를 활용하여 제시하였다. 이 사례에서 매트릭스와 그래프는 내담자의 간질과 스트레스의 관계를 시간/사건별로 분석하기 위하여 활용되었고, 간질을 경험하는 성인자녀에 대한 가족치료의 효과를 보여 주기 위하여 네트워크를 사용하였다.

3. 과학적 엄격성과 윤리적 고려

이 장은 질적 연구에서 과학적 엄격성의 기준이 되는 삼각화(Patton, 2002)를 구축하였다. 첫째, 자료의 삼각화를 위하여 축어록, 상담 중의 메모, 상담녹화 자료를 활용하였다. 둘째, 연구자가 원자료를 각자 분석한 후 타 연구자와 비교분석하여 연구자의 삼각화를 이루었다. 셋째, 간질환자에 대한 치료적 개입과 사례연구에서 이론의 삼각화를 확보하였다. 이와 같이 삼각화(triangulation)의 전략을 통하여 연구자 한 개인의 주관적 판단과 해석의 오류를 수정하여 연구의 신뢰성과 타당성을 확보하였다. 또한 오랜 시간에 걸쳐 연구참여자들과 신뢰관계를 형성하여 연구대상의 반응성을 감소시켜서 보다 정확하고 사실적인 정보를 얻음으로써 연구의 엄격성을 높이고자 하였다. 한편 연구의 윤리성을 확보하고자 내담자의 동의하에 상담내용을 녹취하였고 이를 연구자료로 사용하는 것에 대해 연구참여자에게 허락을 받았다. 연구결과의 기술에서, 참여자를 보호하기 위해 이들의 신원을 추정할 수 있는 자료는 삭제하였다.

Ⅳ. 연구결과

1. 간질을 경험하는 성인자녀의 문제: 간질과 스트레스, 그리고 고립

이 사례에서 큰딸은 간질과 동반장애로 발생한 조울증을 경험하고 있었다. 큰딸은 발작과 행동장애뿐 아니라 이혼 후 실직상태에서 친정에 더부살이를 하는 경제적 의존상태, 가족 내 대화상대의 부재와 사회적 낙인에 따른 소외감, 엄마와의 극심한 갈등과 대화단절, 그리고 애정결핍을 경험하고 있었으며, 이와 같은 경험이 스트레스로 작용하고 있었다.

1) 질병과 스트레스

큰딸은 간질증상 때문에 가족을 비롯한 주위 사람들이 자신을 무시한다고 여기고 있었으며, 이혼을 하고 직장을 그만둠으로써 스트레스가 가중되었다. 이와 더불어 큰딸은 조울증을 경험하였고 자해를 한 경험이 있었다.

큰 딸: 예전에는 1년에 1~2번 그랬어요. 그런데 지금은 더 자주. 한 달에 2번 정도. 모두가 저를 향한 시선이, 다르게 본다는 거죠. 의사선생님이나 부모님도 저를 무시하는 것 같아요. 제가 가정도 없고 직장생활도 관뒀거든요. 병원생활한 이후부터. (2회기, 간질과 피해의식, 증상의 악화)

치료자: 조울증이 어느 정도인가요?

큰 딸: 몇 번 정도는 모르겠고, 칼로 자해를 했는데도 몰랐어요. 압력밥솥에 데었는데도 그 뜨거움의 정도를 느끼지 못할 정도로. (2회기, 조울증과 자해증세)

2) 경제적 의존상태의 생활

큰딸은 간질 때문에 직장에서 권고사직을 당하여 직장생활을 지속할 수 없게 되면서 경제적으로 부모에게 의존하게 되었다. 이러한 상황은 큰딸을 심리적으로 더욱 위축시켰다.

큰 딸: 경제적 능력이 있으면 독립하고 싶어요. 여태까지 직장생활했다면 기반이 되었을 텐데, 병 때문에 그만뒀거든요. (3회기, 실직과 경제적 의존)

3) 가족 내 대화상대의 부재

가족이 대화를 나눌 때, 큰딸은 대화의 주체가 되어 참여한 경험이 거의 없었다. 가족과 일상적인 대화조차 나누기 어려웠으며, 자신의 아픈 마음을 어루만져 주는 상대가 부재하였다. 가족이 아닌 사람들로부터 소외감을 느껴 왔던 큰딸은 가족으로부터도 배제되는 경험을 하였다.

큰 딸: 저는 사회로부터 소외받고 살고 있잖아요. 그런 아픔을 이해해 달라고, 마음이 아플 때 차 한 잔 마시며 이야기하고 싶다고……. (3회기, 속 이야기를 나눌 상대가 없음)

큰 딸: 제가 끼어들 틈이 없죠. '아! 왜 나에게는 틈이 없을까? 가족인데.' 뭐라도 '아. 그랬어?'라는 틈을 느껴서 끼어서 대화했으면 좋겠는데 '왜 난 이럴까?'는 생각을……. 저에 대한 관심을 많이 가져서 이것저것 물어봐 달라는 게 아니라 대화를 나누면서 일상적인 이야기를 나눌 틈이 안 보인다는 거죠. (4회기, 가족대화에 낄 틈이 없음) (중략)

큰 딸: 저한테 말시키는 사람이 없어요. 지나가는 말로도 '추석 때 뭐했어? 쉬는 동안 뭐했어?'라고 묻는 사람이 없어요. (4회기, 말 걸어 주는 사람이 없음) (중략)

큰 딸: 내가 말하면 받아 주는 사람이 없으니까. 아빠와 대화가 없었고, 엄마도 그렇고, 밖에서 생긴 이야기를 이제까지 집에서 한 적이 없었어요. (4회기, 대화에서 소외됨)

4) 사회적 낙인감과 소외

큰딸은 간질을 겪으면서 가족을 비롯한 주위 사람으로부터 경시당하는 경험을 하였다. 주위에서 큰딸의 간질증상을 두고 죽는 것이 낫다라든지, 사람도 아니다라는 식으로 낙인감을 주었다.

큰 딸: 모두가 저를 향한 시선이, 다르게 본다는 거죠. 의사선생님이나 부모님도 저를 무시하는 것 같아요. (2회기, 병 때문에 무시당함) (중략)

큰 딸: 저한테 죽는 것이 낫다고 그렇게까지 말씀하셨으니까. (2회기, 낙인을 줌) (중략)

큰 딸: 작은할머니께서 제 병을 다 아시니까, 한 달에 한두 번 그러니까, 또 다른 교회 분들이랑 같이 살거든요. 그러다 보니 태도가 바뀌는 거죠. 제 병을 다 안 이후에 달라졌죠. 사람 취급을 안 하는 거죠. (2회기, 사람 취급하지 않는 교인들) (중략)

큰 딸: 싫어하기보다 정신병자 취급하는 거죠. 사람도 아니라는 식으로……. (2회기, 정신병자 취급당함)

5) 모녀간 극심한 갈등

큰딸과 엄마는 대화가 원활치 않았다. 큰딸은 엄마와의 교류를 원하지만 엄마는 큰딸과의 상호작용을 회피하였다. 이에 큰딸은 자살을 시도하였고, 엄마 역시 큰딸 때문에 죽고 싶다고 하였다.

큰 딸: 아주 '몰라'라고 하시거든요. 엄마는 지쳐서 저 때문에 살고 싶지 않다고 하거든요. (3회기, 나를 내치는 엄마, 나 때문에 죽고 싶다는 엄마) (중략)

치료자: 자살에 대한 생각도 가져 보셨나요?

큰 딸: 약 먹고 죽을 생각까지 했어요. 생각하고 싶지 않은데 안 잊혀요. (3회기, 관계악화로 죽고 싶은 심정) (중략)

큰 딸: 엄마는 가슴에 품은 생각을 다른 동생한테는 이야기해요. 그런데 저하고는 대화하기를 싫어하세요. 제 성격과 많이 부딪혀서 그런지 몰라도……. (3회기, 나하고 대화하지 않는 엄마, 다른 자녀처럼 대해 주지 않음, 엄마와 부딪힘)

6) 애정결핍

큰딸은 어릴 때 부모와 분리된 채 조부모로부터 많은 사랑을 받으면서 성장하였다. 그러나 큰딸은 초등학생 시기에 다시 부모에 의해 양육되었는데, 조부모와 부모는 양육 방식이 서로 극단적이었기 때문에 성장환경에 차이가 생기면서 큰딸은 적응에 큰 어려움을 느꼈고 혼란스러움과 동시에 애정결핍을 겪었다. 큰딸은 조부모에게 받았던 사랑을 부모로부터 받고 싶어 하였다.

엄 마: 큰딸은 항상 불만이 할머니, 할아빠만큼 엄마도 자기한테 해 달라는 식이에요. 어려서부터. (1회기, 조부모의 사랑을 엄마에게서 원함)

큰 딸: 부모님은 두 분만 대화하시고 저한테는 신경도 안 쓰는 거예요. 저는 그 때 죽고 싶은 심정이었어요. (2회기, 나에게 신경 쓰지 않는 부모)

2. 간질을 경험하는 성인자녀의 문제에 영향을 미치는 요인

이 사례에서 큰딸이 가진 문제는 '부모의 역기능적인 양육 방식' '가족 성원 간 미분화 양상' '가족의 역기능적 의사소통 방식' 그리고 큰딸의 간질과 관련하여 나타나는 '가족의 증상과 대응 방식 그리고 주변인의 태도'가 영향요인이었다. 즉, 큰딸은 가정 사정으로 영유아기 때부터 부모와 분리되어 조부모에게서 양육되는 동안 외할머니의 각별한 애정과 보호를 받다가 초등학교 3학년 때 친부모에게 돌아온 후 냉정한 엄마와 엄격한 아빠의 양육 방식으로 많은 스트레스를 받고 있었다. 또한 큰딸의 간질을 중심으로 엄마와 갈등관계인 동시에 밀착된 양상, 아빠와 할머니와의 미분화로 초래된 아빠의 과보호적 태도, 그에 따른 갈등적인 부부관계와 관련되어 장녀의 위치에서 자신의 생각과 감정을 제대로 표현하지 못하고 상황에 순응해야 하는 가족체계 환경 등은 큰딸에게 스트레스 요인으로 작용하였다. 그리고 가족 성원들이 자신의 의사를 제대로 표현하지 않고 예측하고 회피하는 점, 서로에 대해 공감이 부족한 점, 기능적 중재역할의 부재한 점 등의 역기능적인 의사소통 방식과 더불어 간질에 대한 편견과 이해 부족으로 가족은 과도한 염려와 회피적 태도를 보였다. 또한 교회와 직장, 병원 등에서 경험한 주변인의 간질에 대한 낙인이 큰딸에게 견디기 어려운 고통을 주고 있었다.

3. 부모의 역기능적 양육 방식

1) 양육환경의 급격한 변화

큰딸은 초등학교 2학년까지 조부모로부터 양육되었는데, 특히 외할머니의 깊은 사랑으로 성장하여 엄마보다 오히려 외할머니를 엄마같이 여기고 있었다. 엄마는 정감 있는 표현을 못하였고 외할머니와의 양육 방식과 많은 차이가 있었으며, 큰딸은 엄마를 타인처럼 느끼고 있었다.

큰 딸: 2학년 때까지 할머니가 키웠어요. 저는 할머니를 엄마처럼 느끼며 자랐거든요. (3회기, 3학년 때 엄마와 동거, 할머니가 엄마 같음) (중략)

큰 딸: 할머니한테 그만큼 컸으니까 어렸을 때 엄마의 직접적인 사랑을 못 받았죠. 커서도 할머니와 헤어지고 (부모와) 합해졌을 때 약간 남 같았죠. 할머니한테 가고 싶은 마음이 더 심했죠. 이상하다. 갑자기 바뀌어 버렸으니까. (3회기, 엄마 사랑을 못 받고 자람, 남 같은 엄마, 갑자기 바뀐 양육 환경) (중략)

큰 딸: (엄마는) 무뚝뚝하시고, 동생과 싸우면 야단치시고, 혼내는 것에 대해 상처를 많이 받았어요. 할머니한테 '뭐 해 줘.' 하면 다 해 주셨는데, 엄마한테 그런 이야기하면 우리 형제가 몇 명인데 그러냐고 하고. (3회기, 무뚝뚝한 엄마, 야단치는 엄마, 거절하는 엄마)

아 빠: 큰애가 사랑을 많이 받았어요. 할머니나 증조할머니나. 저희가 보기에 상대편에서 귀찮을 정도로 사랑을 많이 주고 그랬어요. 그렇게 사랑을 많이 받았는데, 집사람은 그렇게 정감 있는 스타일이 아니에요. (6회기, 조부모의 사랑을 듬뿍 받고 자람)

2) 엄한 아빠

큰딸의 부친은 자녀를 엄하게 혼을 내면서 키웠고 분노조절이 안 되어서 자녀가 아빠를 대할 때 늘 두려움이 있었다. 그래서 자녀는 아빠와 기능적인 대화를 주고받는 것이 쉽지 않았으며 성인이 되어서도 아빠를 대하는 것이 어색하였다.

엄 마: 애기아빠가 아이들을 강하게 키웠어요.

치료자: 강하게 키웠다는 말씀은?

엄 마: 엄하게 키웠어요. (1회기, 엄한 아빠) (중략)

큰아들: (아빠가) 분노조절이 좀 힘드실 때가 있어요. (1회기, 분노조절이 안 되는 아빠) (중략)

큰아들: 아빠 퇴근하실 때 되면 집안 정리하고. 아빠한테 혼나니까. 애들이 놀면 어질러 놓으니까. (1회기, 깔끔한 아빠, 혼내는 아빠)

큰 딸: 엄마랑도 잘 안 되지만 아빠도 무서웠어요. 아빠가 (퇴근 후 집에) 오시면 '오늘 어떠셨어요? 피곤하시겠어요.' 와 같은 정 있는 대화가 안 된다 이거죠. (2회기, 정 있는 대화가 안 되는 아빠)

큰아들: 아빠와 대화를 할 때도 예전에는 단순히 정보교환 수준이었는데 지금 다른 식으로 하려니까 좀 어색하죠. 같이 있으면 어색하고 서먹한 것이 느껴지는 경우가 꽤 있거든요. (4회기, 대화하기가 어색한 아빠) (중략)

큰아들: 온종일 괜찮으시다가 저녁에 소리 한 번 치시면 저희는 모든 것이 상쇄되는 것이죠. 저희는 종일 그것만 기억에 남고. (4회기, 소리 치는 아빠)

3) 매정한 엄마

엄마는 무뚝뚝하여 자신의 감정을 표현하지 않는 방식을 갖고 있었다. 자녀는 엄마와 대화를 하면 엄마로부터 포용되는 느낌을 받는 것이 아니라 거부당하고 내쳐지는 느낌을 받아서 두렵고 매정한 엄마로 생각되었다.

큰아들: 엄마는 표현을 안 하시니까. (4회기, 표현을 안 하는 엄마) (중략)

치료자: 어떻게 보면 무뚝뚝하다는 인상도 줄 수 있네요?

큰아들: 그렇죠. 특히 자녀들한테 그런 부분이 강한 것 같아요. (4회기, 자녀에게 무뚝뚝한 엄마) (중략)

큰아들: 어릴 때 엄마에게 거부당한 게 많았던 것 같아요. 그것에 대한 두려움. 뭘 했다하면 뭐 그런 것 가지고 그러냐는 반응. (4회기, 거부에 대한 두려움)

아 빠: 애엄마는 성격이 차서 할머니의 사랑과 대조가 되는 거죠. (6회기, 성격이 차가운 엄마)

4) 자녀 간 차별대우

큰딸이 생각하기에 모친은 다른 자녀들에게 관심을 더 많이 두었고, 큰딸이 꼼꼼하지 못하고 덜렁거린다고 하면서 자녀 간에 비교를 하였고 큰딸을 회피하며 차별대우를 하였다.

큰 딸: 항상 그랬지만 다른 동생에게는 관심을 많이 써 줘요. 제가 아무리 정신병자라도 아프니까 조금이라도 더 관심을 써 주셔야 하는데, 그런 게 없어요. (2회기, 부모가 큰딸에게는 관심 없음) (중략)

큰 딸: (엄마가) 저는 꼼꼼하지 못하고, 덜렁거린다고 하시고, 동생은 꼼꼼하다고 하죠. 그런 비교가 있었죠. (2회기, 자녀의 성격을 비교함)

큰 딸: 조그만 일이라도 무슨 일 있으면 동생한테 전화하시지 저한테는 말씀 안 하세요. (3회기, 큰딸과 대화를 안함)

막내아들: 제가 듣기에도 엄마가 저희한테 하는 것하고 다르고. (8회기, 다른 자녀와 다른 어투로 대함)

5) 자녀 입장에 대한 고려 부족

부모는 큰딸의 입장에 대한 이해가 부족하였다. 자녀가 무조건 순종을 해야 한다고 보았고 구세대인 부모세대를 기준으로 부모의 입장만 생각하여 자녀에게 서운한 마음이 증폭되어 있었다. 이러한 입장 차 때문에 부모는 큰딸이 부모에게 바라는 기능적인 양육 방식의 중요성을 간과하고 있었다.

엄 마: 선도 많이 봤거든요. 한 번 보면 두 번은 안 봐요. 순종하고 결혼했으면 이런 일이 없질 않았나. (3회기, 부모 뜻에 순종하기를 원함)

엄 마: 할머니한테 받았던 사랑을 다른 사람으로부터도 받기를 원하는데, 자기

가 받은 만큼의 사랑을 베풀어야 하는데, 그 사랑을 아직까지 부모로부터 받으려고 하니까. (4회기, 그 나이에 애정결핍은 가당찮은 일)

엄 마: 부모가 고생을 그렇게 했으면 감사한 마음이 없을지언정 평생을 그걸 가지고 원망한다는 것은 정말 딱할 노릇이죠. (4회기, 고생한 부모를 원망하는 게 서운함)

아 빠: 나는 아빠의 사랑도 못 받고 그렇게 했는데, 저는 지들한테 할 만큼 했다고 생각해요. 음식 같은 것을 해 먹을 때도 부모가 어떤 음식을 좋아한다는 것을 알면 좋은데, 지들 좋아하는 것만 사서 먹으라고 해요. (6회기, 아빠처럼 효도하지 않는 자녀, 부모입장을 전혀 생각하지 못하는 자녀)
(중략)

아 빠: 우리 세대는 그렇잖아요. 부모가 부당한 요구를 하고 부당한 꾸지람을 해도 부모한테는 말대답을 안 하는 것이다. (6회기, 부모 말에 말대꾸해서는 안 될 일)

4. 가족 성원 간 미분화 양상

1) 원가족 문제

아빠의 부친은 수십년간 외도를 하여 부부관계가 심각한 갈등상태에 있었다. 시아빠와 시어머니의 관계는 거의 단절된 상황이었기 때문에 이러한 환경하에 엄마는 시부모 밑에서 항상 불안한 마음으로 시집살이를 할 수밖에 없었다. 엄마는 며느리로서 시댁에서 늘 자기의 감정 표현을 억누르면서 살아왔다. 또한 아빠 역시 살얼음을 딛는 듯한 원가족의 분위기 속에서 초조하고 긴장된 마음을 갖고 살아왔는데, 현재 큰딸의 간질증상 때문에 다시 불안한 상태를 경험하고 있었다. 한편 엄마는 불안한 상황 속에서 남편이 혈압으로 쓰러질까 봐 표현을 가능하면 안 하고 있었다.

엄 마: 네. 다른 여자 얻어 가지고요.

치료자: 본처 말고요?

엄 마: 네. 35년만에 돌아오신 거니까 애아빠 19살에 오셨대요. 제가 시집왔을 때 두 분 다 50대셨는데 사이가 너무 안 좋으시더라고요. 두 분을 모시고

사는 동안 제가 굉장히 힘들었어요. 아침에 나가시고 저녁에 술 취해서 들어오시면 싸우기 시작하는 거예요. 얼마나 불안한지 해가 떨어지면 심장이 뛰기 시작하는 거예요. (1회기, 35년간 외도 후 돌아오신 시아버지, 늘 싸우는 시부모, 불안한 시집살이)

엄 마: 남편이 상당히 힘들거든요. 저희 애기아빠의 아빠가 오랜 세월 나가 계셨다가 들어오셨는데 굉장히 싸워요. 애기아빠 결혼 전에는 더 심했대요. 그래서 집을 못 비우는 거예요. 자신이 없으면 더 심하게 싸울 텐데 하는 걱정으로. 항상 불안, 초조, 긴장 속에서 살아왔대요. 그때 이야기를 지금 하더라고요. 그때 상황이 지금이랑 같다는 식으로. 어릴 적에도 그렇게 불안했는데 지금도 그렇다는 식으로. 제가 걱정하는 것이 남편이 쓰러지면 안 되니까 조금 불편해도 참으면서 지내고 있어요. 혈압이라는 것이 무서우니까. (3회기, 자랄 때와 동일한 불안을 느끼고 사는 아빠, 남편의 혈압 때문에 표현 안 하고 참는 엄마) (중략)

엄 마: 결혼하고 층층시하잖아요. 시어른들 밑에서 억눌린 삶을 7년을 살았죠. 참는 것이 몸에 배게 되더라고요. (3회기, 층층시하에서 억눌린 삶)

2) 아빠와 시어머니의 밀착관계

아빠와 시어머니(아빠의 모친)는 미분화된 관계에 있었다. 시어머니에게 아들은 남편과 같은 존재였고, 남편 역시 자신의 모친에게 밀착된 관계를 보여 부인은 상대적으로 시댁과 부부관계에서 어려움을 겪었다.

치료자: 남편과 시어머님과의 관계는요?

엄 마: 뭐 말할 것도 없죠.

치료자: 밀착관계?

엄 마: 네. 교회 갈 적에도 시골이니까 멀잖아요. 특히 겨울은 춥고 그러니까 같이 가야 하는데 그것을 시샘하시는 거예요. 그래서 저보고 '먼저 가라.' 남편은 나중에 가고. 그런 식으로 말씀하시고. 저는 그걸 다 비위를 맞추느라 힘들었죠. (1회기, 며느리를 시샘하는 시어머니, 며느리를 아들에게서 떼어놓는 시어머니) (중략)

엄 마: (시어머니가) 자신의 사랑을 빼앗겼다는 생각이셨던 것 같아요. 애아빠는 단순히 아들이 아니라…….

치료자: 거의 남편이죠 뭐.

엄 마: 그렇죠. 아들이라곤 하나밖에 없었으니까. 신혼 초에도 어딜 함께 가지 못했어요.

치료자: 잠도 같이 자지 못하고 그랬나요?

엄 마: 잠은 같이 잤지만, 저녁식사를 하고 남편은 저희들 방에 있고, 저는 안방에 있었던 경우가 많아요. 같이 있는 걸 싫어하시기 때문에. 동네에서도 아들을 저렇게 사랑하는데 어떻게 며느리를 볼 것인가라고 많이들 이야기했대요. 남편은 (시어머니한테) 정말 잘했어요. 엄마가 생각하시기에 사랑을 빼앗겼다고 생각하지 않을 정도로……. (1회기, 남편 같은 아들, 엄마에게 극진한 아들)

3) 엄마와 큰딸의 공생적 관계

큰딸의 간질증상의 상태에 따라 엄마의 건강 역시 밀접하게 영향을 받았다. 큰딸의 증상 때문에 엄마는 작은 일에도 예민하게 자극을 받고 불안과 긴장상태에 처해 있었다.

치료자: 6~7년 전에 누나가 집에 들어오고 난 후 엄마께서 아프기 시작했나요?

큰아들: 누나가 심해지면서 아무래도. (4회기, 큰딸 증세와 엄마의 건강상태가 동시에 악화됨)

엄 마: 평상시에 얘랑 같이 있으면 좀 불안하죠. 어느 순간에 사태가 발생할지 모르니까.

치료자: 따님의 증상을 엄마도 같이 느끼시는 거예요?

엄 마: 얘가 큰 소리만 확 쳐도 저는 자극이 되는 거예요. 심장도 두근두근하면서 무슨 일이 또 벌어질 것만 같고. 불안, 초조하면 약을 먹곤 해요. (3회기, 딸 때문에 항상 불안, 딸의 증상에 늘 초긴장상태)

4) 아빠와 큰딸의 미분화

큰딸은 원가족과 분화가 되어 있지 않았다. 아빠와의 관계에서 아빠는 성인인 큰

딸을 아이를 다루듯 대하고, 자녀 가운데 유독 큰딸이 신앙 혹은 생활 면에서 융통성 없이 아빠의 엄격한 방식에 길들여져 있었다.

큰아들: 누나는 신앙이나 삶에 관해 자유가 없이 격식을 중요시하고.
치료자: 시간에 대한 엄격함의 경우 그것이 그냥 나오는 것이 아닌데.
큰 딸: 아빠한테 배운 거죠. (4회기, 아빠의 엄격한 삶의 방식을 그대로 수용한 딸)
(중략)
큰 딸: 성장할 때 아빠가 가장 무서웠으니까.
큰아들: 누나는 그런 것이 받아들여졌는데, 저희는 그런 것을 수용한 것 같지는 않아요. (4회기, 유독 아빠의 양육 방식을 그대로 습득한 큰딸)

치료자: 따님하고 관계는 어떠세요?
아 빠: 약을 먹었는가, 밥을 먹었는가 확인하는 정도.
치료자: 아버님이요?
아 빠: 네. 약봉지에다 날짜를 써 놓습니다. 약을 잘 챙겨 먹으라고 확인도 하고. (5회기, 딸을 아이 다루듯 하는 아빠, 꼼꼼하게 챙기는 아빠)

5) 순응적인 큰딸

큰딸은 인생을 계획하고 이끌어 가면서 주체적으로 행동하지 못하고 부모의 의지에 따라 수동적으로 결정하였고 장녀로서 희생하며 살아왔다. 이러한 수동적인 면 때문에 큰딸은 자기주장을 하지 못하였고 진로나 결혼에 대해서 부모에게 많은 피해의식을 가지고 있었다.

치료자: 왜 인문계로 가겠다고 말씀하지 않았나요?
큰 딸: 엄마가 권유하시니까 또 동생도 4명이나 있는데. 그래서 순종했죠.
치료자: 가고 싶음에도 불구하고?
큰 딸: 처음부터 받아들였죠. 인문계 가고 싶었는데 안 된다고 하니까. (4회기, 큰딸로서 희생하기, 부모 뜻에 그냥 따르기)
큰아들: 큰누나는 큰딸이 가져야 할 희생에 대한 전형적인 사람이었어요. 착하고 굉장히 순종하는 듯한 부분이 강했죠. 그런데 저는 그런 것이 답답했어요.

그것 때문에 결혼도 실패했기도 하고. 뻔뻔스럽고 당당하면 그런 일이 없었고, 결혼에 실패하고 돌아왔어도 그런 성격이 아니었으면 자기생활을 찾고 그랬을 텐데 굉장히 수동적이고 그러니까 힘들었거든요. 그러면서 피해의식들이 쌓이면서 폭발한 것 같아요. (4회기, 자기주장을 못하는 큰딸, 희생적이고 수동적인 큰딸)

5. 가족의 역기능적 의사소통 방식

1) 상대의 반응을 과하게 재단함

엄마는 큰딸과의 소통에서 상대의 반응을 과하게 예측하고 판단하였다. 큰딸은 엄마와의 대화에 앞서 눈치를 보고 있었으며 엄마가 자신과의 대화를 거절할 것이라는 생각을 갖고 있었다. 엄마는 어떤 상황에 대해 정확치 않게 예단하여 해석하는 경향이 있었다.

큰 딸: 마음이 아플 때 차 한 잔 마시면서 이야기하고 싶다고.

치료자: 그럼 그게 지금 안 돼요?

큰 딸: 네. 안 돼요.

치료자: 요청은 해 봤어요? 속이 힘드니까?

큰 딸: 요청은 안 해 봤는데, 더 심한 분이 엄마라고 봐요. '너보다 더 속상하고 속아픈 사람은 나니까 그 속을 풀 사람은 나지 네가 아니다'라고 (엄마가) 이야기할 것 같아요. (3회기, 상대방 반응을 재단하기)

큰 딸: 작은 이야기라도 엄마에게 이런 말을 하면 어떻게 생각을 하실까 먼저 생각하게 되고, 혹은 박차 버리시지는 않을까 하는……. (3회기, 엄마 반응을 예측하기, 거절당할 것에 대한 두려움)

치료자: 어떻게 보면 본의 아니게 눈치를 보았겠네요. 엄마 부담을 덜어 드리려고. 말씀을 하실 때도 가리게 되겠네요.

큰아들: 다 생각하고 계산한 다음에 하죠. 이 말하면 엄마가 부담스러울까 생각하면서 돌려서 이야기하죠. (4회기, 엄마 눈치 보기, 미리 계산하고 돌려 이야기하기) (중략)

큰아들: (엄마가) 모든 상황에 대해 걱정하시면서, 눌리면서 준비하시니까. 오늘

은 아빠가 술을 어디서 드시고 오시면 어떤 일들이 벌어질 거라고 예상하고 또 만약 안 드시고 오신다고 해도 어떤 일이 벌어질 것이라는 각본이 머리에 있어요. (4회기, 앞일에 대해 각본을 쓰는 엄마) (중략)

큰아들: 내가 3을 생각하고 말하면 엄마는 해석을 하세요. 상황에 대한 해석이 빨라요. 그런데 정확한 해석이면 괜찮은데 가끔씩은 좀 지나치게 오버센스하는 경향이 있어요. (4회기, 오버센스 식 해석을 하는 엄마)

2) 회피하는 방식

엄마는 시댁에서 감정을 억누르며 살아온 데다가 남편의 건강을 염려하여 자신의 감정 표현을 외적으로 하지 않고 속으로 삭이는 방식을 사용해 왔다. 한편 큰딸과 엄마는 상호 회피하는 방식을 취하였는데, 큰딸은 엄마가 자신을 거부할 것이라고 짐작하고 엄마를 회피하였고 엄마 역시 큰딸로부터 받을 상처를 예측하고 큰딸과 대화하는 것을 회피하고 있었다.

엄 마: 남편이 쓰러지면 안 되니까 제가 불편해도 참고 지내고 있어요. 혈압이라는 것이 무서우니까. (3회기, 남편 건강을 염려하여 참고 표현을 안 함) (중략)

엄 마: 남편은 삭이는 성격이 못 되거든요. 우리는 웬만한 것은 그냥 넘어가고 삭이고 그러는데. (3회기, 삭이는 성격이 편함) (중략)

엄 마: 결혼하고 층층시하잖아요. 시어른들 밑에서 억눌린 삶을 7년을 살았죠. 참는 것이 몸에 배게 되더라고요. (3회기, 참고 표현 안 하는 것이 몸에 밴 엄마) (중략)

치료자: 엄마가 거부하시지 않을까 하는 점이요?

큰 딸: 네. '그런 것은 뭐하러 받았냐.' 그런 식으로 말씀하시지 않을까 해서 제가 말씀 안 드렸어요. (3회기, 거부당할까 봐 회피함)

엄 마: 참고 말을 않는 게 상처를 안 받는다고 생각해요. 내가 말하지 않는 것이 더 편하겠다는 식으로 생각해요. 내가 말해서 겪는 힘든 게 있거든요. 요즘 잠도 잘 못 자요. 심장이 막 벌렁거리고 뜨겁고. 약도 먹고 그러는데……. 무슨 말을 하면 (큰딸이) 쏘아붙이고 그러니까 건드리지 않는 것이 더 편할 것 같고 그래요. (5회기, 말하지 않는 게 편함)

3) 역기능적 중재자 역할

아빠는 부인과 큰딸 사이에서 중재역할을 할 때 기능적인 방식을 사용하지 못하여 양자 간 관계를 우호적으로 만들지 못한 데다가 양쪽으로부터 인정을 받지 못하였다. 또한 막내아들은 나름대로 객관적인 시각에서 큰딸과 엄마의 관계에 대해 중재를 하였지만 이 역시 효과를 가져오지 못했다.

큰아들: 할머니와 누나는 같이 있고 또 엄마와 작은 누나랑 편이 있는데 아빠는 그 가운데 있는 거죠. 양쪽 팔을 다 잡고 있는 양상으로. 그런데 누나와 엄마 사이에 그런 것들이 보이는 때가 있어요. 누나랑 엄마랑 서로 라이벌 의식 같은 것. (4회기, 모녀 사이에 끼인 아빠)

아 빠: 저는 여기 가면 '나는 딸 편이다.' 또 여기에서는 '나는 당신 편이다.'라고 이야기해요. 여기에서 이야기하면 아빠는 엄마 편이니까 그렇게만 이야기하고, 또 저기에서는 당신은 딸 편이니까 딸 입장만 생각한다고 이야기해요. (6회기, 상대편을 편들어 중재하는 아빠)

막내아들: 서로의 관계에 대해 어떤 일이 있었다고 하면 엄마는 정상적인 일이 아니라고 하고, 누나는 엄마가 너무했다고 나오니까, 제 입장에서 객관적으로 뭐는 잘못됐다고 조목조목 말을 해 주죠. 아무리 잘못했어도 자식으로 그러면 안 된다. 또 누나가 잘못했지만 엄마 입장으로 넘어가라고 말씀드리기도 하고.

치료자: 그런데 그게 먹혀요?

막내아들: 크게 달라지는 게 없어요. (8회기, 객관적으로 중재하는 막내동생, 효과없는 중재 역할)

4) 공격적인 표현 방식

큰딸은 말투가 퉁명스럽고 되받아치는 표현 방식을 갖고 있었고, 엄마는 무뚝뚝하고 끊어치는 어투를 사용하였다. 이에 큰딸과 엄마는 모녀간에 서로 공격하는 표현 방식을 사용하여 연속적인 대화가 이루어지지 않았다.

치료자: 따님과 의사소통문제는요?

엄 마: 대화하지만, 자기 이야기만 하는 식으로…….

큰아들: 대화하는 방식들이 한 마디 하면 대답하는 것이 아니라 톡톡 쏘는 방식이 라 서로 힘들죠. (1회기, 톡톡 쏘는 말투)

아 빠: 대화 자체가 좀, 예를 들어 엄마가 (큰딸에게) '이것저것 좀 해라.'라고 하면 안 하고 있어요. 그러다가 또 이야기하면 (큰딸이) '알았어!'라고 퉁명스럽게 이야기하고. (6회기, 퉁명스러운 말투)

큰 딸: (엄마가) 무뚝뚝하시고 동생과 싸우면 야단치시고. 혼내는 것에 대해 상처를 많이 받았어요. 그런데 엄마한테 그런 이야기를 하면 우리 형제가 몇 명인데 그러냐 하고.

치료자: 같은 표현이라도.

큰 딸: 딱 끊어서 이야기하니까……. (7회기, 끊어치는 말투)

5) 의견조정이 어려움

큰딸과 엄마는 큰딸의 재혼과 관련한 문제로 의견이 대립되었을 때 상호 절충과 조정이 어려웠고 부모의 입장과 자녀의 입장을 조율할 수가 없었다.

엄 마: 중매로 큰애가 스물다섯 살 때 선을 봤는데 한 번 보고 거절하더라고요. 자신을 생각해 봐야 하잖아요. 결혼이라는 것은 높이면 안 되더라고요. 한 단계 낮추어 생각할 줄 알아야 하는데. 그때 퇴짜를 놓더니 서른두 살까지 가는 거예요. 한 번 보면 두 번도 안 봐요. (3회기, 의견조정이 어려운 모녀지간)

엄 마: (큰딸은) 재혼을 하고 싶어 하지만, 저는 부모로서 또 그런 피해를 남에게 주면 안 된다고 생각해요. 제 생각에는 같은 처지에서 받아들인다면 모르지만 신앙이 있다면 혼자 의지하고 살아가는 것도 괜찮지 않나. 그런데 자기 생각에는 끝까지 재혼을 한다고 하는데. (4회기, 서로 자기의견만 주장)

6) 표현을 절제하기

아빠는 자녀에게 하고 싶었던 말을 30년 이상 가슴 속에 묻어 놓을 정도로 자기표현을 절제하고 있었다. 또한 아빠는 직장에서 일어난 일에 관해서 부인에게 전혀 이야기하지 않았다. 아빠의 사고방식에서는 부모 자식 간에 해야 할 말과 해서는 안 될 말이 있다고 생각하여 아빠가 자식에게 어떤 이야기를 하였을 때 전달한 말의 이면을 자식이 알아서 이해해 주기만을 바라고 있었다.

아 빠: 부모 자식 간에 할 말이 있고, 자식한테 '이런 것은 안 돼.' 하면서도 그 밑으로는 본질적인 애정이 있고. 너를 사랑하는 사람은 부모라는 것을 아이가 느낄지 못 느낄지 모르겠지만 부모가 죽고 나면 느낄 것이다. (7회기, 부모 자식 간 할 말과 안 할 말이 있음, 말 이면의 마음을 이해할 것)

아 빠: 얘가 얼마나 고지식하냐면요. 얘가 고등학교 때인가, 제가 과자를 사 왔는데, 부정해서 사 온 거는 안 먹는다고 자식이 부모한테 그런 얘기를 하면 지는 지금껏 뭘 먹고 자라고 뭘 먹고 컸느냐. 그리고 그런 점에 대해 얘기를 안 했지만, '철들면 이해하겠지.' 했지만 그 충격 자체가 30년이 지난 지금도 가슴 속에 남아 있죠. (8회기, 아빠가 감정을 표현하지 않음, 30년간 가슴에 묻어 둠) (중략)

아 빠: 저도 과묵한 편이거든요. 제가 밖에서 일어난 일은 전혀 얘기를 안 합니다. (8회기, 바깥일을 아내에게 얘기하지 않음)

7) 역기능적 표현 방식의 세대 전수

아빠는 부부간에 대화할 소재가 자녀와 관련된 이야기 외에는 없었다. 막내아들 역시 아빠와 같이 타인과의 대화에서 최소한의 대화거리 외에는 의사소통이 원활하지 않았다. 이는 부친의 원가족 경험을 통해서 엿볼 수 있듯이 기능적으로 감정 표현을 할 수 없는 환경 때문에 이러한 표현 방식이 세대 간 전수되고 있었다.

치료자: 직장 다니시는 분들이 화젯거리로 직장얘기를 내놓지 않으면 얘기할 거리가 뭐가 있어요? 부부끼리. 얘기할 거리가 없거든요. 애들 얘기 외에는.

아 빠: 다른 얘기는 안 해요. (8회기, 부부 간 대화 거리가 별로 없음) (중략)

치료자: 아버님 말씀하시는 패턴은 어디를 봐야 하냐면, (아버님의) 엄마하고 아버님 쪽으로 가야 해요. 어머님, 아버님하고 오순도순 대화를 못하고 지내셨을 거 아닙니까? 보통 떨어져 계셨기 때문에.

아 빠: 그렇죠.

치료자: 제가 볼 때 막내 분도 그럴 가능성이 있거든요. 필요한 얘기만 딱 하는데, 결혼한 사람은 상당히 힘들어진다는 거죠. 여자친구와의 관계에서 혹시 그런 거 못 느꼈어요?

막내아들: 그런 말 안 하거든요. 만나도 뭐, 크게 얘기 안 하고.

치료자: 그렇죠? 아버님하고 같잖아요. 답답함을 느낄 수 있죠. (8회기, 세대 전수되는 의사소통 방식)

8) 공감하기 어려운 충고

부모는 큰딸의 결혼문제와 관련하여 대화를 할 때 큰딸의 간질증상과 입장을 고려한 충고를 현실적으로 해 주어야 함에도 불구하고 큰딸이 공감하기 어려운 조언을 해 줌으로써 큰딸에게 부모의 진정성을 전달하기 어려웠다.

치료자: 엄마가 어떻게 대해 주셨으면 좋겠어요? 예를 들면 중매를 봤을 경우 상대방이 마음에 안 들 때, 엄마가 나오는 방식이 비슷하셨을 거라고요.

큰 딸: 중간의 입장에서 항상…….

치료자: '별거 있냐'는 식으로?

큰 딸: 네. 장점이 있으면 단점도 있다고 하시는데. '단점에 대해서 그런 단점이 있으면 안 되겠다.'라는 식으로 이야기해 주셨으면 좋겠어요. (3회기, 중도적으로 얘기하는 엄마, 내 마음을 모르는 조언)

아 빠: (큰딸에게) "시집가면 영화롭게 가는 것이 아니라 고생하러 간다. 고생되더라도 힘들게 생각하지 말아라." 했죠. 한 번 결정도 어렵지만 취소도 어렵다는 이야기죠. 그곳에 자리 잡고 꿈을 펼치라고 했죠. (7회기, 비공감적 조언) (중략)

치료자: 마음 굳게 먹고 돌아오지 말라는 메시지에 대해서 느낌이 어때요?

큰 딸: 의도는 이해하지만 약간은 서운하죠. (7회기, 서운한 조언) (중략)

치료자: 아버님이 "너(큰딸)가 쓰러져도 받아들이고, 툭 털고 일어나는 오뚜기처럼 다시 일어나는 방식으로 살아라."라고 하셨는데, 따님 같은 경우는 쉽지 않다는 거죠. 아버님한테는 적용될 수 있지만, 따님이라면 그런 이야기가 와서 닿을까요?

큰 딸: 안 와 닿죠. (7회기, 마음에 와 닿지 않는 조언)

9) 최소한의 형식적인 대화

아빠는 큰딸에게 지시적으로 필요한 말만 하였고, 엄마도 틀에 박힌 방식으로 큰딸과 대화를 하였다. 다른 자녀도 부모와 대화를 할 때 형식적인 대화만을 하여 전반적으로 상호작용이 거의 없는 가족이었다.

치료자: 엄마와 하는 대화 방식은 거의 비슷하세요?

큰 딸: 너무 틀에 박힌 방식으로. 물어보면 대답하고 그런 것. (3회기, 틀에 박힌 대화)

치료자: 아빠하고 관계에서 나눌 말씀은요?

큰 딸: 그게 쉽게 안 돼요. 짜여진 그런 거지. 틀에 박혀 있는 듯한. (5회기, 형식적 대화) (중략)

엄 마: 애들이 다 크니까 부모랑 많은 대화를 안 하죠. 할 이야기만 하고, 막내도 집에 와서 이것저것 이야기 많이 안 하거든요. 우리도 애들 컸으니까 그런가 보다 하지 막 대화를 하려고 달려들지도 않고. (5회기, 필요한 말만 주고 받는 가족) (중략)

엄 마: 둘째아들 같은 경우 전혀 말이 없어요. 필요 없는 말을 하면 별로 안 좋아하는 성격이에요. 그래서 제가 경계를 많이 하죠. 다 커 버리니까 다 그런가 보다 하고 살아요. 그렇게 많이 말을 하는 편도 아니고. (5회기, 과묵한 가족)

치료자: 아버님하고 상의하거나 그러지는 못하세요?

막내아들: 큰 문제가 있을 때는 말씀드리는데 집에 가서 오늘 무슨 일이 있었는지 얘기는 안 해요. (8회기, 자잘한 이야기는 나누지 않는 가족)

아 빠: (큰딸에게) 잠자기 전에 그런 거를 먹지 마라. 늦더라도 물 마시고 먹으라고 그러면 그 말을 안 듣는 편이에요. (8회기, 지시적인 말만 하는 아빠)

6. 가족의 증상과 대응 방식, 그리고 주변인의 태도

1) 큰딸의 대응 방식

큰딸은 자신의 간질에 대하여 신의 뜻이 있다고 여기고 있었고, 이 증상 때문에 불안감과 두려움을 느껴 매사에 자신감이 없었다.

큰 딸: 좋은 회사인데 사무실에서 쓰러져서 권고사직으로 그만뒀어요. 가슴이 아파요. 그게 첫 번째이고, 두 번째는 결혼에 실패한 것. 두 가지 다 제가 원해서 그렇게 된 것이 아니잖아요. 그게 저는 아무리 생각해도 하나님께서 뜻이 있으신 것 같아요. (4회기, 내 병은 하나님의 뜻)

큰 딸: 성가대를 하고 싶었거든요. 그런데 제가 하다가 쓰러지면 어떻게 해요. 선뜻 하기가 무서워요. (5회기, 항상 불안하고 무서움, 자신감 없음)

2) 아빠의 증상과 대응 방식

큰딸의 아빠는 부인과 마찬가지로 큰딸의 간질을 신의 영광을 드러내기 위한 병으로 여기고 있었다. 그렇지만 실제적으로는 큰딸의 증상 때문에 불안감을 떨칠 수가 없었고 큰딸의 분가를 계획하고 있었다. 큰딸의 재혼문제에서도 큰딸의 질병을 솔직하게 얘기하는 편이 오히려 이를 이해하는 배우자를 맞아들일 수 있다고 생각하였다.

엄 마: 밖에서 일을 보고 있으면 불안하고 초조해요. 집에서 무슨 일이 벌어질지 몰라서……. 그래서 없던 혈압이 생기는 거예요. (남편은) '무슨 수를 써서라도 분가를 시키든지 독립을 시키든지 해야겠다.'라는 식으로 이야기하더라고요. (3회기, 항상 불안함, 혈압이 생김, 큰딸의 분가를 계획)

아 빠: 그런 질병을 가진 분이 큰 일을 하더라고요. 얘도 그 병 때문에 더 큰 영광

을 위해서 그런 것이 아닌가. (7회기, 하나님의 영광을 위한 병임) (중략)

아 빠: 큰딸은 간질이 있는 아이이다. 오픈했을 때 그에 맞는 사람이 올 수 있다. 혼자 살아가는 것이 가슴 쓰리지만 홀로서기를 해 봐라. (7회기, 병을 알리며 홀로서기를 원함)

3) 엄마의 증상과 대응 방식

엄마는 큰딸의 간질로 노심초사하고 있었고 협심증과 홧병, 불면증을 앓고 있었다. 엄마는 큰딸의 증상을 신앙적으로 신의 선물이라고 받아들이려 하면서도 한편으로는 그 중압감을 이길 수 없었고 현실적으로는 큰딸과의 접촉을 회피하고 있었다.

엄 마: 아무리 제가 멀리 외국여행을 하더라도 딸이 머리에 있어요. 잘 있는지, 또 그러진 않는지. 할머니 댁에 있어도 전화가 오면 혹시 무슨 일이 있는 건 아닌가 해서 가슴이 조여 오고 그래요. (1회기, 극도로 불안함, 가슴이 조여 옴) (중략)

엄 마: 처음에는 협심증이라고 그러더니 나중에는 홧병 같다고……. 여름 지난 다음엔 좀 괜찮은 것 같은데, 그래도 잠 자다가 한 번씩은 깨요. 하루에 한 번씩 정도. (1회기, 협심증, 홧병, 불면증을 앓음) (중략)

엄 마: 제 자랑이 아니라 신앙으로 많이 극복을 하거든요. 제가 아기를 낳지만 주님께서 주신 것이고 해서 “당신의 처분대로 하소서.” 하면 그 날은 맘이 편해요. ‘하나님의 선물이니 알아서 하십시오.’ 하다가도 ‘그런데 너무나 그 어려움이 길지 않습니까? 너무 힘듭니다.’라고 기도해요. (1회기, 신앙으로 이겨냄)

큰 딸: 저한테 특별히 조심하시죠. 다른 사람한테는 웃으면서 농담도 하고 아무런 부담 없이 말씀하시는데, 저한테는 약간 굳어 버린다는 거죠.

치료자: 표정 자체가.

큰 딸: 네. 한마디로 무서울 정도로. 제가 먼저 말 걸기가 굉장히……. (8회기, 큰딸과의 접촉을 회피)

4) 가족의 증상과 대응 방식

가족구성원은 큰딸의 발작에 따른 충격이 각인되어 있어서 극도로 불안해하였다. 그래서 큰딸과의 대응을 원천적으로 피하고 있었다.

큰아들: 가족이 불안해하는 이유는 그전 기억이 강하게 기억이 되고 있어서……. 한 번만 그래도 그럴 텐데 여러 번 그러고 나니까 다들……. 피도 쏟고 그러니까……. (4회기, 발작의 충격이 각인되어 있음) (중략)

큰아들: 외상증후군이 아직 있어요. 본인도 전화가 오면 집에서 전화 올 시간이 아닌데도 불안하대요. (4회기, 외상증후군을 가짐, 극도로 불안함) (중략)

큰아들: 조심한다고 하는데 조심하는 모습이 다 보여요. 눈치 챌 수 있도록. 누나를 건드리지 않으려고 피해 버리는 거예요. 접촉하면서 조심스럽게 이야기하는 것이 아니라 말을 아예 하지 않는 거죠. (4회기, 접촉을 회피함, 극도로 조심함)

5) 전 남편의 태도

큰딸은 간질을 이유로 남편과의 관계가 점차적으로 악화되었고 이혼을 하게 되었다.

치료자: 결혼하고 나서 그 문제로 남편과 안 좋으셨어요?

큰 딸: 네.

치료자: 남편이 그 증상을 몇 번이나 목격했나요?

큰 딸: 증상 있을 때마다 목격한 거죠.

치료자: 이혼하는 과정은 어떠셨어요? 그 과정을 대화로 나누셨나요?

큰 딸: 남편이 먼저 하자고 했으니까, 제 병 때문에 그런 것이니까 받아들여야죠. (2회기, 간질증상으로 부부관계가 악화됨, 간질 때문에 이혼을 당함)

6) 주변인의 태도

가족구성원들 외에 주변인들은 간질을 경험하는 큰딸을 무시하였고 소외시켰다. 게다가 큰딸은 간질증상 때문에 실직을 경험하면서 타인으로부터 더욱 낙인감을 느꼈다.

치료자: 그 증상이 나타나는 것을 보고 나서?

큰 딸: 네. 무시하는 거죠. 아무것도 하지 말라 하고. (2회기, 무시함, 소외시킴)

(중략)

큰 딸: 정신병자 취급하는 거죠. 너는 사람도 아니라는 식으로. 집에 찾아오는 사람들이 다 아시더라고요. 정신이 좀 이상하다는 식으로 소식이 퍼졌나 봐요. 저를 대하는 태도가 이상하게, 차갑게 보는 거죠. (2회기, 정신병자 취급함, 차갑게 대함)

큰 딸: 아르바이트하는 곳에서 쓰러졌거든요. 잠깐 그랬는데 알아차리고 안 된다고 해서. 그 이후로 스트레스가 더 심한 거예요. 집에 있으니까. (5회기, 실직 당함)

7. 내담자의 간질과 스트레스 간 관계

이 사례에서 큰딸의 간질은 초등학교 때 양육환경이 극단적으로 바뀐 이후 심리적으로 심한 어려움을 겪으면서 발병하였고, 이어서 생애주기에서 힘든 사건과 상황이 증폭됨과 거의 같은 주기로 발작빈도가 유사하게 증가하였다. 그리고 친정에 더부살이를 하면서 엄마와의 극심한 갈등관계, 직업상실, 재정적 문제, 사회적인 소외감, 낙인감이 더해지면서 발작빈도의 증가뿐만 아니라 정신과적 동반장애로서 조울증까지 발생하게 되었다. 큰딸이 가진 간질은 성장기를 거쳐 성인이 되기까지 겪은 다양한 스트레스와 밀접한 연관성이 있음을 알 수 있다.

1) 간질의 진행과정

큰딸의 간질은 양육환경의 급격한 변화가 있었던 초등학생 때 4~5년에 1회 정도 나타났는데, 그때는 경기로 여기고 약을 복용하지 않았다. 중 · 고등학생 시기에는 3~4년에 한 번 간질증상이 나타났으며, 대학진학 문제로 모녀간에 의견 대립이 있었다. 대학생 때는 3년에 1~2회 정도 나타났고, 결혼기에는 배우자 선택문제로 엄마와 갈등이 있었다. 결국 자의가 아니라 엄마의 뜻대로 배우자를 선택하여 결혼하였는데, 남편이 아내의 발작을 목격한 후 관계가 악화되어 이혼하게 되었다. 이때는 발작이 1년에 1~2회 일어날 정도로 간질증상이 심해졌다. 이혼 후 큰딸이 친정에

〈표 8-1〉 시간/사건별로 본 간질과 스트레스의 관계 매트릭스

	영유아기~ 아동 초기	초등시절 (초 3년부터)	중 · 고등시절	대 학	결혼기	이혼 후 3년	상담 전 최근 3년
주요 사건	• 부모와 분리 • 젖뗀 후 조부모의 극진한 애정으로 양육됨	• 본가로 이동 • 양육환경의 급격한 변화	• 검정고시로 학업 • 맞벌이 부모를 많이 도움 • 큰딸 노릇 • 엄마 뜻에 따라 대학 진학 포기	• 교회선배 권유로 전문대 입학 • 신학대 입학 • 교회생활 열심 • 교회 오빠와 결별	• 배우자 선택 문제로 모녀간 대립 • 모친 뜻대로 결혼 • 남편에게 대충 알림 • 남편이 발작 목격 • 부부관계 악화 • 이혼 당함	• 본가에 더부살이 시작 • 경제적 의존 • 대화상대 부재 • 모녀간 갈등	• 권고사직 • 경제적 무능력 • 병원 입원 • 정신병자 취급당함 • 엄마와 갈등 극심 • 명절 때 대발작 • 가족의 충격
심리 상태	• 행복감 • 만족감 • 수용감	• 혼란감 • 할머니가 그리움 • 애정결핍	• 순응적	• 순응적	• 버림받음 • 낙인감 • 엄마 원망	• 애정결핍 • 피해의식 • 외로움 • 소외감 • 낙인감	• 애정결핍 • 피해의식 • 외로움 • 소외감 • 낙인감 • 자살충동
간질 진행 상태	• 없음	• 간질 발병 • 4~5년에 1회 정도 • 경기로 여김 • 약복용 안 함	• 3~4년에 1회 • 대수롭지 않게 여김	• 3년에 1~2회	• 증상이 심해짐 • 1년에 1~2회	• 1년에 2~3회에서 지속적 증가	• 조울증 동반 • 명절 때 대발작 • 한 달 2~3회

더부살이를 하게 되었는데, 친정엄마와의 갈등이 증폭되고 외로움과 소외감이 높아지면서 발작 횟수가 1년에 2~3회로 더욱 증가하였다. 가족치료를 받기 전 3년 동안은 주변인과의 갈등과 낙인이 심화되면서 조울증까지 동반되었고 명절 때 매우 심한 발작이 일어났으며 한 달에 2~3회 정도 간질증상이 나타났다(〈표 8-1〉 참조).

큰아들: 처음에는 (누나가) 경기를 한다고 생각했고 간질이라고 생각을 못했어요. (1회기, 초기에 경기로 여김)

큰 딸: 초등학교 때부터 있었죠. (2회기, 초등학교 때 발병)

치료자: 부모님 댁으로 와서 사신 것은 얼마나 되나요?

큰 딸: 34살 때부터 살았으니까 6년이네요.

치료자: 그때 집에 들어오시고 부터 증세가 잦으셨어요?

큰 딸: 그때도 그렇게 잦지는 않았어요. 스트레스가 심하지 않았으니까.

치료자: 언제부터 잦아졌나요?

큰 딸: 병원 입원하기 전부터죠. 입원한 것이 최악이었으니까요. 지금은 심한데, 한 달에 두 번 정도. (2회기, 최근 증상이 심함, 한 달에 두세 번 발작)

엄 마: 결혼적령기를 두고 더 심해지더라고요. (3회기, 결혼적령기에 심해짐)

엄 마: 추석 때마다 일이 터져서 입원하고 그랬어요.

치료자: 추석 때마다요?

큰아들: 3년 전부터.

엄 마: 크게 보통 터지는 것이 아니거든요. 저희 집은 명절이 좋은 게 아니라 불안, 초조해요. 명절을 3년 동안 그렇게 보내다가 이번에는 잘, 감사하게 넘어갔어요. (4회기, 3년간 명절 때마다 크게 발작, 이번 추석에는 발작이 안 나타남)

2) 간질증상과 스트레스의 관계

큰딸이 경험한 간질의 진행과정을 살펴보면, 큰딸의 간질증상은 스트레스가 높아질 때 그 정도와 빈도가 정비례적으로 증가하는 패턴을 보였다([그림 8-1] 참조). 특히 큰딸이 스트레스를 받고 그 스트레스의 표출을 못하였을 때 발작증상이 나타났다.

치료자: 지금은?

큰 딸: 한 달에 두세 번. 스트레스가 더 심하니까. (2회기, 최근 스트레스가 심함, 발작빈도가 잦음) (중략)

치료자: 그때, 어떤 스트레스를 받으세요?

큰 딸: 스트레스를 받으니까 자주 그런 거죠.

치료자: 뭉쳤다가? 쌓였다가?

큰 딸: 그렇죠. 한꺼번에. (2회기, 스트레스가 쌓이면 발작이 일어남)

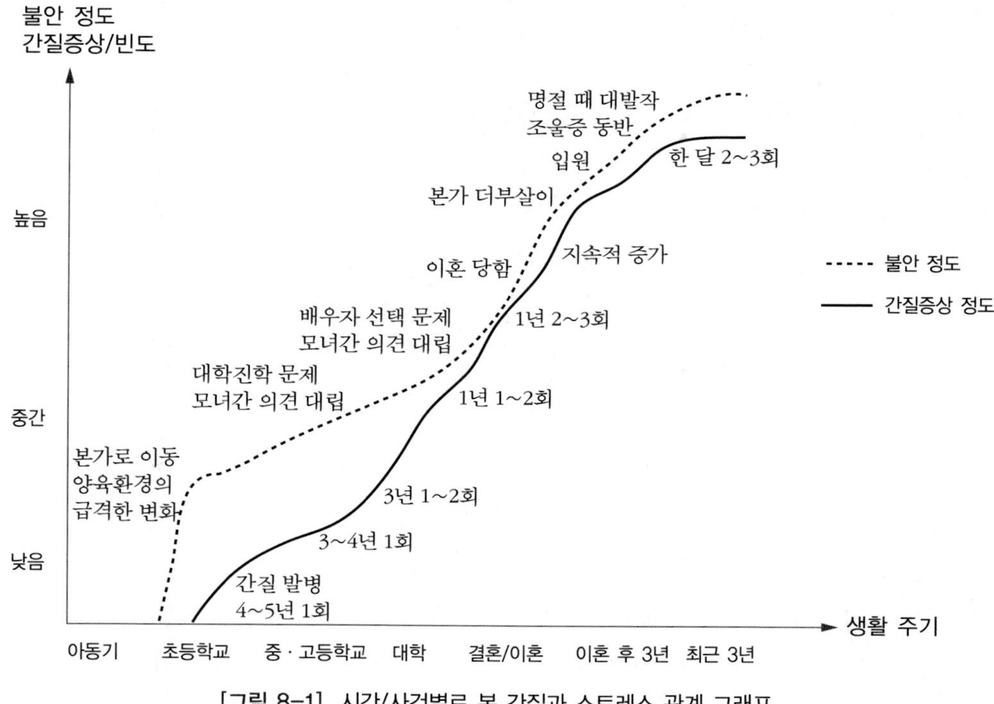

[그림 8-1] 시간/사건별로 본 간질과 스트레스 관계 그래프

치료자: 누나가 누적된 것을 그때그때 말로 풀었으면 좀 엷어졌을 텐데, 쌓였다가 어느 순간 폭발한 것이네요.

큰아들: 3년 전에 그런 것이 폭발한 것 같아요.

치료자: 그전에는 그러지 않다가 3년 전에 나왔다는 거군요. 그때가 명절이었고 소위 발작이 나온 건가요?

큰아들: 누나가 소리치면서 욕하고, 그때 모든 사람이 당황할 정도로 폭발하고. (4회기, 3년 전 명절 때 크게 발작, 조울증 동반)

치료자: 누나가 간질증상이 나올 때 얘기를 들어 보니까 스트레스 받고 어지럽고 화가 나고 말을 못할 때 증상이 나타난다는 거예요? 간질증상이 나타나는 패턴이 있네요.

막내아들: 꼭 그러더라고요. 쓰러지기 전에 증상이 뭐냐면, 전화를 해요. 형이 그러더라고요. 꼭 쓰러지기 전에 꼭 밤에 열 시, 열한 시에 일을 하고 있으면 누나가 꼭 전화를 한대요. 그 다음날 꼭 쓰러진다고 하더라고요. 지금까지.

치료자: 항상 패턴이?

막내아들: 예, 저한테도 전화가 오고.

치료자: 그때는 스트레스 받아서 누군가와 얘기를 해야 하는데…….

막내아들: 예, 표출하고 싶은데 안 되니까.

큰 딸: 가슴에 담고 있는 게 답답하니까. (8회기, 스트레스 표출이 막히면 발작이 생기는 패턴이 있음)

8. 가족치료적 개입방법과 결과

이 장에서 치료자는 간질환자의 가족을 대상으로 MRI의 의사소통 이론을 적용하여 역기능적인 의사소통 방식(시도된 해결책)을 인식시키면서 이를 기능적인 의사소통 방식(새로운 해결책)으로 변화시키는 데 치료의 초점을 두었다. 가족치료를 통하여 치료자는 표면적인 문제로서의 모녀간의 갈등 이면에 가족에 내재되어 있는 역기능적인 측면과 관련된 문제를 내담자 가족구성원이 인식하도록 도왔다. 치료자는 MRI의 의사소통 이론을 적용하여 가족 내 역기능적인 의사소통 방식을 다루면서 문제를 해결하기 위하여 시도된 해결책을 발견하도록 하였고, 이에 대해 기능적인 해결책을 제시하면서 변화하도록 하였다. 또한 치료자는 Murray Bowen의 가족체계이론을 적용하여 간질증상을 가진 성인자녀와 그 가족이 가지고 있는 문제에 대해 가족체계적인 차원으로 접근하여 가족 간 역기능적인 관계패턴인 미분화양상을 파악하고 분화가 촉진될 수 있도록 개입하였다.

치료적 개입에서 치료자는 공감과 경청을 통해 내담자의 자기개방을 유도하였고, 가족 간의 갈등에 대해 기능적인 중재자로 기능하며, 때로 구체적인 해결책을 제시하는 등의 방법을 사용하였다. 이러한 가족치료를 통해 큰딸의 질병의 상태뿐만 아니라 가족관계에 상당한 변화가 나타났다. 큰딸은 상담과정을 통해 발작의 전조를 느끼고 그에 적절하게 대처하는 경우가 처음으로 일어났는데, 추석을 맞아 이전과 동일하게 조성되는 극심한 스트레스 상황에서 그것을 말로 표현하고 엄마가 딸에게 기능적으로 반응함으로써 발작 발생을 조절하는 경험을 하였다. 이외에도 상담과정에서 다루었던 미래에 대한 계획이 구체적으로 진행되어 큰딸의 원가족으로부터의 분리가 가능해졌다.

9. 치료적 개입방법(가족치료적 기법 사용)

첫째, 치료자는 상담을 통해 내담자 가족이 큰딸의 간질을 개인이나 모녀간의 문제에서 초래된 증상이 아니라 가족체계적 관점에서 인식할 수 있도록 문제의 핵심을 이해시켰다.

> 치료자: 제가 핵심을 어디에 두냐면 간질을 의학적으로 접근하는 것이 아니고 가족관계로 들어가거든요. 누나가 소외감을 느끼지 않고 말할 수 있는 의사소통이 된다면 마음이 일단 많이 편해지지 않냐는 겁니다. 지금 걸려 들어오는 것이 엄마와 큰딸의 관계만 보는 것이 아니라, 전체적으로 가족구조를 보면서 회복해야 하는 거지요. 어머님과 큰따님 두 분만 보아서는 안 된다는 거죠. (1회기, 문제의 핵심을 인식시킴)

둘째, 치료자는 증상을 가진 큰딸이 가족치료를 통해 내재되었던 과거 감정을 표출할 수 있도록 도왔다. 또한 치료자는 내담자의 자기개방을 유도함으로써 가족과의 관계에서 문제를 바라볼 수 있도록 하였다.

> 큰 딸: 속에 있는 것 중 먼지 같은 것을 털어 버리니까. 조금이라도…….
> 치료자: 마음은 편하셨어요?
> 큰 딸: 집안 이야기를 함으로 명예가 깎인다는 그런 느낌도…….
> 치료자: 우리 집 이야기는 이것보다 더해요. 저는 공개적으로 다 하는데요. 제가 생각하기엔 그게 더 건강한 것 같아요. 숨기려고 하는 것은 찝찝한 것이 있다는 것이거든요. 그런데 그런 것을 열어 놓으면 솔직히 별거 없어요. 부담 없이 이야기하시면 되거든요. (2회기, 자기개방 유도하기)

셋째, 치료자는 자신이 경험한 사례를 제시하며 큰딸이 직면한 문제를 자신의 탓으로 돌리지 않도록 하고, 자신만이 경험한 특수한 사례가 아니라 가족과의 상호작용에서 겪을 수 있는 문제라는 공감대를 형성하도록 개입하였다.

> 치료자: 이런 이야기 나누다 보니까 경험했던 사례가 생각나네요. 엄마한테 솔직

하게 대화를 못했던 경우인데. (3회기, 예를 제시하여 공감표현하기)

넷째, 치료자는 큰딸이 진술을 할 때 맞장구를 치며 동조하면서 경청하였다. 이와 같은 치료자의 적극적인 경청과 환기는 상담에 참여하는 가족구성원으로 하여금 기능적인 대화법을 인지하도록 한 것으로, MRI의 의사소통 이론에 따른 새로운 해결 방식의 적용을 유도한 것이다.

치료자: 따님한테 제가 지금 뭘 느끼는지 아세요? 지금 따님이 오셔서 웃으시면서 이야기하시거든요. 그럼 저는 눈을 마주치면서 동조하죠. '그렇죠. 맞아요.' 그러면 얼굴이 벌써 펴요. 웃으신다고요. (5회기, 경청과 환기)

다섯째, 치료자는 MRI의 의사소통 이론을 적용하여 가족구성원이 가족치료과정을 통하여 기능적인 대화 방식(새로운 해결책)을 연습할 수 있도록 하였다. 이로써 가족구성원은 상대방이 이야기하는 내용을 차단시키지 않고 차분히 듣고 파악하면서 다시 응수해 주고 자신의 의견을 개진하는 방식을 점차적으로 증가시켰다.

치료자: 여기에서 나누는 대화랑 집에서의 대화 방식의 차이는요?

큰아들: 마음먹은 대로 대화가 되니까. 한편으로 놀라는 것도 있고, 이런 것이 가능하구나?

치료자: 놀랐다는 것이 어떤 것인가요?

큰아들: 이런 이야기도 할 수 있구나! 사실 엄마가 이야기하는 것도 파악하고, 누나가 이야기하는 것도 파악하고 그랬는데. 이것들이 풀어진다는 것도 그렇고, 여기 와서 그런 풀어짐이 가능한 것이 놀라운 것 같아요. (4회기, 기능적 대화 연습하기)

여섯째, 치료자는 Murray Bowen의 가족체계 이론에 따라서 간질증상을 가진 큰딸과 부모와의 밀착관계를 줄이고 분화를 촉진시키고자 하였다. 이에 치료자는 큰딸에게 원가족과의 공간적 분리(분가)를 제시하였다.

치료자: 제가 생각하기엔 경제적인 여건만 가능하시다면 큰따님을 공간적으로

떨어트리는 것이 좋을 것 같아요. (1회기, 해결책 제시하기)

일곱째, 치료자는 MRI의 의사소통 이론을 적용하여 역기능적인 의사소통 방식을 사용해 왔던 내담자 가족구성원이 기능적인 표현 방식으로 전환해 가도록 개입하였으며, Murray Bowen의 가족체계 이론을 적용하여 가족구성원이 큰딸을 통해 나타난 문제를 가족체계의 전체적인 시각에서 인식할 수 있도록 중재하였다.

치료자: 오늘은 대화 나누기가 어땠어요?

큰　딸: 아무래도 가운데에서 연결해 주시니까 자연스럽게 아무런 걱정 없이 한 것 같아요. (5회기, 중재하기)

10. 가족치료 과정에서 나타난 가족의 변화

1) 신체적으로 호전됨

가족치료를 통하여 큰딸은 간질증상이 완화되었고 큰딸의 엄마는 신체적으로 호전되는 현상을 보였다.

치료자: 힘드시지는 않으셨어요?

엄　마: 네. 요새는 건강이 많이 좋아지는 편이에요. 전에는 2~3시간밖에 못 잤는데 요즘은 잘 자는 편이에요. 빨리 일어나서 탈이지. (4회기, 건강이 좋아짐) (중략)

큰　딸: 요즘은 거의 잠드는 것처럼 5분 정도 누워 있고. 옛날보다 그 현상이 좋아진 거죠. 예전에는 제 몸이 어떻게 되어 있는지도 모르고 그랬는데. (4회기, 증상이 완화됨)

2) 문제를 인식하기 시작함

큰딸은 아빠와의 대화에서 기능적인 방식을 사용해야겠다는 인식을 하게 되었다. 큰딸의 동생 또한 가족관계에서 문제를 인식하기 시작하였다.

치료자: 누님과의 관계라든지, 엄마와의 관계에서 조금의 변화라도 느끼세요?

큰아들: 아직 변화를 느끼는 단계는 아닌 것 같고요. 문제인식단계라고 해야 하나. (4회기, 문제를 인식하기 시작)

치료자: 아버님하고의 관계에서 변화라든지…….

큰 딸: 아버님이 하고 싶은 말이 있을 때 부담 없이 하시라고, 저도 그래야지 하고 싶은 말이 있을 때 마음에 있는 얘기를 할까 말까 고민하지 않고 얘기할 수 있게 상황을 만들어 보자고 말씀드렸어요. (8회기, 기능적인 대화를 제안함)

3) 기능적 표현을 시도함

큰딸과 엄마는 모녀간에 기능적인 표현을 시도함으로써 명절 때 큰딸에게 발작이 나타나지 않게 되었다. 큰딸이 자기감정을 엄마에게 편하게 내놓고, 엄마는 큰딸에게 부드럽게 표현을 하면서 큰딸은 스트레스를 덜 받게 되었고 본인 스스로 발작 발생의 전조를 적절하게 대처할 수 있었다.

치료자: 따님이 명절 때 약하게 (발작)증상이 왔지만 심하게 부딪히지 않고 본인만 증상을 살짝 느끼고 넘어갔다는 거죠. 동생은 누나가 여러 가지로 잘, 지혜롭게 넘어갔다고 했는데 엄마가 생각하는 것은 어떠신지요?

엄 마: 추석 전날 큰딸이 몸이 아프다고 누워 있고 싶다고 해서 '너는 아프지만 않으면 괜찮으니까 누워 있어. 너 일 안 한다고 너 보고 누가 뭐라고 할 사람 없으니까.' 라고 했어요. 그랬더니 누워서 그냥 잘 지냈거든요. 그래서 고맙고 감사하더라고요. (5회기, 추석 때 발작 없이 넘어감, 모녀간 기능적 표현을 함)

4) 장래를 계획함

큰딸은 가족치료 과정을 통해 자아에 대한 통찰을 하면서 자신의 미래를 꿈꾸고 계획하는 변화를 보였다.

큰 딸: 그분이 많이 알아보셨는데, 봉사하면서 자격증을 딸 수 있는 과정이 있대요. 그래서 학교도 가려고 해요. (7회기, 미래에 대한 대책을 세움)

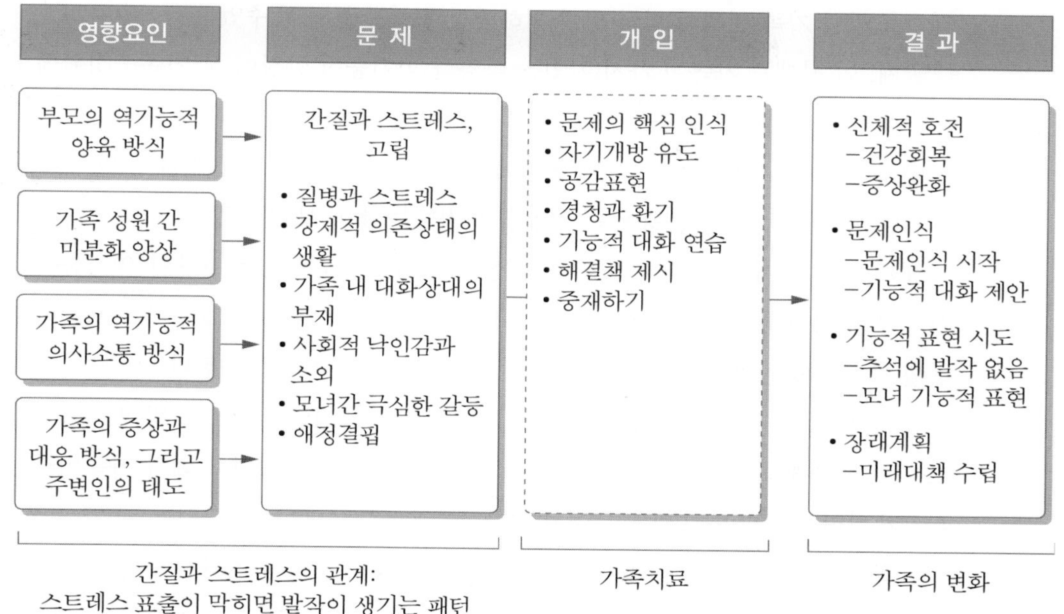

[그림 8-2] 간질증상을 가진 성인자녀에 대한 가족치료 효과 네트워크

이상의 결과를 종합하여 간질증상을 가진 성인자녀에 대한 가족치료의 효과 네트워크를 제시하면 [그림 8-2]와 같다.

V. 논의 및 결론

1. 논 의

이 장 결과에 대한 논의는 다음과 같다. 첫째, 이 사례연구의 결과는 간질 치유에 대한 의학적인 발달에도 불구하고 간질환자와 간질환자를 둔 가족이 경험하는 고통이 경감되지 않는 현실을 반영해 주고 있다. 간질과 정신질환에 대한 사회적 편견과 낙인이 크기 때문에(김노은, 2011; 고일건, 2010; 유재국, 2010; Bishop, 2000; Rafael et al., 2010), 간질환자와 그 가족은 스트레스를 감당하기 어렵다(김보영, 2002)고 볼 수 있다. 이 장은 내담자가 가진 질병의 부정적인 진행은 불안을 높이며 내담자의 삶의 질에 영향을 줄 뿐 아니라(Yue et al., 2011) 다른 가족 성원이 감당하기 어려운 스트레스를 받아 가족 전체의 삶의 질이 저하되었다는 것을 보여 주었다.

둘째, 이 사례는 가족이 가지고 있는 다양한 역기능적 양상이 한 가족구성원에게 치명적인 사회심리적 고통을 줄 뿐만 아니라 간질과 이와 동반되는 정신질환을 유발할 수 있으며, 또한 간질이라는 질병에 대한 부적절한 인식수준과 대처 방식이 내담자와 그 가족이 겪는 불행에 큰 영향을 끼친다는 것을 보여 주었다.

셋째, 간질환자는 오직 간질이라는 질병 자체보다 가족구성원과의 역기능적인 상호작용 때문에 심각한 고립을 겪게 되면서 스트레스가 가중되고, 이를 표출하지 못할 때 간질증상이 다시 나타나는 악순환을 보인다는 것을 반영한다.

넷째, 내담자 가족구성원은 가족치료를 통하여 기능적인 의사소통 방식을 사용함으로써 가족관계에 긍정적인 변화가 나타났는데 이는 간질환자에 대한 가족이라는 환경체계의 기능과 중요성을 보여 주었다.

간질은 질병의 특성상 간질환자가 발작을 조절할 수 있는 자기관리능력에 따라 자신의 생활에서 적응적 또는 부적응적 상황을 만들 수 있는데(Unger & Buelow, 2009), 이를 위해서 일차적 환경체계이자 사회적 지지자원인 가족의 역할이 무엇보다 중요하다. 그런데 자기관리능력을 배양시키는 자기효능감(송자경, 2008)은 간질환자의 자신의 존재와 능력에 대한 자신감으로부터 나오는데, 이러한 자신감은 다른 가족구성원의 이해와 배려, 기능적 대처 방식 등을 통해서 형성된다. 이러한 면에서 이 장은 간질환자를 둔 가족에게 스트레스적인 생활사건 중에서도 가족을 건강하게 지키기 위하여 절대적으로 요구되는 기제는 가족체계의 기능적인 모습(송자경, 2008; 2009)이라는 연구결과를 보여 주고 있다. 사실 어느 가족에게나 존재할 수 있는 문제를 중심으로 가족에 내재되어 있는 역기능적인 모습의 영향은 우리가 가장 천착하여 볼 부분이다. 이러한 점에서 가족관계를 기능적으로 변화시키는 가족치료의 역할을 더욱 강조할 필요가 있다.

2. 결 론

간질증상을 가진 성인자녀에 대한 가족치료 사례연구결과는 다음과 같다. 첫째, 이 사례에서 간질을 경험하는 성인자녀의 문제는 '간질과 스트레스, 그리고 고립'으로 나타났는데, 이에는 질병과 스트레스, 경제적 의존상태의 생활, 가족 내 대화상대의 부재, 사회적 낙인감과 소외, 모녀간 극심한 갈등, 애정결핍이 포함되었다.

둘째, 이 사례에서 간질을 경험하는 성인자녀의 문제에 영향을 미치는 요인은 네 가지의 요인으로 범주화되었는데, 부모의 역기능적 양육 방식, 가족 성원 간 미분화 양상, 가족의 역기능적 의사소통방식, 가족의 증상과 대응 방식, 그리고 주변인의 태도가 해당되었다. 이 가운데 부모의 역기능적 양육 방식은 양육환경의 급격한 변화, 엄한 아빠, 매정한 엄마, 자녀 간 차별대우, 자녀입장에 대한 고려 부족으로 나타났다. 다음으로, 가족 성원 간 미분화 양상은 원가족 문제, 아빠와 시어머니의 밀착관계, 엄마와 큰딸의 공생적 관계, 아빠와 큰딸의 미분화, 순응적인 큰딸로 하위 범주화되었다. 또한 가족의 역기능적 의사소통 방식은 상대의 반응을 과하게 재단함, 회피하는 방식, 역기능적 중재자 역할, 공격적인 표현 방식, 의견조정이 어려움, 표현을 절제하기, 역기능적 표현 방식의 세대 전수, 공감하기 어려운 충고, 최소한의 형식적인 대화로 나타났다. 그리고 가족의 증상과 대응 방식, 그리고 주변인의 태도에는 큰딸의 대응 방식, 아빠의 증상과 대응 방식, 엄마의 증상과 대응 방식, 가족의 증상과 대응 방식, 전 남편의 태도, 주변인의 태도가 포함되었다.

셋째, 이 사례에서 내담자가 경험하는 간질과 스트레스의 관계를 도출하기 위하여 간질의 진행과정을 분석한 결과, 생애주기에서 스트레스가 증폭될수록 발작빈도가 유사하게 정적(+)으로 증가하여 스트레스 표출이 막히면 발작이 생기는 패턴을 보여 주고 있었다.

넷째, 이 사례에서 간질을 경험하는 성인자녀에 대한 가족치료과정에서 치료자는 가족치료적 개입을 통하여 큰딸의 간질증상이 개인의 문제로 파생된 것이 아니라 가족체계적인 관점에서 가족의 문제를 직시하고 극복해 갈 수 있도록 하였다. 이를 위하여 치료자는 내담자 가족구성원들로 하여금 문제의 핵심을 인식하도록 하였고, 자기개방을 유도하였고, 유사사례를 제시하여 공감을 표현하였으며, 경청과 환기, 기능적 대화 연습을 통해 그들이 문제를 해결하려고 시도해 온 해결책 대신에 새로운 해결책을 시도하여 가족기능을 회복할 수 있도록 개입하였다. 그 결과 모의 건강이 회복되고 큰딸의 간질증상이 완화되었으며, 가족구성원이 문제를 인식하기 시작하였다. 또한 큰딸이 부모에게 기능적인 대화를 제안하였고 큰딸과 부모 간에 기능적인 표현을 시도하는 상호작용이 나타났다. 이로써 상담과정 중에 맞이한 추석 때 큰딸에게 발작이 나타나지 않았다. 한편 큰딸은 자신의 장래를 스스로 계획하여 미래에 대한 대책을 마련하는 모습을 보였다.

3. 제 언

이 사례에서 간질을 경험하는 큰딸에 대한 사회적 낙인이 큰딸에게 스트레스를 받게 했고 고립되게 하였다. 그러므로 간질환자와 그 가족의 고통을 덜어 주기 위해서는 거시적 측면에서 사회적 인식을 개선시키는 노력이 필요하다. 1997년부터 국제간질연맹(ILAE), 국제간질협회(IBE), 세계보건기구(WHO)가 공동으로 벌이는 '간질을 그늘에서 끌어내자'는 캠페인은 전문가집단과 환자집단, 그리고 정치적 측면에서 간질에 대한 수용성, 치료, 서비스, 예방을 증진시키려는 공동의 노력이다(Reynolds & Trimble, 1981). 우리 사회도 간질환자와 그 가족에 대한 거시적 차원의 노력이 요구된다. 한편 의료기관이나 사회복지기관에서 간질환자의 질병관리에 대해 간질환자뿐 아니라 가족이 함께 참여하는 교육프로그램이나 상담을 실시하는 노력도 필요하다. 또한 임상영역에서 간질환자 가족이 경험하는 고통에 대해 그들이 보이는 가족관계의 부정적인 패턴과 역기능적인 의사소통 방식을 파악하여 이를 기능적인 형태로 변화하도록 돕는 상담자의 적극적인 역할이 요청된다.

이 장은 단일사례를 대상으로 연구결과를 도출하였기에 이를 일반화하는 데 제약이 있으며 연구결과의 해석에 주의가 필요하다. 이에 간질증상을 가진 내담자와 관련된 후속연구에서는 다양한 연구방법론을 이용한 연구가 지속적으로 수행됨으로써 간질증상을 가진 내담자의 문제해결을 위한 더욱 효과적인 개입 방안이 생성되며 축적되기를 바란다.

참고문헌

고일건(2010). 간질환우들과 사회적 배제. 경상대학교 석사학위논문.

김노은(2011). 간질아동 엄마의 삶의 질 영향요인. 정신보건과 사회사업. 37, 5-34.

김보영(2002). 간질아동 모의 스트레스에 관한 연구. 한국아동복지학회, 14, 37-63.

노승호(1982). 간질환자의 비관에 관한 연구. 신경정신의학, 21(3), 455-461.

문성미(2000). 간질환자의 사회심리적 적응과 자기효능·사회적 지지와의 관계. 대한간호학회지, 30(3), 694-708.

박영숙, 정은남, 양진향(2011). 청소년 간질환자의 생활세계 경험. 기본간호학회지, 18(1), 6-18.

서울대학교 의과대학(1997). 신경학 원론. 서울: 서울대학교 출판부.

서혜정(2005). 장기간의 항경련제 투여에 따른 대뇌피질 흥분성의 변화. 충남대학교 박사학위논문.

송자경(2008). 자기효능감과 가족요인이 성인 간질환자의 자기관리에 미치는 영향. 한국가족복지학, 24, 89-119.

송자경(2009). 가족강점이 간질아동 가족의 적응에 미치는 영향 연구. 한국가족치료학회지, 17(1), 145-165.

심혜숙, 정경연(2007). 아동의 자아분화가 불안과 또래관계에 미치는 영향. 상담학연구, 8(1), 285-297.

오석환, 유계준(1971). 간질에 관한 사회, 정신의학적 연구. 신경정신의학, 10(1), 1-18.

유재국(2010). 성인 간질환자군과 건강한 성인 대조군의 간질의 친밀도 이해 및 태도에 대한 조사. 석사학위논문, 고려대학교.

이대희(1974). 정신성 및 정신운동성 간질에 있어서의 정신현상. 신경정신의학, 13(4), 325-335.

이웅천, 이정섭, 김창현, 조필자(1996). 간질환자의 정신병리와 생활사건 및 대처방식. 신경정신의학, 35(4), 876-887.

이정균(1994). 정신의학. 제3판, 서울: 일조각.

정성경, 김정희(2004). Bowen 이론을 활용한 가족관계 증진 집단상담이 자기분화와 불안에 미치는 영향. 상담학연구, 5(3), 823-838.

정진복, 최정윤(1993). 간질환자의 인지적 장애와 정신과적 증상. 한국심리학회지: 임상, 12(2), 105-112.

제석봉(2002). 자아분화와 부부적응과의 관계. 상담학연구, 3(1), 171-184.

허선희(2010). 간질환자의 우울과 불안에 관한 연구: 인구사회학적 요인 및 간질 관련 요인과의 관계. 가천의과학대학교 석사학위논문.

허소영(2009). 간질환자의 혈장 비타민 A, E, C 상태와 항경련제 사용과의 관계. 고신대학교 석사학위논문.

Acuna, L., Garcia, D. A. G., & Bruner, C. A. (2012). The social readjustment rating scale of holmes and rahe in Mexico: a rescaling after 16 years. *Revista Mexicana de Psicologia*, *29*(1), 16-32.

Arieti, S. (1975). *American Handbook of Psychiatry*. New York: Basic Books.

Austin. J. K., & McDermott. N. (1998). Parental attitude and coping behaviors in families with epilepsy. *Journal of Neuroscience Nursing, 20*(3), 174-179.

Betts, T. A. (1988). Neuropsychiatry part I: epilepsy and behaviour. In the textbook of *Epilepsy* (3rd), 350-385, Laidlaw, J., Richens, A., & Oxley, J. (Eds.), New York: Churchill

Livingston.

Bishop, M. L. (2000). *The relationship of social, psychological, physical, and seizure-related variables to quality of life in adults with epilepsy.* Unpublished doctoral dissertation, University of Wisconsin, Madison.

Burden. G., & Schurr, P. H. (1976). *Understanding Epilepsy.* London: Crosby Lokwood Staples.

Ellis, N., Upton, D., & Thompson. P. (2000). Impact of pediatric epilepsy on the family: a review of current literature. *Seizure, 9*(1), 22-30.

Goldberg. S., Morris. P., Simmons, R. J., & Fowler, R. S. (1990). Chronic illness in infancy and parenting stress: a comparison of three groups of parents. *Journal of Pediatric Psychology, 15*, 347-358.

Gudmudsson, D. (1966). *Epilepsy in Iceland: a clinical and epidemiological investigation,* Munksgaard.

Kerr, M. E., & Bowen, M. (2005). **보웬의 가족치료이론** (남순현, 전영주, 황영훈 공역). 서울: 학지사.

Miles, M. B., & Huberman, A. M. (1994). *Qualitative Data Analysis* (2nd ed). Thousand Oaks, CA: Sage.

Mittan, R. (1982). *Medical and psychological consequences of inadequate patient education.* Unpublished manuscript. National Epilepsy Library.

Patton, M. Q. (2002). *Qualitative Research & Evaluation Methods* (3rd ed). Thousand Oaks, CA: Sage.

Pond, D. A., & Bidwell, B. H. (1960). A survey of epilepsy in fourteen general practices. Social and psychological aspects, *Epilepsia, 1*, 285-299.

Rafael, F., Houinato, D., Nubukpo, P., & Dubreuil, C. M. (2010). Sociocultural and psychological features of perceived stigma reported by people with epilepsy in Benin, *Epilepsia, 51*, 1061-1068.

Reynolds, E. H., & Trimble, M. R. (1981). *Epilepsy and Psychiatry.* London: Churchill Livingstone.

Ross, A. S. (1956). *Psychomotor epilepsy and the role of emotion in the convulsive disorders: epileptic seizures.* W & W Co Baltimore.

Scott, D. F. (1978). Psychiatric aspects of epilepsy. *British Journal of Psychiatry, 132,* 417-430.

Snyder, M. (1991). Stressor, coping mechanisms, and perceived health in persons with epilpsy. *International Disability Studies, 12,* 100-103.

Temkin, N. R., & Davis, G. R. (1984). Stress as a risk factor for seizures among adults with epilepsy. *Epilepsia, 25*(4), 450-456.

Unger, W. R., & Buelow, J. M. (2009). Hybrid concept analysis of self-management in adults newly diagnosed with epilepsy, *Epilepsy & Behavior, 14*(1), 89-95.

Watzlawick, P., Weakland, J., & Fisch, R. (1974). *Change: principles of problem formulation and problom resolution.* New York: W. W. Norton.

Weakland J. H., Fisch, R., Watzlawick, P., & Bodin, A. M. (1974). Brief therapy: focused problem resolution. *Family Process, 13*(2), 141-166.

Weiss. K. W. (1999). *Patterns of family adaptation to childhood chronic illness: a familly system and social-ecological perspective.* doctoral dissertation. University of Virginia, Charlottesville.

Yue, L., Yu, P. M., Zhao, D. H., Wu, D. Y., Zhu, G. X., Wu, X. Y., & Hong, Z. (2011). Determinants of quality of life in people with epilepsy and their gender differences, *Epilepsy & Behavior, 22*(4), 692-696.

Zielinski, J. J. (1974). Epileptic not in treatment. *Epilepsia, 15,* 203-210.

제9장

선천성면역결핍질환아 간호과정에서 시간의 경과에 따라 가족이 경험하는 어려움에 관한 연구

박태영 · 문정화

이 장의 목적은 선천성면역결핍질환아 간호과정에서의 시간의 경과에 따라 가족구성원이 당면하게 되는 어려움과 그 차이가 무엇인지를 파악함으로써 환아의 가족구성원을 위한 임상사회사업 실천방안을 모색하고자 하는 것이다. 이 장은 생후 2개월부터 7년간 아들의 불치병을 치료하는 과정에서 발생한 딸의 문제와 부부갈등 때문에 가족상담을 의뢰하여 총 13회기 동안 진행된 가족치료 사례에 대한 내용으로, Miles와 Huberman(1994)의 질적 분석방법을 활용하여 가족의 어려움을 분석한 질적 사례연구다.

이 장은 분석결과 최종적으로 발견된 주제를 통해 시간의 경과에 따른 가족구성원의 어려움과 그 차이점을 살펴보았다. 모의 경우 불안정한 생활에 따른 삶의 질 저하, 기대에 미치지 못하는 남편에 대한 원망감, 다른 자녀와의 정서적 교류 부족과 스트레스, 아들을 보내려는 마음과 망설임, 부의 경우 술 · 담배 · 성적 욕구 참아 내기, 압박감과 구속감에 따른 피곤한 일상, 우회적 감정 투사로 스트레스 해소하기, 피곤한 일상에서 탈피하고 싶은 유혹, 아들의 생명을 운명에 맡기기, 다른 자녀의 경우 이분화된 부모와의 관계 유지, 부부갈등 상황에서의 희생양, 허술한 둥지에서의 외로움, 외현적 문제행동으로 분석되었다. 이러한 연구결과는 선천성면역결핍질환아 가족이

I. 서 론

최근 인구의 노령화, 생활 및 식습관의 변화, 환경오염의 증가 등으로 만성질환 발생이 증가함에 따라 만성질환 사망률도 증가하고 있는 실정이다. 2008년에는 사망률 중 악성신생물(암)로 사망한 경우가 인구 10만명당 139.5명으로 가장 높게 나타났다. 이는 1998년 108.6명에 비해 28.4% 증가하였고 그 다음으로 뇌혈관질환 사망률 56.6%, 심장질환 사망률 43.4%(허혈성 심장질환 사망률 25.7%), 당뇨병 사망률 20.7%의 순으로 나타났다(보건복지부, 2008). 특히 아동의 만성질환은 성인과 달리 유전적인 요소나 선천적인 기형과 관련된 만성질환이 주를 이루고 있으며, 최근의 급속한 사회경제적 성장과 의학기술 및 과학의 발달에 따라 만성적인 건강문제를 가진 아동의 생존율 증가와 만성질환아의 양적 증가를 보이고 있는 실정이다. 전체 소아청소년 연령에서 가장 흔한 입원 질환은 호흡기질환군 259,419건(31.4%), 감염성질환군 104,757건(12.7%), 신생아질환군 90,091건(10.9%), 소화기질환군 53,424건(6.5%)으로 조사되었다(이종국, 2007). 이와 같은 성인과 아동의 만성질환의 발생 및 사망의 증가는 사회경제적 측면에서의 부담이 크게 증가할 것으로 예측할 수 있다.

특히 아동의 만성질환은 아동 개인의 성장 및 발달에 부정적인 영향을 미칠 뿐 아니라 부모를 포함한 모든 가족구성원의 역할 변화 또는 역할 과중 등으로 인해 가족 내 장기적인 불안정이 증가하고 가족기능이 약화될 수 있다. 아동에게 발생하는 만성질환 중에서 선천성면역결핍질환은 오랜 투병과정을 겪기 때문에 환자 개인의 삶의 형태 변화뿐만 아니라 질환관리과정에서 가족구성원의 삶의 양식에 많은 변화를 초래하게 된다. 즉, 가족구성원의 질병은 가족의 구조와 기능에 영향을 미치며 오랜 투병기간에 따른 의료 비용 절감을 위해 가족이 돌봄의 책임을 담당하는 돌봄 과정에서 심리적 · 육체적 스트레스를 받을 수 있다. 이는 질환자에게 지속적인 건강과 관련된 관리를 제공하는 자원의 역할을 감소시키게 되어 질환자에게 직접적인 영향을 미칠 수 있으므로 간호를 전담하고 있는 가족에 대한 전문적인 지원이 필요하다

제9장은 '상담학 연구(2013). 제14권 1호, pp. 1-33.'에 게재된 논문임.

(장선옥, 1998; 오가실 외, 2002; Johonson, 1988). 즉, 선천성면역결핍질환에 대한 효과적인 치료와 조기 진단 및 감염예방을 통해 환자의 삶의 질을 향상시킬 수 있도록 해야 하며, 환아를 돌보는 가족의 신체적 · 정서적 건강 상태는 환자에게 직접적인 영향을 미치므로 환아를 장기간 돌보는 과정에서 가족이 경험하는 위기 상황에 따른 효과적인 지원과 대처방안을 모색해야 한다.

그러나 선천성면역결핍질환에 대한 이해와 진단 사례가 증가하고 있지만 국가 차원의 실태 파악 및 연구가 미흡한 상황이며, 아동의 만성질환과 관련된 기존의 연구는 질병 과정에 따른 어머니의 불확실성 경험, 가족의 극복력, 가족의 적응과 어머니의 삶의 질과 스트레스, 만성질환아의 심리적 특성, 가족기능에 대한 연구가 주를 이루고 있다(박은숙, 1996, 1998; 최명애 외, 1999; 최승미 외, 2000; 조성민, 김보영, 2001; 김보영, 2002; 기화, 정남운, 2004; 백경원, 최미혜, 2006; 이은화, 손정민, 2008). 이러한 기존의 연구는 주로 가족을 대상으로 한 연구가 가장 많으며 가족 중에서도 아동의 주 양육자이자 동시에 간호의 일차적 책임자인 어머니를 대상으로 한 연구가 가장 많다. 이는 한국의 가족문화를 고려할 때 가족의 위기 상황에서 가족 전체의 균형 유지를 위한 가장 중요한 대상을 어머니로 인식해 온 이유로 볼 수 있다. 이와 같이 기존 연구에서는 만성질환아 당사자 또는 가족구성원 중 어머니를 중심으로 연구가 진행되었으며 장기간의 간호과정에서 다른 가족이 당면한 문제와 그 차이, 그리고 이에 대한 대안을 모색한 연구는 미비한 실정이다.

일반적으로 만성질환아의 장기 투병 기간 동안 환아와 어머니뿐만 아니라 나머지 가족 성원들도 다양한 심리사회적 문제를 겪게 되며 이는 결국 환아와 환아의 주 양육자인 어머니에게 부정적인 영향을 미칠 수 있다. 따라서 만성질환아를 둔 가족구성원의 어려움과 그 차이를 살펴보는 것은 만성질환아의 간호과정에서 나타나는 가족의 어려움에 대해 적절히 중재할 수 있는 실천적 방안을 모색할 수 있을 것으로 본다.

특히 지금까지 부모의 관심과 양육이 소홀해질 수 있는 건강한 나머지 형제자매의 어려움을 다룬 연구는 거의 부재한 상황이다. 만성질환 아동의 가족원 중 형제자매는 환아에게 직접적인 영향을 미칠 뿐만 아니라 환아에 비해 부모 또는 기타 가족구성원의 보호를 충분히 받지 못하는 상황에서 상대적인 소외감과 심리적 기능, 그리고 일상생활을 위한 적응과 관련된 문제를 경험한다(Wamboldt & Wamboldt, 2000; Sharpe & Rossiter, 2002). 따라서 만성질환 아동을 위한 간호과정에서 가족중심적 접근을 시도할 경우 다른 자녀의 어려움을 고려하는 것이 중요하다고 볼 수 있다. 이러한 측면을 감안하여 이 장에서는 가족치료 사례에서 만성질환아 가족의 다른 자녀가 겪고 있는 어려움에 대한 질적 자료를 심층적으로 분석한 결과를 토대로 임상적 실천적 대안을 모색하고자 한다.

II. 이론적 배경

1. 선천성면역결핍질환

선천성면역결핍증은 만성육아종질환(Chronic Granulomatous Disease: CGD)이라고도 하며, 임상적으로 반복적이고 치명적인 세균과 진균의 감염과 육아종 형성을 특징으로 하는 유전성면역결핍질환으로 250,000명당 한 명 정도의 빈도로 발생하는 것으로 알려져 있다(선천성면역결핍증 환우회, http://www.cgd.co.kr). 선천성면역결핍질환은 95개 이상의 다양한 종류가 있으며 다양한 면역계의 결함을 나타내는 보기 드문 질환으로 알려져 있다.

최근 선천성면역결핍질환은 면역학적 및 분자생물학적 기법의 발달로 면역결핍질환의 진단이 증가하고 있지만 이에 대한 국가차원의 통계 조사 결과가 부재하고 치료 대책 수립도 미흡한 상황이다. 이에 서울대학교 의과대학 김중곤 교수의 선천성면역결핍질환에 대한 연구가 국가적 차원에서 처음으로 이루어졌다. 김중곤(2006)의 연구는 2001년 1월부터 2005년 12월까지 전국 22개 의료기관에서 19세 이하의 환자 152명을 대상으로 유병률과 실태를 파악하였으며 2005년 1월 1일부터 2005년 12월 31일 사이에 생존했던 19세 이하의 선천성면역결핍질환 환자를 대상으로 국내의 유병률을 조사한 결과 인구 백만명당 11.25명인 것으로 나타났다.

선천성면역결핍질환은 항체면역결핍질환, 식세포이상, 복합면역결핍질환, 세포면역결핍질환으로 종류가 다양하다. 발현시기도 생후 1개월부터 15세로 다양한 연령분포가 다양하고 남자 아이가 80%로 더 높은 비율을 보이며 소아기에 잦은 감염을 일으켜 성장 및 발달 지연을 일으키거나 심한 경우 사망할 수 있으므로 조기 진단을 통한 적절한 치료와 감염예방이 중요한 질병이다(한영미, 박희주, 2009).

2. 만성질환아 가족의 어려움

가족 내 만성질환아가 있을 경우 가족은 당혹스러움과 복잡한 가족관계를 경험하게 되며 돌봄에 대한 부담과 스트레스, 그리고 불안에 대처해야 한다. 우리나라의 경우 가족구성원이 질병으로 입원하면 막대한 의료비용 절감을 위해 가족이 상당부분 간호를 담당하게 됨에 따라 가족이 환자를 돌보기 위해 병원에 상주하는 경우가 많다. 또한 장기간 입원을 해야 하는 심각한 질병환자의 장기 간호과정에서 가족은 재정적인 곤란, 가정 내에서의 역할 변화, 건강상의 변화에 직면하게 되며 이와 같은 위기를 극복하지 못하면 부적응을 초래하여 심리적 부담감이 가중된다(Zarit, Todd, & Zarit, 1986; Wamboldt & Wamboldt, 2000). 특히 아동의 만성질환은 성인 환자보다 가족의 직접적인 친밀한 돌봄이 제공되어야 하는데, 오랜 투병기간 동안 가족구성원의 역할 변화와 역할 과중으로 긴장상태가 유발되고 가족기능이 약화되어 기존에 유지해 왔던 일상생활 패턴의 불균형을 초래한다(박은숙, 1994; 이화자, 어용숙, 2000). 그리고 만성질환아동의 가족은 아동을 돌보는 과정에 공동으로 참여하게 되어 식생활에서 사회적 관계 형성에 이르기까지 환아를 위주로 의사결정하고 이행하는 양상을 보인다(박은숙 외, 2006).

이와 같이 가족구성원의 간호과정에서 가족은 가족구성원 간에 상호역할을 통하여 영향을 받으며 계속적인 변화에 상호작용하게 된다. 즉, 가족은 체계적 관점에서 볼 때 전체로서의 기능을 하는 체계이므로 한 부분의 변화는 다른 부분에 영향을 준다. 따라서 심각한 질병에 따른 가족구성원의 장기 입원은 가족의 정상생활에 영향을 미치고 역할 대행으로 스트레스를 경험하게 되며 가족의 평형상태를 위협하여 가족체계가 변화되고 가족기능이 위협받는 결과를 초래한다(임영순, 2004). 장기간 환자를 돌보는 가족은 재정적 곤란, 가정 내에서의 역할 변화, 성적인 어려움, 가족원의 건강상의 변화, 병원비 마련을 위한 부인의 취업을 통한 변화 등의 어려움에 직면하게 된다. 이와 같은 가족체계의 변화는 긴장감과 부담감을 가중시키므로 돌봄에 참여하는 가족은 제2의 희생자이며 또 다른 간호의 대상이 될 수 있다(Fengler & Goodrich, 1979; Holmes, 1985).

만성질환의 특성은 오랜 기간 동안 환아를 돌보기 위해 많은 시간을 할애하는 것, 돌보는 과정에서 일차적 책임을 맡은 어머니와 환아는 과잉보호와 의존관계로 밀착되는 것, 그리고 남은 다른 가족구성원을 돌보는 일과 가사에 대한 부담을 경험하는 것 등이다. 또한 어머니는 질병이 장기화되고 치유가 불확실해질 때 죄책감과 우울 및 불안을 경험하는 것으로 나타났다(양수남, 신영희, 2005). 또한 가족은 환아를 돌보는 과정에서 수면장애, 식욕부진, 피로감이 가중되며 의학적 · 발달적 · 사회적 · 정서적인 어려움 등은 전체로서 기능하는 가족의 능력에 영향을 미친다(Steele, 1983; Whaley & Wong, 1989; Mastrian, Ritter, & Deimling, 1996; Grey & Sullivan, 1999; Looman, 2004).

이와 같이 자녀의 질병 치유가 불확실한 상황에서 환아의 간호에 대한 일차적 책임자로 참여하는 어머니는 다른 가족에 비해 환아의 치료과정을 지켜 보면서 환아가 겪는 고통의 전이, 재정적 어려움, 다른 가족구성원을 돌봐야 하는 책임 등으로 더 큰 스트레스를 느끼게 된다. 게다가 자녀의 장기 입원으로 부부가 함께 보낼 수 있는 시간이 부족하고 대화의 기회가 적어지면서 의견 불일치가 오게 되어 결국 대화가 단절되고 부부관계에 긴장이 초래된다. 즉, 환아의 질병과정에서 배우자와의 불화, 다른 자녀에 대한 관심과 양육기회 부족에 따른 스트레스에 직면하게 된다(Lynam, 1987; Perlick et al., 1995). 이는 환아의 질병에 모든 자원을 장기간 집중하게 되면서 정상적인 가족의 발달적 욕구는 무시되기 때문인 것으로 볼 수 있다(Patterson, 2002).

또한 만성질환아 아버지의 스트레스와 대처행동에 관한 권윤희(2002)의 연구에서는 만성질환아 아버지가 일반아의 아버지보다 더 많은 스트레스를 겪으며, 부모역할에 대한 어려움을 경험하고, 일반아 아버지보다 적극적 대처, 긍정적 해석, 실질적 지원추구, 정서적 지원추구 등의 대처행동 수준이 높은 것으로 나타났다. 이는 만성질환아 아버지가 자녀의 질병으로 초래된 절박함을 해결하기 위해 효과적인 대처행동을 많이 사용하는 것으로 볼 수 있다.

만성질환아의 형제자매는 부모가 환아의 간호에 더 많은 시간과 마음을 할애하기 때문에 부모의 충분한 보호를 받지 못하여 방치될 수 있는 우려가 있으며 이는 환아의 질병 유형과 특징에 따라 심리적 기능과 일상생활의 기능에 영향을 받을 수 있다. Sharpe와 Rossiter(2002)의 연구결과에서는 환아의 질병 유형과 특징에 따라 형제자매의 심리적 기능에는 별 차이가 없는 것으로 나타났지만 일상생활 기능에는 영향을 받고 있는 것으로 나타났다. 특히 장질환이나 암에 걸린 경우는 그 외의 다른 질병에 걸린 경우에 비해 일상적이고 열정적인 보호를 받지 못하여 부정적인 영향을 더 받고 있는 것으로 나타났다.

이와 같은 만성질환아의 가족과 형제자매들이 당면하는 어려움을 해소하고 그들의 역량을 확대하기 위한 방안으로 질병 관리와 정서·행동 문제를 위한 심리적 개입 프로그램을 실시할 수 있으며 개입을 위한 초점은 가족의 불안과 우울과 같은 문제를 대처할 수 있도록 지원해야 한다(Kibby et al., 1998).

이러한 기존 연구는 치료가 불확실한 자녀를 장기간 돌보는 과정에서 가족은 위기에 처하게 된다는 것, 특히 부모는 더 많은 부담감과 스트레스에 직면하는데 이는 부부관계와 전체의 가족관계를 악화시키는 위험요인이 된다는 것을 시사하고 있다.

이상의 문헌을 통해 선천성면역결핍질환과 같은 아동의 만성질환으로 장기적인 간호를 요구하는 환자를 돌보는 가족은 여러 가지 측면에서 다양한 문제가 제기될 수 있으므로 이 장에서는 가족구성원이 경험하게 되는 어려움과 그 차이에 대해 심층적으로 살펴보고자 한다.

Ⅲ. 연구방법

1. 연구대상

이 장의 사례는 생후 2개월부터 7년간 선천성면역결핍질환을 앓고 있는 아들의 치료과정에서 갑작스러운 가정환경의 변화로 부부는 가사분담과 자녀양육 문제 등의 역할갈등과 잦은 의견충돌로 부부갈등이 점차 악화되고 있었고, 여기에 다른 자녀의 문제행동이 발생하면서 부부가 상담을 의뢰한 사례다. 2006년 11월부터 2007년 4월까지 총 13회기 동안 남편과 부인, 그리고 다른 자녀를 대상으로 개별상담, 부부상담이 진행되었다.

2. 신뢰도 검증 및 윤리적 고려

이 장에서는 연구의 신뢰도를 높이기 위해 1회기부터 13회기까지의 상담 축어록에서 반복되는 개념을 지속적으로 비교하였으며 상담 축어록, 상담비디오와 상담메모를 활용함으로써 자료의 삼각화를 시도하였다. 또한 이 장은 치료자와 연구자의 토론, 그리고 대학 가족치료연구센터의 연구원에 의한 연구자 삼각화를 시도하였다. 치료자는 가족치료를 전공하였고 현재 교수로 재직 중이며 18년 이상의 가족치료 임상 경험을 수행하였고 다수의 질적 연구논문을 가지고 있다. 또 다른 연구자는 가족치료를 전공하고 대학에서 강의와 현장에서 가족치료 임상을 실천하고 있으며 여러 편의 질적 연구논문을 가지고 있다.

한편 연구의 윤리적 측면을 고려하여 내담자에게 연구 목적에 대해 설명한 후 상담내용의 사용에 대해 동의를 얻었으며 상담내용에 대한 내담자 가족의 사생활보장을 위한 익명성과 연구 이외의 목적에 자료를 이용하지 않을 것을 설명하였으며 실명이나 신분이 노출될 수 있는 내용은 가명을 사용함으로써 내담자 가족의 사생활을 최대한 보장하고자 하였다.

3. 연구질문

이 장의 연구질문은 '만성질환아를 간호하는 과정에서 시간 경과에 따라 가족은 어떠한 어려움을 겪게 되는가?'다. 이에 대한 하위질문은 다음과 같다.

첫째, 환아의 간호과정에서 모의 어려움은 어떠한가?

둘째, 환아의 간호과정에서 부의 어려움은 어떠한가?

셋째, 환아의 간호과정에서 다른 자녀인 딸의 어려움은 어떠한가?

4. 분석방법

이 장은 질적 사례연구로서 선천성면역결핍질환아의 간호과정에서 겪고 있는 가족구성원이 경험하는 어려움과 그 차이점을 살펴보기 위해 개인상담과 부부상담에서 진술한 상담내용을 분석하고자 하였고, 이를 위해 상담회기별로 전사 처리된 상담 축어록을 활용하여 질적 분석을 하였다. 또한 이 장은 선천성면역결핍질환아를 간호하는 과정에서 심리적 · 신체적으로 소진된 상태로 부부갈등을 겪고 있는 환아의 부와 모의 경험, 그리고 다른 자녀의 경험을 심층적으로 분석하였다. 이를 위해 연구자는 상담 축어록을 한 줄 한 줄 자세히 읽으면서 주요 개념을 도출하였고, 유사한 개념을 묶어 하위 범주를 도출한 다음 하위 범주를 추상적으로 재분류하여 상위 범주로 범주화하였으며, 매트릭스와 네트워크를 활용하여 분석결과를 효과적으로 보여주고자 하였다(Miles & Huberman, 1994).

Miles와 Huberman(1994)에 따르면, 질적 분석에서는 한눈에 모든 데이터를 볼 수 있을 정도로 충분히 초점을 맞추고 유용한 질문에 대답할 수 있도록 체계적으로 정리된 디스플레이가 필요하다. 이와 같이 질적 데이터를 디스플레이하는 방법으로는 배열된 줄과 열로 이루어진 매트릭스와 선으로 연결된 점으로 이루어진 네트워크를 활용하는 방법이 있다(Miles & Huberman, 2009; 박태영 외, 2009).

Ⅳ. 분석결과

1. 내담자 가족의 인구사회학적 배경

이 사례의 내담자 가족의 인구사회학적 배경은 〈표 9-1〉과 같다.

〈표 9-1〉 내담자 가족의 인구사회학적 배경

내 용 / 대 상	연 령	학 력	직 업	기 타
남편	38	대졸	편집 디자이너	가사역할 및 다른 자녀양육 전담
부인	36	대졸	주부	환아 간호 전담
딸	9	초 2	학생	
아들(환아)	8	−	−	선천성면역결핍질환

2. 간호과정에서 가족이 경험하는 어려움

이 장의 사례는 생후 2개월에 아들의 불치병이 발병하면서 7년 동안 투병기간이 장기화되고 있었으며 생존가능성이 불확실한 상황에서 약물치료에 의존해 아들의 생명이 유지되고 있는 상황이었다. 이와 같은 상황에서 가족은 시간의 경과에 따라 어떠한 어려움을 경험하고 그 경험의 차이는 어떠한지를 살펴보기 위해 상담 축어록을 분석한 결과 가족구성원에 따라 각각 차이가 있는 것으로 나타났다. 구체적인 내용은 다음과 같다.

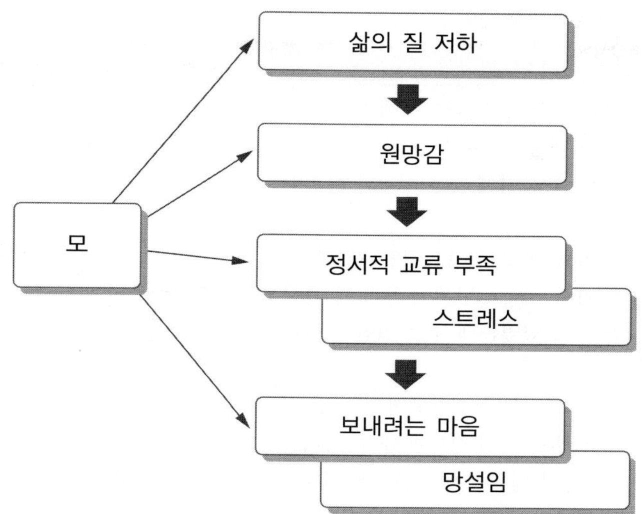

[그림 9-1] 시간 경과에 따른 모의 어려움

1) 모가 경험하는 어려움

불치병 환아를 간호하는 과정에서 모의 경험을 〈표 9-2〉 〈표 9-3〉 〈표 9-4〉 〈표 9-5〉와 같이 44개의 개념과 이를 다시 상위개념으로 범주화한 결과 8개의 중간 범주가 도출되었다. 이는 다시 4개의 상위 범주인 불안정한 생활에 따른 삶의 질 저하, 기대에 미치지 못하는 남편에 대한 원망감, 다른 자녀와의 정서적 교류 부족과 스트레스, 아들을 보내려는 마음과 망설임으로 도출되었다. 이는 [그림 9-1]과 같이 환아의 간호과정이 장기화되면서 시간의 경과에 따라 모가 경험해 온 어려움을 살펴볼 수 있다.

(1) 불안정한 생활에 따른 삶의 질 저하

모는 환아의 간호와 양육의 역할뿐만 아니라 가사와 딸의 양육 부담까지 떠안은 상황에 처해 있었다. 이와 같은 불안정한 생활 때문에 모는 개인의 삶의 질이 저하된 상태에서 신체적 · 정서적으로 소진되어 가고 있었다. 이에 대한 구체적인 내용은 〈표 9-2〉와 같이 일상화된 병원생활과 가정생활의 결핍, 과도한 역할, 주체성이 결핍된 생활로 나타났다.

〈표 9-2〉 불안정한 생활에 따른 삶의 질 저하

<table>
<tr><th>개 념</th><th>하위 범주</th><th>중간 범주</th><th>상위 범주</th></tr>
<tr><td>발병 이후 거의 대부분 아들의 간호를 위해 병원생활을 해 옴/주로 병원에서 생활하고 딸을 보기 위해 가끔 집에 감/일주일에 한 번 정도 집에 가고 싶지만 현실적으로 어려움</td><td colspan="2">일상화된 병원생활과 가정생활의 결핍</td><td rowspan="6">불안정한 생활에 따른 삶의 질 저하</td></tr>
<tr><td>가끔 집에 갔다가도 딸을 돌보기보다 집안일만 하다 옴/큰아이의 양육과 가사문제로 남편이 병원에 와서 자고 부인이 집에 간 적이 있었는데 주로 집안 뒷정리만 하다고 오는 경우가 많았음</td><td>집안일에 시간을 더 할애함</td><td rowspan="2">과도한 역할</td></tr>
<tr><td>병원에서 아들 간호를 하면서 딸의 양육까지 신경 써 옴/한 달간 퇴원한 기간에도 지친 상태에서 두 자녀를 돌봐야 하는 상황이 계속됨/병원에 있으면서 딸에게도 신경을 써야 하므로 아들에게 전념하지 못함</td><td>환아와 다른 자녀의 양육 병행</td></tr>
<tr><td>아들을 돌봐 줄 사람의 부재로 성관계 기회 상실/죄의식으로 성관계를 기피함</td><td>성관계 부재</td><td rowspan="3">주체성이 결핍된 생활</td></tr>
<tr><td>2년 전부터 신문을 보지 못함/세상이 어떻게 돌아가는지 모름</td><td>사회생활의 단절</td></tr>
<tr><td>아들의 컨디션에 따라 기분이 좋기도 하고 우울하기도 함/아들이 힘들 때 더 힘을 내야 하는데 같이 힘들어짐</td><td>환아와의 심리 정서적 밀착</td></tr>
</table>

'일상화된 병원생활과 가정생활의 결핍'

모는 6년 동안 아들의 간호를 위해 주로 병원에서 생활하면서 가정생활이 결핍된 상태로 지내고 있었다. 즉, 모는 아들의 발병 이후 일상생활을 거의 대부분 아들과 함께 병원에서 생활해 왔으며 딸을 돌보기 위해 남편과 교대를 하여 가끔 집에 가긴 하였지만 병원생활이 장기화되고 있는 상황에서 일주일에 한 번 정도 집에 가는 것도 현실적으로 어려웠다. 이 때문에 모는 병원생활이 일상화되었고 정상적인 가정생활이 불가능한 상황에서 불균형한 일상생활을 유지하고 있었다.

치료자: 그럼 엄마는 병원생활이 지금 몇 년째인가요?

부 인: ○○이가 살 만큼 산 것 같아요. 중간에 3년 정도는 6개월 입원하고 6개월은 집에 있었고. 근데 꾸준히 6개월이 아니라 2개월 입원하면 한 달 정도 집에 있다가 또 3개월 입원하고 해서 3년 정도 그렇게 지냈고요. 작년에는 꼬박 10개월 입원했고 재작년에는 8개월 있었어요. (중략) 보통 병원에 있고 제가 좀 추운 걸 싫어해서 겨울에는 밖에 잘 안 나가요. 집에 딸을 보

러 가끔 가지만 기본은 병원에서 지내요. 뭐 간병인을 둘 상황은 아니고요.

'과도한 역할'

모의 과도한 역할은 '집안일에 시간을 더 할애함' '환아와 다른 자녀의 양육 병행'으로 살펴볼 수 있다. 즉, 모는 환아를 돌보면서도 딸의 양육과 집안일로 이중부담을 가지면서 과도한 역할을 수행해 오고 있었다. 예를 들어, 모는 일시적으로 퇴원해서 잠시 집에 머물 경우 딸을 돌보는 일보다 주로 밀린 집안일에 시간을 할애하였다. 반면 병원에서 아들을 간호하는 중에는 집에 남아 있는 딸에게 신경을 쓰느라 아들에게 전념하지 못하는 상황이 반복되었다. 또한 한 달 정도 퇴원하여 집에 머무는 동안에도 자신을 위해 휴식할 시간을 가지지 못한 상태에서 환아와 딸의 양육을 전담해 오면서 모는 정신적 · 신체적으로 소진되어 가고 있었다.

부 인: 불만이 있죠. 처음부터 요구했던 게 우리가 어차피 병원생활을 그렇게 오래할 거라면 당신이 집에서 모든 걸 해 줘야 한다. 올 여름 이전까지도 남편이 집안일을 했던 것 같지 않아요. 봄이 되면서 이제 제가 남편한테 요구한 건 일주일에 두 번 교대로 하자고 했어요.

치료자: 교대로 하자는 거는 병원하고 집안일을 교대하자는 건가요?

부 인: 남편이 병원에 와서 잠을 자고 저녁에 제가 집에 가는 거예요. 집에서 잠을 자고 다음날 오는 거죠. 근데 제가 집에 가서 주로 하는 일이 딸을 돌보는 게 아니라 집안 뒷정리하는 일이에요.

부 인: 제가 병원에 있으면서 주로 아들한테 전념한다고 표현하기가 그래요. 아들한테 미안하고 딸한테 미안한 게 뭐냐하면 제가 생각하기에 환경적으로 애를 편하게 해 줄 수 있는 게 없어서. 딸 같은 경우에는 누군가가 항상 봐 줘야 하고 이런 거에 대해서 병원에서 신경을 많이 써요.

'주체성이 결핍된 생활'

모의 주체성이 결핍된 생활은 환아에 대한 죄의식 때문에 성관계 기피, 사회생활의 단절, 아들의 건강상태에 따라 모의 심리상태가 좌우됨 등으로 살펴볼 수 있다. 모는 아들의 간호를 위해 자신의 육체적 · 정서적인 에너지를 할애함으로써 주체성이 결핍된 생활을 유지하고 있었다. 모는 남편의 미흡한 역할에 대한 불만을 마음속에 쌓아 두고 지내면서 남편과 소원한 관계를 유지하였다. 특히 부부간에 성관계가 부재한 상태였으며 이는 남편에 대한 불만에 따른 무관심과 아들에 대한 죄책감에서 비롯된 결과였다.

또한 모는 아들의 투병생활이 장기화되면서 2년 전부터 신문을 보지 못하는 등 사회생활이 거의 단절된 상태로 지내 온 것으로 나타났다. 게다가 아들의 건강상태에 따라 모의 심리상태가 좌우되고 있는 상황이었다. 예를 들어, 모는 아들의 컨디션이 호전된 상황에서 기분이 좋았다가도 다시 악화될 경우 우울감을 느끼고 아들이 고통스러워 할 때는 그 고통의 전이로 불안정한 심리상태를 경험하였다.

부 인: 네, 그런 것 같은데요. 아들이 좋으면 저도 좋고, 안 좋으면 좀 우울하고, 아들의 컨디션에 따라서 기분이 좋기도 하고 우울하기도 해요. (중략)

부 인: 신문 안 본 지 한 2년 된 것 같아요. 아들이 아프면서부터라고 하기는 그렇지만 그때도 열심히 보려고는 했고, 그런데 지금 세상이 어떻게 돌아가는지 몰라요.

(2) 기대에 미치지 못하는 남편에 대한 원망감

환아의 간호과정에서 모는 남편의 미흡한 역할 수행에 대한 원망감을 가지고 있었으며 이러한 원망감으로 생긴 스트레스는 딸이 남편의 부정적 습관을 모방한 행

〈표 9-3〉 기대에 미치지 못하는 남편에 대한 원망감

개 념	하위 범주	중간 범주	상위 범주
남편은 둘째 자녀에게 잘해 주려하나 피곤해 하고 힘들어하는 행동이 못마땅함 남편의 첫째 자녀양육에 대해 못마땅함	자녀양육에 대한 못마땅함	남편의 과소한 역할에 대한 스트레스	기대에 미치지 못하는 남편에 대한 원망감
귀가 후 집에서까지 직장일이 연장되므로 미흡한 가사에 대한 불만을 가짐/남편의 과소한 역할에 대한 원망	미흡한 역할에 대한 불만과 원망		
남편의 성적 욕구 해소를 위해 신경 쓸 여유가 없음/남편의 성적 욕구에 대해 생각하고 싶지 않음	남편에 대한 무관심		
아들이 아픈 것보다 남편 때문에 더 힘듦/퇴원해서 두 달간 집에 있으면서 남편 때문에 우울감을 더 느낌	우울감을 더 느끼게 함		
남편의 부정적인 습관을 큰아이가 배울 것 같아 염려됨/비스듬하게 앉는 모습과 음식을 씹는 딸의 모습이 남편과 유사한 것에 대해 스트레스를 받음	남편과 딸의 유사점으로 인한 스트레스를 딸에게 투사하기		

동을 할 때 딸에게 투사하고 있는 것으로 나타났다. 이에 대한 구체적인 내용은 〈표 9-3〉과 같이 살펴볼 수 있다.

'남편의 과소한 역할에 대한 스트레스'

모는 아들의 간호과정에서 남편의 역할 수행에 대한 불만을 가지고 있는 것으로 나타났다. 이에 대한 구체적인 내용으로는 자녀양육에 대한 못마땅함, 미흡한 역할에 대한 불만과 원망, 남편에 대한 무관심, 남편 때문에 우울감을 느낌과 같은 하위범주로 도출되었다. 모는 아들의 간호를 위해 병원에서 일상생활을 유지해 오면서 남은 자녀와 가사를 수행하고 있는 남편의 미흡한 자녀양육과 가사에 대한 불만을 가지고 있었다. 예를 들어, 남편은 귀가 후 피곤하여 퇴원해 있는 아들을 돌보기보다 힘들어하면서 자신의 피로를 해소하기 위해 누워 있거나 여가시간에 TV를 보았다. 또한 귀가 후에도 직장일이 연장되고 있어 딸의 양육과 가사에 소홀한 남편의 미흡한 역할 수행 때문에 부인은 아들의 간호와 딸의 양육과 가사에 따른 이중부담을 안고 있는 상황이었다.

모는 남편에 대한 못마땅함, 불만, 원망 등의 부정적 감정이 증가되면서 남편의 성적 욕구에 대해 배려하지 않게 되었고 점차적으로 남편에 대하여 무관심한 태도를 취하였다. 이와 같은 상황에서 모는 결국 아들의 간호에 따른 스트레스보다 자신에 비해 미흡한 역할을 수행하고 있는 남편에 대한 불만을 해소하지 못한 채 더 큰 스트레스를 받고 있었다.

부 인: 그 규칙이 안 지켜지고 있다는 생각이 들어서 저도 야단을 많이 치는데 남편은 또 그게 사실 화가 나죠. 엄마가 없어서 그런 행동이 나타날 수밖에 없는데 뭐 나도 마음이 차지 않는 게 남편의 마음에 차지 않을 수 있는데, 때로는 저에 대한 불만으로 소리를 한 번 크게 질러요. 그러면 아이는 울음을 터뜨려 결국 상황이 마무리되고요. (중략)

남 편: 근데, 제가 엄마 같지가 않아서, 제가 회사에서 일로 스트레스를 받잖아요. 아무래도 일도 잘 안 풀리고 꼬이잖아요. 전 디자이너라서 머리 쓰고 창작을 하는 일이라 회사에서 연장이 되요. (중략)

부 인: 처음부터 아예 안 했다고 말을 해야지. 남들이 들으면 많이 한 것처럼 절대 많이 한 게 아니에요.

'남편과 딸의 유사점으로 인한 스트레스를 딸에게 투사하기'

모는 남편에 대한 불만과 원망감이 증폭되면서 남편을 신뢰하지 못하고 있었다. 특히 남편의 부정적 습관이 딸에게 영향을 미칠 것에 대한 염려를 가지고 있었고 실제로 딸은 남편과 유사하게 비스듬하게 앉아 있거나 소리를 내며 음식을 씹는 행동을 보이고 있었다. 이러한 상황에서 부인은 스트레스를 받았으며 남편에 대한 불만을 딸에게 투사하였다.

> 부 인: 남편이 허리가 많이 아픈 것 같아요. 근데 항상 보면 비스듬하게 굉장히 불편하게 앉아 있어요. 어느 딸이 왔는데 기본 자세가 아빠랑 똑같더라고요. (중략) 올해에 보니까 아이가 먹는 것도 오물오물 씹어 먹지 않고 거의 아빠랑 비슷하게 쩝쩝거리며 소리를 내며 먹더라고요. 남편의 습관이 아이한테 영향을 미치는 것 같고 일단은 제가 스트레스를 받는 것 같아요.

'다른 자녀와의 정서적 교류 부족과 스트레스'

모는 아들의 일차적 양육 책임을 맡으면서 딸과의 정서적 교류의 부족으로 스트레스를 받고 있었다. 이에 대한 구체적인 내용은 〈표 9-4〉와 같이 감정적으로 반응함, 우회적 소통과 정보 부재, 미흡한 양육 방식, 정서적 거리감을 느낌 등으로 나타났다.

모는 주로 아들을 간호하며 병원에서 일상생활을 보내다가 퇴원 후 집에 머무는 동안 딸과 충돌하면서 또 다른 스트레스를 받고 있는 것으로 나타났다. 예를 들어, 딸을 공부방에 데려다 주려 할 때 딸이 모의 배려를 거부하고 혼자 가려고 하여 모는 서운함을 느끼고 딸에게 감정적으로 반응하였고 이 때문에 딸은 모와 대화하는 것을 회피하였다.

또한 모는 평소 전화 통화를 통해 딸의 일상생활에 대한 정보를 파악했고 간접적인 방식으로 딸을 양육해 오면서 정서적 교류가 충분히 이루어지지 못하였다. 게다가 딸의 학교생활에 대한 정보 부재는 효과적으로 딸을 돌보지 못하는 악순환을 초래하고 있었다. 즉, 모는 아들의 간호 때문에 6년간 전화로 딸을 관리해 오면서 단답형의 대화 방식을 사용하는 등 원활한 의사소통이 이루어지지 못하고 있었다. 딸은 모와 대화가 되지 않자 모는 자신을 이해하지 못하는 답답한 엄마로 여기고 있었다.

〈표 9-4〉 다른 자녀와의 정서적 교류 부족과 스트레스

개 념	하위 범주	상위 범주
큰아이가 모와 공부방에 같이 가는 것을 싫어하는 반응을 보이므로 엄마를 싫어하는지 물으며 감정적으로 대함/공부방에 가려고 준비하는 동안 큰아이와 충돌함	감정적으로 반응함	다른 자녀와의 정서적 교류 부족과 스트레스
전화 통화를 통해 딸의 일상에 대해 대화함/딸의 학교생활에 대한 정보 부재	우회적 소통과 정보 부재	
딸과의 대화 방식의 미숙함으로 단답형의 대화가 이루어짐/6년 동안 전화로 딸을 관리하는 역할을 해 옴	미흡한 양육 방식	
딸이 엄마를 답답해 하는 것 같음/엄마와 말하기를 싫어함	정서적 거리감을 느낌	

부　인: 딸이 엄마를 거부해요. 그래서 엄마랑은 안 간다. 이제 남편도 잠결에 그 소리를 다 들은 것 같아요. 그래서 이제 말로 표현을 못하기 때문에 징징거리죠. 그럼 또 저도 거기에 따라서 좋게 반응하지 않았고 그럼 넌 엄마가 싫은 거네. 이러다가 나중에는 뭐 빨리 준비해라 가야 된다. 뭐 이렇게 이성적으로 말이 나가지 않았죠.

치료자: 그럼 따님이 지금 학교에서 담임 선생님과의 관계, 또 다른 관계에 대해서 일체 정보가 없으신가요?

부　인: 얘기를 안 하죠. 알려고 노력하는데 제가 화술이 부족하고 딸도 제가 받은 느낌으로는 답답해 하는 것 같아요.

부　인: 전화를 해도 이제는 학교를 들어가니까 차이가 있더라고요. 그리고 제가 눈으로 못 보기 때문에 딸도 저한테 말하기 싫겠죠. 저도 관리하는 것을 빼고는 할 수 있는 게 없고요.

(4) 환아를 보내려는 마음과 망설임

모는 아들의 생존가능성이 희박해지고 있는 상황에서 아들의 죽음에 대한 양가감정을 가지고 있는 것으로 나타났다. 이에 대한 구체적인 내용은 〈표 9-5〉와 같이 생존과 죽음 사이의 양가감정, 아쉬움과 후회, 병원생활 탈피와 가족과 함께 보내기와 같이 나타났다.

〈표 9-5〉 환아를 보내려는 마음과 망설임

개 념	하위 범주	중간 범주	상위 범주
고통스러워 하는 아들을 빨리 보내 주고 싶은 마음이 들기도 함/아이를 보내 주고 싶어 함/제대로 걷기를 바라며 걷기 훈련을 시킴/아들을 편하게 보내 주고 싶음	포기와 희망	생존과 죽음 사이의 양가감정	환아를 보내려는 마음과 망설임
아들의 체력약화와 장 기능 결함으로 생존에 대한 희망이 사라짐/아들이 지속적으로 살기보다 편하게 해 주는 것이 희망이 되어 버림	사라지는 희망과 작은 새 희망		
병원생활을 하면서 아들을 더 즐겁고 생동감 있게 해 주지 못했던 것에 대한 아쉬움/아들의 상태가 좋았을 때 가족과 자주 만나지 못했던 것에 대한 후회	아쉬움과 후회		
아들이 살아 있는 동안 편안한 가족관계를 보여 주고 싶음/아들을 호스피스 병동에 보내고 쉼을 얻으면서 가족과 함께 보내는 것이 더 좋을 것 같음	가족과 함께 지내게 하고 싶음	병원생활 탈피와 가족과 함께 보내기	
아들을 호스피스 병동으로 보내 편안하게 해 주고 싶음/6년간 입원해 있었기 때문에 보낼 때까지 병원에 있게 하고 싶지 않음	남은 시간 편안하게 해 주기		

'생존과 죽음 사이의 양가감정'

아들의 질병이 호전되지 않고 치료과정이 장기화되면서 모는 아들의 생존과 죽음 사이에서 양가감정을 느끼고 있었다. 이에 대한 구체적인 내용은 포기와 희망, 사라지는 희망과 작은 새 희망으로 나타났다.

모는 아들의 치료를 지속하기를 원하면서도 투병과정에서 고통스러워 하는 아들을 빨리 보내 주고 싶은 마음으로 고통스러워 하고 있었다. 즉, 모는 아들의 생존을 포기하려는 마음을 가지고 있는 상태에서 아들이 제대로 걷기를 바라며 걷기 훈련을 시키기도 하였다.

또한 모는 아들의 생명이 유지된다 해도 정상적인 삶을 영위하지 못하고 비정상적인 삶을 살 것에 대한 안타까운 마음을 느끼고 있었다. 점차적으로 아들의 질병이 호전되지 않고 체력약화와 장 기능 결함 등으로 생존에 대한 희망이 사라져가면서 모는 아들의 생명이 지속되기를 바라는 마음 대신 살아 있는 동안 아들을 편하게 해 주는 것을 작은 새 희망으로 여기고 있었다.

부 인: 거의 애기가 눈을 감았다 떴다 계속 이러니까. 애가 몸이 너무 안 좋을 때, (중략) 빠른 시일이 될 수도 있고 늦은 시일이 될 수도 있는데 기본적인 생각은 좀 편안하게 보내 주고 싶은 생각이 커요. 저는 그래요. 남편은 좀 받아들이기 힘든 것 같고요. (중략)

부 인: 저는 그 희망이라는 게 보통 사람들이 희망이라 그러면요. 나도 희망이 없는 게 아니거든요. 나한테 희망은 애를 편하게 해 주는 거예요. 다시 살아나게 하는 게 아니고. 나는 희망이 없는 게 아니고 그런 게 희망인데…….

'아쉬움과 후회'

모는 아들의 생존에 대한 희망이 사라지면서 생존해 있는 동안 편안하게 해 주기 위한 대안으로 아들을 호스피스 병원으로 옮기려는 계획을 가지고 있었다. 이러한 상황에서 부인은 아들을 더 행복하게 해 주지 못한 것에 대한 미안한 마음을 느끼고 있었다. 즉, 모는 아들의 건강상태가 호전되었을 때 가족과 자주 만나지 못했던 것에 대한 후회와 병원생활을 하면서 아들에게 더 즐겁고 생동감 있게 해 주지 못한 것에 대한 아쉬움을 느끼고 있었다.

부 인: 그런데 생각을 해 보면 지금보다도 좀 더 좋았을 때 내가 미리 그런 걸 알았다면 좀 더 병원생활을 즐겁게 해 줄 수 있는 방안이 있었을 것 같은데, 그런 걸 내가 못해 준 것 같아서 그게 좀 미안하죠. (중략)

부 인: 남편이 못 올 때는 2~3주에 한 번 올 때도 있었고, 저번에 아들이 너무 힘들어 할 때는 매일 왔었어요. 제가 요구를 했었고, 근데 그러면서도 사실 속상하더라고요. 그전에 그렇게 했어야 하는데, 좋을 때 자주 해 주었어야 하는 부분인데 정작 아이는 누워서 아무것도 할 수 없을 때는 휠체어조차 탈 수 없거든요.

'병원생활 탈피와 가족과 함께 시간 보내기'

모는 아들의 질병이 호전되지 않고 예후가 좋지 않은 상황에서 아들이 살아 있는 동안 가족과 함께 보내게 하고 싶은 마음을 가지고 있었다. 모는 아들을 호스피스 병동으로 보내려는 결심을 하게 되면서 행복한 가족관계를 보여 주고 싶은 마음을 품고 있었으며 호스피스 병동에서 쉼을 얻으면서 가족과 함께 보내는 것이 오히려 아들을 위한 선택이라고 생각하고 있었다.

> 부 인: 제가 지금 상담을 받는 이유는 아들의 사후도 걱정이 돼서 그렇지만 아들이 있는 동안 좀 편안한 모습의 가족관계를 보여 주고 싶어요. 지금도 애가 아픈데 저번 주에도 (남편과) 많이 싸웠거든요.

모는 아들을 간호하는 과정에서 아들의 고통을 지켜봐야만 하는 괴로운 마음을 느끼면서 아들을 병원에서 벗어나게 해 주고 싶어 하였다. 즉, 모는 아들을 호스피스 병동으로 보내는 것이 아들을 더 편안하게 해 줄 수 있다고 생각하였고, 더불어 6년간 병원에서 주로 일상생활을 보내 온 아들과 가족이 함께 보낼 수 있는 시간을 가질 수 있도록 병원생활에서 탈피하게 해 주고 싶어 하였다.

> 남 편: 그전보다 더 아프고 심하게 아프니까 그런 행동(호스피스 병동으로 옮기는 일)을 보이고 얘기를 하는 거지, 나는 이해가 안 가는 게……. (중략) (부인은) 애가 힘들다는 이유로 편안하게 해 주고 싶어 해요.

2) 부가 경험하는 어려움

만성질환아를 간호하는 과정에서 부의 경험은 〈표 9-6〉과 같이 17개의 개념과 이를 상위개념으로 범주화한 결과 5개의 범주로서 술, 담배, 성적 욕구 참아 내기, 압박감과 구속감으로 피곤한 일상, 우회적 감정 투사로 스트레스 해소하기, 피곤한 일상에서 탈피하고 싶은 유혹, 아들의 생명을 운명에 맡기기와 같이 나타났다. 이는 [그림 9-2]와 같이 아들의 발병 이후 간호과정이 장기화되면서 생리적 · 정서적 욕구를 억압해 왔고 점차적으로 심리적 갈등을 겪게 되면서 결국 체념해야 하는 어려움을 경험하고 있는 것으로 나타났다.

〈표 9-6〉 부의 경험

<table>
<tr><th>개 념</th><th>하위 범주</th><th>상위 범주</th></tr>
<tr><td>술을 좋아하지만 딸을 관리해야 하므로 몇 년 동안 술을 먹지 못함/집에 들어가면 담배도 피지 못함</td><td>술, 담배를 끊고 지냄</td><td rowspan="3">술, 담배, 성적 욕구 참아 내기</td></tr>
<tr><td>성적 욕구를 채우기 위해 포르노를 봄/자위행위를 통해 성적 욕구를 해결함</td><td>우회적인 성적 욕구 해소</td></tr>
<tr><td>부인과 성관계를 할 수 없는 현실을 운명처럼 받아들임/성관계를 하고 싶고 바람을 피우고 싶은 마음이 있지만 아들에 대한 죄책감이 들어 자제함</td><td>성적 욕구 자제하기</td></tr>
<tr><td>아들의 병으로 경제적 압박을 받으므로 마음의 여유가 없음/집에 들어가면 담배도 피지 못함/집에 가면 구속받으므로 더 피곤함</td><td colspan="2">압박감과 구속감으로 피곤한 일상</td></tr>
<tr><td>부인에 대한 불만을 소리 지르며 표현함/정 떨어질 정도로 부인과 큰아이에게 소리 지름/딸에게 소리 지르고 윽박지르게 됨</td><td colspan="2">우회적 감정투사로 스트레스 해소하기</td></tr>
<tr><td>24시간 집에 가지 않고 일만 하고 싶음/TV를 보면서 스트레스를 풀고 있음</td><td colspan="2">피곤한 일상에서 탈피하고 싶은 유혹</td></tr>
<tr><td>아들을 보낼 날을 미리 결정하고 싶지 않음/아들을 보낸다는 것에 대해 생각조차 하기 싫음/운명에 순응하는 것이 맞다고 생각함</td><td colspan="2">아들의 생명을 운명에 맡기기</td></tr>
</table>

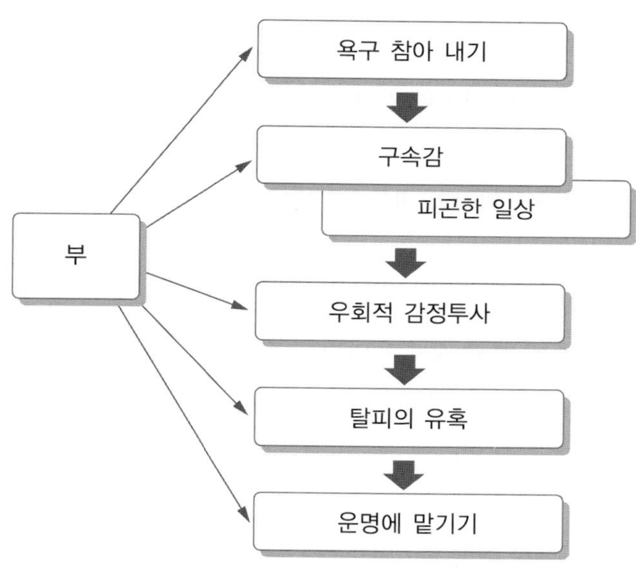

[그림 9-2] 시간경과에 따른 부의 어려움

(1) 술, 담배, 성적 욕구 참아 내기

부는 아들의 발병 이후 부인과의 분거, 딸의 주 양육자 역할 수행 등으로 자신의 욕구를 자제하며 지내고 있었다. 이에 대한 구체적인 내용은 술, 담배 끊고 지냄, 우회적인 성적 욕구 해소, 성관계 부재를 운명처럼 수용함, 죄책감 때문에 성적 욕구 자제하기로 나타났다.

부는 평소 술을 좋아했지만 딸의 양육을 책임져야 하는 상황이므로 술과 담배를 절제하였다. 또한 남편은 부인과의 분거상황에서 성관계의 부재를 운명처럼 수용하고 있었으며 포르노를 보거나 자위행위를 통해 우회적인 방식으로 자신의 성적 욕구를 해소하였다. 가끔 성적 욕구가 생기거나 외도의 유혹이 있기도 하였지만 그럴 때마다 병상에 있는 아들에 대한 죄책감이 들어 자신의 욕구를 절제하였다.

남 편: 예전에 큰애가 유치원 다닐 때 데리러 갔거든요. 지금은 이제 집에 와 있으니까 집에 가야 하잖아요. 가서 이제 씻길 거 씻기고 공부시키고 그러니까 술 취한 정신으로 갈 수가 없는 거죠.

부 인: 제가 가끔 집에 와서 컴퓨터를 할 때가 있어요. 어쩌다가 그전에 봤던 그런 걸 볼 때가 있더라고요. 포르노 그런 것을 자주 볼 것 같아요. 나한테 욕구를 못 채우니까요.

(2) 압박감과 구속감으로 피곤한 일상

부는 아들의 간호과정에서 압박감과 구속감으로 피곤한 일상을 보내고 있는 것으로 나타났다. 이에 대한 구체적인 내용으로는 경제적 압박과 구속받는 삶에 대한 피곤함으로 나타났다.

부는 아들의 병원비를 마련하는 과정에서 보증문제로 경제적 상황이 악화되었고 지속적인 치료비 지출에 따른 경제적 압박을 받으면서 마음의 여유가 없었다. 또한 직장 일을 마치고 귀가 후에도 금연을 하는 등 자유롭게 행동하지 못하는 구속된 생활로 더 피곤함을 느끼고 있었다.

남 편: 저는 회사에서 취업해서 일을 하는 사람이 아니니까. 어쨌거나 경제적으로 안정을 시켜야 되는데 저는 굉장히 힘들게 살아왔으니까요. 앞으로도 이렇게 살 수 없으니까 빨리 안정시켜야 되는 게 저한테는 가장 큰 고민

이에요. (중략)

남 편: 집에 들어가면 담배도 못 피우고요. 예전에는 한 대도 못 폈는데, 지금은 한 두 대는 펴요. 왠그런지 집에 가면은 자고만 싶어져요.

(3) 우회적 감정투사로 스트레스 해소하기

아들의 투병기간이 7년 동안 장기화되고 생존가능성이 불확실한 상황에서 가정의 재정악화와 역할기대, 그리고 아들을 호스피스 병동으로 옮기는 문제에 대한 의견 대립 등으로 부부갈등이 증폭되고 있었다. 이와 같은 상황에서 남편은 우회적인 방식으로 부정적인 감정을 투사하며 자신의 스트레스를 해소하고 있었다. 즉, 남편은 부인과 자녀에게 소리 지르기, 윽박 지르기와 같은 표현 방식을 사용하였다. 예를 들어, 남편은 아들의 지속적인 약물치료를 희망하는 자신의 의견을 수용하지 않는 부인에 대하여 불만을 가지고 있었다. 이러한 상황에서 남편은 부인과 딸에게 소리를 지르거나, 특히 딸을 윽박지르는 방식으로 부인에 대한 불만을 우회적으로 표출하고 있었다.

부 인: 저에 대한 불만을 가끔 소리를 한 번 크게 질러요. 그게 딸에게는 공포가 되지요.

치료자: 소리를 지른다고요?

부 인: 그니까 정나미 떨어지게 소리 빽 지르면 애가 불안해하죠. (중략)

부 인: 일단 톤이 좀 커요. 남편은 이리 내놔 하고 딸은 아까 주기로 했잖아, 아빠. 남편은 빨리 내놓으라고 하고 제가 옆에서 보면 짜증 나요. 딸이 양보했으니까 제발 부탁인데 딸이 갖고 있는 걸 뺏지 마라 나중에 붙여도 되니까. 근데 갑자기 소리를 질렀어요. 아빠가 사 준다고 했지, 그러면서 4~5번 정도 소리를 질렀는데, 애는 울죠. 그런 일이 있었어요.

(4) 피곤한 일상에서 탈피하고 싶은 유혹

아들의 생존가능성이 점차 희박한 상황에서 아들의 간호를 전담해 왔던 부인과 가사와 딸의 양육을 담당해 온 남편은 심리적 · 신체적 소진상태에 있었다. 특히 부는 피곤한 일상에서 탈피하고 싶은 유혹을 받고 있었다. 부는 귀가하지 않고 24시간 직장에서 일에 몰두하면서 자신만의 시간을 가지기를 원하였으며 귀가해서도 딸의 양육과 가사에서 탈피하고 싶어 했고 딸이 잠든 뒤 새벽 3~4시까지 TV를 보면서 스트레스를 해소하였다.

남 편: 저는 24시간 내내 일만 했으면 좋겠어요!
치료자: 집에 안 가고…….
남 편: 네, 계속 일만 했으면 좋겠어요.
치료자: 지금 아빠는 유일한 스트레스 해소법이 TV 보는 거네요.
남 편: 네, 그래요. 진짜 어떤 때는 TV에 너무 집착을 해서요. 새벽 3~4시까지 본적도 있어요. 애들 재우고 저 혼자 있을 때.

(5) 아들의 생명을 운명에 맡기기

아들의 간호를 직접 맡아 온 부인과 달리 남편은 아들의 생존가능성이 희박한 상황에서도 아들의 죽음을 인정하지 못하고 아들의 생명을 운명에 맡기고자 하였다. 이에 대한 구체적인 내용은 아들을 미리 보내고 싶지 않음, 운명에 순응하고 싶음 등에서 살펴볼 수 있다.

남편은 아들의 고통을 덜어 주기 위해 호스피스 병원으로 옮기려는 부인의 입장과 달리 아들의 죽음을 미리 결정하는 것을 회피하였다. 즉, 남편은 아들의 죽음을 수용할 마음의 준비가 되어 있지 않은 상태에서 오히려 부인이 아들의 간호를 회피하기 위해 호스피스 병원으로 아들을 보내려는 것으로 부인을 오해하였다. 이 때문에 부인과 의견충돌이 있었고 이는 부부갈등을 악화시키고 있는 것으로 나타났다. 이와 같이 남편은 아들의 죽음을 미리 결정하기보다 운명에 순응하고자 하는 입장인 것으로 나타났다.

남 편: 생각하기 싫어. 넌(부인) 그런 내 생각하기 싫은 마음도 이해 못하잖아. 생각하기조차 싫어. 내가 바빠서 시간이 없어서 그런 걸(호스피스 병동 이동) 생각을 안 한다고 생각을 하겠지. 절대로 그런 거 아니야. (중략)
부 인: 애가 힘들 때는 저도 힘들어요. 아들이 힘들 때는 더 힘을 내야 하는데……. 그런데 이 말은 못하겠어요. 네가 힘드니까 네가 힘을 내서 애를 빨리 봐 줘야 하는데 애를 즐겁게 해 줘야 하는데 이렇게밖에 해 줄 수 없느냐는 답이 돌아올까 봐 그 말을 못하겠어요. 그니까 제가 힘드니까 내가

힘들어서 아이를 혹시……. (호스피스 병원으로 옮기려고 한다는 생각하지 않나…….)

3) 다른 자녀가 경험하는 어려움

만성질환아를 간호하는 과정에서 다른 자녀의 경험은 〈표 9-7〉과 같이 20개의 개념과 7개의 하위 범주, 그리고 4개의 상위 범주인 이분화된 부모와의 관계 유지, 부부갈등 상황에서의 희생양, 허술한 둥지에서의 외로움, 그리고 외현적인 문제행동 등으로 나타났다. 이는 [그림 9-3]과 같이 동생의 질병에 따른 부모의 역할 변화 등 갑작스러운 가정환경의 변화는 시간의 경과에 따라 다른 자녀에게도 부모와의 관계 변화, 일상생활의 변화 등의 내면적 · 외현적 문제로 표출된 것으로 볼 수 있다.

〈표 9-7〉 딸의 경험

개 념	하위 범주	상위 범주
아주 화가 많이 나는 일에 대해서만 모에게 얘기함/모와 공부방에 같이 가는 것을 원하지 않음	모와의 정서적 거리감	이분화된 부모와의 관계
화나고 짜증 날 때나 좋은 일과 재미있는 일에 대해 부에게 얘기함/부는 적극적으로 편을 들지는 않지만 기분을 맞춰 주는 편임	부와 더 친밀함	
부가 소리를 질러 불안해 함/부모님의 다투는 모습을 볼 때 불안한 마음을 담아 둠/부모님이 싸움을 아예 하지 않길 바람/부와 지내며 부가 옷장을 부수는 폭력적 행동을 목격함	부부갈등 상황에서의 희생양	
일주일에 한 번 정도 가사도우미가 와서 딸을 돌봄/거의 혼자 집에 있음/동생이 집에 없으면 심심함/동생이 집에 있는 것이 더 좋음	거의 혼자 심심하게 지냄	허술한 둥지에서의 외로움
학교 일에 대해 얘기하지 않음/친구에 대해 부모님과 거의 얘기 안 함	부모와 대화 부재	
손톱을 물어 뜯는 버릇/잠을 자면서 소리를 지름/손을 빠는 습관	부정적인 습관 형성	외현적 문제행동
삐쳐서 방문을 잠그고 들어감/점점 반항적 태도를 보임	반항하기	
밥을 먹지 않으려고 함/화를 쉽게 풀지 않음	고집 부리기	

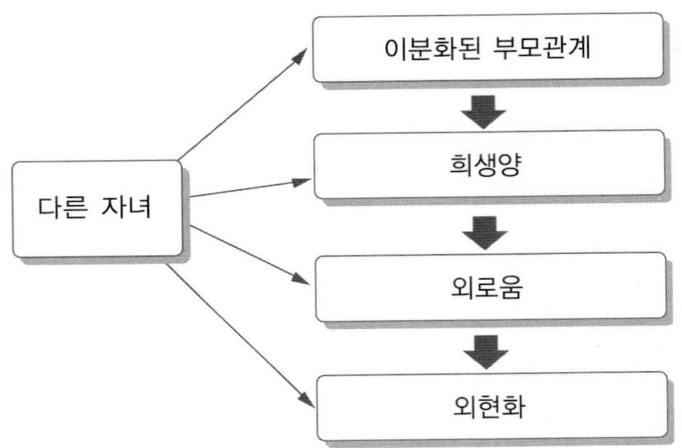

[그림 9-3] 시간경과에 따른 다른 자녀의 어려움

(1) 이분화된 부모와의 관계 유지

딸은 동생의 투병생활로 모와 자주 만나지 못하고 주로 전화 통화를 통해 모와의 관계와 이분화된 부모와의 관계를 유지하였다. 이에 대한 구체적인 내용은 모와 제한적인 대화를 하거나 모에게 서먹함을 느꼈으며 부와 더 친밀감을 느끼고 있었다.

예를 들어, 딸은 평소 부와 보내는 시간이 더 많으므로 모와의 정서적 교류가 부족한 상황에서 일상생활에 대한 전반적인 대화를 나누기보다 아주 화가 많이 나는 일에 대해서만 대화를 하는 등 모녀간에 제한적인 의사소통이 이루어지고 있었다. 또한 딸은 모와 공부방에 함께 가는 것을 거부할 만큼 어색한 관계를 유지하고 있었다.

반면 딸은 모녀관계와 다르게 부와는 화가 나고 짜증 날 때나 좋은 일과 재미있는 일이든 제한하지 않고 일상생활에 대한 전반적인 대화를 하였고 부와 더 친밀한 관계를 유지하였다. 이와 같이 딸은 동생의 만성질환으로 장기화된 간호과정에서 부모와 불균형적인 관계를 형성하고 있었다.

딸 : 화나고 짜증 날 때, 좋은 일이나 재밌는 일이 있을 때 아빠에게 얘기해요.
(중략)
딸 : 아주 크게 화날 때만 엄마한테 얘기해요.

(2) 부부갈등 상황에서의 희생양

남편과 부인은 아들의 장기화된 투병기간 동안 생활패턴의 변화에 따른 대화시간과 정서적 교류의 부족, 그리고 일상생활에 대한 정보의 부재로 서로 오해와 불만이 커지면서 부부갈등을 경험하고 있었다. 이와 같은 부모의 부부갈등 상황에서 딸은 심리적 스트레스를 받았으며 점차 희생양이 되고 있었다.

예를 들어, 부모가 서로 다투는 모습을 목격할 때나 부부갈등 상황에서 부가 소리를 지르거나 폭력적인 행동을 할 때 불안감을 느껴 왔지만 자신의 불안한 마음을 표출하지 않고 마음에 담아 두었다. 게다가 옷장을 부수는 등의 부의 폭력적인 행동을 보며 딸은 더욱더 불안감을 느꼈고, 상담과정에서 딸은 부모가 다투지 않기를 바라는 속마음을 표현하였다. 이와 같은 부모의 부부갈등 상황에서 딸은 부모의 스트레스 해소 대상이 되어 온 것으로 볼 수 있다.

치료자: 딸에게 남편이 소리를 지르나요?
부 인: 예, 얘가 불안해하죠. (중략)
치료자: 엄마 아빠가 다투실 때 기분이 울적해지거나 불안하지 않니?
딸 : 네, 조금요.
치료자: 불안할 때 그걸 누구한테 얘기를 하니?
딸 : 아무에게도 얘기 안 해요. 그냥 마음에 담아 두면 잊어버려요.
치료자: 엄마 아빠가 어떻게 변했으면 좋겠는지 말해 줄래? 예를 들어, 엄마 아빠가 만날 때 웃고 대화를 했으면 좋겠다든지 싸움을 좀 덜했으면 좋겠다든지 말야.
딸 : 싸움을 전혀 안 했으면 좋겠어요.

치료자: 뭐 폭력이 들어올 것 같은 느낌을 받으신 거예요?
부 인: 어떻게 될지 모르죠. (중략) 좇아 나와서 계속적으로 그러니까 애한테 그렇게 하면은 제가 그런 것도 있겠지만 애는 공포스러워하는 것 같아요. 저 스스로도 좀 공포스럽고요. 그럴 때는 화도 나지만 애가 공포스러우니까 아빠 곁에는 가지 못하고 일단은 엄마랑 안 간다고 했으면서도 제 손을 잡고 나오기는 해요. (중략)
부 인: 남편이 옷장 문을 부숴어요. 말하다가 언성이 높아지고 그 끝에는 마음 편히 나가 버리거나 뭐 주로 그런 거예요. 걱정이 되는 게 저한테 할 때도 겁이 나거든요. 근데 저는 집에 없잖아요. 딸한테 그러고…….

(3) 허술한 둥지에서의 외로움

딸은 동생의 간호를 전담하고 있는 모의 부재와 직장생활하는 부의 부재로 허술한 둥지에서 혼자서 외롭게 보내는 시간이 많았다. 이에 대한 구체적인 내용으로 딸은 거의 혼자 지내고 있었고, 매우 심심한 생활을 하였으며, 부모와 대화가 거의 없는 것으로 나타났다.

딸은 일주일에 한 번 정도 가사도우미의 도움을 받았고 방과 후에 집에서 거의 혼자 외로운 생활을 보냈다. 특히 딸은 병원생활을 하는 동생의 부재로 더 외로운 일상을 보내고 있었고 상담과정에서 동생과 함께 지내기를 바란다고 하였다. 또한 딸은 학교생활과 또래친구에 대한 얘기를 부모와 함께 나누지 못하고 있었다. 이와 같이 가족구성원의 만성질환에 따른 간호과정에서 집에 남겨진 자녀는 부모의 보살핌을 충분히 받지 못함으로써 제2의 희생양이 되고 있었다.

딸 : 동생이 집에 없으면 심심한데, 그냥 혼자 있는 것보다는 나아요.

치료자: 친구와의 관계, 친구하고 있었던 일, 담임 선생님하고 있었던 일 그런 얘기를 누구한테 하니?

딸 : 별로 얘기 안 해요.

(4) 외현적 문제행동

아들의 투병기간이 장기화되면서 모가 부재한 환경에서 자라고 있는 딸에게 주의산만함과 같은 외현화 문제행동이 나타나고 있었다. 이에 대한 구체적인 내용으로 부정적인 습관 형성과 반항하기, 고집부리기가 포함되었다.

예를 들어, 딸의 부정적인 습관으로는 손톱을 물어뜯거나 잠을 자면서 소리를 지르고 손을 빠는 습관이 나타났다. 이는 동생의 치료과정에서 딸이 부모의 부부갈등 상황을 목격하고 거의 혼자 방치된 생활을 하면서 부모와의 정서적 교류가 부족한 상태에서 기인된 심리적 불안감으로 발현된 신체화 증상으로 볼 수 있다.

또한 딸은 부모에게 화를 쉽게 풀지 못하고 밥을 먹지 않겠다고 하며 고집을 부리고 화가 났을 때 방에 들어가 방문을 잠그는 등의 반항적인 태도를 보이고 있었다. 이러한 딸의 상호작용 방식은 부모 또한 부부갈등 시 자신들의 감정에 대하여 솔직히 직접적인 대화를 하지 않고 우회적으로 표출하는 대화 방식과 비슷하였다. 즉, 딸의 행동은 부모와의 관계에서 자신의 불만과 감정을 효과적으로 표출하는 방법이 학습되지 않은 결과로 볼 수 있으며 자신의 욕구를 우회적인 방식으로 표출하는 것으로 볼 수 있다.

부 인: 딸이 잠결에 손을 빠는 버릇이나 잘 때 갑자기 울어 버리거나 소리 지르는 버릇이 있어요.

치료자: 소리를 지른다는 것은 자면서 소리를 지릅니까? 아니면 맨 정신에 그런가요?

부 인: 잠결에요.

치료자: 손을 빠는 것도 잠결에 빠나요?

부 인: 네, 잠결에요. 평소에는 안 빨아요. 하지만 평소에는 손톱 물어뜯는 버릇이 있어요.

남 편: 근데 문제는 큰애가 좀 반항적이 되는 것 같아요. 예전에 애가 안 하던 행동을 나이가 자꾸 들어가면서, 예를 들어 방문을 들어가 잠근다거나 삐쳐 가지고 말을 안 해요. 예전에는 조금하다 풀어졌거든요. 근데 요즘에는 밥도 안 먹겠다고 그러고 진짜 변했어요.

4. 선천성면역결핍질환아 가족의 어려움에 대한 도식화

선천성면역결핍질환아의 간호과정에서 시간의 경과에 따른 가족의 어려움은 [그림 9-4]와 같이 도식화하여 살펴볼 수 있다.

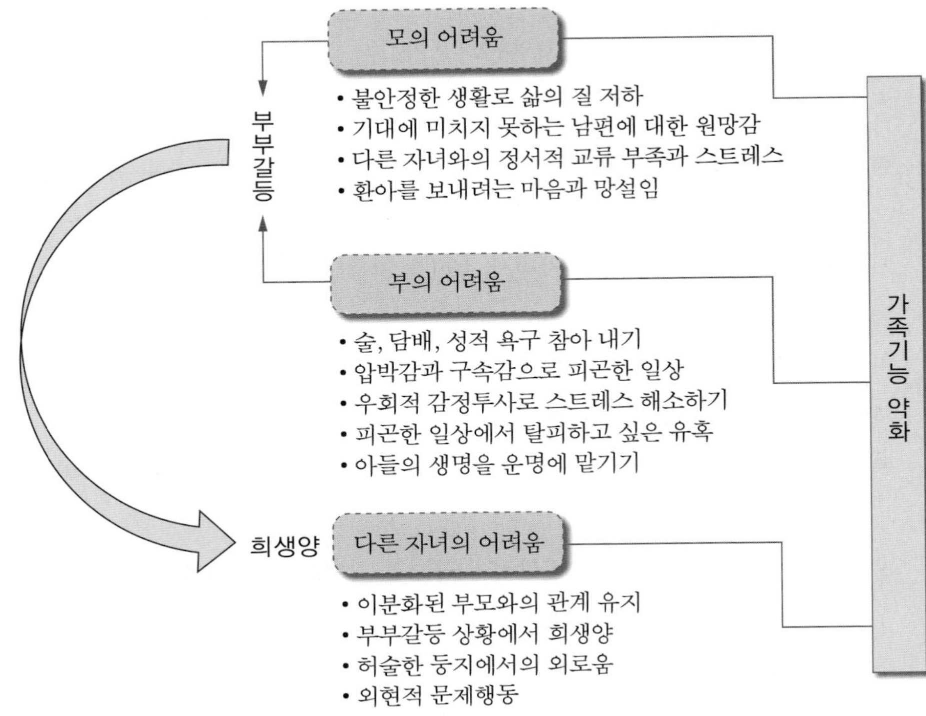

[그림 9-4] 간호과정에서 가족이 경험하는 어려움

V. 논의 및 결론

이 장은 선천성면역결핍질환아의 가족이 장기화되는 간호과정에서 시간의 경과에 따라 어떠한 어려움을 겪게 되며 그 차이는 어떠한지를 살펴봄으로써, 환아의 가족에게 도움을 제공하기 위한 기초자료의 제시 및 임상실천방안을 모색하고자 하였다. 이를 위해 상담에 참여한 내담자의 진술 내용을 중심으로 개별 가족구성원의 어려움을 심층적으로 분석하였다. 분석결과 선천성면역결핍질환아의 간호과정에서 가족은 경제적 · 정서적 스트레스로 불안정이 증가되고 가족기능이 약화되었으며 서로 다른 어려움을 겪고 있는 것으로 나타났다. 이와 같은 가족의 서로 다른 어려움은 시간의 경과에 따라 악화되었으며 전반적인 가족갈등으로 더욱 확대되었다. 이에 대한 구체적인 연구결과는 다음과 같다.

먼저, 환아의 간호와 양육에 대한 일차적인 책임을 맡은 모는 환아의 간호과정이 장기화되는 과정에서의 불안정한 생활로 삶의 질 저하, 기대에 미치지 못하는 남편에 대한 원망감, 다른 자녀와의 정서적 교류 부족과 스트레스, 아들을 보내려는 마음과 망설임을 경험하고 있었다. 이는 시간의 경과에 따라 모는 초기에는 갑작스러운 생활환경의 변화에 따른 스트레스에서 점차적으로 심리·정서적 스트레스가 증폭되었고 아들의 생존가능성이 희박해지는 상황에서 체념하는 양상을 보이는 것으로 나타났다. 모는 환아의 간호를 위해 병원에서 일상을 보내느라 가족, 친구, 친척과의 상호작용 기회가 상실되어 소외감을 느끼면서 고립된 생활을 유지하고 있었다. 또한 남편과의 관계에서는 남편에 대한 역할기대의 상실과 의견대립 등으로 불만이 쌓여 가면서 부부관계가 악화되고 있었고 이는 딸에게 부정적인 감정을 투사하는 결과를 초래하였다. 게다가 다른 자녀(딸)와의 대화 부족, 학교생활 정보 부족, 전화 통화를 통해 딸을 관리하는 역할 수행 등은 소원한 모녀 관계를 야기하였고 이를 통해 의도하지 않은 모녀간 충돌을 경험하고 있는 것으로 나타났다. 또한 아들의 치료가 효과가 없는 상황에서 아들의 고통을 지켜봐야만 하는 자신의 무능감을 느끼며 아들의 생존과 죽음 사이에서 양가감정을 가지고 있는 것으로 나타났다. 모는 그동안 아들을 더 행복하게 해 주지 못한 미안함과 후회와 아쉬움 등이 교차하고 있었다. 이와 같은 아들의 간호과정에서 모는 주로 일상생활을 병원에서 보내면서 가정생활이 결핍된 생활을 유지하고 있었다. 그리고 사회적으로 고립된 채 아들의 건강상태에 따라 자신의 심리상태도 좌우되었으며 자신의 모든 에너지를 환아를 간호하는 일에 소진함으로써 주체성이 결핍된 생활을 유지하였다. 이러한 상황에서도 가사와 딸의 양육 등으로 여가시간을 소비하여 과도한 역할을 수행함으로써 모의 삶의 질은 점차 저하되는 것으로 나타났다.

이와 같이 환아의 모는 다른 가족원에 비해 스트레스와 불만족을 가장 심하게 느끼는 것으로 나타났는데 이는 만성간질 아동과 가족에 대한 Thompson과 Upton (1992)의 연구와도 일치하는 결과로 볼 수 있다. 모의 스트레스와 불만족은 환아에게 부정적 영향을 미칠 수 있음을 엿볼 있으므로 모의 스트레스 수준을 경감시킬 수 있는 사회적 지원이 필요함을 시사한다.

둘째, 부의 경험을 살펴보면, 부는 아들의 질병이 장기화되면서 가사와 딸의 양육 책임을 감당해야 하는 역할 변화 때문에 평소 술을 좋아했지만 술을 마시지 않는 등 자신의 욕구를 자제하며 지내고 있었다. 특히 부부가 함께할 수 있는 시간과 대화 기회의 부족으로 포르노를 보거나 자위행위로 성적 욕구를 해소하였으며 병상에 있는 아들에 대한 죄책감 때문에 성적 욕구를 자제하고 있는 것으로 나타났다. 게다가 부인과의 정서적 교류 부족과 의견대립 등으로 부인에 대한 불만을 품게 되면서 부부관계에 긴장을 초래하는 것으로 나타났고, 이는 부인과 딸에게 소리 지르기나 윽박지르기와 같은 역기능적인 방식으로 표출되고 있었다. 이와 같은 결과는 가족구성원의 장기 입원에 따른 가족원의 역할 대행과 스트레스로 가족의 평형상태가 위협을 받고 가족체계의 변화와 가족기능을 약화시킬 수 있다는 임영순(2004)의 연구와 일치한다고 볼 수 있다. 반면 만성질환아 부의 스트레스와 대처행동에 관한 권윤희(2002)의 연구에서는 만성질환아 부는 일반아의 부에 비해 적극적 대처, 긍정적 해석, 실질적 지원추구, 정서적 지원추구에서 대처행동 수준이 높은 것으로 나타났는데, 이는 만성질환아 아버지가 자녀의 질병에 따른 절박함을 해결하기 위한 효과적인 대처행동을 많이 사용하는 것으로 볼 수 있다. 그러나 이 장 사례의 부는 다른 양상을 보이는 것으로 나타났다. 이와 같은 차이점은 기존 연구는 양적 연구로 환아의 질병 유형과 조사 시점에 따른 환아의 질병 상태 및 간호 기간, 가정의 경제적 형편 등에 따른 개별사례의 특징을 심층적으로 밝힐 수 없는 한계가 있음을 보여 준다. 따라서 이 장은 단일사례이지만 부의 관점에서 진술한 내용을 심층적으로 분석한 결과를 토대로 선천성면역결핍질환아의 부가 겪고 있는 어려움에 대한 구체적인 실천적 대안을 탐색하였다는 점에서 의미가 있다고 볼 수 있다.

이 장에서 나타난 부의 어려움을 구체적으로 살펴보면 다음과 같다. 환아의 부는 경제적 압박감과 딸의 양육으로 구속받고 있는 삶에 대한 피곤함을 더 호소하였고 이 때문에 일에만 몰두하고 싶어 하거나 TV를 보면서 스트레스를 해소하였으며 일상에서 탈피하고 싶은 마음을 가지고 있는 것으로 나타났다. 또한 아들이 약물치료에 의존하지 않고 편안하게 죽음을 맞이하게 하기 위해 호스피스 병원을 고려하고 있는 부인의 입장과 달리 아들의 죽음을 인정하지 않으려는 반대 입장을 보이는 것으로 나타났다. 즉, 부는 시간의 경과에 따라 생리적 · 정서적 욕구를 억압해 오다가 점차적으로 심리적 갈등을 겪으면서 체념하는 과정을 거치는 것으로 나타났다. 특히 부는 모에 비해 환아와 함께하는 시간이 부족하므로 막연히 환아의 생명을 연장시키고 싶어 하는 욕구가 더 많은 것으로 나타났다. 이와 같은 부의 경험은 자녀의 난치병의 발병과 투병기간의 장기화에 따른 가족원의 역할 변화 및 경제적 어려움 등에 대한 적절한 임상적 개입과 제도적 대안이 모색되어야 함을 시사한다.

셋째, 딸의 경험을 살펴보면, 환아의 간호를 전담하고 있는 모의 역할 변화로 모의 관심과 양육의 기회를 얻지 못하였으며 방과후 거의 혼자 집에서 외로운 생활을 보내는 것으로 나타났다. 또한 딸은 주로 부와 일상생활을 보내면서 모와 소원한 관계를 유지하였고 오히려 부와 더 친밀한 관계를 형성하고 있어서 부모와 지나치게 불균형적인 관계를 유지하고 있는 것으로 나타났다. 게다가 딸은 부모의 불화를 목격하면서 불안감을 가지고 있었고 부와 함께 지내면서 부의 폭력적 행동과 역기능적인 양육 방식으로부터 공포심과 불안감을 느끼며 부의 스트레스 해소 대상이 되고 있는 것으로 나타났다. 이 때문에 딸은 심리적 불안에서 기인된 것으로 볼 수 있는 손톱 물어뜯기, 잠을 자면서 소르지르기, 손을 빠는 등의 습관을 가지고 있었으며 고집을 부리거나 반항적인 행동 등의 외현적인 문제행동이 증가된 것으로 나타났다. 즉, 시간의 경과에 따라 남은 자녀는 부모의 관계 변화, 일상생활의 변화를 겪게 되면서 결국 내면적 · 외현적 문제행동을 표출하는 것으로 볼 수 있다. 이와 같은 연구결과는 만성질환아의 가족 중에서 기존연구에서는 거의 다루어지지 않은 다른 자녀의 경험이 어떠한지를 심층적으로 제시하였다는 점에서 기존연구와의 차이라고 볼 수 있다.

이러한 결과를 바탕으로 선천성면역결핍질환아 가족을 지원할 수 있는 개입 방안에 대해 다음과 같이 제언하고자 한다.

첫째, 가족은 선천성면역결핍질환아에게 가장 중요한 환경이라고 볼 수 있다. 그러나 환아의 장기 간호과정에서 가족구성원의 역할 변화와 역할 과중, 그리고 경제적 곤란 등으로 가족기능이 약화되는 결과가 초래된다. 이는 환아의 질병 적응에 직접적인 영향을 미칠 수 있다. 따라서 약화된 가족기능을 강화시킬 수 있는 임상적 개입이 요구된다고 볼 수 있다. 특히 가족구성원의 상호작용을 향상시킴으로써 가족구성원 간의 정서적 지지를 통해 환아의 간호과정에서 가족의 극복력을 강화시킬 수 있도록 해야 한다. 실제로 기존의 경험적 연구에서 만성질환아의 가족 간 의사소통 및 문제해결능력과 모와 환아 간 질병관리를 위한 팀워크를 강조한 개입프로그램의 효과성을 제시하고 있다. 또한 만성질환 가족을 위한 가족교육과 가족캠프와 같은 심리사회적 프로그램에 의료사회복지사가 적극적으로 개입하고 있는 상황이다(이채원, 2004). 따라서 이 장의 결과는 만성질환아 가족의 질병관리 행동의 향상과 심리사회적 적응을 위한 효과적인 사회복지 개입을 위한 유용한 자료가 될 수 있을 것이라 생각된다.

이에 대한 구체적인 방안을 살펴보면, 우선 환아의 모는 다른 가족구성원에 비해 스트레스 수준이 가장 높을 수 있으므로 모에 대한 심리적 · 정서적 지지 및 정보 제공을 위한 지원이 필요하다고 본다. 또한 장기 간호과정에서 경험하고 있는 부부갈등을 예방하고 해결하기 위한 가족치료적 개입을 위해 MRI의 상호작용적 모델을 적용을 고려할 수 있다. MRI의 상호작용적 모델은 문제를 지속시키거나 악화시켜 온 가족구성원 간의 역기능적인 상호작용 방식에 초점을 두고 개입하여 비효과적인 해결책을 저지하고 효과적인 새로운 해결책을 시도할 수 있도록 하여 가족관계를 개선하는 데 적합한 가족치료 모델이다. 따라서 MRI의 상호작용적 모델을 활용하여 만성질환아의 간호과정에서 부부갈등을 촉발시키고 유지시키는 역기능적인 상호작용 방식을 향상시킴으로써 부부관계를 향상시키고, 더 나아가 환아와 다른 자녀의 정서적 안정감을 제공할 수 있도록 하는 데 MRI 모델이 유용하게 적용될 수 있을 것으로 사료된다.

둘째, 다른 자녀의 돌봄 대책을 모색해야 한다. 환아의 모는 환아의 주 양육자 역할과 가사와 다른 자녀의 양육에 대한 부담으로 과도한 역할을 수행함으로써 다른 가족에 비해 더 많은 어려움을 경험한다. 환아의 부도 마찬가지로 다른 자녀의 양육과 가사 등으로 어려움을 경험하는데, 이는 부모의 스트레스를 더욱 가중시키는 결과를 초래하여 환아와 다른 자녀에게 부정적인 영향을 미치고 부부관계를 악화시키는 악순환을 야기한다. 특히 다른 자녀의 내면화 · 외현화의 문제행동을 야기할 수 있으므로 다른 자녀의 돌봄을 제공하기 위한 가사도우미와 학습도우미 등의 적극적인 지원을 고려해야 한다.

또한 만성질환아 가족을 위한 체계적인 가족 적응 프로그램이 필요하다. 먼저 임사사회복지사의 경우 다른 자녀의 부정적인 심리적 결과에 따른 위기에 대한 인식을 가지고 있어야 하며, 정보 제공과 지지집단 회기를 통해 아동(다른 자녀)의 심리적 상태와 결함에 대한 지식과 가족의 상황에 대한 이해를 향상시킬 수 있는 도움을 제공해야 한다(Wamboldt & Wamboldt, 2000).

셋째, 선천성면역결핍질환은 만성질환으로 장기간의 치료가 필요하며 이에 따라 경제적 곤란을 경험할 수 있다. 이 장의 사례에서도 환아의 치료비 마련 과정에서 보증문제가 발생되어 경제적으로 더 큰 어려움을 겪고 있는 것으로 나타났다. 이는 환아의 치료과정에서 경제적 빈곤의 악순환과 환아의 간호를 맡고 있는 모의 스트레스를 가중시키는 결과를 초래하게 된다. 이는 결국 환아의 치료에 직접적인 영향을 미치므로 만성질환아 가족을 위한 임상적 지원뿐만 아니라 환아의 치료비와 양육비 등에 대한 경제적 지원이 필요하다고 볼 수 있다.

이상과 같이 이 장의 결과를 통해 선천성면역결핍질환아의 간호과정에서 시간에 따른 가족이 경험하는 어려움과 그 차이를 심층적으로 파악할 수 있었다. 이러한 연구결과는 만성질환아의 가족을 지원하기 위한 임상적 개입을 시도할 경우, 시간의 경과에 따라 가족이 경험하는 어려움과 스트레스는 차이가 있을 수 있으므로 시간에 따른 적절한 개입이 필요하다는 것을 보여 준다. 특히 가족치료적 개입을 통해 만성질환아 가족의 기능을 회복시킬 수 있는 임상실천의 필요성을 제시하였다고 볼 수 있다.

이 장은 단일사례연구로 연구결과를 일반화시키는 데 제한점이 있다. 따라서 추후 연구에서는 다중사례연구를 통해 만성질환의 유형에 따른 가족의 경험을 비교분석해 봄으로써 만성질환아 가족에게 실질적 도움을 제공할 수 있는 연구결과를 제시할 수 있을 것이라 사료된다. 더 나아가 난치성 아동의 가족기능 강화를 위한 가족치료적 개입과 개입의 효과성에 관한 탐색적 연구를 제안한다.

참고문헌

권윤희(2002). 만성질환아와 일반아 아버지의 스트레스와 대처행동 비교연구. 숙명여자대학교 석사학위논문.

기화, 정남운(2004). 만성질환 아동을 둔 가족의 심리적 적응에 관한 가족 탄력성 모형의 검증. 한국심리학회지:건강, 9(1), 1-24.

김보영(2002). 간질아동 모의 스트레스에 관한 연구. 한국아동복지학, 14, 37-63.

김중곤(2006). 선천성 면역결핍질환 실태 조사. 국립보건연구원보, 43, 322-323.

박은숙(1994). 천식아동 가족의 특성에 관한 연구. 연세대학교 박사학위논문.

박은숙(1996). 만성질환아 어머니의 질병에 대한 불확실성 정도와 양육태도. 아동간호학회지, 2(2), 5-18.

박은숙(1998). 만성질환아 어머니의 아동질병으로 인한 불확실성 경험. 아동간호학회지, 4(2), 207-220.

박은숙, 오원숙, 임여진, 임혜상(2006). 만성질환 아동과 부모의 치료적 제한에 대한 인식과 건강행위. 아동간호학회지, 12(3), 405-416.

박태영, 김태한, 김혜선, 박소영, 유명이, 은선경, 이재령, 장윤영, 정선영, 조성희, 조용길

(2009). 가족치료사례와 질적 분석. 서울: 학지사.

백경원, 최미혜(2006). 만성질환을 가진 아동과 가족의 극복력. 아동간호학회지, 12(2), 223-232.

보건복지부(2008). 만성질환 통계.

선천성 면역결핍증 환우회, http://www.cgd.co.k

양수남, 신영희(2005). 만성질환아 어머니의 부담감과 대처에 관한 연구. 계명간호과학, 9(1), 75-84.

오가실, 채선미, 전나영(2002). 가족부담감 측정도구의 신뢰도와 타당도. 아동간호학회지, 8(3), 272-280.

이은화, 손정민(2008). 가족탄력성이 만성질환아 가족의 적응에 미치는 영향 연구. 한국아동복지학, 27, 95-120.

이종국(2007). 영유아 및 소아청소년 입원 질환의 중장기 변화추세 조사 및 감시 체계 구축 방안을 위한 기초 연구. 대한소아과학회 연구보고서.

이채원(2004). 아동의 만성질환관리에 영향을 미치는 가족요인. 한국아동복지학, 18. 217-242.

이화자, 어용숙(2000). 뇌성마비아 부모의 부담감 및 가족기능에 관한 연구. 아동간호학회지, 6(2), 199-211.

임영순(2004). 뇌손상 장기입원환자 부양가족의 태도 유형. 주관성 연구, 9, 134-157.

장선옥(1998). 우리나라 가족 간호연구 분석. 대한간호학회지, 28(1), 104-116.

조성민, 김보영(2001). 간질아동 가족의 가족기능에 관한 연구. 대한소아신경학회지, 9(2), 375-386.

최명애, 이현숙, 김대희, 박명희, 윤소영, 조연희, 방경숙, 박영환(1999). 만성질환아 어머니의 삶의 질에 관한 연구. 아동간호학회지, 6(2), 249-261.

최승미, 신민섭, 정진엽, 김중술(2000). 만성적인 신체 질환 및 장애를 지닌 아동의 심리적 특성: 자기개념 및 스트레스에 대한 대처 양상 비교. 소아 · 청소년정신의학, 11(2), 252-261.

한영미, 박희주(2009). 선천성 면역 결핍질환의 임상적 고찰. 소아알레르기 호흡기, 3, 220-232.

Fengler, A. P., & Goodrich, N. (1979). Wives of elderly disabled man: The hidden patients. *The Gerontologist, 19*, 175-183.

Grey, M., & Sullivan, B. S. (1999). Key issues in chronic ilness research: Lessons from the study of children with diabets. *Journal of Pediatric Nursing, 14*(6), 351-358.

Holmes, S. (1985). Pursuit of happiness. *Nursing Mirror, 161*(3), 43-45.

Johonson, R. (1988). *Family developmental theories*. In M. Stanhope & J. Lancaster (Eds.), *Community health nursing*(2nd ed)(pp. 352-370). St Louis: Mosby.

Kibby, M. Y., Tyc, V. L., & Mulhern, R. K. (1998). Effectiveness of psychological intervention for children and adolescents with chronic medical illness: A meta-analysis. *Clinical Psychology Review*, 18, 103-117.

Looman, W. S. (2004). Defining social capital for nursing: Experience of family caregivers of children with chronic conditions. *Journal of Family Nursing, 10*(4), 412-428.

Lynam, M. J. (1987). The parent network in pediatric oncology: Supportive or not?. *Cancer Nursing, 10*(4), 207-216.

Mastrian, G., Ritter, R. C., & Deimling, G. T. (1996). Predictors of caregiver health strain. *Home Healthc Nurse, 14*(3), 209-217.

Miles, M. B., & Huberman, A. M. (2009). **질적자료분석론** (박태영, 박소영, 반정호, 성준모, 은선경, 이재령, 이화영, 조성희 공역). 서울: 학지사.

Miles, M. B., & Huberman, A. M. (1994). *Qualitative data analysis.* Thousand Oaks, CA: Sage.

Patterson, J. M. (2000). Resilience in families of children with special health needs. Paper presented at Pediatric Grand Rounds, University of Washington Children's Medical Center, Seattle, WA.

Perlick, D., Clarkin, J. F., & Sirey, S. (1995). Caregiver burden. *Psychiatric Services, 46*(8), 936-841.

Sharpe, D., & Rossiter, L. (2002). Siblings of children with a chronic illness: A meta-analysis. *Journal of Pediatric Psychology*, 27(4), 699-710.

Steele, S. M. (1983). *Health promotion of the child with long term illness.* Norwalk: Appletion Century Croft.

Thompson, P. J., & Upton, D. (1992). The impact of chronic epilepsy on the family. *Seizure, 1*(1), 43-48.

Wamboldt, M. Z., & Wamboldt, F. S. (2000). Role of the family in the onset and outcome of chilhood disorders: Selected research findings. *Journal of the American Academy of Child and Adolescent Psychiatry, 39,* 1212-1219.

Whaley, L. F., & Wong, D. L. (1989). *Essential Pediatric Nursing.* St. Louis: The C. V. Mosby.

Zarit, S. H., Todd, P. A., & Zarit, J. M. (1986). Subjective burden of husbands and wives as caregivers: A longitudinal study. *The Gerontologist, 26*(3), 260-266.

제10장

부적응행동(집단따돌림 · 도벽 · 거짓말)을 하는 초기 청소년자녀에 대한 가족치료 사례연구

박태영 · 조지용

이 장은 부적응행동을 하는 초기 청소년자녀에 대한 가족치료 사례연구로서 자녀의 부적응에 영향을 미친 요인과 가족치료 접근을 통한 청소년 자녀의 변화 과정을 파악하였다. 이 장은 질적 자료분석 방법으로 대화내용의 지속적인 비교분석을 통하여 의미 있는 내용을 찾아내었고, 가족의 상호작용 특성을 분석하였다. 가족치료의 과정에서 가족구성원은 지금까지 시도했던 역기능적 의사소통 방식과 부모의 원가족으로부터의 미분화가 내담자의 문제행동에 영향을 미치는 요인이라는 것을 인식하게 되었다. 또한 가족치료를 통해 지금까지 사용하지 않았던 새로운 의사소통 방식을 부모가 시도함으로써 갈등적 가족관계에 변화가 일어났고 궁극적으로 자녀의 부적응행동들이 감소하였음을 살펴볼 수 있었다. 자녀의 문제행동을 해결하기 위해서는 부모의 변화가 우선시되어야 한다는 치료자의 관점에 따라 자녀문제에 대한 부모의 변화된 인식과 행동이 가족구성원의 변화를 유도하였고, 이를 통해 자녀의 부적응적인 행동이 사라질 수 있었다.

I. 서 론

아동기와 사춘기를 경험하게 되는 초기 청소년들은 자신의 정체성을 추구하는 과정에서 자신을 부모와 분리시키기 시작한다. 이 시기에 청소년은 정서적으로 불안정하고 내적 갈등이 많은 것으로 알려져 있으며, 신체적 · 정서적 · 사회적인 변화를 경험하게 되는 과도기로서 부모와의 관계를 재조직화하는 기간이다(김지현, 조윤희, 박성운, 2007). 이 기간에는 대부분의 자녀와 부모가 잘 지낼 때도 서로 갈등이나 불일치를 반복적으로 경험하는데, 발생되는 가족의 갈등이 심각한 불화를 초래하는 '중요한 문제'를 야기하기도 하지만 대부분의 경우에는 말다툼 수준의 불일치로 다분히 '일상적인 일'이며 파괴적인 위험에 도달하지는 않는다(Steinberg & Morris, 2001). 그러나 초기 청소년기에 해당하는 초등학교 5~6학년 경우 저학년 때와는 달리 점차 주위의 기대가 높아져 많은 것을 요구받으며 아동기에서 청소년기로 전환되는 시점이기에 심리 · 정서적인 불안이 높아지는 등 스트레스에 노출될 가능성이 이전 시기보다 높다. 특히 초기 청소년기는 부모의 영향이 점차 감소하고 또래의 영향력이 확장하는 시기인데 여전히 부모가 상당한 영향을 미친다. 가족구성원 중에서도 핵심 역할을 수행하는 부모의 갈등은 자녀의 불안을 유발하며, 자녀가 부모를 걱정하게 되고, 부모의 갈등과 다툼에 대한 직접적 책임이 본인에게 없으면서도 죄책감 등의 부정적 정서를 경험하게 된다(정소희, 2011).

자녀가 가정 밖에서 건강하게 성장하고 잘 발달할 수 있도록 지지해 주는 것은 가정에서의 가족관계가 긍정적으로 기능하고 있는지 그렇지 않은지에 따라 좌우되며, 이는 자녀의 정신적 안정이나 학교적응 등에 크게 영향을 미치게 된다(강란혜, 2006). 그런데 아동 및 청소년 시기의 정서적 부적응행동은 쉽게 모방되거나 확산될 수 있으며 연령이 높아지면서 집단화 또는 폭력화될 가능성이 있다(김경혜, 정현아, 2005). 또한 이 시기에 보였던 정서적 부적응행동의 징후는 결코 일시적인 것이 아니며 어른이 되어서까지도 심각한 장애로 진전될 가능성이 높기 때문에 이에 대한 심각성이

제10장은 '한국가족치료학회지(2012). 제20권 3호, pp. 329-354.'에 게재된 논문임.

크다고 할 수 있다(김리은, 1996). 자녀가 보고한 가족적응과 정서적응이 정신건강에 미치는 여러 연구에서, 가족에 불만을 가진 자녀는 우울감이나 불안이 높았으며(Ohannessian, Lerner, Lerner, & Alexander, 1994), 가족 내 갈등의 빈도가 높다고 인지하는 자녀일수록 스트레스와 분노, 불안 등의 정서적인 문제를 더욱 심하게 경험하였다. 그리고 갈등의 원인제공처가 자녀 스스로라고 인지할 때 청소년 자녀의 부적응 문제가 더욱 심각하였다(김소향, 1994). 가족갈등 중 부모 간 갈등은 그 자체로서 자녀의 안정감을 위협할 수 있는 스트레스원이며, 반복적이고 해결되지 않는 부부갈등은 아동의 정서적 안정감을 크게 위협한다(Sarrazin & Cyr, 2007).

아동 혹은 청소년기 자녀의 정신적 건강이나 사회부적응에 관한 최근의 연구의 경향은 자녀의 발달과 적응의 문제를 '가족체계'의 입장에서 이해하기 시작하면서, 부모의 부재나 상실 혹은 박탈에 따른 가족구조의 변화 요인보다는 가족구성원 간의 역기능적 상호작용 상태에서 관찰되는 가족갈등과 자녀를 통해 인식되는 부모의 '불행한' 상황이 자녀의 심리 · 사회적 발달에 더 영향을 주고 있다는 가족과정모델(family process model)이 더욱 설득력을 얻고 있다(엄명용, 1997; 임은정, 2005; 정소희, 2011). 가족구조의 특성과 가족생활주기에 따라 가족체계가 경험하는 갈등의 원인과 양상이 나누어 설명될 수 있는데, 이 장에서 주목하고 있는 가족생활주기단계상 어린 자녀가 있는 가족과 청소년이 있는 가족의 경우는 가족상황의 이차적 변화로 자녀양육과 가사에 대한 공동 참여 및 가족체계의 경계 출입을 자녀에게 허용하는 부모-자녀관계의 변화가 필요하지만, 이를 가족이 수용하지 않거나 부모가 기능적으로 수행하지 않을 때 가족 내 스트레스로 인해 갈등이 증가할 수 있다(Carter & McGoldrick, 2005). 아동과 청소년 문제는 종종 외현화된 문제 또는 내재화된 문제 측면에서 설명된다(Nichols, 2010). 특히 외현화된 문제는 관계 내에서 적대적이고 반항적이거나 공격적인 행동을 포함하는데, 이러한 행동은 가족체계 간의 기능적이지 못한 상호작용의 원인으로 볼 수 있다. 가족치료는 가족단위의 실천적 개입방법으로 인생주기에서 전환기 단계라고 할 수 있는 청소년 자녀를 둔 가족과 연관된 부적응적 관계 패턴을 변화시킬 수 있는 효과적인 개입으로 여겨진다(Brosnan & Carr, 2000; Woolfenden, Williams, & Peat, 2002).

이에 이 장은 다음의 사례연구를 통하여 학교 및 일상생활에서 부적응행동을 경험하고 있는 초기 청소년의 문제를 가족구성원 간의 상호작용, 즉 일상적인 생활을 해 가는 형태와 과정을 분석하여 가족갈등이 초기 청소년 자녀의 부적응행동에 어떤 영향을 미치고 있는지를 파악하고, 궁극적으로 가족치료 개입이 가족체계의 변화를 가져옴으로써 초기 청소년 자녀의 부적응 증세가 어떻게 완화되었는지를 살펴보았다. 이로써 갈등을 경험하고 있는 가족문제에 보다 전문적이고 효과적인 가족치료 접근법을 제공하고자 한다.

II. 가족갈등에 대한 선행연구

1. 역기능적 의사소통과 가족갈등

가족체계의 유형은 하루아침에 누군가가 만든 것이 아니라, 가족구성원 모두가 참여하는 일상적인 생활의 반복을 통해 보이지 않는 삶의 규칙을 만들어 가는 과정이라는 측면에서(Jackson, 1965) 가족구성원의 핵심적 관계형성 수단이며, 의미를 공유하는 도구인 의사소통은 가족 내 매우 중요한 영향을 미친다(이영분 외, 2008). 따라서 가족갈등이라는 반복적이며 역기능적인 속성 역시 가족 체계 내 과정을 통해 이뤄진 것으로, 이는 여러 기제를 통해 자녀에게 부정적인 정서를 경험하게 한다.

가족갈등의 요인적 측면으로, 역기능적 의사소통의 대표적인 사례라고 할 수 있는 부부의 상호 비난적인 언어적 공격은 부모-자녀 간의 친숙함을 떨어뜨리고 부모-자녀 간 갈등을 높이며(이순옥, 김춘경, 2006), 이러한 가족의 역기능성에 따른 결과로 부모와 불안정 애착관계인 자녀는 자아존중감이 낮고 우울과 불안 등의 부정적 정서를 더 많이 경험하며 효과적인 사회적 대처능력이 떨어진다(정익중, 2007). 부부간 의사소통의 부정적 결과는 자녀에 대한 양육태도와 관련성이 높은데, 갈등 상황에 있는 가정에서는 자녀에 대한 태도가 냉담하고, 자녀가 어디서 누구와 무엇을 하고 있는지 등의 생활에 대한 관심과 자녀와의 의사소통을 통한 상호작용 수준이 낮기 때문에 가족갈등의 현상이 증폭되어 나타난다(정소희, 2007). 가족 내 역기능적 의사소통 방식이 갈등의 원인이 된 청소년 가족의 가족치료 사례연구는 가출, 폭식장애, 물질남용 등 자녀의 외현화된 부적응 문제의 원인이 가족 내 갈등에서 비롯되었고, 특히 가족관계 내에서 일상적이고 반복적이기에 결과적으로 패턴화되어 버린 부모 간, 부모-자녀 간 역기능적인 의사소통 방식이 청소년 자녀의 부적응 문제를 설명하는 요인으로 분석되었다(박태영, 2009; 박태영, 은선경, 2008; Park, Cho, &

Seo, 2006).

따라서 청소년 자녀 가족이 가족치료의 개입을 통해 역기능적 의사소통을 인식하고 기능적 의사소통으로의 변화된 과정을 분석하여 초기 청소년 가족의 문제가 가족갈등을 통해 어떻게 외현화되었는지 살펴보고 가족치료를 통해 가족갈등 패턴이 어떻게 변화하는지 탐색하는 과정이 중요하다고 판단된다.

2. 자아분화 수준과 가족갈등

개인의 자아분화 수준은 가족의 상호작용의 결과로 결정되며, 개인에게서 나타나는 부적응행동과 증상은 모두 자아가 분화되지 못한 데서 원인을 찾을 수 있다(Bowen, 1982). 따라서 분화수준이 낮을수록 잠재적 불안은 커지며, 결과적으로 불안을 가진 개인은 위기처리 능력에서 더 많은 긴장을 경험한다(Kerr & Bowen, 1988; 남순현, 전영주, 황영훈 역, 2005). 청소년의 자아분화에 관한 연구 중에서 대학생을 대상으로 자아분화와 의사소통이 불안에 미치는 영향을 분석한 결과, 가족갈등에 대한 대처양식이 낮을수록 불안이 높아 사고와 감정에 대한 분리가 적절하지 못한 것으로 나타났다(김갑숙, 전영숙, 2009). 특히 청소년 시기의 자녀는 지지적이고 기능적인 또래 유대관계가 이뤄져야 함에도 불구하고, 자아분화 수준이 낮은 가족 내 밀착된 관계 혹은 부모-자녀관계가 상호의존적인 경우의 청소년은 학교에서의 부적응행동, 친구관계 문제, 우울, 불안 등을 더 많이 경험하였다(Gavazzi, 1993).

가족의 분화 역시 앞서 언급한 가족체계 내에서 형성된 의사소통 유형처럼 어느 한 시점에 갑자기 이뤄지는 것이 아니라 청소년 자녀는 아동기를 거쳐 현재시기에 이르는 과정상에서 서서히 이뤄지며, 그 시기 동안 부모와의 관계에서 적절한 분화를 이루지 못하면 불안수준이 높아져 사회적 기대에 부합하는 기능적인 역할 수행의 어려움을 경험하게 된다(이미경, 2005). 또한 핵가족 정서체계 내에서는 부모의 역할이 곧 자녀에게 직접적인 영향력을 가진다. 가족갈등이 촉발되는 배경에는 부모의 기능적이지 못한 역할, 즉 불안이라는 위기를 적절하게 다스리지 못하는 원인을 부모의 낮은 자아분화 수준에서 찾을 수 있으며, 가족체계는 순환적 인과성과 더불어 가족양식의 세대 간 전수의 특질을 갖기에 부모의 낮은 분화수준은 자녀세대에게 대물림될 가능성이 높다. 그러므로 가족체계 내에서 부모의 높은 자아분화수준은 가족 내 불안수준을 낮추며, 가족갈등과 같은 문제를 덜 발생시키고, 결과적으로 자녀가 자율적으로 기능하는 성인으로 성장하는 결정적 요인으로 작용한다.

따라서 가족구성원의 부적응 문제 중에서도 자녀의 부적응을 이해하기 위해서는 분석의 초점을 자녀 개인의 문제나 부모의 문제로 인식하는 단순한 가족구조적 관점에서 문제를 초점화하기 보다는 가족체계 내에서 가족 간의 상호작용 형태의 관찰을 통해 지속적이고 패턴화된 가족의 의사소통 방식과 자아분화 특성을 파악해 보는 것이 중요하다(엄명용, 1997). 이러한 인식하에 초기 청소년기 자녀와 부모와의 갈등을 다룬 가족치료 사례를 통하여 이 가족이 주로 사용해 왔던 역기능적 의사소통 방식을 살펴보고 또한 부모의 자아분화 수준이 자녀의 부적응 행동에 어떤 영향을 주는지 분석해 보고, 치료자의 개입을 통해 기능적 의사소통과 가족체계 간 분화를 통해 변화된 가족의 모습은 어떠한지 탐색해 보고자 한다.

III. 치료에 적용된 이론적 준거

1. MRI의 상호작용적 가족치료 이론

MRI 모델은 인간의 내적 심리역동에 초점을 두지 않고 언어적 및 비언어적 의사소통 방법을 연구하여 가족체계 내의 역기능적인 상호작용에 초점을 둔다(박태영, 2001). MRI 모델이 지향하는 치료목표는 잘못 기능하는 상호작용 유형을 바꾸기 위한 의도적이며 전략적인 행동을 취하는 것으로 정의한다(Watzlawick, Beavin, & Jackson, 1967). 즉, 가족의 문제는 효과가 없는 문제해결을 위한 행동 때문에 상호작용의 악순환을 가져왔다고 보며, 따라서 반복적인 문제를 경험하지 않기 위해서는 '시도된 방식'과는 다른 변화된 행동을 통해 가족은 새로운 상황을 창조할 수 있다(Lawson & Prevatt, 1989; 박태영, 김현경 역, 2005). 따라서 치료자는 새로운 또는 다른 행동을 기존의 행동과 대체하거나, 본래의 문제행동을 '하찮은 문제'로 재평가하여 내담자에게 지금까지 시도해 온 해결책을 알려 준다(Weakland, 1993). 내담자의 가족문제를 다루기보다는 해결책을 다루는 것이기에, 특히 변화에 대한 저항이 큰 내담자일수록 저항을 최소화할 수 있으며, 단기간 개입과정을 통해 치료의 효과성을 가져다줄 수 있다(Fisch, 1986).

따라서 이 사례는 내담자의 부적응 문제에 초점을 두기보다는 가족 성원이 문제를 해결하기 위해 사용하고 있는 패턴화된 상호작용을 치료자가 인지시키고 문제해결을 위한 새로운 방식을 습득하도록 함으로써 역기능적 상호작용의 변화뿐만 아니라 갈등적 가족관계, 특히 부부관계의 변화를 통해 내담자의 부적응의 어려움을 해결하고자 하였다.

2. Bowen의 가족체계 이론

Bowen(1982)은 인간관계는 서로 팽팽하게 맞서는 개별성과 연합성의 두 세력에 의해 움직여 나간다고 보았다(Nichols & Schwartz, 2008, 재인용). 즉, 인간은 서로에게 의존하려고 하면서도 동시에 독립성을 추구하려고 한다. 이러한 양극단의 인간본성이 얼마나 성공적으로 조화를 이루는가 하는 문제는 정서적 충동을 얼마나 잘 관리하였는가, 즉 자아분화가 얼마나 잘 이뤄졌는가에 달려 있다고 보았다(Goldenberg & Goldenberg, 2007).

분화가 이루어지지 않는 사람은 정서적 충동에 따라 반응하기 쉽고, 불안을 유발하는 문제에 대한 통제능력을 갖고 있지 않다. 그러한 불안은 삼각관계를 형성시킨다. 삼각화의 과정에서는 부부간의 불안에 대해 매우 민감한 제삼자(자녀)를 안심시키거나 무마시키기 위해 끌어들이는데, 이는 일시적으로 불안이나 스트레스 감소에 도움을 줄 수 있으나 오히려 가족의 정서체계를 더욱 혼란스럽게 하여 증상을 나타나게 한다. 또한 자아분화가 안 된 경우에 나타나는 인간관계 추구형은 너무 지나치게 친밀한 관계 유형을 추구하거나 또는 지나치게 거리감을 두는 유형을 추구하는 형태를 띠게 된다(Lerner, 1989; 박태영, 김현경 역, 2011). 따라서 치료자는 이 장의 사례에서 원가족에서의 가족체계의 상호작용적 역동을 살펴봄으로써 부모의 원가족 경험이 부부갈등에 영향을 미치고, 부부갈등은 청소년 자녀의 문제행동과 전반적인 가족관계에 영향을 미치고 있다고 보았다.

Ⅳ. 연구방법

1. 연구대상 및 사례개요

이 장은 자녀의 부적응행동으로 가정 내에서의 부모 및 형제관계, 학교생활에서의 학습 및 친구관계 문제로 상담을 의뢰한 사례에 대한 내용으로, 2006년 7월부터 2007년 3월까지 총 14회기에 걸쳐 상담한 내용이 담겨진 축어록을 분석하였다.

1) 가계도

학교 내 생활부적응과 학습장애를 갖고 있는 자녀(여, 12세)의 문제행동에 대한 상담을 의뢰한 부모 중 부인의 원가족 관계를 살펴보면 부인은 친정부모와 매우 소원한 관계였으며, 시어머니와는 관계가 좋지 않은 것으로 나타났다. 또한 부인은 지금의 남편과 결혼하기 전 한 번의 이혼 경험이 있고 전 남편 사이에 아들이 있었으며 양육권은 전 남편이 가지고 있었다. 남편의 원가족과의 관계를 살펴보면 남편을 포함한 모든 형제가 아빠와 관계가 좋지 않았으나 엄마와는 밀착된 관계를 가지고 있다. 이 사례에 대한 가계도는 [그림 10-1]과 같다.

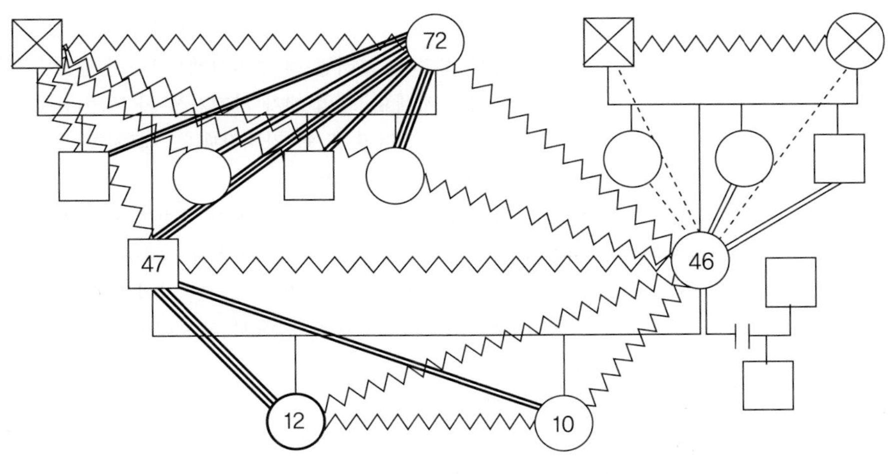

[그림 10-1] 가계도

2) 내담자의 문제행동

내담자의 엄마는 초등학교 6학년에 재학 중인 내담자의 학교생활에서 자신감이 없고 불안해 하고 또래관계에서 따돌림을 당하는 문제로 상담을 의뢰하였다.

내담자는 초등학교 졸업을 앞둔 시점에서 학습 문제로 담임 선생님으로부터 특수학급으로 이전을 권유받았고, 몇몇 과목은 교내 특수학급에서 수업을 받고 있었다. 또한 내담자는 부모의 부부싸움으로 불안감을 느끼고 스트레스를 받으면 복통을 호소하였다. 더불어 내담자는 자신보다 나이가 어린아이들과 어울렸으며, 종종 유아적인 행동을 보였고, 어휘력이 나이에 비하여 상대적으로 떨어져 언어적 표현수준이 낮았다. 내담자는 남의 물건을 훔치며 거짓말을 하였으며, 엄마를 무시하는 반말을 사용하였고, 엄마의 명령이나 권유를 거부하거나 물건을 집어던지며 엄마에 대한 강한 저항감을 보이고 있었다.

〈표 10-1〉 문제인식 주체별 내담자의 부적응행동 사례

부적응행동과 예시 / 문제인식 주체	부적응행동	사 례
엄마	따돌림	엄마: 교실에서 애들하고 어울리라고 선생님이 옆에서 해 주면 자기가 안 어울리려고 하고, 혼자 논다고. 그래서 특수학급을 권하시더라고요. 선생님께서 생각하시기는 친구들과 어울리지 못할 바에는 차라리 수업을 특수하게 받아보는 것이 더 낫지 않을까, 중학교도 가야 되고 하니까. 그런 이야기를 하시더라고요. (1회기)
	도벽	엄마: 아이가 자주 뭘 사 먹는 거예요. 그러면 이상하다, 쟤가 돈이 어디서 나서 저럴까. 그러면 제 주머니에서 막 천 원, 이 천원, 자꾸 없어지는 거예요. 그럼 쟤가 가져가서 사 먹었나 보다 하죠. "가져갔지?" 그러면 또 안 가져갔대요. "그치?" 그러면 이제, 그게 수상한 거예요. (4회기)
	저항감	엄마: 네. 또 잘할 때는 또 잘하는데, 얘가 아침에 또 아빠를 믿기 시작하면 또 계속 그러는 거예요. 이제 막 성질을 돋우는 것. 엄마 이름을 함부로 부르고 계모라고 그러는 거예요. (3회기)
	낮은 수준의 어휘력	치료자: 어휘력이 구사하는 데 있어서 한정되어 있다는 말씀이세요? 엄마: 네, 그렇죠. 치료자: 오히려 동생보다 더 말을 못 한다고요? 엄마: 네. (12회기)

	짜증과 폭력성	내담자: 공부가 잘 안 될 때나요. 컴퓨터가 잘 안 되거나. 동생이 좀 짜증 나게 굴 때. 그때 잘 집어던지고요. 그것도 엄마가 잘 알고 있어서 영풍문고에 갔는데 구부러지는 연필이 있었는데 그거 사 달라고 하니까 넌 잘 안 되면 무조건 집어던지니까 그거 안 된다고 하면서 안 사 주고요. (3회기)
내담자	복통 호소	치료자: 그럼 엄마, 아빠가 다투실 때 네 심정은 어땠냐? 내담자: 그냥 스트레스 받아요. 그래서 배 아프고요. 치료자: 배가 아팠어? 내담자: 네. 그래서 병원에 갔는데 이것은 스트레스 때문에 배 아픈 거라고 아이한테 스트레스 주지 말라고 했어요. 치료자: 배가 어떻게 아팠니? 내담자: 그냥 꾹꾹 찌르고 아팠어요. (4회기)

2. 연구문제

첫째, 자녀의 부적응행동을 유발하게 하는 가족체계의 상호작용 특성은 무엇인가?

둘째, 자녀의 부적응행동의 변화를 위한 가족치료적 개입은 무엇인가?

셋째, 가족치료 개입의 결과로 나타난 가족체계 및 자녀의 부적응 문제는 어떻게 변화하였는가?

3. 신뢰도검증

이 장에서는 연구의 신뢰성을 높이고 질적 연구의 엄격성을 확보하기 위해 Patton (2002)이 제안한 데이터의 삼각화, 연구자의 삼각화를 실시하였으며, 상담에 기록된 반복된 개념에 대한 지속적인 비교의 방식으로 개념의 의미를 정확하게 파악하고자 하였다. 그리고 연구자는 데이터의 삼각화 방법으로 상담 시에 치료자가 기록한 상담메모와 녹음된 자료를 바탕으로 작성된 상담 축어록을 활용하였다. 또한 연구자는 연구자의 분석이 편견이나 잠재적인 선입관에 따라 중립성이 확보되기 어려울 수 있으므로, 연구자 간 분석내용을 비교하는 과정에서 연구자의 개인적 편견이 개입되는 것을 최소화하려고 노력하였다.

4. 분석방법

이 장은 단일사례연구로서 '가족상담 축어록에 나타난 초기 청소년자녀의 부적응행동에 영향을 미친 요인'과 '부적응행동의 변화를 위한 치료자의 개입기법'과 '개입 이후 가족관계의 변화된 양상'을 찾기 위하여 질적분석방법을 사용한다. 이를 위하여 상담 녹음자료에 대한 축어록과 치료자가 기록한 상담일지와 메모를 함께 사용하여 코딩하였다. 자녀의 가정 및 학교생활에서의 부적응행동에 영향을 미친 부모의 특성과 자녀의 문제행동을 완화하고자 개입한 치료적 개입기법, 그리고 개입의 결과를 찾기 위하여 축어록에 나타난 개념을 도출하였다. 도출된 개념을 분류하여 자녀의 문제행동을 발생시키고 유지시킨 부모의 개인특성과 관계특성을 파악하였고, 자녀의 문제행동의 완화를 위한 부모에 대한 가족치료적 개입이 무엇인지, 그에 따른 결과로서 나타난 가족의 변화는 무엇인지를 파악하기 위하여 Miles와 Huberman(1994)이 제안한 네트워크와 매트릭스를 활용하여 분석하였다.

V. 연구결과

1. 자녀의 부적응행동을 유발하게 한 가족체계의 상호작용 특성 분석

내담자의 문제행동은 대부분 학교에서 부적응, 따돌림, 학습장애, 신체적 자각증상으로 표면화되어 나타났다. 내담자의 문제행동이 발생하게 된 배경에는 부모 간 일방적인 의사표현 방식, 아빠의 폭력적인 태도, 엄마의 단절하는 표현 방식, 엄마의 성관계 거부에 따른 부부싸움 등이 있었고, 이러한 배경에는 부모 각자의 원가족으로부터 습득되어 온 일방적인 대화 방식과 아빠의 원가족과의 밀착된 관계가 부부간의 갈등 요인으로 나타났다.

부모의 갈등은 내담자와 상호작용 시 문제점으로 작용하여 부모가 내담자의 욕구에 둔감하고 내담자의 감정을 수용하지 못하며 중립적인 대응 방식을 유지한 점이 내담자의 문제행동을 유발하게 된 원인으로 볼 수 있다. 내담자의 부적응행동을 유발하게 된 가족관계 특성은 [그림 10-2]로 설명할 수 있다.

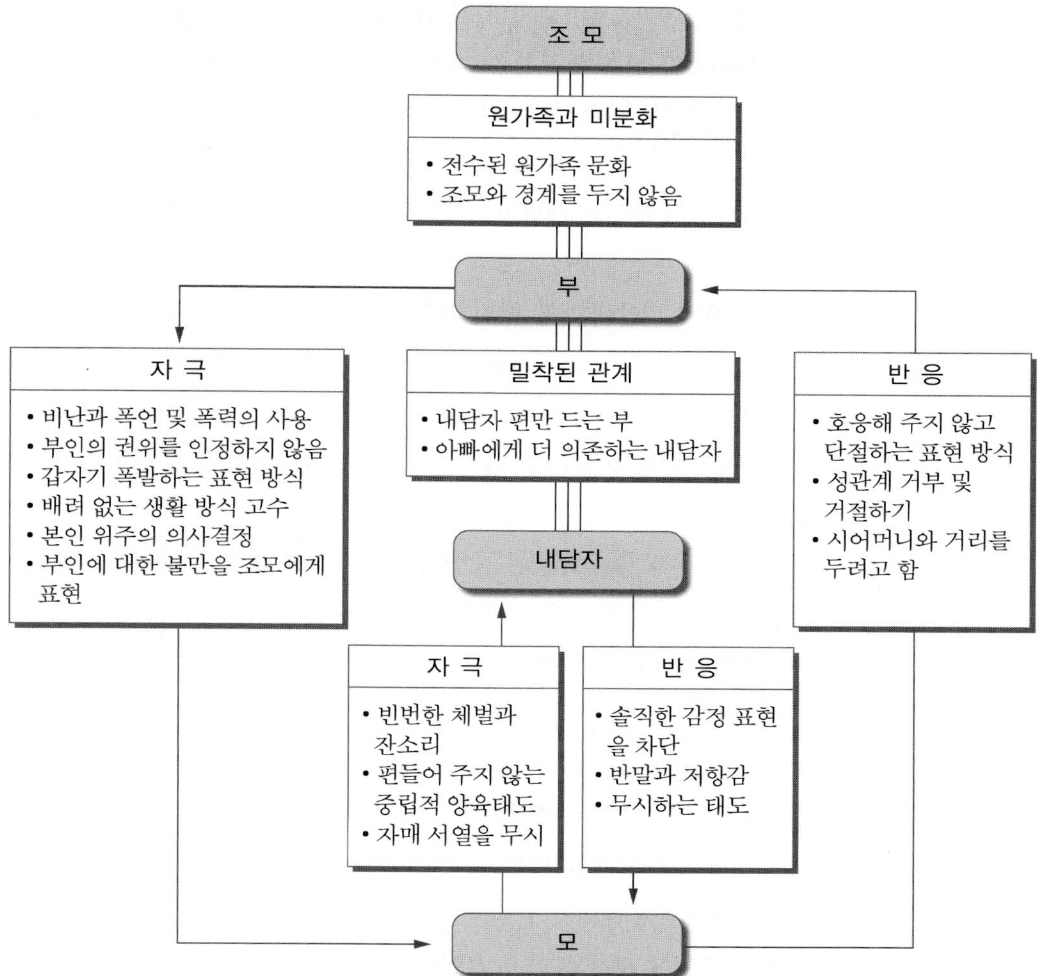

[그림 10-2] 가족치료 과정에서 남편의 경험과 변화에 관한 전체 네트워크

1) 내담자 부모의 부부관계 특성

(1) 부인에 대한 남편의 상호작용 방식

남편의 상호작용의 특성은 다음과 같다.

첫째, 남편은 부인에게 비난하는 폭력, 즉 폭언을 빈번히 사용하였다. 남편은 주중에는 지방 건설현장에서 근무하고 주말에 귀가하였다. 남편은 내담자인 자녀의 문제행동을 부인의 탓이라고 비난하였고 집안 살림과 청소에 대하여 심한 잔소리를 하였으며, 특히 음주 시에는 심한 욕설과 함께 부인이 말대꾸나 잔소리를 한다고 심한 구타를 하였다.

둘째, 남편은 자녀 앞에서 엄마로서의 부인의 권위를 인정하지 않았다. 남편은 부인이 자녀를 야단치거나 잘못된 부분을 지적할 때, 자녀 앞에서 아이의 편을 들어 부인의 엄마로서의 권위를 실추시키거나 자녀에게 부인에 대한 불평을 늘어놓았다. 내담자 또한 부인을 무시하는 아빠의 방식과 유사하게 엄마를 무시하고 말을 듣지 않거나 반말을 함으로써 부인은 내담자로부터 스트레스를 받았으며, 그러한 스트레스 때문에 부인은 내담자에게 감정적으로 대처하였다.

셋째, 남편은 가족과 부인에 대한 배려보다는 자신 위주의 생활을 고수하고자 하였다. 남편은 밤늦게 귀가하여 부인에게 밥을 차려 오라고 명령하거나 늦은 시간까지 TV를 시청하였다. 남편의 주말은 오로지 자신만을 위한 시간으로 사용하였고, 가장의 역할보다는 지인과 어울리고 하루 종일 술을 마시며 밖으로 돌아다니는 것을 당연하게 생각했다.

넷째, 남편은 참다가 갑자기 폭발하는 방식으로 자신의 감정을 표출하였다. 남편은 자신의 불만이나 감정을 부인에게 이야기하기보다는 속으로 삭히고 참고 있다가 음주 후 갑자기 비난과 폭력적인 언행으로 감정을 폭발시키는 의사표현 방식을 사용하고 있었다.

다섯째, 남편은 중요한 결정을 할 때 부인의 의견을 묻기보다 오로지 자신의 생각만 고려하여 진행하였다. 남편은 부인이 저축이나 보험 등으로 모아 놓은 돈을 아무런 동의 없이 해지하여 개인사업자금으로 탕진하였으며, 그러한 일이 반복됨으로써 부부간의 신뢰와 믿음은 손상되었다.

여섯째, 남편은 부인에 대한 불만을 부인에게 직접 표현하기보다는 자신의 엄마에게 이야기하여 결과적으로 부인은 시어머니에게 꾸중을 듣는 등 고부간의 관계를 어렵게 하였다.

(2) 남편의 원가족 관계

첫째, 남편은 원가족과 경계를 유지하지 못하였다. 남편은 부인이 시댁과의 거리를 유지하려는 것을 이해하지 못하였고 그러한 부인의 모습을 비난하였다. 또한 남편의 원가족 문화는 가족 성원의 응집력을 강조하였는데, 이는 음주문제와 경제적으로 무능하였던 남편의 아빠가 엄마에게 통제적이며 폭력적인 언행을 일삼는 모습으로 유발된 불안감을 엄마와 밀착된 관계를 유지하여 해소하고자 하였다.

부　인: 10년 전쯤 ○○으로 이사를 왔거든요. 이것도 제가 우겨서 시댁과 떨어져 살아 보자 해서 했는데 아빠 하고 다퉜죠. 아빠는 시댁과 가까운 곳에 방을 얻어야 하는데 자기는 떨어지기 싫어서. 근데 저는 조금 떨어지는 것도 괜찮겠다 싶어서 방을 얻었는데 다퉜어요. 그런데 아빠가 저렇게 미운 짓을 하고 그러니까 시댁에서 멀어지더라고요. (3회기)

둘째, 남편의 원가족으로부터 전수된 가족문화의 특성은 가족이 함께하는 활동이나 외출이 없는 가족문화로, 남편은 그대로 이어받았다. 따라서 남편은 주말이나 공휴일에 집 밖으로 나가 혼자 즐겼고, 이러한 남편에 대하여 부인과 자녀는 불만을 갖게 되었다.

치료자: 그러면 혹시 아빠 하고 같이 어디 놀러가 보신 적 있으세요?

남　편: 저는 한 번도 없었던 것 같아요. (12회기) (중략)

남　편: 아빠 없으면 아무것도 못하잖아. 꼭 아빠 손 빌려서 하려고 하고, 그런 게 부럽고 그러면은……. 아빠 없으면 어때? 나가서 바람 쐬고 오면 되지. (12회기)

(3) 남편에 대한 부인의 상호작용 방식

남편으로부터 받은 자극에 반응하는 부인의 상호작용 특성은 다음과 같다.

첫째, 부인은 남편에게 대화를 단절하는 표현 방식을 사용하였다. 음주 후 귀가한 남편이 대화를 하고자 시도하면 부인은 못 들은 척하거나 밖으로 나가 버리는 방식을 사용함으로써 남편과의 의사소통 경로를 일절 차단하는 방식을 사용하였다.

둘째, 부인은 성관계를 원하는 남편의 요구를 단호히 거절하거나 적절하게 대응하지 못하였다. 남편이 성관계를 원할 때 부인은 음주를 표면적인 이유로 들어 남편의 요구를 거절함으로써 의도적으로 남편과의 관계를 멀리하고자 하였으며, 이에 남편은 불편한 심기를 한동안 부인과 말을 하지 않는 것으로 감정을 표현하였다.

셋째, 부인은 남편의 원가족과 거리를 두려고 하였다. 명절이나 가족의 행사로 모임을 가질 때만 시댁을 방문하였고 남편이 함께 방문하자고 제안한 것을 거절하였는데, 그 이유는 남편이 엄마로서의 자신의 노력과 권위를 인정해 주지 않은 것과 자신에 대한 불만을 직접 표현하지 않고 시댁에 이야기 하는 태도에 대한 부인의 반응양식 때문으로 볼 수 있다.

2) 부모와 내담자의 관계 특성

(1) 내담자에 대한 엄마의 상호작용 방식

첫째, 남편으로부터 자녀양육에 대한 권위를 인정받지 못한 엄마는 거의 매일 체벌을 통해서 내담자를 통제하려 하는 것을 내담자의 동생과의 상담을 통해 알 수 있었으며, 배우자와 갈등이나 다툼이 있을 경우 내담자에 대한 체벌의 빈도 역시 높아지는 경향을 나타냈다. 또한 엄마는 공부에 대한 반복되는 잔소리로 내담자와 관계를 어렵게 하였다.

둘째, 내담자가 학교에서 따돌림을 당하거나 친구로부터 놀림을 당한 이야기를 들었을 때 엄마의 반응은 내담자의 힘들었던 감정을 있는 그대로 수용하기보다는, 중립적이고 판단적인 태도로 내담자의 상한 감정을 이해해 주지 않거나 때로는 내담자의 잘못을 지적하여 부모가 판단하는 사회적으로 바람직한 행동만을 내담자에게 강조하고 있다.

치료자: 그러면 애들이 또 놀리면 엄마에게 이야기하니?
내담자: 네.
치료자: 그럼 엄마는 또 어떻게 반응하니?
내담자: 엄마는 그냥 네가 잘해야 한다고……. 말 못하고 그러니까 놀림당한다고. (4회기)

또한 엄마는 내담자의 욕구를 충족시켜 주는 양육태도보다는 엄마의 판단기준을 앞세워 내담자를 거절하는 입장을 취하고 있었다. 이는 엄마가 내담자의 스트레스를 가중시키며 더불어 표현을 스스로 제한하게끔 하는 요인으로 작용한 것이다. 따라서 내담자는 필요한 욕구가 있다고 하더라도 엄마에게 거절당할 것을 미리 염려하여 표현을 자제하는 모습을 보였는데, 이러한 부모의 비수용적인 태도는 성장 후 자녀의 건강한 대인관계를 형성하는 데 부정적인 영향을 미칠 뿐만 아니라 우울증을 유발시킬 수 있는 요인으로 작용한다(Whitbeck et al., 1992).

셋째, 엄마는 내담자를 무시하는 동생에 대하여 장녀로서 서열에 대한 권위를 부여하기보다 상대적으로 문제를 일으키지 않는 둘째자녀를 두둔하였고, 이는 내담자가 엄마에 대한 원망의 감정을 갖게 하고 결과적으로 자매간 다툼을 벌이게 된 원인으로 작용하였다.

치료자: 주로 너랑 동생이 싸우면 엄마가 네 편보다 동생 편을 들어 주니?
내담자: 네.
치료자: 그럼 동생 하고 관계가 별로 안 좋겠다?
내담자: 네. 동생 하고 엄마한테 많이 화나요. (4회기)

(2) 아빠와 내담자와의 밀착된 관계

엄마에게 스트레스를 받는 내담자는 오히려 아빠와 밀착된 관계를 형성한다. 아빠는 내담자 앞에서 공개적으로 엄마의 권위를 인정하지 않고 내담자를 옹호하는 입장을 취하였다. 이러한 관계는 아빠가 엄마와의 관계에서 불만족스러운 부분을 내담자를 통해 우회적으로 표현하는 것으로 판단할 수 있다. 또한 내담자는 부모의 상호작용 방식을 잘 파악하고 있었고, 자신에게 부정적인 피드백을 주는 엄마보다는 자신을 편드는 아빠를 더욱 의존하였다.

엄 마: 저는 제가 얘기를 하면 옆에서 애아빠가 거들어 줬으면 좋겠어요. 근데 제가 "이 기지배, 어쩌고저쩌고." 하면은 남편이 "너도 똑같아, 너도 그래."라고 해요. (11회기)

(3) 엄마에 대한 내담자의 상호작용 방식

엄마의 역기능적인 양육 방식에 대한 내담자의 반응 양식으로 다음과 같다.

첫째, 내담자는 엄마에게 솔직한 자신의 감정 표현을 차단하였다. 특히 학교에서 따돌림이나 놀림을 당하더라도 상한 자신의 마음을 엄마에게 표현하기보다는 의도적으로 표현하지 않는 방법을 선택하여 엄마와의 관계를 회피하고자 하였다.

둘째, 내담자는 엄마의 권위를 무시하는 아빠와 밀착된 관계를 통해 엄마에 대한 반항적 의사표현 방식으로 엄마의 명령을 무시하거나 엄마에게 예의 없는 행동을 하였다.

엄 마: 제가 말하면, "그런데? 엄마가 무슨 참견이야?" 그러고 하니까 황당하죠.

어쩔 때는.

치료자: 그럼 아이가 엄마의 권위를 인정해 주지 않는다고 보세요?

엄 마: 그런 셈이죠. (10회기)

2. 자녀의 부적응행동 완화를 위한 가족치료 개입 분석

1) 부부의 의사소통 방식 개선에 대한 개입

치료자는 부모에게 먼저 자녀의 문제행동이 발생하여 현재까지 유지된 원인이 부모의 역기능적인 의사소통에 따른 상호 갈등에서 비롯되었음을 인지시키고자 하였다. 따라서 치료자는 부모가 사용하고 있는 역기능적인 의사소통 방식이 무엇인지 설명하였고, 부모에게 부부관계의 변화를 위한 기능적인 상호교류적 의사소통을 위한 기법을 제시하여 부모 의사소통의 변화를 통해 궁극적으로 내담자의 문제행동을 감소시키고자 하였다.

(1) 의사소통 변화가 필요한 이유 설명

부모는 자녀의 문제행동으로 호소하는 학교부적응(따돌림), 거짓말, 신경성 대장과민반응(복통), 도벽, 동생과의 잦은 다툼 등을 해결하기 위하여 가족치료를 의뢰하였으나, 근본적인 원인은 자녀에게 있지 않고 부모의 갈등관계에 있다는 것을 인지하지 못하였다. 이에 치료자는 부모의 부부관계가 개선되어야 내담자의 문제도 개선된다는 점을 설명하였고, 부모에게 치료에 대한 적극적인 협조를 요청하였다.

치료자: 지금 그 방식이 다 안 먹히는 방식이에요. 큰아이는 스트레스뿐만 아니라 엄마 아빠가 싸우고 있는 불안감까지 잠재되어 있다 보니 주위산만해지고 집중을 할 수 없는 겁니다.

엄 마: 아……. 정말 저도 미치겠어요. 어떻게 해야 할지 모르겠어요. 답답해요.

치료자: 부부관계만 나아지시면 아이는 많이 안정이 돼요. 부부가 얼마나 솔직하게 표현하고 말이 이어지는가가 핵심입니다. (1회기)

(2) 의사소통 방식의 역기능성 인식시키기

치료자는 부모관계 변화의 필요성을 인식시키고자 부모에게 각자가 그들이 사용하는 의사소통 패턴을 인지시키고자 하였다. 가족은 그들의 문화와 체계를 유지하기 위해서 의사소통이라는 중요한 방법을 사용하는데, 치료자는 가족관계를 회복하기 위하여 부모에게 현재 사용하고 있는 의사소통 패턴의 역기능성을 설명하여 변화를 시도하였다.

치료자: 아내하고 딸한테 야단을 칠 때 가운데서 중재자 노릇을 하려고 하고 아내에게 심하게 표현하시는데 그 방식이 부부관계의 향상을 가져온다고 보세요?

아 빠: 아니요. (2회기)

(3) 의사소통 개선을 위한 치료자의 접근 전략

'상호 인정하는 표현 방식'

치료자는 부모가 서로에 대하여 인정하는 의사소통을 통하여 감정을 회복하고 부부로서의 신뢰관계를 형성하도록 하였다. 또한 치료자는 상대를 비난하는 메시지 사용에 대한 역기능성을 설명하면서 배우자에 대하여 인정하는 표현 방법을 사용하도록 하였다.

'변화에 대한 욕구 인식시키기'

치료자는 부부에게 직접 터놓고 상대방이 원하는 변화가 무엇인지를 경청하도록 하여 상호 간의 욕구에 대한 정확한 이해를 돕도록 하였다.

'입장에 대한 재명명'

치료자는 부부간에 감정이 상하고 갈등이 생기는 이면에는 사건이나 상황에 대한 해석과 관점의 차이가 있다는 것을 전제로 하여, 그 의미에 대하여 서로 오해가 없도록 이해의 폭을 확장시켰다.

'원활한 의사소통을 위한 개입'

치료자는 부부에게 지금까지 부부가 사용해 왔던, 상대방의 이야기를 차단하고 자신의 입장만을 일방적으로 이야기 하는 방식을 인식시키고 순환적이며 상호 교류적인 의사소통 방식을 설명하였다.

'상대방의 장점을 인정하기'

치료자는 남편의 부인에 대한 비난과 공격적인 의사소통 방식을 개선하기 위해 가정에서 부인의 역할에 대한 인정과 부인의 강점을 이야기하게 함으로써 부부관계의 변화를 시도하였다.

'솔직한 의사소통 방식 강조'

치료자는 부부에게 표현하는 방법뿐만 아니라 부부관계의 친밀함을 유지하기 위해 부부간에 솔직한 이야기를 나눌 것을 강조하였다. 즉, 치료자는 부부에게 표면적인 사실이나 객관적인 상황에 대한 대화보다는 자신이 힘들었던 일, 감정이 상한 사건 등의 이야기를 배우자와 함께 나눔으로써 부부의 친밀감과 이해의 폭이 넓어질 수 있다는 것과 서로의 부정적인 감정과 오해를 해소할 수 있다는 것을 강조하였다.

2) 부부관계 변화에 대한 개입

치료자는 남편에게 시댁과의 물리적 · 정서적인 거리를 둘 것을 강조하고, 특히 부인이 시댁과의 관계에서 스트레스를 받는 상황을 줄여야 부부관계가 회복될 수 있다고 하였다. 치료자는 부인의 남편과의 관계회복은 곧 자녀양육에 긍정적인 영향을 미쳐 내담자의 문제행동을 감소시켜 줄 수 있는 요인이 된다는 점을 강조하였다.

(1) 원가족과의 경계 두기

남편은 배우자와 갈등이나 마음에 들지 않는 일을 가까운 거리에 살고 있는 자신의 엄마에게 이야기하여 오히려 부인과의 관계를 힘들게 하였다. 이에 치료자는 부부체계와 원가족과의 경계를 분명히 하는 것이 부부관계의 스트레스를 줄이고 신뢰와 관계회복을 위한 필수적인 요건이라는 점을 강조하였다.

(2) 중재자 역할의 역기능성 인식시키기

치료자는 남편에게 고부간의 갈등이 생겼을 때 남편이 시어머니의 입장을 해석하거나 중간자 입장에서 문제를 진단하는 것이 부인에게 서운함을 느끼게 하여 결과적으로 시댁과의 관계를 오히려 악화시키는 방식임을 설명하였다. 따라서 치료자는 친밀한 부부관계의 형성과 신뢰를 회복하기 위하여 남편이 부인의 입장을 이해해 주어야 한다고 강조하였다.

(3) 치료자의 자기 개방

치료자는 본인이 경험하였던 유사한 가족 내 사건을 제시하면서 개입에 대한 이해와 내담자와의 신뢰관계 형성을 위한 라포 형성을 시도했다. 치료자는 부부가 사용하고 있는 표현 방식을 치료자의 사례와 비교하며 스스로를 들여다볼 수 있게 하였고 변화에 대한 인식을 넓혀 주었다.

(4) 삼각관계에 대한 이해

부모의 갈등관계가 지속되면서 엄마로부터 스트레스를 받는 내담자가 부부관계에 끼어들어 아빠와 밀착되었고 이에 부부관계는 더욱 갈등관계에 놓였으며 긴장관계를 유지하였다. 따라서 치료자는 아빠에게 지나치게 밀착된 내담자의 관계를 인식시켜 주었고, 더불어 아빠가 엄마의 권위를 가족 내에서 인정해 주고 자녀와 부모의 경계를 명확히 하여 내담자와 엄마의 관계를 회복시키는 것이 필요하다는 것을 설명하였다.

3) 부모의 양육태도 변화에 대한 개입

(1) 감정에 호응하고 편들어 주기

치료자는 자녀가 외부로부터 받은 스트레스를 부모에게 털어놓을 때, 부모가 객관적인 판단자 역할을 하는 것은 오히려 자녀와의 관계를 악화시키는 방식이라는 것을 설명하였다. 치료자는 내담자의 상한 감정을 받아 주고 내담자의 편을 들어 주는 것이 모녀의 관계를 향상시킬 수 있는 방법이라는 것을 인식시켰다.

(2) 자녀 서열에 대한 인정

치료자는 엄마에게 내담자와 동생의 잦은 다툼에 대한 지나친 개입이 오히려 자매관계만 악화시키고 있다고 설명하였다. 따라서 치료자는 엄마에게 자녀가 충돌할 때 차라리 개입하지 않거나 내담자의 권위를 동생에게 인식시켜 주는 방법이 자매의 긴장과 갈등을 감소시킬 수 있다고 설명하였다.

(3) 간섭과 관심의 차이 인식시키기

부모는 내담자의 문제행동에 변화를 요구하는 방식으로 지나친 간섭과 지시적 언어로써 행동의 수정을 강요하였다. 그러나 치료자는 부모에게 내담자의 행동의 변화가 부모의 다그침이나 잔소리로 해결되는 것이 아니라, 일단은 부모가 내담자의 행동을 인정하는 노력과 내담자를 있는 그대로 수용해 주는 방식이 필요하다고 설명하였다.

(4) 자녀체계와 일정한 경계 두기

치료자는 엄마에게 자녀를 과도하게 돌보는 것은 매우 부담이 되는 일로 스트레스로 작용할 수 있고 또한 자녀의 입장에서도 일정 부분은 부모로부터 간섭받지 않고 알아서 결정하는 것이 필요하다고 설명하였다. 따라서 치료자는 자녀에 대한 양육의 범위를 시간적 · 물리적으로 줄이고 자녀체계와 일정한 경계를 두어 균형 잡힌 가족체계를 형성할 것을 제안하였다.

(5) 내담자가 원하는 부모역할 인식시키기

내담자는 부모와 함께하는 시간을 갖기를 바랐으나 아빠는 자신만의 시간만을 즐겼다. 이에 치료자는 아빠에게 화목한 가정을 이끌 수 있는 중심은 가장인 아빠임을 인식시켰다.

3. 가족치료 개입의 결과에 따른 가족체계 및 부적응 문제의 변화 분석

치료자는 부모에게 자녀의 문제행동이 역기능적인 가족체계와 가족관계에서 오는 것으로 설명하였고, 부부 및 부모-자녀 간의 의사소통방식, 원가족과의 분화, 양육방식의 변화가 가정 및 학교생활에서의 내담자의 부적응행동에 변화를 줄 수 있다고 설명하였다. 이러한 가족치료의 개입의 결과, 부부관계가 서로를 인정하고 배려하여 주는 방식으로 변화되어 부부관계의 스트레스와 갈등이 감소되었다.

이러한 부부관계의 변화는 부모-자녀의 관계에도 이어져 부모는 내담자를 있는 모습 그대로 인정하고 감정을 수용해 주었다. 이러한 연쇄적인 가족 내 관계의 긍정적인 변화로 내담자의 대표적 부적응행동인 친구로부터의 따돌림 및 학교생활 적응문제가 해소되었다. 결과적으로 내담자는 특수학급에서 받던 학교수업을 일반학급 수업으로 전환하였을 뿐만 아니라 스스로 학습에 대한 계획을 세우고 수행하여 내담자에 대한 부모의 걱정과 근심을 덜게 됨으로써 부부관계에 더욱 긍정적인 요인으로 작용하였다. 따라서 자녀의 문제행동을 소거하기 위한 이 가족치료 개입은 궁극적으로 가족 내 관계 변화에 초점을 맞추었고 결국 부부관계의 변화가 부모-자녀관계의 변화에 영향을 미쳐 치료의 목적인 내담자의 문제행동을 감소시킬 수 있었다.

1) 부부관계의 변화

(1) 갈등과 다툼 횟수의 변화

부부는 상담 초기에 내담자의 문제로 격한 감정을 욕설이나 폭언으로 표현하며 다투었으나 상담 이후에 부부싸움의 빈도는 현저하게 감소하였고, 이에 따라 부모관계로부터 자녀가 느끼는 불안감 역시 상당 부분 감소하였음을 알 수 있었다.

(2) 표현 방식의 변화

내담자의 부모가 갈등을 일으키게 된 가장 대표적인 원인은 바로 역기능적인 표현 방식에 있었다. 남편은 주 양육자인 부인의 어려움을 몰라 주고 자녀문제에 대한 책임을 부인에게 전가시켰다. 그러나 상담 중반 과정에서는 남편이 부인에게 하는 잔소리와 간섭은 줄었으나 표현 방식에서는 큰 변화가 없었다. 하지만 상담이 종료될 시점에서 남편은 부인의 내담자에 대한 부인의 양육 방식의 변화를 칭찬하였으며, 부인 역시 남편의 칭찬에 대한 고마움과 긍정적 감정을 느꼈다.

(3) 배우자에 대한 인정

상담 전과 상담과정에서 남편은 부인의 자녀 양육 방식에 대해 못마땅하게 생각하였으며 가정 내에서도 '엄마'의 지위를 인정하지 않는 입장을 취하였다. 그러나 치료자와의 상담을 통해 남편은 부인의 입장에서 받는 스트레스와 어려운 점을 인지하게 되었고, 부인의 잘못한 점을 비난하는 방식보다 긍정적으로 인정하기 시작하였다. 또한 부인 역시 남편이 가정을 위하여 일하는 성실한 모습을 인정하게 되었다.

〈표 10-2〉 부부관계의 변화

구 분		가족치료 이전	가족치료 이후	
개 념	빈도수준	예 시	빈도수준	예 시
갈등과 다툼	월4회 수준	치료자: 그러면 아빠 하고 엄마 하고 다투는 횟수가 일주일에 얼마나 되는 것 같니? 자녀: 한 달에 4번인가 그 정도. 치료자: 예전에도? 자녀: 네. 어쩔 때는 일주일에 1번이나 4번 정도 그 정도. (4회기)	월1회 수준	치료자: 응? 옛날에는 자주 다퉜는데, (한 달에) 한 번씩밖에 안 다퉜다고? 내담자: 네. 치료자: 엄마, 아빠 싸우시는 횟수가 훨씬 줄어든 것 같니? 내담자: 네. 동생: 네. 내담자: 옛날보다 많이 좋아졌어요. (9회기)
개 념	표현유형	예 시	표현유형	예 시
표현 방식	비난과 통제	남편: 네. 그냥 뭐라고 하면 싸움이 돼요. 아내에게 뭐라고 고치라고 하면 됐어, 됐어, 자기나 잘해. 이렇게 이야기해 버리니까 요즘은 혼자만 삭이고 있죠. 치료자: 됐어, 됐어, 그만해. 이런 식이요? 남편: 시끄러, 시끄러, 됐어, 됐어. 뭐…… 부부관계가 안 좋은 것 같아요. (2회기)	간섭의 감소	치료자: 남편이 지적한 거요. 잔소리 횟수나 강도에 변화가 없나요? 부인: 줄었어요. 치료자: 줄었어요? 부인: 네. 치료자: 표현하는 방식에 있어서는요? 부인: 표현은…… 톡톡거리죠 뭐. (9회기)
			칭찬하는 표현 방식	부인: 그런데 어젯밤에 남편이 하는 얘기가 오늘 아침 그대로만 하면 되겠대요. 애한테 소리도 좀 내지 말고 화나더라도 좀 이해를 하고, 소리 좀 지르지 말고. 애가 그런다고 해서 똑같이 그러지 말라고. 어제 아침에는 욕 안 하고 잘 넘어가더라고요. 치료자: 그게 이제 남편께서는 일종의 칭찬이시네요? 부인: 네. 그대로만 나가면 좋겠다고. 치료자: 그렇게 표현을 하셨을 때 부인의 기분은 어떠셨어요? 부인: 좋죠. 이전에는 그런 적이 없었는데, 이런 걸로 칭찬을 다 듣네요. (14회기)

배우자에 대한 인정	배우자의 역할 부정	치료자: 아버님께서는 따님이 어떻게 변할 수 있다고 보세요? 아빠: 저는 나름대로 좀 잘한다고 생각하고 있는데, 아내가 그래요. 아내가 성격이 원만하지 못해요. 성질만 있어 가지고. 아내가 애한테 잘하면 되는데. (6회기)	배우자의 역할 인정	치료자: 남편께서 그전에 그런 식으로 표현한 적 있었나요? 부인: 없었어요. 그냥 무조건 그냥 못한다고만 이렇게 아빠가 했지. 그전에는 그런 거 없었어요. 치료자: 이번에는 따님이 엄마에 대해서 인정을 해 주신 거네요? 부인: 네. 딸아이가 저한테 확 그러지만 않으면 나도 최소한 노력을 하고 있다고 얘기를 했거든요. (14회기)

2) 부모-자녀 간의 관계 변화

(1) 있는 모습 그대로 수용

부모는 내담자의 모습을 있는 그대로 수용하기보다 간섭이나 통제를 통하여 행동을 변화시키려 했다. 그러나 부모는 상담을 통하여 그러한 방법이 자녀의 문제를 해결하는 데 역기능적이라는 것을 깨달았다. 내담자는 상처받은 감정을 부모에게 토로하고 부모는 이를 수용하는 방식을 사용함으로써 부모-자녀 간의 변화가 일어났다.

(2) 자녀와 경계 두기

부모와 내담자 간에 거리를 두는 것은 부모로서의 양육 스트레스를 감소시키는 효과와 동시에 자녀의 독립성을 길러 주는 데 큰 역할을 한다. 가족치료를 통하여 부인은 자녀체계와 경계를 두었고, 따라서 양육자로서의 부모역할에 대한 부담의 감소와 자신만의 시간을 확보할 수 있었다.

〈표 10-3〉 부모-자녀 간의 관계 변화

구 분		가족치료 이전	가족치료 이후	
개 념	태도유형	예 시	태도유형	예 시
있는 모습 그대로 수용	판단과 중립적 태도	치료자: 음……. 그러면 애들이 또 놀리면 엄마에게 이야기하니? 내담자: 네. 치료자: 그럼 엄마는 또 어떻게 반응하니? 내담자: 엄마는 그냥 네가 잘해야 한다고……. 말 못하고 그러니까 속상하다고. 치료자: 음……. 그러면 오히려 엄마가 네 탓을 하는 거야? 내담자: 네. (4회기)	인정과 포용의 태도	부인: "그랬어? 네가 나빠서 아저씨가 버스를 안 태워 준 게 아니고, 아저씨가 착각할 수도 있어. 착각할 수도 있고, 네가 그 시간을 못 맞춰서 그냥 지나갈 수도 있어. 그래서 그랬을 거야. 네가 그렇게 생각을 해." 그러니까 "네." 그러더라고요. "네가 미워서 안 태워 준 것 아니야. 잘했어." 그러니까 목소리가 좀 달라지고 좀 좋아하더라고요. 그러면서 "알았어." 그러더라고요. (12회기)
자녀와 경계 두기	자녀와 밀착됨	부인: 제가 이제 최대한 빨리하고 애들 오는 시간에 들어와 있으려고 노력을 하거든요. 그러면 어쩌다 한 번씩은 놓칠 때도 있어요. 그러니까 어쩔 때 보면 쟤네가 먼저 와있을 때도 있어요. 그런데 아빠는 쟤네끼리 놔둔다고, 챙겨주지 그러냐고 그러는데, 저도 하는 얘기가 있어요. "나는 애들하고 계속 붙어 있으면 스트레스 받아서 돌아버린다. 내가 몇 시간이라도 떨어져 있는 것이 내가 사는 거지. 계속 붙어 있으면 죽을 것 같다."고 했어요. (10회기)	자녀와 균형 있는 경계 유지	부인: 이제는 될 수 있으면 아이를 좀 보내려고 하거든요. 치료자: 그렇죠. 품에서 좀 떠나 보내는 연습을 해야 해요. 부인: 그래서 그냥 그거를 시키게 됐거든요. 좀 보내려고 해요. 치료자: 그래요? 부인: 만날 애기처럼 데리고 다니고 그랬거든요. 혹시 그래서 얘가 나아지지 않나 그래서요. 할머니네 집도 차 타고 혼자 가라고 하고요. (14회기)
함께 하는 시간 확보 노력	가족을 회피하는 아빠	남편: 일요일 날 나한테 애들이나 보라는 게 그게 되는 거야? 부인: 애를 보라는 게 아니라 같이 나가서 바람도 쐬고 하자는 거지. 남편: 애기 때 많이 했잖아. 부인: 애기 때 하는 거 하고, 지금 커 가면서 눈으로 보고 그러는 걸 애들은 바라는데, 왜 엄마 위주로만 하라고 나한테 미루냐는 거지. (11회기)	가족과 함께 하는 아빠	치료자: 가족이 시간을 함께 가지셨어요? 부인: 네. 치료자: 그전에도 노래방 가서 그렇게 같이 놀아 보신 적 있으세요? 부인: 그전에, 몇 번씩은 애들이 자꾸 가자고 하니까 아빠가 술 취하면 한 번씩 가자고 해서 가요. 그런데 술 안 취했을 때는 안 가죠. 치료자: 이번에는 그전에는 보여 주지 않았던 상당히 새로운 모습이 있었네요? 부인: 네, 그렇죠. (14회기)

(3) 가족과 의미 있는 시간 보내기

남편은 주말에 가족과 함께하며 자녀와 시간을 보내기보다 혼자 밖에서 술을 마시며 친구와 어울리기를 좋아했다. 그러나 상담을 통하여 부모는 부모 역할의 중요성을 깨달았고 가족과 함께할 수 있고 의미 있는 시간을 함께 보내고자 노력하였다.

3) 내담자의 문제행동 변화

(1) 학교생활의 적응 변화

가족치료 개입에 따른 내담자의 변화는 무엇보다도 학교생활을 잘 적응하게 된 것과 학습태도의 변화였다. 특히 기존의 특수학급에서 수업을 병행하였던 자녀는 다시 일반학급으로 이동하여 수업을 듣게 되었으며, 친구로부터 집단따돌림을 당하지 않게 되었고, 학교생활에 지각을 하지 않으려는 모습을 보이는 등 성실한 학생으로서 책임을 다하는 모습을 보였다. 또한 내담자는 숙제나 학교공부와 과제를 수행할 때 엄마 통제 없이 주도적으로 학습을 수행하는 변화를 가져왔다.

(2) 자매간 친밀성 회복

부모가 내담자를 인정하고 수용하였으며 동생에 대한 언니로서의 권위를 인정해 줌으로써 내담자는 동생을 미움의 대상으로 인식하는 것이 아니라 자신이 보살피고 돌봐 주어야 하는 대상으로 여기게 되어 자매간의 친밀성이 회복되었다.

〈표 10-4〉 내담자의 변화

구 분		가족치료 이전	가족치료 이후	
개 념	유 형	예 시	유 형	예 시
학교 생활 적응 변화	특수 학급 에서 수업	부인: 선생님께서 생각하시기에는 친구와 어울리지 못할 바에는 차라리 특수학급 수업을 받아 보는 것이 더 낫지 않을까, 중학교도 가야 되고 하니까. 그런 이야기를 하시더라고요. 그래서 보내게 되었어요. (1회기)	일반 학급 으로 전환	부인: 학교에서 전화가 왔는데요. 아이가 많이 좋아졌다고 했어요. 치료자: 그래요? 부인: 네. 치료자: 그래서요? 부인: 근데 이제 뭐, 주로 중학교 가서는 특수학급 안 해도 될 것 같다고. 정상적인 수업에 들어간대요. (10회기)

	학교 부적응	치료자: 어……. 그럼 학교 생활 하는 것은 어떠니? 자녀: 가기가 싫어서……. 치료자: 학교 가기가 싫어? 자녀: 네. (4회기)	학교 생활 적응	부인: 중학교 가더니 애가 빨리 일어나서 자기가 학교 갈 준비하고, 지각을 안 해야 하니까. 그러니까 중학교 가더니 바뀌더라고요. 많이 좋아졌어요. 아침에 8시만 되면 빨리 가야 된다고 하고, 지각을 하면 안 된다고 그러고. 뭐랄까, ○○가 중학교를 가더니 변했다는 걸 느꼈어요. (14회기)
	집단 따돌림	치료자: 응. 그럼 세 명하고 친하고 그리고 너 따 당하고 그런 것 있어? 집단따돌림. 자녀: 네. 치료자: 몇 명한테? 자녀: 전부 다……. 치료자: 전부 다? 반에서 세 명만 빼놓고? 자녀: 네. (4회기)	친구 관계 만족	치료자: 그럼 지금 학교생활에 대하여 불만족은 없어? 자녀: 네. 치료자: 친구와의 관계에서 어려운 부분은 없니? 자녀: 많이 사라졌어요. 이제 친구도 저랑 많이 친해지려 해요. (14회기)
자매간 친밀성 회복	친밀 하지 않은 관계	치료자: 동생이 어떻게 하면 너가 안 때리겠니? 자녀: 그냥 반말 안 하고요. 까불지 않으면. 치료자: 주로 어떤 식으로 까부니? 동생이 어떤 식으로 싸가지 없게 까불어? 자녀: 자꾸 반말하거나 저를 때리고 그래요. (4회기)	친밀한 관계로 회복	부인: 학원에 갔을 때도 챙겨 가지고 다니고, 동생이 언니한테 가서 기다리고 있고, 잘하더라고요. 또 요즘에는 숙제가 동생이 더 많더라고요. 그럼 동생이 "언니, 숙제 좀 도와줘." 그러면 "응." 하고 도와주고 "뭐 있니?" 그러면 이제 "한자랑, 뭐 있고, 뭐 있고, 뭐 하나만 도와줘." 둘이 그래서 "그래, 그럼 언니가 하나 도와줄게." 그러면 이제 그렇게 하고 시간이 늦으면 또 노는 시간이 없으니까 빨리 끝나면 놀고. (14회기)

4. 가족치료 개입에 따른 가족체계의 회기별 변화 과정

회기별 가족치료 개입에 따른 내담자 및 가족체계 간의 변화 과정은 〈표 10-5〉와 같다.

〈표 10-5〉 가족치료 회기별 변화 과정

회 기	참여원	치료과정 및 이론적 준거	치료과정을 통한 내담자/가족의 변화
1	엄마	• 자녀관계 및 부부관계 문제 상황 탐색 • 가족체계 개선에 대한 상담목표 확인	–가족갈등 상황을 확인하고, 가족갈등을 야기하고 있는 가족체계 상호작용 인지
2	아빠	• 남편의 입장에서 부부갈등 상호작용 탐색 • 원가족 배경 탐색 • MRI 의사소통 이론/Bowen의 가족체계 이론	–남편의 입장에서 시도된 해결책을 확인하고 역기능성에 대한 인식 –의사소통 방식의 근원이 원가족의 영향임을 인식
3	엄마	• 부인의 입장에서 부부갈등을 야기시킨 상호작용 방식을 탐색 • 원가족 배경 탐색 • MRI 의사소통 이론/Bowen의 가족체계 이론	–남편의 음주 이후 부인의 역기능적 상호작용 방식 인식 –자녀의 부적응 문제를 해결하기 위하여 부부관계가 선결되어야 함을 인식
4	내담자	• 부적응(왕따, 거짓말, 문제 확인) • 정서적으로 반응해 주지 않는 엄마와의 상호작용 탐색 • 내담자가 인식하는 가족하위체계 탐색 • MRI 의사소통 이론	–엄마와의 상호작용 방식이 자녀의 부적응 문제를 유발할 수 있음을 통찰
5	동생	• 동생이 인식하는 내담자–부모 관계 확인 • MRI 의사소통이론	–사례를 통한 역기능적 가족체계 간 상호작용 방식 인식
6	엄마, 아빠	• 부부관계 상호작용방식 확인 • 자녀–부의 동맹관계 확인 • 사례를 통한 자녀하위체계 인정 필요성 설명 • MRI 의사소통 이론/Bowen의 가족체계 이론	–시도된 문제를 해결 방식의 역기능성 통찰 –치료자의 중재로 연속적인 대화의 시도 –자녀의 행동 변화를 위해 부부관계의 변화의 필요성 인식
7	엄마, 아빠	• 부부관계의 변화된 모습 확인 • 치료자가 매개되어 부부간 오해를 해결(예, 남편의 성관계 요구) • MRI 의사소통 이론	–자녀–아빠의 동맹관계가 부부관계에 역기능적임을 인식 및 부부관계의 변화 이행 시작
8	내담자, 엄마	• 모–자녀 관계의 변화된 모습 확인 • 내담자의 변화된 모습 칭찬 • 자녀하위체계 인정 필요성 설명 • MRI 의사소통 이론	–엄마의 내담자에 대한 잔소리 횟수의 변화
9	내담자, 엄마, 동생	• 내담자의 다른 부적응의 문제 확인(거짓말) • 자녀를 통한 자녀하위체계의 확인 • MRI 의사소통 이론	–부부관계의 갈등과 다툼 횟수의 감소 –배우자에게 간섭하는 표현방식의 변화
10	엄마, 아빠	• 부부관계의 변화된 모습 확인 • MRI 의사소통 이론	–엄마에 대한 비난과 통제방식에서 인정하는 방식으로의 변화

11	내담자, 엄마, 아빠	• 가족과 함께하는 시간을 가질 것을 부에게 권유 • 가족생활주기에 따른 부모의 역할 교육 • Bowen의 가족체계 이론	–배우자에게 표현하는 방식은 변화하였지만, 남편과 아빠로서의 역할에 대한 인식
12	엄마, 아빠	• 배우자에게 비난하는 방식의 역기능성 설명 • 자녀의 문제행동 수정을 위한 부부관계의 변화 필요성 설명 • MRI 의사소통 이론/Bowen의 가족체계 이론	–자녀를 있는 그대로 수용하는 태도로의 엄마의 행동 변화
13	엄마, 아빠	• 자녀에게 일방적인 간섭의 역기능성 설명 • 내담자가 이야기를 꺼내 놓을 수 있도록 하는 무조건적 수용의 필요성 설명 • MRI 의사소통 이론/Bowen의 가족체계 이론	–부의 배우자 및 자녀와의 관계의 변화에 대한 통찰
14	내담자, 엄마	• 가족체계 간의 변화를 위한 새로운 방식 탐색 • MRI 의사소통 이론/Bowen의 가족체계 이론	–자녀하위체계와의 명확한 경계 유지 –가정 내 남편과 아빠로서의 역할 행동 변화 –가족과 함께하는 아빠 –내담자의 학교생활의 적응 변화

Ⅵ. 요약 및 함의

이 장은 내담자인 아동의 학교부적응, 집단따돌림 등의 문제행동에 대한 가족치료 사례연구로서, 내담자는 상담 초기 당시 초등학교 6학년이었으며, 2006년 7월부터 2007년 3월까지 총 14회기에 걸쳐 상담이 진행되었다. 이 장은 부부치료과정을 녹음한 테이프를 통하여 축어록을 작성하였고, 축어록 및 치료자의 메모기록을 근거로 질적 연구를 실시하였다.

또한 이 장은 분석을 통하여 문제행동을 표면적으로 나타내고 있는 내담자에게 미친 가족 내 관계특성을 파악하였고, 자녀의 증상을 완화시키기 위한 치료자의 개입방법, 내담자의 문제행동의 감소에 영향을 미친 가족관계의 변화를 살펴보았으며, 연구결과는 다음과 같다.

첫째, 내담자의 문제행동에 영향을 미친 부모의 특성은 부모가 서로 일방적이며 지시적인 의사표현 방식과 폭력적인 태도로 다툼을 일으킨 것과 그러한 배경에는 각자의 원가족으로부터 습득되어 온 가족문화와 밀착된 원가족 관계에서 비롯되었음을 알 수 있었다. 또한 자녀의 욕구에 둔감하며 일방적인 자녀의 양육태도와 감정을 수용하지 못하는 중립적인 태도 등의 부모와 자녀 간의 상호작용의 문제점이 자녀의 문제행동을 유발한 원인으로 파악되었다. 이러한 결과는 아동의 부적응 문제를 유발하는 원인으로 가정의 응집성 및 적응성과 관계가 있고, 특히 부부간의 불화 및 갈등은 자녀의 정서적 문제행동인 스트레스, 우울과 불안, 삶의 만족수준과 가장 밀접한 관계가 있다는 김경혜, 정현아(2005), 정소희(2011), 이순옥, 김춘경(2006) 결과와 일치하였다.

둘째, 치료자는 먼저 부모에게 부부간의 의사소통의 변화가 필요한 이유를 설명하였고, 사용하는 의사소통 방식에서의 역기능성을 인식시켰다. 치료자의 부부간 의사소통 개선을 위한 접근전략은 다음과 같이 정리할 수 있다. 먼저 치료자는 부모에게 부부가 서로 수용하고 인정하는 표현 방식을 사용할 것을 제안하였고, 서로의 변화에 대한 욕구를 인식시켰으며, 표현 방식에 대한 이해를 돕기 위해 부부간의 입장을 재명명하였다. 또한 치료자는 원활한 의사소통을 위한 중간 개입, 상대방의 장점 확인시키기, 그리고 솔직한 의사소통 방식을 설명하였다. 치료자는 자아분화 필요성에 대한 개입 전략으로 부모에게 원가족과의 경계를 갖도록 하였으며 중재자 역할의 역기능성과 삼각관계에 대한 이해를 인식시켰고, 치료자 자신의 자기개방을 하였다. 끝으로 치료자는 부모에게 내담자에 대한 양육태도의 변화를 위하여 내담자의 감정에 호응하도록 편들어 주기 방식의 효과성을 설명하며 자매의 서열에 대해서 인정해 줄 것과, 간섭과 관심의 차이를 인식시켜 자녀가 부모로부터 애정을 느끼도록 할 것을 제안하였으며, 자녀체계와 일정한 경계를 두고 자녀가 원하는 부모의 역할을 하도록 하였다.

셋째, 이러한 치료 개입을 통하여 부부는 부부관계에서 갈등과 다툼의 횟수가 현저히 줄어들었으며 표현 방식에서도 상대를 간섭하기보다는 인정하고 수용하는 방식으로 전환되었고, 배우자 역할을 존중하는 표현 방식을 사용하게 되었다. 또한 부모-자녀 간의 관계 변화도 나타났는데, 부모는 내담자의 모습을 수용하도록 노력하였으며 부모-자녀 체계의 경계를 두기 위해 일정한 거리를 두는 의도적인 연습과 자녀와 함께 부모가 의미 있는 시간을 보내려는 모습을 통해 변화를 확인할 수 있었다. 이러한 부모와 내담자간의 관계 변화는 가족치료의 궁극적인 목표였던 내담자의 문제행동의 감소로 이어졌다. 학교부적응 및 집단따돌림 등의 어려움을 겪고 있던 내담자는 특수학급 수업에서 일반학급으로 전환되었고, 집단따돌림을 당하지 않게 되었으며, 학교생활에서도 열심히 적응하려는 모습으로 변화되었다. 또한 자매관계에서도 친밀성이 회복되어 서로 도움을 주려는 관계로 변화된 모습을 확인할 수 있었다.

이 장은 부모의 불화에 따른 반복된 갈등 상황에서 비롯된 불안이 자녀의 부적응행동에 영향을 주고 있다는 가족과정모델 측면에서 가족치료적 접근을 이루고 있다. 치료자는 MRI의 모델에서의 문제를 해결하려고 했던 내담자 가족의 역기능적인 의사소통 방식을 발견하여 기존의 '시도된 방식'에서 새로운 의사소통 방식으로 변화시켰다. 또한 Bowen의 가족체계 이론을 적용하여 원가족과의 분화와 세대 간 경계를 명확히 하는 가족치료 접근을 통하여 갈등이 덜 발생되도록, 가족 내 불안을 기능적으로 다룰 수 있도록 변화를 추구하였다. 이 장의 결과를 통하여 연구자는 가족관계의 특성과 아동의 적응에서 기능적인 가족은 무엇보다도 갈등 없는 가족관계로부터 파생된다는 것, 기능적인 가족관계는 건강한 부부관계로부터 출발된다는 것, 기능적인 부부관계는 가족기능의 안정적 바탕을 제공하지만 역기능적인 부부관계는 전체 가족 단위의 적응능력과 효율적인 기능을 약화시키는 스트레스의 근원으로 부부갈등을 발생시키고 자녀가 자율적으로 기능하는 성장발달에 부정적인 영향으로 작용한다는 것을 확인할 수 있었다(문장원, 1997; 최규련, 1994; Campbell, 1990).

물론 이 장은 단일가족치료례로서 가족 내 갈등을 경험하는 초기 청소년의 부적응 문제에 대한 개입 효과를 일반화하기에는 어려움이 있으나, 부부갈등으로 자녀의 문제행동을 호소하는 가족상담을 실시할 경우 MRI 모델과 Bowen의 가족체계 이론을 적용함으로써 효과적인 결과를 얻을 수 있다는 것을 보여 주었다. 이러한 결과는 청소년의 부적응 문제에 대한 상담과정에서 부부의 원가족에 걸린 자아분화 문제와 부부의 역기능적 의사소통 방식에 초점을 두고 접근하는 것이 상담자 입장에서 도움을 얻을 수 있으리라 사료된다.

참고문헌

강란혜(2006). 아동이 지각한 가족관계가 아동의 우울성향에 미치는 영향. 한국가족복지학, 11(1), 39-52.

김갑숙, 전영숙(2009). 청소년의 부모-자녀의사소통과 자아분화가 불안에 미치는 영향. 한국가족복지학, 14(4), 79-94.

김경혜, 정현아(2005). 아동이 지각한 모-자녀 간 의사소통 유형과 아동의 스트레스 및 정서적 부정응 행동과의 관계. 방과후아동지도연구, 2(2), 113-131.

김리은(1996). 부모의 언어통제유형과 아동의 부적응과의 관계. 고려대학교 대학원 석사학위논문.

김소향(1994). 부부갈등에 대한 아동의 감정적 평가와 인지적 평가. 숙명여자대학교 대학원 석사학위논문.

김지현, 조윤희, 박성운(2007). 고등학생이 지각하는 부모와의 갈등에 관한 연구. 부모교육연구, 4(1), 5-19.

문장원(1997). 과잉행동아동의 부모에 대한 상담 및 훈련. 정서 · 행동장애연구, 13(1), 51-70.

박태영(2009). 마리화나 피는 아들애 대한 가족치료 사례연구. 한국가족치료학회지, 17(1), 57-96.

박태영(2001). 가족치료 이론의 적용과 실천. 서울: 학지사.

박태영, 은선경(2008). 가출청소년의 가족치료 사례연구–회기진행에 따른 변화과정을 중심으로–, 한국가족치료학회지, 16(2), 49-66.

엄명용(1997). 아동의 부적응 행동 및 가족 기능 양상과 가족 체계 유형과의 상호관계. 한국사회복지학, 8, 235-266.

이미경(2005). 청소년의 가족문화와 대인관계 적응–우울과 불안의 매개효과를 중심으로–. 고려대학교 교육대학원 석사학위논문.

이순옥, 김춘경(2006). 부부갈등이 아동의 사회적 관계에 미치는 영향. 대한가정학회지, 44(10). 101-108.

이영분, 신영화, 권진숙, 박태영, 최선령, 최현미(2008). 가족치료 모델과 사례. 서울: 학지사.

임은정(2005). 학령기 아동의 불안 및 우울과 친구관계 특성의 관계. 연세대학교대학원 석사학위논문.

정소희(2007). 사회경제적 지위, 부부갈등, 부모양육행동, 자아통제력이 청소년비행에 영향을 미치는 경로분석. 사회복지연구, 32, 5-34.

정소희(2011). 갈등적인 부부관계와 한부모가족 어느 것이 아동의 정신건강에 더 해로운가?. 사회복지연구, 42(4), 163-186.

정익중(2007). 청소년기 자아존중감의 발달궤적과 예측요인. 한국청소년연구, 18(3), 127-166.

최규련(1994). 가족체계유형과 부부간 갈등 및 대처방안에 관한 연구. 한국가정관리학회지, 12(2), 140-152.

Bowen, M. (1982). *Family Therapy in clinical practice.* New York: Jason Aronson.

Brosnan, R., & Carr, A. (2000). Adolescents conduct problems. In A. Carr (Ed.), *What works with children and adolescents?: A critical review of psychological interventions with children, adolescents, and their families*(pp.131-154). Philadelphia, PA: Taylor and Francis.

Campbell, S. B. (1990). *Behavior problems in preschool children: Clinical and developmental issues.* New York: Guilford.

Carter, B., & McGoldrick, M. (2005). *The expanded family life cycle: Individual, family and social perspectives.* Boston: Allyn and Bacon.

Fisch, R. (1986). The brief treatment alcoholism. *Journal of Strategic and Systems Therapies, 5,* 40-49.

Gavazzi, S. M. (1993). The relationship between family differentiation levels in family with adolescent and the severith of presentiong problems, *Family Relations, 42,* 463-468.

Goldenberg, I., & Goldenberg, H. (2007). *Family thrapy: An overview.* Pacific Grove, CA: Brooks/Cole.

Jackson, D. D. (1965). Family Homeostasis and the Physician. *Calif Med, 103*(4), 239-242.

Kerr, M. E., & Bowen, M. (2005). **보웬의 가족치료 이론** (남순현, 전영주, 황영훈 공역). 서울: 학지사.

Kerr, M. E., & Bowen, M. (1988). Family Evaluation. New York: Norton.

Lawson, D. M., & Prevatt, F. (2011). **가족치료사례집**(박태영, 김현경 공역). 서울: 센게이지러닝.

Lawson, D. M., & Prevatt, F. (1998). *Casebook in Family Therapy.* Belmont, CA: Wadsworth Cengage Learning.

Lerner, H. (2004). **친밀한 가족관계의 회복**(박태영, 김현경 공역). 서울: 학지사.

Lerner, H. G. (1989). Dance of intimacy: A woman's guide to courageous acts of change. New York: Harper & Row.

Miles, M. B., & Huberman, A. M. (1994). *Qualitative data analysis.* Thousand Oaks, CA: Sage.

Nichols, M. P., & Schwartz, R. C. (2008). *The essential of family therapy.* Boston, MA: Allyn and Bacon.

Nichols, M. P. (2010). *Family therapy: Concepts and methods* (9th ed.). Boston, MA: Allyn and Bacon.

Ohannenssian, C. M., Lerner, R. M., Lerner, J. V., & Alexander, E. (1994). A longitudinal study of perceived family adjustment and emotion adjustment in early adolescence. *Journal of Early Adolescence, 14,* 371-390.

Park, T. Y., Cho, S. H., & Seo, J. S. (2006). A qualitative analysis of complusive buying case by a grounded theory method. *Contemporary Family Therapy, 28*(2), 239-249.

Patton, M. Q. (2002). Qualtive research and evaluation methods. Thousand Oaks, CA: Sage.

Sarrazin, J., & Cyr, F. (2007). Parental conflicts and their damaging children. *Journal of Divorce and Remarriage, 47,* 77-93.

Steinberg, L., & Morris, A. S. (2001). Adolescent development. *Annual Review of Psychology, 52,* 83-110.

Watzlawick, P., Beavin, J. H., & Jackson, D. D. (1967). Pragmatics of human communication. New York: Norton.

Weakland, J. H. (1993). Conversation-but what kind?. In S. Gilligan., & R. Price(Eds.), *Therapeutic conversation*(pp.136-145). New York: Norton.

Whitbeck, L., Danny, R., Roland, L., Rand, D., Glen, H., Frederick, O., & Shirly, M. (1992). Intergenerational continuity of parental rejection and depressed affect. *Journal of Personality and Social Psychology, 63,* 1036-1045.

Woolfenden, S., Williams, K., & Peat, J. (2002). Family and parenting interventions for conduct disorder and deliquecy a meta-analysis if randomize controlled trials. *Archives of Dieses in Childhood, 86*(4), 251-256.

제11장

자해행동을 하는 자녀에 대한 가족치료 사례연구

박태영 · 유진희

이 장은 칼, 샤프 등으로 신체를 학대하는 자해행동을 하는 자녀의 문제 때문에 어머니가 상담을 의뢰하여 개입한 가족치료 사례연구로 자녀의 자해행동과 가족체계 특성의 관계와 자녀의 자해행동에 대한 치료자 개입의 과정과 기법, 가족치료의 효과성을 살펴보고자 하였다. 이 장에 참여한 가족은 부모, 딸 2명으로 구성된 4명의 가족이며, 상담은 2008년 7월부터 11월까지 총 10회 진행되었다. 이 장은 10회기의 상담 축어록과 상담 시 기록한 메모를 근거로 해서 형성된 범주를 Miles와 Huberman(1994)이 제안한 매트릭스와 네트워크를 사용하여 분석하였다.

이 장 결과 자녀의 자해행동은 부부의 원가족 갈등과 문제해결을 위해 시도해 왔던 역기능적 의사소통 방식으로 인해 나타나고 있었다. 치료자는 치료적 동맹관계 형성, 다세대 전수과정 설명, 시도된 해결책 설명, 새로운 의사소통 방식을 제안함으로써 가족구성원의 전반적인 관계 변화를 유도하였다. 이러한 치료자의 개입 결과, 자녀의 자해행동은 점차 호전되는 결과를 보였으며, 또한 가족구성원 개인과 가족관계에도 변화가 나타났다.

Ⅰ. 서 론

일반적으로 가정은 자녀에게 기본적인 욕구를 충족시켜 주는 가장 중요한 환경이며, 자녀는 부모의 행동이나 언어의 많은 영향을 받는다. 또한 자녀는 가정 내에서 가족구성원과 함께 상호작용하면서 심리적이고 정서적인 만족감을 얻을 수 있다. 그런데 최근 사회적 구조가 변함에 따라 현대사회 가족의 모습은 이혼, 한부모, 동성애, 다문화 가족 등 다채로운 양상을 보이고 있으며, 가족의 구조, 기능, 특성도 급변하였다. 가족구조와 가족기능이 급변하면서 그에 따른 가족문제가 나타나고 있고, 특히 자녀와 관련된 문제행동은 심각하게 대두되고 있다. 즉, 자녀의 문제행동은 사회적 규범으로부터 벗어나는 행동으로 가족환경 및 아동의 개인적 특성 간의 상호작용 과정에서 발생하는 행동적 · 정서적 부적응의 결과다(한미현, 유안진, 1995).

특히 자녀가 다른 가족구성원들과 원만하게 상호작용을 못하면 불안, 우울, 집단따돌림, 틱장애, 공격성 그리고 또 다른 문제행동이 나타나게 된다(박태영, 문정화, 2010a; 박태영, 문정화, 2010b; 박태영, 박진영, 2010; 박태영, 유진희, 2012). 또한 가족체계 내에서 부모의 자아분화 수준이 낮을수록 부부갈등이 심화되어 자녀의 문제행동을 악화시키며(이혜경, 이은희, 2011), 자녀의 원가족에서 자아분화 수준과 부모와의 상호관계는 이후 자녀의 정서적 건강과 자녀의 결혼생활에도 영향을 미치게 된다(하상희, 2008).

원가족 부모로부터의 경험은 자신의 자녀를 양육하는 데 중요한 요소가 될 수 있으며 건강한 가족에서 성장한 개인은 성인이 되어서도 건강한 정서 상태를 유지한다(김순기, 2001). 이처럼 자녀의 문제행동에 영향을 미치는 요인으로 인간이 태어나서 접하는 가족 내의 상호작용이 중요한 역할을 하는 것을 알 수 있다.

더불어 가정 내에서 부모와 자녀의 의사소통은 가정생활을 원만하게 하고 부모-자녀 간의 상호작용과 자녀의 사회화와 성숙에 중요한 역할을 한다(노성향, 1994). 가

제11장은 '한국가족치료학회지(2012). 제20권 3호, pp. 329-354.'에 게재된 논문임.

족구성원 간의 역기능적인 의사소통방식을 사용하면 가족관계가 악화되고 반대로 기능적인 의사소통방식을 사용하면 가족 간에 가치와 의사를 전달함으로써 가족구성원은 안정감을 얻게 된다(이영미, 민하영, 이윤주, 2005). 또한 부모-자녀 간 의사소통이 역기능적일수록 자녀의 비행과 밀접한 관련이 있으며, 내 · 외현화 문제행동에 직 · 간접적으로 영향을 미친다(권복순, 2000). 또한 부모와 자녀의 역기능적인 의사소통은 부모의 원가족 분화 경험에 기초하며, 이는 가족체계 내에서 세대에 걸쳐 전수되면서 부모-자녀 간의 상호작용하는 방식에 영향을 미친다(Bartle-Haring, & Sabatelli, 1998).

이와 반대로 부모-자녀 간 의사소통이 순기능적으로 작용할 때 자녀는 부모를 신뢰하고 개방적이 되어 심리적 성장발달을 원만하게 수행할 수 있으며(남정홍, 2001), 부모-자녀 간의 촉진적 의사소통 수준이 높을 때 자녀의 문제행동의 정도가 더 낮게 나타났다(장영애, 이영자, 2011). 또한 가족구성원 간의 의사소통이 잘 이루어질수록 의사소통 능력도 향상되고 가족관계의 만족감도 커지는 것으로 나타났다(한주리, 허경호, 2004). 이처럼 가족구성원 간의 의사소통은 가족의 상호작용을 촉진시키고 상호 간의 문제를 파악하여 해결할 수 있게 하거나 친밀감을 증진시키는 등 심리적 상태에 영향을 주어 갈등을 해소할 수 있도록 도와준다(민하영, 1991). 이러한 가족구성원의 정서적인 안정을 위한 가정의 기능이 강조되면서 의사소통의 기능이 중요시되고 있으며(김연, 황혜정, 2005), 자녀의 긍정적인 성장을 위해서 부모와 자녀 간에 기능적인 의사소통이 이루어져야 함을 알 수 있다.

또한 역기능적인 의사소통방식에 따른 부부갈등은 어느 가정에서나 일어날 수 있는 생활의 일부분이지만 갈등 수준이 심각할 때는 갈등의 당사자인 부부뿐만 아니라 자녀에게 부정적인 영향을 미칠 수 있다. 따라서 부부갈등을 잘 다루면 부부친밀감이 증진되고 자녀에게 바람직한 행동을 습득할 수 있도록 하는 효과가 있지만, 그렇지 않을 경우는 부부관계가 붕괴될 수 있고 자녀의 문제행동에도 부정적인 영향을 미친다(노윤옥, 전미경, 2006; Kitzmann, 2000). 이러한 부부갈등은 아동의 공격성, 불복종과 같은 외현화 행동문제와 우울, 불안, 철회와 같은 내면화 행동문제 간에 관계가 있다(권영옥, 이정덕, 1999).

이와 같이 기존의 연구는 자녀에게 일어나는 문제행동은 부모의 원가족 경험, 부모와의 의사소통, 부부의 갈등수준 등 가족구성원 간의 갈등이 요인으로 작용하고 있음을 보고하고 있다. 그러나 지금까지는 부모의 원가족 경험과 역기능적인 의사소통 방식에 따른 자녀의 문제행동을 심층적으로 다루고 해결방안까지 제시한 선행 연구가 미흡하다. 따라서 이 사례연구는 자녀의 자해행동이 어느 한 개인의 문제로 야기되는 결과가 아니라 가족체계 내에서 발생하는 문제임을 인식하고, 특히 자해 행동을 보이는 자녀의 문제행동의 변화 과정을 살펴봄으로써 문제해결을 위해 효과적으로 개입할 수 있는 구체적인 방안을 모색하고자 한다. 이에 이 장은 부모-자녀 간의 효과적이고 새로운 의사소통 방식에 대한 이해를 돕고 원가족으로부터 분화되어 가족구성원이 기능적으로 상호작용하면서 변화하는 내용을 살펴보고자 한다. 또한 가족치료 실천현장에서 효과적인 개입을 위한 기초자료를 제공하고자 하며 연구 문제는 다음과 같다.

첫째, 자녀의 자해행동과 가족체계 특성의 관계는 어떠한가?
둘째, 자녀의 자해해동에 대한 치료자의 치료과정과 치료기법은 무엇인가?
셋째, 자녀의 자해행동에 대한 치료자 개입 후 가족치료의 효과는 어떠한가?

II. 이론적 배경

1. Murray Bowen의 가족체계 이론

Bowen(1976)의 가족체계 이론에서는 가족을 하나의 정서적 단위로 보았으며, 가족구성원은 개체로서 작용하며 일정한 속성을 가지고 서로 상호작용을 한다고 하였다. 특히 어머니와 자녀 사이의 미분화된 정서적 관계를 중시했으며, 가족투사과정이 부모에게서 시작하지만 자녀는 그 역할을 즉시 수행하게 되고 이것은 또한 부모의 불안과 관심을 증가시킨다는 것이다. 이 과정은 심각하게 손상 받은 자녀가 태어나기 전 몇 세대를 거슬러 올라갈 수 있으며 한 세대에만 일어나는 것이 아니라 과거세대 내에서 일어났던 것이 쌓여서 일어난 것이다(Papero, 1995). 즉, 현재 핵가족에서 상호작용하는 패턴은 원가족 경험으로부터 비롯되어 온 패턴임을 예측할 수 있으며 세대 간을 뛰어넘는 강한 모자관계는 다음 세대의 모자관계에서도 나타나게 됨으로써 이러한 가족관계의 양상이 다음 세대에도 계속되는 것이다(김유숙, 2007).

또한 Bowen은 삼각관계를 가장 불완전한 관계체계로 보고 삼각관계가 일시적으로 불안이나 스트레스 감소에 도움은 줄 수 있으나 가족의 정서체계는 더욱 혼란스러운 증상을 나타낸다고 주장하였다(Goldenberg & Goldenberg, 2007). 삼각관계가 일어나는 주요 원인은 자아분화 수준과 경험하는 긴장 정도로, 자아분화 수준이 낮고 긴장이 심할수록 그런 현상은 두드러진다고 할 수 있다(김유숙, 1999). 또한 자아분화 수준이 낮을수록 부부갈등이 많으며 이성적인 대처보다는 감정 · 행동 표출, 회피 등의 역기능적인 행동이 많이 발생하였다(전춘애, 1994; 한미향, 1999; 한영숙, 2007). 이렇듯 원가족과 관련된 변인은 부부갈등에 영향을 미치고, 특히 분화되지 못할수록 부부갈등은 높게 나타난다고 하였다(정문자, 이종원, 2003; 조은경, 정혜정, 2008). 가족치료에서 분화는 치료의 목표인 동시에 성장의 목표이며, Bowen(1976)은 이러한 가족문제를 해결할 수 있는 유일하고 효과적인 방법은 원가족과의 상호작용을 변화시키는 것이라고 하였다. 원가족과의 상호작용이 변화한 이후에야 비로소 분화가 진행될 수 있으며, 각 개인은 가족의 지배적인 정서에 대해 덜 예민하게 반응할 수 있는 것이다(송성자, 1998).

이와 같이 Bowen의 가족체계 이론을 근거로 치료 목표, 부모의 원가족 탐색, 다세대 전수과정 조명, 자아의 분화 등 치료자의 개입을 통해 가족체계적 상호작용의 역동성과 가족관계의 변화, 자녀의 자해행동 변화 과정을 살펴봄으로써 가족치료적 개입의 효과성을 파악할 수 있다.

2. MRI의 상호작용적 의사소통모델

MRI의 의사소통모델은 내담자가 지금까지 문제를 해결하려고 시도했으나 결국에는 문제를 해결할 수 없었던 역기능적인 상호작용을 변화시키기 위해서 과거에 성공한 경험이 있는 방식 또는 지금까지 시도해 보지 않았던 새로운 방식으로 문제를 해결하는 접근법이다(Nichols & Schwartz, 2001). MRI 집단은 '문제'란 오랫동안 그 문제를 변화시키려고 지속해 온 바람직하지 못한 행동으로 이루어진 것이며 이러한 문제행동이 지속되는 것은 일차적으로 그 문제행동을 변화시키려고 사용했던 방법, 즉 사람들의 '시도된 해결'에 있다고 본다(박태영, 2001). 따라서 치료자의 일차적인 임무는 내담자에게 지금까지 시도해 온 해결책을 소개하거나 새로운 행동을 제안함으로써 기존의 행동과 대체하는 것이다(Weakland, 1993). MRI 접근법은 문제를 유지시키는 현재의 해결 방식을 제지하고 가정 내에서 행동적인 변화가 일어나게 하는 데 초점을 두는 경향이 있다(Shoham, Rohrbaugh, & Patterson, 1995). 또한 MRI 집단은 문제를 둘러싸고 있는 상호작용의 과정을 강조하고 일반적인 시각에서 더 폭넓게 진행되는 의사소통의 교류 가운데 가족문제를 설명할 수 있는 것으로 본다(Duncan, Solovey, & Rusk, 1992). 따라서 치료자는 가족구성원이 문제를 해결하기 위하여 역기능적으로 시도하였던 해결책에 대해 탐색하였고 가족구성원으로 하여금 새로운 문제해결 방식을 습득하도록 함으로써 문제해결뿐 아니라 가족관계의 변화를 시도하였다.

III. 연구방법

1. 내담자의 주요 호소문제와 가족배경

내담자는 샤프, 커터칼 등으로 자해행동을 하는 첫째딸의 문제로 상담을 의뢰하였으며, 가족구성원 간의 의사소통이 전혀 되질 않아 힘들어하고 있었다. 특히 원가족과 분화가 되지 않고 과도한 역할을 수행하고 있는 남편은 항상 집에 들어오면 짜증과 폭력을 행사하는 등 역기능적인 의사소통 방식을 사용하고 있었다. 또한 듣고 싶은 이야기만 듣는 남편의 의사소통 방식은 다른 가족구성원과 대화하는 데 많은 어려움을 겪게 하였다. 부인은 남편과의 상호작용을 통해 자녀의 문제행동 완화와 가족구성원 간의 기능적인 의사소통이 이루어지길 원했다. 이와 같은 치료목표에 따라 치료자는 가족구성원이 문제를 해결하기 위해 지금까지 시도되지 않았던 새로운 의사소통 방식을 사용하게 함으로써 자녀의 자해행동의 완화와 가족관계의 변화에 초점을 두었다.

가족은 아버지(44), 어머니(38), 첫째딸(14), 둘째딸(9)로 구성되었고, 아버지의 원가족은 할아버지(80)를 중심으로 밀착된 관계를 형성하고 있었다. 할아버지는 폭력, 폭언 등 역기능적인 의사소통 방식을 사용하고 있었으며, 내담자 아버지의 형제는 부모뿐만 아니라 다른 형제를 불신하고 있었다. 또한 할아버지는 자녀를 이간질시키는 표현을 사용하고 있었으며, 모든 경제권을 쥐고 좌지우지함으로써 내담자 아버지 형제의 관계를 더욱 악화시키고 있었다. 특히 할아버지를 중심으로 내담자 아

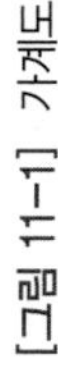

[그림 11-1] 가계도

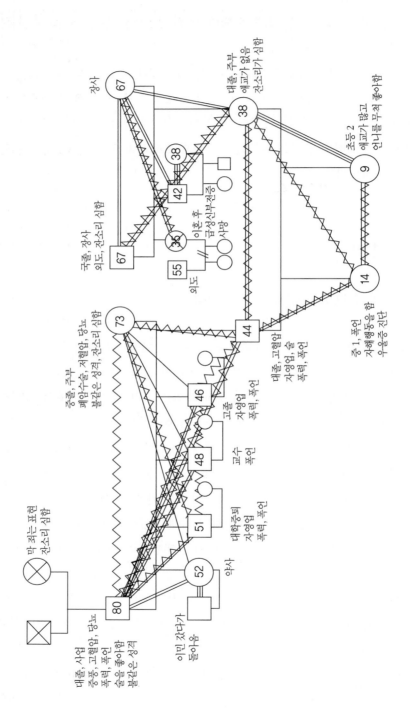

버지 삼형제가 함께 사업을 하면서 형제는 서로 극도의 스트레스를 받고 있었다. 이렇듯 내담자 아버지가 원가족과 직장에서 과도한 역할을 하면서 쌓여 가는 불만을 부인과 자녀에게 표출함으로써 내담자 가족구성원 간의 갈등은 더욱 심각해지고 있었다. 내담자 할머니(73)는 폐암수술을 받았으며 불같은 성격으로 잔소리가 많아 아들, 며느리와 관계가 안 좋았고 시부모의 사이 또한 안 좋은 것으로 나타났다. 내담자 아버지는 원가족에서 사용하는 폭력, 폭언 등 역기능적인 의사소통 방식을 사용하고 있었으며, 어머니의 표현 방식도 잔소리가 심한 역기능적인 방식으로 첫째딸을 자극하였고, 동생은 어머니와 밀착관계로 자매간에 스트레스를 받는 관계였다([그림 11-1] 가계도 참조).

2. 연구대상 및 치료방법

이 장에 참여한 가족은 부모, 딸 2명으로 구성된 4명의 가족이며, 상담은 2008년 7월부터 11월까지 총 10회 진행되었다. 개별상담, 부부상담, 부모와 자녀를 포함한 가족상담으로 진행되었다(1~2회기: 엄마, 3회기: 엄마와 첫째딸, 4회기: 엄마와 둘째딸, 5회기: 아빠, 6회기: 부부, 7회기: 자매, 8회기: 아빠와 첫째딸, 9회기: 엄마와 첫째딸, 10회기: 부모와 자녀).

치료자는 Bowen의 가족체계 이론과 MRI의 상호작용적 의사소통모델을 바탕으로 각 회기별로 상담목표를 설정하고 부모의 원가족 배경 탐색과 가족구성원의 의사소통 방식 탐색, 부부갈등과 자녀의 문제를 해결하려고 시도했던 역기능적인 의사소통 방식을 살펴보았다. 또한 치료자는 내담자 가족구성원이 문제를 인식하고 해결하는 데 도움을 주기 위하여 가족구성원과 치료적 동맹관계 형성, 원가족 탐색, 다세대 전수과정 설명, 시도된 해결책 설명, 새로운 행동과 의사소통 방식 제안 등의 치료기법을 사용하였다. 이와 같은 치료과정과 치료기법을 통하여 자녀의 자해행동은 점차 호전되는 결과를 보였으며, 또한 가족구성원 개인과 가족관계에도 변화가 나타났다.

3. 분석방법 및 신뢰도 검증

이 장은 단일사례연구로서 개방코딩한 자료를 검토하여 내담자 자녀의 자해행동과 가족체계 특성의 관계, 자녀의 자해행동에 대한 치료자의 치료과정과 치료기법, 치료자 개입 후 가족치료의 효과로 분류하여 개념화와 범주화를 통해 분석하였다. 또한 치료자의 개입방법과 효과성을 총체적으로 보여 주기 위해서 10회기의 상담 축어록과 상담 시 기록한 메모를 근거로 형성된 범주를 Miles와 Huberman(1994)이 제안한 매트릭스와 네트워크 방법을 사용하였다. 이 장에서 신뢰도를 높이기 위해 축어록, 상담일지, 상담녹화자료를 통한 자료의 삼각화를 실시하였으며, 윤리성 확보를 위해 노출될 수 있는 가족치료 참여자의 개인적 정보는 삭제하였다.

Ⅳ. 연구결과

1. 내담자 자녀의 자해행동과 가족체계 특성의 관계

내담자 자녀의 자해행동과 가족체계 특성의 관계에 대해서 〈표 11-1〉과 같이 16개의 하위 범주, 5개의 중간 범주, 2개의 상위 범주가 도출되었다. 원가족에서 전수되어 내려오는 역기능적인 의사소통 방식인 폭언과 폭력 등으로 발생한 주요 사건은 가족구성원 간의 관계를 악화시켰다. 특히 이와 같은 역기능적인 의사소통 방식 때문에 부부관계, 부모-자녀관계가 악화되었고 자녀는 심리적으로도 불안해하였으며 문제행동을 나타냈다. 또한 경제권을 가지고 좌지우지하는 친할아버지를 중심으로 부의 원가족은 서로 신뢰하지 못하였고, 친조부와 아버지 형제는 정서적으로 단절되어 있으며 극심한 스트레스를 받았다. 특히 같은 공간에서 일을 하는 아버지의 형제는 경계선의 모호성, 형제간의 무관심과 다툼 등 하위체계가 약화되었고 재산을 조금이라도 더 확보하기 위해 부모-자녀 간에 폭력, 폭언 등의 역기능적인 의사소통 방식을 사용하였다.

〈표 11-1〉 내담자의 자해행동과 가족체계 특성의 관계: 개념 추출과 범주화

상위 범주	중간 범주	하위 범주	개 념
원가족과 갈등	부(아빠)의 원가족 경험	과도한 역할	• 삼형제가 공동 직장에서 함께 일을 하지만 가장 일을 많이 하며, 원가족 내에서도 가장 많은 역할을 수행함
		경제권이 없음	• 경제권에 대해 서로 불만/박봉의 급여를 받는 대신 빌딩이나 집을 사 주지만 명의만 자식 앞으로 해 놓고 임대료는 할아버지가 다 챙김
		할아버지의 미분화된 자아	• 자식에 대해 강한 애착은 있지만 경제권을 가지고 있으면서 모든 가족구성원의 생활에 개입하고 형제 간에 이간질을 시킴
		부모, 형제 간의 정서적 단절	• 아버지, 큰형, 셋째형이 너무 싫음/형제간의 힘 겨루기에서 아빠가 가장 약함 • 경제적인 요인들 때문에 부모와 형제 간의 갈등이 심함/큰형은 부모님과 사이가 안 좋으며 누나와 셋째형은 어머니와 관계가 좋고 형제간의 삼각화를 통한 편 가르기를 함
	모(엄마)의 원가족 경험	아버지와 형부의 외도	• 10년 동안 아버지가 바람을 피웠고, 형부도 바람이 나서 언니와 이혼을 함
		화가 나면 폭력, 쪼이는 표현	• 친정엄마는 화가 나면 자녀를 때리고 상대방을 피곤하게 하는 표현을 사용함
역기능적인 의사소통 방식	부(아빠)의 역기능적인 의사소통 방식	폭력적임	• 몽둥이, 쇠파이프, 우산 등으로 자녀에게 폭력을 사용함
		욕설 등 거친 표현을 함	• 화가 나면 가족에게 대놓고 바로 욕을 함
		감정기복이 심함	• 화내야 할 때는 화를 안 내고 감정의 굴곡이 너무 심해 언제 폭발할지 몰라 불안함
		대화가 안 되며 듣고 싶은 이야기만 들음	• 스트레스가 너무 심해 머릿속이 복잡해서 들은 척만 하고 딴 생각을 함/첫째딸은 집안 이야기만 하면 대화를 끊어버림
		귀찮게 하고 잔소리를 함	• 항상 매일 똑같은 이야기를 반복적으로 잔소리를 함
	모(엄마)의 역기능적인 의사소통 방식	폭력적임	• 화가 나면 이야기도 들어 주지도 않고 막 때림
		화가 나면 막말을 함	• 어느 순간 화가 나면 심하게 욕을 함
		잔소리가 심함	• 일일이 확인을 하고 계속 쪼아대는 잔소리 때문에 짜증이 나고 열받음
	둘째딸의 의사소통 방식	고자질을 함	• 언니와 있었던 모든 일을 엄마에게 고자질하여 언니를 자극시키고 있음
		안기고 스킨십을 함	• 첫째딸은 스킨십을 별로 좋아하지 않는데 동생은 언니를 안고 귀찮게 함

1) 원가족과 갈등

(1) 부(아빠)의 원가족 경험

부의 원가족은 미분화된 할아버지가 막강한 힘을 가지고 있으면서 형제간의 사이를 좌지우지하고 있었다. 할아버지는 자식에 대한 애착은 있었지만, 모든 경제권을 쥐고 있으면서 형제 사이를 이간질시켰다. 아빠는 원가족에서 과도한 역할을 수행하고 있었다. 부는 자신의 아버지가 중풍으로 쓰러져 거동이 불편해지자 매일 출퇴근을 시켜 드렸으며, 함께 운영하는 가게에서도 과도한 작업량을 수행하였다. 또한 부는 형제가 일도 하지 않고 재산만 챙기는 모습에 많은 불만이 생겼으며, 텔레비전을 구입하는 것도 아버지의 허락을 받아야 하는 상황에서 많은 스트레스를 받고 있었다. 따라서 부는 원가족과의 갈등이 매우 심각한 수준이었고, 이는 곧 세대 간에 그대로 전수되어 부부갈등을 더욱 악화시켰으며 자녀의 자해행동에도 영향을 미쳤다.

'과도한 역할'

치료자: 남편이 시아버지와 관계에서 스트레스 받는 건 없으셨나요?

엄 마: 많이 받죠. 애아빠는 지금도 일하다가 아버지가 "야, 바람 쐬러 가자." 이러 면은 일하다가도 가야 하고 거의 종 같은. 그러니까 어떨 때는 자기가 그러더라고. "진짜 나 이런 소리 하면 죄받겠지만 아버지 빨리 돌아가셨으면 좋겠어! 힘들어 죽겠어!" (2회기, 엄마)

'경제권이 없음'

아 빠: 나도 내 나이에 집이 있고 상가가 있고 재산세도 많이 내고 하지만 지금도 나오는 임대료나 모든 것은 싹 다 아버님이 가져가죠. 그니까 집사람도 불만이고, 그게 할 수가 없는 거예요. 지금까지 그러시니까. 그러니까 우리 같은 경우에는 텔레비전도 함부로 못 사요. 내가 돈이 있잖아요. 이건 뭐 가전제품 바꿨다 이게 또 (아버지에게) 말이 들어가요. 어? 이 자식이 돈 좀 있네? 그런 식이 되어 버리는 거예요. 그러니까 나도 집문서 몇 번 뺏겼어요. (5회기, 아빠)

'할아버지의 미분화된 자아'

아 빠: 지금도 형제 모두 개인적인 재산이 없어요. 다 공동 가게에서 모든 걸 다 해결해야 해요. 아버지는 늘 우리가 "흩어지면 굶어 죽는다."고 하시니까요.

치료자: 그런데 아버님 같은 분은 분리가 안 된 분이에요. 철저하게 다 얽어매거든요. 자기 방식대로 하게끔 해요. 그리고 가족이 자기 방식대로 하면 다 수용을 하는데 따라오지 않을 때는 팍팍 쳐 버리는 스타일일 거란 말이죠. (5회기, 아빠)

'부모 형제들 간의 정서적 단절'

아 빠: 우리는 명절 때 모이면요. 진짜 싸우기 일보 직전이에요. 서로 피해요. 둘째형은 큰형 피하고, 셋째형은 나 피하고 나도 집안일 피하고 서로 피해요. 그런데 아버지는 알면서 모른 척하죠. 우리 형제간이 물하고 기름 같죠. 같이 있을 수가 없어요. 우리 아버지가 그렇게 만들어 놔가지고요. 될 수가 없어요. 그리고 우리도 그걸 알기 때문에 형제간에 깊은 이야기를 안 합니다. 평상시에 전화가 가끔 오면 웬일이야? 알았어! 그렇게 되어 버리지요. (6회기, 부부)

(2) 엄마의 원가족 경험

모의 원가족 경험은 아버지가 10년 동안 외도를 하였고 형부 역시 외도를 하여 언니와 이혼을 하였으며 언니는 급성신부전증으로 사망하였다. 부모님이 모두 잔소리가 심하고 화가 나면 폭력을 사용하고 조이는 역기능적인 의사소통 방식을 사용하였다.

'아빠와 형부의 외도'

엄 마: 아빠가 젊을 때 바람을 피웠어요.

치료자: 언제였나요?

엄 마: 글쎄 제가 학교 들어가기 전에 그러셨던 것 같아요.

치료자: 몇 년 정도요?

엄 마: 엄마 말로는 한 10년 정도 그랬던 것 같던데. (2회기, 엄마)

'화가 나면 폭력, 조이는 표현'

엄　마: 엄마가 이런 얘기를 한 적이 있어요. "언니가 죽어서 가슴이 아프다. 그때 내가 너무 속상해서 큰애(언니)를 때렸다." 너무 화가 나서 때렸는데 반지 낀 손으로 때렸대요. 그게 얼마나 아팠겠냐고.

치료자: 지금 언니 같은 경우에는 엄마한테 스트레스를 받는 것도 있었지만 아빠의 외도 때문에 아빠를 더 조였을 거예요. 이와 같은 가정의 경우 아내가 남편을 굉장히 피곤하게 했을 수도 있다는 거죠. (2회기, 엄마)

2) 역기능적인 의사소통 방식

(1) 부(아빠)의 역기능적인 의사소통 방식

부는 가게 일을 마치고 집으로 돌아올 때 화가 나는 원인은 말하지 않고 항상 짜증을 내며 인상을 쓰고 들어오기 때문에 가족구성원은 늘 긴장하고 불안해했다. 부는 원가족과의 갈등과 원가족 내에서의 과도한 역할로 엄청난 스트레스를 받고 있었으며 화가 나면 폭언과 폭력을 행사하였고 가족구성원과 대화 자체가 잘 안 되고 듣고 싶은 이야기만 들으며 이간질과 고자질을 하는 역기능적인 의사소통 방식을 사용하고 있었다. 이는 원가족에서 그대로 전수된 표현 방식이며 이로 인해 가족구성원 간의 갈등이 악화되었다.

'폭력적임'

첫째딸: (아빠가) 자기 집안이 망했다고 그러면서 화도 내고 그래요. 화를 내며 저를 때린 적이 있는데요. 손이 장난 아니게 세요. 사람을 때려도 좀 무식하게 때리거든요. 그냥 이렇게 아빠가 저를 한 번 밀치면요. 방에 뚝 떨어져요. 그럼 일어나려고 하면 또 때리고 그래요.

치료자: 어떻게 때려?

첫째딸: 그냥 머리를 막 밀치면서요.

치료자: 뭐로?

첫째딸: 그냥 손으로요. 그리고 더 어릴 때는 쇠파이프 같은 걸로 허리를 쳤어요. (3회기, 첫째딸)

'욕설 등 거친 표현을 함'

아　빠: 애들 엄마한테 대놓고 욕을 해 버려요. 대부분이 이 사람과의 시댁관계, 아니면 저와 장인, 장모의 관계. 화가 나면 나는 그냥 대놓고 이야길 해 버려요. 욕이 나오는 거예요.

치료자: 예를 들면요?

아　빠: "너희 집안이 씨발." 하고 나오는 거예요. (6회기, 부부)

'감정기복이 심함'

치료자: 자녀의 이야기를 좀 종합해서 말씀드리면요. 아빠의 감정기복이 좀 심하다는 거예요.

아　빠: 맞습니다. (5회기, 아빠)

'대화가 안 되며 듣고 싶은 이야기만 들음'

치료자: 지금 두 분 간에 전형적으로 말이 딱딱 끊길 때가 언제예요?

아　빠: 애들 이야기하면 내가 뚝 끊어 버려요.

치료자: 듣기 싫으시니까?

아　빠: 네. (중략)

엄　마: 이제 내가 이야기를 하면 자기가 주워듣고 싶은 이야기만 듣고 딴생각을 하고 있나 봐요. 그래 너 이제 실컷 스트레스 풀어라. 이렇게 되는 거 같아요.

아　빠: 주로 들어 주는 척만 하는 거예요. (6회기, 부부)

'귀찮게 하고 잔소리함'

첫째딸: 아빠가 너무 쓸데없는 거에 관심이 많아요. (중략) 모기향 피워 줄게 빨리 나와, 이러고 모기향 피워 줘요. 그리고 자기 전까지 들락날락거리면서 너 지금 공부해? 컴퓨터 하지? 이러고 자기 전까지 계속 들락날락거려요.

치료자: 너 방에?

첫째딸: 네! 진짜 귀찮아요. (3회기, 첫째딸)

(2) 모(엄마)의 역기능적인 의사소통 방식

모는 잔소리를 시작하면 한 번 하고 끝나는 것이 아니라 끝까지 계속 말해 첫째딸을 짜증 나게 했다. 또한 화가 나면 더 심하게 막말을 하고 폭력을 행사하여 첫째딸은 엄마와 대화하는 것을 귀담아 듣지도 않고 피곤하게 느끼고 있었다.

'폭력적임'

첫째딸: 친구랑 놀다가 엄마가 동생이 병원 가야 한다고 일찍 오라 그랬어요. 그런데 저는 시간개념이 없었으니까 시간 다 됐을 때쯤 들어갔나 봐요. 그래서 그때 할머니가 가운데서 막고 엄마는 주위를 보다가 우산을 하나 뽑더니 저를 막 때리려고 하는 거예요.

치료자: 우산을 하나 뽑아?

첫째딸: 네. 신발장에 있는데 엄마가 막 달려들어 그때 주위에 있는 게 우산인 거예요. 그냥 해가 지고 친구 갈 때 집에 들어왔는데 엄마가 오자마자 우산으로 때렸어요. (3회기, 첫째딸)

'화가 나면 막말을 함'

엄 마: 큰딸에게 기분이 좋을 때는 상대편의 마음에 대해서도 얘기해 주면서 "너도 그렇게 왕따당했을 때를 생각해 봐."라고 좋게 말하다가 어느 순간에는 열 받아서 저도 막 욕하고 그러면서.

치료자: 어떤 식으로 욕을 했나요?

엄 마: 기집애야, 네가 어? 돌아다니면서 사고를 치냐! 엄마 욕 먹이고 다니면 좋냐?

치료자: 그러면 애는?

엄 마: 말 안 해요. (1회기, 엄마)

'잔소리가 심함'

치료자: 짜증 날 때라는 게 구체적으로 어떤 것 때문에 짜증 나는 거야?

첫째딸: 엄마 잔소리도 있고…….

치료자: 엄마는 또 어떤 잔소리?

첫째딸: 공부하라고.

치료자: 아! 공부하라고 하셔? 매일?

첫째딸: 아니요, 가끔.

치료자: 엄마가 어떻게 표현하시니?

첫째딸: 그냥 대학 못 가면 공장 가야 된다고.

치료자: 아! 너 짜증 나겠다. 그렇지?

첫째딸: 네!

치료자: 대학 못 가면 공순이 되라, 이 얘기야?

첫째딸: 네. (8회기, 아빠와 첫째딸)

(3) 둘째딸의 역기능적인 의사소통 방식

둘째딸은 모와 밀착관계에 있으며 언니와 함께 하는 것을 좋아했다. 그러나 첫째딸은 동생의 그런 표현이 귀찮고 힘들다고 한다. 또한 컴퓨터나 텔레비전을 보고 있을 때 동생이 언니가 텔레비전 본다고 모에게 고자질하여 모로부터 잔소리를 듣는 것에 대해 화가 나 있었다. 그리고 둘째딸은 사람을 좋아해서 안기고 스킨십을 좋아하는 반면, 첫째딸은 그런 동생이 귀찮고 부담스러운 상황이었다. 또한 동생의 목소리가 너무 커서 듣기 싫다고 하였다.

'고자질을 함'

첫째딸: (동생이) 안기고 좀 박쥐 같아요. 제가 컴퓨터 하면 숙제 다하고 하는 건데도 와서 언니 뭐해? 이래 놓고 엄마한테 가선 언니 컴퓨터해. 이렇게 이르고.

치료자: 그렇게 일러?

첫째딸: 네, 밉상이에요.

치료자: 그럼 넌 엄청 열 받겠다.

첫째딸: 네.

치료자: 반 죽여 버리고 싶었겠네. 그렇지 않니?

첫째딸: 네. 엄마가 위층 외할머니 댁에 갔을 때 저 혼자 거실에서 TV 보고 있으면 또 와서 뭐해? 이러고 또 올라가서 일러요.

치료자: 동생은 주로 고자질하는구나. 싸가지 없네. 그냥 패 버리고 싶겠다.

첫째딸: 네. (3회기, 엄마와 첫째딸)

'안기고 스킨십을 함'

치료자: 애가 짜증 나게 굴어?

첫째딸: 네. 그냥 막 좋다고 안겨요. 근데 좀 부담스러워요.

치료자: 좀 구체적인 예를 들어 줘 봐.

첫째딸: 그냥 선물을 해 주면 말로 고맙다고 하면 되는데 너무 과도하게 막 껴안으면서, 아, 너무 고맙다고. 목소리도 하이톤이고. 시끄럽고 귀찮아요. (3회기, 첫째딸)

2. 자녀의 자해행동에 대한 치료자의 치료과정과 치료기법

이 사례에서 치료자는 가족체계적 관점과 MRI의 상호작용 모델에 근거하여 부모의 원가족에서 전수되는 경험에 대한 탐색과 지금까지 시도되었던 해결책에 대한 설명, 역기능적인 의사소통 방식을 변화시키기 위한 새로운 해결방안 제안 등을 통해 가족구성원의 전반적인 관계 변화를 유도하였다. 자해행동을 하는 자녀에 대한 치료자의 치료과정과 치료기법은 〈표 11-2〉와 같다.

1) 치료적 동맹관계 형성

가족구성원은 기능적인 의사소통 방식을 사용할 수 없었으며, 부모는 원가족과 적절한 분화가 되지 못하였다. 치료자는 자신의 경험의 예를 들려 주어 내담자와 내담자 가족구성원이 문제에 대해 쉽게 인식할 수 있게 하였으며, 필요에 따라서 동맹관계를 맺기도 하였다. 또한 치료자는 자녀가 부모에게 느끼는 불만을 자녀의 편에서서 지지하고 자녀의 생각을 전달하는 중재자 역할을 하였다. 특히 치료자는 아빠와 첫째딸 간에 발생하였던 사건에 대해 구체적인 배경과 생각에 대해 질문하면서 생각의 차이를 줄이고 오해를 풀어냈다.

(1) 치료자의 자기 개방

치료자: 우리 딸이 빽하면 울어. 그래서 내가 우리 딸이 울자마자 아들에게 욕을 하면서 혼을 냈단 말이야. 그럼 우리 딸은 옆에 있는데 좋을 거 아냐, 아빠가 지 편드니까. 그런데 우리 아들은 나를 안 쳐다보더라고. 걔가 어디 쳐다보나 봤더니 동생을 째려봐. (중략) 똑같은 일이 또 일어나서 이번엔 오

〈표 11-2〉 치료자의 치료과정과 치료기법

회 기	참여자	상담목표	상담내용 및 치료기법
1	모	• 내담자의 호소문제 파악 • 신뢰관계 형성	• 내담자가 호소하는 문제와 가족배경, 부부의 의사소통 방식을 파악함 • 가계도 활용, 치료적 동맹관계 형성, 부부의 의사소통 방식 탐색
2	모	• 엄마의 원가족 탐색을 통해 자신의 문제 보기 • 부부관계 및 문제해결을 위한 엄마의 대처 방식 파악	• 엄마에게 자녀의 문제를 해결하려고 시도했던 방식이 비효과적이였음을 인식시키고, 원가족 경험에 대한 문제를 인식시킴 • 가계도 활용, 가족 내에서 의사소통 방식 탐색
3	모와 첫째딸	• 가족 내 상호작용과 자녀의 역기능적인 의사소통 방식 파악 • 자녀의 문제에 대해 이해하기	• 자녀가 현재 사용하고 있는 의사소통 방식이 아빠의 원 가족에서 전수되었음을 인식하게 하고, 자매간의 우선순위 권위를 주도록 함 • 다세대 전수 과정 탐색, 자매간의 권위 부여하기
4	모와 둘째딸	• 자매관계에서 역기능적인 의사소통 방식 확인	• 자녀의 상호작용 방식을 탐색하고 의사소통 방식을 표현해 봄으로써 자매관계를 파악함 • 자매간의 의사소통 방식 및 상호작용 탐색
5	부	• 아빠의 원가족 상호작용 패턴 및 대처 방식 확인 • 아빠가 인식하는 문제 확인	• 아빠의 원가족이 가족 내에서 상호작용하는 패턴과 의사소통 방식을 확인하고 자녀의 문제가 아니라 가족체계 내의 문제임을 인식시킴 • 아빠가 원가족 탐색으로 통해 문제를 인식할 수 있도록 함 • 중재자 역할, 원가족 탐색, 역기능적으로 시도된 해결책 탐색
6	부부	• 원가족에서 갈등 요인 확인을 통해 부부관계 개선하기 • 자녀와의 문제를 해결하기 위해 새로운 방안 실천하기	• 아빠의 원가족과 갈등 탐색을 통해 부부관계가 개선되면 자녀의 문제도 완화될 수 있음을 인식시키고, 자녀가 원하는 것을 할 수 있도록 제안함 • 자녀의 입장 대변, 다세대 전수 과정 조명, 시댁과 분리 제안, 변화된 행동 실천하기 제안, 새로운 의사소통 방식 제안
7	자매	• 가족구성원의 변화된 의사소통 방식 탐색	• 부모-자녀 간, 자매간의 변화된 의사소통 방식을 확인하고 지속적으로 변화된 행동을 실천할 수 있도록 함 • 치료자의 자기개방, 변화된 행동 실천하기
8	부와 첫째딸	• 아빠의 변화된 모습 탐색하기 • 자녀와의 관계회복을 위해 변화하기	• 아빠의 역기능적인 의사소통 방식이 원가족에서 전수되고 있음을 명확하게 다시 한 번 더 인식시킴 • 자녀와 문제에 부딪혔을 때 부모가 일방적으로 결정하는 것이 아니라 서로 합의점을 찾을 수 있도록 함 • 합의점 찾기, 다세대 전수 과정 조명

9	모와 첫째딸	• 자녀의 변화된 모습에 대한 확인하기 • 새롭게 시도된 부부간의 상호작용 패턴 탐색하기	• 문제를 해결하려고 시도하는 부부의 새로운 방식이 자녀의 문제를 완화시키고 있다는 것을 확인함 • 변화된 의사소통 방식 탐색, 변화된 행동 실천하기
10	부모와 자녀	• 가족구성원의 변화 확인 및 종결	• 가족구성원 개인과 가족 간의 관계가 기능적인 의사소통 방식으로 변화됨을 확인하고 새로운 변화가 지속적으로 유지될 수 있도록 함 • 가족구성원의 변화 유지 권유

빠 편을 들어 줬어. 그래서 내가 느낀 게 자기 편을 들어 주니까 좋아하는구나 싶더라고. 그런 경험이 처음이었어. 그래 가지고 내가 아들이 어떻게 하나 봤는데, 자기 방에서 나와서 동생을 부르면서 '이리 와.' 이러면서 데리고 놀더라고. 내가 아들 딸 관계를 개선시키기 위해서 중재자 역할을 했는데 내가 안 먹히는 방식을 했구나! 라고 느낀 거야. 그래서 내 이야기가 무슨 이야기냐면 네(동생)가 때때로 언니가 하는 방식이 마음에 안 들고 그럴 거 아냐. 그런데 네가 언니를 변화시키려고 썼던 방식이 엄마를 끌어들이는 거잖아. 그런데 엄마를 끌어들여서 언니를 야단치면 결국엔 돌아오는 건 뭘까?

둘째딸: 화내는 거. (7회기, 자매)

(2) 자녀의 입장 대변

치료자: (외식을) 한 번 갈래? 안 간다 그래도 한 번 더 참가할 순 없겠냐? 그래도 싫어. 하면은 알았다. 네가 원하는 건 뭐냐. 하고 들어 주는 거죠. 그러면 큰따님이 아! 우리 엄마가 변했구나. 나를 존중해 주는구나라는 거를 느끼지 않겠냐 이거죠. 그런데 대부분 부모는 애를 위한답시고 밀어붙이거든요. 그러면 애들은 반발이 심해지죠.

엄 마: 그러니까 어느 것이 옳은지 모르겠더라고요.

치료자: 저는 옳은 거는 없고 중요한 거는 큰따님의 의견을 존중하고 애가 싫으면 놔 두라는 거죠. 음식점도 애가 만약에 미스터 피자를 먹겠다고 그러면은 거기로 가자 그거죠. (6회기, 부부)

(3) 중재자 역할

치료자: 아빠의 표현 방식으로 큰따님이 더 힘들 거라는 거예요. 애가 무슨 이야기를 하냐면 아빠가 감정기복이 너무 심해서 사이코라고 이야길 하는 거예요. 그리고 엄마도 감정기복이 심한 편이라고 이야기하고. 엄마나 아빠한테 대화를 할 수 있는 표현 방식이 안 될 가능성이 높다고 생각하는 거죠. 핵심은 이거예요. 단순하게 대화할 수 있는 상대자가 없다는 거.

아 빠: 맞아요. 그런데 나는 애한테 어떻게 대화를 접근해야 할까 그 자체를 모르겠어요.

치료자: 그거는 제가 중재자 역할을 하면서 도와드릴게요. (5회기, 아빠)

2) 원가족 탐색

가계도를 활용하여 부모의 원가족을 탐색함으로써 가족구성원 간의 관계를 파악하였다. 치료자는 질문을 통해 원가족에 대한 정보를 확보하였고 이를 치료과정에 활용하였다.

치료자: 남편, 형제가 몇 명이세요? 시부모님 부부관계는 어떻게 되세요? (1회기, 엄마)

치료자: 오늘은 친정 좀 볼게요. 그럼 어머님 아버님 부부관계가 어떻다고 보세요? (2회기, 엄마)

치료자: 감이 이제 좀 잡혔거든요? 제가 질문을 좀 할게요. 어머님 아버지 부부관계가 어떠셨어요? (5회기, 아빠)

3) 다세대 전수과정 설명

치료자는 부모에게 Bowen의 다세대 전수 과정 설명, 즉 원가족에서 형성된 관계의 패턴은 세대를 넘어 다음 세대로 전수되어 가족구성원과 세대 간 상호관계에 영향을 미치는 것에 대해 설명하였다. 치료자는 부가 사용하는 폭력, 폭언 등의 역기능적 의사소통 방식이 원가족에서 전수되어 내려오는 경험적 특성임을 설명하고 그 표현 방식이 그대로 자녀에게 나타나고 있음을 인식시켰다.

치료자: 저는 보통 사람들이 유전이 된다고 하지만 표현 방식이 다세대 전수되어서 내려온다고 보는 거예요. 그 다음에 할아버지 같은 경우에는 분화가 안 되신 분이거든요. 분화가 안 되어 가지고 늘 긴장해 있고 불안한데 그걸 자식새끼들을 다 얽어맨다는 거예요. 그런데 그 방식이 잘못되면 또 내려온다는 거예요. 그게 지금 큰형님, 둘째형님도 가정에 불안이 있을 테고 표현 방식도 형수님과 자식한테 거칠 거라는 거예요. 그게 다 문화거든요.

아 빠: 맞아요. 큰형도 일하다가 전화하면서 싸우고 있더라고요.

치료자: 그렇죠. 큰형님도 지금 자식들하고 걸려 있을 거라는 거죠.

아 빠: 네. (6회기, 부부)

4) 시도된 해결책 설명

치료자는 부모에게 어떤 상황이 발생하였을 때 기능적인 의사소통 방식을 사용하지 못하고 폭력과 폭언 등의 비효과적인 방식으로 문제를 해결하려고 시도했음을 인식시키고 이러한 방법은 비효과적임을 인식시켰다.

(1) 역기능적으로 시도된 해결책 설명

치료자: 큰따님이 이 정도로 경악한다는 걸 못 느끼셨어요? 아빠는 소리 지르고 때리는 것이 큰따님을 공포스럽게 하려는 게 아니라 버르장머리 없는 행동을 변화시키려고 쓰신 방법이잖아요. 그런데 큰따님은 아빠의 방식으로 아빠에 대한 두려움이 생겼다는 거거든요.

아 빠: 네. (10회기, 부모와 자녀)

5) 새로운 행동의 변화 제안

치료자는 부모에게 부의 원가족으로부터 미분화에 따른 극심한 스트레스는 자녀의 자해행동에 영향을 미치는 요인이었으며, 미분화된 자아는 세대 간에 반복되고 있음을 설명하였다. 치료자는 부가 원가족과 분리가 되지 않으면 문제가 지속될 것이라는 것을 설명하고 부의 원가족(시댁)과 분리를 제안했다. 치료자는 부의 스트레스를 줄이기 위해 원가족과의 관계를 최소화하고 갈등을 줄이는 새로운 행동의 변화를 제안하였다.

(1) 시댁과 분리 제안

치료자: 시댁과 분리를 하는 것이 가장 시급한 거 같아요. 그렇게 분리가 된다면 부부관계라든지 애들과의 관계가 훨씬 완화된다는 거죠. 아빠 쪽의 원가족 문제가 워낙 크게 걸려 있고, 지금 상황이 원가족에게 받는 스트레스가 만만치 않아서 스트레스를 줄일 수 있는 방법은 제가 볼 때는 분리밖에 없을 것 같단 말이에요.

아　빠: 그렇죠. (6회기, 부부)

(2) 자매간의 권위 부여하기

부의 형제는 경제권을 쥐고 좌지우지하는 미분화된 아버지 때문에 서로 불신하고 있었으며, 형제간의 경직된 경계선을 유지하고 있었고, 우애는 찾아볼 수 없었다. 미분화된 아버지로 인해 형제간에 권위가 주어지지 않았고 가족구성원 간에 경계선이 모호하였다. 치료자는 부모에게 이러한 현상이 자녀에게도 그대로 나타나고 있음을 인식시키고 자녀의 하위체계를 강화할 수 있도록 하였다.

치료자: 둘째따님하고 큰따님하고 부딪히면 큰따님을 일으켜 줘야 해요. 그건 어쩔 수 없어요. 둘째따님이 당분간은 반발을 할 겁니다. 그런데 둘째따님하고 있을 때는 둘째따님 이야기를 들어 주고 둘째따님 편을 들어 줘야 해요. 그런데 둘이 있을 때는 큰따님 편을 들어 줘야 되요. 안 그러면 큰따님이 나중에 엄마 아빠가 없을 때 둘째따님을 괴롭힐 겁니다. 그러니까 형제 중에서 가장 큰애한테 권위를 세워 줘야 해요. 그래야지 큰애가 밑에 애들을 다독거려 줄 여유가 생기고 엄마 아빠가 나를 믿어 준다는 걸 알면 엄마 아빠로부터 스트레스를 안 받는 거죠.

엄　마: 네. (3회기, 엄마와 첫째딸)

(3) 변화된 행동 실천하기

치료자는 부모에게 지금까지 자녀의 문제를 해결하려고 사용하였던 폭력적이고 거친 표현 방식을 사용하지 않고 변화된 행동을 실천할 수 있도록 격려하였다. 또한 치료자는 부모에게 부모–자녀 간에 원하는 행동에 대한 합의점을 찾고, 부모의 행동이 변화하면 자녀의 문제행동은 완화될 수 있음을 인식시켰다.

치료자: 이제 내가 표현에서 이런 게 문제가 있었다라고 인식하시면서 표현을 좀 누그려 뜨리신다면 부부관계의 문제도 나아지시고 애들의 문제가 없어져요. 그리고 엄마 아빠 부부관계가 안정이 되면 애들이 안정이 되고 이 자매관계에 변화가 옵니다. (6회기, 부부)

(4) 합의점 찾기

치료자: 좀 더 구체적으로 네가 직접 아빠가 어떻게 변했으면 좋겠어라고 구체적으로 이야길 해 봐. 말 들어! 이건 너무 막연하잖아.

첫째딸: (내방에) 들어오지 마!

아 빠: 아, 너 방 들어오지 말라고? 어차피 들어가도 너 잘 텐데.

첫째딸: 들어오지 말라고.

아 빠: 그럼 선풍기만 끄고 자. 그럼 이제 안 들어갈게.

첫째딸: 어.

아 빠: 어? 합의 본거야? 약속 지켜?

첫째딸: 응. (8회기, 아빠와 첫째딸)

6) 새로운 의사소통 방식 제안

치료자는 가족구성원이 의사소통을 할 때 지금까지 익숙했던 의사소통 방식을 지양하고 시도하지 않았던 새로운 의사소통 방식을 사용할 수 있도록 제안함으로써 가족구성원 간의 변화를 유도하였다. 치료자는 가족구성원에게 상대방의 입장에서 이해하고 편들어 주고 솔직한 감정을 내놓고 대화할 수 있도록 하였으며, 애매모호한 표현 방법이 아닌 명확하게 표현하도록 하였다.

(1) 편들어 주는 대화 방식

치료자: 언니가 남을 욕할 때 나 같으면 같이 욕을 해 줄 것 같아. 왜냐하면 욕하는 게 나쁘다고 볼 수 있지만 화가 나면 풀어야 하거든? 그러면 아저씨는 두 사람이 대화가 이루어지는 게 중요하다고 보는 거야. 언니 편을 들어 주자 이거야.

둘째딸: 네. (7회기, 자매)

(2) 표현을 명확하게 하기

치료자: 큰따님이 빵을 던졌던 사건, 머리 깎았던 사건, 시어머니가 형광등이라는 것을 해석하는 데 너무 차이 나는 거 같아요. 저는 그 해석하는 데 있어서 차이나는 것을 조금 더 자세하게 표현하면 그 큰 차이를 줄일 수 있을 거예요. (10회기, 부모와 자녀)

(3) 서로 맞장구쳐 주는 대화하기

치료자: 아빠께서는 큰따님이 지금 머리를 잘못 깎았는데 '머리 잘못 깍아서 열받니?'라고 나오셔야 하는데 그걸 막아 버리신다는 거죠. 애를 안심시키려고 하는 의도는 알겠는데 아빠가 자기감정을 못 읽어 준다는 거죠. 야, 진짜 네가 열받을 만도 하겠다고 맞장구쳐 주자는 거죠. (8회기, 아빠와 첫째딸)

3. 자녀의 자해행동에 대한 치료자 개입 후 가족치료의 효과

원가족과의 갈등, 가족구성원 간의 역기능적인 의사소통 방식으로 갈등이 심화되어 아버지는 극도의 스트레스를 받았고, 폭력과 폭언 등의 역기능적인 의사소통 방식은 그대로 세대 간에 전수가 되고 있었다. 또한 부모의 역기능적인 의사소통 방식이 자녀양육함에서도 표출되어 자녀가 자해행동을 하는 위기에 놓여 있었다. 이에 대하여 치료자는 내담자의 가족구성원으로 하여금 문제를 인식할 수 있도록 하였고, 시도된 해결책을 탐색한 뒤 내담자의 행동 변화를 위한 가족 치료적 개입을 하였다. 그 결과 가족구성원의 변화와 가족관계의 변화가 나타났으며, 이를 효과매트릭스로 나타내면 〈표 11-3〉과 같다.

〈표 11-3〉 자녀의 자해행동에 치료자 개입 후 가족치료의 효과 매트릭스

구 분		가족치료자 개입 후 효과성	
		전	후
가족구성원의 변화	의사소통 방식의 변화	• 아빠는 폭력, 폭언 등 항상 역기능적인 의사소통 방식을 사용하였고, 자녀의 이야기를 들어 주지 않았고 귀찮아하였음 • 엄마는 잔소리가 심했으며, 화가 나면 이야기를 전혀 들어 주지 않고 폭력, 폭언을 하였음 • 첫째딸은 아빠를 증오하고 엄마의 잔소리가 너무 싫었고 대화할 상대가 없었으며 혼자서 대부분 시간을 보냈음	• 아빠는 폭력, 폭언을 하지 않고 자녀와 이야기를 하고 들어 주며 편을 들어 주는 대화를 하는 등 기능적인 의사소통 방식을 사용함 • 엄마는 자녀와 부딪히지 않으려고 노력하고 일관성 있게 지속적으로 이야기를 많이 나누고 들어 주려고 함 • 첫째딸은 솔직한 감정 표현을 하고 부모를 생각하고 배려하는 대화를 함
	행동의 변화	• 아빠는 집에 들어올 때마다 항상 짜증 내고 찡그린 얼굴이었음 • 아빠는 원가족에서 과도한 역할로 자녀와 함께 하지 않고 대부분의 시간 동안 일을 했음 • 첫째딸은 공부를 전혀 안 했으며, 동생이 안으려고 하고 스킨십 하는 것을 귀찮아하고 싫어함	• 아빠는 집에 들어올 때 싱글벙글 웃으면서 들어가고, 자녀와 함께 운동도 하고 같이 놀아 줌 • 첫째딸은 새롭게 시작하는 마음으로 공부를 하였으며, 화를 내지 않고 동생을 안아 줄 때도 있고 달래 주고 챙겨 줌
	자녀의 자해행동 완화	• 첫째딸은 감정기복이 심하고 자신감이 없으며, 자해행동과 자살을 하고 싶다는 생각을 하였으며, 심리적으로 항상 불안해 함	• 첫째딸의 자해행동이 완화되었으며, 불안한 마음이 줄어들고 자살하고 싶다는 생각이 사라짐
가족관계의 변화	부부관계 변화	• 일주일에 서 네 번은 욕을 하고 싸웠음 • 친구처럼 지내나 대화가 안 됨	• 서로 부딪히지 않으려고 노력하고 싸움 횟수가 현저하게 줄어듦 • 서로 의식적으로 말조심을 하고 편들어 주는 방식의 대화를 하려고 노력함
	부녀관계 변화	• 첫째딸은 아빠를 엄청 싫어하였고, 자녀는 아빠의 화나는 모습을 보고 불안해함 • 자녀와 함께 하는 것을 귀찮아하고 대화가 되질 않았음	• 솔직한 감정 표현과 속마음을 내놓는 대화가 됨 • 자녀와 함께 운동도 하고 놀아 주며, 자녀의 입장에서 생각하고 공감하고 지지해 줌
	모녀관계 변화	• 자녀에게 일방적인 잔소리가 심했으며 대화가 이루어지지 않았음 • 서로 답답해하고 함께 하는 것을 싫어했음	• 엄마를 걱정해 주고 배려해 주며 학교에서 있었던 일도 솔직하게 내놓고 웃으면서 대화가 됨 • 자녀와 함께 공부도 하고 자녀를 지지해 줌
	자매관계 변화	• 동생이 항상 엄마에게 고자질을 하여 자주 싸웠음 • 컴퓨터를 하려고 할 때 동생을 건드리고 화난 표정으로 짜증 내고 욕을 했음	• 싸우는 횟수가 줄어들었으며, 부딪히지 않으려고 서로 노력함 • 짜증 내는 것이 줄어듦

1) 가족구성원의 변화

(1) 의사소통 방식의 변화

부(아빠)는 항상 폭력, 폭언 등 역기능적인 의사소통 방식을 사용하였는데 가족치료 후 지금까지 사용하였던 의사소통 방식이 변화되어야 한다는 것을 인식하였다. 부부와 자녀 간의 대화에서 폭력, 폭언을 하지 않고 기능적인 의사소통 방식을 사용하였고 부인과 자녀의 이야기를 들어 주고 주거니 받거니 하며 맞장구쳐 주는 대화를 할 수 있게 되었다. 모(엄마)도 역시 자녀와의 의사소통에서 화가 나면 폭력, 폭언을 하는 역기능적인 의사소통 방식을 사용하였지만 가족치료 후 부부갈등을 완화하기 위해 노력하였고 자녀의 입장에서 생각하며 이야기하게 되었다. 이러한 엄마의 의사소통 방식을 통해 자녀는 엄마가 변화했다는 것을 인식할 수 있었다. 또한 첫째딸은 가족치료 후 부모가 자신을 위해 노력하고 있다는 것을 느끼면서 부모를 챙기고 배려하는 마음이 생겼고 부모에게 학교에서 있었던 일을 나누는 등 주거니 받거니 하는 대화를 할 수 있게 되었다.

치료자: 요즘 아빠하고 대화하는 데 있어서 그전하고 어떤 차이를 느끼니?

첫째딸: (아빠가) 그냥 저한테 맞춰 줄려고 하는 거 같고, 막 오버도 하는데.

치료자: 예를 들면 어떻게 오버를?

첫째딸: 그냥 이야기해도 될 것을 그걸 또 따라 해 가지고 웃어요. 별로 재미는 없는데 그게 눈에 보이니까 그냥 웃어 줘요.

치료자: 아! 아빠가 너를 위해서 노력하시는 걸 너도 느끼는구나?

첫째딸: 네.

치료자: 아빠 요즘 들어오실 때 표정 어떠시니?

첫째딸: 싱글벙글해요.

치료자: 요즘? 너(둘째딸)도 그거 느끼니?

둘째딸: 집에서 저도 숙제하고 있을 때 아빠가 들어오면 아빠, 안녕? 그랬는데 아빠가 제 말 들어 주고 웃어 줘요.

치료자: 요즘?

둘째딸: 네. (7회기, 자매)

치료자: 엄마의 변화를 이야기해 봐. 그전하고 어떤 차이가 있으시니?

첫째딸: 저랑 보내는 시간이 많고, 이야기를 좀 더 많이 나누고요. 엄마가 좀 더 친절해졌어요.

치료자: 엄마가 너랑 함께하는 시간도 늘었고 더 많이 대화를 하시고 더 친절해지셨다는 거야?

첫째딸: 네.

치료자: 저는 이제 큰따님이 엄마하고 어느 정도 대화를 할 수 있다는 건요. 엄마가 엄청난 노력을 하셨다고 봐요. 큰따님이 엄마의 변화가 일관성 있고 지속되고 있다는 걸 느꼈다고 봅니다. ○○아, 그렇지?

첫째딸: 네.

치료자: 책은 봤어? 할 때 엄마 표현 방식이 예전과 거의 똑같니?

첫째딸: 아니요.

치료자: 달랐어? 어떤 차이가 있어?

첫째딸: 예전에는 퉁퉁댔는데 요즘에는 좀 조심스럽게 해요.

치료자: 대학 못 가면 공장 가란 말씀은 전혀 안 하시고?

첫째딸: 네. (8회기, 아빠와 첫째딸)

엄 마: 제가 변했다기보다도 큰애가 많이 변했어요. 그래서 한 번도 자기가 잘못하거나 해도 엄마, 미안해. 이런 이야기도 안 하던 애가 요즘 같아서는 고맙다는 표현도 하고, 감동이죠! 뭐.

치료자: 감동의 도가니탕이네요?

엄 마: 그럼요. 생전 그런 말 안 하던 애가. 저와 둘이 관계는 참 좋아졌어요. (9회기, 엄마와 첫째딸) (중략)

엄 마: 옛날에는 학교에서 와서도 내가 막 물어도 얘길 안 했는데 요새 같은 경우는 다른 애들처럼 막 조잘 대고 하지는 않지만 큰일이라든지 선생님한테 혼났다, 칭찬해 줬다, 기분이 좋았다, 이런 정도만이라도 굉장히 많이 개선이 된 거예요.

치료자: 옛날에는 칭찬받았을 경우에도 말 안 했어요?

엄 마: 칭찬받아도 말 안 하고. 야단맞아도 말 안 하고 그러니까 나는 다른 사람을 통해서 이야길 듣는 거였죠. (9회기, 엄마와 첫째딸)

(2) 행동의 변화

부(아빠)는 원가족 내에서 과도한 역할을 수행하였으며, 자녀와 함께하지 못하고 대부분의 시간 동안 일을 해야 했다. 부(아빠)는 일을 마치고 집에 들어올 때마다 항상 짜증을 내고 찡그린 얼굴이었다. 가족치료 후 부부, 자녀와의 관계가 악화됨을 인식하고 부(아빠)는 일을 마치고 집에 귀가할 때 의도적으로 웃음을 지었다. 또한 부(아빠)는 일을 마치고 난 후 자녀와 운동도 같이하고 놀아 주며 시간을 보내려고 노력하였다. 또한 모(엄마)도 자녀 입장에 이해하고 함께하려고 하였고 남편과의 갈등을 최소화하기 위해 노력하였다. 첫째딸 역시 동생을 귀찮아 하고 싫어했는데 동생을 감싸 주고 달래 주는 등 동생과도 부딪히지 않으려고 하는 행동의 변화가 나타났다.

치료자: 너(둘째딸)는 아빠의 어떤 변화를 느끼니?
둘째딸: 예전에는 수영장 갔을 때도 엄마랑 놀라고 그랬었는데 요즘에는 아빠가 놀아 주고 그런 거 같아요.
치료자: 구체적으로 아빠가 너한테 하는 게 어떻게 변하셨니?
첫째딸: 제가 같이 운동을 하러 가자고 그랬어요. 그런데 그전 같으면 술 먹었으니까 귀찮다고 그러는데 요즘에는 문자 오면서 뭐 월수금은 학원 가니까 화요일 날에 운동 가자고 그러고.
치료자: 아빠가?
첫째딸: 그리고 가서 군대 이야기 같은 거 재미있었던 거 이야기해 주고 하는데 별로 재미없는데 재미있게 이야기하니까 그냥 웃어 줘요. (7회기, 자매)

치료자: 그래? 엄마의 변화는?
둘째딸: 아빠랑 안 부딪히려고 같이 노력하는 것 같고.
치료자: 엄마가?
둘째딸: 그런 거 같아요. 저한테도 잘해 주고.
치료자: 그전보다 잘해 주셔?
둘째딸: 잘해 주고 그래요. (중략)
치료자: 언니한테 불안하다고 하면 언니는 어떻게 응수해 줬니?
둘째딸: 언니는 내가 불안하다고 하면 그냥 뭐 괜찮아! 그러면서 격려해 준다고

그럴까?

치료자: 응! 너를 달래 줘?

둘째딸: 네. 괜찮아! 그러면서 그래요.

치료자: 네가 느낄 때 언니도 요즘 나한테 대하는 게 많이 변했다 이거야?

둘째딸: 네. (7회기, 자매)

(3) 자녀의 자해행동 완화

첫째딸은 감정기복이 심하고 자신감이 없었으며 자해행동을 하고 항상 불안하였다. 또한 모의 잔소리가 너무 싫었고 폭력, 폭언을 하는 부를 증오하였으며 부가 사라져 버렸으면 하는 마음을 가지고 있었다. 첫째딸은 동생에 대해서도 이간질시키는 박쥐같은 애라고 생각하고 귀찮아하며 싫어했다. 하지만 가족치료 후 자해행동이 완화되었고 심리적으로 불안했던 마음이 안정되었으며 자살하고 싶다는 생각이 사라졌다.

치료자: 언니가 화내는 게 줄었다 이거야?

둘째딸: 좀 줄은 거 같아요. 언니가 화난 표정으로 아이 씨!라고 하면서 문 쾅 닫고 나갔거든요. 그런데 요즘에는 언니가 문도 쾅 안 닫고 이제 아이 씨! 라고 안 하고 그냥 조금 줄은 거 같아요.

치료자: ○○아, 동생 이야기가 네가 생각해도 맞니?

첫째딸: 네. (중략)

치료자: 너는 요즘 마음이 안정이 좀 되니?

첫째딸: 그전보다는요.

치료자: 다행이네. 요즘도 그러면 너(첫째딸)는 엄마 아빠 사이에서 불안한 거 있니?

첫째딸: 아니요. (7회기, 자매)

치료자: 요즘도 칼로 자살하고 싶다는 생각이 드니?

첫째딸: 아니요. (9회기, 엄마와 첫째딸)

2) 가족관계의 변화

(1) 부부관계 변화

부부갈등은 역기능적인 의사소통 방식으로 더욱더 악화되었고 이러한 부부갈등은 자녀에게 직접 부정적인 영향을 미쳤다. 하지만 가족치료자의 개입 이후 부부가 새로운 표현 방식을 사용하였고 이는 곧 자녀에게 나타나는 문제를 완화시켰다.

치료자: 엄마가 그전하고 차이는 뭐가 있어?
첫째딸: 아빠하고 안 부딪히려고.
치료자: 그래? 그럼 엄마와 아빠 관계에서 부딪히는 거는 현저하게 줄었니?
첫째딸: 네.
치료자: 너(동생)도 인정하니?
둘째딸: 네.
치료자: 엄마 아빠가 요즘 크게 싸운 적 있으시니?
첫째딸: 아니요.
치료자: 그러면 너하고 언니하고 관계가 나아지는 배경에는 엄마 아빠가 싸우시는 강도라든지 횟수가 줄었다는 거야? 너(동생)는 불안감이 훨씬 줄어들었니?
둘째딸: 네. (7회기, 자매)

(2) 부녀관계 변화

가족치료자의 개입 후 부녀와 모녀간에 속마음을 내어놓고 솔직한 감정을 있는 그대로 표현하는 대화가 이루어졌다. 또한 부모는 자녀의 입장에서 생각하고 자녀가 원하는 것을 함께 공감하고 지지해 주려고 노력하였다. 이와 같은 부모의 변화가 곧 자녀와의 관계에서 편안한 관계로 변화하는 계기가 되었다.

치료자: 너가 이야기할 때 지금은 (아빠가) 거의 네 편을 들어 주시는 편이니?
첫째딸: 네.
치료자: 그럼 이제 아빠한테 답답한 거를 못 느끼니?
첫째딸: 답답한 거는 덜 느껴요.
치료자: 그럼 그전에 엄마 말씀 들어 봐도 아빠가 핀트가 안 맞는다고 그러시더

라고.

첫째딸: 핀트요?

치료자: 초점이 안 맞는다는 거야. 이야기하다 보면 이게 뭔가 어긋난다는 거야. 너도 그런 거 느꼈니?

첫째딸: 네.

치료자: 요즘은 어떠니?

첫째딸: 요즘은 그런 대로 잘 맞는 거 같아요. (7회기, 자매)

(3) 모녀관계 변화

치료자: 네가 지금 엄마하고 대화는 되는 것 같니?

첫째딸: 네.

치료자: 학교에서 있었던 일도 엄마한테 말씀 드리고?

첫째딸: 네.

치료자: 있는 그대로 다 말씀 드리니?

첫째딸: 네.

치료자: 그럼 엄마가 반응하시는 건 어떠시니?

첫째딸: 좋아하세요.

치료자: 좋아하시는 거 같아?

첫째딸: 네.

치료자: 그전과 비교해서 엄마의 반응의 차이는 어떠신 거 같니?

첫째딸: 더 들으려고 그러고 관심도 더 커진 것 같고 그냥 그런 거 같아요.

치료자: 그걸 열게 된 배경에는 그나마 너하고 엄마하고 숨통이 트이기 시작했다는 거야. 네가 마음이 엄마한테 열린 뒤 갑갑한 걸 덜 느낀 거 같니?

첫째딸: 네! 그런 것 같아요. (9회기, 엄마와 첫째딸)

(4) 자매관계 변화

자매의 관계에서는 동생이 항상 무슨 일만 있으면 엄마에게 고자질을 하여 서로 자주 싸웠으며, 컴퓨터를 할 때도 의견이 맞질 않아 서로 짜증을 내고 충돌하였다. 하지만 가족치료 후 자매관계는 싸우는 횟수가 현저하게 줄어들었으며 서로 배려하는 사이로 변화하였다.

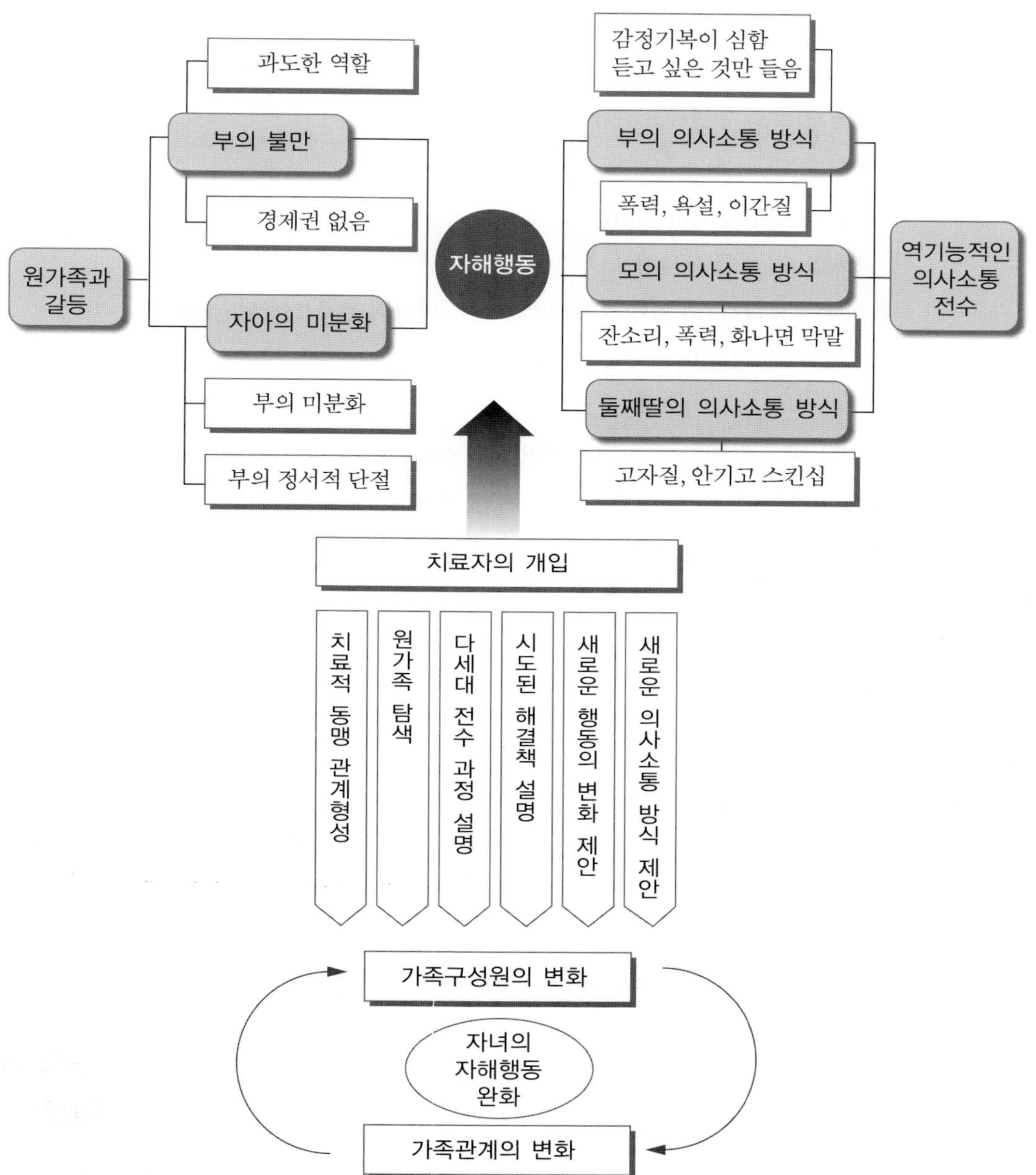

[그림 11-2] 전체적인 분석의 네트워크

치료자: 동생이 너(첫째딸)한테 짜증 나는 건 많이 줄었겠다.

첫째딸: 네.

치료자: 그럼 동생하고 관계도 변화가 있니?

첫째딸: 네.

치료자: 어떤 변화가 있니?

첫째딸: 거의 안 부딪혀요.

치료자: 그래? 그럼 일단 스트레스를 받는 하나의 통로는 차단이 됐다?

첫째딸: 네. (8회기, 아빠와 첫째딸)

부모의 원가족 갈등과 역기능적인 의사소통 방식으로 자해행동을 보이는 자녀의 문제와 가족구성원 간의 역기능적인 상호작용에 따른 가족관계의 문제해결을 위해 치료자가 개입한 치료과정의 전체적인 분석의 네트워크는 [그림 11-2]와 같다.

V. 결 론

이 장은 자해행동을 하는 자녀에 대한 가족치료 사례연구로서, 자녀의 자해행동과 가족체계 특성의 관계를 살펴보고 자녀의 자해행동을 완화하기 위한 치료자의 치료과정과 치료기법, 그리고 치료자의 개입 후 가족치료 효과성을 분석하고자 하였다. 그 연구결과는 다음과 같이 요약할 수 있다.

첫째, 내담자 자녀의 자해행동과 가족체계 특성의 관계에서 원가족 갈등과 역기능적인 의사소통 방식의 전수로 자녀의 자해행동이 나타남을 알 수 있었다. 부모의 원가족 갈등경험과 부모의 역기능적인 의사소통 방식은 현재 가족 내에 그대로 전수되어 영향을 미침으로써 결과적으로 자녀의 자해해동이라는 문제로 표출되었다. 특히 부의 원가족은 미분화된 할아버지가 자식에 대해 애착은 있지만 모든 경제권을 쥐고 있으면서 형제 사이를 좌지우지하고 이간질시키고 있었다. 이 때문에 부의 원가족은 부부, 부모-자녀, 형제 간의 불안정한 관계를 유지하고 정서적으로 단절되어 있었다. 특히 부는 원가족에서 과도한 역할을 수행하면서 극도의 스트레스를 받고 있었으며, 화가 나면 폭언과 폭력을 행사하였고, 가족구성원과 대화 자체가 잘 안 되고 듣고 싶은 이야기만 들으며, 이간질과 고자질을 하는 역기능적인 의사소통 방식을 사용하고 있었다.

또한 모의 원가족 경험은 아버지가 10년 동안 외도를 하였고, 형부가 역시 외도를 하여 언니와 이혼을 하였으며 언니는 급성신부전증으로 사망하였다. 부모님이 모두 잔소리가 심하고 화가 나면 폭력을 사용하고 조이는 역기능적인 의사소통 방식을 사용하였다. 이러한 모의 원가족 경험 역시 세대 간에 그대로 전수되어 모는 자녀에게 잔소리를 시작하면 한 번 하고 끝나는 것이 아니라 끝까지 계속 말해 첫째딸을 짜증 나게 하고 있었다. 또한 화가 나면 더 심하게 막말을 하고 폭력을 행사하여 첫째딸은 엄마와 대화하는 것을 귀담아 듣지도 않고 피곤하게 느끼고 있었다.

이러한 가족체계 안에서 부모의 원가족 경험과 의사소통 방식은 세대 간에 그대로 전수되어 가족구성원 간의 관계를 악화시켰으며, 자녀의 자해행동에 영향을 미쳤다.

둘째, 치료자는 치료과정을 통하여 자녀의 자해행동에 영향을 미치는 요인을 파악하여 자해행동을 완화시키기 위한 치료목표를 설정하였고, 총 10회기 동안 개별상담, 부부상담, 가족상담을 진행하였다. 치료자는 내담자의 문제를 해결하기 위하여 Bowen의 가족체계 이론과 MRI의 상호작용적 가족치료 모델을 중심으로 개입하였다. 치료자는 가족체계 이론에 기초하여 가계도를 활용한 원가족 탐색, 다세대 전수과정 설명을 통해 가족구성원의 상호작용을 탐색하였고, 가족구성원으로 하여금 원가족 때문에 나타나는 문제를 인식하도록 하였다. 또한 치료자는 MRI 모델에 근거하여 부부, 부모-자녀 간의 역기능적으로 시도된 해결책 설명, 의사소통 방식 탐색 등의 기법을 통해 가족구성원이 문제를 인식하고 직면할 수 있도록 하였다. 치료자는 지금까지 문제를 해결하기 위해 사용하였던 역기능적인 의사소통 방식을 가족이 인식할 수 있도록 하기 위해 자기 개방, 자녀의 입장 대변, 중재자 역할, 내담자와 치료적 동맹관계 형성의 치료기법을 사용하였다. 지금까지 가족구성원이 시도하지 않았던 새로운 행동의 변화 제안(시댁과 분리, 자매지간의 권위 세워 주기, 변화된 행동 실천하기, 합의점 찾기), 새로운 의사소통 방식(편들어 주는 방식, 표현을 명확하게 하기, 서로 맞장구쳐 주는 대화하기)을 제안하고 실천하게 함으로써 내담자를 변화시킬 수 있었다.

셋째, 자해행동을 하는 자녀에 대한 치료자 개입의 효과성은 가족구성원의 변화, 가족관계의 변화로 나타났다. 치료과정을 통해 부모는 원가족과의 갈등, 역기능적인 의사소통 방식이 자녀에게 부정적인 영향을 미쳤음을 인식하였다. 이를 통해 부는 원가족과의 갈등을 최소화하고 가족 간의 새로운 의사소통 방식을 사용함으로써 각자 서로의 입장에서 생각하고 배려하기 위해 노력하였다. 이러한 노력은 가족구성원 개인의 변화와 가족관계가 개선되는 결과를 가져왔다.

이 장에서 아버지의 원가족과의 미분화와 세대 간 전수되었던 부모-자녀 간의 역기능적인 의사소통 방식이 자녀의 상황을 더욱 악화시켰으며, 자녀의 자해행동에 부정적인 영향을 미치는 것으로 나타났다. 특히 부는 원가족과 분화되지 못하고 밀착된 관계를 유지하면서 부모, 형제와 정서적으로 단절되었고 또한 과도한 역할을 수행하면서 극심한 스트레스를 받고 있었다. 이러한 부의 미분화와 과도한 역할은 그대로 핵가족으로 전수되어 가족구성원과 건강한 상호작용을 하지 못하고 갈등을 초래하였다. 이는 자아분화 수준이 낮고 긴장이 심할수록 정서적으로 단절되는 현상이 다세대에 전수되어 핵가족 정서과정으로 나타나는 Bowen의 가족체계 이론을 증명하는 결과라고 볼 수 있다. 즉, 자아분화 수준이 낮을수록 부부갈등이 많으며, 이성적인 대처보다는 감정 · 행동 표출, 회피 등의 역기능적인 행동이 많이 발생한다는 연구결과(정경연, 심혜숙, 2007, 이혜경, 이은희, 2011)와 일치한다.

또한 치료자는 부모가 자녀의 문제를 해소하기 위하여 지금까지 시도해 왔던 역기능적인 방식이 문제를 더 악화시키고 있음을 통찰할 수 있도록 설명하였다. 부모는 지금까지 가족 내에서의 갈등 상황에 대해 인식하고 치료자가 제안한 새로운 의사소통 방식, 변화된 행동을 사용함으로써 부부, 부모-자녀 간의 관계를 개선하고 지속하기 위해 노력하였다. 이러한 부모의 노력으로 부부간, 부모-자녀 간 의사소통 방식이 기능적으로 변화하였고, 가족관계는 긍정적이게 되었다. 결국 이러한 기능적인 가족관계의 변화는 자녀의 자해행동을 감소시키는 데 영향을 미쳤다. 이는 가족구성원이 기능적인 의사소통 방식을 사용하면 서로 가치와 의사를 전달하면서 안정감을 얻게 된다(이영미, 민하영, 이윤주, 2005)는 연구결과와 같은 결과라고 볼 수 있다.

이렇듯 이 장의 결과는 가족문제는 한 사람만의 문제가 아닌 가족구성원 전체의 문제라는 사실과 모든 가족구성원이 함께 문제를 인식하고 변화해야 된다는 것을 보여 준다. 또한 원가족과 밀착된 관계로 나타나는 가족구성원 간의 문제 인식, 원가족과의 갈등을 최소화하기 위한 노력, 새로운 효과적인 의사소통 방식의 변화를 통하여 자녀의 자해행동이 감소되는 가족치료의 효과성을 제시하였다고 볼 수 있다. 따라서 이 장의 치료자가 자녀의 자해행동을 완화하기 위해 적용하였던 Bowen

의 가족체계 이론과 MRI 모델은 자녀의 문제를 해소하는 데 효과적이었음을 알 수 있었다.

그러나 이 장은 단일사례이기 때문에 자해행동을 하는 자녀에 대한 개입의 효과성으로 일반화하기에는 한계가 있다. 따라서 후속연구에서는 자해행동을 하는 자녀 문제에 대한 다양한 가족치료 모델의 적용 사례와 개입의 효과성을 볼 수 있는 연구가 진행되길 기대한다.

참고문헌

권복순(2000). 모자가족의 어머니와 자녀가 지각한 가족기능의 특성. 한국 사회복지학회지, 40, 5-37.

권영옥, 이정덕(1999). 부부갈등과 아동의 행동문제. 아동학회지, 20(1), 115-133.

김순기(2001). 기혼자녀가 지각하는 원가족의 정서적 건강성과 자아정체감이 결혼 후 심리적 안녕에 미치는 영향. 경희대학교 대학원 박사학위논문.

김연, 황혜정(2005). 부모와 자녀가 지각한 촉진적 의사소통이 아동의 문제행동에 미치는 영향. 열린유아교육연구학회지, 10(4), 69-88.

김유숙(1999). 가족치료. 서울: 학지사.

김유숙(2007). 가족치료이론과 실제. 서울: 학지사.

남정홍(2001). 아버지-자녀 간 의사소통 유형과 청소년 자아존중감의 관계. 서강대학교 대학원 석사학위논문.

노성향(1994). 청소년이 지각한 부모와의 의사소통 유형과 청소년 부적응. 고려대학교 대학원 석사학위논문.

노윤옥, 전미경(2006). 청소년 자녀가 지각한 부부갈등과 부모-자녀 간 의사소통에 관한 연구. 한국가정과교육학회지, 18(1), 1-16.

민하영(1991). 청소년 비행 정도와 부모-자녀 간 의사소통, 가족의 응집 및 적응과의 관계. 서울대학교 대학원 석사학위논문.

박태영(2001). 가족치료 이론의 적용과 실천. 서울: 학지사.

박태영, 문정화(2010a). 이혼위기로 인한 부인의 우울증과 아들의 학습문제해결을 위한 가족치료 사례연구. 한국가족치료학회지, 18(1), 27-62.

박태영, 문정화(2010b). 부모의 이혼진행과정에서 내면화 · 외현화 문제를 보이는 아동의 가족치료 사례연구. 한국가족치료학회지, 18(1), 107-130.

박태영, 박진영(2010). 틱장애아동의 가족치료 다중사례 내용분석연구. 한국가족치료학회지, 18(2), 1-30.

박태영, 유진희(2012). 분노조절문제를 가진 아동에 대한 가족치료 사례연구. 한국가정관리학회지, 30(3), 119-133.

송성자(1998). 가족과 가족치료. 서울: 법문사.

이영미, 민하영, 이윤주(2005). 부모 간 갈등과 부모 자녀 간 의사소통에 따른 후기 청소년의 심리, 사회적 적응. 한국가정관리학회지, 23(5), 53-62.

이혜경, 이은희(2011). 부모의 자아분화수준과 자녀의 문제행동과의 관계에서 갈등대처행동과 부부갈등의 매개역할. 한국청소년연구, 22(3), 43-68.

장영애, 이영자(2011). 아동이 지각한 부부갈등 및 부모-자녀 간 의사소통이 아동의 스트레스와 문제행동에 미치는 영향. 한국가족치료학회지, 19(3), 183-205.

전춘애(1994). 부부의 자아분화수준과 출생가족에 대한 정서적 건강 지각이 결혼 안정성에 미치는 영향. 이화여자대학교 박사학위논문.

정경연, 심혜숙(2007). 부모 자아분화와 아동 자아분화 및 세대 간 가족관계가 아동의 문제행동에 미치는 영향. 아동학회지, 28(6), 119-133.

정문자, 이종원(2003). 원가족변인이 부부갈등에 미치는 영향. 대한가정학회지, 41(3), 147-164.

조은경, 정혜정(2008). 기혼남녀의 자기분화와 결혼만족도가 정신건강에 미치는 영향. 상담학연구, 9(3), 1313-1331.

하상희(2008). 기혼남녀가 지각한 원가족 경험이 결혼만족도 및 심리적 적응에 미치는 영향, 한국가정관리학회지, 26(2), 129-141.

한미현, 유안진(1995). 아동 행동평가척도(CBCL)의 타당화 연구. 아동학회지, 16(2), 5-21.

한미향(1999). 부부의 자아분화와 부부갈등 및 갈등대처방안과의 관계. 서강대학교 대학원 석사학위 청구논문.

한영숙(2007). 부부의 자아분화 수준에 따른 부부갈등과 결혼만족도에 관한 연구. 한국생활과학회, 16(2), 259-272.

한주리, 허경호(2005). 가족 커뮤니케이션 패턴에 따른 자녀의 성격 및 의사소통 능력의 차이. 한국스피치커뮤니케이션학회, 2005(1), 29-31.

Bartle-Haring, S., & Sabatelli, R. (1998). An intergenerational examination of patterns of individual and family adjustment. *Journal of Marriage and the Family, 60,* 903-911.

Bowen, M. (1976). *Theory in the practice of psychotherapy.* In Guerin. P. J. (Ed.), *Family Therapy.* New York: Gardner Press.

Duncan, B. L., Solovey, A. D., & Rusk, G. S. (1992). *Changing the rules: A client-directed approach to therapy.* New York: The Guilford Press.

Goldenberg, I., & Goldenberg, H. (2007). *Family therapy: An overview.* Pacific Grove, CA: Brooks/Cole.

Kitzmann, K. M. (2000). Effects of marital conflict on subsequent triadic family interactions and parenting. *Developmental Psychology, 36*(1), 3-13.

Miles, M. B., & Huberman, A. M. (1994). *Qualitative data analysis* (2nd ed.). Thousand Oaks, CA: Sage.

Nichols, N., & Schwartz, R. (2001). *Family therapy: Concepts and methods* (5th ed.), Boston: Ally & Bacon.

Papero, D. V. (1995). Bowen family systems and marriage. In N. S. Jacobson and A. S. Gurman (Eds.), *Clinical handbook of couple therapy* (pp. 11-30). New York: The Guilford Press.

Shoham, V., Rohrbaugh., & Patterson, J. (1995). Problem-and solution-focused couples therapies: The MRI and Milwaukee models. In N. S. Jacobson & A. S. Gurman (Eds.), *Clinical bandbook of couple therapy* (pp. 142-163). New York: The Guilford Press.

Weakland, J. H. (1993). Conversation-but what kind?. In S. Gilligan & R. Price (Eds.), *Therapeutic conversations* (pp. 136-145). New York: Norton.

제12장

분노조절문제를 가진 아동에 대한 가족치료 사례연구

박태영 · 유진희

이 장은 가족관계가 원만하지 않은 원가족에서 성장하여 기능적인 대화방법을 습득하지 못한 부부와 이로 인해 분노조절이 안 되고 폭력적인 아들을 대상으로 개입한 사례로 질적자료 분석방법을 활용하여 분석하였다. 분석결과 아들이 분노조절이 안 되는 요인은 부부 간 역기능적으로 시도된 해결책과 원가족에서 전수된 경험적 특성에서 비롯되었다.

치료자는 치료기법으로서 자기개방, 유사사례 들기, 역기능적인 의사소통 방식설명, 세대 간 전수되는 유사점 설명, 새로운 해결책을 제시하였다. 이와 같은 치료과정을 통하여 내담자 가족은 부부갈등 완화, 아들의 분노 완화, 가족 구성원 개인과 가족관계의 변화가 나타났다.

Ⅰ. 서 론

가정은 인간이 태어나면서 접하는 최초의 환경으로, 이 속에서 부모는 자녀와 밀접한 상호작용을 하며 자녀의 성장발달에 밀접한 영향을 미치게 된다. 특히 가정이라는 최초의 사회적 접촉을 통해 인지력, 감정, 언어, 사회성 등 기본적인 인간특성과 그 개인이 속한 사회의 행동양식을 학습해 나간다(Yang, 2001). 이렇듯 가정에서 자녀는 최초의 대인관계라고 할 수 있는 부모를 통해 일생을 살아가는 데 필요한 방식을 배우고 익히며, 대인관계에서 직면하게 되는 문제를 해결하고 대처하는 방식을 배운다. 그러나 현대사회의 급속한 변화는 가족구조와 구성원 간의 관계의 큰 변화, 구성원 간의 결속력 약화와 대화 부족, 핵가족화에 따른 문제 등을 초래하였다. 급속한 핵가족의 보편화로 가족구조가 바뀌면서 나타나는 문제점은 가족 내에서 발생하는 부부갈등의 수준을 넘어 자녀와 관계에서도 많은 문제점을 야기하고 있다. 이러한 가족문제는 가족 내 갈등으로 이어지고, 특히 부부갈등은 부부가 자신의 문제에 더 관심을 가지게 하여 자녀양육의 일관성과 효율성을 감소시키고 자녀의 반사회적 행동의 위험성을 증가시킨다(Joo & Jo, 2004). 가족 내에서 기본적 욕구를 충족하며 적응능력을 배우는 아동은 부모 간의 갈등에 매우 민감해지며, 자신의 의도와는 상관없이 피해를 입거나 실질적인 어려움을 겪을 수 있다(Grych et al., 1993). 또한 부부갈등은 아동의 발달에 부정적인 영향을 미치며, 아동의 부적응에 정적인 관련성이 있고(Park, 2000; Jung, 2000; Kim, 2001; Kim, 2001), 부부갈등에서 발생한 부정적인 감정은 부모-자녀관계에 전이되어 부모-자녀 상호작용에도 부정적인 영향을 미친다(Buehler & Gerard, 2002). 그러므로 자녀가 사회구성원으로서 건전하게 성장하기 위해서는 가족과 사회의 유기적인 상호관계를 이해해야 하며 건강한 가족관계가 선행되어야 한다(Kim & Yoo, 2001).

현재의 가족은 자신이 출생하여 자라 온 원가족으로부터 지속적인 영향을 받고, 원가족 간의 역기능적인 상호작용과 부부갈등도 중요한 영향을 미치며(송성자, 1998),

제12장은 '한국가정관리학회지(2012). 제30권 3호, pp. 119-133.'에 게재된 논문임.

원가족에서 경험한 상호관계의 질은 개인의 정서적 건강뿐만 아니라 부부친밀감에도 큰 영향을 미친다고 하였다(Yang, 2004). 이렇듯 원가족 경험은 자녀의 건강한 정서와 개인적인 특성, 그리고 상호작용의 질에 영향을 미치는 환경임에 분명하며, 어릴 때 경험한 부모와의 관계는 현재 자녀와의 관계에 직접적으로 영향을 미친다(Park & Jeon, 1999). 또한 가족구성원의 정서적인 안정을 위한 가정의 기능이 강조되면서 의사소통의 기능이 더욱 중요시되고 있으며, 이러한 의사소통 기능을 통해 아동은 가정 내에서 구성원과 함께 상호작용하면서 많은 영향을 받는다고 하였다(Kim & Hwang, 2005).

이처럼 선행연구를 통하여 역기능적인 의사소통 방식과 가족의 원가족 경험이 부부갈등에 영향을 미치고 이에 따른 부부갈등이 자녀의 문제행동에 직접적으로 영향을 미치는 중요한 요인임을 알 수 있다. 즉, 가족체계에서 부부관계가 기능적인가 역기능적인가의 문제는 가족구성원 개개인의 정서와 태도에 큰 영향을 미치며, 이에 따른 가족 간의 갈등은 아동의 문제행동으로 이어져 결국 전체 가족에까지 영향을 주게 된다. 그러나 지금까지는 가족의 원가족 특성과 역기능적인 의사소통 방식에 따른 자녀의 문제를 심층적으로 다루고 해결방안까지 제시한 선행연구가 매우 드물다. 그러므로 부모의 원가족 특성과 가족구성원 간의 역기능적인 의사소통 방식으로 자녀에게 나타나는 분노문제를 최소화하고 예방하기 위해서 이와 관련된 심층적인 연구가 필요하다.

따라서 이 장은 MRI의 상호작용적 가족치료 모델과 원가족 경험을 중요시하는 Bowen의 가족체계 이론을 바탕으로 부부갈등으로 인해 자녀에게 나타나는 분노조절문제를 완화하고자 하였다. 또한 이 장에서 가족관계 개선을 위한 치료자의 개입방법과 가족치료 효과를 살펴봄으로써 분노조절문제를 가진 자녀의 문제해결을 위해 효과적으로 개입할 수 있는 구체적인 방안을 모색하고자 한다.

II. 이론적 배경 및 선행연구

이 장에서는 의뢰된 가족을 치료하기 위하여 MRI의 의사소통 이론과 Bowen의 가족체계 이론을 활용하였으며, 선행연구는 다음과 같다.

1. MRI(Mental Research Institute)의 상호작용적 가족치료 모델

MRI 모델의 기본 가정은 '모든 행동은 의사소통이며 그 의사소통은 내용과 관계의 측면이 있다는 것'과 '가족의 문제는 그 문제를 해결하기 위해 반복적으로 시도한 해결책을 통해 지속되어 왔다는 것'이다. 또한 가족의 문제와 그것을 해결하기 위한 대처행동의 역기능적인 상호작용을 변화시키기 위해서는 새로운 해결책을 탐색해야 하며(Nicholas & Schwartz, 2002), 새로운 해결책을 위한 그 상호작용은 의사소통 측면에서 접근할 수 있다(Goldenberg & Goldenberg, 2007). 그리고 MRI 집단은 인간이 문제를 발달시키는 두 가지 요인으로 어려움을 잘못 다루는 것, 그리고 문제를 해결하려는 시도의 실패와 똑같은 문제해결 방식의 지속적인 적용이라고 하였다(Watzlawick et al., 1974). 문제를 둘러싸고 있는 상호작용의 과정을 강조하고 일반적인 시각에서 더 폭넓게 진행되는 의사소통의 교류 가운데 가족문제를 설명할 수 있는 것으로 본다(Duncan et al., 1992). 선행연구의 사례를 보면, 아들의 내면화 · 외현화 문제를 해결하려고 시도했던 어머니의 역기능적인 표현 방식과 양육 방식은 자녀와의 문제를 해결하기보다는 오히려 갈등을 지속시켰고 아들의 정서에 부정적 영향을 미쳤다(Park & Moon, 2010). 또한 가족의 역기능적인 의사소통 방식은 과거 부모가 경험한 원가족 배경에 따른 것이며 동시에 현재의 잦은 다툼과 갈등의 원인으로 이어지고 있다(Park & Park, 2009). 반대로 부모가 자녀의 내면적 감정과 사고를 정확히 지각하고 이를 왜곡 없이 충분히 표현하여 자녀가 자기탐색을 촉진시킬 수 있는 공감적 이해가 높을수록, 부모가 긍정적 · 부정적 감정을 아주 솔직하게 잘 표현할수록, 자녀의 표현에 적절한 반응을 보일수록 자녀의 문제행동이 적게 나타났다(Kim & Hwang, 2005).

2. Murray Bowen의 가족체계 이론 모델

가족은 분화되지 않은 작은 자아 덩어리로 감정이라는 덩어리에 얽혀 있으며, 가족 안에서 개인이 성장하고 발달한다는 의미는 가족의 덩어리로부터 자신을 구별해내는 과정으로 이를 자아분화라고 한다(Kerr & Bowen, 1988). 자아분화가 안 된 경우에 나타나는 인간관계의 추구형은 너무 지나치게 친밀하거나 거리감을 두는 유형을 추구하는 형태를 띠며(Park & Kim, 2004), 개인의 자아분화 수준이 낮을수록 감정적으로 반응하고 지속적인 관계능력이 결핍되어 있어 부부관계에서 올바르게 기능하지 못한다고 본다(Jo & Jung, 2002). 즉, 부모의 자아가 분화되지 못하면 부부간의 갈등으로 발생하는 정서적 문제를 자녀에게 투사하게 되며, 자녀 또한 불안정한 자아를 형성하게 되고, 이성적인 대처보다는 감정 · 행동 표출, 회피 등의 역기능적인 행동이 많이 발생한다(Han, 1999; Choi, 2007). 이와 같이 자아분화는 개인이 환경에 올바르게 적응하며 성장하는 데 필요한 목표로서, 가족구성원 간의 건강한 상호작용에서 비롯된다고 볼 수 있다(Jeoi, 1989). 또한 Bowen(1976)은 아동의 문제행동에 영향을 미치는 변인으로 부모와 자녀 사이의 미분화된 정서적 관계를 중시하였으며, 이러한 관계는 가족투사과정을 통해서 전수된다고 보았다. 원가족에서 형성된 관계의 패턴은 세대를 넘어 전수된다고 보기 때문에 가족구성원과 세대 간 상호관계에 초점을 둔다(Harvey & Bray, 1991; 남순현, 전형주, 황영훈, 2005). 다세대 간 전수 과정에서 중요한 요인은 자아분화 정도와 만성불안의 정도로 외부자극에 대해 반응하는 정도에 따라 결정되며 외부자원이 적을수록 한 자녀에게 역기능적 초점이 모아진다(Kerr & Bowen, 1988; 남순현, 전형주, 황영훈, 2005). 즉, 부모세대와 자녀세대의 연결은 삼각관계를 통해서 가능하며 부부가 서로 갈등이 있는 경우에 부모는 자신의 갈등을 해결하는 방식으로 제삼자를 끌어들이는데, 다세대 전수 개념은 정서적인 문제가 개인을 넘어서 다음 세대까지 영향을 끼치는 정서적 장애를 의미한다고 볼 수 있다(Ko, 2000). 특히 가족체계 안에서 부부는 서로 다른 환경에서 경험하며 성장하고 각자 고유한 가치관, 태도, 사고방식을 가지고 있어 동일한 사실에 대하여 상이한 개념을 가질 수 있기 때문에 부부 상호작용 과정에서 갈등이 생길 수 있다(Lee, 1990). 이러한 갈등이 심할수록 자녀에 대하여 부정적 양육태도가 높게 나타나며 정서적 불안정성을 증가시킬 뿐만 아니라(Cummings & Davies, 1994), 부모-자녀관계에 영향을 미쳐 자녀의 정서 및 행동문제와 직접 관련이 된다(Harold & Conger, 1997). 이렇게 가족 내 갈등이 많을수록 자녀의 문제행동이 두드러지게 나타나 가족관계와 같은 지속적인 관계에서 반복되는 좌절감을 경험하는 경우 자녀의 공격성향은 높아진다(Yoon, 2005).

Ⅲ. 연구문제

첫째, 아동의 분노조절문제에 영향을 미친 가족체계 요인은 어떠한가?
둘째, 치료자는 아동의 분노조절문제에 어떻게 개입하였는가?
셋째 아동의 분노조절문제에 가족치료를 실시한 효과는 어떠한가?

Ⅳ. 연구방법

1. 사례대상 및 가족상황

이 장은 부부가 문제해결을 위해 시도해 왔던 역기능적 의사소통 방식과 서로 다른 원가족 배경으로 인해 부부갈등을 겪고 있었으며, 이 때문에 폭력적이며 공격적이고 신경질적으로 분노조절이 안 되는 아들의 문제를 해결하기 위해 어머니가 상담을 의뢰한 사례다. 따라서 이 장에서는 부부가 문제해결을 위해 시도해 왔던 역기능적 의사소통 방식, 그리고 이에 영향을 미친 원가족 특성이 자녀의 분노에 어떠한 영향을 미치는지를 중심으로 살펴보고자 한다.

가족은 부(40), 모(36), 아들(7), 딸(2)로 구성되었다. 모는 친정아버지(56)의 음주문제로 어려서부터 스트레스를 받고 성장하였으며, 친정어머니(56)와의 관계는 소원한 편이었다. 시아버지(81) 역시 과도한 음주를 했는데 현재 폐암 말기로 투병 중이며, 시부모의 사이는 안 좋은 것으로 나타났다. 시아버지는 자녀를 양육하면서 분노표출이 폭력적이였으며, 남편 역시 과도한 음주와 폭력적인 방법으로 자녀를 양육하는 것으로 나타났다([그림 12-1] 참고).

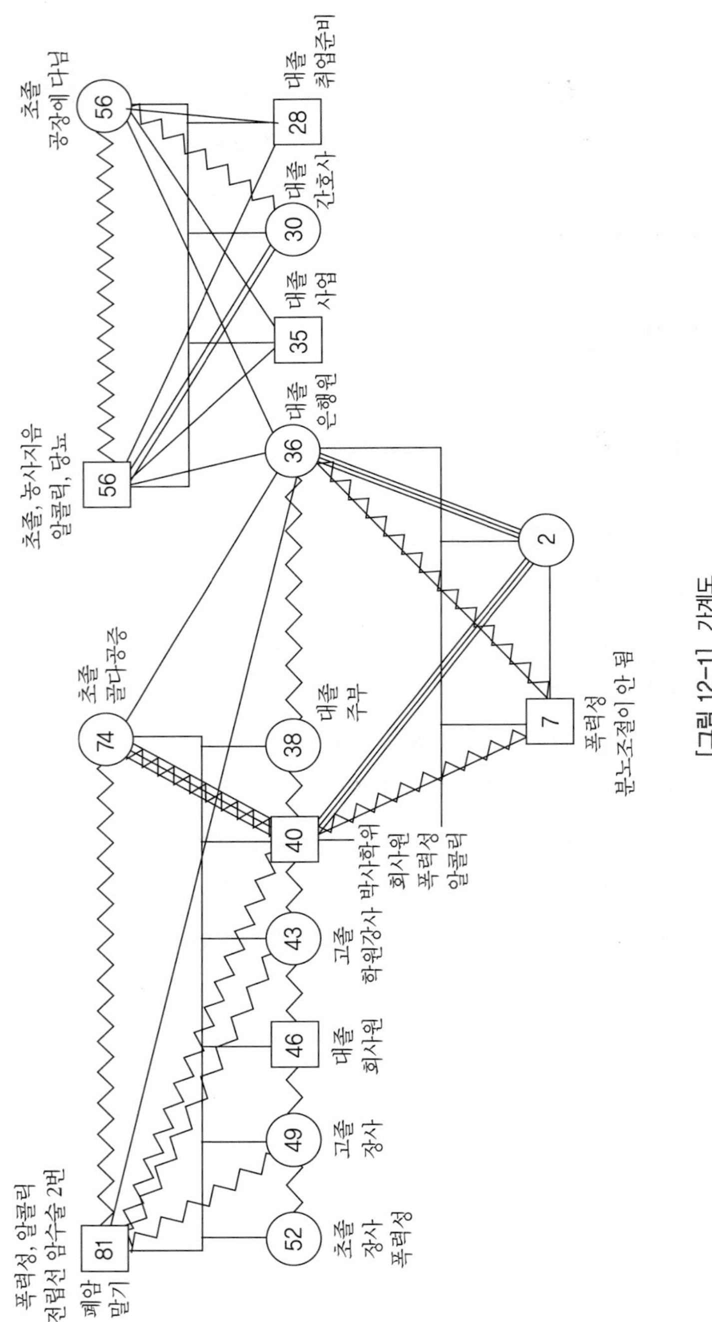
81
폭력성, 알콜릭
전립선 암수술 2번
폐암 말기
56
초졸, 농사지음
알콜릭, 당뇨
56
초졸
공장에 다님
74
초졸
골다공증
52
초졸
장사
폭력성
49
고졸
장사
46
대졸
회사원
43
고졸
학원강사
40
박사학위
회사원
폭력성
알콜릭
38
대졸
주부
36
대졸
은행원
35
대졸
사업
30
대졸
간호사
28
대졸
취업준비
2
7
폭력성
분노조절이 안 됨

[그림 12-1] 가계도

2. 분석방법

이 장은 단일사례연구로 아동의 분노조절문제에 영향을 미친 가족체계의 관계를 가계도를 활용하여 분석함으로써 가족구성원에게 미친 영향을 살펴보고자 하였다. 또한 자료 분석방법으로 연구문제와 관련 있는 주제는 녹음자료에 대한 축어록과 상담일지, 메모 등 자료 속에서 반복적으로 찾아 코딩하고 지속적으로 비교하여 유사한 개념끼리 분류하여 범주화하는 과정을 거쳤다. 8회기의 상담 축어록과 상담 시 기록한 메모를 근거로 형성된 범주를 Miles와 Huberman(1994)이 제안한 네트워크 방법을 사용하여 설명하였다.

3. 치료방법과 효과측정방법

상담에는 부모, 아들, 딸로 구성된 4명의 가족이 참여하였으며, 2009년 9월부터 12월까지 총 8회 진행되었다. 상담은 개별상담, 부부상담, 부모와 아들을 포함한 가족상담으로 진행되었다(1~2회기: 엄마, 3회기: 아빠, 4회기: 엄마와 아들, 5~6회기: 아빠, 7회기: 부부, 8회기: 부모와 자녀).

이 장은 가족구성원의 회기별 상담을 통해 Bowen의 가족체계 이론과 MRI의 의사소통 이론을 바탕으로 부부의 원가족 경험과 역기능적인 의사소통 방식을 탐색하여 자녀의 분노조절문제에 영향을 미친 요인에 대해 파악하였다. 또한 치료자는 가족구성원이 문제상황에 대해 인식하고 지금까지 부부, 부모-자녀 간에 역기능적으로 시도되었던 해결책을 대신할 새로운 해결책을 제안함으로써 가족구성원의 변화를 유도하였고, 그 변화를 지속적으로 유지할 수 있도록 하였다.

질적 자료분석에서는 어떤 결과가 발생했는가를 명확하게 밝히는 것이 매우 어렵기 때문에 개념을 명확하게 하여 효과를 보여 주는 것이 중요하다. 그런데 네트워크는 연구결과에 대한 전체적인 관점을 가질 수 있도록 해 준다(Miles & Huberman, 1994). 따라서 이 장은 내담자가 제시한 인용구를 중심으로 효과매트릭스와 네트워크를 통해 가족구성원의 긍정적인 변화를 보여 주고, 주로 내담자가 상담에서 호소한 문제와 목표를 기준으로 변화된 표현 방식이 나타날 때 치료효과로 인정하였다. 즉, 내담자의 부부갈등이 완화되어 가족관계가 개선되고 자녀의 분노조절문제가 완화되는 변화가 보일 때 이를 치료효과로 규정하였다. 또한 치료자가 상담 장면에서 가족구성원의 변화에 대해 내담자 응답과 일치하는 모습을 상담기록지에 기록하여 상담효과로 측정하였으며, 매 회기의 녹화자료를 보며 내담자 가족의 새롭게 변화된 행동을 측정하였다.

4. 연구의 엄격성 및 윤리적 고려

이 장에서 연구의 엄격성을 확보하기 위하여 상담일지, 상담 축어록, 상담녹화자료를 활용하여 자료의 삼각화와 치료자와 연구자를 달리하고, 질적 연구 경험이 있는 전문가에게 피드백을 받음으로써 연구자의 삼각화를 확보하였다. 또한 윤리적 측면을 고려하여 가족치료 참여자에게 상담과정 녹취와 자료의 학술적 목적에 국한된 분석에 동의를 구했다. 분석과정에서 내담자 가족의 신분이 노출될 수 있는 개인적 정보는 삭제하여 정보노출을 최소화하고자 노력하였다.

V. 연구결과

1. 아동의 분노조절문제와 영향을 미친 가족체계 요인

1) 아동의 분노조절문제

아동이 보이는 분노조절문제는 행동이 공격적이고 폭력적이며 또한 신경질적이었다. 또한 무섭고 두려워하며 불안해하는 감정을 표출하고 규칙을 무시하는 것으로 나타났다. 구체적으로는〈표 12-1〉과 같다.

(1) 공격적이고 폭력적임

부 인: (아들이) 애들을 때리는 것도 있었고 공격적인 그런 성향도 좀 있었어요.

치료자: 지금 분노조절이 안 된다는 이야기네요. 공격적이고. 충동조절이 잘 안 되죠?

부 인: 네. (1회기)

〈표 12-1〉 아동이 보이는 분노조절문제의 개념추출과 범주화

상위 범주	개 념
공격적이고 폭력적임	수업시간에 조용히 사고를 침/애들을 툭툭 건드리는 공격적인 행동으로 표현을 함/친구들이 지나가는데 발을 걸어 넘어뜨림
신경질적임	신경질적이며, 자기 맘에 안 들면 화도 많이 내고 부정적인 자아가 많음/자기 틀이 있어서 거기서 벗어나면 막 신경질 내고 충동조절이 잘 안 됨
무섭고 무섭고 두려움	잘해 줄때는 정말 잘해 주지만, 갑자기 돌변하여 언제 아빠가 폭력적인 모습으로 변할지 모르기 때문에 아빠가 무섭고 두려움
불안함	양육자가 자주 바뀌어 안정되어 있질 않고 불안함
규칙을 무시함	기준과 규칙을 잘 모르고 무시함

(2) 신경질적임

부 인: (아들이) 신경질도 많이 내고 자기 맘에 안 들면 화도 많이 내고 되게 부정적인 자아가 많은 거라고 하더라고요. (1회기)

(3) 무섭고 두려움

치료자: 잘해 줄 때는 잘해 주다가 화가 나면 뺨을 때리니까, 아들 입장에서는 엄마도 그렇고 아빠도 그렇고 한편으로는 아빠가 두렵겠네요. 언제 또 엄마나 아빠가 욱해 가지고 또 자기를 때릴지 모르니깐 그렇죠.

엄 마: 네. 그럴 거 같아요. (2회기)

(4) 불안함

치료자: 엄마가 공간적으로 떨어져 있고 양육문제도 뭐가 있냐면 양육자가 여러 번 바뀌는 가운데 얘가 안정감이 없었을 거예요.

부 인: 네. (1회기)

(5) 규칙을 무시함

부 인: 조금 예민한 게 있고요. 원장님말로는 그러시더라고요. 규칙이라든가 그런 걸 잘 모른대요. 그리고 친하고 싶고 그런 걸 말로 하는 게 아니라 손이 먼저 가거나 이렇게 행동으로 간다고 하더라고요. (1회기)

2) 아동의 분노조절문제에 영향을 미친 가족체계 요인

이 장의 사례분석에서 아들의 분노조절문제에 영향을 미친 가족체계 요인은 부부가 문제를 해결하려고 시도했던 역기능적인 의사소통 방식과 원가족 경험인 것으로 나타났다. 부부의 원가족이 지금까지 문제를 해결을 위해 시도했던 방식 자체가 역기능적인 표현 방식이었으며, 이는 그대로 세대 간에 전수되어 부부갈등을 더욱 악화시켰고 아동의 분노조절문제에 영향을 미쳤다. 이러한 요인은 〈표 12-2〉에 나타나 있으며, 구체적인 내용은 다음과 같다.

3) 부부의 역기능적인 의사소통 방식

(1) 부인의 의사소통 방식

'솔직한 표현을 못함'

치료자: 두 분이 쭉 어려서부터 부모관계가 걸려 있을 거라는 거거든요. 그리고 대화하는 방식 자체가 솔직하게 있는 그대로 대화하는 게 어려울 거라는 얘기죠. 그게 부부간에 걸려 있다는 거죠. 그러니깐 부부가 대화가 안 되니까 내가 볼 때는 남편이 새벽에 주로 나가서 술 드시는 거죠. 솔직히 내 감정을 내놓고 주거니 받거니, 안 하셨죠?

부　인: 네. (2회기)

'동조하지 않는 표현'

치료자: (아들이) 엄마한테 얘기했을 때, 엄마가 아드님이 잘하고 못하고를 떠나서 아드님 편을 들어 주어 아드님이 속상한 것을 (엄마한테) 쭉 꺼냈으면 좋겠는데 그것이 전혀 안 되고 있어요.

부　인: 그냥 말 안 하고 무시해 버려요. (1회기)

'화가 나면 쌓아 두고 참는 표현'

남　편: (와이프가) 며칠 동안 얘기를 안 하죠. 얘기를 안 하고 울기도 많이 울고 그렇죠. 와이프가 또 많이 삭이는 스타일이라서 그렇게 하고.

치료자: 그런데 속으로 삭이신다는 거죠?

남　편: 네. 속으로 많이 삭이는 편이죠. (3회기)

〈표 12-2〉 아동의 분노에 영향을 미친 요인에 대한 개념추출과 범주화

<table>
<tr><th>개 념</th><th colspan="2">하위범주</th><th>상위범주</th></tr>
<tr><td>솔직한 표현을 하지 않음</td><td>솔직한 표현을 못함</td><td rowspan="5">아내의 의사소통 방식</td><td rowspan="9">부부의 역기능적인 의사소통 방식</td></tr>
<tr><td>친구들과 다툼이 있어도 이야기를 잘 들어주지 못하고 장단 맞추지 않음</td><td>동조하지 않는 표현</td></tr>
<tr><td>화가 나면 쌓아두고 참고 삭히는 표현을 함</td><td>화가 나면 쌓아두고 참는 표현</td></tr>
<tr><td>과거 일까지 끄집어 내어서 잔소리로 이어짐</td><td>과거 일까지 잔소리로 이어짐</td></tr>
<tr><td>무뚝뚝하며 애교가 없고 융통성이 없음</td><td>무뚝뚝한 표현</td></tr>
<tr><td>열받을 때 자녀의 얼굴, 발을 때리며, 과도한 분노표출을 함</td><td>화가 나면 폭력을 사용</td><td rowspan="4">남편의 의사소통 방식</td></tr>
<tr><td>문제가 있으면 대화로 해결하지 않고 밖에서 술을 마셔 해결하고 술값의 과다한 지출으로 인해 잦은 싸움</td><td>과다한 술값지출과 음주로 문제를 해결</td></tr>
<tr><td>표현자체가 꼬여있고 비판적이며 아내를 가르치려고 함</td><td>비판적이고 훈계하는 표현</td></tr>
<tr><td>자녀의 이야기에 공감해 주지 않고 화가 나면 소리를 지르고 갑자기 돌변함/잘해줄 때는 정말 잘해주나 화가 나면 소리를 지르고 일관성이 없고 갑자기 돌변함</td><td>윽박지르는 표현</td></tr>
<tr><td>대화대상자가 없었으며, 혼자서 감정을 삭힘</td><td colspan="2">부부의 대화대상자 부재와 단절</td><td rowspan="5">부부의 원가족 경험</td></tr>
<tr><td>화가 났을 때 솔직한 표현을 하지 못하며, 힘든 일을 꺼내놓지 못하고 혼자서 꾹 참고 삭히는 표현 방식과 참고 지내다 한 번에 잔소리로 이어지며, 폭발적으로 표현하는 방식을 전수받음</td><td>역기능적인 의사소통 방식 전수</td><td>아내의 원가족 경험</td></tr>
<tr><td>자녀를 변화시키려고 했던 방식이 대화로 해결하지 않고 폭력으로 해결/아버지로부터 남편도 맞고 성장하여 때리는 것을 당연하다고 받아들임</td><td>폭력적인 양육 방식 전수</td><td rowspan="2">남편의 원가족 경험</td></tr>
<tr><td>형제간의 비교를 하는 방식을 전수받음</td><td>차별적인 양육 방식 전수</td></tr>
<tr><td>문제해결을 위해 알코올에 의존함</td><td colspan="2">부부의 원가족 알코올 문제 전수</td></tr>
</table>

'과거 일까지 잔소리로 이어짐'

치료자: 혹시 어머니의 잔소리에도 질렸는데 와이프가 때로는 과거를 끄집어내서 잔소리할 때면 중복이 되지 않을까요?

남 편: 맞아요. 어머니가 잔소리를 굉장히 많이 하시는 편이에요. 굉장히 싫어해요. (3회기)

'무뚝뚝한 표현'

치료자: 남편께서 부인께 "당신이 무뚝뚝해."라는 말을 들어 보셨어요?

부　인: 저보고 무뚝뚝하다고 그러고요. 제가 말이 별로 없으니깐……. 뭐 그렇게 말이 많고 어머니처럼 그건 싫은데 애교 부리고 그런 거 있었으면 좋겠다고 해요.

치료자: 남편이 밖으로 겉도는 이유 중 하나는 집에 들어와서 와이프가 애교도 있고 반겨 주면 좋은데, 집에 와 보면 와이프가…….

부　인: 제가 자고 있고 그게 불만이래요. (2회기)

(2) 남편의 의사소통 방식

'화가 나면 폭력을 사용'

치료자: 남편 입장에서 고치려고 (아들의) 머리통도 때리고.

부　인: 아니면 방에 데리고 들어가서 막…….

치료자: 위협하거나, 또 때려요?

부　인: 뭐, 종아리 때리거나 엉덩이 정도. (1회기)

'문제를 회피함'

치료자: 네. 대화가 안 되고 답답하니깐 술로 푼다는 거죠?

부　인: 네. (2회기)

남　편: 지금 정확히 생각 안 나는데 대부분 술 문제, 돈 문제로 많이 싸워요. 그 외에는 싸울 일이 없어요. 다른 거는 제가 잘못한 게 없으니까. 술 먹고 돈 쓰는 게 가장 큰 이유죠. 싸움의 근본 소스가 그거죠. 그러면 제가 정신 차리고 술 안 먹으면 잘 가요. 그러다가 2~3개월 뒤에 또 한 번 터지고. (3회기)

'비판적이고 훈계하는 표현'

치료자: (부인이 가족을 잘 챙기지 않을 때) 근데 그럴 때 남편이 잔소리 하나요?

부　인: 네, 그걸 가르치려고 하고. (2회기)

치료자: 일단 두 분 간의 표현하는 방식이 와이프 표현에 비하면 남편은 표현 방식이 비판적이면서 꼬여 있다는 거예요? (3회기)

'윽박지르는 표현'

엄 마: 애아빠가 아들과 잘 못 놀아 주잖아요. (중략) 예를 들어서 지난 토요일 날 배드민턴을 치려고 체육관에 갔는데, 아들하고 아빠하고 치는데 치다 보면 아들이 어리니깐 잘 안 맞고 그러잖아요. 그러면 이제 좀 잘한다 잘한다 계속 부추겨 주고 한 번 말이라도 잘했다고……. 그렇게 옆에서 막 그러니깐 해 주려는 그런 모습은 보이는데 아들이 배드민턴 라켓을 좀 끊었다고 막 윽박지르면서……. (1회기)

4) 부부의 원가족 경험

(1) 부부의 대화대상자 부재와 단절

치료자: 그때 처음 아셨어요? 그러면요. 어렸을 때 어머니 같은 경우는 학교에서 속상했을 때, 예를 들어 친구 간에 싸우거나 아니면 선생님한테 야단맞고 자기한테 억울한 일이 있었을 때 집에서 누구한테 내놓으셨어요?

부 인: 기억이 잘 안 나요. 그냥 저는 많이 참았어요. (1회기)

치료자: 학교에서 선생님이 짜증 났던 일, 뭐 뭐가 잘못되어 오해 받아서 열받았던 일 등등 선생님한테 혼났거나 뭐 친구하고 비틀어졌던 거라든지를 집에서 누구한테 털어놨냐는 거예요?

남 편: 거의 안 한 것 같아요.

치료자: 그게 핵심이에요. (3회기)

(2) 부인의 원가족 경험

'역기능적인 의사소통 방식 전수'

치료자: 아빠가 거슬릴지 모르겠지만 아드님을 톡톡 치시는 거 있잖아요? 이 표현 방식으로 인하여 애들은 자극적일 수 있거든요. 아빠가 나를 미워한다고까지 느낄 수 있지요. 그런데 아버지가 그러지 않으셨나 생각되네요. 뺨을 때리는 거. 그 방식이 내려오고 있다는 거죠. 문제를 해결하려는 역기

능적인 방식이 아빠한테 내려오고 있고 잘해 주지만 잔소리를 하는 방식. (중략) 엄마도 똑같이 어렸을 때 열받았던 걸 집에서 풀어 본 적이 없대요. 두 분 모두 상대방이 열받았을 때 풀어 주는 방법 자체가 어떻게 보면 안 되시는 거죠. 학습 자체가 안 되셨다는 거죠. 엄마께서는 삭이고 나중에 열받았을 때 한 방으로 가겠죠. 폭발한다든가 잔소리를 한다든가 말을 안 한다든가 이런 방식으로 나왔다는 거죠. 이해 가십니까? (3회기)

(3) 남편의 원가족 경험

'폭력적인 양육 방식 전수'

치료자: 아빠의 행동이 지금 아들이 다른 애들을 건드리는 방식 하고 빰 때릴 때나 툭 미는 게 유사하게 나가지 않겠냐는 거예요. 아들을 변화시키려 했던 아빠의 방식이 아들을 변화시키기보단 더 열받게 하고 다른 애들에게 화풀이하는 방식으로 아빠의 방식을 또 쓰고 있다는 거죠. 그런데 아빠는 또 시아버지가 그 방법을 쓰지 않았냐는 거예요. 이해되십니까? (1회기)

'차별적인 양육 방식 전수'

치료자: 남편은 딸을 엄청 예뻐해요.

부 인: 눈이 얘(딸)한테만 가요.

치료자: 어, 그러면 아들이 열 받겠네요.

부 인: 그러니깐, 그게(차별) 보여요. (1회기)

치료자: 아빠께서는 형하고 관계에서 엄마가 같은 아들인데도 차별 대우를 했다고 느끼신 건가요?

남 편: 그랬었던 것 같아요. 형이라서 더……. 전 비교하는 거 되게 싫어하는데 그건 다른 사람도 마찬가지겠지만 형이 그 대상 중의 하나였던 것 같아요. (5회기)

(4) 원가족 알코올 문제 전수

치료자: 그게(알코올 문제) 시댁에서 삼대가 내려오고 있고 지금 엄마는 아빠 술에 그렇게 질렸고 또 우리 자식도 질렸는데 남편이 과음하는 거 보면 엄마의 표

현 방식이 남편한테 가지 않았나 이거예요. 남편은 자기 친엄마하고 누나들의 잔소리와 지적하는 거에 질렸는데, 와이프가 또 그 방식을 쓸 때는 더 돌아 버린다는 거죠. 그게 지금 이렇게 순환해서 돌아가고 있는데요. (1회기)

2. 아동의 분노조절문제에 대한 치료자의 개입방법

치료자는 아들의 분노조절문제에 영향을 미치는 요인이 부부갈등 배경에 있음을 파악하고 아들의 분노조절문제를 완화시키기 위하여 근본적으로 부부관계를 개선하는 데 전체적인 상담목표를 두었다. 따라서 치료자는 지금까지 부부가 문제를 해결하려고 시도했던 역기능적인 해결책을 인식하고 새로운 해결책을 제안하였다. 또한 치료자는 부부가 솔직한 표현을 통해 자녀의 문제해결에 긍정적으로 임하도록 하고 서로의 공감능력을 향상하여 가족관계의 변화를 달성하고자 하였다. 이러한 전체적인 상담목표를 달성하기 위하여 치료자가 사용한 가족치료의 개입과정과 기법은 〈표 12-3〉에 나타나 있다.

〈표 12-3〉 치료자의 개입과정에 대한 매트릭스

회 기	참여대상	상담목표	상담내용 및 적용기법
1	부인	• 관계 및 신뢰형성, 내담자의 호소문제파악 • 부부관계 탐색, 원가족 탐색(남편, 부인)	• 내담자의 문제를 파악하여 긍정적으로 문제해결에 임할 수 있도록 함 • 원가족 배경 탐색: 가계도 활용, 가족 내에서 의사소통 방식을 탐색함
2	부인	• 부인을 통해 남편의 원가족 탐색하기 • 가족 내에서 의사소통 방식 탐색하기	• 감정기복이 심하고 화가 나면 폭력을 사용하는 방식이 원가족에서부터 전수되고 있음을 인식시킴 • 원가족 배경 탐색: 가계도 활용, 역기능적인 다세대 전수과정 설명
3	남편	• 남편이 인식하고 있는 자녀에 대한 문제탐색 • 현재 가족 내 상호작용과 의사소통 방식 탐색하기	• 자녀에게 나타나는 문제행동에 대해 인식할 수 있도록 함 • 원가족 배경 탐색: 가계도 활용 • 역기능적으로 시도된 해결책 탐색, 비효과적인 의사소통 방식 설명
4	모자	• 자녀를 통해 또래 및 가족관계 탐색하기 • 과거와 현재의 부모의 대처 방식 탐색하기	• 자녀를 통해 또래 및 가족관계에서 상호작용하는 패턴을 탐색하고 자녀의 문제를 해결하려고 했던 부부의 표현 방식에 대해 이해시킴으로써 내담자가 문제를 인식할 수 있도록 함 • 부모-자녀 간의 상호작용 탐색과 역기능적으로 시도된 해결책 설명

5	남편	• 내담자의 지각체계와 남편의 상호작용 패턴 탐색하기	• 상담가의 자기개방, 유사사례들기, 다세대 전수과정 조명을 통해 가족구성원 간의 상호작용과 의사소통 방식을 탐색하고 문제해결방안을 모색할 수 있도록 제안
6	남편	• 문제해결을 위한 기능적인 표현 방식 탐색하기 • 자녀와의 관계회복을 위해 변화하기	• 내담자가 문제해결을 위해 새롭게 시도한 해결책을 탐색하고 지금까지 변화된 모습에 대해 질문함으로써 지속적으로 변화를 유지할 수 있도록 함 • 가족구성원들 간의 상호작용과 의사소통 방식 탐색
7	부부	• 자녀의 변화된 모습 확인하기 • 새롭게 시도된 부부 간의 상호작용 패턴 및 해결책 탐색하기	• 부부가 자녀에게 새로운 해결책을 시도함으로써 변화된 모습을 인식시키고 역기능적인 가족구조를 기능적으로 재구조화함 • 부부의 기능적 의사소통 방식 모색과 가족체계강화를 위한 모색
8	부모와 자녀	• 지금까지의 상담과정 점검하기 • 가족구성원의 변화 지속성 점검 및 종결	• 가족구성원의 변화된 모습으로 자녀의 분노조절문제의 완화를 확인함 • 변화된 표현 방식을 설명하고, 부모-자녀 간 시도된 해결책이 지속적으로 유지될 수 있도록 유도함

1) 내담자와 관계형성 및 문제 확인

치료자: 무슨 문제 있어요?

부 인: 애들을 손으로 건드리고, 때리는 것도 있었고 공격적인 그런 성향도 좀 있었어요.

치료자: 부부문제가 있다고 보세요?

부 인: 음……. 서로 가치관이 다르니까요.

치료자: 예를 들면요?

부 인: 술 먹는 거 좋아하고. 그렇게 하니까 결혼해서 많이 싸웠어요. (1회기)

2) 원가족 배경탐색

치료자: 가족문제가 계속 순환되고 있는 거예요. 다음에는 친정문제도 구체적으로 봐요. 남편이 지금 아들의 행동 이면에는 자기가 쓰고 있는 표현 방식이 자기 아버지가 썼던 행동하고 똑같이 걸려 있다는 것을 알아야 해요. 자기가 자라난 가족을 원가족이라고 하거든요. 원가족에서 뭐가 걸려 있는지 표현 방식을 봐야 돼요. 그럼 남편이 인지를 해요. (1회기, 치료자)

3) 상담자의 자기개방

치료자: 예를 들어, 아들이 초등학교 3학년 때인가. 같은 반 애가 자기 부모님 돈을 훔쳤는데 그 훔친 걸 아들이 애들한테 나누어 주었대요. 담임 선생님한테 연락이 온 거예요. 그때 어찌나 화가 나던지 우리 아들을 무릎 꿇려 놓고 빗자루로 여길 때렸어요. 세 대인가? 그런데 그때는 우리 아들이 분명 잘못한 것도 있지만 제가 시간강사여서 그게 콤플렉스였기 때문에 때린 것도 있었거든요. 제가 시간강사였기 때문에 용돈 줄 여유가 없었거든요. 시간강의 세 개 했는데 한 달에 60만 원 받았습니다. 어떻게 보면 저에 대해서 화가 나는 거죠. 그런 게 작용했을 거란 말이죠. 경제적으로 여유가 있었으면 좀 넘어갔을 수 있었을 텐데 그게 아니니까 더 화가 나는 거죠. (5회기)

4) 유사사례 들기

치료자: 저를 찾아오시는 분 중에 교수가 계셨는데, 한 번은 의자를 집어던져서 와이프 가슴에 맞았어요. 부부가 모두 이혼했다가 재혼한 가정이었는데, 그 아들에게는 새엄마였어요. 이 와이프는 전 남편하고 6개월 만에 알코올문제 때문에 주사가 심해서 이혼했어요. 이 아빠가 열 받으면 가죽혁대로 애를 두 번이나 때렸어요. 생각해 보세요. 혁대로요. 그 아빠는 대학교수로서 학벌로 보자면 누구하고도 견줄 수 없는 학벌인데……. 알고 보니 그 아빠가 대학교 때 자신의 아버지가 자신을 그렇게 때렸다는 거예요. 그 할아버지와 그 아빠의 그 방식이 비슷했다는 거죠. 구타하는 게 학벌하고 아무 상관없어요. (5회기)

5) 역기능적으로 시도된 해결책 설명

(1) 비효과적인 의사소통 방식 설명

치료자: 그게 핵심이에요. 대화하는 방식이 효과적으로 대화하는 방식이 아니라 부딪히는 표현 방식을 쓰셨다는 거죠. 말을 안 하는 것일 수도 있고. 그 안에는 음주 문제도 들어가 있고 돈 문제도 들어가 있다는 거죠. (3회기)

치료자: 말로 집 안에서 상처 받았고 대화할 수 있는 상대가 없다는 거예요. 그런

데 애아빠께서 아버지하고 크게 걸려 있어요. 아버지한테 구타도 당했고 형은 더했고 그리고 애아빠께서는 어려서 누구한테 내놓고 주거니 받거니 하는 것 자체를 모르시는 거예요. 그게 답답하니까 술로 연결되었죠. 결혼하셨지만 아내도 집 안에서 말하는 방법이 효과적이지 못했다는 거예요. 남편이 아내의 가치관과 다를지라도 얘기를 계속하게 해서 남편을 내 편으로 만들어야 하는데 그런 표현 방식을 아내 분도 못 배우셨단 말이에요. 아시겠습니까? (7회기)

(2) 세대 간 전수되는 역기능적인 표현 방식 설명

치료자: 마음이 짠하시겠죠. 그런데 저는 감정이 앞서시는데 그 행동표현이 큰형이 아버지를 닮듯이 큰형보다 훨씬 덜하지만 순간 아들에게 손찌검하시는 건 아버지 방식을 그대로 쓰고 계시다는 거죠. (5회기)

치료자: 중요한 건 그 대화 방식을 자녀 분이 이어받는다는 거예요. 아빠가 만약에 술 드시고 술로 풀면 아드님도 거의 아빠 방식을 따라갈 거란 말이죠. 그건 어쩔 수 없습니다. 그게 십 분의 일이 되었든. 그렇지만 아빠의 표현 방식을 띠고 계시다는 거죠. 그게 아드님한테 상당히 갈 거고요. (6회기)

(3) 비효과적인 해결책 설명

치료자: 즉, 무슨 얘기냐 하면 자녀의 문제를 해결하려고 시도했던 방식이 문제를 해결하지 못하고 유지 또는 관계를 악화시키고 있는 방식을 쓰고 있었다는 거죠. 그러니까 문제를 해결하려고 시도했던 방식이 효과가 없고 비효과적이면서 역기능적인 방식을 쓰고 있었다는 거예요. 그게 핵심이에요. (3회기)

6) 새로운 해결책 제안

(1) 변화된 의사소통 방식 제안

치료자: 그게(부부간 의사소통) 해결이 되어야만 아드님이 대인관계에서 짜증 내고 화내고 그러는 게 해결이 된다는 거예요. 그런데 요즘에 남편께서는 부인에게 만약 가족 또는 동료와의 관계에서 스트레스를 받았을 때 어떻

게 좀 대해 주었으면 좋겠다고 구체적으로 표현을 해 주시죠? (7회기)

치료자: 그렇죠? 부인께서 남편에게 맞장구쳐 주시게 되면 남편은 집 안에서 아빠로서 권위를 인정받는다고 느낄 거 아닙니까? 그럼으로써 감정이 누그러진다는 거죠. 그러면 남편이 아드님한테 대하는 데 좀 여유가 생긴다는 거죠. (8회기)

(2) 변화된 행동 제안

치료자: 중요한 건 부부간의 표현 방식이 변화하는 게 중요하지만 그 표현 방식과 더불어 남편 또한 술 드시는 거 자체가 변화해야 한다는 거죠. 부인의 표현 방식으로 남편을 집 안에 불러들이는 시간이 더 늘어나면 밖에서 돈 쓰고 술 먹는 양이 훨씬 줄어들 거예요. 그런데 남편께서도 밖에서 뻥뻥 터트리시는 걸 좀 자제해 주셔야 한다는 거예요. (중략)

치료자: 그게(대화) 안 되니까 술이 동반되는 거죠. 주말에 두 분이 함께 극장을 가시든지, 아니면 1박 2일 여행을 가시든지, 아니면 서울에 있는 호텔 패키지 1박 2일이라도……. 20~30만 원 들이셔서 휴가 다녀오세요. 부인께서도 훨씬 보람을 느끼실 거예요. 저도 지금 와이프랑 그렇게 하거든요. 그러면 부부간에 느끼는 맛이 달라요. (7회기)

(3) 변화된 양육 방식 제안

치료자: 꾸준히 하는 애들도 있지만 꾸준히 못하는 애도 있잖아요. 중요한 게 뭐냐면 두 분이 양육 방식을 어느 정도 조율하셔야 되지 않냐는 거지요. (중략)

치료자: 여러 가지 방법이 있어요. 남편께서 아드님 때문에 열받으시면 오히려 전략적으로 부인께서 아드님을 더 혼내는 방법이 있죠. 애가 더 힘들어할 거예요. 그러나 남편께서 아드님한테 더 부드러워질 수 있는 거예요. 무슨 얘기냐면 순간순간 융통성 있게 돌아가야 한다는 거죠. (8회기)

3. 가족치료 후 효과

MRI의 의사소통 이론과 Bowen의 가족체계 이론에 근거한 가족구성원의 의사소통 방식과 원가족 탐색의 가족치료자 개입은 가족갈등을 해결하는 데 효과적이었다. 치료자는 내담자와 관계형성을 통해 가계도를 활용하여 가족의 역동성을 파악하고 치료자가 적극적인 자세로 자기개방과 유사사례를 제시하였고, 의사소통 방식과 가족구성원의 상호작용 방식을 탐색하여 새로운 해결책을 제안하였다. 치료자의 이러한 개입은 내담자가 문제를 인식하고 새로운 해결책을 사용하도록 변화를 유도함으로써 개인의 변화와 가족체계의 기능적인 변화를 이끌어 낼 수 있었다. 결국 치료자는 문제해결에서 지금까지 시도하지 않았던 새로운 해결책을 제안함으로써 부부갈등을 완화시킬 수 있었다. 〈표 12-4〉에서는 가족치료효과 중 치료자가 보는 효과와 내담자가 말하는 효과에 대한 내용을 매트릭스로 제시하였다. 치료자가 보는 효과는 내담자의 변화된 행동관찰과 내담자가 말하는 인용구 제시를 통해 상담목표에 부합하는 변화를 치료효과로 간주하였다.

〈표 12-4〉 치료자의 개입 후 효과에 대한 매트릭스

구 분		가족치료자 개입 후 효과
		내 용
상담자가 보는 효과	가족체계의 변화	• MRI의 의사소통 이론과 Bowen의 가족체계 이론에 근거한 가족구성원의 의사소통 방식과 원가족 탐색의 가족치료자 개입은, 내담자가 스스로 원가족과의 관계에서 전수되어 온 경험이 현재 가족에서 나타나는 문제임을 인식하게 되는 개인의 변화와 가족체계의 기능적인 변화를 이끌어낼 수 있었음
	부부갈등의 완화	• 문제를 해결함에 있어서 서로의 마음을 내놓고 표현할 수 있도록 유도하였으며, 지금까지 시도하지 않았던 새로운 해결책을 제안함으로써 부부갈등을 완화시킬 수 있었음
내담자가 말하는 효과	남편	• 집에 일찍 들어와서 가족과 함께 시간을 보내려고 하고, 문제를 술로 해결하지 않으려고 하는 등 행동이 변화함 • 자녀에게 폭력적으로 대하지 않으며, 함께 놀아 주려고 노력하는 등 양육 방식이 변화함
	아내	• 대화하는 시간이 길어지고 솔직한 표현과 공감해주는 표현을 하는 의사소통 방식의 변화함
	자녀	• 공격적인 행동이 줄어들고 자신의 생각을 말로 표현함/분노조절이 되며 화를 내고 성질을 내는 성향이 많이 줄어듦/지켜야하는 규칙을 받아들이고 실천에 옮김

1) 가족체계의 변화

부부는 치료자를 통하여 원가족과의 관계에서 전수되어 온 경험이 현재의 핵가족에서 나타나는 문제임을 인식하였고 이러한 인식과 함께 의사소통 방식을 변화시켜 개인의 변화와 부부갈등이 감소되었다. 또한 부부관계의 변화에 따라 부모와 자녀 관계가 변화함으로써 자녀의 분노조절문제가 감소될 수 있었다.

치료자: 아드님 하고 아빠 하고 사이는 어때요? 아빠하고 사이는 어때?
아 들: 좋은 것 같아요. 아빠가 맨날 맨날 사 주잖아.
치료자: 아드님이랑 아빠 사이의 관계에 많은 변화가 있다는 거죠.
부 인: 그렇죠. (아빠가 아들 하고) 놀아 주는 시간이 늘어났으니까요.
치료자: 아드님 하고 엄마 하고는요?
부 인: 예전보다 좀 더 나아진 것 같아요.
치료자: 너, 동생하고 사이는 어때?
남 편: 딸, 좋아?
아 들: 응.
치료자: 사실 이러한 가족의 변화를 볼 때 어떤 면에서 감명적이었습니다. 수고 많으셨습니다. 저도 모르게 눈물이 주르륵……. 애 많이 쓰시네요. (8회기)

2) 부부갈등의 완화

상담 초에 남편은 일주일 내내 술을 마시고 늦게 귀가하는 자신에 대하여 화가 난 부인이 자녀에게 폭력을 행사하는 것에 대하여 불만을 가지고 있었으며, 부부는 서로 대화가 전혀 이루어지지 않았다. 이러한 상호작용 방식은 부부관계를 악화시켰다. 따라서 치료자는 부부가 문제해결에서 지금까지 시도하지 않았던 새로운 해결책을 제안함으로써 부부갈등을 완화시킬 수 있었다.

치료자: 표현 한 번 해 보실래요? 속에 있었던 거.
부 인: 열흘 동안 술 마셔도 1차만 하고 와서 너무 고맙고, 아이들한테……. (잠시 침묵, 우는 소리) 자기가 달라지려고 변화하는 모습이 너무 고맙고 아이들한테……. (우는 소리) 같이 놀아 주고 그런 거 고마웠는데 내가 마음을 많이 몰라 준 것 같아서 미안해……. (흐느끼는 소리)

남 편: 미안하긴 뭐가…….

부 인: 조금만 더 노력해서 앞으로도 많이 몇 십 년 동안 살아야 하니까 조금만 더 같이 노력해서 잘살도록 노력해요.

남 편: 내가 잘할게. 십 몇 년 동안 해 온 거라 쉽게 고쳐지진 않을 거야. 아이들 위해서 열심히 노력할게. 고칠 테니까 당신도……. (목메는 듯) (7회기)

3) 내담자가 말하는 효과

내담자의 주관적인 효과는 매 회기 치료자의 질문을 통해 내담자가 변화된 내용을 중심으로 가족구성원이 제시하는 인용문을 그대로 사용하였다.

(1) 남 편

남편의 표현 방식은 문제가 있으면 대화로 해결하지 않고 회피하였으며, 술로 해결하려고 하였고, 이 때문에 잦은 부부싸움을 하였으며, 자녀의 이야기에 공감해 주지 않고 화가 나면 소리를 지르고 갑자기 돌변하는 등의 역기능적인 표현 방식이었다. 치료자의 개입 후 부부는 기능적이고 효과적인 표현 방식을 사용하였고, 자녀와 함께 놀아 주는 등의 새로운 해결책을 시도함으로써 부부갈등이 완화되었으며, 자녀의 분노조절문제가 해결되었다.

'의사소통 방식의 변화'

치료자: 지금 두 분 간의 대화에서 차이는 있나요?

남 편: 네. 이 상담 이후로 얘기도 많이 해요. 제가 일찍 가는 것에 대해선 좋아하니까. 일주일에 3회 정도 일찍 들어갔어요. 특별히 다툼은 없었고요. (6회기)

치료자: 그럼 두 분이 충돌하실 일은 많이 줄어들었겠네요.

남 편: 예, 그런 게 있었어요. 통장에서 돈이 빠져나갔는데 돈이 모자란 거죠. 카드론 때문에 여차하면 신용불량자가 될 뻔하였는데, 80만 원 유지비 나갈 거 없는데 어쩔 거냐고. 그런데 와이프는 제가 신용불량자가 되면 안 된다는 말을 해 주는 거 보면 고마운 거 있죠. 예전에는 제가 그런 얘기하지 않았어요. (8회기)

'행동의 변화'

부 인: (남편이) 집에 예전보다 일찍 더 들어와요. 그래도 일주일에 이틀 정도는 집에 일찍 왔었고요. 2~3일은 일찍 오려고 노력해요. 아들하고 놀아 주는 것도 예전보다 늘고 술 먹는 것도 1차에서 간단히 끝나고. 12시~1시 안에 들어오고. 예전보다 정말 많이 변했어요. (8회기)

'양육 방식의 변화'

부 인: (남편이) 늦게 들어오는 시간이 많이 줄었고요. 일찍 올 때는 9시, 10시 반 정도 와서 아이랑 좀 더 놀아 주고. 제가 그랬어요. 몸으로 아이랑 하루 종일 떨어졌기 때문에 잠깐 10분이든 15분이든 몸을 같이 부딪치면서 놀아 주는 게 되게 좋다고 그러더라. (남편이) 노력하는 게 좀 많이 보였었어요. 그래서 좀 일찍 와서 아이한테 책도 읽어 주기도 하고, 몸으로 좀 많이 놀아 주기도 하고. (7회기)

(2) 아 내

화가 났을 때 솔직한 표현을 하지 못하였으며, 힘든 일을 꺼내 놓지 못하고 혼자서 꾹 참고 지내다가 한 번에 폭발적으로 표현하는 방식이였다. 하지만 치료자의 개입 후 부인은 자녀의 감정을 이해하고 관계개선의 필요성을 인식하여 변화하려고 노력하였으며, 새로운 방식으로 의사소통을 함으로써 남편과 자녀와의 관계가 개선되었다.

'의사소통 방식의 변화'

부 인: 신기하게도 확 풀어지더라고요. 그랬구나……. 그랬었구나……. 계속 써 주고, 제가 처음 해 주니까 처음에는 "엄마 웃겨." 그러다가 이제 며칠 안 썼나? 한 번은 애가 어떤 놀이터의 하늘다리에 올라갔는데 올라가지 말라고 했는데도 자꾸 올라가면서 "엄마도 한 번 해 봐!" 그러더라고요. 그래서 제가 "너 거기 올라가고 싶구나?"라고 했더니 애가 저보고 해 보라고 하더라고요.

치료자: 그럼 남편이 보셨을 때 부인의 변화는요?

남 편: 조금 부드러워지긴 했죠. 말이 아니라 표정이 좀 부드러워졌는데……. 얼

굴 자체가 많이 밝아졌어요. (7회기)

(3) 자 녀

공격적인 행동이 줄어들고 분노조절이 되며 화나 성질을 내는 성향이 많이 줄었다. 또한 내담자는 지켜야 하는 규칙을 받아들이고 실천에 옮겼으며, 가족구성원과 대화가 이루어지고 자신의 생각을 말로 표현하는 변화가 나타났다.

'공격적인 성향 완화'

부 인: 애가 화내고 그런 거……. 툭툭 치고 했던 행동을 했었는데 요즘은 안 해요. 지금 애가 이런 말도 하더라고요. 엄마도 화가 나면 학습지 해라, 책 읽으라고. 그리고 애가 영어 테이프 틀어 놓고 따라 하려고 하는데 엄마도 그거 하라고. 애가 (엄마에게) 그런 표현을 한 적이 없었는데 지금 그 표현을 하기 시작했어요. (7회기)

치료자: 그럼 아드님이 화내는 게 없어졌어요?

부 인: 네. (8회기)

'신경질적인 성향 완화'

부 인: 애가 성질 내는 게 많이 줄어들었어요. 가끔 동생이 자기 뭐하는 데 훼방 놓거나 부서뜨리거나 할 때 그건 보통 애들이 다 그러니까.

치료자: 그 다음에 화내고 찢어 버리고 신경질 내고 그러는 건 어때요?

부 인: 그것도 완전히 없어지진 않았는데 2/3 정도 줄어든 것 같아요. 그리고 그런 일이 있을 때 그래도 괜찮아. 또 만들면 돼. 하고 얘기를 해요. (8회기)

'규칙을 준수'

치료자: 아드님이 규칙 무시하는 건 좀 어때요?

부인: 텔레비전 보거나 컴퓨터 하다가 어느 정도 되면 꺼야겠다 하고 자기가 알아서 꺼요. (8회기)

지금까지 분석한 내용을 서술한 내용을 종합해 보면 [그림 12-2]와 같이 나타낼

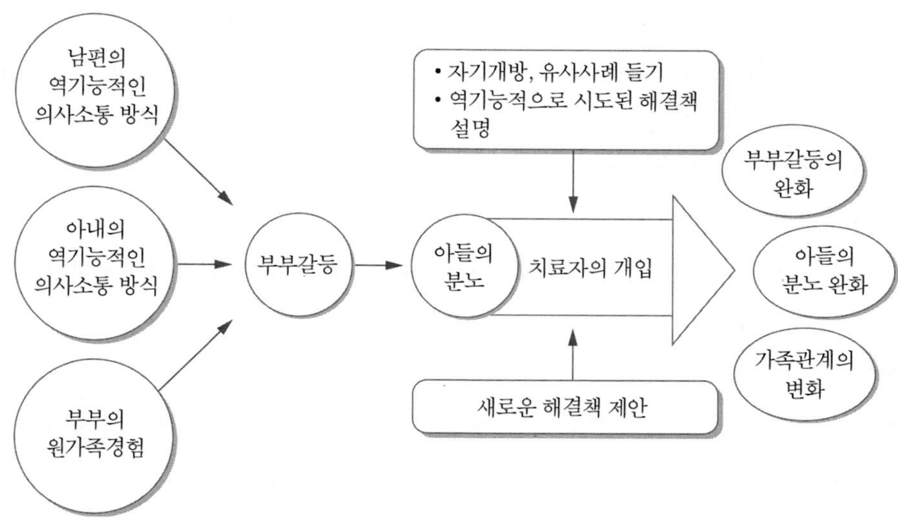

[그림 12-2] 전체적인 분석의 네트워크

수 있다.

Ⅵ. 요약 및 함의

1. 요 약

이 장에서는 부부가 문제해결을 위해 시도해 왔던 역기능적 의사소통 방식과 서로 다른 원가족 배경으로 인하여 분노조절문제를 보이는 아들에 대한 가족치료사례를 분석한 내용이며, 그 연구결과는 다음과 같다.

연구결과 아들은 부부갈등으로 인해 행동이 공격적이고 폭력적이었으며, 신경질적으로 불안해하고, 규칙을 무시하는 등의 분노를 보이고 있었다. 이러한 아들의 분노조절문제에 영향을 미친 요인은 부부의 역기능적인 의사소통과 원가족 경험으로 나타났다. 남편은 원가족에서 아버지의 폭력적인 양육 방식이 당연하다고 생각하고 자라 온 가정환경 때문에 자녀양육에서 폭력적인 방식으로 양육하고 있었으며, 자녀를 변화시키려 했던 이러한 남편의 방식이 아들을 변화시키기보다는 오히려 아들로 하여금 더욱 난폭하고 공격적인 행동을 유발시켰다. 또한 남편은 무뚝뚝하고 융통성이 없는 부인과 매우 소원한 관계였으며, 늦은 귀가로 서로 대화할 시간이 없었고, 화가 나면 말로 표현하지 않고 술로 문제를 해결하였기 때문에 술값 지출이 많아 경제적으로 힘든 상황이 잦은 부부싸움으로 이어졌다. 특히 남편은 자신의 어머니와 유사한 의사소통 방식을 사용하고 있는 부인과 거의 대화가 되지 않았고, 그러한 부인의 대화 방식에 불만을 가지고 있었다. 이와 같은 상황에서 부부는 서로 솔직한 표현을 할 수 없었고, 부부간의 문제를 해결하려고 시도했던 역기능적인 방식은 오히려 부부관계를 악화시켰다.

부인 역시 일주일 내내 술을 마시고 늦게 귀가하는 남편이 화가 나면 자녀에게 폭력을 행사하는 것에 대하여 불만을 가지고 있었다. 남편을 변화시키려고 했던 부인의 방식은 오히려 남편을 더 화나게 하는 방식이였다. 남편 때문에 스트레스가 가중될 때 부인은 그 스트레스를 아들에게 풀었고, 이러한 방식은 원가족에서 전수되는 경험적 특성에 기인하는 것으로 세대에서 세대로 전수되는 결과임을 알 수 있었다. 특히 아들은 화가 나면 언제 폭력을 사용할지 모르는 아빠의 일관성 없고 폭력적인 방식 때문에 아빠를 무섭고 두려운 존재로 인식하고 있었으며, 대화상대가 없었던 아들은 기능적인 의사소통 방식을 배우지 못했다. 또한 화가 나면 말로 표현하는 것이 아니라 공격적이고 폭력적인 행동을 보이고 잦은 부부싸움을 보고 자라 온 아들의 스트레스는 더욱 가중된 상태였다. 이는 아동의 성장에 가장 밀접하게 영향을 미치는 것은 처음 접하는 가정환경과 부모와의 관계이기 때문에 부부갈등이 높을수록 자녀의 문제행동 역시 높게 나타난다는 연구결과와 일치한다(Cummings & Davies, 1994; Harold & Conger, 1997; Yoon, 2005; Park & Park, 2009; Park & Moon, 2010).

부부갈등과 아동의 분노조절문제를 완화하기 위한 치료자의 개입방법은 상담가의 자기개방, 유사 사례 들기, 역기능적인 의사소통 방식 설명, 세대 간 전수되는 유사점 설명, 역기능적으로 시도된 해결책 설명, 새로운 해결책 제안 등이었다. 이를 통하여 남편은 자신의 표현 방식이 아버지와 유사한 방식이고 이에 따라 부인과 아들과의 관계가 악화되었으며, 부인 또한 남편을 변화시키려고 했던 방식이 시어머니와 유사한 방식으로 남편과 원활한 의사소통이 되지 않고 있음을 인식하였다. 부부는 자신들의 역기능적인 표현 방식과 원가족에서 경험이 그대로 아들에게 전수되고 있음을 인식하고 변화된 행동과 의사소통, 양육 방식을 사용하려고 노력하였다. 특히 남편은 술을 마시지 않고 주말의 대부분의 시간을 아들과 함께 보내며 서로 공감하는 솔직한 표현 방식을 사용하려고 노력하였다. 부인은 이러한 남편의 노력하는 모습을 통해 남편에 대한 서운한 감정을 완화시킬 수 있었으며, 부인 역시 기능적인 의사소통 방식을 사용하려고 노력하였다. 이렇게 가족치료 후 부부의 변화된 행동과 표현 방식을 통해 부부갈등이 감소되었고 가족관계도 호전되었으며 아들의 분노조절문제도 완화되었다.

2. 함 의

이 장이 갖는 함의와 제한점은 다음과 같다.

첫째, 이 가족치료 사례에서 MRI의 의사소통 이론과 Bowen의 가족체계 이론을 적용한 치료자의 개입방법은 부부갈등에 따른 분노를 표출하는 자녀의 문제를 완화시키는 데 효과적임을 알 수 있었다. 부부는 자신의 원가족 경험과 역기능적인 의사소통 방식이 부부갈등을 초래하는 주요 원인이며, 이러한 부부갈등이 자녀의 분노조절문제에 영향을 미친다는 것을 인식하였다. 또한 부부는 치료자가 제안한 지금까지 시도되지 않았던 새로운 해결책을 사용함으로써 변화하기 시작하였고, 이러한 변화는 자녀의 분노조절문제를 완화시키고 가족체계의 변화를 가져왔다. 이러한 결과는 향후 MRI의 의사소통 이론과 Bowen의 가족체계 이론이 분노조절문제를 가지고 있는 자녀와 가족을 상담하는 데 널리 활용될 수 있으리라 기대된다.

둘째, 가족치료 개입과정에서 원가족 탐색, 치료자의 자기개방, 역기능적으로 시도된 해결책 설명, 세대 간 전수되는 역기능적인 표현 방식 설명, 새로운 해결책 제안 등의 치료자 개입방법은 내담자의 가족구성원에게 문제를 가족체계적 관점에서 인식하고 변화시키는 데 효과적이였다. 이러한 결과는 부부가 스스로 문제를 인식하고 변화하려는 노력을 통하여 빠른 시간 내에 가족관계 전체가 변화되는 결과를 가져올 수 있었다.

셋째, 이 장의 결과는 가족복지실천 현장에서 부부갈등으로 인해 역기능적인 의사소통과 분노조절문제를 가지고 있는 자녀가 있는 가족을 다루는 가족치료 임상가에게 도움을 줄 수 있을 것으로 사료된다. 특히 가족의 원가족 특성과 역기능적인 의사소통 방식으로 초래된 자녀의 문제를 심층적으로 다루고 해결방안까지 제시한 연구가 매우 드문 상황에서 부부갈등과 자녀의 문제를 완화하기 위한 치료자의 개입방법과 효과를 분석한 것은 이 장의 의의라고 할 수 있다.

다만 이 장은 단일사례연구이므로 이와 유사한 문제를 가진 모든 가족에게 적용하여 일반화하는 데는 제한점이 있을 수 있다. 따라서 후속연구에서는 부모의 원가족 경험과 의사소통 방식으로 인해 갈등을 경험하는 가족치료 효과성을 입증하는데 있어서 이 사례에서 개입한 MRI의 의사소통 이론과 Bowen의 가족체계 이론을 적용한 연구뿐만 아니라 다른 가족치료 개입 모델을 통한 지속적인 연구가 이루어지길 바라며, 단일사례가 아닌 유사경험에 대한 다중사례연구도 진행되길 바란다. 특히 분노조절문제를 가진 자녀가 있는 가족에게 가장 효과적인 치료방법은 어떠한 것인지에 대한 지속적인 연구가 이루어져 연구결과를 일반화할 수 있도록 해야 할 것이다.

참고문헌

남순현, 전영주, 황영훈(2005). 보웬의 가족치료이론. 서울: 학지사.

박태영, 김현경(2004). 친밀한 가족관계의 회복: Murray Bowen의 가족체계 이론의 적용. 서울: 학지사.

송성자(1998). 가족과 가족치료. 서울: 법문사.

Bowen, M. (1976). Theory in the practice of psychotherapy. In P. J. Guerin (Ed.). *Family therapy.* New York: Gardner Press.

Buehler, C., & Gerard, J. M. (2002). Marital conflict, ineffective parenting, and children's and adolescents' maladjustment. *Journal of Marriage and the Family, 64*(1), 78-92

Choi, S. Y. (2007). *A Study on effects of self-differentiation and family communication on interpersonal relationship: with focus on college student.* Unpublished Master degree dissertation. Soongsil University, Seoul.

Cummings, E. M., & Davies, P. T. (1994). Marital conflict and child adjustment: An emotional security hypothesis. *Psychological Bulletin, 116*(3), 387-411.

Duncan, B. L., Solovey, A. D., & Rusk, G. S. (1992). *Changing the rules: A client-directed approach to therapy.* New York: The Guilford Press.

Goldenberg, I., & Goldenberg, H. (2007). *Family therapy: An overview.* Pacific Grove. CA: Brooks/Cole.

Grych, J. H., Seid, M., & Fincham, F. D. (1993). Assessing marital conflict from the child's perspective: The children's perception of interparental conflict scale. *Psycscan De-*

velopmental Psychology, 14, 9-10.

Han, M. H. (1999). *A study of the relationship among self-differentiation and marital conflict, conflict-coping behaviors of couples.* Unpublished Master degree dissertation. Sogang University, Seoul.

Harold, G. T., & Conger, R. D. (1997). Marital conflict and adolescent distress: The role of adolescent awareness. *Child Development, 68*, 558-572.

Harvey, D. M., & Bray, J. H. (1991). Evaluation of an intergenerational theory of personal development: Family process determinants of psychological and health distress, current issue feed. *Journal of Family Psychology, 4*(3), 298-325.

Jeoi, S. B. (1989). *The relationship between differentiation of self and dysfunctional behavior.* Unpublished doctoral dissertation. Pusan University, Pusan.

Jo, E. K., & Jung, H. J. (2002). A study on self differentiation, conflict tactics behavior, and marital adjustment among married men and women. *Journal of Korean Home Management, 20*(1), 1-16.

Joo, S. H., & Jo, S. W. (2004). Impact of conflict and nurturing factors for the divorced parents on the behavioral adaptation of their children. *Korean Journal of Social Welfare, 56*(4), 215-238.

Jung, S. Y. (2000). *A study on the relationship among children's perception of parental conflict, their parent-related stress and stress coping behaviors.* Unpublished Master degree dissertation. Sogang University, Seoul.

Kerr, M. E., & Bowen, M. (1988). *Family evaluation.* New York: Norton.

Kim, E. S. (2001). *The relationship between the characteristics of parent's conflict & marital relationship and the tendencies of children's attention deficit hyper-activity disorder.* Unpublished Master degree dissertation. Sookmyung Women's University, Seoul.

Kim, M. J. (2001). *The relations of parenting behaviors, marital conflict, and sibling relations to aggression in children.* Unpublished Master degree dissertation. Ewha Womans University, Seoul.

Kim, S. K., & Yoo, Y. J. (2001). The effects of family of origins emotional health and ego identity on psychological well being of married young adults. *Journal of Family Relations, 6*(1), 43-64.

Kim, Y., & Hwang, H. J. (2005). The Influence of the promotive communication perceived by both parents and their children to the children's problem behavior. *Journal of Early Childhood Education, 10*(4), 69-88.

Ko, B. I. (2000). A case study of S couple and the theory of bowen's family theraphy. *Hansei University LOGOS Press, 16,* 98-125.

Lawson, D. M. (1999). Integrated intergenerational family therapy. In D. M. Lawson & F. F. Prevatt (Eds.), *Casebook in family therapy* (pp. 27-50). New York: Brooks/Cole.

Lee, J. Y. (1990). *A study on the mother's attitudes and behavior in child rearing practices.* Unpublished Master degree dissertation. Seoul national University, Seoul.

Miles, M. B., & Huberman, A. M. (1994). *Qualitative data analysis.* Thousand Oaks, CA: Sage.

Nicholas, M. P., & Schwartz, R. C. (2002). *The essentials of family therapy.* Boston, MA: Allyn and Bacon.

Park, M. K. (2000). *Influence of marital conflict and child abuse on child's aggression.* Unpublished Master degree dissertation. Yonsei University, Seoul.

Park, S. Y., & Jeon, H. J. (1999). Childhood experience, personality, and marital satisfaction: Relationship to parenting behaviors. *Journal of Child, 20*(3), 153-169.

Park, T. Y., & Moon, J. H. (2010). Using family therapy to treat a child's internal and external problems. *Journal of Korean Family Therapy, 18*(1), 107-130.

Park, T. Y., & Park, J. Y. (2009). Family therapy for a child with a tic disorder. *Journal of Korean Family Therapy, 18*(2), 27-56.

Yang, J. S. (2004). *The interrelationship between the marital intimacy self esteem and family of origin's health.* Unpublished Master degree dissertation. Kyunghee University, Seoul.

Yang, K. H. (2001). *A study on the marital satisfaction and rearing stress of mother of the autistic children and non-autistic children.* Unpublished Master degree dissertation. Honam University, Gwangju.

Yoon, H. M. (2005). Effects of economic strain and family conflict on children's adjustment. *Korean Journal of Social Welfare, 57*(3), 133-164.

Watzlawick, P., Weakland, J., & Fisch, R. (1974). *Change: Problems formation and problems resolution.* New York: Norton.

제13장

父子가정에서 성장한 남편으로 인한 부부갈등 해결을 위한 부부치료 사례분석

박태영 · 문정화

이 장은 부자가정에서 자라온 성인자녀의 결혼과정에서 겪는 부부갈등을 해결하기 위해 Bowen의 이론과 MRI모델을 중심으로 개입한 가족치료 사례를 분석한 질적 연구다. 이 장은 5회기 동안 개인상담과 부부상담이 진행된 가족치료 사례에서 나타나고 있는 부부갈등과정과 부부갈등에 영향을 미친 요인을 살펴보고 부부갈등 해결을 위한 가족치료 개입의 효과성을 분석해 보고자 하였다. 이를 위해 Miles와 Huberman(1994)이 제안한 자료 변형, 데이터 디스플레이, 결론 도출 및 확인 단계를 거쳐 연구결과를 도출하였으며 연구결과는 매트릭스와 네트워크를 활용하여 디스플레이 하였다.

분석결과를 살펴보면 가족치료과정에서 나타난 부부갈등과정은 부부갈등 촉발, 부부갈등 유지과정으로 분석되었고 부부갈등 촉발 요인으로는 가족 기능적 요인, 정서적 요인, 성적 요인, 가치관 요인, 성격 요인, 경제적 요인이었으며, 부부갈등 유지 요인은 역기능적으로 시도된 해결책으로 나타났다. 치료개입은 시도된 해결책의 비효과성 통찰 돕기, 새로운 해결책 제안하기로 분석되었고 치료개입을 통한 부부의 변화는 인식의 변화, 의지의 변화, 태도의 변화, 표현의 변화로 나타났다. 이와 같은 결과는 가족체계적 관점에서 접근하는 가족치료 개입은 부자가정 성인자녀의 부부갈등을 효과적으로 해결할 수 있음을 보여 주는 결과라고 할 수 있다.

I. 서 론

최근 급변하는 사회환경의 변화로 우리 사회는 가족과 관련하여 급속한 변화를 경험하고 있다. 1960년대 이후 전통적인 3세대 가족에서 핵가족으로 대체되었다가 1990년대 후반부터 다양한 가족유형이 증가하였다. 가족의 전형으로 여겼던 핵가족의 비율이 감소한 반면, 한부모가족, 재혼가족, 독신가족, 노인가족, 입양가족, 소년소녀가장가족, 동거가족 등의 다양한 유형의 가족형태가 나타나고 있다. 특히 이혼, 별거, 사별, 유기 등에 따라 한부모와 미혼자녀로 구성된 한부모가족이 점차적으로 증가하고 있는 실정이다. 한부모가족이 되는 사유를 보면 1990년대 초부터 2005년까지는 사별에 의한 경우가 높았으나 2010년도에는 사별에 의한 경우가 29.7%(474,000가구), 이혼에 의한 경우가 32.8%(523,000가구)의 비율을 차지하고 있는 것을 볼 때 이혼에 의해 한부모가족이 되는 경우가 더 높은 것으로 살펴볼 수 있다(통계청, 2010). 이러한 결과는 최근의 급격한 이혼율의 상승이 한부모가족의 증가를 부추기고 있음을 보여 준다. 한부모가족은 경제적 문제, 정서적 문제, 대인관계문제, 자녀문제, 역할 재조정문제를 경험하고 있으며(한국여성개발원, 2000), 미성년자녀 편모가구는 경제적 어려움을 미성년자녀 편부가구는 자녀양육과 가족생활에 대한 어려움을 더 크게 경험하고 있다(변화순 외, 2002).

이와 같은 한부모가족의 문제는 가족구성원 개인 또는 가족 모두의 삶의 질 향상에 제약이 되며 부모의 성별에 따라 가족문제의 양상에도 차이가 있을 수 있다. 그러나 부자가정은 모자가정에 비해 그 수가 적고 경제적인 곤란이 적은 것으로 인식되어 왔고 거의 문제시되지 않고 있으며(Mason et al., 2003), 한부모가족 지원정책은 주로 모자가정을 중심으로 진행되어 왔다(황은숙, 2007).

최근의 한부모가족 현황을 살펴보면 모자가정을 중심으로 이루어져 왔다. 한부모가족 유형의 추이를 살펴보면, 모자가정의 경우 1995년 787,575가구, 2000년 903,857가구, 2005년 1,083,020가구, 2010년 1,246,690가구이며, 부자가정의 경우

제13장은 '한국가족관계학회지(2012). 제17권 1호, pp. 195-224.'에 게재된 논문임.

1995년 172,398가구, 2000년 219,997가구, 2005년 286,923가구, 2010년 347,448가구인 것으로 나타났다(통계청, 2010). 이와 같은 결과로 볼 때 모자가정은 여전히 높은 비율을 차지하고 있지만 부자가정도 점차적으로 증가 추세를 보이고 있다. 또한 모자가정에 비해 부자가정은 이혼가정이 상대적으로 높은 비중을 차지하고 있으며 이는 급속한 이혼율 증가에 따라 더욱 증가할 수 있다(이애재, 이성희, 2002). 따라서 부자가정과 관련한 사회적 문제에 대처하기 위한 적극적인 사회적 지원이 필요하며 모자가정과 부자가정이 겪는 고충의 차이에 따른 사회적 지원이 제공되어야 할 것이다.

부자가정이 겪는 문제는 경제적인 빈곤에 따른 불안, 우울증, 무력감, 좌절감 등이며 가사문제, 자녀양육문제, 사회적 편견에서 심각한 어려움을 경험하고 있다(황은숙, 2007). 이는 남성 혼자서는 집안일을 소홀히 하기 쉽다는 지적과 함께 점차적으로 사회문제화되고 있는 실정을 반영한다. 특히 부자가정의 아버지는 자녀양육에서 감정적 표현과 애정표현에서 많은 어려움을 겪을 수 있으며 어머니의 역할에 대한 혼돈과 한계를 경험하면서 자녀양육을 포기하거나 유기하는 경우와 더 나아가 아동학대로까지 이어질 수 있음을 짐작할 수 있다. 이와 같은 부자가정이 겪는 여러 가지 문제에 비해 사회복지 차원에서의 실질적인 지원체계는 매우 미미하게 이루어지고 있는 실정이다(송현애, 2007).

다수의 한부모가족은 미성년자녀를 두고 있으므로 이들의 적응문제 등이 사회적 관심이 되고 있다(정묘순, 2010). 실제로 부자가정의 자녀는 어릴 때 가정에서 정서적으로 중요한 역할을 하는 어머니가 부재한 상황에서 따뜻한 보살핌을 받지 못하고 성장하므로 감성적 표현과 애정표현의 어려움을 느끼며 학습모델의 부재로 역할 수행상의 혼란을 경험하기도 한다. 한부모가정의 자녀는 정상가정의 자녀에 비해 자존감이 낮아 불안하고 공격적인 특성이 있으며 학업성취 저하에 따른 학교부적응을 나타내며 정신건강을 유지하는 데 어려움이 있다(주소희, 2002). 따라서 이와 같은 사회적 · 심리정서적 적응의 어려움으로 한부모가정의 자녀는 약물 사용, 가출 등의 유혹에 쉽게 빠질 수 있는 위기 상황에 처할 수 있다. 특히 성장과정에 있는 자녀 중 아동기자녀는 정서적 문제와 역할문제, 또래와의 관계성, 학업성취 발달의 문제를 주로 경험하며(Hetherington & Anderson, 1989), 청소년기자녀는 가족 내적 상호작용뿐만 아니라 새로운 사회적 상호작용에 적응해야 하는 문제에 직면하고 있다(김경신, 2003). Bowlby의 애착 이론에 따르면, 유년기에 형성된 부모와의 애착은 부모–

자녀관계뿐만 아니라 인생 전반에 걸친 성격과 사회성 발달에 영향을 미치며 유년기 이후의 모든 대인관계에 기저가 될 수 있다고 하였다(Bowlby, 1980). 또한 한부모가정에서 자란 자녀는 사회화과정에서 아버지와 어머니의 부재로 정상적인 사회화과정을 경험하기 어려우며 우울, 불안, 자살충동 등과 같은 내면화문제를 겪고(정혜경 외, 2003) 부자가정의 자녀는 모자가정보다 부적응하고 비행청소년이 될 가능성이 높은 것으로 나타났다(김정자, 1985; 성영혜, 1997). Peterson과 Zill(1986)은 한부모가정 청소년의 부정적 자아개념은 청소년기뿐만 아니라 성인 초기까지 장기적인 영향을 미치며 그 다음 세대의 자녀에게까지 전이될 수 있다는 점에서 청소년자녀의 적응에 관심을 기울여야 한다고 하였다.

Keiman(1981)은 한부모 자녀에게 부정적 영향을 미치는 요인으로 부모-자녀 친밀도, 심리적 분리 정도, 갈등 정도, 소통 정도를 내포하는 가족역동성을 보고하였다. Bowen(1976)은 원가족에서의 분화의 획득은 한 개인이 타인과의 바람직한 관계를 형성하고, 건강하고 성숙한 삶에 영향을 미치며, 부모의 자아분화 수준은 세대 간 가족관계를 통해 자녀에게 전수된다고 하였다.

이러한 결과는 한부모가정에서 성장한 자녀가 가지고 있는 부정적 측면이 성인기까지 영향을 미친다는 것을 보여 준다. 특히 어린 연령에 한부모가정이 된 경우 부정적인 영향이 더욱 오래가며(Wallerstein et al., 2000) 성인이 된 후에도 심리적 부적응, 사회경제적 성취도 저하, 불안정한 부부관계를 유지하게 되는 등의 문제점을 가지게 된다(Amato, 1993; Lamb & Sternberg, 1997). 즉, 부자가정에서 성장한 자녀는 가정을 이루어 결혼생활을 하게 될 때 적응상의 문제가 발생할 수 있으며 또 다른 한부모가정을 만들 수 있는 여지가 있어 부자가정의 문제가 악순환될 수 있음을 예측할 수 있다. 따라서 부자가정의 자녀가 겪고 있는 심각한 문제에 따른 사회적 지원대책이 필요하다고 볼 수 있다. 그러나 그동안의 한부모가정 지원정책은 모부자복지법에 근거하여 저소득층을 대상으로 지원되어 왔으므로 일반 부자가정을 위한 포괄적인 지원정책이 모색되어야 한다. 또한 한부모가정의 근본적인 복지향상을 위해서는 경제적 지원 외에도 가족 스스로가 가족원의 잠재력을 개발하고 강화할 수 있도록 가족 간의 응집력을 향상시킬 수 있는 임상적 지원과 효과적인 지원방안을 모색하기 위한 학문적 연구도 필요하다.

그러나 기존의 부자가정에 대한 연구는 모자가정에 대한 연구에 비해 미비한 실정이다. 그동안의 연구 동향을 살펴보면, 부자가정 실태와 문제에 대한 복지대책에 관한 연구(김형수, 2004), 부자가정 자녀의 사회적 · 정서적인 문제에 관한 연구(권정순, 박인숙, 2002; 이애재, 이성희, 2002; 김은진, 박선희, 2007; 장덕희, 황동섭, 2010), 부자가정의 아버지가 경험하는 문제에 관한 연구(송현애, 2007; 황은숙, 2007)가 이루어져 왔다. 그러나 부자가정에서 자라 온 성인자녀의 결혼생활 중 겪는 핵가족에서의 부부관계와 부모-자녀관계에서 발생하는 가족문제의 특징과 이에 대한 개입 방안에 관한 연구는 전무한 상태다.

따라서 이 장에서는 부자가정에서 성장한 남편 때문에 갈등을 경험하고 있는 부부를 대상으로 부부갈등을 해결하기 위해 개입한 가족치료 사례를 통해 부자가정에서 성장한 자녀가 경험하는 핵가족 내에서의 부부갈등 발생과정과 이에 대한 치료 개입, 그리고 치료 개입을 통한 변화 과정을 심층적으로 분석하고자 한다. 이를 통해 현대사회에서 점차적으로 증가하고 있는 부자가정에서 겪게 되는 아버지와 자녀의 문제를 해결하고 더 나아가 부자가정 성인자녀의 행복한 결혼생활을 지원할 수 있는 임상적 개입 방안을 모색하는 데 목적이 있다.

II. 이론적 배경

1. 부자가정과 자녀의 특징

부자가정이란 현재 부와 부가 양육하는 18세 미만의 자녀로 이루어진 가정을 의미한다. 즉, 아내와 사별 또는 이혼한 남성, 정신 또는 신체장애로 장기간 가사노동 능력을 상실한 아내를 가진 남성, 미혼부, 아내의 생사가 분명하지 않은 남성, 아내의 가출, 해외거주, 장기복역 등으로 가계운영을 혼자 담당하는 남성의 가정으로 볼 수 있다(보건복지부, 2004). 한부모가정의 발생은 가족의 기능과 역할을 변화시키며 가족구조의 변화에 따른 갈등과 역할 변화 등 긴장도가 높은 생활사건을 경험하고 있으며 모자가정이 경제적 문제를 가장 심각하게 인식하는 데 비해 부자가정은 가사문제를 심각하게 호소하는 경향을 보이고 있다(한국여성개발원, 1984).

부자가정의 아버지들은 다양한 심리적 문제를 경험하게 된다. 특히 이혼으로 부자가정이 형성된 경우는 충격과 분노, 상실감, 외로움, 경제적 문제, 대인관계 고립, 가사 수행의 어려움, 재혼 문제에 관한 갈등을 경험하는데, 가장 큰 어려움으로 호소하는 것은 자녀와의 관계와 자녀교육 문제다(변화순, 1996). 또한 우리 사회는 부자가정 아버지의 자녀양육자로서의 남성역할에 대해 사회적으로 인정된 역할모델이 마련되어 있지 않아서 부자가정 아버지를 위한 적극적인 사회적 지원의 필요성에 대한 인식이 부재하며 이들의 요구와 필요에 대하여 간과하고 있다. 따라서 사회적 편견을 의식하여 외부기관에 적극적으로 도움을 요청하지 않고 어려움을 이겨 내고 있는 경우가 많다(Gottman, 1989). 또한 많은 아버지는 주로 어머니가 수행해 오던 자녀와의 친밀한 관계, 그리고 자녀의 관심과 욕구를 다루는 일에 미숙하므로 부자녀 간 의사소통 등의 문제를 유발할 수 있는 취약한 상황에 놓여 있다(전재일 외, 1999). 즉, 부자가정은 가족기능의 약화로 가족구성원 간의 상호작용이 기능적이지 못하다. 이에 따라 부자가정 자녀는 대인관계 형성에 어려움을 갖게 되고 사회적 적응에 영향을 받는 결과를 초래할 수 있다. 즉, 가족구성원 간의 상호작용과 사회적응과 상관관계가 있으며, 부자가정의 자녀가 심리사회적 문제를 더 많이 경험할 수 있음을 예측할 수 있다.

최근 저소득 부자가정은 남편의 경제적 무능함 또는 폭력 등의 사유로 아내가 가출한 경우가 증가하고 있어서 자녀들에게 미칠 수 있는 부정적인 영향으로부터 문제를 예방하고 효과적으로 대처할 수 있는 사회적 지원이 필요하다고 볼 수 있다.

한부모가정의 자녀는 부 또는 모의 부재로 역할모델을 상실한다. 이는 아동의 심리사회적 적응에 영향을 미친다. 특히 부자가정의 자녀는 어머니로부터 충분한 사랑을 받지 못하므로 인내심이 부족하고 무분별한 감정 표현을 하거나 자유롭게 표현하지 못하고 타산적인 특징을 나타낸다(유안진, 1984). 또한 외로움을 많이 느끼며 어머니에 대한 그리움을 표현하지 않고 속으로 삭이며 지내는 것으로 나타났다. 또한 아버지와 함께 지내면서도 거리감을 느끼고 또래관계에서도 표면적이고 폐쇄적인 관계를 유지하는 것으로 나타났다(권정순, 박인숙, 2002). 이러한 결과는 어머니의 부재로 감정이나 애정표현 등의 표현적 경험을 획득할 기회를 박탈당하게 되어 가족구성원을 비롯해 타인과의 친밀한 관계 형성에 어려움이 있는 것으로 볼 수 있다. 그리고 어머니와 헤어진 기간이 길수록 정서적 지지의 감소, 위축감, 소외감을 느끼게 되므로 심한 좌절상태를 보이기도 하며 스트레스가 많은 반면 수동적이고 방어적인 대처방법을 사용하는 것으로 나타났다(김연순, 2000).

또한 일반아동이 학업 관련 영역에서 가장 높은 스트레스를 경험하는 것에 비해 부자가정의 자녀는 부모 관련 영역, 학업 관련 영역, 가정환경 관련 영역의 순으로 스트레스를 경험한다(이영주, 1999). 이는 어머니의 부재에 따른 정서적 불안정과 부의 직업 불안정에 따른 경제적 문제 등으로 스트레스를 받고 있음을 예측할 수 있다. 또한 어머니의 부재에 대한 사회적 편견 때문에 가정환경에 대해 숨기고자 하며 사회적 관계망의 도움을 받지 않고 경제적 · 정서적으로 위축된 생활을 함으로써 또래관계와 이웃관계에도 영향을 받고 있는 것을 볼 수 있다(허남순, 1998).

또한 부자가정 자녀는 일반가정의 자녀보다 책임감과 독립심이 강하고 의사결정 능력도 더 높으며 동생을 돌보거나 심부름을 하는 등 책임이 많이 주어지더라도 부담스러워하지 않는 것으로 나타났다(Hetherington, 1989). 이러한 결과를 통해 부자가정 성인자녀의 결혼생활에서는 부와 동생에 대한 과도한 책임감을 가짐으로써 원가족과의 밀착관계를 초래할 수 있으며 부부관계에서도 배우자를 배려하기보다 일방적인 의사결정으로 부부관계에 부정적인 영향을 미칠 수 있음을 예측할 수 있다.

따라서 부자가정의 약화된 가족기능이 향상되도록, 그리고 자녀가 긍정적 가치관을 가지고 행복감을 느끼며 성장할 수 있도록 지원해야 하며, 특히 부자가정에서 성장한 성인자녀의 출산가족이 경험하는 문제 양상에 따른 사회적 지원이 필요하다고 본다.

2. 원가족 경험과 부부갈등

부부는 서로 다른 환경에서 자라 온 남녀가 만나 결혼제도를 통해 가정을 이룸으로써 새로운 공간에서 생활을 공유하게 되며 결혼생활의 상호작용 과정에서 다양한 요인으로 인해 부부갈등을 경험하게 된다. 부부갈등 요인은, 첫째, 지위, 소득, 교우문제에 따른 사회적 상관요인, 둘째, 애정, 존경, 관계의 평등, 성적 관계, 의사소통, 역할 기대, 친밀성, 자녀관계 등의 문제에 따른 관계요인, 셋째, 건강, 종교, 가치관, 취미 등의 문제에 따른 개인적 상관요인으로 볼 수 있다(Rice, 1979). 이외에 부부 각자의 원가족 경험도 부부관계에 중요한 영향을 미치는 주요 변인이다(Berger & Keller, 1980). 원가족이란 한 개인이 태어나 사회, 심리적으로 소속감을 공유하는 가족으로 결혼을 통하여 새로운 가족을 형성하기 이전까지의 가족을 의미한다(정문자, 이종원, 2003, 재인용). 원가족에서의 부모-자녀관계, 부모의 결혼의 질, 가족환경의 질 등 원가족 특성은 결혼생활 만족도와 관련되며 남편의 원가족 가정환경은 남편의 결혼만족과 결혼안정성, 부인의 결혼만족과 상관관계가 있는 것으로 나타났다

(Holman et al., 1994).

즉, 부부관계는 원가족 경험과 밀접하게 관련되며, 새로운 핵가족 내에서 원가족에서의 경험패턴을 반복하게 됨을 예측할 수 있다. 따라서 부부의 원가족 특성은 한 개인을 가족 전체체계의 한 부분으로 보는 가족체계적 관점에서 이해해야 한다. 가족은 하위체계로 이루어져 있으며 하위체계 간에 상호작용함으로써 영향을 미친다(Bowen, 1985; Goldenberg & Goldenberg, 2012).

또한 Bowen(1976)은 분화의 정도가 개인과 가족체계의 기능을 판별하는 기준이라고 하였다. 원가족과 밀착된 경우는 친밀감과 자율성을 경험하기 어렵고 가족문제를 야기하며 부부관계에서 적응적인 행동을 하지 못하고 대처능력의 결핍을 보이게 된다(유연지 외, 2008). 또한 남편의 원가족 특성은 고부갈등을 유발할 수 있으며 이와 같은 배우자 가족갈등은 부부관계에 부정적인 영향을 미칠 수 있다. 즉, 원가족의 건강성이 높은 경우는 부부의 결혼만족도가 높으며(Wilcoxen & Hovestadt, 1983; Forrest, 1991), 원가족으로부터의 자아분화 수준이 높을수록 결혼만족도가 높고 부부갈등이 낮다고 볼 수 있다(전춘애, 1994).

최근 여성의 사회참여가 증가하면서 친정으로부터 자녀양육과 경제적 도움을 받음으로써 친정과의 교류가 활발해졌다. 이에 따라 장모와 딸의 관계가 지나치게 밀착·응집되면서 부모-자녀 하위체계 간의 밀착관계에 따른 옹서갈등도 유발되고 있다(정옥분 외, 2005). 따라서 부부갈등의 문제를 가족체계적 관점에서 살펴보는 것이 중요하다.

3. 치료의 이론적 준거틀

이 장에서 가족치료의 이론적 준거틀은 Bowen의 가족체계 이론과 MRI 모델이다. 첫째, Bowen(1976)의 가족체계 이론에서는 가족을 부부, 부모-자녀, 형제의 하위체계로 이루어진 복합된 총체이자 정서적 관계체계라고 보고 가족체계의 기능을 중요시하였다. 그리고 한 개인을 가족전체의 체계 중 한 부분으로 보고 인간의 부적응행동을 치료하기 위해 가족구성원 간의 상호작용 맥락을 중요시하였다. 또한 어머니로부터의 애정결핍이 장애의 원인이라는 점에 의문을 제기하고 정신분열증 환자와 어머니에 대한 애착관계에 대한 연구를 통해 정신분열증 환자가 어머니에 대한 강한 애착을 나타낸다는 사실을 발견하였다. 즉, 어머니에 대한 환자의 미해결된 정서적 애착이 정신분열증이 유발되는 성격요인이라는 것을 발견하였다(Bowen, 1960). 즉, Bowen은 가족의 정서과정이란 역사를 통해 지속되며 이전 세대에서 해결되지 않은 문제는 다음 세대로 전수되어 문제를 일으킨다고 보았다. 따라서 전체 가족의 정서과정은 가족구성원 개인의 정서과정에 영향을 미치며, 가족 내의 정서적인 힘은 순환적 패턴으로 작용하여 전반적인 가족의 분화 수준에 따라 영향을 받는다(유채영 외, 2008).

Bowen의 가족체계 이론의 핵심개념은 자아분화이며 분화의 정도는 개인과 가족체계의 기능을 판별하는 기준이라고 보았다. 자아분화는 한 개인의 정신 내적 측면에서 지적인 체제가 정서적 체제에서 분화되어야 하며, 대인관계적인 측면에서도 '미분화된 가족자아군'에서 분화되어 가족 각자가 객관성과 독립성을 가지고 관계를 맺을 수 있을 때 가능하다. Bowen은 미분화된 가족자아군이라는 용어를 체계론적 개념인 융합과 분화의 용어로 대체하여 사용하였으며, 가족체계 이론에서는 내담자의 불안 수준을 감소시키고 자아분화를 높이는 데 치료의 목표를 둔다(박태영, 2007).

가족체계 이론은 과거의 문제를 해결하고 역사적인 가족패턴을 조사하는 데 초점을 두기 때문에 한부모가정에 적용될 수 있으며(박태영, 2007), 한부모가정에서 자라난 성인자녀는 결혼생활을 하면서 아버지 또는 어머니로부터 정서적으로 분리되지 못하여 부부관계에 부정적인 영향을 미치므로 한부모와의 친밀한 관계를 회복한 후에 원만한 대인관계를 유지하고자 할 경우 가족체계 이론이 적합하다고 볼 수 있다.

둘째, MRI 모델은 Jackson과 Weaklad, Watzlawick, Beavin 등이 미국 California 주에 있는 Palo Alto 지역에 Mental Research Institute(MRI)를 설립하여 가족치료를 진행하면서 발전시킨 이론이다(Goldenberg & Goldenberg, 2003). 의사소통 이론을 근거로 하고 있는 이 모델의 기본 가정은 모든 행동은 의사소통이며 그 의사소통은 내용과 관계의 측면이 있다는 것이다(Duncan et al., 1992). MRI 집단은 인간은 어려움을 잘못 다루거나 문제를 해결하려는 시도의 실패와 똑같은 문제해결 방식을 계속 사용하는 것이 문제를 발달시킨다고 보았다(Watzlawick et al., 1974). 즉, 가족의 문제를 경감시키기 위해 사용하는 해결 시도가 오히려 문제를 악화시키므로 파괴적이고 영속적인 가족 상호작용에 주시하였다. 그리고 이들은 의사소통의 내용이 문제가 아니라 잘못된 의사소통 과정이 문제라고 하였다(Bateson & Jackson, 1964; Watzlawick, 1965; Weakland et al., 1974).

따라서 치료의 목표는 사람들이 문제행동을 변화시키려고 사용해 왔던 시도된 해결책을 조명해 봄으로써 확립된다. MRI 접근법에서의 치료는 문제의 탐색과 확인, 시도한 해결책과 그 해결책의 결과 확인, 구체적인 목표의 공식화, 활용한 MRI 기법과 내담자의 언어를 조정하는 단계로 구성된다(Watzlawick et al., 1974). 이를 통해 내담자가 효과적인 대처법과 해결책을 시도하게 하여 새로운 상호작용을 만들어 내는 것이 개입목표가 된다. 의사소통에 초점을 두는 이 모델은, 특히 부모와 자녀 간에 대화가 부족하고 신뢰감이 상실되어 있을 수 있는 한부모가정과 이러한 가정에서 성장한 성인자녀의 결혼생활에서 부모와 자녀 간 또는 부부간에 문제를 해결하려고 시도했던 역기능적인 의사소통 방식을 찾아 성공했던 방식이나 시도해 본 적이 없는 새로운 기능적인 의사소통 방식을 사용할 수 있도록 함으로써 가족문제를 효과적으로 해결할 수 있는 가족치료 모델이라 할 수 있겠다.

III. 연구방법

1. 연구대상

이 장은 부자가정에서 성장한 남편과의 결혼초기 과정에서 부부갈등을 겪고 있는 부부가 부부갈등을 해결하기 위해 의뢰된 가족치료 사례의 상담 축어록을 분석한 것이다. 이 사례는 2010년 10월부터 11월까지 총 5회기 동안 개인상담과 부부상담이 진행되었으며 1~2회기는 부인, 3~4회기는 남편, 5회기에는 부부가 상담에 참여하였다. 치료자는 Bowen의 가족체계 이론과 MRI 모델을 중심으로 적용하여 상담을 진행하였다.

이 장을 진행하면서 연구자는 내담자를 보호하기 위해 상담내용을 통해 내담자를 추정할 수 있는 인적 사항은 삭제하였고, 연구 이외의 목적에 자료를 이용하지 않을 것에 대해 연구가 진행되기 전에 고지하였다.

2. 사례개요

이 장 사례의 부부는 결혼초기 과정에서 부부갈등이 악화되면서 부인은 결혼생활에 대한 회의감을 느끼고 이혼을 고려하고 있는 상황이었다. 부인은 양가 부모님에게 전화하는 횟수를 비교하고 친정모와의 밀착된 관계에 대해 불만을 가지고 비난하는 남편 때문에 스트레스를 받고 있었다. 남편의 원가족 배경을 살펴보면, 남편의 모는 정신지체 3급으로 어머니와 가정주부의 역할을 제대로 수행하지 못했고 아들에게 수치심을 느끼게 하는 존재였으며, 부는 신체적으로 왜소하고 경제적으로 무능했지만 부인을 장기간 간호하면서도 가장역할에 충실했다. 그러나 부는 정신지체자인 부인이 자신의 말을 이해하지 못하는 상황에서 답답함을 느끼며 폭언과 폭력을 사용하기도 하였다. 또한 부는 장남이었지만 집안일에 대한 의사결정 권한을 동생에게 박탈당해 왔으며 장남의 역할을 제대로 수행하지 못하였다. 남편의 부는 지나칠 만큼 이타적이어서 장남의 권한을 차지하지 못하고 주도적이지 못했는데 남편(아들)은 이러한 부의 무능함에 대한 불만을 품고 지내 왔다. 이와 같은 부모의 미흡함에 대해 남편은 어릴 때부터 열등의식을 가지고 있었으며, 모가 당뇨병으로 일찍 사망하게 되면서 가사를 도맡았고 부와 동생을 보살피면서 과도한 역할을 수행해 왔다.

또한 남편의 핵가족 배경을 살펴보면, 가족구성원 간 평소 대화가 없었으며 남편은 부인과의 갈등 상황에서 직면하지 않고 회피적인 반응을 보이고 있었다. 이 때문에 부인은 자신을 배려하기 위해 가사를 돕는 남편이 자신에 대한 불만을 우회적으로 표출하는 것이라고 오해하고 있었다. 또한 경제적으로 빈곤했던 가정환경에서 성장해 온 남편은 부인의 소비패턴에 불만을 가지고 있었고 결혼 이후에도 지속적으로 부와 남동생과 밀착관계를 유지하고 있었다. 반면 부인은 퉁명스럽고

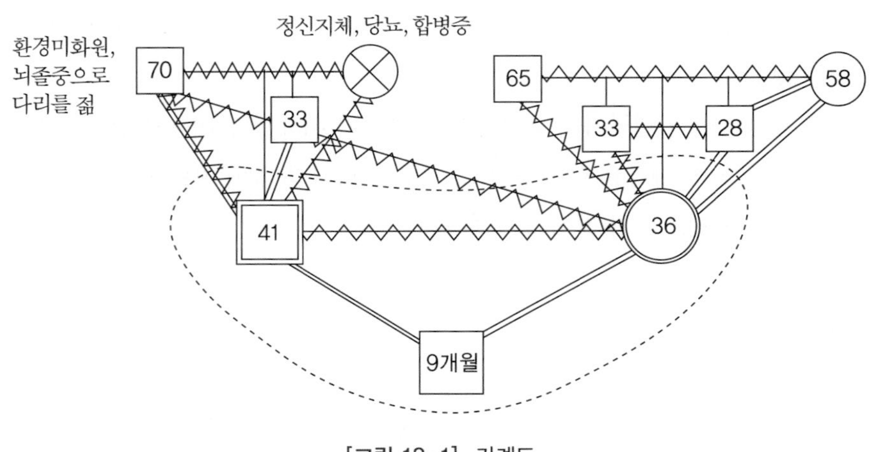

[그림 13-1] 가계도

폭력적이었던 친정부와 달리 자상함을 가진 남편에 대한 호감을 가지고 결혼생활을 시작하였으나 친정모와 공간적 · 정서적으로 분리되지 못하고 밀착관계를 유지하고 있었다. 이에 대해 남편은 부인을 못마땅하게 여겼으며 점차적으로 부부갈등이 악화되고 있었다. 이와 같이 반복되는 부부갈등 상황에서 남편은 서로에게 상처를 주지 않고 대화할 수 있는 방법을 찾고 부부관계를 개선하고자 하여 상담을 의뢰하였다.

3. 연구문제

첫째, 가족치료과정에서 나타난 부부갈등 과정은 어떠하며 부부갈등 요인은 무엇인가?

둘째, 부부갈등을 해결하기 위한 치료 개입은 어떠한가?

셋째, 치료 개입을 통한 부부의 변화 과정은 어떠한가?

4. 분석방법 및 신뢰도 검증

이 장은 단일사례연구로서 연구자 중 한 명이 직접 상담을 진행한 총 5회기의 상담 축어록을 활용하였으며 이를 토대로 2명의 연구자가 질적 분석을 하였다. 질적자료의 분석은 Miles와 Huberman(1994)의 자료 변형, 데이터 디스플레이, 결론 도출 및 확인 단계를 거쳤고 이를 통해 연구결과를 도출하고자 하였다. 자료 변형 과정에서 상담 축어록을 상세히 읽어 가며 부각된 개념과 주제 만들기를 거쳐 코드를 부여하고 주요개념을 범주화하였고 가족치료 과정에서 나타난 부부갈등 과정과 부부갈등 요인, 부부갈등해결을 위한 치료 개입, 치료 개입을 통한 부부의 변화 과정을 중심으로 매트릭스와 네트워크를 활용하여 디스플레이하였다.

연구의 진실성과 엄격성을 높이기 위해서 1회기부터 5회기까지의 축어록, 상담기록지를 활용하였으며, 상담과정에서 진술된 내용을 인용문으로 제시하였다. 또한 치료자와 연구자의 토론, 질적 연구 경험이 있는 대학 가족치료연구센터의 연구원에 의한 연구자의 삼각화를 시도함으로써 연구자의 편견을 줄이고자 하였다.

Ⅳ. 사례 분석

1. 상담회기별 부부치료과정 요약

이 장의 상담회기별 부부치료과정은 다음의 〈표 13-1〉과 같이 살펴볼 수 있다.

〈표 13-1〉 회기별 부부치료 과정 요약

상담회기	참여자	상담목표	개입방법	개입효과
1회기	부인	• 부인이 호소하는 문제 확인 • 부인의 통찰력 강화	• 치료적 동맹관계 형성 • 시도된 해결책 탐색 • 핵가족 정서과정 탐색 • 원가족 경험 탐색 • 문제사정하기	• 부부가 시도해 온 역기능적 해결책에 대해 인식하게 됨 • 시아버지, 남편과의 문제 호소로 스트레스 해소
2회기	부인	• 원가족 경험에서 기인된 부부갈등 요인 확인 • 부인의 통찰력 강화	• 문제사정하기 • 원가족 정서과정 탐색 • 역기능적으로 시도된 해결책 설명	• 원가족 경험에 대한 문제인식 • 원가족 경험에 기인된 갈등 대처 방식 인식
3회기	남편	• 남편이 인식하는 문제 확인 • 남편의 통찰력 강화	• 시도된 해결책 탐색 • 핵가족 정서과정 탐색 • 시도해 온 해결책의 비효과성 설명 • 부인 입장 대변하기	• 부부가 시도해 온 역기능적 해결책에 대해 인식하게 됨
4회기	남편	• 원가족 경험에서 기인된 부부갈등 요인 확인 • 남편의 통찰력 강화	• 원가족 정서과정 탐색 • 다세대 전수 과정 조명 • 시도해 온 해결책의 비효과성 설명 • 문제사정하기 • 새로운 해결책 제안	• 시도해 온 해결책의 비효과성 인식 • 부인의 입장 이해 및 자기문제 인식
5회기	남편 부인	• 남편과 부인이 인식하는 변화 확인 • 새로운 해결책 시도의 효과성 확인 • 변화 유지 및 부부체계 강화	• 부부관계의 변화 탐색 • 변화유형 탐색 • 변화 유지 권유 • 중재자 역할	• 부부가 새로운 해결책의 효과성 인식 • 새로운 해결책의 시도에 따른 변화 인식

2. 가족치료과정에서 나타난 부부갈등 과정은 어떠하며 부부갈등 요인은 무엇인가

가족치료과정에서 나타난 부부갈등 과정은 [그림 13-2]와 같이 부부갈등이 촉발된 후 지속적으로 유지되었으며, 이에 대한 부부갈등 요인을 상세히 기술하면 다음과 같다.

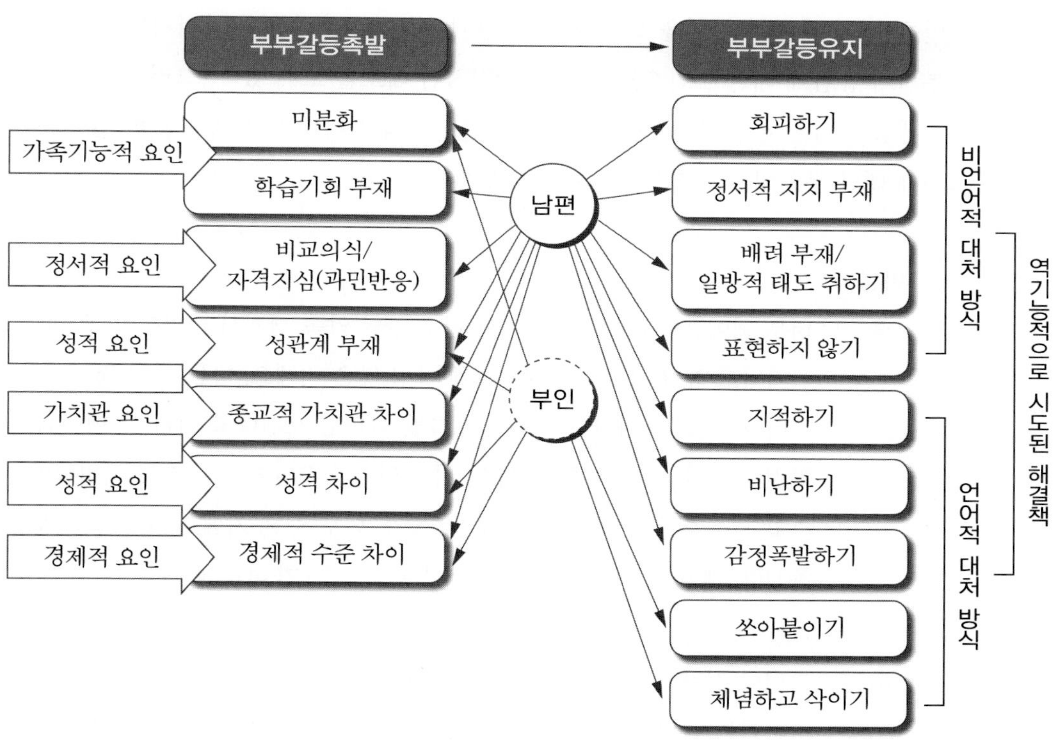

[그림 13-2] 부부갈등과정과 갈등 요인

1) 부부갈등의 촉발 요인

부부갈등의 촉발 요인은 8개의 주요 개념이 도출되었고 이는 다시 6개의 상위 범주로 나누어졌다. 이와 같은 부부갈등은 부부 각자의 원가족 경험에서 촉발되고 있었다. 이를 구체적으로 살펴보면, 가족기능적 요인, 정서적 요인, 성적 요인, 가치관 요인, 성격 요인, 경제적 요인으로 분석되었다.

(1) **가족기능적 요인: 미분화/학습기회 부재**

가족기능적 요인은 부부갈등을 촉발시킨 주된 요인으로 볼 수 있다. 구체적으로 남편과 부인의 원가족에서의 미분화와 남편의 학습기회 부재는 서로에 대한 불만과 오해가 쌓이면서 부부갈등을 유발하였다.

남편은 어린 시절부터 경제적 · 정서적으로 결핍된 가정환경에서 자라났다. 특히 정신지체였던 모 때문에 안정적인 보호를 받지 못했고 심리 · 정서적인 결핍을 교회생활로 대체하며 지내 왔다. 남편은 초등학교 때 시장에서 모를 만나면 피해 다닐 만큼 모에 대해 수치심을 느꼈고 모와 같이 죽고 싶은 마음을 가지기도 했었으며, 부의 무능함에 대한 불만으로 부에게 공격적인 태도를 보여 왔다. 그러나 남편은 결혼생활을 하면서 동생과 홀로 사는 부가 안쓰러워 시아버지가 예고 없이 집에 오는 것에 대한 부인의 불편함을 배려하지 않았다.

'미분화'

부 인: 너무 싫어요. 지난 번 휴가여서 친구 만날 약속 생겨서 나가려고 했는데 아버님도 휴가, 신랑도 휴가, 그게 마침 맞은 거예요. 나는 분명 몇 주 전부터 애 데리고 나간다고 했는데 그날 아버님 오신다고 얘기 안 했어요. 그런데 아버님 오신다는 거예요. 저는 얼마나 부담돼요. 음식도 준비해야 하고……. 암튼 편하지 않은 것만으로도 너무 싫은 거예요. 아버님 너무 하신다. 제가 얘기했어요. 그런 말 할 수도 있는 거 아니에요?

치료자: 그렇죠.

부 인: 그런데 신랑이 그 얘기 듣자마자 "너 알아서 해. 들어오든지 말든지 하고." 나는 아버님 안쓰럽다는 거예요. 아버님 휴가니까 저는 서울 구경시켜드리고 그러겠다고 한 건데……. 친구들이랑 있는데 화가 나서. (1회기)

또한 남편은 시아버지와 시동생과 융합되어 있어 부인에게 소외감을 느끼게 하였다. 시아버지가 손가락을 다쳤을 때는 부인과 상의 없이 일방적으로 일주일 동안 시댁에서 부를 간호하였고 결혼 이후에도 원가족(시아버지, 시동생)과 공간적 · 정서적으로 분리되지 못하고 지속적으로 과도한 역할을 수행하였다.

부　인: 시댁에 가면 자기가 다하거든요. 집에 와서도 똑같이 해요. 시댁에 가서도 자기가 먼저 냉장고 문 열어서 다 정리하고 동생은 당연히 형이 하는 거라고 생각하고 뒤에서 보고만 있고. 또 자기는 아버지한테 잔소리하고. (중략) 네. 근데 찾아가는 것까진 좋았어요. 전 정말 최선을 다했다고 생각해요. 화가 나서 싸웠으면 안 갈 수도 있잖아요. 아버님이 어떻게 되든지 말든지, 그런데 저는 부리나케 준비하고 시간 늦지 않게 가려고 열심히 갔어요, 갔는데 아버님도 약국에 갔다 오셔서 뒤따라오시더라고요. 저는 "○○아, 엄마 왔어." 이러는데 신랑이 저한테 아는 체도 안 하는 거예요. 제가 아버님 손 어떠시냐고 그래도 말도 안 하고. 그러고선 자기가 아버님 씻겨 드려야겠대요. 아버님이 움직이기 불편하시니까 자기가 여기서 일주일 동안 도와드려야겠다고. 나와서 옷 찾아 드리고. 그러고선 자는 거예요. 일요일이니까 피곤하겠죠. 시동생하고 낮잠 자는 거예요. (1회기)

남　편: (어머니가) 초등학교 수준으로 표현하셨어요. 어머니가 그러한 장애를 가지고 계셨기 때문에 지난번에 제가 말씀드렸지만 제가 과도한 역할을 할 수 밖에 없었고. (4회기)

부인도 모녀간에 사소한 것까지 얘기할 정도로 밀착관계를 유지하였고 친정에 거의 매일 가는 편이었다. 특히 남편은 부인이 스스로 음식을 하지 않고 친정모에게 지나치게 의존하여 음식을 가져오는 것이 불만이었고 이 때문에 친정 음식을 먹는 것을 싫어하는 태도를 보이고 있었다. 이와 같은 남편과 부인의 원가족과의 미분화가 부부갈등을 촉발시켰음을 예측할 수 있다.

부　인: 엄마하고는 사소한 것도 많이 얘기해요. 엄마가 어찌 됐든 딸이 하나니까요. 속상한 일이라든가 아빠나 오빠, 동생한테 무슨 일 있었거나 엄마의 마음이 이렇다 이런 것도 많이 얘기하시는 편이어서.

치료자: 어렸을 때부터요?

부　인: 네. (중략)

치료자: 부인은 친정집에 몇 번 정도?

부　인: 전 매일 가죠. 이틀에 한 번이라도. 엄마가 애를 봐 주었으면 해서 제가

일부러 가는 것도 있고. (2회기)

남 편: 제가 보기엔 더 많은 부분을 어머니(장모)의 지시나 영향력에 있어서 굉장히 많은 부분을 결정하게 되고 저랑 논의해서 합의된 내용도 며칠이 지나고 나면 달라져 있어요. 어느 순간 어머님이 툭툭 저한테 운을 떼어서 하시는 걸 캐치하는 경우가 있어요. 전 그런 부분에 있어서 스트레스가 되기도 하고 또 하나는 제가 부인한테 그랬어요. 어머니하고 오히려 거리를 두고 아버지한테 거리를 좁혔으면 좋겠다. 아버지하고 대화가 없어요. (중략)

치료자: 왜 그렇다고 생각해요?

남 편: 그러니까 친정엄마하고 굉장히 밀착된 관계 속에서 완전히 서로……. 어머니는 편 만들기를 잘하세요. 저도 그 편에 놓인 적도 있고. (3회기)

부 인: 저보고 친정하고 분화해야 한다는 말을 굉장히 많이 했거든요? 그 분화하고 이 분화하고 굉장히 다르다고 생각하는데 그런 얘기를 많이 했어요. 저보고 스스로 해야 하는 건 스스로 해야 한다는 생각을 많이 하는 것 같다고요. (중략) 그걸 얘기하는데 그 부분에 있어서 반찬 하나라도 갖다 먹는 걸 굉장히 싫어하더라고요. (1회기)

특히 남편은 모가 정신지체였으므로 자녀와 명확한 의사소통을 할 수 없는 상황이었고 부도 지나치게 남을 배려하고 솔직한 표현을 하지 못하므로 피해를 입어 왔다. 이와 같은 부모의 미흡한 의사소통 방식 때문에 자녀가 솔직한 표현을 학습할 기회와 상대방의 감정을 헤아리고 정서적으로 지지하는 상호작용 방식을 학습할 기회가 부족했던 것으로 볼 수 있다. 즉, 남편은 원가족에서의 의사소통 방식과 상호작용 방식의 학습기회 부재로 부부갈등 상황을 효과적으로 대처하지 못함으로써 부부갈등을 촉발시켜 왔다.

'학습기회 부재'

치료자: 엄마가 일단 정신지체이고 어렸을 때부터 자식한테 분명한 의사소통을 할 수 없었을 테고 아버지도 솔직하게 말하지 못하고 남을 배려하는 것까

진 좋은데 어떻게 보면 피해를 보는……. 남의 눈치를 그만큼 보고 의식하지 않았겠냐 이거죠. ○○선생이 그러한 부모 밑에서 솔직한 표현을 할 수 있었겠냐 이거예요. (중략)

남 편: 네. 어머니가 정신지체이시고, 여러 가지로……. 어떻게 보면 어머니가 돌아가시지 않으셨다면 결혼하는 데도 어려움이 굉장히 많을 수도 있었을 거 같아요.

치료자: 아버지하고 대화는 이제 되나요?

남 편: 되긴 되는데 제가 먼저 짜증 내요. 아버지한테 답답함을 먼저 느끼게 되죠.

치료자: 왜?

남 편: 세대 차이도 있고 생각 차이도 있고.

치료자: 그럼 지금 선생님이 가족에 있어서 엄마 아빠하고 말하면서 상대편 감정을 읽고 거기에 맞장구쳐 주는 방식이 학습이 되어 있냐 이거예요. 걸려 있을 거란 말이죠. 이런 가정에서 선생님은 나름대로 건강하게 성장했다고 봐요. (5회기)

(2) 정서적 요인: 비교의식/자격지심 · 과민반응(남편)

부부갈등을 촉발시킨 정서적 요인은 남편의 비교의식과 자격지심과 과민반응으로 분석되었다. 남편이 부인에게 가졌던 가장 큰 불만은 친정에 전화하는 횟수에 비해 시댁에 전화하는 횟수가 적다는 것이었다. 양가 부모님에게 전화하는 횟수를 비교하는 남편 때문에 부인은 스트레스를 받았다. 그리고 남편은 부인이 시댁과 시아버지에 대한 불만을 얘기할 때 공감해 주지 않고 예민하게 반응하면서 부인을 비난하였다.

'비교의식'

부 인: 네가 아버지한테 전화 몇 번 했냐?

치료자: 전화 몇 번 했냐 그래요?

부 인: 네. 아버지한테 전화 몇 번 했냐? 나는 처갓집한테 전화 잘했다. 그런데 넌 몇 번 했냐.

치료자: 비교하네요.

부 인: 네, 항상 그래요. (1회기)

'자격지심(과민반응)'

부 인: 그냥 부모님 문제 같아요.

치료자: 그게 가장 예민해요?

부 인: 신랑이 집 얘기는 굉장히 예민해요.

치료자: 시댁 얘기요?

부 인: 네. 시댁 얘기를 신랑이 굉장히 예민하게 반응해요. 저도 모르겠어요. 저도 그냥 시댁이라는 건 불편한 존재라고 여겨져서 좀 예민하게 반응하는 부분도 있는데 뭐……. (중략)

부 인: 자격지심이 있는 것 같아요. (1회기)

(3) 성적 요인: 성관계의 부재(부부)

부인은 결혼 후 바로 임신이 되었고 임신 기간 동안 남편이 허리 디스크 수술을 받게 되면서 원만한 성관계를 유지하지 못했다. 특히 남편은 허리 디스크 수술 후에 성관계에 대한 부담을 가지고 있었다. 또한 부인은 아들을 함께 재우고 남편은 아들을 의식하여 성관계에서 더 소극적인 태도를 취해 왔다. 점차적으로 성관계 주기가 비정기적이 되고 거의 없는 상황이 되었지만 서로의 불만족에 대해 솔직하게 표현하지 않으면 서로가 불충실한 태도를 보이며 지내 왔다. 이러한 상황에서 부인은 남편에게 성적 불만족을 가지고 있었으며 이와 같은 성적 요인은 부부갈등의 촉발 요인이 된 것으로 볼 수 있다.

부 인: 남편이 허리 디스크수술도 했어요. 결혼하고요. 제가 임신했을 때. 결혼하고 얼마 안 돼서 수술을 했어요. 그러고서 어찌 됐든 운동을 안 하기 때문에 금방 피로를 느끼고 허리가 아프단 핑계로. 허리도 아프긴 하지만 몸을 움직이는 걸 안 좋아해요. 전 일 갔다 와서 저녁 차려 놓고 힘들지만 산책하고 손잡고 얘기하는 걸 좋아하거든요. 어쩌다가 한 번 했나? 텔레비전 보고 눕는 걸 좋아해요. 전 그런 거 이해해요. 참고 참다가 화가 나요. 그런 게 너무 싫어요. 다 싫고 얘기하자고 해도 안 하고.

치료자: 그럼 더군다나 신랑이 신혼 초에 디스크 수술했으면 성관계에 불만이 많았겠네요.

부 인: 제가 그랬어요. 우리 부부관계 언제 했는지 아냐? 언제 했는지 기억도 안

나요. 애기가 바로 생겼기 때문에 자유롭게 하지 못했고.

치료자: 자유롭게 해도 되는데.

부 인: 아뇨. 애기 때문에 불안해하는 것 같더라고요. 그건 이해하는데 그때 딱 디스크 수술을 했기 때문에 못했어요.

치료자: 남편이 성적으로도 약해요?

부 인: 모르겠어요. 딱히 비교 대상이 없기 때문에 모르겠는데 전 만족을 못해요. (1회기)

남 편: 굉장히 비정기적이고 일정치 않아요. 일단 분위기 잡는 것도 좀……. 성관계를 갖기 전 서로 준비할 수 있는 마음도 부족한 것 같고 부인도 좀 뭐랄까? 퍼져 있다고 할까요? 그런 느낌도 있고. 저도 좀 허리가 부담스러우니까. 결혼하자마자 애 가졌거든요? 임신 초에 어떤 사람들은 조심해야 한다고 얘기하더라고요. 그런 것을 조심하다 보니까 성관계 가지는 횟수가 부담스러운 면도 있었고 애도 뱃속에서 자라다 보니까 성행위 자체도 부담스러운 것도 생기더라고요. 아이 낳고 나서는 그런 것도 있었던 것 같아요. 애엄마는 애기를 침대에 재우더라고요. 부인이 성관계를 갖고 싶다고 어필하거나 표현하는 일이 없어요. 제가 거의 갖고 싶다고 얘기를 하고 부인이 처음엔 튕기다가 관계를 맺는 분위기가 일반적이에요. (4회기)

(4) 가치관 요인: 종교적 가치관의 차이(부부)

남편은 결혼 전에 부인이 교회를 다니는 것에 대해 강요하지 않기로 약속했지만 기회만 되면 부인을 교회로 데려가려고 하여 부인은 스트레스를 받았다. 특히 시아버지와 집안의 산소 이전 문제에 대한 대화를 나누는 중에 불교 집안이었던 친정에서 모로부터 들었던 정보를 참고하여 좋은 날을 받아서 해야 한다는 의견을 제시했을 때 교회 다니지 않는 사람들이나 그렇게 한다면서 며느리의 의견을 무시하는 태도를 보였다. 부인은 시아버지에 대한 속상한 마음을 남편에게 전달했는데 남편은 오히려 부인의 마음을 헤아리지 않고 시아버지를 옹호하는 입장을 취하였다. 이와 같은 부부의 종교적 가치관의 차이와 원가족의 종교적 배경 차이는 부부갈등을 촉진시킨 것으로 볼 수 있다.

부 인: 네. 그날이 일요일이었어요. 교회를 같이 가재요. 제가 아직 교회를 안 다니고 있는데. 그 부분은 결혼 전에 합의한 부분이어서 강요 안 하겠다. 애는 데리고 다니고 싶다. 그날 ○○○ 박사가 와서 강의를 하는데 그 핑계 삼아서 교회 가자고 하는 거예요.

치료자: 틈만 되면 데리고 가려고 하네요.

부 인: 전 그게 싫은 거예요. 전 솔직히 가서 앉아 있을 순 있어요.

치료자: ○○○ 박사 같은 경우는 재밌잖아요.

부 인: 네. 근데 그게 더 싫은 거예요. 핑계 삼아서 데리고 가려는 거. 전 더 반감이 생기니까 "그래? ○○○ 박사?" 하면서 쫓아갈 수 있는데 더 싫은 거예요. 그 전날에도 조심스럽게 "가자 가자." 했는데 전 못 들은 척하고. 그러다가 저 보고 교회 가재요. 저도 싫다고 몇 번 얘기하다가 저도 그 부분은 "왜 자꾸 가자고 그래. 싫어." 하기도 그렇고 예민한 부분이니까. 그래서 아들한테 "○○아. 아빠랑 교회 잘 갔다와." 했어요. 제가 안 가겠다는 얘기를 간접적으로 표현하는데 애를 데리고 가더라고요.

치료자: 9개월 된 애를 데리고 가서 뭐해요?

부 인: 아직 젖먹이 애기거든요. 전 그게 화가 난 거예요. 그러니까 오빠는 '그래 네가 가라 했으니까 어디 한 번 해 보자.' 해서 데려간 거예요. 서로 화가 난 거예요. 애가 배고프면 어떻게 먹일 거냐고 그러면서 "그럴 거면 교회 다니는 여자랑 결혼하지 왜 나랑 결혼했어?"라고 했어요. 뭐 산소 이전 문제 가지고 교회 분은……. 왜? 저희 집안은 불교 집안이거든요? 엄마가 그러더라고요. 할아버지, 할머니도 정리해서 하신대. 아버님 세대에서 정리한다고 엄마한테 얘기했어요. 엄마가 그것도 날짜 잘 잡아 보고 아무 때나 하는 게 아니라고 말씀하셨어요. 그래서 제가 아버님 그런 거 아무 날이나 하는 게 아니던데, 제가 엄마가 그 말했다는 말은 안 하고 좋은 날 받아서 해야 한다고 말씀 드렸더니 아버님이 기분 나쁘단 듯이 "그건 안 믿는 사람들이나 그러는 거다."라고 하시는 거예요. 전 기분 나쁘면 참는 것도 있지만 남편은 남편과 시아버님과의 관계보다 저하고 더 가깝다고 생각하기 때문에 그런 부분은 얘기하거든요? 아버님이 그렇게 얘기하시면 전 기분 나쁜데 왜 그렇게 얘기하시냐. 전 그렇게 얘기했으면 다른 말이 필요 없는 것 같아요. 신랑이 저한테 기분 나빴냐? 그냥 흘려들어. 노

인 양반이 그럴 수도 있지. 네가 그냥 흘려들어. 이러면 되는데 너무 예민하게 반응해요. (1회기)

(5) 성격 요인: 성격차이(부부)

내담자 부부는 서로의 부족한 부분을 감싸 주지 못하고 신경전을 벌이면서 잦은 부부싸움으로 결혼생활에 대한 회의감을 느끼고 있었다. 부부싸움을 할 때마다 남편은 부인의 화가 누그러진 후에 싸움의 결론을 내리려고 하였고 부인은 화가 난 상태에서 바로 결론을 내리려고 하였다. 부인은 답답한 것을 참지 못하고 즉시 얘기해야 하는 스타일로 시아버지가 서운하게 한 것에 대한 속상한 마음에 대해서도 속으로 삭이지 않고 표현하는 방식을 사용해 왔다.

또한 부인은 아무리 힘들어도 손잡고 산책하며 대화하는 것을 좋아하는 반면, 남편은 몸을 움직이는 것을 좋아하지 않고 TV 보고 누워 있는 것을 원하였다. 이와 같은 부부간의 성격차이는 결혼과정에서 부부관계를 악화시켜 왔다.

부 인: 어찌 됐든 운동을 안 하기 때문에 금방 피로를 느끼고 허리가 아프단 핑계로. 허리도 아프긴 하지만 몸을 움직이는 걸 안 좋아해요. 전 일 갔다 와서 저녁 차려 놓고 힘들지만 산책하고 손잡고 얘기하는 걸 좋아하거든요. (1회기)

(6) 경제적 요인: 경제적 생활수준의 차이(부부)

부부는 원가족의 경제적 생활수준의 차이 때문에 결혼과정에서 갈등을 경험하고 있는 것으로 나타났다. 부인의 가정은 매우 부유하지는 않았지만 원하는 것을 대부분 충족해 왔으며 학업을 위한 경제적 지원에도 부족함이 없이 지내 왔다. 반면 남편은 경제적으로 여유롭지 못한 가정에서 자라 왔기 때문에 결혼생활에서 부인의 소비패턴에 대하여 이해하지 못하였고, 생활비 사용에 대한 불만을 품고 있다가 카드를 가져가기도 하였다. 따라서 부인은 자신이 버는 돈을 사용하는 것에 대하여 남편이 아까워하는 것으로 오해하였고 옷을 사거나 장을 보는 것에 대한 남편의 통제로 위축감을 느끼면서 남편에 대한 불만이 쌓여 가고 있었다.

치료자: 또 하나는 시댁하고 친정하고 경제력을 비교해 봤을 때 차이가 있어요?

부 인: 차이요? 저희 아빠는 회사에 다니시고 저희는 부유하지는 않았지만 제가 사고 싶은 거 다 사 입었고 하고 싶은 거 다했고 엄마가 제가 공부하고 싶다 그러면 재수도 시켜 주시고. 전 하고 싶은 거 다하고 살았거든요.

치료자: 부족함 없이 사셨다는 거네요.

부 인: 네. 부족함 없이 살아왔어요. (중략)

부 인: 네. 자기는 자수성가했고 가정형편이 안 좋아서 못 먹고 컸다는 얘기를 안 해도 될 것 같은데. (중략) 오래되었는데 모르겠어요. 임대아파트에 거실 겸 원룸처럼 방 하나 있고 남자 셋이 살던 집에……. 아, 진짜 결혼 전부터 심란했어요. (중략) 배울 사람도 없었지만 쓸 줄도 모르고. 여자가 치장하고 구두 사고 백 사고 그러는 거 사치로 봐요. 제일 처음에 싸운 게 구두 산 걸로 싸웠어요. 3만5천 원짜리 구두 산 거 때문에. 아울렛에서 싸구려 구두 샀는데 신발이 이렇게 많은데 이걸 또 샀냐는 거예요. (1회기)

2) 부부갈등의 유지 요인: 역기능적으로 시도된 해결책

부부갈등을 유지시켜 온 요인은 [그림 13-3]과 같이 10개의 주요 개념과 2개의 중간 범주, 1개의 상위 범주로 범주화하였다. 이와 같은 부부갈등 유지 요인은 원가족 경험에서 기인된 역기능적으로 시도된 해결책으로 볼 수 있다. 역기능적으로 시도

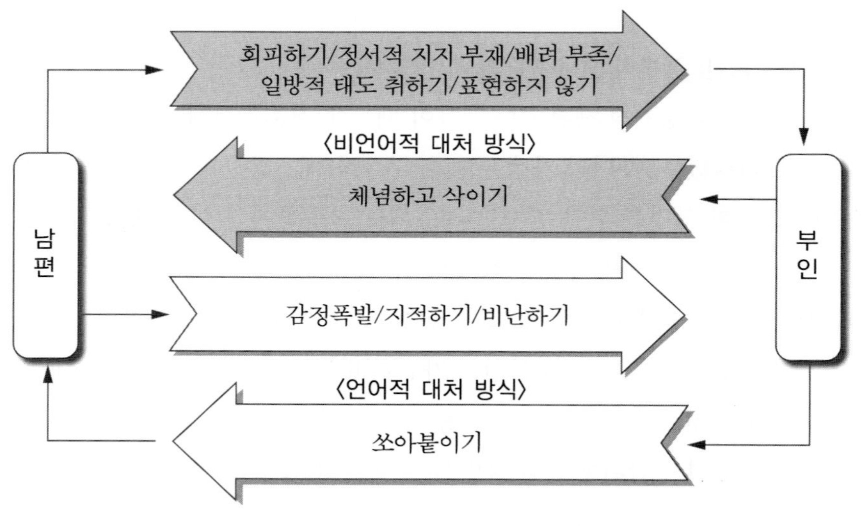

[그림 13-3] 역기능적으로 시도된 해결책

된 해결책의 구체적인 내용은 남편의 비언어적 대처 방식과 남편과 부인의 언어적 대처 방식인 것으로 분석되었다. 부부가 부부갈등 상황에서 문제를 해결하기 위해 시도했던 해결책은 오히려 부부갈등을 지속시키는 요인으로 작용하였다.

(1) **역기능적으로 시도된 비언어적 대처 방식**(남편)

남편이 부인과의 관계에서 역기능적으로 시도해 온 대처 방식은 회피하기, 정서적 지지 부재, 배려 부족, 일방적 태도 취하기로 분석되었다. 남편은 부인의 친정모와의 밀착관계에 대해 불만을 가지고 있었으며, 특히 친정과 시댁에 전화하는 횟수를 비교하는 일로 부인과 자주 충돌하였다. 부인과 다툴 때마다 남편은 갈등 상황에 직면하지 않고 회피하는 반응을 보여 왔다.

'회피하기'

부 인: 항상 몇 번 부딪히면 싸움이 생기잖아요. 네가 잘했다, 못했다 결론을 안 짓고 저는 얘기를 해서 소리 지르든 물건을 집어던지든 끝을 보고 싶은데 (남편은) 안 해요. 그 자리를 피해 버리거나 밖으로 나가거나 얘기를 하다가 말아 버리거나 왜 얘기를 안 하냐고 하면 네가 화를 좀 누그러뜨린 다음에 해야 하지 않겠냐 그래요. 남편이 항상 하는 말이에요. (중략) 네, 항상 그래요. 저는 좀 지나고 나면 감정이 어느 정도 떨어지기보다는그 순간에 해야 한다고 생각하거든요. 저는 이만큼 화가 난 상태에서 싸워야 하는데 그거를 안 하니까……. (1회기)

또한 부인은 나름대로 시아버지 부양을 위해 최선을 다하고 있다고 생각하고 있었지만, 남편은 부인에게 수고한다거나 고맙다는 표현을 한 번도 하지 않았다. 이와 같은 부인에 대한 남편의 정서적 지지의 부재는 시아버지 부양에 대한 부인의 의욕을 저하시켰으며 남편에 대한 기대감을 상실하는 결과를 초래하였다.

'정서적 지지 부재'

부 인: 전 결혼 왜 했나 싶어요. 자기랑 결혼하는 게 아니라 자기 아버지 뒤치닥거리해 줄 사람이 필요해서 결혼했다는 생각이 들어요. 시댁에 가서 집안일 할 때도 하기 싫어요. 냄새도 나고 다 갖다 버리고 새 걸로 사고 싶고.

그러고 싶은데 그러면 신랑이 뭐라 하고. 항상 (시아버지가) 저희 집에 오시면 제가 음식 못하지만 밥도 해 드리고 그랬어요. 그런 부분은 제가 최선을 다 했다고 생각했어요. (울먹이면서) 그런데 (남편이) 저한테 네가 수고 많았다. 그렇게 해 줘서 고맙다 그런 얘기를 한 번도 안 했어요. (1회기)

남편은 결혼 후 지속적으로 시아버지와 시동생을 안쓰럽게 여기는 마음을 가지고 있었으며 부인보다 시아버지와 시동생을 먼저 배려하였고, 시댁 일에 대한 일방적 태도를 취하여 부인에게 소외감을 느끼게 하였다. 예를 들어, 부인은 남편과 다툰 후 화가 났지만 손을 다친 시아버지의 병문안을 위해 시댁에 방문했는데 남편이 먼저 시댁에 가 있는 상황에서 부인을 아는 척하지 않았고 시동생과 낮잠을 자고 있었다. 시댁에 갈 때마다 시아버지, 시동생, 남편은 서로 융합되어 부인을 소외시켰다.

'부인에 대한 배려 부재/일방적 태도 취하기'

부 인: 네. 전 (남편과) 싸운 상태에서 갔는데 (남편은) 아는 체도 안 하고……. 애도 재웠어요. 아버님은 덩그러니 앉아 있고. 저는 그냥 자는 애 옆에 앉아 있고 둘은 자고 있고. 저는 뭐예요? 화가 났어요. 저를 무시하면서 그렇게까지 갔는데. (제가) 밥도 못 먹고 갔어요. 이만큼 얹힐 것 같은데 김밥 한 줄 대충 먹고. 배는 고프니까 먹고 가고. 밥도 먹어야 하니까 중국음식 시켜 먹는다고 하는데 안 먹는다니까 자기네끼리 먹더라고요. (1회기)

평소 부인은 남편과 솔직하게 대화하기를 원했지만 남편은 대화에 응하지 않았다. 또 옷을 사서 입으라고 해 놓고 옷을 사 오면 긍정적 반응을 보이지 않고 무관심하거나 싸늘한 반응을 보였다. 그리고 부인이 시아버지에 대한 부정적인 얘기를 할 때 남편은 일방적으로 차단하였고, 시아버지가 제사준비를 맡기려고 할 때 남편은 부인의 입장을 전혀 배려하지 않으며 효과적으로 중재하지 못하였다. 이와 같이 부인과의 갈등 상황에서 시도해 온 남편의 대처 방식은 부부관계를 개선하기보다 오히려 부인으로 하여금 시댁에 대한 불만이 커지게 했고 부부갈등을 유지시킨 요인이 되었다.

부 인: 추도식 음식도 해야 하고. 전 그게 굉장한 부담이거든요. 요리도 못하고.

결혼한 지 1년 반밖에 안 되고 애도 있고. 제가 해야 한다는 부담이 굉장히 큰데 신랑은 그걸 왜 그렇게 부담스럽게 여기냐는 식으로 얘기하는 거예요. 자기가 도와주는데 뭐가 문제냐는 식으로. 자기가 뭘 도와주는데요? (중략) 전 그때부터 시작되었어요. 뭐 사려고 해도 눈치가 보이고. 예쁜 티셔츠 사도 숨기게 되고. 내가 비싼 거 사면 절절 매겠지만 2만 원짜리 사도 숨기게 되고. 그런 거 사도 예쁜 거 싸게 샀네. 이런 칭찬 전혀 안 하니까 숨기게 되는 거예요. 제가 옷 없다고 징징대긴 하죠. 그러면 자기 딴에는 옷 사 입어 얘기는 하는데 정작 사면 와! 예쁘다 잘 샀네, 이게 아니라 (싸늘하게) 샀네. (남편은 저에게) 이중 메시지 주지 말래요. 자기는 항상 저한테 이중 메시지 던져 주거든요. (1회기)

남편은 부인의 소비에 대한 불만이 있을 때 솔직하게 표현하지 않고 혼자 고민하거나 옳고 그름, 좋고 싫은 것에 대해 명확하게 말하지 않았으며 부인이 시댁에 더 충실하기를 바라는 마음을 표현하지 않고 속으로 참으며 지내 왔다.

'표현하지 않기'

부 인: 네가 교회를 갔으면 좋겠고 네가 친정에 10번을 갈 거 시댁에 9번 가야 하지 않냐고 속 시원하게 얘기하면 시댁에 많이 안 간 게 불만이란 걸 알겠는데 내가 '오빠 불만이 그거야?' 하고 얘기하면 얘기는 하지 않고 네가 하고 나서나 그런 얘기를 하라고 해요.

치료자: 부딪힐 때 신랑이 어떻게 표현하시냐는 거죠.

부 인: 신랑은 절 아껴 준다고 하는데 전 속 시원하게 이러해서 서운하다고 얘기하는 편이에요. 신랑은 막 참으면서 네가 얼마만큼 했냐고 그러고. (2회기)

(2) 역기능적으로 시도된 언어적 대처 방식(남편)

남편이 역기능적으로 사용해 온 의사소통 방식은 감정폭발하기, 지적하기, 비난하기, 표현하지 않기로 분석되었다. 남편은 평소 화가 났을 때 욱하면서 감정을 표현하는 방식을 사용해 왔다. 또한 부인이 집안일에 미흡한 점과 경제적 개념이 부족한 것에 대해 지적해 왔고 갈등 상황에서 부인의 입장을 이해하고 감싸 주기보다는 비난하고 무시하는 태도를 취해 왔다.

'감정폭발하기'

부　인: 그게 그렇게 맘에 안 들었냐? 그런데 그 얘기를 꼭 이 와중에 해야 되겠냐? 생각이 들면서 제 나름대로는 아버님한테 딸로서 며느리로서 했는데 그게 또 마음에 안 들었던 것 같아요. 그런데 마음에 안 들었을 수도 있을 것 같아요. 우리 아버지가 그래도 어른인데 존경 안 했단 생각이 들 수 있는데, 그래도 이건 아버지한테 그건 아니지 않냐 웃으면서 얘기할 수도 있는데 그걸 정색하면서 "야. 하지마." 라고 하고.

치료자: 반말해요? 야! 이렇게?

부　인: 부인이라고 부르면서 반말을 하는데 "야!" 까지는 안 해요. 얼굴이 시뻘개져서 화난 게 보여요.

치료자: 시아버지도 그런 거 있어요?

부　인: 네. 시아버지도 욱하고 그런 게 있어요. (1회기)

'지적하기'

부　인: 내가 이렇게 했으면 잘했다. 하고 칭찬도 안 해 주고 내가 이거를 흘렸으면 너가 흘렸구나. 도와줄게. 하고 가르쳐 주지도 않고. 하지도 않은 거 가지고 지적받고. 제가 잘못한 건 지적받을 수 있다고 생각해요. 제가 돈 모으는 거 잘 못하는 거. 그런 거 인정해요. 제가 엄마한테 곗돈 부으라고 드렸거든요. 제가 쓸 건 쓰고. 제가 경제 개념은 별로 없어요. 모으게 되면 모으고 쓰게 되면 쓰고. 겨우 결혼할 거까지만 모으고 했기 때문에. 못한다고 인정하면서 가르쳐 주면 전 하겠다는 거예요. (1회기)

'비난하기'

부　인: 근데 오빠 입장에서는 얘가 너무 언성이 높아졌다고 생각할지 모르겠어요. 저 사람은 내가 하나를 얘기하면 하나를 감싸면서 네가 그랬구나? 네가 그래서 힘들었구나? 그렇지만 내 입장은 이렇다. 라고 얘기했으면 좋겠는데 다그치듯이 네가 그랬냐? 언제 그랬냐? 네가 그것밖에 안 했으면서 뭘 또 바라냐? (1회기)

(3) 역기능적으로 시도된 비언어적 대처 방식(부인)

부인이 역기능적으로 사용해 왔던 비언어적 대처 방식은 체념하고 삭이기로 분석되었다. 부인은 평소 남편이 자신의 입장보다 시아버지와 시동생을 우선적으로 배려해 왔고 부인의 불만에 대해 일방적으로 차단해 왔으므로 점차적으로 남편과 솔직한 대화를 회피하고 있었다. 예를 들어, 부인이 나름 시아버지의 건강을 염려해서 사골을 사다 드렸을 때 시아버지가 고맙다는 표현보다 혈압 있는 사람에게는 사골이 좋지 않다는 반응을 보여 속상했었던 마음을 남편에게 표현하지 않고 속으로 삭이고 혼자 상처받아 왔다. 결혼초기에 부인은 남편에게 시댁과 시아버지에 대한 부정적인 얘기를 하였지만 남편이 예민하게 반응하고 부인의 입장을 이해하지 못하였기 때문에 부인은 남편에게 시댁과 관련된 대화를 회피하거나 체념하고 화를 속으로 삭이는 방식을 사용해 왔다.

'체념하고 삭이기'

부　인: 조심스럽게 얘기한 거였어요. 아버님이 저한테 얘기했었어요. 사골은 혈압 높은 사람한테는 혈관이 막혀서 안 좋단다! 이렇게. 제가 사골을 이만큼 해드렸는데 아버님이 그렇게 말씀하셨으니까.

치료자: 그런 얘기는 신랑한테 하셨어요?

부　인: 아니요. 저 혼자 상처받고. (중략)

부　인: 그 마음은 이해되지만 결혼한 나는 뭐냐고요. 너무 싫어서 그냥 말해도 벽창호하고 얘기하는 것 같고 얘기하고 싶지 않고. 화를 삭인 다음에 전 속이 새까맣게 타서. 며칠이 지나서 얘기하면 그때는 대화가 되나요? 시아버지에 대한 얘기를 하는 게 어려워요. 처음에는 많이 했었어요. 아버님은 왜 나한테 그렇게 말씀하시냐? 왜 그렇게 행동하시냐? 지금 정확히 생각 안 나는데 초반에는 그런 대화를 하려고 시도했던 것 같아요. 그거를 남편이 딱 차단해서 안 하더라고요. 저는 시아버님하고 얘기하기보다는 남편하고 얘기하는 게 더 가깝다고 생각해서 했는데 싫어하더라고요. "네가 뭔데 우리 아버지한테! 우리 아버지가 잘못한 게 없는데 지적하느냐!" 라고 하죠. (5회기)

(4) 역기능적으로 시도된 언어적 대처 방식(부인)

부인이 역기능적으로 사용해 왔던 의사소통 방식은 쏘아붙이기로 분석되었다. 부인의 원가족 환경을 살펴보면, 친정모가 집안일에 대한 의사결정 권한을 가지고 주도적인 입장을 취해 왔다. 반면 친정부는 가장으로서 경제적 책임을 성실히 수행해 왔지만 부인과 자녀에 대한 배려가 부족하고 퉁명스러운 말투로 비난함으로써 부인과 자녀에게 상처를 주었으며 편안하게 자신의 생각을 표현하지 않고 폭력을 행사해 왔다.

부인은 부모가 서로 격렬한 몸싸움을 하며 폭언과 문을 부수면서 다투는 모습을 목격해 왔다. 이 때문에 부인은 친정부에 대한 불만이 있었고 친정모도 남편에 대한 불만을 딸(부인)에게 하소연하며 지내 왔다. 친정모는 남편과 충돌할 때 자녀들 앞에서 "아빠는 원래 저래."라고 하며 친정부의 권위를 실추시키는 표현을 사용해 왔으며 부인도 남편과 충돌 시 친정모와 마찬가지로 "너나 잘해."라고 반말투로 쏘아붙이는 방식과 물건을 집어던지는 방식을 사용해 왔다.

'쏘아 붙이기'

부 인: 아니요. 저도 좀 쏘는 게 있을 거 같아요. 다는 아니지만 '야! 너나 잘해!' 라고 한 적도 있어서 굉장히 싫어하더라고요. 전 정말 싸우면 나이 차가 나든 말든 신랑이든 그거 상관 안 하고 "야! 너나 잘해!"라고 하면서 제가 책을 들고 있다가 신경질이 나서 '에씨.' 하면서 바닥에 책을 확 내팽긴 적이 있어요. 신랑이 말하려고 하지도 않고 싸우려고 하지도 않으니까. 제가 책을 던지니까 신랑이 그거 갖고 굉장히 놀라더라고요. 저의 이러한 표현 방식이 신랑을 자극하는 게 있을 것 같아요. (2회기)

남 편: 부인이 말할 때 좀 굉장히 공격적인 표현들이 많아요. 일상적으로 부딪히는 일이 없다가도 제가 서운하게 하면……. (4회기)

3. 부부갈등해결을 위한 주요한 치료 개입은 어떠한가

부부갈등을 해결하기 위해 치료자가 사용한 주요한 치료 개입은 시도된 해결책의 비효과성에 대한 통찰 돕기(역기능적으로 시도된 해결책, 직면시키기)와 새로운 해결책 제안하기를 중심으로 분석되었다.

1) 시도된 해결책의 비효과성에 대한 통찰 돕기

시도된 해결책의 비효과성에 대한 통찰 돕기는 〈표 13-2〉와 같이 역기능적으로 시도된 해결책 설명하기, 직면시키기로 분석되었다. 치료자는 MRI 모델에서 초점을 두는 시도된 해결책의 발견과 그 해결책의 결과를 탐색하였고 내담자로 하여금 시도된 해결책이 비효과적임을 통찰할 수 있도록 치료자의 권위를 사용함으로써 개입하였다. 즉, 치료자는 내담자가 그동안 문제를 해결하기 위해 시도해 왔던 해결책을

〈표 13-2〉 시도된 해결책의 비효과성에 대한 통찰 돕기

역기능적으로 시도된 해결책 설명하기	직면시키기
• 남편이 부인을 사랑하고 인격적으로 대하고 있다는 것을 느끼지 못하게 하는 방식을 사용하고 있음 • 남편은 기분 나쁜 이유에 대해 얘기하지 않음 • 부인은 친정모의 표현 방식을 사용함으로써 문제를 해결하려고 했음(부인) • 부인을 감명시켜 변화시키는 방법이 아니라 팽팽히 맞서는 방식을 사용하고 있음(남편) • 서운함을 표현하는 방식이 효과적이지 못함(남편) • 충돌할 때 사용하는 표현 방식이 서로 상처를 입히는 방식임(부부) • 남편은 솔직한 표현을 해도 감정이 전달되지 않고 상대방을 비난하는 방식임 • 남편은 부가 사용한 우회적인 방식을 사용하며 부인은 친정모와 같이 공격적인 방식으로 대처함 • 부부간에 충돌하는 방식이 서로를 변화시키지 못하고 상황을 악화시켰음(부부) • 상대방이 상처를 입을까 봐 화를 내지 않을까 싶기도 하고 어떻게 생각할지 몰라서 속마음을 표현하지 않고 지내 옴(남편) • 마음이 꼬여 있는 상황에서 부인이 자극하면 비교하며 부인을 비난하는 표현 방식으로 대처해 옴(남편)	• 부인과 장모를 분리시키고자 하지만 남편이 대처하는 방식이 오히려 더 밀착되게 할 수 있음 • 젖먹이 아이를 교회에 엄마 없이 데려가는 것은 부인을 골탕 먹이는 방법일 수 있음 • 남편이 교과서적인 틀에서 벗어나 융통성 있게 행동할 필요가 있음 • 부인을 교회에 출석하게 하려면 부인을 감명시켜야 함을 설명 • 부인이 시아버지에게 잘하길 바라지만 남편이 사용해 온 방식은 오히려 부인이 시댁을 멀리하게 했음을 설명 • 자신이 장인장모한테 전화한 횟수와 부인이 시댁에 전화한 횟수를 비교할 필요성이 없음 • 싸울 때마다 부인에게 친정하고 분리가 안 되어 있고 한 게 뭐냐고 하는 표현은 관계를 악화시킴 • 처갓집에 과도한 역할을 하기보다 자신의 도리만큼 하는 것이 효과적임 • 남편이 원가족에서 부모의 미흡한 역할을 대신하면서 칭찬을 받아 왔듯이 자신의 과도한 역할에 대해 부인에게 인정받고 싶어 할 수 있음

사정하고 이를 내담자에게 설명하였다.

남편은 부인과의 갈등 상황에서 부인에 대한 불만이나 요구사항을 솔직하게 표현하지 않고 인상을 쓰거나 화가 난 부인과 대응하지 않고 회피하여 나가 버리는 등의 우회적인 방식으로 자신의 감정을 표출하였다. 치료자는 남편에게 남편의 표현 방식이 부인으로 하여금 비난받는 느낌을 주기도 하였고 원가족에서 시아버지가 상대방을 지나치게 배려하는 이타심으로 솔직하게 표현하지 못하고 우회적으로 표현하는 방식을 그대로 사용해 왔음을 설명하였다.

치료자는 부인이 화가 났을 때 원가족에서 친정모가 자녀 앞에서 친정부의 권위를 실추시키며 반말투로 비하하며 공격적으로 쏘아붙였던 표현 방식을 남편에게 그대로 사용함으로써 남편과의 문제를 해결하고자 하였음을 설명하였다.

(1) 역기능적으로 시도된 해결책 설명하기

치료자: 장모님 표현 방식과 과도한 역할로 인해서 집안을 휘두르는 거에 불만 있어요. 그런데 그게 부인한테도 나타나요. 부부관계에 있어서 문제를 해결하려고 했던 역기능적 방식이 부인이 불만을 얘기하면 남편은 자기 얘기 안하고 왜 기분 나쁜지 얘기 안 하니까 추측해서 얘기하면 남편은 "나 장인장모한테 5번 전화해. 넌 우리 아버지한테 몇 번 전화해?" 지금 기분 나쁜 건 왜 기분 나쁘다고 얘기하지 않고 점프해 버리는 거예요? (중략)

치료자: 난 남편이 하나님께 영광을 돌리고 부인을 교회에 데리고 나오게 하려면 부인을 감명시켜야 한다는 거예요. 9개월짜리 젖먹이를 교회에 가서 성장하게 한다는 것 자체가 말이 안 되고 부인 입장에서는……. (중략)

치료자: 본인은 장인 장모한테 과도한 역할을 한다고 보는 거예요. 그런데 거기에서 끝나면 좋은데 서운함이 있어요. 내 부인은 내가 장인 장모한테 하는 것만큼 했으면 좋겠는데, 3분의 1이라도 했으면 좋겠는데 그것도 안 한다는 거예요. 거기에 본인이 섭섭하는 걸 전달하는 표현 방식을 예를 들어 보면 부인에게 '너는 하고 나서 말해!' 라는 거예요. 너는 알지도 못하는데 그런 말할 자격이 없다는 메시지거든요. 그 말하는 방식은 부인을 변화시키기 보다는 부인을 자극시키는 방식이에요. (3회기)

치료자: 또 싸울 때마다 남편이 '네가 한 게 뭐냐?' '넌 친정하고 분리가 안 되어

있어!' '친정하고 분리해라!'라고 얘기하는데 그렇게 말한다고 해서 분리가 되나요? 그러니까 본인(남편)이 오히려 관계를 변화시키기보다는 악화시키는 표현을 사용하고 있다는 거지요. (4회기)

치료자는 부부가 그동안 사용해 온 시도된 해결책이 오히려 문제를 지속시키고 악화시켜 왔다는 것을 인식시키기 위하여 내담자가 경험해 온 상황에 대해 직면시켰다. 치료자는 그동안 남편이 시도해 온 부인과 장모를 분리시키려고 했던 방식과 부인을 교회에 데려가려고 했던 방식, 부인이 시댁과 친밀해지게 하려고 했던 방식, 부인이 친정과 시댁에 전화한 횟수를 비교했던 방식과 지금까지 시도해 온 해결 방식에 대한 의미를 재구조화하였다.

(2) 직면시키기

치료자: 남편이 부인하고 장모하고 관계를 분리시킬 수 있는 방법이 뭐냐는 거죠. 부인이 스스로 떨어지는 연습을 해야 하지만 남편하고 부부거든요. 나는 지금 부인과의 관계에 있어서 남편의 방식이 오히려 부인과 장모의 관계를 밀착시키고 있지 않느냐 이거예요. (중략)

치료자: 결혼 전부터. ○○ 선생은 아버지하고 분화가 되었다고 말을 할지 모르지만 그건 배운다고 해서 되는 것도 아니고. 나는 ○○ 선생이 지금도 분화가 안 되어 있다고 봐요. ○○ 선생은 어머니가 안 계시는 아버지 하고 끊으려야 끊을 수가 없어요. (중략)

치료자: **선생이 정말 이혼하지 않고 가정을 잘 건사하려면 그 교과서적인 틀에서 벗어나야 해요. 여기서는 표현 방식의 변화도 있겠지만 ○○ 선생이 난 이게 조금 걸려요. ○○ 선생하고 부인하고 소비문화에 있어서 너무 달라요. (3회기)

치료자: 또 하나 싸울 때마다 남편이 네가 한 게 뭐냐. 넌 친정하고 분리가 안 되어 있다. 친정하고 분리해라라고 얘기하는데 내가 말한다고 해서 분리가 되나요? 그러니까 본인이 사용하고 있는 표현 방식이 오히려 관계를 변화시키기보다는 악화시키는 표현이라는 거지요. 그럼 그 표현 방식을 뭣하러 쓰냐는 거예요. (4회기)

2) 새로운 해결책 제안하기

치료자는 4회기에 남편과의 상담을 통해 그동안 부인과의 관계에서 비효과적으로 시도해 온 해결책에 대해 사정함으로써 정반대의 방법으로 솔직한 표현 시도하기와 정서적 지지를 위해 시댁에서 부인 입장 옹호하기와 같은 방법을 제시하였다. 또한 그동안 시도해 보지 않았던 새로운 해결책으로 원가족과 분화하기, 시댁에 대한 부담 줄여 주기, 비교하지 않기, 핵가족 관계 강화하기와 같은 방법을 제안한 것으로 분석되었다. 즉, 남편은 결혼 전에도 정신지체자였던 모와 경제적 · 사회적으로 무능했던 부의 역할을 대신하며 과도한 역할을 해 온 것처럼, 결혼 후에도 부와 동생과 분리하지 못하고 집안 청소를 한다거나 가사를 도왔고 부인에게도 자신의 기준대로 부인이 시댁에 충실하기를 강요하였다. 특히 남편은 부인에게 친정집과 시댁에 전화하는 횟수를 비교하여 스트레스를 받게 하였고 부인의 시아버지에 대한 불만을 표현하거나 남편의 시댁과의 밀착된 관계에 대한 서운한 감정을 표출할 때마다 자신의 문제를 인식하지 못한 채 부인과 친정모와의 밀착관계를 더 지적하였다. 또한 가사에서 친정모를 의존하는 부인를 비난하는 표현 방식을 사용해 왔다.

따라서 치료자는 원가족과 분화하기, 시댁에 대한 부인의 부담 줄여 주기, 전화횟수 비교하지 않기, 부인에 대한 기대수준 낮추기, 시댁에서 부인 입장 옹호하기, 솔직한 표현 시도하기, 핵가족 관계 강화하기 등의 새로운 해결책을 제안하였다.

(1) 원가족과 분화하기

치료자: 남편도 열 받으면 표현 방식, 말투가 상처를 준다 이거죠. 부인이 열 받지 않겠냐 이거죠. 두 사람이 표현하는 방식이 결국에는 변화해야 하는데 남편하고 부인하고 갈등을 줄일 수 있는 하나의 방법으로서 아버지 다니는 교회 가는 게 도움이 안 된다고 봐요. (중략)

치료자: 그냥 아버지 하고 동생 하고 둘이 살게 놔 둬요. (4회기)

(2) 시댁에 대한 부담 줄여 주기

치료자: 그리고 부인이 시아버지 만나는 횟수도 줄이시지요. (중략)

치료자: 도리는 좋지만, 도리를 부인한테 강요하지 않는 게 나을 것 같네요. 본인 도리만 하라는 거지요. 부인이 싫어하면 시댁에 가는 것을 강요하지 말라는 것입니다. 부부관계가 깨질 거면 무엇 하러 시댁에 가냐 이거죠. (4회기)

(3) 비교하지 않기

치료자: 그럼 남편은 그러겠죠. 장인 장모는 일주일에 5번 보면서 왜 우리 집은 그렇게 하느냐. 일주일에 (시아버지에게) 애는 한 번도 못 보여 주냐? 이렇게 팽팽하게 맞서면 아무것도 되지 않아요. (4회기)

(4) 부인에 대한 기대수준 낮추기

치료자: 또 하나는 아버지가 맘에 걸리면 본인이 시장에 가서 전이라도 사서 드릴 수 있는 거예요. 부인한테 알릴 수도 있고 모르게 할 수도 있는 거예요. 만약 부인이 싫어하면 말 안 할 수도 있는 거고. 즉, 본인이 본인 역할만 하라는 거예요. (4회기)

(5) 시댁에서 부인 입장 옹호하기

치료자: 본인은 당연히 불만이 생기겠지만, 남편이 부인의 입장을 지지해 주고 시댁과의 관계에서 갈등을 막아 주면 오히려 긍정적인 효과가 있을 수 있을 겁니다. 우리 남편이 이렇게 잘하는데 우리 남편이 믿는 하나님? 교회에 가자고 하지 않을까요? 시간이 걸려도 그게 가장 지혜로운 방식이라고 생각하는데요. 그 과정에서 본인이 뚜껑이 열렸다 닫혔다 하겠지요. 그럼 그걸 솔직하게 표현하시라는 겁니다. (4회기)

(6) 솔직한 표현 시도하기

치료자: 남편께서 솔직한 표현을 해도 차분하게 말을 하면, 그전에 비교하면서 나 기분 안 좋아 하고 말하는 방식하고 다른 겁니다. 그 전의 방식대로 말하면 부인 입장에서는 자기를 비난, 공격한다고만 생각하는 거지요. 그냥 차분하게 나 이래서 기분이 안 좋다고 얘기하면 부인이 자기를 비난, 공격한다고 받아들이지 않고 물건을 집어던지면서. (중략) 이렇게 나오지 않는다는 거지요. (4회기)

(7) 핵가족 관계 강화하기

치료자: 남편께서 시댁에 가는 것 자체가 부인에게 시댁에 오라는 거예요. 주일에 뭐하러 그래요? (중략) 남편은 주일에 교회 끝나고 부인과 애 하고 공원이

라도 가서 산책하든지 하지요.

4. 치료 개입을 통한 부부의 변화 과정은 어떠한가

치료 개입을 통한 부부의 변화에 관한 내용은 부부가 함께 상담에 참여한 5회기 상담에서 중점적으로 다루었다. 따라서 이 장은 남편과 부인이 각각 인식하고 있는 상대 배우자의 변화에 대해 심층적으로 탐색하였다.

치료자는 상담과정에서 치료자가 제안한 새로운 해결책을 시도함으로써 부부관계를 개선시킨 성공적인 해결책을 강조하였고 내담자를 격려하고 칭찬하였다. 5회기 동안의 치료 개입을 통한 부부의 변화 과정은 다음의 [그림 13-4]와 같이 살펴볼 수 있다.

1) 남 편

남편은 5회기 동안의 치료 과정을 통해 인식, 의지, 태도 그리고 표현에서 변화가 나타났다. 처음에는 자신의 원가족과의 미분화에 대한 문제를 인식하지 못한 채 부인과 장모와의 밀착된 관계에 대한 불만을 가지고 있었지만 상담과정에서 자신의 문제행동에 대해 통찰하게 되었다. 특히 남편은 부인에게 얘기하지 않고 냉장고를

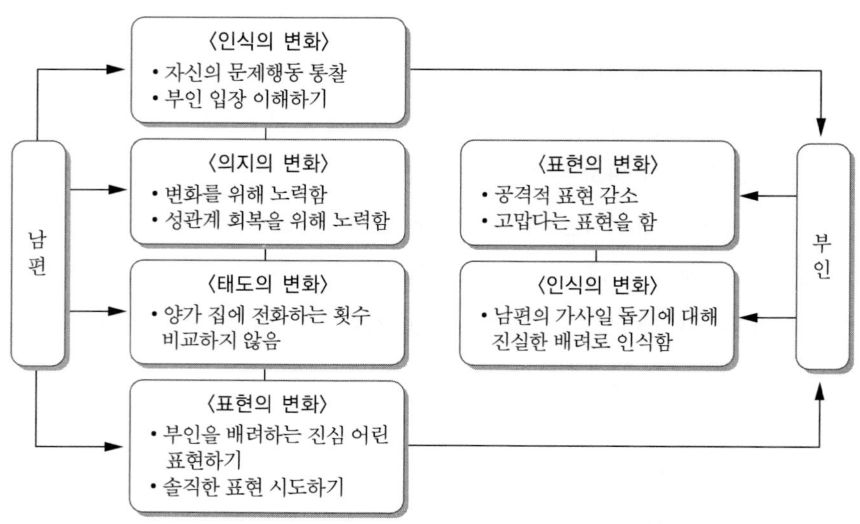

[그림 13-4] 치료 개입을 통한 부부의 변화 과정

정리했던 것이 자신을 보고 그대로 하기를 바라는 것으로 부인이 오해할 수 있었던 입장을 인식하였다.

(1) 인식의 변화

남 편: 상담받는 과정 속에서 제 스스로 문제를 찾아내고 제가 정말 변화되어야 할 부분이 그 부분이라고 나 나름대로 생각하고 있거든요. 내가 뭐를 하면 부인도 이렇게 해 주겠지 하고 밑바탕에 깔고 있는 거 저 스스로도 알겠더라고요. 제 스스로 반성하면서 내가 한 것에 대해서 보상을 바라기보다는 거기에 그냥 의미를 두고 해야겠다는 생각으로 변화를 가지려고 하고요. 너 내가 치운 거 보면 너도 보고 해라. 이렇게 느꼈을 것 같아요.

남편은 부부관계를 개선하기 위해 노력하는 모습이 나타났고, 적극적인 성관계를 위해 노력하는 것으로 나타났다.

(2) 의지의 변화

부 인: 상담 끝나고 나서 서로 이런 것에 대해서 얘기하지는 않았는데 (남편이) 노력하는 게 보이더라고요. (남편이) 많이 달라졌어요. 전에는 언제 했는지 생각도 안 났거든요? 그런데 요즘은 자주 하려고 노력하고.

게다가 부인은 아들을 돌보는 것에 대해 힘들겠다는 남편의 표현, 비난하지 않고 말하는 진심 어린 표현, 집안을 정리하는 것이 진심으로 부인을 배려하기 위한 것이라는 것, 집안일을 정리하는 것에 대해 미리 얘기함으로써 오해를 해소시킬 수 있었다.

(3) 표현의 변화

부 인: 남편이 예전에는 말을 안 하는 것도 있었고 뚱하게 표현하는 것도 있었는데, 상담 끝나고 나서는 저를 배려하는 듯한 말투를……. 네가 집에 있으니까 애 하고 힘들겠다. 이런 말은 예전에도 했었는데 지금은 더 진심이 느껴지고……. (중략) 예, (남편이) 집안일 많이 못 도와줘서 미안하다고 얘기하는데……. 제가 느끼기에 많이 달라졌다는 생각이 들어요. 제가 그

냥 받아들이는 것 자체를 이 사람이 노력하고 있구나라는 생각을 한편으로 하고 있기 때문에 저 사람이 나를 생각해서 말하고 행동하는구나를 깔고 있기 때문에 그렇게 보이는 것도 있는 것 같아요.

또한 남편은 부인의 친정과 시댁에 전화하는 횟수를 비교함으로써 부부갈등을 촉발시켰지만 상담과정을 통해 비교하지 않게 되었다.

(4) 태도의 변화

부 인: 그런 건(전화횟수 비교하기) 없어졌어요. 그때는 그런 부분이 굉장히 많았었는데 그 시점을 전과 후로 나누어 보자면 상담 받고 없어졌어요.

2) 부 인

남편과의 결혼생활에 대해 회의감을 가지고 이혼을 고려하고 있었던 부인은 상담과정을 통해 부부갈등 상황에서의 남편의 의사소통 방식과 대처 방식이 원가족 경험에서 기인되었다는 것을 인식하였다.

(1) 인식의 변화

남 편: 제가 치운 건 제가 답답해서 치우는 것도 있겠지만 부인을 배려하고 싶어서 하는 거란 걸 미리 부인한테 얘기하니까 긍정적으로 봐 주고 대화해 주는 거 같아서 간단한 예지만 어제와 같은 일이 있었고요. 사소한 과정에서도 톡톡 던지기보다는 이렇게 얘기하면 오빠가 기분 나빠 할 수도 있는 말투일 수도 있겠다 하고 본인이 고치려고 하고 저를 더 인정해 주려고 노력하는 거 보고 저도 고무적으로 되어 가고 있어요.

또한 부인은 남편과의 갈등 상황에서 시도해 온 자신의 의사소통 방식과 대처 방식에 대한 문제인식을 통해 표현의 변화가 나타났다. 부인은 공격적이던 표현 방식을 변화하려고 노력하였고 남편을 인정하고 배려하는 표현 방식을 시도하였다. 이러한 표현 방식을 통해 부인은 공격적인 표현이 감소되었고 남편의 집안 정리에 대해서도 고맙다는 표현을 솔직하게 하면서 부부관계가 개선되는 결과를 가져왔다.

(2) 표현의 변화

남 편: (부인이) 내뱉는 말투를 본인 스스로 고치려고 하고 저를 좀 인정해 주려고 하고 배려하려는 어떠한 말투라든지 변화가 있었어요. (중략) 제가 목표로 했던 거는 부인이 비난하는 감정으로 저한테 덤비지는 않았지만 제가 느끼기에 공격적인 말투가 절 힘들게 하고 저도 같이 공격적으로 만들게 하는 표현이 있었는데 이제는 부인이 저를 배려하고 그런 부분이 느껴지고 저도 만족감이 있어서……. (중략) 어, 그럼 내가 정리해 줄게. 하고 제가 정리하고 부인도 정리해 줘서 고맙다고 저한테 얘기를 해 주고 그러니까 저는 또 부인이 그런 피드백을 주니까 기분이 좋은 거예요. 예전 같으면 냉장고 정리해 주었다 하더라도, 내가 부인 배려하는 차원에서 하더라도, 내가 못 견디는 부분이 있었다 하더라도 그 다음 단계로 바로 넘어갔는데 이제는 부인한테 질문했다는 거예요. 오히려 치워 주면 고맙지 하고 부인이 표현했다는 거예요. 그 중간에 생략된 단계를 대화로 함으로써 서로가 편해졌어요.

V. 요약 및 함의

1. 요 약

이 장은 부자가정에서 성장한 성인자녀의 결혼과정에서 발생하는 부부갈등과정과 부부갈등에 영향을 미친 요인을 살펴보고, 부부갈등해결을 위한 치료 개입과 치료 개입을 통한 변화 과정을 분석하고자 하였다. 이를 통해 부자가정 성인자녀가 핵가족 내에서 경험하는 부부갈등을 이해하고 이에 대한 가족치료 개입의 효과성을 살펴보고자 하였으며, 그 연구결과는 다음과 같다.

첫째, 가족치료과정에서 나타난 부부갈등 과정과 부부갈등에 영향을 미친 요인을 살펴보면, 먼저 부부가 경험해 온 부부갈등 과정은 부부갈등 촉발, 부부갈등 유지 과정으로 분석되었다. 부부갈등을 촉발시킨 요인으로는 가족기능적 요인(미분화, 의사소통 방식의 학습기회 부재), 정서적 요인(비교의식/자격지심 · 과민반응), 가치관 요인(종교적 가치관 차이), 성격 요인(성격차이), 경제적 요인(경제적 생활 수준의 차이)으로 볼 수 있다.

남편은 정신지체자였던 모가 사망하여 시아버지와 시동생과 지내 왔고 결혼 후에도 결혼 전과 마찬가지로 냉장고 청소 등의 집안일 돕기와 동생이 원하는 요구에 지나칠 만큼 순응해 왔다. 즉, 남편은 부인보다 시아버지와 시동생의 입장을 우선적으로 배려함으로써 부인은 소외감을 느끼게 되었고 남편에 대한 불만이 증폭되는 결과를 초래하였다. 또한 남편은 정신지체자였던 모와의 기능적인 상호작용의 부재로 기능적인 의사소통 방식을 학습할 수 없는 가정환경에서 자라면서 부인과의 갈등 상황에서 효과적인 의사소통 방식을 사용하지 못하여 부부갈등을 촉발시켰다. 반면 부인의 경우 친정모와 밀착관계를 유지함으로써 거의 매일 친정에 왕래하였고 집안일에 대해서도 친정모를 지나치게 의존하여 남편이 불만을 가지게 하였다.

부부갈등을 촉발시킨 정서적 요인으로는 남편의 비교의식과 자격지심, 과민반응으로 볼 수 있다. 남편은 부인이 친정과 시댁에 전화하는 횟수를 비교함으로써 시댁에 더 충실하기를 요구하였고 시댁과 시아버지에 대한 불만을 표출하는 것에 대해 예민한 반응을 보이고 부인을 비난함으로써 부인과의 갈등 상황을 촉발시켰다.

성적 요인으로, 남편은 허리 디스크 수술 이후 성관계에 대한 부담을 느꼈고 거의 성관계가 부재한 상황까지 이르게 되면서 부인의 성적 불만족이 증가되었다. 게다가 남편의 가정은 가족 모두 교회를 다니고 있었기 때문에 남편과 시아버지는 부인에게 우회적으로 종교생활에 대한 부담을 주면서 부인은 종교적 가치관의 차이에 따른 갈등을 경험하였다. 그리고 부부싸움 시 부인은 즉시 해결하려고 하였고, 반면 남편은 부인의 화가 누그러질 때까지 기다리기 위해 회피하는 반응을 보이는 방식의 차이가 부부갈등의 촉발 요인으로 볼 수 있다.

또한 부부가 경험해 온 원가족의 경제적 생활 수준의 차이로 남편은 부인의 소비패턴을 이해하지 못하였고 부인은 소비에 대해 남편의 통제를 받으면서 스트레스를 받아 왔다. 이와 같은 원가족 경험에서 기인된 부부간의 차이는 서로를 수용하지 못하고 오히려 부부갈등을 촉진시킨 요인으로 작용해 왔다.

부부갈등을 유지시킨 요인으로는 역기능적으로 시도된 해결책인 것으로 분석되었다. 남편은 부부관계에서 회피하기, 정서적 지지 부재, 부인에 대한 배려 부족, 일방적 태도 취하기, 표현하지 않기와 같은 역기능인 비언어적 대처 방식과 대화할 때 감정폭발하기, 지적하기, 비난하기와 같은 역기능적인 언어적 대처 방식을 사용해 왔다. 반면 부인은 역기능적인 언어적 대처 방식으로 쏘아붙이기를 사용해 왔으며 체념하고 삭이기와 같은 역기능적인 비언어적 대처 방식을 사용해 왔다. 이와 같이 부부가 부부갈등 상황에서 문제를 해결하기 위해 시도해 온 해결책은 오히려 부부갈등을 유지시킨 요인으로 나타났다.

둘째, 부부갈등해결을 위한 주요한 치료 개입을 살펴보면 시도된 해결책의 비효과성에 대한 통찰 돕기, 새로운 해결책 제안하기로 분석되었다. 치료자는 MRI 모델에 근거하여 개인상담과 부부상담에서 역기능적으로 시도된 해결책을 설명하고 문제를 지속시켜 왔던 해결책에 대해 인식하도록 하며 부부가 경험해 온 상황과 관점에 다른 의미를 부여하는 재구조화 기법을 활용하였다. 또한 비효과적으로 시도해 온 해결책을 사정하고 정반대의 방법을 제시하거나 시도하지 않은 방법으로 원가족과 분화하기, 시댁에 대한 부담 줄여 주기, 비교하지 않기, 부인에 대한 기대수준 낮추기, 시댁에서 부인 입장 옹호하기, 솔직한 표현 시도하기, 핵가족 관계 강화하기와 같은 새로운 해결책을 제안하였다.

셋째, 치료 개입을 통한 부부의 변화 과정은 인식의 변화, 의지의 변화, 표현의 변화, 태도의 변화로 분석되었다. 남편은 치료과정을 통해 원가족과의 미분화에 대한 문제를 인식하게 되었고 이를 통해 부부관계 개선을 위해 적극적으로 노력하는 모습과 부인을 비난하지 않고 진심으로 배려하는 의지를 가지게 되었다. 또한 부부갈등 촉발의 주 요인이었던 부인의 양가집에 전화 횟수를 비교하는 남편의 태도가 변화되었다. 이혼을 고려하고 있던 부인은 치료자를 통해 남편의 원가족 경험에 대한 정보를 접하게 되면서 부부갈등 상황에서 나타났던 의사소통 방식과 대처 방식을 인식하였다. 반면 부인은 자신이 부부관계에서 사용해 온 의사소통 방식과 대처 방식에 대한 문제를 인식하게 되면서 공격적인 표현 방식에서 남편을 인정하고 배려하는 표현을 시도하였고 남편에 대한 긍정적 감정 표현을 솔직하게 함으로써 부부관계가 점차 개선되는 결과를 가져왔다.

2. 함의 및 제언

이 장의 결과를 통해 나타난 함의는 다음과 같다.

첫째, 이 장의 결과를 통해 부자가정에서 자라 온 남편은 결혼 이후에도 일반가정에 비해 부와 형제와의 밀착관계를 유지하고 과도한 역할을 함으로써 핵가족의 가족기능이 약화되는 결과를 초래하였다는 것을 확인할 수 있었다. 즉, 낮은 자아분화 수준에 있는 개인에게 다세대 정서과정이 나타날 경우 개인과 가족의 적응력을 손상시키며 만성증상이나 생활문제를 발생시킬 확률이 높아질 수 있다는 Bowen의 가족체계 이론을 증명하는 결과로 볼 수 있다. 이와 같이 부부갈등을 촉발시키고 유지시킨 요인들은 원가족 경험에서 기인되는 것을 볼 수 있다. 또한 경제적으로 빈곤하고 정서적 지지가 부재한 부자가정에서의 원가족 경험은 낮은 자존감, 자격지심, 비교의식, 과민반응 등의 성인자녀의 정서적 결함이 있을 수 있다. 또 기능적인 부모의 보호를 받지 못했거나 가족 간의 긍정적 상호작용 경험이 부족하면 배우자와의 가치관의 차이, 성격차이 등으로 인해 부부갈등이 촉발될 수 있고 효과적으로 대처하지 못하는 결과를 가져올 수 있다는 것을 확인할 수 있었다. MRI 모델에서는 문제를 해결하기 위해 시도해 온 해결책이 오히려 문제를 지속시킨다고 하였는데 이 장의 결과에서도 일치된 결과가 나타났다. 즉, 부부가 부부갈등을 해결하기 위해 시도해 온 역기능적인 대처 방식과 역기능적인 의사소통 방식 때문에 부부갈등이 지속되고 있었다.

두 번째 함의로 이 장에서 치료자의 중심적인 치료적 준거틀인 MRI 모델은 개인상담과 부부상담에 효과적이었음을 알 수 있었다. 치료자의 치료 개입을 통해 부부는 그동안 자신이 경험해 온 사건이나 상황에 대해 인식하고 직면함으로써 시도해 온 해결책의 비효과성을 통찰하였다. 이를 통해 치료자가 제안하는 새로운 해결책을 수용하여 부부가 서로 변화를 위해 노력하게 됨에 따라 부부관계가 개선되는 결과를 가져올 수 있었다.

이와 같은 연구결과를 바탕으로 부자가정에서 성장한 자녀의 건강한 결혼생활을 지원할 수 있는 임상적 개입에 대해 다음과 같이 제언하고자 한다.

첫째, 부자가정에서 성장한 남편이 결혼생활을 하면서 원가족 경험에서 비롯되고 있는 정서적 결함과 긍정적 상호작용 경험의 부족으로 핵가족 내에서 경험할 수 있는 부부갈등을 예방하거나 해결하기 위한 개입방안으로서 Bowen의 가족체계 이론과 MRI의 의사소통모델을 적용한 통합적 가족치료적 개입을 시도할 필요가 있다.

둘째, 다양한 가족형태의 증가에 따라 가족은 다양한 문제를 가지고 있으며 이에 대한 적절한 개입이 필요하다고 볼 수 있다. 이를 위해 통합적 가족치료 모델의 개발이 필요하다. 특히 가족복지실천 현장에서 일하는 실천가는 전문가의 슈퍼비전을 통한 훈련 경험을 토대로 하여 가족치료 개입의 성과를 달성할 수 있도록 해야 할 것이다. 즉, 실천현장에서의 체계적인 교육프로그램이 마련되어야 할 것이다. 특히 가족치료 경험이 미숙한 초보상담자를 위한 슈퍼비전과 정기적인 훈련프로그램이 마련되어야 한다.

이 장은 부자가정에서 자라온 성인자녀의 핵가족에서 부부관계의 어려움을 경험하고 있는 대상에게 가족치료 개입의 효과적인 방안을 검토해 본 의미 있는 연구다. 그러나 단일사례연구이므로 표본추출의 문제가 있을 수 있으며 이 장의 결과는 일부 부자가정을 이해할 수 있는 결과로 일반화시키기에는 한계가 있다. 또한 향후에는 다중사례연구를 통해 연구결과를 일반화시킬 수 있을 것이며 한부모가정의 유형별 분석을 통한 다양한 연구결과를 도출하여 임상실천현장에 더 많은 도움이 될 수 있기를 기대한다.

참고문헌

권정순, 박인숙(2002). 父子가정 청소년의 어머니 부재 경험. 아동간호학회지, 8(1), 86-96.

김경신(2003). 한부모가족을 위한 교육 및 상담 활성화 방안 및 효율적 정보전달체계 연구. 대한가정학회지, 41(7), 74-90.

김연순(2000). 저소득 편부가정 자녀의 사회적 지지와 스트레스 대처방식에 관한 연구. 카톨릭대학교 대학원 석사학위논문.

김은진, 박선희(2007). 반응중심유아문학활동을 통한 편부 자녀의 대인관계 기술 변화 과정. 미래유아교육학회지, 14(4), 143-173.

김정자(1985). 편부모가족의 지원방안에 관한 기초연구. 여성연구, 6, 30-78.

김형수(2004). 부자가정의 실태와 복지대책. 조선대 사회과학연구, 25(2), 91-111.

박태영(2007). 이혼한 한부모 가정에 대한 가족치료. 사회과학논총, 숭실대학교 사회과학연구원, 9, 125-158.

변화순(1996). 이혼가족을 위한 대책연구. 한국여성개발원 연구보고서. 33, 51-104.

변화순, 송다영, 김영란(2002). 가족유형에 따른 생활실태와 복지욕구에 관한 연구. 한국여성개발원 연구보고서, 62. 105-130.

보건복지부(2004). 모부자가정 복지사업 안내. www.mw.go.kr.

성영혜(1997). 현대사회와 가족복지. 서울: 숙명여자대학교 출판부.

송현애(2007). 한부모가정의 부를 위한 가족생활교육프로그램 개발. 한국생활과학회지, 16(1), 1-15.

유안진(1984). 한국전통사회의 유아교육. 서울: 정음사.

유연지, 조현주, 권정혜(2008). 부부의 원가족 특성과 고부 옹서 갈등이 결혼만족도에 미치는 영향. 한국심리학회지, 19(1), 65-83.

유채영, 김연옥, 김연희, 윤혜미, 조성희, 최해경(2008). 가족치료이론과 실제. 서울: 시그마프레스.

이영주(1999). 부자가정자녀의 스트레스와 대처방식 연구. 가톨릭대학교 사회복지대학원 석사학위논문.

이애재, 이성희(2002). 부자가정 자녀의 자긍심 향상을 위한 집단프로그램의 효과. 청소년학연구, 9(2), 255-277.

장덕희, 황동섭(2010). 이혼으로 인한 부자가정자녀의 학교적응에 미치는 가족보호요인의 영향. 복지행정논총, 20(2), 63-83.

전재일, 이성희, 남연희(1999). 부자가정의 실태와 복지정책. 사회복지개발연구원.

전춘애(1994). 부부의 자아분화 수준과 출생가족에 대한 정서적 지각이 결혼 안정성에 미치는 영향. 이화여자대학교 박사학위 청구논문.

정문자, 이종원(2003). 원가족변인이 부부갈등에 미치는 영향. 대한가정학회지, 14(3), 147-164.

정묘순(2010). 한부모 가정과 양부모가정 청소년의 자아분화가 학교적응에 미치는 영향 비교. 청소년문화포럼, 26, 192-227.

정옥분, 정순화, 홍계옥(2005). 결혼과 가족의 이해. 서울: 시그마프레스.

정혜경, 안옥희, 김경희(2003). 청소년의 자살충동에 미치는 예측요인. 청소년학연구, 10(2), 107-126.

주소희(2002). 이혼가정 자녀의 부모이혼 후 심리사회적응을 위한 프로그램 개발 및 효과성 연구. 한국가족사회복지학. 9, 77-106.

통계청(2010). 인구총조사. www.kostat.go.kr.

한국여성개발원(2000). 최근 가족해체 실태 및 복지대책.

황은숙(2007). 모자가정과 부자가정의 고충 비교연구, 한부모가정연구. 2(1), 1-20.

허남순(1998). 과제중심모델의 적용에 관한 연구, 한국 사회복지학. 35, 399-426.

Amato, P. R. (1993). Children' s adjustment to divorce: Theories, hypotheses, and empirical support. *Journal of Marriage and the Family. 55*(1), 23-38.

Bateson, G., & Jackson, D. D. (1964). Some varieties of pathogenic organization. *Disorders of Communication, 12,* 270-290.

Berger, P. L., & Keller, H. (1980). *Marrage and construction of reality.* In J. M. Henslined (Eds.) *Marriage and family in a changing society*. New York: The Free Press.

Bowen, M. (1960). A family concept of schizorphrenia. In D. Jackson (Ed.), *The etiology of schizorphrenia*. New York: Basic Books.

Bowen, M. (1976). *Theory in the practice of psychotherapy*. In P. J. Guerin (Ed.), *Family therapy*. New York: Gardner Press.

Bowen, M. (1985). *Family therapy in clinical practice*. New York: Jason Aronson.

Bowlby, J. (1980). *Attachment and Loss*. Vol. 3. New York: Basic Books.

Duncan, B. L., Solovey, A. D., & Rusk, G. S. (1992). *Changing the rules: A client-directed approach to therapy*. New York: The Guilford Press.

Forrest, M. (1991). Family of origin emotional health experiences as predictors of marital satisfaction. Unpublished Doctoral Dissertation, University of Arkansas.

Goldenberg, I., & Goldenberg, H. (2003). *Family therapy: An overview*. Pacific Grove, CA: Brooks/Cole.

Goldenberg, I., & Goldenberg, H. (2012). *Family therapy: An overview* (8th ed). Belmont, CA: Brooks/Cole. Thomson Wadworth.

Gottman, J. (1989). The divorced father: A review of the issues and the research. *Journal of Comparative Family Studies, 20,* 247-261.

Hetherington, E. M. (1989). Coping with family transitions: winners, losers, and survivors. *Child Development, 60*(1), 1-14.

Hetherington, M., & Anderson, E. (1989). Marital transition: A child's perspective. *American Psychologist, 4,* 303-430.

Holman, T. B., Larson, J. H., & Harmer, S. I. (1994). The development and predictive validity of a new premarital assessment instrument: The Preparation for Marriage Questionnaire. *Family Relations, 43,* 46-52.

Keiman, J. (1981). Optimal and normal family funcitoning. *The American Journal of Family Therapy, 19,* 37-44.

Lamb, M. E., & Sternberg, J. (1997). The effects of divorce and custody arrangements on children' s behavior, development, and adjustment. *Family and Concilation Courts Review. 35*(4). 393-404.

Mason, C. A., Chapman, D. A., Chang, S., & Simons, J. (2003). Impacting re-offense rates among youth sentenced in adult court: An epidemiological examination of the Juvenile Sentencing Alternatives Project. *Journal of Clinical Child and Adolescent Psychology*. 32. 205-214.

Peterson, J. L., & Zill, N. (1986). Marital disruption, parent-child relationships, and behavior problems in children. *Journal of Marriage and Family, 48*, 295-307.

Rice, F. P. (1979). *Marriage and parenthood.* Boston: Allyn and Bacon.

Wallerstein, J S., Lewis, J., & Blakeslee, S. (2000). *The unexpected legacy of divorce.* New York: Hyperion.

Watzlawick, P. (1965). Brief communications paradoxical predictions. *Psychiatry, 28*(4), 368-374.

Watzlawick, P., Weakland, J., & Fisch, R. (1974). *Change: Principles of problem formulation and problem resolution.* New York: W. W. Norton.

Weakland, J., Fisch, R., Watzlawick, P., & Bodin, A. M. (1974). Brief therapy: Focused problem resolution. *Family Process, 13,* 141-168.

Wilcoxen, S. A., & Hovestadt, A. J. (1983). Perceived health and similarity of family of origin experiences as predictors of dyadic adjustment for married couples. *Journal of Marital and Family Therapy, 9*(4), 431-434.

제14장

부부갈등 해소를 위한 치료적 개입의 효과에 관한 사례연구

박태영 · 김선희

이 장은 부부갈등을 겪고 있는 부부에 대하여 MRI(Mental Research Institute)의 상호작용적 가족치료모델과 Murrary Bowen의 가족체계이론을 근거로 한 치료적 개입과 아울러 Prochaska의 초이론적 모델을 적용하여 가족의 변화과정을 분석한 사례연구로 부부갈등을 해소할 수 있는 실천방안의 제시를 목적으로 하였다. '개방코딩'과 Miles와 Huberman이 제안한 '매트릭스와 네트워크를 통한 질적 자료분석' 결과, 부부갈등은 대화단절, 소원한 관계, 역기능적 의사소통으로 나타났고, 부부갈등에 영향을 미친 요인은 남편과 부인의 원가족에서 부모와의 미해결된 정서와 부부간 역기능적으로 시도된 해결책으로 나타났다. 치료자는 개입전략으로 중재자 역할, 내담자 중심 접근, 재명명, 내담자의 통찰력 강화, 생략된 언어 탐색, 변화가능성 탐색, 성공적 경험 탐색을 사용하였다. 가족치료의 결과, 내담자 가족은 기능적인 의사소통 방식의 시도로 부부갈등이 완화되었고 자녀의 문제 행동이 감소되었으며 가족구성원 개인과 가족관계의 변화가 점진적으로 나타났다.

이 장은 부부갈등을 겪고 있는 부부에 대하여 MRI(Mental Research Institute)의 상호작용적 가족치료 모델과 Murray Bowen의 가족체계 이론을 근거로 한 치료적 개입과 아울러 Prochaska의 초이론적 모델을 적용하여 가족의 변화과정을 분석한 사례연구로, 부부갈등을 해소할 수 있는 실천방안의 제시를 목적으로 하였다. 개방코딩과 Miles와 Huberman이 제안한 매트릭스와 네트워크를 통한 질적 자료분석 결과, 부부갈등은 대화단절, 소원한 관계, 역기능적 의사소통으로 나타났고, 부부갈등에 영향을 미친 요인은 남편과 부인의 원가족에서 부모와의 미해결된 정서와 부부간 역기능적으로 시도된 해결책으로 나타났다. 치료자는 개입 전략으로 중재자 역할, 내담자 중심 접근, 재명명, 내담자의 통찰력 강화, 생략된 언어 탐색, 변화가능성 탐색, 성공적 경험 탐색을 사용하였다. 가족치료의 결과, 내담자 가족은 기능적인 의사소통 방식의 시도로 부부갈등이 완화되었고 자녀의 문제행동이 감소되었으며 가족구성원 개인과 가족관계의 변화가 점진적으로 나타났다.

I. 서 론

부부갈등은 성장배경과 경험이 다른 환경에서 자라 온 두 사람이 만나 결혼을 하여 부부로 살아가면서 겪을 수 있는 과정이나 결과다. 이는 부부간 상호작용 과정에서 생길 수 있으며, 부부에게 내재된 가치관, 사고, 양식, 태도, 지각, 기대 등이 상충하면서 불가피하게 발생한다(이경희, 1997; 이선미, 전귀연, 2001; 이영자, 장영애, 2002; 조성경, 최연실, 2006; 천혜정, 김양호, 2007). 그런데 부부갈등은 각 가정의 부부에 따라 강도에서 차이가 클 수 있고(김갑숙, 1991), 부부관계의 악화와 가정분위기에 영향을 주어 자녀에게 자존감 저하, 수동성, 불복종, 자기통제 결여, 정서적 불안정, 사회적 유능성 감소 등의 부정적 요소를 야기시킬 수 있다(임수진 외, 2008; Patterson & Zill, 1986). 부부갈등이 자녀에게 안정감 결여와 무소속감을 주어 심리적으로 위협을 가

제14장은 '한국가족복지학(2012). 제17권 1호, pp. 31-60.'에 게재된 논문임

함으로써 문제행동이 유발되는 것이다.

부부갈등 상황이 격렬하고 적대감과 공격을 포함하는 경우, 이에 노출된 자녀는 타격을 입게 된다. 부부갈등이 심할수록 모(母)는 자녀를 때리고, 부인을 구타하는 남편은 자녀를 더 많이 때리는 것으로 나타났다(고정자, 김갑숙, 1992). 부부갈등이 심하면 부모는 삼각관계를 통해 자녀를 희생양으로 끌어들여 자신들의 미분화에서 발생하는 불안을 자녀에게 투사하여 자녀의 자아분화에 손상을 입힌다(Goldenberg & Goldenberg, 2007). 이때 자녀는 대처 방식으로 품행장애, 공격성, 비행, 반사회적 행동 등의 외현성 문제, 그리고 우울증, 불안, 위축 등의 내면성 문제를 보일 수 있다(이민식, 오경자, 2000; Fincham et al., 1994). 부부갈등이 심한 가정의 자녀는 부모로부터 역기능적인 의사소통과 대인관계 및 사회적 기술 등을 받는다고 볼 수 있다.

부부갈등은 부부관계뿐 아니라 자녀에게 영향을 미치며, 결국 가족관계에까지 위기를 가져올 수 있는데, 이처럼 가족관계를 정립시키는 데 중추적인 역할을 하는 부부관계에서 부부간 의사소통은 핵심 요인으로 거론된다(장미희, 전원희, 2008; Bodenmann et al., 1998; Ledermann et al., 2010). 부부간 기능적인 의사소통은 부부관계를 유지하고 향상시키는 기제가 되며, 회피적인 의사소통보다 긍정적이고 개방적인 의사소통의 사용이 중요하므로 부부갈등 해소에서 의사소통과 관련한 개입이 필수적이다. 부부의 건강상태를 비롯하여 어떤 위기 상황과도 상관없이 부부간 기능적 의사소통이 선재되어야 부부갈등을 해결할 수 있고 부부갈등에 따른 자녀의 문제행동을 조기에 차단할 수 있다(천혜정, 김양호, 2007; 이인정, 2011). 또한 부부갈등은 남편과 부인의 자아분화 수준에 따라서도 영향을 받는데, 자아분화 수준이 낮을수록 부부갈등이 높은 것으로 나타났다(한영숙, 2007). 부부는 상호작용하는 체계이며, 한 배우자의 행동이 다른 배우자의 행동에 따라 영향을 받기 때문에 부부간 긍정적인 행동 변화는 또 다른 기능적 행동 변화를 강화할 수 있다(최정숙, 1996).

따라서 부부간에 기능적인 의사소통을 사용하도록 하고, 부부의 자아분화 수준을 높이도록 개입하는 것은 부부갈등의 해소를 유도할 수 있다. 그러나 기존의 연구는 부부간 의사소통과 자아분화의 영향력을 검증하여 그 중요성을 강조하거나 실천적 개입이 필요하다는 선언에 그치는 경향이 있었다. 또한 역기능적 의사소통 방식을 사용하던 내담자가 어떻게 기능적인 의사소통을 사용하게 되었는지, 그리고 어떻게 내담자의 자아분화 수준을 높일 수 있었는지에 대한 분석과정에서 학문적인 연구가 미흡하였다. 이러한 면에서 부부갈등 해소를 위하여 개인 중심의 치료적 개입을 탈피하여 가족치료적 접근으로 문제를 해결하고 이를 심층적으로 분석한 사례연구가 부각되어야 할 필요가 있다. 이에 이 장은 갈등관계에 있는 부부에 대하여 MRI(Mental Research Institute)의 상호작용적 가족치료 모델과 Murray Bowen의 가족체계 이론을 이론적 준거틀로 하여 개입한 과정과 효과를 조명하고, Prochaska의 초이론적 모델에 근거한 가족의 변화 과정을 분석하여 부부갈등 해소를 위한 실천적 개입 방안을 모색하고자 한다.

Ⅱ. 이론적 배경 및 선행연구

이 장에서 치료와 분석에 적용된 이론적 준거틀은 MRI의 상호작용적 가족치료 모델, Murray Bowen의 가족체계 이론, 그리고 Prochaska의 초이론적 모델이다. 부부갈등을 해소하기 위한 통합적인 치료전략은 다음과 같다. 첫째, 내담자가 그동안 문제를 해결하고자 시도했던 역기능적인 해결책으로부터 탈피하여 새로운 해결책, 즉 기능적인 의사소통을 시도하도록 돕는 접근방법이 적절할 것으로 판단하여 MRI의 상호작용적 가족치료 모델을 적용하였다. 둘째, 남편과 부인의 자아분화와 관련하여 Murray Bowen의 가족체계 이론을 적용하였다. 셋째, Prochaska의 초이론적 모델은 가족치료 이론에 해당하지 않으나 내담자가 가족치료를 통하여 변화되어 가는 단계를 분석하기 위하여 이를 활용하였다.

그런데 이 사례연구에서 다양한 가족치료 이론 가운데 MRI의 상호작용적 가족치료 모델과 Murray Bowen의 가족체계 이론을 통합하여 사용한 이론적 근거는 일반체계 이론에 있다. 일반체계 이론은 Ludwig Von Bertalanffy(1956)가 창시하였으며, 이 이론의 영향으로 치료의 관점이 개인에서 가족으로 변화되었다. 가족체계의 기초가 되는 일반체계 이론의 사이버네틱스 개념은 가족이 변화를 원하면서도 현재의 상태를 유지하려는 항상성 현상을 설명하기 위해 활용되었고, 개인의 문제행동의 원인을 개인 내적인 요인이나 병리적 관점이 아닌 한 체계 내에서의 부분 간 상호작용의 결과로 보았다(이영분 외, 2010).

이 장에서는 부부갈등이 남편이나 부인의 개인적인 결함이나 문제 때문에 발생한 것이 아니라, 가족원의 피드백의 결과로 나타난 것으로 보았기 때문에 가족의 상호연결성과 관계에 주안점을 두고 개인이 아닌 가족체계를 치료하는 데 초점을 맞추는 치료적 접근방법을 사용하였다. 이 사례에 적용된 각각의 모델에 관한 내용과 이와 관련된 선행연구는 다음과 같다.

1. MRI의 상호작용적 가족치료 모델

Palo Alto에 위치한 MRI(Mental Research Institute) 집단의 여러 학자는 의사소통 가족치료의 많은 개념을 발견하였다. 의사소통 이론가는 가족체계 내에서 관찰할 수 있는 현재의 상호작용(관계)에 초점을 둔다. MRI 집단의 연구자는 Gregory Bateson을 비롯하여 John Weakland, Jay Haley, William Fry, Don Jackson, Jules Riskin, Paul Watzlawick 등이 있다. Gregory Bateson은 이중구속 이론의 개념을 소개하였으며 정신의학자가 치유 불가능한 신경증으로 간주했던 정신분열증을 의사소통 분석을 통하여 재해석하였다. 그는 의사소통이 가족 간의 관계를 규정하며, 규정된 관계가 항상성을 유지하려는 가족 본래의 속성에 따라 확고해진다는 결론을 도출했다. Don Jackson은 Palo Alto 집단의 연구에서 사용한 두 가지 주요 개념인 이중구속과 가족항상성을 발견하였다. Don Jackson은 Watzlawick 등과 함께 병리적 의사소통이 정신분열증의 발병에 중요한 관계가 있으나, 결코 환자가족의 고유한 것은 아니라는 사실을 밝혔고 가족 내의 새로운 관계적 균형을 발전시키기 위하여 오래된 항상성을 깨고자 하였다(Becvar & Becvar, 1988).

Paul Watzlawick의 의사소통 이론의 기본적 가정은 상황을 고려하지 않고서는 어떠한 현상도 완전히 이해할 수 없다는 것이다. 그는 MRI의 단기치료에 관심을 두었는데, 내담자의 현재의 구체적인 문제를 치료하는 작은 해결이 가족의 다른 전반적 문제에 긍정적 영향을 준다는 것에 근거하였다. 그의 주된 치료 기법은 내담자의 언어, 의사소통 방법의 변화였다. MRI 집단은 내담자의 문제는 어려움에 잘못 대처함으로써 생겨나고 지속된다고 보았다. 문제를 해결하기 위해 '시도된 해결책' 자체가 오히려 문제를 유지시키거나 그 문제를 더욱 악화시킨다는 것이다(Goldenberg & Goldenberg, 2007). 문제를 해결하기 위해 시도해 온 해결방법 자체가 문제일 수 있다. 만일 문제를 유지시키는 행동을 적절하게 변화하거나 제거하면 그 문제의 성질, 기원, 기간에 상관없이 그 문제는 해결되거나 사라질 것이라고 본다(Watzlawick et al., 1974).

이 사례에서는 MRI의 상호작용적 가족치료 모델을 적용하여 문제의 기원을 개인의 정신 내부가 아니라 상호작용에 있는 것으로 보고 해결책을 의사소통 방식에서 찾고자 하였다. MRI의 상호작용적 가족치료 모델은 행동의 변화에 초점을 둔 모델이다. MRI 모델에서 치료자의 일차적 역할은 문제를 지속시키는 내담자와 가족구성원이 반복적으로 상호작용하여 특정행동에 초점을 두고, 내담자가 지금까지 시도해 온 바람직하지 못한 행동을 내담자에게 소개하여 기존의 해결책을 새로운 해결책으로 대체하는 것이다. 이 사례에서 치료자는 그동안 내담자 가족에서 시도된 해결책, 즉 유지해 온 상호작용의 방식(역기능적인 의사소통 방식)을 탐색하고 그 결과를 확인하며, 기능적인 의사소통의 사용을 증가하여 가족관계 변화를 유도하고자 하였다. 한편 부부간 의사소통 방식은 결혼생활에 대한 만족에 중요한 영향을 미치는 것으로 나타났으며(송영란, 1989; 장은경, 2001), 부부갈등이 낮을수록 개방형 의사소통을 사용하고 부부갈등이 높을수록 폐쇄적인 의사소통을 사용하였다(김미자, 2010). 그리고 부부갈등은 자녀의 문제행동에 영향을 미치는 것으로 보고되었는데, 모자간 상호작용이 개방적으로 이루어지면 자녀의 외현화 문제를 낮출 수 있는 것으로 나타났다(유준호, 2012).

2. Murray Bowen의 가족체계 이론

Murray Bowen의 가족치료의 목표는 불안 수준을 감소시키고 자아분화 수준을 높이는 것이다. 가족체계 이론에서 문제는 개인에게 있는 것이 아니고 원래부터 체계에 존재해 왔으며, 개인의 변화는 다른 사람과의 관계 변화를 통하여 이루어진다고 본다. 체계를 변화시키고 가족원의 분화 수준을 향상시키기 위하여 가장 중요한 것은 부부가 다른 가족을 끌어들이는 삼각관계에서 벗어나는 것이다. Murray Bowen은 가족을 하나의 정서적 체계로 보고, 한 집안에 사는 핵가족과 함께 살지 않는 확대가족으로 구성된다고 하였다. 그의 가족체계 이론의 목적은 가족 성원을 미분화된 가족자아집합체로부터 분화시켜서 확고한 자아를 수립하도록 돕는 것이다. 그는 가족 성원 중 한 사람이 분화될 때의 파급효과가 가족을 통하여 발생된다고 보았다. 자아분화는 가족체계 이론의 핵심 개념이다. 그는 정신분석적 개념인 '미분화된 가족자아군'이라는 용어를 체계론적인 개념인 '융합과 분화'의 용어로 대체하였다(Goldenberg & Goldenberg, 2007).

자아분화는 정신내적이고 인간관계적인 개념으로 자신과 타인의 구분, 정서과정

(feeling process)과 지적과정(intellectual process)을 구분할 수 있는 능력과 확고한 자기(solid self)와 거짓자기(pseudo self)의 구분을 말한다. 확고한 자기는 지적 · 합리적이며 대안적 고려를 통해 신념, 의견, 믿음 등의 삶의 원칙을 가진다. 반면 거짓자기는 감정적 압력에 기반해서 선택하며 결정과 선택에 일관성이 없고 이를 인식하지 못한다. 자아분화가 잘 이루어진 사람은 자신의 감정과 가족체계의 정서로부터 분화되어 있으며 가족의 정서적 융합(fusion)으로부터 벗어날 수 있다. 역기능적인 가족일수록 분화(differentiation) 수준이 낮으며, 자아분화가 안 된 경우에는 너무 지나치게 친밀한 인간관계 유형을 추구하거나 지나치게 거리감을 두는 인간관계 유형을 추구하는 형태로 나타난다(박태영, 김현경, 2004).

이 장에서 치료자는 Murray Bowen의 가족체계 이론을 적용하여 자아분화 문제로 야기된 부부갈등과 부부갈등으로 야기된 자녀의 문제행동을 사정하여 가족관계 개선을 위한 치료적 개입을 하였다. 자녀의 문제행동은 가족체계 내 상호작용을 통해 발생한 가족관계의 부산물이며, 문제행동을 보이는 자녀는 역기능적인 부부관계와 가족기능 때문에 희생된 가족의 속죄양이라 볼 수 있다. 이러한 문제행동을 해소하기 위해서는 부부관계를 기능적으로 향상시켜서 가족체계 전체를 변화시킬 수 있는 중재방법을 적용시키는 것이 효율적이다. 선행연구에 따르면, 남편과 부인의 자아분화 정도가 낮을수록 부부갈등이 높으며, 자아분화 수준이 낮으면 갈등 상황에서 부정적이고 감정적인 대처행동을 많이 하여 부부갈등이 심화되어 자녀의 문제행동을 유발시키는 것으로 나타났다(한영숙, 2007; 이혜경, 2011). 또한 부부관계를 향상하고 자녀의 문제행동을 경감시키기 위해서는 개인중심의 치료방법을 탈피하여 가족전체를 개입시키는 가족치료가 요구되므로(김윤희, 1990), 이 사례의 경우 Murray Bowen의 가족체계 이론을 통한 치료적 개입을 하였다.

3. Prochaska의 초이론적 모델

초이론적 모델은 1970년대 후반에 개발된 모델로 개인의 행동 변화 예측이나 설명에 이용되었고 건강 행동 변화를 위한 중재 프로그램 개발이나 연구에 활용하여 왔다. 개인이 어떻게 건강행위를 시작하고 이를 유지하는가에 대한 행위 변화의 원칙과 과정을 설명하는 통합적인 모형이다. 이 이론은 300개 이상의 심리치료 이론에서 제시되는 주요 개념을 체계적으로 통합하여 구성하였기 때문에 초이론적 모형이라고 부른다. 주요한 행동 변화와 심리치료 이론을 비교분석하는 통합적 연구과정을 통해 개발되었는데, '모든 이론을 꿰뚫는' 속성을 내포한다는 의미로 초이론적 모델이라고 하였다(Prochaska, 1979).

Prochaska의 초이론적 변화단계 이론(Transtheoretical Model and Stages of Change)은 실제 연구에 적용할 수 있는 구현성의 장점을 갖고 있다. Prochaska는 다양한 임상적 문제를 가지고 지역사회 정신건강센터를 찾은 외래환자를 연구한 결과, 인간의 행동은 일순간에 변화되는 것이 아니며 5단계를 거쳐 변화한다고 보았다. 초이론적 모델은 인간의 행동 변화를 설명하는 데 적절한 틀을 제공하였다. 이 모델이 제시한 변화의 단계는 문제인식을 못하며 행위의 변화에 대한 의도가 없는 전인식단계, 변화를 고려하지만 구체적 계획이 없는 인식단계, 변화를 위한 준비를 하는 준비단계, 행위변화를 시도하는 행동단계, 행위변화가 유지 및 정착되는 유지단계다. 그는 행위의 변화는 성공과 실패의 이분된 범주가 아니라 점차적으로 일어나는 역동적인 과정이며 일련의 단계를 거친다고 보았다(Prochaska & DiClemente, 1983).

이 장에서는 Prochaska의 초이론적 모델을 적용하여 가족치료를 통한 가족구성원의 변화의 단계를 제시하고자 하였다. 상담회기별로 나타났던 가족의 주요 변화내용을 초이론적 모델에 따라 전인식단계, 인식단계, 준비단계, 행동단계로 구분하여 분석하였다. 이 사례에서 부부갈등 해소를 위한 치료적 개입을 시작한 이래, 부부는 문제인식에 대한 저항을 극복하였고 남편과 부인의 인식 변화를 계기로 남편, 부인, 자녀의 변화가 나타났으며 부부관계뿐 아니라 모자관계, 자녀관계가 개선되어 마침내 가족기능이 향상되는 효과를 보여 주었다.

III. 연구방법

1. 연구대상 및 문제력

이 사례연구는 가족치료에 참여한 가족 성원의 상담내용을 중심으로 분석되었다. 연구대상은 남편(46세), 부인(39세), 아들(11세), 아들(6세)로 구성되었으며, 상담은 2009년 1월부터 2009년 8월까지 총 9회기에 걸쳐서 이루어졌다(1~2회기 부인상담, 3~4회기 남편상담, 5회기 큰아들상담, 6회기 부부상담, 7회기 모자상담, 8회기 부부상담,

9회기 가족상담). 부인이 호소한 문제는 신혼 초부터 남편과 의사소통이 되지 않는다는 것과 큰아들이 자신감이 없고 자기주장이 약하며 주의산만하다는 것이었다. 결혼초에 부인은 남편에게 잔소리를 하는 방식을 취하다가 어느 시점부터는 남편이 답답해 할 정도로 남편과의 대화를 피해 왔고, 남편 또한 아내와의 대화를 회피하거나 내면의 얘기는 덮어 두고 있었다. 부부간에 단순하고 일상적인 대화는 표면적으로 가능했으나 대화가 원활하지 못하고 마음속에는 앙금이 계속적으로 쌓여 솔직한 감정이 전혀 교류되지 못하고 있었다. 한편 부인은 남편에게서 스트레스를 받을 때 큰아들에게 분풀이를 하는 방식을 보였다. 부인과 큰아들은 학습문제 등으로 잦은 충돌이 있었는데 부인이 큰아들에게 표현하는 방식은 거칠고 공격적이어서 자녀에게 모욕감을 주고 있었다. 큰아들은 엄마를 무서워하고 두려움과 불안감을 많이 느끼고 있었으며, 일주일에 3일 정도는 엄마의 거친 표현을 듣고 울면서 자곤 하였다. 자녀의 문제행동을 해결하기 위하여 엄마가 시도했던 해결책이 오히려 모자관계를 소원하게 하는 결과를 가져왔다.

2. 연구문제

첫째, 부부갈등의 내용과 그 결과는 무엇인가?
둘째, 부부갈등에 영향을 미친 요인은 무엇인가?
셋째, 부부갈등 해소를 위한 치료자의 개입방법과 효과는 무엇인가?
넷째, 상담회기에 따른 가족구성원의 변화 과정은 무엇인가?

3. 분석방법

이 장은 질적자료분석방법 중 사례연구의 방법을 적용하였다. 사례연구는 사례의 맥락 속에서 다중적 정보원을 포함하는 심층적 자료수집을 통해 경계지어진 체계나 단일 혹은 다중사례를 탐색하는 것이다(Creswell, 1998). 또한 이 장은 단일사례연구로, 부부갈등을 유발한 요인과 그로 인해 전체적인 가족관계에 어떠한 영향을 미쳤는가를 살펴보기 위해 개방코딩을 활용하여 부부가 문제해결 방법으로 시도해 왔던 역기능적 의사소통 방식과 이에 영향을 미친 원가족 배경, 그리고 가족 간에 발생된 사건을 중심으로 질적 분석을 하였다. 치료적 개입 이후 내담자의 변화 과정과 관련하여 초이론적 모델을 분석의 틀로 활용하였고(Prochaska & Norcross, 2002), 질적 데이터를 디스플레이하는 방법으로 가족치료과정과 치료의 효과를 보여 주기 위하여 매트릭스와 네트워크 방법을 활용하여 분석하였다(Miles & Huberman, 1994).

4. 타당도 검증 및 윤리적 고려

질적 연구의 신뢰성, 엄격성을 검증하기 위해 연구자, 이론, 방법론, 자료 등에 대한 다양한 삼각화 방법이 제기되었다(Denzin, 1978; Mathison, 1988; Patton, 2002). 삼각화는 기하학에서 유래된 다면적 방법으로, 연구자의 관점과 시간, 공간 등을 다르게 하여 연구의 신뢰도를 높이고자 하는 것이다. 엄격성이란 질적 연구를 통하여 얻어진 결과와 그 해석을 신뢰할 수 있는 정도를 말한다(Lincoln & Guba, 1985). 이 장은 상담자와 연구자의 토론, 질적 연구 경험이 있는 전문가의 피드백을 통해 개인적 편견을 배제하여 연구자의 삼각화를 실시하였다. 또한 다양한 가족치료 이론에 근거한 이론의 삼각화와 상담 축어록과 상담녹화자료, 상담메모의 사용을 통한 자료의 삼각화를 실행하여 연구의 객관성과 신뢰도를 높였다. 이 장은 윤리성 확보를 위해 상담내용의 사용에 관한 내담자의 동의를 받았으며 사생활 보호를 위해 내담자의 사적 정보를 삭제하였다.

Ⅳ. 연구결과

1. 부부갈등의 내용과 결과

1) 부부갈등의 내용

부부갈등은 대화 단절, 소원한 관계, 역기능적 의사소통으로 나타났는데, 특히 부부간 의사소통에서 상호작용적인 의사소통보다는 부정적 의사소통 패턴인 요구철회 의사소통과 상호회피 의사소통 방식을 사용하고 있었다.

(1) 대화 단절

남편은 자신의 원가족에 관한 이야기를 비롯하여 부인과 대화를 거의 하지 않았기 때문에 부인은 남편의 원가족에 대한 이야기를 그의 친척을 통하여 우회적으로 알 수밖에 없었다. 부인도 남편에게 자신의 생각이나 마음을 솔직하게 내어놓지 않아서 남편이 부인의 행동을 이해하기 어려웠다.

부 인: 저는 남편한테서 새어머니가 어떻고, 아버지가 어떻고, 이런 얘기를 못 들었어요.
치료자: 당연히 못 들으셨겠죠.
부 인: 오히려 주변 사람한테 들었어요. (1회기)

치료자: 남편 입장에서는 지금 와이프의 마음을 헤아릴 수 있는 방법이 없을 것 같아요.
부 인: 그렇죠. 말을 안 하니까. (2회기)

남 편: 서로가 대화는 그렇게 많이 안 해요. (3회기)

(2) **소원한 관계**

남편과 부인은 표면적으로 부부관계에 큰 문제가 없어 보였으나 실질적으로 신혼 초부터 부부간에 속마음을 교류하지 못하고 공감하지 못하여 소원한 관계에 있었다.

치료자: 두 분의 부부관계는 어떻다고 보세요?
부 인: 모르겠어요. 겉으로 드러나지 않는 것처럼 보이지만 아무 문제없이 지내는 거, 겉으로만 그런 것 같고, 서로가 불만은 있을 것 같아요. 그러니까 둘 다 이렇게 표현하는 성격이 아니어서……. (1회기)

남 편: 부딪히는 거는 옛날보다는……. '아! 저런 사람이구나!' 그냥 해 가지고, 물론 그 사람도 저에 대해서 그냥 '에이! 저런 사람인가 보구나.' 하겠죠…….
치료자: 그러나 속에 있는 얘기를 꺼내 놓고 주거니 받거니…….
남 편: 네. 말 못하죠. (3회기)

(3) 역기능적 의사소통

부부는 부인이 남편에게 대화를 시도하면 남편이 대화를 거부하는 요구철회 의사소통 방식과 남편과 부인 서로가 의사소통을 회피하는 상호회피 의사소통 방식을 사용하였다. 또한 남편이 부인에게 신체적 폭력을 가하는 역기능적 의사소통 방식을 사용하였다.

'요구철회 의사소통'

부 인: 무슨 일이 나면 제가 남편한테 얘기를 좀 하자고 하면 싫어해요. 무조건 싫어해요. 치고 박고 이렇게 싸우자는 것도 아니고, 그냥 호프집 가서 술 한 잔 하자고 그래도 싫어해요. 나랑 말하는 걸 싫어해요. (1회기)

'상호회피 의사소통'

부 인: 그러면 정말 말을 안 해요. 제가 시키기 전까지 한 달이고 두 달이고 아마 오래간 게 달로 넘어간 것도 있을 거예요……. (중략) 나중에는 너무너무 화가 나는 거예요. 내가 먼저 말을 하고 그러는 거에 대해서. 그래서 나중에 저도 안 해 봤어요. (중략)

남 편: '아! 이건 내가 이 사람하고는 속 깊은 얘기를 할 수가 없구나.' 그런 생각을 옛날에는 많이 했었죠. 그러니까 자꾸 회피하게 되고. (6회기)

'신체적 폭력'

남 편: "이게(부인) 어디 누구한테 뺨을 때려?" 그러면서 저도 (부인을) 한 대 때렸어요. (3회기)

2) 부부갈등의 결과

부부갈등의 결과로 나타난 자녀의 문제행동은 주의산만하고 자신감이 없으며, 자기주장이 약한 것이었다. 학습 면에서는 집중력이 떨어졌고 과제수행과 일상생활 습관에서 자기주도적인 행동보다는 수동적인 행동을 보였다.

(1) 주의산만함

부 인: (아들이) 너무 산만해요. (1회기)

(2) 자신감 없음

부 인: 그러니까 좀 자신감 없어 하는 것도 있는 거 같고……. (1회기)

(3) 자기주장 약함

부 인: 자기주장을 많이 못 편다고 해야 되나? 그런 부분이 많이 보이는 것 같고……. 학교에서도 그러는 것 같고요. (1회기)

(4) 집중력 부족

남 편: 공부를 시켜 보면 집중이 좀 안 되는 것 같아요. (3회기)

(5) 수동적 행동

부 인: 자기 할 일을 제대로 못해요. 물론 숙제도 그렇고, 생활습관도 그런 것 같아요. (1회기)

2. 부부갈등에 영향을 미친 요인

이 사례에서 MRI의 상호작용적 가족치료 모델과 Murray Bowen의 가족체계 이론을 치료와 분석에 적용한 결과, 부부갈등에는 대화 단절, 소원한 관계, 역기능적 의사소통이 포함되었다. 이러한 부부갈등에 영향을 준 요인은 남편과 부인의 원가족에서 부모와의 미해결된 정서와 부부간 역기능적으로 시도된 해결책으로 나타났다. 이와 같은 두 가지 요인에 대한 구체적 내용은 다음과 같다. 첫째, 남편과 부인의 원가족에서 부모와의 미해결된 정서는 부부의 원가족 특성과 경험으로 인한 것이었다. 남편의 원가족 특성과 경험은 복잡한 가족관계, 새엄마의 배척, 부(父)의 애정부족, 의사표현 부족이었다. 또한 부인의 원가족 특성과 경험은 부모 간 불화, 부(父)의 외도, 모(母)의 비교하는 표현 방식이었다. 둘째, 부부간 역기능적으로 시도된 해결책은 감정 폭발, 상호 회피, 신체적 폭력, 책임 전가, 타인 비교, 표현 억제의 방식이었다.

1) 남편과 부인의 원가족에서 부모와의 미해결된 정서

(1) 남편의 원가족 특성과 경험

남편은 세 명의 어머니가 있었는데 첫 번째 어머니(친모)는 3~4세 때 화재로 사망했고, 두 번째 어머니는 6~7세경 부친이 재혼하여 맞이한 새엄마로 본처 자식과 친자식을 차별대우하였다. 심지어 본처 자식을 구박하고 폭력을 휘둘러서 그들에게 큰 상처를 주었다. 남편의 친누나는 다른 집에 식모로 보내지기까지 한 경험이 있었다. 남편의 세 번째 어머니는 그가 중학교 2학년 시기에 부친이 또다시 재혼하여 맞게 되었는데 부친은 세 번째 부인에게 휘둘려 살았다. 부친은 자식에게 애정을 표현하지 못하였고 방어막이 되어 주지도 못했으며 무능력했다. 남편은 어릴 때부터 눈칫밥을 먹으며 자랐고 새엄마들에게 주눅이 들어 생활했다. 따라서 가족구성원간에 경청하고 공감대를 형성하는 가족문화와 자기의 의사를 솔직하게 표현할 수 있는 환경을 접하지 못하여 기능적인 의사소통 방식을 전혀 학습하지 못했다. 이와 같은 경험으로 남편은 잔소리하고 몰아세우는 부인의 모습 속에서 새엄마들에게 느꼈던 감정을 유사하게 느꼈고, 부인과 속 깊은 대화나 상처를 받을 만한 이야기를 나누는 것을 거부하고 회피하게 된 것이다. 그런데 부인은 남편이 자라 온 배경을 전혀 모르고 부인의 방식대로 표현해 왔다.

'복잡한 가족관계'

치료자: 시어머니는 살아 계세요?

부　인: 어느 시어머니요? 두 분은 다 살아 계세요.

치료자: 애아빠 어머니요.

부　인: 애네 아빠가 세 살인가 그때 집에 불이 나서 돌아가셨대요. (1회기)

'새엄마의 배척'

부　인: 눈에 보이는 차별을 많이 하셨나 봐요. 친누나 같은 경우에는 두 번째 어머님이 어디다 팔아먹고 그러셨대요. 키우기 싫고, 힘들고 그러니까……. (1회기)

남　편: 두 번째 어머님한테 상처를 많이 받았던 것 같아요. 구박 같은 것도 많이 당했던 것 같고요. 편애라고 그러죠? 두 동생 하고 나 하고 편애가 많이

있었고……. (3회기)

치료자: 그때 둘째어머니 눈치를 많이 봤나요?

남 편: 많이 봤죠……. (중략) 저하고 누나가 많이 맞고 자랐죠. 차별대우도 많이 받고. 동생들 하고.

치료자: 그러면 그때 새어머니한테 받은 스트레스가 있었을 거 아닙니까? 그 스트레스를 누구하고 대화를 나누시면서 푸셨었어요?

남 편: 그 당시에는 누구하고 풀 저기는 없었어요.

치료자: 누나 하고는요?

남 편: 누나 하고도. 누나는 아는 집에 식모로 보내 버렸다니까요. 제가 처음 초등학교에 입학할 때는 누나도 있었어요. 그러다가 초등학교 다닐 때……. (4회기)

'부(父)의 애정부족'

남 편: 아버지와 관계가 썩 좋은 편은 아니었어요……. (중략) 항상 아버지에 대한 불만은 다 가지고 있죠……. (중략) 그러니까 뭐 자식에 대해서 그렇게 크게 애정을 쏟았다던가. 많이 돌봐주시지 못한 거에 대한 거죠. (4회기)

'의사표현 부족'

치료자: 아버님 자체가 원래 말이 없으셨었어요?

남 편: 저희 집안 자체가 말이 좀 없어요.

치료자: 아버지가 자녀에게 표현도 못하셨겠네요?

남 편: 그렇죠. 표현을 잘 안 하죠. (4회기)

(2) 부인의 원가족 특성과 경험

어릴 때부터 부인은 모친에게 인정이나 칭찬을 받은 적이 없었고 지적만 당하고 오히려 사촌과 비교를 당했다. 또한 부인의 모친은 시댁과 관련한 스트레스를 심하게 받았으며 부부관계가 좋지 않았고 남편의 외도가 있었다. 부인은 모친으로부터 '너는 어디 가서 딱 굶어 죽겠다.'와 같은 자극적인 표현을 통해 많은 상처를 받았는데 이는 부인이 자신의 큰아들에게 사용하고 있는 표현 방식, 예를 들면 '공부를 안

하면 거지된다.'와 흡사한 방식이었다.

'부모 간 불화'

치료자: 부모님 부부관계는 어떠셨어요?

부 인: 그렇게 좋은 편은 아니셨던 것 같아요.

치료자: 대화는 되셨나요?

부 인: 아니요. 전혀 안 돼요. (2회기)

부 인: 그러면서 아빠는 열 받아서 가시고, 엄마는 남아서 계속 자기가 하고 싶은 대로 하고 오시고.

치료자: 매번 그런 식의 반복이죠?

부 인: 매번, 뭐가 됐든.

치료자: 그럼 엄마는 주로 지적을 하네요. 자기 성에 안 차니까 '이거 잘못됐다. 이렇게 좀 해라.' 이렇게?

부 인: 그렇죠. (2회기)

'부(父)의 외도'

부 인: 그리고 아빠가 한 번 외도를 하셨었대요. 다 성장하고 알았어요.

치료자: 언제요?

부 인: 제가 초등학교 때인가? 그랬던 것 같아요. 엄마가 몇 년 전에 얘기를 해 주셨어요. 그러니까 한 동네에 계셨었나 봐요. 엄마는 스트레스를 되게 많이 받으셨죠. 그 아줌마 딸이 저랑 한 살 차이 났었대요. 저는 그것도 모르고 그 아이랑 같이 놀았어요. (2회기)

'모(母)의 비교하는 표현 방식'

부 인: 제가 어렸을 때 엄마한테 비교를 너무 많이…….

치료자: 비교한 사람은요?

부 인: 사촌언니요……. 비교를 많이……. 엄마가 지금도 많이 그러시거든요. 남하고 비교하는 게 정말 싫었어요. (1회기)

부 인: 엄마가 비교하는 것을 많이 좋아하시니까……. (중략) 아이를 키우는 것도 '다른 집은 어떻게 하더라. 너도 이렇게 해라. 그리고 네가 지금 키우고 있는 거는…….' 엄마는 항상 칭찬이 부족하신 분이셨어요.

치료자: 남하고 늘 비교하고요?

부 인: 엄마 앞에 있으면 제가 잘하는 부분이 없는 것 같아요. 그런 생각을 많이 가지거든요. 엄마가 계속 그러면 은연중에 '나는 정말 못하는가 보다.'라는 생각이 드는 것 같을 때도 있고……. (2회기)

2) 부부간 역기능적으로 시도된 해결책

남편과 부인은 어릴 때부터 [그림 14-1]의 가계도와 같이 역기능적인 대화패턴을 전수할 수밖에 없는 환경에 있었다. 가정에서 위축되어 눈치를 볼 수밖에 없었고 의사표현을 솔직하게 할 수 없는 문화에서 성장하였다. 부인에 따르면, 남편은 자기방어, 회피, 침묵을 하는 습관이 있는데 이 표현 방식은 부부관계를 결코 향상시키지 못했다. 부부는 원가족에서 부모와의 관계에서 해결되지 않은 정서적 문제 때문에 결혼 후 소원한 관계를 유지하였고, 특히 남편은 부인과 두 번째 새엄마의 모습이 상호대치되면서 부인과 거리감을 더욱 두게 되었다. 부부갈등을 해결하기 위해 부부간 역기능적으로 시도된 해결책은 ① 감정을 누르고 있다가 한꺼번에 폭발하는 방식, ② 상호회피하는 방식, ③ 신체적 폭력을 휘두르는 방식, ④ 자기를 옹호하며 상대편을 탓하고 잘못을 추궁하는 책임 전가의 방식, ⑤ 타인과 비교하는 표현 방식, ⑥ 의사표현을 하지 않고 스스로 억제하는 방식으로 나타났다.

(1) 감정 폭발

부 인: 제가 이 사람한테 한 번 내뱉은 적은 있어요. 자고 있는데 얘기 좀 하자고. 그런데 대답을 안 하는 거예요. 얼마나 답답한지 그때 저는 완전히 폭발했어요. (1회기)

(2) 상호 회피

부 인: 얘네 아빠랑 대화를 할 때 그런 문제가 생겨서 얘기를 하려고 하잖아요? 그러면 그 방식을 제가 어떻게 해야 할지 모르겠지만 일단 그 부분에 대해서 얘기를 하려고 하면, 이 사람은 들으려고 하지를 않아요.

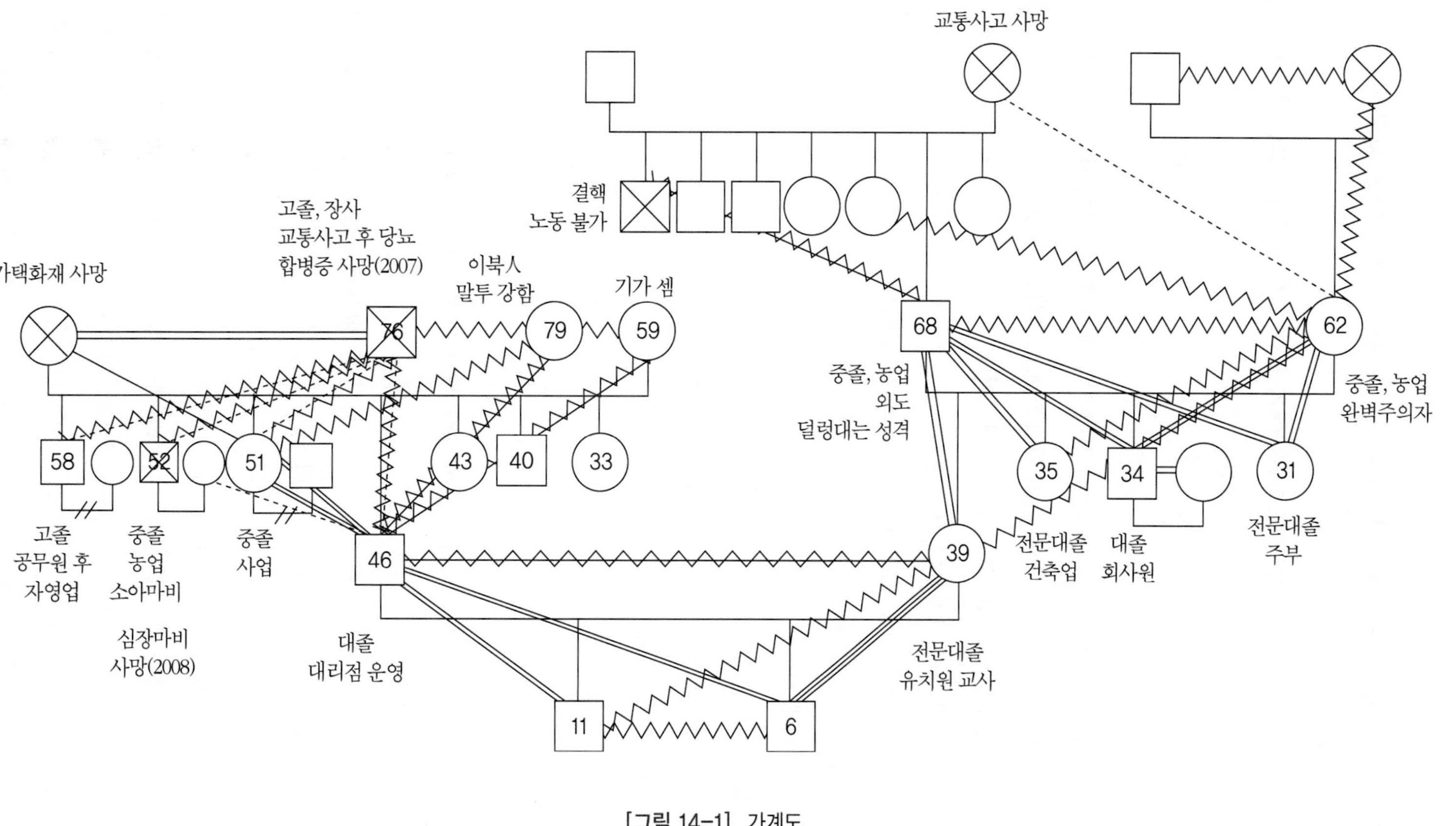
교통사고 사망
결핵
노동 불가
고졸, 장사
교통사고 후 당뇨
합병증 사망(2007)
가택화재 사망
이북人
말투 강함
기가 셈
76
79
59
68
62
중졸, 농업
외도
덜렁대는 성격
중졸, 농업
완벽주의자
58
52
51
43
40
33
35
34
31
고졸
공무원 후
자영업
중졸
농업
소아마비
중졸
사업
46
39
전문대졸
건축업
대졸
회사원
전문대졸
주부
심장마비
사망(2008)
대졸
대리점 운영
전문대졸
유치원 교사
11
6

[그림 14-1] 가계도

치료자: 그러겠죠. 회피하는 거죠.

부 인: 타협을 하고 협상을 하려고 해도 그런 틈을 주지 않아요. (2회기)

남 편: '아! 내가 이 사람하고는 깊은 얘기를 할 수가 없구나.' 그런 생각을 옛날에는 많이 했었죠. 그러니까 자꾸 회피하게 되고. (6회기)

(3) 신체적 폭력

부 인: 모든 상황에 짜증 나고 힘들었던 부분에 대해 큰아이한테 온갖 심한 표현을 다했던 것 같아요. 완전 깔아뭉개고 그랬던 것 같아요. 이 사람이 그때 못 참았던 거죠. 그래서 저를 때렸어요.

치료자: 그때 폭력은 처음이었나요?

부 인: 처음이었어요. 그런데 그거를 아이들이 봤어요.

치료자: 어느 정도 폭력이었나요?

부 인: 되게 심했어요.

치료자: 어느 정도요?

부 인: 제 얼굴을 때렸나? 그래서 제가 쓰러졌었어요.

치료자: 주먹으로요?

부 인: 네. (2회기)

(4) 책임 전가

부 인: 무슨 말을 하면, '내가 언제 그랬냐? 네가 잘못해서 그렇지.'라는 식으로.

치료자: 방어하는군요.

부 인: 방어가 정말로 심해요. 그러니까 무슨 말을 하려고 해도 이 사람하고는 대화가 통하지 않아요. (1회기)

치료자: 부인 탓을 한다면서요? 자기 방어하고.

부 인: 그러니까 예전에 다른 데서 상담했을 때도 그 상담사에게나 아니면 내가 옆에 있을 때도 마찬가지고 '거 봐, 네가 이게 잘못된 거야.' 거기에서 딱 꼬집어서 내가 잘못됐고……. '네가 잘못한 거야. 봤지? 네가 잘못한 거 맞지? 너 인정해. 네가 잘못한 거라고.' 이런 생각을 나한테보다 자기한

테 더 심어 주는 것 같아요. (2회기)

남 편: 내가 어떤 예를 들어서 나를 좀 포용해 줬으면 하는 그런 얘기를 원하는데 정반대로 '네가 못났으니까 그렇지.'

치료자: 그런 메시지를 주셨어요?

남 편: 그렇죠. (6회기)

(5) 타인 비교

남 편: 빈말이라도 '당신 같은 사람 없어. 고마워.' 그러면 저도 기분이 좋은데 다른 사람하고 비교하는 거예요. '다른 사람은 안 그런다. 다른 사람도 다 그래. 가사분담이니 뭐니 다른 사람은 더 잘해 준다.' 그래요. (6회기)

(6) 표현 억제

부 인: 이 사람은 자기가 힘들고 문제가 있다고 말로 표현하는 사람이 아니니까. (1회기)

남 편: 이 사람은 저한테 불만이 있으면 말을 안 해요. 절대. 그러니까 그렇다고 해서 제가 또 뭐 먼저 사근사근하게 뭐 어떻다 이런 말은 못해요. (3회기)

3. 부부갈등해소를 위한 치료적 개입방법과 효과

부부갈등과 부부갈등으로 야기된 자녀의 문제행동 감소를 위해 치료자는 개입전략으로 MRI 상호작용적 가족치료 모델을 적용하여 내담자 가족에서 시도된 해결책을 탐색하고 새로운 해결책을 시도할 수 있도록 하였다. 또한 Murray Bowen의 가족체계 이론을 적용하여 남편과 부인의 자아분화 수준을 높이기 위하여 중재자 역할, 내담자 중심 접근, 재명명, 내담자의 통찰력 강화, 생략된 언어탐색, 변화가능성 탐색, 성공적 경험 탐색을 사용하였다. 치료적 개입의 결과, 부부간에 기능적 의사소통 방식을 사용하는 대화가 증가하였고, 부부간에 생략되었던 언어를 발견하여 상호 인식의 폭이 확대되었으며, 가족구성원 개인과 가족관계에 변화가 나타났다.

1) 치료적 개입방법

(1) 중재자 역할

치료자는 중재자 역할을 통해 남편이 자신과 아내의 원가족 특성과 표현 방식을 인식하도록 하였다. 그리고 큰아들이 엄마에게 원하는 것을 솔직하게 표현하도록 하였고, 부인이 자녀에 대한 자신의 표현 방식을 기능적으로 변화시킬 수 있도록 유도하였다. 남편과 부인은 그동안 자신이 문제를 해결하기 위해 시도했던 해결책이 문제를 더욱 악화시켜 왔다는 것을 인식하였다.

치료자: 그리고 속상하다고 했어요. 애를 변화시키려는 엄마의 방식이 애의 성적을 더 올리게 하기보다는 엄마와의 관계를 더 안 좋게 만드는 방식이라는 거예요. 친정엄마의 비교하는 방식과 '공부 안하면 거지된다.' 이런 표현 방식, 이런 표현을 들으면 애는 속상한 거지요. 자기가 나름대로 공부를 열심히 했는데, 만약에 맞고 이런 표현을 들어 보세요. 화가 났는데 엄마의 방식으로 인해 더 화가 나는 거 아닙니까? 그런데 걔는 그걸 더 삭이는 거죠. 그렇게 되면 이 속에 엄마에 대한 두려움과 불안이 있을 거예요. 거기에 걸려 있는 거는 엄마와 아빠가 지금 겉은 평화로운데 대화가 원활하게 안 되는 게 딱 걸려 있다는 거예요. 그리고 남편의 원가족 문제와 엄마의 원가족문제가 마음에 안 들었을 때 애들을 변화시키려고 시도했던 표현 방식이 애의 자존심을 올리기보다는 깔아뭉개는 방식이라는 거죠. (5회기, 아들)

치료자: 표현은 안 하고 속으로 담고 있는데 분명한 거는 와이프 입장에서는 어찌됐든 남편이 기분이 안 좋을 때 얼굴 표정이 바뀌고 있다는 거예요. 우리 남편이 뭔가 기분이 안 좋다는 것을 감지하고 있지만 내가 왜 지금 이렇게 꿍얼꿍얼하고 기분이 나쁜가는 표현을 안 하시고 얼굴의 표정에서 '내가 뭘?' 이렇게 나오신단 말이에요. 그러면 와이프는 분명히 저 사람은 표정에 나타나는데 내가 아무리 솔직하게 얘기해 봤자 저쪽에서는 솔직하게 안 나오니까 화나죠. 그렇지 않습니까? 이해되세요? 그게 여기에는 핵심적인 것 같은데요? 양쪽에 원가족의 문제를 달고 오셨다는 거죠. (4회기)

치료자: 이제 엄마한테 솔직하게 한 마디 해 드려……. (중략)

아 들: 엄마 조금만 좋은 말을 해죠. (울음)

치료자: 조금만 뭐요?

부 인: 좋은 말을 해 달라고요. 그리고?

아 들: 그리고 혼내지 좀 마. (울음)

부 인: 그리고 또 있어? 그거면 돼?

치료자: 또 하고 싶은 말 없어? 엄마께서는 아이한테…….

부 인: 알았어. 엄마가 노력할게. (7회기, 모자)

(2) 내담자 중심 접근

치료자는 상담을 진행하면서 큰아들에게 눈높이를 맞추고 맞장구를 쳐 주면서 대화를 하였고 편을 들어 주는 방법을 사용하여 큰아들로 하여금 열린 마음으로 상담에 임하게 하였다.

치료자: 지난번에 아저씨 처음 만났잖아? 아저씨를 만나고 나서 뭐를 느꼈니? 어땠어?

아 들: 계속 만나고 싶었어요.

치료자: 계속 만나고 싶었어? 뭣 때문에 아저씨를 계속 만나고 싶었어?

아 들: 스트레스가 다 풀리는 것 같았어요.

치료자: 풀리는 것 같았어? 아저씨가 네 마음을 이해하는 것 같았어?

아 들: 네.

치료자: 네 편들어 주고?

아 들: 네.

치료자: 그렇지. 그러니까 아저씨를 또 한 번 만나고 싶었지?

아 들: 네. (7회기, 모자)

(3) 재명명

치료자는 남편에게 큰아들의 행동을 잘못이 아닌 실수로 다시 정의함으로써 부자관계의 간극을 좁혔다. 또한 남편이 시도했던 해결책 대신에 새로운 해결책, 즉 자녀에게 무조건 화를 내는 표현 방식보다는 인내를 가지고 자녀의 입장에서 이해해 보도록 하는 새로운 해결책을 제시하였다.

치료자: 화내시기 전에 '왜 원장에다 바로 볼펜으로 연습했냐?' 고 물어보셨어요?

남 편: 안 물어봤어요. 나중에 얘기했어요.

치료자: 큰 아이가 원장에 볼펜으로 썼던 거는 아이 입장에서는 실수였다는 거예요. 그런데 아빠는 '네가 실수가 아니고 아빠 말을 잘 안 듣고 있다. 아빠가 분명히 이렇게 하라고 얘기를 했는데 너는 그걸 어겼다.' 는 거죠. 만약에 아빠가 조금 더 삭이시고 인내를 가지고 변명할 기회를 줬더라면 아이가 '나, 사실은 이게 똑같아서 이게 연습장인 줄 알고 볼펜으로 적었던 거야.' 라고 하면 끝났다는 거죠. 아빠가 '아! 애가 내 의견을 무시하거나 공부를 안 하려고 했던 게 아니라 실수였구나.' 하는 거죠. 그렇죠?"

남 편: 네. (6회기)

(4) 내담자의 통찰력 강화

큰아들이 보이는 문제행동을 해결하기 위한 부인의 시도된 해결책은 공격적이고 모멸감을 주는 표현 방식이었다. 부인은 치료적 개입을 통해 자신의 표현이 원가족으로부터 영향을 받은 방식인 것을 인식하게 되었고, 이러한 통찰력은 부인이 큰아들에게 새로운 표현 방식을 사용하도록 유도하였다. 치료자는 상호작용하는 데 어려움을 겪을 수밖에 없었던 남편의 원가족 특성을 부인에게 인식시켰고, 남편 또한 부인이 역기능적인 의사소통 방식을 사용할 수밖에 없었던 원가족 특성을 파악하도록 이끌었다.

치료자: 다 애 탓으로 돌리지 않았냐는 거죠. 저는 뭘 보냐면 표현하는 방식이 애를 좀 일으켜 세우는 표현 방식보다는 애가 무안해지고 심지어 비난과 공격을 받고 모멸감을 느끼는 방식이지 않냐는 거죠.

부 인: 네. 그렇게 했어요. 교수님.

치료자: 그 방식을 잡는 거예요. 그 방식을 변화시키는 것은 결국은 표현의 변화입니다. 그런데 그 표현 방식 이면에는 시댁식구 하고 친정식구의 표현 방식을 달고 들어온다는 겁니다. (5회기, 아들)

부　인: 근래에 이 상담을 받고, 큰아들이 어떤 기분을 가지고 어른이 될지를 알겠는 거예요. 그래서 생각을 해 봤죠. 그랬더니 맞아요. 칭찬에 인색했던 거? 항상 엄마는 시댁문제로 스트레스 받고 있으니까 우리한테 따뜻한 말을 해줄 여유가 없었던 거죠. (6회기)

치료자: 이러한 과정을 겪으면서 과연 저하고 대화를 하듯이 가족이 이렇게 얘기를 하고 경청해서 공감대를 형성하는 대화법이라는 거는 전무하지 않았냐 이거예요.

남　편: 없었죠.

치료자: 무슨 말인지 아시겠죠?

남　편: 전무했죠.

치료자: 부인도 가족사를 보면 친정엄마한테 인정을 받지 못했고, 스트레스를 많이 받았잖아요. 엄마가 워낙 완벽주의에다가 칭찬이 없었고.

부　인: 네.

치료자: 그런데 이제 아시겠지만 이 두 분의 가정문화 배경이 솔직하게 말을 주거니 받거니……. 특히 엄마와의 관계에서 딱 걸려 버리셨거든요. 엄마 아버지 부부관계 안 좋고, 아버지 외도문제가 걸려 있고, 그러니까 두 분이 근본적으로 결혼하기 전에 부부가 만나서 서로 주거니 받거니 대화할 수 있는 방법 자체가 역기능적이거나 어떻게 보면 부재하지 않았냐 이거예요. (8회기)

(5) 생략된 언어 탐색

신혼 초부터 남편과 부인은 자신의 이야기를 배우자에게 솔직하게 표현하는 교류가 없었는데, 치료적 개입을 통하여 생략되었던 언어를 탐색하게 됨으로써 배우자에 대한 오해의 소지를 불식시킬 수 있었고 상호 인식의 폭이 확대되었다.

남　편: 저는 여태까지 와이프한테 얘기 안 한 부분을 여기서 말씀드린 것도 많이 있고, 와이프도 여태까지 살면서 장모님이나 장인어른에 대한 거를 한 마디도 해 본 적이 없었거든요. 단지 '우리 엄마는 우리를 이렇게 키웠다. 애정으로 뭐 해 가지고.' 그런 식으로 저한테 얘기를 했었거든요. 그래서 저는 여태까지 그렇게 알고 있었던 거고요.

치료자: 와이프께서 남의 이목을 중요시했다는 거는 인정하겠어요. 그런데 남편한테까지 이목을 중요하게 여겨 가지고 엄마를 포장할 필요는 없는 거거든요. 그런데 그것까지 포장하고 있다는 얘기예요. 그 이면에는 이목을 중요시하는 것도 있지만 남편한테 솔직하게 내놔 가지고 이게 혹시 득보다는 실이 되지 않을까 생각하는 것이고……. 남편이 솔직하게 뭔가 내놔야지 상대편도 내놓습니다. (4회기)

치료자: 남편께서 장인 장모님이 됐든 어찌 됐든 이렇게 다른 사람이 세 사람만 있어도 말을 못하신다는 걸 알고 계셨나요?

부 인: 아니요.

치료자: 모르셨죠?

부 인: 네.

치료자: 그리고 다른 사람 앞에서 얘기를 못하는 건 남들이 봤을 때 아부한다고 생각하지 않을까 하는 것도 알고 계셨어요?

부 인: 그거는 상황이 많이 다른 거죠.

치료자: 아부라고 볼 수 없는데 그럼에도 불구하고 남편께서는 그게 아부라고 보는 거예요. (6회기)

(6) 변화가능성 탐색

치료자는 부인이 큰아들에게 표현해 왔던 방식이 친정모가 자신에게 했던 방식과 유사하다는 것을 인지하도록 하여, 부인이 역기능적인 표현 방식을 사용할 때마다 스스로 제어하는 변화가능성을 경험하도록 하였다. 또한 치료자는 부인이 남편을 인정하고 칭찬하는 새로운 해결책(기능적인 의사소통 방식)을 사용하도록 유도하였다.

부 인: 또 억누르면서 엄마 흉내를 또 내가…….그게 계속 생각이 되는 거예요. 제가 행동을 할 때마다 '맞어. 이거는 엄마가 나한테 했던 방식이야.' 이렇게 해서 참고……. (중략)

치료자: 남편한테도 칭찬하고 싶은 심정은 있으세요?

부　인: 그래도 나름 좋은 말 그런 거는 한다고 생각했어요.

치료자: 인정을?

부　인: 하지 않았나?

남　편: 칭찬은 받아 본 적이 있는 것 같아요. 요 근래에요.

치료자: 요 근래에 표현이 변하시긴 변하셨네요. (6회기)

(7) 성공적 경험 탐색

치료자는 내담자가 성공적 경험을 성찰하도록 하면서 변화내용을 확인하였고 변화된 행동을 유지하도록 격려하였다. 부인이 큰아들에게 칭찬해 주고 부드럽게 표현하는 새로운 해결책(기능적 의사소통 방식)을 시도함으로써 모자관계가 호전되는 경험을 하게 되었다. 큰아들이 엄마에게 자신의 감정을 표현하는 것이 증가되었으며, 내담자는 모자관계와 가족관계의 변화에 대한 기대를 갖게 되었다.

부　인: 오늘은 큰아들이랑 조금 괜찮았어요. 어제 학원에서 얘기를 했었거든요. 긍정적으로 얘기해 줬더니 계속 잘한 거에 대해 자랑하고 싶나 봐요. 오늘 받은 전화만도 그동안 저한테 했던 양의 배는 될 정도로 전화했어요. 전에는 자기가 하기 싫은 일에 대해서 말할 때만 전화를 했었거든요. 어제 저한테 얘기를 하길래 애아빠도 같이 얘기를 했었거든요.

치료자: 지금 아이가 감정을 엄마한테 털어놓는 게 달라졌네요?

부　인: 네. (6회기)

치료자: 엄마 하고 너 하고 요즘 사이는 어떤 것 같니?

아　들: 엄청 괜찮아진 것 같아요. 엄마가 잘 대해 주고요, 어제 학원을 갈 때 뭐 먹고 싶다고 그러면 해 줬어요.

부　인: 저녁 해 달라는 거? 그건 요즘에도 해 줬잖아.

아　들: 전엔 안 해 줬잖아.

치료자: 그리고 또?

아　들: 부드럽게 말해요.

치료자: 예를 들면 엄마가 어떻게 말씀을 하시니?

아　들: 제가 실수로 학원 차를 놓쳤을 때 살살 말해 주셨어요.

치료자: 어떻게 살살 말해 주셨어? 옛날 같으면 어떻게 표현하셨었는데?

아 들: 그냥 전화를 할 때 막 소리를 질렀어요.

치료자: 그래 가지고 집에 왔는데 엄마가 뭐라고 하셨어?

아 들: 예전 같았으면 때렸는데, 안 때렸어요. (중략)

치료자: 요즘은 울면서 안 자?

아 들: 네.

치료자: 어떻게 해서 울면서 안 자?

아 들: 잘못한 거를 말하면요. 그게 (억울한 감정이) 다 날아가니까 안 우는데요.

치료자: 다 날아가?

아 들: 네. 안 혼났으니까. (7회기, 모자)

2) 치료의 효과

(1) 기능적 의사소통 방식의 부부간 대화 증가

역기능적 의사소통 방식을 사용해 왔던 남편과 부인은 점차적으로 기능적 의사소통 방식을 사용하게 되었다. 부부간에 '고맙다' '미안하다' '사랑한다' 등의 공감적 표현을 하였고 솔직한 의사소통 방식을 사용하였다. 남편과 부인은 서로 긍정적인 변화를 체험하였으며 경제적 문제, 자녀양육문제, 자녀진로문제 등에 대하여 부부가 공동으로 상의하여 해결하려는 시도를 하게 되었다. 남편은 이전에는 어떤 문제가 생겼을 때 큰아들의 의견을 수용하는 것이 지배적이었는데 치료적 개입 이후 부인과 큰아들의 얘기를 모두 경청하는 변화가 생겼다.

부 인: 옛날보다 남편한테 말을 더 많이 하는 것 같아요. 남편에게 아이한테 열받은 일이든 그 외의 일이든 거의 말 안 했거든요.

치료자: 안 하신 이유는요?

부 인: 솔직히 귀찮기도 하고, 말한다고 해서 해결되는 것도 아니고, 혼자 화나고 속상하고 열받고 그러다가 그냥 있는 것 같았어요. 그런데 요즘에는 제가 도움도 요청하고.

치료자: 예를 들면요?

부 인: 예를 들면 아이의 잘못된 습관에 대해서 아이가 규칙을 어겼을 때 이런 부분은 약속을 해서 못하게 한다고 했을 때 남편한테 양해를 구하죠. (중략)

부 인: 남편한테 변화가 있는 것 같아요……. (중략) 옛날보다 좋아지는 것 같아요. 왜냐하면 내가 그날 있었던 부분에 대해서 웬만하면 얘기를 많이 하려고 노력하고, 예전보다는 많이 하고 있다고 생각하니까요.

치료자: 남편께서 방어적인 자세를 취하는 건 어때요?

부 인: 많이 없어진 것 같아요. 이제 많이 받아 주고, 이 사람한테 민감한 문제도……. (중략) 지금은 그런 얘기를 하면 일단은 같이 해결을 하려고 하는 그런 거가 보여요……. (중략) 나한테 그런 거를 옛날보다 나와 같은 생각이라는 거를 공감 표현을 해 주니까요. (중략)

치료자: 요즘은 많이 도와주시고 오히려 지나치게 미안할 정도로 그러시네요. 그리고 또 그런 표현도 하시고.

부 인: 네.

치료자: 부인께서도 표현에 많은 변화가 있었네요.

남 편: 그렇죠. 변한 게 고마우면 고맙다. 저는 또 그런 말을 들으면 신이 나서 다른 것도 하게 되고 그런 것 같아요. 말 한 마디에. (중략)

남 편: 저도 옛날보다는 많이 변했다는 거를 많이 느껴요. 어떤 때는 운전하다가 부부관계라든가 좋은 음악이 나오면 문자를 보내서 '사랑한다'라든가 자주는 못해도 그렇게 보내기도 하고……. (중략) 이렇게 조금씩 하나하나 하다 보면 점점 변해 가겠죠. 하나 하면 이게 좋은 거구나 그러면 다르게도 한번 해 보고. 그거해서 이 사람이 잘 받아 주면 '이 사람도 좋아하는구나.' 하다 보면 그 어떤 소통하는 게 어느 정도는 뚫리지 않을까.

치료자: 요즘 두 분의 성관계는 어떠세요?

남 편: 요즘은 큰아이가 동생과 같이 자니까 더 자주 하는 편이에요.

치료자: 지금 어떤 차이를 느끼세요? 댁에서 대화를 하셨을 때하고 오늘 같은 경우는.

부 인: 되게 솔직해졌고요. 개선을 위해서 앞으로도 노력을 할 거고, 할 의도가 있는 사람이라는 거를 느껴요. 지금 생각은 이 사람이 들어서 조금 꺼려할 문제도 한 번 얘기를 해 볼까 싶고, 얘기를 하면 통할 수도 있겠다 싶기도 해요. (8회기)

남 편: 옛날에는 잘됐건 못 됐건 아이의 의견이 컸었는데 지금은 이 사람 얘기도

한 번 들어 보고……. (9회기)

(2) **생략된 언어의 발견과 인식의 폭 확대**

가족치료를 통하여 부부는 생략된 언어를 발견하게 되었는데, 배우자의 가족사를 듣고 이해의 폭을 확장하였다. 남편은 원가족과의 미해결된 정서와 역기능적인 표현 방식으로 인하여 부부갈등이 가족관계에 영향을 미쳤다는 것을 인식하였다. 또한 부인은 상담과정을 통해서 남편이 대화를 할 때 상대방의 눈을 잘 마주치지 못하는 연유를 남편의 원가족 특성과 경험을 통해 이해하게 되었다. 또한 큰아들에 대한 자기의 표현 방식이 원가족으로부터 전수되었다는 것—다시 말해서 친정모가 자신에게 표현하였던 방식과 유사한 방식을 자신이 답습하고 있다는 사실—을 깨달았고 이 때문에 부부관계와 모자관계가 악화되고 있다는 것을 인지하였다.

치료자: 남편께서 대화를 할 때 왜 눈을 이상심리학이라는 저 책에 두고 계시는지 전에는 알고 계셨어요?

부 인: 아니요.

치료자: 모르셨어요?

부 인: 네. 한 번도 얘기한 적이 없으니까요.

남 편: 한 번도 얘기한 적이 없어요. 여기 와서 교수님한테 한 거고…….

치료자: 이런 말씀을 들으시면서 '우리 남편이 이런 상황에서는 이렇게밖에 행동을 할 수 없었구나.'라는 것이 이해되세요?

부 인: 네. 많이 이해가 되죠. (8회기)

(3) **가족구성원 개인과 가족관계의 변화**

아내와의 대화를 회피했었던 남편은 아내의 의견을 경청하게 되었고 부부간에 솔직한 느낌을 표현하고 공감하며 가정사에 대한 공동의 논의를 하는 등 남편과 부인의 의사소통 방식에 변화가 이뤄졌다. 또한 큰아들에 대한 부인의 표현 방식에서 기능적인 변화(새로운 해결책의 시도)가 나타나면서 큰아들에게 변화가 드러나기 시작하였다. 부인은 큰아들을 포옹하기도 하고 "잘할 수 있을 거야." "엄마도 노력할게. 같이 노력하자!" "힘내!" 등의 표현을 통해 감정을 전하는 게 눈에 띄게 달라졌다. 큰아들 역시 학교에서 있었던 일들을 엄마에게 내어놓는 정도가 점차 늘었다. 큰아들은 부모와의 관계, 동생과의 관계가 개선되었으며, 자신감과 활기에 차 있고, 자기의 느낌과 주장을 솔직하게 표현하는 변화가 일어났으며 학원에 갈 때도 능동적으로 행동하였다. 마지막 상담회기에서는 큰아들이 치료자에게 "삶이 재미있어요."라고 말하기도 하였다. 이와 같은 치료효과는 부부간 기능적 의사소통이 부부갈등을 해소하며(이인정, 2011), 부부갈등에 따른 자녀의 문제행동을 차단할 수 있다는 것을 보여 준다.

치료자: 관계는 전반적으로 봤을 때 어때요?

부 인: 좋아요.

치료자: 나아졌어요? 엄마하고는 어때요?

부 인: 저하고도 좋아졌어요. (큰아들이) 본인의 문제에 대해 말을 많이 하거든요. 주관이 조금 뚜렷해진 것 같아요. 물어보기 전에 스스로 말을 하고……. 오늘 축구를 하다가 배에 공을 맞았대요. 많이 아프냐고 그랬어요. "학원은 갈 수 있겠어?"라고 물었어요.

치료자: 그전 같으면 가라고 하셨을텐데.

부 인: 그랬겠죠. 그랬더니 "갈 수 있지. 당연히 가야지." 그렇게 말을 하더라고요.

치료자: 그래요? 아빠께서 보실 때는 엄마하고 아이 사이에 변화가 있다고 보세요?

남 편: 조금 있다고 생각해요. 옛날보다 말이 많아졌으니까……. (중략)

치료자: 엄마는 어떤 변화가 있나요?

남 편: 옛날 같으면 화를 내거나 야단을 칠 일도 많이 참는 것 같고……. 옛날에는 뭐를 시켜서 잘 안 하면 아이한테 저거 좀 치우라든가, 몇 번 하다가 안 하면 소리가 커진다든가.

치료자: 안 하면?

남 편: 네. 요즘은 뭐 계속 "저것 좀 치워라."라고 부드럽게 좀…….

치료자: 표현이 부드러워졌다는 거죠?

남 편: 그렇죠. (8회기)

부 인: "엄마가 야단치면서 화 안 났다고 하는데 내(큰아들)가 볼 때 화났어."라고 그러는 거예요. 그래서 "그랬니? 엄마 생각에도 그런 것 같아. 엄마가 말로만 화 안냈다고 말을 하는 것 같아. 미안해. 그런데 엄마도 그때는 너

무너무 속상하고 그렇다." 고 말을 해 줬어요.

치료자: 그러니까 뭐래요? 아이의 반응은요?

부 인: 엄마한테 미안하다고.

치료자: 아이가 '엄마는 화 안 났다고 하지만 내가 볼 때는 엄마 얼굴은 화났다.' 라는 표현을 해 본 적이 있나요?

부 인: 아니요. 없었어요.

치료자: 지금 자기의 느낌을 솔직하게 표현하네요.

부 인: 그런 거는 그 이후로 그 느낌을 말하는 게 몇 번 돼요. (중략)

남 편: (큰 아이가) 얘기를 많이 하고, 그 다음에 활기차졌다고 해야 하나요?

치료자: 또 다른 변화가 있나요?

남 편: 요즘은 그래도 자기표현을 자주 하는 편이에요. (9회기)

이 장의 결과를 부부갈등해소를 위한 치료적 개입의 효과에 관한 네트워크로 분석하여 제시하면 [그림 14-2]와 같다. 근본적으로 부부갈등을 낳게 된 두 가지 요인은 '남편과 부인의 원가족에서 부모와의 미해결된 정서'와 '부부간 역기능적으로 시도된 해결책'이었다. 이를 세부적으로 설명하면 다음과 같다. 첫째, 남편과 부인의 원가족에서 부모와의 미해결된 정서는 부부의 원가족 특성과 경험에 따른 것이었는데, 남편의 원가족 특성과 경험은 복잡한 가족관계, 새엄마의 배척, 부의 애정 부족, 의사표현 부족으로 나타났다. 또한 부인의 원가족 특성과 경험은 부모 간 불화, 부의 외도, 모의 비교하는 표현 방식이었다. 둘째, 부부간 역기능적으로 시도된 해결책은 감정폭발, 상호 회피, 신체적 폭력, 책임 전가, 타인 비교, 표현 억제의 방식이었다.

앞의 두 가지 요인은 대화 단절, 소원한 관계, 역기능적 의사소통이라는 부부갈등을 야기시켰는데, 부부는 역기능적 의사소통으로 요구철회 의사소통, 상호회피 의사소통, 신체적 폭력을 사용했다. 부부갈등은 결국 자녀의 문제행동을 초래하였는데, 그 내용은 주의산만함, 자신감 없음, 자기주장 약함, 집중력 부족, 수동적 행동이었다. 부부갈등을 해소하고 부부갈등이 낳은 자녀의 문제행동을 해결하기 위하여 치료자는 중재자 역할을 하였고 내담자 중심으로 접근하였으며 재명명을 하였고 내담자의 통찰력을 강화시켰다. 또한 치료자는 내담자와 가족구성원의 생략된 언어와 변화가능성 및 성공적 경험을 탐색하였다. 이로써 부부간에 기능적인 의사소통 방

남편 및 부인의 원가족에서
부모와의 미해결된 정서
• 남편의 원가족 특성 및 경험
–복잡한 가족관계, 새엄마의 배척
–부(父)의 애정 부족, 의사표현 부족
• 부인의 원가족 특성 및 경험
–부모 간 불화, 부(父)의 외도
–모(母)의 비교하는 표현 방식
부부간 역기능적으로
시도된 해결책
• 감정 폭발
• 상호 회피
• 신체적 폭력
• 책임 전가
• 타인 비교
• 표현 억제

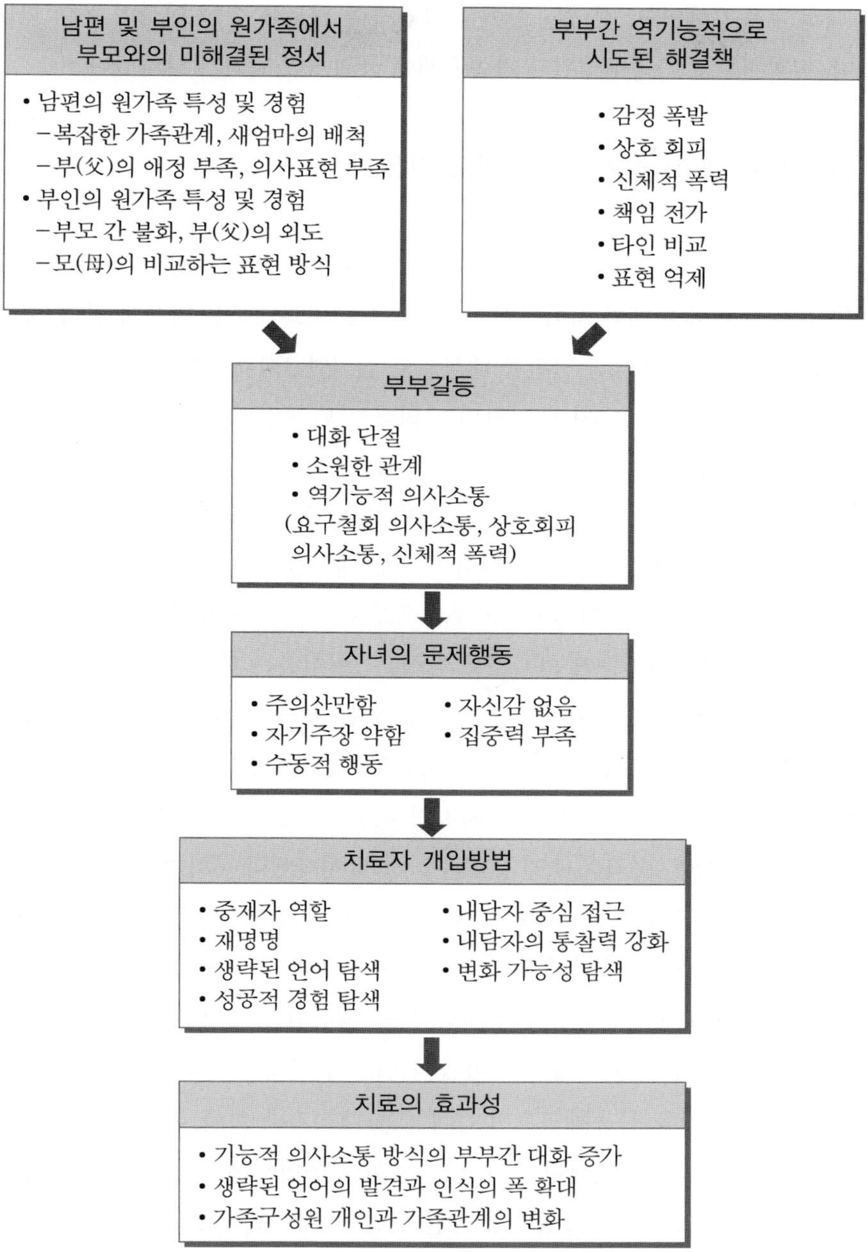

부부갈등
• 대화 단절
• 소원한 관계
• 역기능적 의사소통
(요구철회 의사소통, 상호회피
의사소통, 신체적 폭력)

자녀의 문제행동
• 주의산만함
• 자기주장 약함
• 수동적 행동
• 자신감 없음
• 집중력 부족

치료자 개입방법
• 중재자 역할
• 재명명
• 생략된 언어 탐색
• 성공적 경험 탐색
• 내담자 중심 접근
• 내담자의 통찰력 강화
• 변화 가능성 탐색

치료의 효과성
• 기능적 의사소통 방식의 부부간 대화 증가
• 생략된 언어의 발견과 인식의 폭 확대
• 가족구성원 개인과 가족관계의 변화

[그림 14-2] 부부갈등해소를 위한 치료적 개입의 효과 네트워크

식의 대화가 증가하였고, 생략된 언어를 발견하여 서로에 대한 인식의 폭이 확대되었으며, 결과적으로 가족구성원과 가족관계에 긍정적인 변화가 나타났다.

4. 상담회기에 따른 가족구성원의 변화과정

상담은 총 9회기에 걸쳐서 이루어졌는데, 각 회기별 상담대상과 초이론적 모델 단계에 따른 변화의 단계와 자아분화의 내용, 주요 변화내용은 다음과 같다. 부인을 대상으로 한 1, 2회기 상담과 남편을 대상으로 실시한 3회기 상담은 '전인식단계'로 문제행동 인식에 대한 내담자의 저항이 나타나는 단계였으며, 변화에 대한 계획과 인식이 부재하거나 부족한 상태였다. 4회기 상담에서 남편이 '인식단계'에 들어선 것을 알 수 있었는데, 남편은 자신의 표현 방식을 이해하고 아내의 원가족 특성과 경험을 알게 되면서 아내의 표현 방식이 도출된 배경을 인지할 수 있었다. 5회기 상담에서 치료자는 큰아들과의 상담 후 부인에게 큰아들의 입장에서 중재하였고, 큰아들에 대한 부인의 역기능적 의사소통 방식은 '인식하는 단계'에 이르렀다. 6회기 상담은 부부를 대상으로 이루어졌는데, 부인과 큰아들의 변화가 나타나고 있었다. 부인의 경우, 전에는 남편을 인정하거나 칭찬하는 표현 방식이 전혀 없었는데 남편을 칭찬하고 큰아들에게 애정표현과 지지적 표현을 하는 모습이 보였고, 엄마를 두려워했었던 큰아들은 솔직하게 감정표현을 하기 시작했다. 6회기 상담에서는 내담자가 변화를 위한 구체적 실행계획을 세우는 '준비단계'로, 행동의 변화를 위한 효과적인 단계에 진입하기 전 단계에 있음을 보여 주었다.

7회기부터 9회기까지의 상담에서 내담자는 '행동단계'를 보였는데, 모자상담을 하였던 7회기에서 부인의 변화와 큰아들의 변화가 계속 나타나고 있었다. 부인은 부드러운 표현 방식을 사용하였으며 큰아들을 때리거나 화를 내지 않았고 일주일에 3회 이상 울면서 잠들곤 했던 큰아들은 더 이상 울면서 잠드는 경우가 없어졌다. 8회기는 부부상담으로 진행하였는데 남편의 변화, 부인의 변화, 자녀의 변화가 나타나고 있었다. 대화단절, 소원한 관계, 역기능적 의사소통이라는 부부갈등을 안고 있었던 부부가 공감을 표현하고 솔직한 의사소통 방식이 증가하였고, 경제적 문제와 자녀양육과 자녀의 진로에 관한 논의사항이 발생하였을 때 부부가 함께 대화로 풀어 가는 변화가 나타났다. 큰아들은 자기주장이 약하고 자신감이 없고 수동적이었는데 자신의 주관이 뚜렷해져서 욕구를 분명하게 표현하였고 학교에서 일어난

〈표 14-1〉 상담회기에 따른 가족의 변화 과정 매트릭스

분류 \ 회기	1회기	2회기	3회기	4회기	5회기	6회기	7회기	8회기	9회기
상담대상	부인		남편		아들 / (부인)	부부	모자	부부	가족
초이론적 모델단계	전인식(문제행동 인식에 대한 저항)			인식 (문제인식, 변화를 위한 노력 시작)		준비 (구체적 실행 계획)	행동 (행동의 변화, 효과적 행동)		
자아분화	남편과 부인의 미분화					남편과 부인의 분화에 대한 노력			
주요 변화	전인식단계이므로 변화에 대한 계획과 인식이 없거나 부족함			• 남편의 인식 －자신의 표현 방식 －아내의 원가족 특성 및 경험과 표현 방식	• 부인의 인식 －자녀에 대한 표현 방식	• 부인의 변화 －남편을 칭찬 －자녀에 대한 애정표현, 지지적 표현 • 자녀의 변화 －솔직한 감정 표현	• 부인의 변화 －부드러운 표현 －자녀에게 화를 내거나 때리지 않음 • 자녀의 변화 －울면서 잠들지 않음 • 모자관계 좋음	[가족의 변화] • 남편, 부인의 변화 －부부간 공감 표현 －솔직한 표현 증가 －부부 공동 논의(경제적 문제, 양육, 자녀진로) • 자녀의 변화 －주관이 뚜렷해짐 －욕구를 분명히 말함 －엄마에게 학교생활을 얘기함 • 부부관계 좋음 • 모자관계 좋음 • 자녀관계 좋음	[가족의 변화] • 남편의 변화 －아내 의견 경청 • 부인의 변화 －기능적 표현 방식(아들에게 상냥함) • 자녀의 변화 －솔직한 감정 표현 －말수가 많아짐 －삶에서 재미를 느낌 • 부부관계 좋음 • 모자관계 좋음 • 자녀관계 좋음

일을 엄마에게 얘기하는 변화가 나타났다. 마지막 9회기 가족상담에서는 가족이 당면한 문제를 해결할 수 있는 효과적인 행동이 지속적으로 나타났다. 아내의 의견을 경청하는 남편의 모습이 보였고, 기능적 표현 방식이 증가하여 큰아들에게 상냥하게 대하는 부인의 변화가 있었으며, 큰아들이 말수가 많아졌고 자신의 감정을 솔직하게 표현하였으며 삶의 재미를 느낀다고 하였다. 치료자의 개입으로 말미암아 부부관계, 모자관계, 자녀관계가 모두 긍정적으로 변화되는 치료의 효과성이 분명하게 나타났다.

1회기에서 3회기까지는 전인식단계, 4회기에서 5회기까지는 인식단계이자 남편과 부인이 미분화된 상태였다. 그러나 부부가 문제인식에 대한 저항을 넘어서서 자신들의 문제를 인식하고 변화를 위한 노력이 시작되면서 변화의 모습이 6회기부터 차차 나타나고 부부체계가 점차 강화되었는데, 이는 곧 남편과 부인의 자아분화를 위한 노력의 증거라고 할 수 있다. 역기능적인 가족일수록 분화 수준이 낮은데, 이 사례의 경우 가족원의 분화 수준을 높이기 위하여 치료자는 부부의 불안 수준을 감소시키고, 부부가 다른 가족구성원을 끌어들이는 삼각관계에서 벗어날 수 있도록 하였다. 이와 같은 1회기에서 9회기에 이르는 전 상담회기에 따른 가족의 변화 과정을 집약한 매트릭스는 〈표 14-1〉과 같다.

V. 결 론

이 장은 부부갈등해소를 위한 치료적 개입의 효과에 관한 사례 분석을 통하여 부부갈등의 내용과 결과, 부부갈등에 영향을 준 요인과 치료자 개입방법과 효과, 상담회기에 따른 가족구성원의 변화 과정을 살펴보았으며 주요 내용을 요약하면 다음과 같다. 첫째, 부부갈등은 대화 단절, 소원한 관계, 역기능적 의사소통으로 나타났고, 부부갈등에 영향을 미친 요인은 남편과 부인의 원가족에서 부모와의 미해결된 정서와 부부간의 역기능적으로 시도된 해결책으로 나타났다. 둘째, 문제해결을 위한 가족치료과정에서 치료자는 개입 전략으로 중재자 역할, 내담자 중심 접근, 재명명, 내담자의 통찰력 강화, 생략된 언어 탐색, 변화가능성 탐색, 성공적 경험 탐색을 사용하였다. 이와 같은 치료과정을 통하여 내담자 가족은 지금까지 시도해 보지 않았던 기능적이고 효과적인 의사소통 방식을 시도하여 부부갈등 완화, 자녀의 문제행동 감소, 가족구성원 개인과 가족관계의 변화가 점진적으로 나타날 수 있었다. 셋째, Prochaska의 초이론적 모델에 따른 가족의 변화과정을 분석한 결과, 남편과 부인은 전인식단계에서 행동단계에 이르는 변화추이를 보였고 자아분화에서는 미분화 수준에서 벗어나 분화를 위해 노력하는 모습이 나타났다.

부부갈등 해소를 위한 치료적 개입방법을 부연하면, MRI 상호작용적 가족치료 모델을 적용하여 내담자 가족에서 시도된 해결책, 즉 유지해 온 상호작용의 방식(역기능적인 의사소통 방식)을 탐색하였고 새로운 해결책을 시도할 수 있도록 하였다. 또한 Murray Bowen의 가족체계 이론을 적용하여 남편과 부인의 자아분화 수준을 높이기 위하여 중재자 역할, 내담자 중심 접근, 재명명, 내담자의 통찰력 강화, 생략된 언어탐색, 변화가능성 탐색, 성공적 경험 탐색을 사용하였다. 이러한 개입방법은 부부간 정서적 거리감을 좁히게 하였고, 이로써 자녀에게 문제를 투사하는 모습이 사라지게 하였으며, 부부체계를 강화시켰다. 이는 곧 개인의 자아분화 수준이 낮을수록 갈등 상황에서 서로 감정적이고 부정적인 반응을 많이 하도록 하여 기능적인 관계 형성 능력이 결핍되도록 한다는 것을 반증한다.

치료자가 사용한 MRI 상호작용적 가족치료 모델과 Murray Bowen의 가족체계적 접근의 효과성은 다음과 같다. 첫째, MRI 상호작용적 가족치료 모델에 근거한 치료자의 개입을 통해 남편과 부인은 문제를 해결하기 위해 시도된 해결책이 부부의 원가족 특성과 경험으로 인하여 오히려 부부갈등을 악화시켰다는 것을 확인할 수 있었다. 둘째, Murray Bowen의 가족체계 이론에 근거한 치료자의 개입을 통해 남편과 부인은 자아분화를 하려는 노력을 하게 되었다. 개인의 변화는 다른 사람과의 관계 변화를 통하여 이루어지므로 가족 중 한 사람이 분화될 때 파급효과가 발생되는데, 이 사례의 경우 부부체계가 강화됨으로써 남편과 부인의 자아분화 수준을 높여갈 수 있었다. 부부간 감정적 혼란이 해소되어 감에 따라 자녀에게 전해지는 스트레스가 경감되고 정서적 안정과 문제행동의 감소를 가져올 수 있었다. 셋째, MRI 상호작용적 가족치료 모델과 Murray Bowen의 가족체계 이론에 근거한 가족치료과정을 통해 치료자는 남편과 부인에게 부부갈등과 자녀의 문제행동이 가족구성원 개인의 문제에 따른 결과가 아닌 가족체계적 관점에서 통찰할 수 있도록 개입함으로써 부부간의 인식의 변화를 야기시켰다. 이를 통해 부부간 의사소통 방식이 변화되어 부부관계, 모자관계가 변화되면서 가족관계가 점차적으로 향상되었다.

이 장의 사례는 부정적 의사소통이 부부갈등에서 매개역할을 한다(박영화, 고재홍,

2005)는 것을 보여 줄 뿐만 아니라, 모자간 상호작용이 개방적으로 이루어질 때 자녀의 문제를 경감시킬 수 있다는(유준호, 2012) 연구결과와 일치하고 있다. 그만큼 가족간 기능적인 상호작용이 중요하기 때문에 치료자는 MRI 상호작용적 가족치료 모델에 따라 문제의 기원을 가족구성원 중의 한 개인이 아닌 상호작용에 두고 치료적 개입을 통하여 의사소통 방식의 변화를 시도하였다. 이 사례에서 부부는 치료자의 개입 이전에 부부간 대화가 단절되었고 역기능적 의사소통 방식을 사용하였는데, 가족치료적 개입 이후에는 기능적 의사소통 방식을 통하여 가정의 논의 사항을 효과적으로 처리하였다. 이는 부부갈등이 높을수록 폐쇄적인 의사소통을 사용하며 부부갈등이 낮을수록 개방적인 의사소통을 사용한다는 연구결과와 일치한다(김미자, 2010).

그리고 이 사례연구는 첫째, 부부갈등이 부부관계를 악화시키고 가정분위기에 안 좋은 영향을 주어 자녀의 수동성과 같은 부정적 요소를 야기하며(임수진 외, 2008; Patterson & Zill, 1986), 둘째, 부부갈등이 심한 부모가 자신의 미분화에서 발생하는 불안을 자녀에게 투사하여 자녀의 자아분화에 손상을 가할 때(Goldenberg & Goldenberg, 2007) 자녀에게 위축과 같은 내면성 문제가 나타난다는(이민식, 오경자, 2000; Fincham et al., 1994) 선행연구의 결과와 같이, 부부갈등이 자녀에게 심리적인 위협을 주어 문제행동이 유발된다고 보는 관점에서 부부갈등과 자녀의 문제행동 간의 관련성을 시사해 주고 있다.

이 장의 결과는 남편과 부인의 자아분화 정도가 낮을수록 부부갈등이 높고, 자아분화 수준이 낮으면 갈등 상황에서 부정적인 대처행동을 많이 하여 부부갈등을 심화시켜서 자녀의 문제행동을 유발시키는 것으로 나타나며(한영숙, 2007; 이혜경, 2011), 또한 부부관계 향상과 자녀의 문제행동 감소를 위해 가족 전체를 개입시키는 가족치료가 요구되고(김윤희, 1990), 부부는 상호작용하는 체계이므로 부부간 기능적인 행동 변화가 또 다른 기능적 행동 변화를 강화시킬 수 있다는(최정숙, 1996) 연구결과와 함께 Murray Bowen의 가족체계 이론에 따른 자아분화 문제의 중요성을 보여 주고 있다.

다음으로 이 장은 MRI 상호작용적 가족치료 모델과 Murray Bowen의 가족체계 이론이 부부갈등해소를 위한 효과적인 치료접근법에 적용할 수 있다는 것을 보여주고 있다. 부부갈등과 이에 따른 문제로 가족관계의 위기에 처해 있는 유사한 사례를 접하는 상담가와 실천가에게 실제적인 접근방법을 제시해 줄 수 있을 것이라고 사료된다. 부부갈등과 관련하여 상담을 진행할 때 표면적으로 드러난 문제의 이면에 있는 원가족의 특성과 경험, 역기능적인 의사소통 방식과 문제를 해결하기 위해 시도된 해결책에 초점을 둘 필요가 있다는 점을 반영해 주고 있다.

끝으로 이 장은 현대 사회문제인 가족해체 가속화와 밀접하게 잇닿아 있는 부부갈등 문제를 해소할 수 있는 개입 방안을 제시하였다는 데 의의가 있다. 그러나 단일 사례를 중심으로 부부갈등해소를 위한 치료적 개입의 효과를 분석하였기에 이 장의 결과를 일반화하는 데는 한계가 있다. 가령 결혼기간에 따라 결혼의 질에 영향을 주는 요인이 다를 수 있고(허진자, 고재홍, 2008), 어떤 사례의 특성에 따라 부부갈등의 요인이 구별될 수 있으므로, 이 장의 제한점을 보완하기 위하여 연령과 결혼기간 등이 상이한 여러 부부를 대상으로 다중 사례연구를 수행할 필요가 있다. 더불어 부부갈등해소를 위한 접근에서 이 장의 부부갈등 사례와 접목한 MRI 상호작용적 가족치료 모델과 Murray Bowen의 가족체계 이론 이외에 다른 가족치료적 접근방법을 적용한 연구가 후속적으로 창출될 수 있기를 기대한다.

참고문헌

고정자, 김갑숙(1992). 부부갈등이 자녀학대에 미치는 영향. 아동학회지, 13(1), 80-98.

김갑숙(1991). 부부갈등이 부부폭력과 자녀학대에 미치는 영향. 영남대학교 대학원 박사학위논문.

김미자(2010). 부모-자녀 간 의사소통과 부부갈등이 청소년 자녀의 문제행동에 미치는 영향. 경북대학교 과학기술대학원 석사학위논문.

김윤희(1990). 부부관계, 부모-자녀의사소통, 가족기능과 청소년 자녀 비행과의 관계연구. 숙명여자대학교 대학원 박사학위논문.

박영화, 고재홍(2005). 부부의 자존감, 의사소통 방식 및 갈등 대처행동과 결혼만족도 간의 관계: 자기효과와 상대방효과. 한국심리학회지: 사회 및 성격, 19(1), 65-83.

박태영, 김현경(2004). 친밀한 가족관계의 회복: Murray Bowen의 가족체계 이론의 적용. 서울: 학지사.

송영란(1989). Marriage encounter와 부부간의 의사소통 및 결혼만족도에 관한 연구. 숙명여자대학교 대학원 석사학위논문.

유준호(2012). 부부갈등이 청소년자녀의 부적응에 미치는 영향: 부모자녀 간 의사소통을 통한 인지, 정서의 매개된 조절효과. 가톨릭대학교 대학원 석사학위논문.

이경희(1997). 부인이 지각한 갈등과 친밀감에 따른 부부관계유형. 서울대학교 대학원 박사학위논문.

이선미, 전귀연(2001). 결혼초기 남편과 아내의 부부갈등과 갈등대처방식이 결혼만족도에 미치는 영향. 한국가정관리학회지, 19(5), 203-220.

이민식, 오경자(2000). 부부갈등이 아동의 내면화 및 외현화 문제에 미치는 영향: 아동의 지각된 부부갈등과 양육태도의 매개효과. 한국심리학회지: 임상, 19(4), 727-745.

이영분, 신영화, 권진숙, 박태영, 최선령, 최현미(2010). 가족치료 모델과 사례. 서울: 학지사.

이영자, 장영애(2002). 결혼초기 주부가 지각한 부부갈등정도와 갈등관리방법 및 갈등결과에 관한 연구. 한국가족복지학, 7(1), 79-93.

이인정(2011). 암환자와 배우자의 부부적응에 대한 부부의사소통의 영향-자기효과와 상대방효과를 중심으로. 한국사회복지학회, 63(2), 179-205.

이혜경(2011). 부모의 자아분화 수준과 자녀의 문제행동과의 관계에서 갈등대처행동과 부부갈등의 매개역할. 한국청소년연구, 22(3), 43-68.

임수진, 최승미, 채규만(2008). 부부갈등이 아동의 문제행동에 미치는 영향: 대처효율성의 조절효과. 한국심리학회지: 건강, 13(1), 169-183.

장미희, 전원희(2008). 성인여성의 가족기능에 영향을 미치는 요인. 정신간호학회지, 17(2), 236-244.

장은경(2001). 부부간 의사소통과 결혼만족도의 관계. 연세대학교 교육대학원 석사학위논문.

조성경, 최연실(2006). 결혼초기 기혼남녀의 원가족 특성과 갈등 및 상담요구의 관계. 한국가정관리학회지, 24(5), 17-35.

천혜정, 김양호(2007). 기혼자와 이혼자의 결혼 및 이혼과정 차이. 한국가족복지학, 12(3), 5-23.

최정숙(1996). 부부관계향상을 위한 부부의사소통교육 프로그램의 효과성에 관한 연구. 이화여자대학교 대학원 석사학위논문.

한영숙(2007). 부부의 자아분화 수준에 따른 부부갈등과 결혼만족도에 관한 연구. 한국생활과학회지, 16(2), 259-272.

허진자, 고재홍(2008). 부부의 심리적 욕구차이, 배우자 욕구오해 및 부부갈등간의 관계. 한국심리학회지, 22(4), 27-41.

Becvar, D. S., & Becvar, R. J. (1988). Family therapy: A systemic integration. New York: Allyn and Bacon.

Bodenmann, G., Kaiser, A., Hahlweg, K., & Fehm-Wolfsdorf, G. (1998). Communication patterns during marital conflict: A cross-cultural replication. *Personal Relationships, 5*, 343-356.

Creswell, J. W. (1998). Qualitative inquiry and research design: Choosing among five traditions. Thousand Oaks, CA: Sage.

Denzin, N. K. (1978). The research act: A theoretical introduction to sociological methods. New York : McGraw Hill.

Fincham, F. D., Grych, J. H., & Osborne, L. N. (1994). Does marital conflict cause child maladjustment? Directions and challenges for longitudinal research. *Journal of Family Psychology, 8*(2), 128-140.

Goldenberg, I., & Goldenberg, H. (2007). Family therapy: An overview. Pacific Group, CA: Brooks/Cole.

Ledermann, T., Bodenmann, G., Rudaz, M., & Bradbury, T. N. (2010). Stress, communication, and marital quality in couples. *Family Relations, 59*, 195-206.

Lincoln, Y. S., & Guba, E. (1985). *Naturalistic inquiry.* Beverly Hills: Sage.

Mathison, S. (1988). Why triangulate?. *Educational Researcher, 17*, 13-17.

Miles, B. M., & Huberman, A. M. (1994). *Qualitative data analysis.* Thousand Oaks. CA: Sage.

Patterson, J. L., & Zill, N. (1986). Marital disruption, parent-child relationships, and behavior problems in children. *Journal of Marriage and the Family, 48*, 295-307.

Patton, M. Q. (2002). *Qualitative research and evaluation methods.* Thousand Oaks, CA: Sage.

Prochaska, J. O. (1979). *Systems of psychotherapy: A transtheoretical analysis.* Pacific Group, CA: Brooks/Cole.

Prochaska, J. O., & DiClemente, C. C. (1983). Stages and processes of self-change in smoking: Toward an integrative model of change. *Journal of Consulting and Clinical Psychology, 5*, 390-395.

Prochaska, J. O., & Norcross, J. C. (2002). Systems of psychotherapy: A transtheoretical analysis (5th ed.). New York: Brooks/Cole.

Watzlawick, P., Weakland, J. H., & Fisch, R. (1974). *Change: principles of problem formation and problem resolution.* New York: Norton.

제2부

다중사례연구

제15장

학교부적응 문제를 보이는 청소년에 대한 가족치료 다중사례연구

박태영 · 신원정 · 김선희

이 장의 목적은 청소년의 학교부적응과 관련된 가족개입의 방법을 제시하는 데 있다. 다중사례를 지속적인 비교분석방법을 통하여 범주화하여 분석한 결과 다음과 같다. 첫째, 학교부적응 양상은 등교거부, 흡연 및 음주, 교우관계 문제, 의욕부진, 늦은 귀가 및 가출로 나타났으며, 부모의 대처반응은 편들어 주지 않음, 자녀 탓으로 돌림, 폭언과 폭력, 훈계, 믿어 주지 않음으로 나타났다. 둘째, 치료자의 개입기법은 가족탐색을 통한 통찰력 강화, 시도된 상호작용 방식 조명, 새로운 상호작용 방식 적용 제시로 나타났으며, 가족의 변화는 시도된 상호작용 방식의 비효과성 인식, 기능적인 상호작용 방식, 자녀의 학교적응으로 나타났다. 이 장은 학교부적응 문제를 보이는 청소년에게 가족의 기능적인 상호작용 방식이 중요하다는 것을 보여 준다.

I. 서 론

최근 교육과학기술부의 초·중·고등학교 학업 중단자 현황 자료에 따르면, 고교생 가운데 학업을 중단하게 된 원인이 학교부적응으로 나타난 비율은 2008년 42.5% (1만 4,015명), 2009년 47.2%(1만 6,267명), 2010년 44.2%(1만 5,267명)으로 나타났다. 이는 학교를 그만둔 고교생 10명 중 4명 이상이 학교생활에 적응을 못한 것으로(헤럴드경제, 2011), 고교생의 학업중단의 원인 중에서 학교부적응이 가장 영향력 있는 요인임을 알 수 있다. 가족에서 사회로 생활범위가 확대되는 환경인 학교는 청소년의 사회화 과정에 공식적·비공식적으로 영향력을 미치며(Dusek, 1987), 따라서 청소년기의 학교생활부적응은 사회생활부적응으로 이어질 수 있다(Ann, Joann, & Eirini, 2000).

학교생활부적응에 대한 다양한 연구는, 특히 청소년의 성공적인 자아정체감의 획득에 가장 중요한 심리사회적 1차 환경인 가정의 영향에 관심을 가져 왔는데, 학교생활부적응과 청소년을 둘러싼 가정환경 및 가족관계에 밀접한 상관관계가 있으며(류경희, 2003), 청소년을 문제행동 상황으로 유도하는 중요한 일차적 원인이 가족에 있다고 보았다(김준호, 1993). 오승환(2009)의 연구에서는 가족위험요인인 부모의 학대, 부정적인 부모관계, 부정적인 양육태도, 반사회적 가족구성원의 존재, 가정 결손 등이 학교부적응 행동에 영향을 미치고 있다고 하였으며, 김현주와 이혜경(2011)의 연구에서도 가족의 기능인 친밀한 관계 유지와 정서적 안정감을 주는 가족의 건강성과 학교생활적응은 매우 긴밀한 관계로 가족환경인 가정건강성이 학교생활부적응에 중요한 영향을 미치는 요인임이 증명되었다.

또한 박태영과 유진희(2012)는 분노조절을 못하는 아동에 대한 가족치료 사례에서 부부갈등 때문에 아동의 행동이 공격적이고 폭력적이었으며, 신경질적으로 불안해 하였고, 학교규칙을 무시하였다고 하였다. 그리고 학교에서 또래와 교사와의 관계에서 어려움을 겪고 있는 여고생에 대한 가족치료 연구에서 대인관계 갈등에 영

제15장은 '한국가족치료학회지(2013). 제21권 1호, pp. 129-148.'에 게재된 논문임.

향을 미친 요인으로 가족 내 부정적인 감정, 역기능적인 의사소통 방식, 부정적인 양육태도, 부모의 원가족 배경이 나타났다(박태영, 신원정, 2011).

이렇듯 학교부적응 문제와 관련된 연구에서 가족요인이 학교부적응 문제와 관련이 있다는 것이 입증되어 왔다. 그러나 대부분의 연구가 학교부적응 문제에 영향을 미친 가족요인에 대한 연구들(김현주, 이혜경, 2011; 남영자, 박태영, 2009; 류경희, 2003, 2004; 문은식, 김충희, 2002; 박민주, 황기아, 2007; 오승연, 1993; 오승환, 2009; 최지은, 신용주, 2003; 최희옥, 문재우, 박재산, 2005)이며, 학교부적응 문제를 겪고 있는 내담자의 가족을 대상으로 개입한 단일사례연구(박태영, 신원정, 2011; 박태영, 유진희, 2012)가 있을 뿐, 학교부적응 문제와 관련하여 여러 임상사례를 분석하여 심층적으로 접근한 다중사례연구는 미흡한 실정이다. 따라서 이 장에서는 학교부적응 문제를 가진 내담자에 대한 가족치료 다중사례 분석을 통해 내담자 가족이 호소하고 있는 문제를 해결하기 위해 치료적 개입 준거틀인 Murray Bowen의 가족체계 이론과 MRI의 상호작용적 가족치료 모델이 치료과정에 어떻게 적용되고 있는지를 살펴보고, 가족의 변화를 살펴봄으로써 실천현장에서 청소년의 학교부적응과 관련된 가족개입에 실제적인 도움을 제공하고자 한다.

II. 선행연구

학교부적응이란 학교생활에서 여러 가지 부적응적 행동 특성이 나타나는 것으로, 개인의 욕구가 학교 내 환경과의 관계에서 충족되지 못함으로써 적절하지 못한 행동을 보이는 것이다(이경은, 1998). 류경희(2004)의 연구에서는 학교생활부적응을 청소년이 학교라는 생활영역, 즉 교사관계, 교우관계, 학습활동, 규칙준수, 이성관계 등에서 개인의 욕구가 학교 내 환경과의 관계에서 수용 또는 충족되지 못하여 갈등과 부적절한 행동을 보이는 것으로 밝혔다.

이러한 학교부적응 행동의 원인과 관련하여 오승연(1993)의 연구에서는 가정에서의 부모-자녀관계가 최초의 대인관계인 동시에 가장 밀접한 사회관계이기 때문에 가족 내에서의 경험, 즉 가정 내에서 어떠한 존재로 인정받는가 하는 것이 학교생활의 적응에 큰 영향을 미치는 것으로 나타났다. 박경란, 이영숙, 전귀연(2001)의 연구에서는 가족 내 갈등이 학교부적응의 중요한 출발점인 것은 가족 내의 갈등이 다른 사회관계의 갈등과는 매우 다른 성질을 지니고 있기 때문으로 이에 대해 몇 가지 이유를 설명하고 있다. 첫째, 가족구성원은 다른 관계의 사람들보다 자주 접촉하고 긴밀하고 공유하는 경험이 많기 때문에 과민반응과 괴로움의 정도가 크다. 즉, 가족과 같이 친밀한 관계에 있는 사람들은 다른 인간관계에서보다 자신을 더 많이 노출하고 더 많이 상호의존하기 때문에 갈등이 일어날 가능성이 높다. 둘째, 가족자원이 무제한으로 있는 것이 아니므로 가족원은 가족자원을 공유하는 과정에서 갈등이 발생된다. 셋째, 사회 속의 일반적 갈등은 심할 경우 그들의 관계를 쉽게 끝내는 것과는 달리 가족 간의 갈등은 한평생 지속되기도 한다. 넷째, 가족관계는 역동적이고 발전적이다. 그래서 가족갈등은 개인 및 가족의 발달에 따라서 일어나는 자연적인 경우일 때가 많다. 다섯째, 가족은 사회적 · 정서적 지지를 위한 하나의 체계로 가족은 평화로울 때와 마찬가지로 갈등이 있을 때도 보통 매우 '상호의존적'이다. 그래서 한 개인의 행동은 다른 가족원의 경험에 중요한 영향을 미친다. 따라서 부부갈등은 당사자는 물론 다른 가족원에게도 중요한 영향을 미친다. 여섯째, 갈등에 대한 인식은 개인의 원가족의 경험에 바탕을 둔다. 즉, 개인은 부모형제와의 상호작용을 통해 갈등에 반응하고 갈등을 다루는 방법을 배운다(최희옥 외, 2005 재인용).

이와 같이 가족은 한 개인의 삶에 중요한 영향을 미치며, 특히 가족관계는 학교생활의 적응과 밀접한 관련성이 있다. 부모의 긍정적인 지지와 사랑과 수용은 청소년의 자아존중감과 대처전략을 증진시켜 환경에의 적응과 심리적 안녕에 도움을 준다. 부모와의 관계가 우호적이고 지지적이며, 가족의 정서적 유대와 지지가 만족스러울수록 학교적응을 잘하며(문은식, 김충희, 2002; 최지은, 신용주, 2003), 가족건강성인 가족원 간의 유대, 가족원 간의 의사소통, 가족의 문제해결 수행능력, 가족 간의 가치체계 공유가 높을수록 학교생활에 잘 적응하고 있음을 보여 주고 있어(박민주, 황기아, 2007), 학교생활부적응 청소년에 대한 가족개입의 중요성을 뒷받침해 주고 있다.

Ⅲ. 치료자의 개입 준거틀

1. Murray Bowen의 가족체계 이론

Murray Bowen의 가족체계 이론은 정신역동적인 접근법과 체계론적 관점을 연결시킨 것으로서 이론적 근거와 함께 임상으로부터 탄생된 이론이다(박태영, 2001). Bowen의 가족체계 이론에서는 부모, 특히 어머니와 자녀 사이의 미분화된 정서적 관계를 중시하며 이러한 관계는 가족투사과정을 통해서 전수된다고 보았고 치료 목표를 미분화된 가족자아집합체로부터 자녀를 분화하는 것에 두었다(Friedman, 1991; Goldenberg & Goldenberg, 2012; Papero, 1995).

Kerr와 Bowen(남순현, 전영주, 황영훈 역, 2005)은 자아분화 수준의 투사과정을 다세대에 걸쳐 세대 간에 가족의 분화 수준과 기능을 연결하는 행동양식이라고 보았다. 그리고 다세대 간 전수과정에서 중요한 요인은 자아분화 정도와 만성불안 정도로 외부자극에 대해 반응하는 정도에 따라 결정되며 외부자원이 적을수록 한 자녀에게 역기능적 초점이 모아진다고 하였다. 또한 역기능적인 가족일수록 분화 수준이 낮아 가족이 지나치게 결속하여 서로에 대하여 집착하게 됨으로써 각자의 개별성을 찾기 어렵다고 보았다. 그러므로 부모로부터 정서적으로 독립하지 못하고 부모 사이에서 갈등이 심한 자녀는 부적응적 행동이나 증상을 나타낸다(Fleming & Anderson, 1986; Hoffman & Weiss, 1987). Bowen은 삼각관계를 가장 불완전한 관계체계로 보았고, 삼각관계가 일시적으로 불안이나 스트레스 감소에 도움을 줄 수 있으나 오히려 가족의 정서체계를 더욱 혼란스럽게 하여 증상을 나타나게 한다고 주장하였다(Goldenberg & Goldenberg, 2012).

이 장에서는 부모의 원가족 경험으로부터 오는 문제를 살펴봄으로써 청소년의 학교부적응 문제를 이해할 수 있을 것으로 보고, Bowen의 가족체계 이론을 활용하였다.

2. MRI의 상호작용적 가족치료 모델

MRI(Mental Research Institute) 모델은 의사소통과 체계개념에 기반을 둔 단기치료 접근법으로 내담자에게 나타나는 증상에 초점을 맞추며 가족체계 내 관찰할 수 있는 현재의 상호작용에 초점을 둔다(박태영, 2001). MRI 집단에 따르면, 가족의 문제는 문제를 해결하려는 가족의 시도를 통해 유지되고 있다는 것으로 문제를 둘러싸고 있는 상호작용의 과정을 강조하고 일반적인 시각에서 더 폭넓게 진행되는 의사소통의 교류 가운데 가족문제를 설명할 수 있다고 본다(Duncan, Solovey, & Rusk, 1992). 즉, 사람들이 자신의 문제를 감소시키려고 시도해 온 해결방법이 문제를 유지시키거나 혹은 그 문제를 더욱 악화시키기까지 한다는 것으로(Goldenberg & Goldenberg, 2012), MRI 모델의 초점은 결과적으로 문제를 지속시킨 시도된 해결책을 저지하는 것이며 치료과정은 문제 탐색하고 확인하기, 시도한 해결책과 그 해결책의 결과 확인하기, 구체적인 목표 공식화하기, 활용한 MRI 기법과 내담자의 언어 조명하기로 볼 수 있다(Watzlawick, Weakland, & Fisch, 1974).

이 장에서는 학교부적응 문제를 가지고 있는 청소년과 가족구성원이 사용하고 있는 표현 방식을 살펴보기 위하여 MRI 모델을 적용하였다.

Ⅳ. 연구방법

1. 연구대상

이 사례는 가족치료에 참여하였던 세 가족을 대상으로 분석하였다. 사례 A는 아버지(47), 어머니(42), 내담자(18), 여동생(14)으로 구성된 가족으로 총 11회기 상담이 진행되었고, 사례 B는 아버지(51), 어머니(47), 내담자(18), 여동생(15)을 대상으로 총 9회기의 상담이 진행되었다. 사례 C는 아버지(48), 어머니(50), 내담자(16)를 대상으로 총 7회기가 진행되었고, 각각의 사례에서 개별상담, 부모상담, 부모와 자녀를 포함한 가족상담으로 치료가 진행되었다.

2. 연구질문

첫째, 학교부적응 양상은 무엇이며, 부모의 대처반응은 어떠하였는가?
둘째, 치료자의 개입기법과 가족치료 후 가족의 변화는 무엇인가?

3. 분석방법

이 장은 가족치료과정에 참여하지 않은 연구자가 실제 가족치료를 진행한 가족치료자와 공동으로 진행한 것으로, 분석은 질적 분석방법 중 사례연구방법을 적용하였다. 연구자는 상담 축어록과 상담 시에 기록한 메모, 녹화한 비디오테이프를 원자료로 하여 지속적인 비교분석을 실시하였다. 또한 연구자는 축어록을 수차례 반복적으로 읽으며 개념을 도출하였고, 도출한 개념을 Miles와 Huberman(1994)이 제안한 매트릭스(matrix)와 네트워크(network)를 통해 정리하였다. 또한 이러한 결과를 연구에 참여한 동료 및 연구에 참여하지 않은 다른 동료에게 점검받는 과정을 통해 연구자의 삼각화를 추구하였으며, 연구의 윤리적 측면을 고려하여 이 상담자료의 사용에 대해 내담자의 동의를 얻었고, 내담자 가족의 사생활보호를 위해 실명이나 신분이 노출될 수 있는 내용은 삭제하였다.

4. 사례에 대한 맥락적 이해

1) 사례 A 개요

이 사례는 학교부적응 문제를 경험하는 여고생의 가족에 대한 가족치료 사례로서 부모와 내담자, 여동생이 참여하였으며, 총 11회기 상담이 진행되었다. 초기단계에서 치료자는 자녀의 학교부적응 행동과 부모의 대처반응을 살펴보았으며, 이러한 과정을 통해 가족 내 역기능적 대응 방식이 학교부적응에 영향을 미치고 있음을 확인했다. 특히 내담자는 아버지와의 관계에서의 어려움을 경험하고 있었으며, 이러한 관계의 어려움은 대인관계에도 영향을 미치고 있는 것으로 확인되었다. 무엇보다 아버지의 음주 후 폭언과 폭력은 자녀와 아내로 하여금 불안을 경험하게 하였다. 또한 부부의 원가족 탐색을 통해 부(父)의 음주문제가 원가족에서 조부의 음주문제와 관련되어 있다는 것과 형제들의 음주문제가 확인되었으며, 모(母)의 경우도 자신의 부모와의 미해결된 정서가 현재 자녀에게 투사되고 있었다. 이와 같은 원가족의 역기능적인 요인은 부모와 자녀, 또는 부부간의 의사소통에 역기능성으로 작용하고 있었고, 이러한 가정환경에서 성장한 자녀 역시 가족 내에서 자신의 문제를 터놓고 대화할 수 있는 대상이 없었다.

2) 사례 B 개요

이 사례는 학교생활부적응을 경험하고 있는 여고생 가족에 대한 가족치료 사례로 부모와 내담자, 여동생이 참여하였으며, 총 9회기 상담이 진행되었다. 내담자는 대인관계 갈등이 매우 심각하였으며, 가족구성원은 역기능적인 의사소통으로 갈등을 겪고 있었다. 1회기 상담에서 모는 큰딸의 대인관계 갈등문제를 털어 놓았고 상담이 진행되면서 가족 내 역기능적인 의사소통 패턴이 자녀에게로 전수되고 있음을 인식하게 되었다. 내담자(큰딸)는 중학교 3학년 때 친구의 집단따돌림을 경험하였으며, 그에 따른 만성두통과 대인기피 증상을 보였었다. 작은딸은 언니를 따돌렸던 언니 친구와 좋은 관계를 맺어 내담자(언니)와의 사이가 더욱 나빠졌으며, 내담자는 학교와 학원에 때때로 결석하고 있었다. 이러한 관계에 있는 자녀에게 부는 자녀의 이야기를 들어 주는 것이 아니라 이유도 설명하지 않은 채 화를 내는 등의 반응을 보임으로써 자녀와 불편한 관계에 있었다. 또한 모의 경우 자녀의 행동을 감싸 주기 위해 자녀와 부와의 사이에서 과도한 역할을 하고 있었고, 이러한 중재역할이 자녀와 부의 관계에 더욱 부정적인 영향을 미치고 있었다.

3) 사례 C 개요

이 사례는 중학생 아들의 학교부적응(등교거부, 교우관계 문제, 의욕부진, 가출)의 문제를 호소하는 모의 의뢰로 가족치료가 이루어졌으며, 부모와 자녀가 상담에 참여하여 총 7회기가 진행되었다. 자녀가 어떠한 일에 집중하지 못하고 의욕을 보이지 않으며 쉽게 포기하는 모습을 보여서 부모는 매우 상심하였고, 특히 부의 경우 강압적인 행동을 통해 자녀를 통제하려고 하였기 때문에 이러한 방식이 부모와 자녀관계에 부정적으로 작용하고 있었다. 모는 급격한 청소년 시기의 자녀의 변화에 매우 당황하고 있었으며, 부의 자녀에 대한 대처반응에 대해 매우 힘들어하고 있었다. 자녀 또한 문제 상황(학교부적응 문제)에서 부모의 역기능적인 대처반응 때문에 부를 신뢰하지 못했으며, 모 역시 자녀에게 위로자가 되지 못하고 있었다.

V. 연구결과

1. 학교부적응 양상

세 가지 사례 모두에서 내담자의 등교거부, 흡연 및 음주, 교우관계 문제, 의욕부진, 늦은 귀가 및 가출의 학교부적응 양상이 나타났다.

1) 등교거부

엄 마: 가장 큰 문제는 아이가 등교를 거부……. 1학년 가을에 계속 무단결석을 했어요. 학교랑 맞지 않아서 공부가 안 된대요. 그래서 (전학) 보냈어요. (사례 A-1회기)

엄 마: 학교 보충수업 달랑 하거든요. 저번 주 수요일부터 안 가더라고요. (사례 B-1회기)

엄 마: 저는 어느 정도인지 감을 못 잡겠어요. 그랬는데 제 딴에는 많이 겁을 먹었더라고요. 막 학교를 안 가겠다는 거예요. (사례 C-1회기)

2) 흡연 및 음주

엄 마: 제가 퇴근하고 (집에) 가면 담배연기가 있다던가……. 퇴근하고 저희 아파트 옥상에 올라가니까 동네 애들 다 모여 가지고 술병 들고 있더라고요. (사례 A-1회기)

엄 마: 거기서 한 학기를 다녔는데 지가 담배도 펴 보고 해 봤나 봐요. (사례 C-1회기)

3) 교우관계 문제

엄 마: 중학교 3학년 되서 어울려 다녔던 여자애랑 몇몇 여자애가 학기 초에 반에서 폭언하고 폭력 상황까지 갔나 봐요. (사례 A-1회기)

엄 마: 중학교 3학년때 문제 있었던 게 반에서 한 7명이, 그러니까 노는 아이들은 범생이가 타겟이잖아요. 따 시키는 거…… 그러니까 그때부터 애가 친구와 사람에 대한 대인기피 비슷한 게……. (사례 B-1회기)

내담자: 대인관계에 있어서 항상 불안하죠. 애들 만나는 게 아무리 친한 친구라도 솔직히 껄끄러운 건 사실이에요. (사례 B-7회기)

내담자: 교우관계가 껄끄러운 부분이 있어요. 딱 같이 있어도 편한 적이 없죠. 거의 그리고 막 사람이 무섭고…… 너무 간사스러워요. (사례 B-8회기)

엄　마: 1학년 2학기 말쯤부터 그랬는데 지가 겁이 난 거예요. 지가 생각했던 것보다 애들이 좀 무서웠나 봐요. (사례 C-1회기)

4) 의욕부진

내담자: 그냥 집에 이러고 있어요. 집에서 아무것도 안 해요. (사례 A-3회기)

엄　마: 그전에도 학원을 안 좋아 했지만 학원 가는 거 일단 싫고 어제도 아침에 울면서 '나는 이제 고등학교 2학년 올라가는데 의욕이 안 생기니까…….' 그 얘기를 하더라고요. (사례 B-1회기)

엄　마: 미술 그만둔 것도 5월이고 여름방학 때 연기학원 가서 한 달 그냥 다니고 두 달째부터…… 그러더니 그것도 또 그만두고……. (사례 C-1회기)

5) 늦은 귀가 및 가출

작은딸: 언니가 늦게 들어오긴 하거든요. 근데 언니가 한 10시 넘어 들어오니까 아빠가 걱정하잖아요. (사례 A-4회기)

엄　마: 어제는 12시에 들어오더라고요……. 근데 자주자주 반복되다 보니…… 그동안 가출도 몇 번을 하고……. (사례 C-1회기)

2. 부모의 대처반응

청소년기 자녀의 학교부적응에 대한 부모들의 대처반응은 편들어 주지 않음, 자녀 탓으로 돌림, 폭언과 폭력, 훈계, 믿어 주지 않음으로 나타났으며, 이는 청소년기 자녀들로 하여금 더욱 부정적인 행동을 지속하게 하는 촉발 요인으로 작용하고 있는 것으로 나타났다. 학교부적응 양상과 부모의 대처반응을 매트릭스로 타나내면 〈표 15-1〉과 같다.

〈표 15-1〉 학교부적응 양상과 부모의 대처반응 매트릭스

구 분	사례 A	사례 B	사례 C
학교부적응 양상	등교거부, 흡연, 음주, 교우관계 문제(왕따 경험), 의욕부진	등교거부, 교우관계 문제(왕따 경험), 의욕부진	등교거부, 흡연, 교우관계 문제, 의욕부진, 늦은 귀가 및 가출
부모의 대처반응	편들어 주지 않음, 자녀 탓으로 돌림, 폭언과 폭력, 믿어 주지 않음	편들어 주지 않음, 자녀 탓으로 돌림, 폭언과 폭력, 훈계, 믿어 주지 않음	편들어 주지 않음, 자녀 탓으로 돌림, 폭언과 폭력, 훈계, 믿어 주지 않음

1) 편들어 주지 않음

치료자: 담임선생님이 싫다는 등 불평을 했다면서요? 그럴 때 어머니는 어떻게 반응하셨어요?

엄 마: 그냥 듣고 있었고, "그 몇 천 명이 되는 아이들이 아무런 불평이 없겠냐? 있지만 참고 다니지 않니? 왜 너만 유독 그러니?" 그렇게 얘기했어요. (사례 A-1회기)

엄 마: 중 3때 학교 가기 싫어하고, 이상해서 "학교에서 무슨 일 있는지 다 얘기해라. 도와줄 사람은 엄마밖에 없지 않냐?" 했더니 막 울면서 폭발을 하더라고요. 그래서 내가 "애들 이야기 깊게 새기지 마라." 고 그렇게 이야기했어요.

치료자: 엄마 표현 방식이 자기표현을 분명히 들어 주고 자기를 지지해 준다고 느낄 수 있었을까요?

엄 마: 답답했겠죠.

내담자: 전학시켜 달라 하면 참아 보라고. 엄마가 항상 말했던 게…… "전학 가는 거 참아 봐." 이랬어요. 그 후론 제가 말을 안 하고 꺼내지도 않았어요. (사례 B-7회기)

치료자: 아들이 집에서 내 편이라고 볼 수 있는 사람이 없는 상황이었네요?

엄 마: 3학년 올라가서부턴가 애가 조금씩 저를 자기 편이라고 생각했던 것 같은데… (아들에게) 너가 아빠를 거부하면 너랑 나랑이라도 같이 잘 지낼 수 있느냐? 그랬더니 그럴 수 있대요, 하루는 그렇게 했는데… 잘할 거라고 그러면서 나갔는데… (집에) 안 들어왔어요. (사례 C-1회기)

2) 자녀 탓으로 돌림

내담자: 아빠가 맨날 그래요. 너 때문에 엄마, 아빠가 이렇게 싸워서 좋냐? (사례 A-3회기)

내담자: 네가 체구가 남들보다 뚱뚱하고 그러니까 왕따 당하고 그러지……. 늘 아빤 그런 식이에요. (사례 B-3회기)

내담자: 저 때문에 싸운대요. 저한테 계속 짜증 내요. 집에 들어오면 너 때문에 또 싸웠다고……. (사례 C-3회기)

3) 폭언과 폭력

엄 마: 일단 폭언, 이게 더 심해지면 폭행……. 중학교 때 큰딸아이의 문자를 보고 그 내용에 여보, 당신이라는 표현이 있었거든요. 그게 싸움이 되어 가지고…… 큰아이가 학원에 가 있었는데 학원에서 전화가 왔어요. 아빠가 술을 조금 드셨는데 칼을 들고 아이를 찾고 있다고…… 그래서 제가 놀래 가지고……. (사례 A-1회기)

엄 마: 어제 같은 경우 자기가 그러면서 한마디 탁 하는데 나는 듣고서 '어머! 저런 말을 지금 왜 하지?' 어제도 문을 딱 열더니 애들이 요새 문을 닫고 있잖아요. 항상 그러니까 내가 열었더니 "너 학교 그만두고, 이렇게 맨날 문 잠그고 그렇게 방에만 있어라!" 딱 나가면서 하는 말이 방에 못질을 하라는 거예요. 그러면서 '너는 네(아내)가 나를 그렇게 만들어 놓고 나중에 꼭 자기를 나쁜 놈으로 만든다'는 거예요. '나는 애아빠가 애들을 좀 다독거리기를 원하는데…….' (사례 B-1회기)

내담자: 아빠가 왜 화가 났는지도 모르는 채로 욕 먹고, 맞고, 나도 화가 나니까 대들다가 한 대 맞고, 머리통 맞은 적도 있고요. 부엌에 싱크대랑 조리대랑 이렇게 그 사이로 부엌 대각선으로 질러가지고 쿡쿡쿡 맞으면서 와 가지고……. (사례 B-3회기)

여동생: 아빠는 화가 나면 안 보이나 봐요. 내가 남자도 아니고, 아빠 손도 이렇게 두껍고 크잖아요. 그걸로 머리를 확 때리고 골프채 뒤로 엉덩이 때리고. 아빠가 제일 무서워요. (사례 B-4회기)

내담자: 청산가리 타서 죽여 버리겠다고……. 막 ○○새끼 아직 정신을 못 차렸다고 하면서 지금 아빠가 '네' 한 마디 하는 걸 기다리고 있다고 하면서 몽둥이로 때리려고 하는 거예요. 제대로 부러뜨리려고. 그때 빡쳐 가지고 미치는 줄 알았는데 갔다 와서 정신병원을 보낸대요, 저를요. 그래서 아빠부터 가면 간다고 그랬는데 처음엔 간대요. 그러다가 갑자기 또 저부터 가래요. 내가 아빠부터 가라고 그럼 간다고 그랬는데 아빠가 욕을 하면서 정신병원에 전화하고 갑자기 뜬금없이 벽에 걸려 있는 목걸이 가져가고 독서실에 전화해서 내가 왔었냐고 물어보고. 때리려고 꼬투리 잡는 거예요. (아빠가 저를) 그냥 싸대기 때렸어요. 그리고 엄마는 내가 엄마를 막고 밀쳤다고 아빠한테 말해서 아빠가 짜증 나 가지고 저를 더 때렸어요. 저는 엄마, 아빠가 때리면 맞고만 있어야 하는 거잖아요. 근데 그런 적이 엄청 많아요. 세 번 정도 돼요. 그럴 때마다 진짜 미쳐요. 차라리 나가랄 때 나가면 그게 훨씬 나은데 상황을 악하게 해요. (사례 C-3회기)

4) 훈 계

내담자: 애들이랑 문제 있고, 그래도 아빠가 엄마한테 들어서 알 거 아니에요. 그걸 지금도 아빠는 생각을 못하겠지만 "너 살찐(뚱뚱한) 것 때문에 애들한테 왕따 당하는 거야!" 그렇게 얘기를…… 또 방에 들어오는 것도 솔직히 싫은 게 아빠가 내 방에 들어와서 뭔 얘기를 할지 패턴이 뻔한데, 어쨌든 훈계가 될 텐데, 짜증 내는 말투로 화내고……. (사례 B-8회기)

아 들: 부모는 되는데 자식은 안 된다고 그러면서……. (사례 C-3회기)

5) 믿어 주지 않음

내담자: 친구 만나러 갔다가 10시까지 들어가기로 했는데 10분 정도 늦었어요. 엄마한테 좀 늦는다고 미리 전화는 했었어요. 그랬는데 아빠가 막 욕하면

서…… 안 들어오냐고……. 두 정거장 남았다고 다 왔다고 그랬더니…… 그래 가지고 집에 들어가니까 갑자기 현관 앞에다가 도마 놓고 망치 들고 핸드폰 내려놓고 치려고 하는 거예요. (사례 A-3회기)

내담자: 제 생각으로는 단어 쪽이 약하니까 이제 단어를 외워야겠다고 정리를 하고 있는데 엄마는 과외라도 해야 된다 그러는데…… 제가 애들과 관계에서 스트레스를 받는 게 있어서 학원에 가기 싫었는데 아니면 그룹으로 하는 거는 또 하기 싫으니까 그렇다고 개인과외 하기엔 돈이 좀 많이 드니까 혼자 하겠다고 했는데 엄마는 제가 못 미덥잖아요. (사례 B-3회기)

내담자: 저번 때 (내가) 독서실 간다고 그러고 놀았었어요. 엄마가 와서 뭐라고 그랬어요. (내가) 죄송하다고 그랬어요. 갑자기 아빠가 와 가지고 엄마는 백퍼센트 나를 믿을지 몰라도 아빠는 원래부터 나를 백퍼센트 안 믿었다고 했어요. 그전에는 나를 믿는다고 그랬거든요. 원래부터 안 믿었었다고 계속 그래요. 나는 상관없다고 그랬죠. 또 (아빠는) 그거 가지고 내가 정신 안 차렸다 그러면서 귀걸이랑 왁스 같은 것 다 가져오래요. (사례 C-1회기)

3. 치료자의 개입기법

1) 가족탐색을 통한 통찰력 강화

치료자는 내담자로 하여금 원가족과 핵가족을 연계하여 당면한 문제를 통찰할 수 있도록 유도하였다. 사례 A에서 부는 칭찬과 같은 긍정적인 표현 방식이 부재한 원가족 문화의 영향을 받았으며, 모는 원가족으로부터 미해결된 정서 때문에 자녀에게 기능적인 상호작용을 하지 못하고 있었다. 사례 B의 부 역시 기능적인 표현 방식을 모델링할 수 있는 대상이 없는 원가족 배경을 갖고 있었다. 사례 C에서 부모는 원가족의 영향으로 자녀에게 역기능적인 표현 방식을 사용하고 있었다.

엄 마: 작은아이가 엄마라고 그러면서 달라붙으려는 거를 뿌리쳤던 것 같아요.

치료자: 스킨십이 원래 약하신가 봐요?

엄 마: 네, 제가 그래요.

치료자: 친정엄마하고의 관계에서?
엄 마: 네, 못 받아 봐서……. (사례 A-1회기)

치료자: 어머님(부인)이 자랄 때 보면 3세부터 12세까지 조부모님 밑에서 양육됐고 12세부터 19세까지 부모랑 동거를 했는데 엄마가 가장 필요한 시간에 부모한테 사랑을 받을 시기를 놓쳐 버린 거예요. 자기 마음속에 있는 걸 내놓는 방식 자체를 모른다는 거예요. 이런 환경 속에서 자라난 어머니가 마음속에 있는 말을 누구한테 내놓고 상의하는 게 너무너무 약한 거예요. (사례 A-5회기)

치료자: 아버지나 어머니나 애들에게 칭찬을 해 줘야 하는데 못했다는 거는 근본적으로 본인의 부모님으로부터 칭찬받지 못한 가정의 문화에서 성장하셨다는 거죠. (사례 A-6회기)

치료자: 친아버지도 일찍 돌아가셨고 아빠 모델링도 없었고 아빠가 표현을 어떻게 하는지도 잘 모르고 성장하셨을 거란 얘기지요. 삐치면 혼자 삭이고 그저 말 안하고 덮었지 않았냐 이거예요. 어려서부터 그렇게 했고 결혼했는데 화나면 똑같은 방식을 사용하시고……. (사례 B-5회기)

치료자: 어머니의 표현 방식에서 아드님이나 남편이 속상해서 내놨을 때 이어 가는 방식보다는 딱 자르는 방식이 아닐까 싶어요. 그런 표현 방식이 친정어머니나 아버지 방식이 아니었나 싶네요. 그게 지금까지 문제를 해결하기 위해 시도한 방식인데, 아드님하고 걸렸을 거라는 거죠. (사례 C-2회기)

치료자: 분명한 건 할아버지하고 아버지, 아버지하고 본인관계가 유사하다는 거야. 스트레스 받으면 맞짱 뜨는 관계……. (사례 C-3회기)

2) 시도된 상호작용 방식 조명

치료자는 내담자가 시도한 해결책을 진단함으로써 세대 간 반복되는 패턴을 탐색하였다. 사례 A에서는 역기능적인 표현 방식이 원가족으로부터 세대 간에 전수되고 있었다. 사례 B, 사례 C에서는 자녀의 표현 방식이 부모의 표현 방식에서 기인된 것으로 나타났는데, 사례 B는 할머니–아빠–큰딸, 사례 C는 할아버지–아버지–아들의 대화패턴이 유사하였다.

치료자: 아빠는 이 표현 방식으로 딸이 얼마만큼 뚜껑 열린다는 걸 모르셔. 그 표현 방식은 아빠가 할머니, 할아버지와의 관계에서 배웠다고 봐요. 근데 그게 잘못하면 어디로 가냐면 본인하고 아빠하고 걸렸잖아요? 둘째 딸도 걸렸다고, 그러면 나중에 남자관계에 또 걸려 들어와, 본인하고 남자관계가 좋을 땐 상관없는데 충돌이 일어날 때, 분명히 아빠가 열 받았을 때 나오는 표현 방식이 나갈 테고, 그게 말이 안 통할 때 어떻게 보면 입을 딱 다물고 회피를 할 거라는 거지. 그런 거 느껴요?

큰 딸: 네, 좀 그래요. (사례 A–8회기)

치료자: 둘째 딸 입장에서는 언니가 자기가 얘기했을 때 받아 줬더라면 주거니 받거니 상냥하게 할 수 있다는 거죠. 이 표현 방식이 어디서 오냐면 엄마, 아빠가 서로 대화하는 방식……. 시어머님이 예를 들어 히스테리가 있으시더라고요. 아빠 입장에서 와이프가 그런 것을 받아 주고 나름대로 끌어나가는 게 고마우실 거라고 보는데, 표현하시는 방식에서 시댁식구에 대해 앙알앙알하실 때 “그거 알아. 그래도 생색내지 말고 당신이 참아!” 그렇게 이야기하시면 그 말 들으려고 하는 건 아니라는 거죠. 쌓였던 감정이 계속 나와야 해요. 그런데 남편께서는 잘라 버리셨다는 거예요. (사례 B–5회기)

내담자: 엄마가 항상 얘기해요. (아빠가) 말하는 방식이 할머니랑 똑같다고 많이 얘기해요.

치료자: 큰딸의 문제는 지금 아빠하고 걸려 있고 아빠 또한 할머니하고 관계가 걸려 있고 아빠가 할머니처럼 표현하는 방식이 주거니 받거니 못한다는 거야. (사례 B–7회기)

치료자: 어머니께서 친정과의 관계에서 어머니, 아버님 관계가 좋으셨고 아버님

이 가정적이셨고. 한데 제가 알기로는 부모님이 어머님에게 "네가 고쳐야 된다. 네가 더 잘해라" 이런 표현을 많이 하셨는데요. 그러면 부모한테 위로를 못 받았다는 이야기거든요. 그럼 부모님과 어머님 관계, 어머님과 아드님 관계에서 아이의 이야기를 들어 주고 편들어 주고, 이게 없었다는 거죠. 또 남편과 아드님이 대립하는 게 남편이 시아버지하고 걸리는 것처럼 욱하는 게 또 내려오거든요. (사례 C-6회기)

또한 치료자는 내담자 가족에게 그들이 사용하는 표현 방식의 역기능성을 인식시켰다. 사례 A, 사례 C에서 부부가 문제를 해결하기 위해 시도했던 방식이 역기능적이었는데, 이는 자녀들에게 불안감을 증폭시켰다. 사례 B에서 부모는 자녀에게 불명확한 표현 방식을 사용하였고, 자매는 부정적인 대화 방식을 학습하였다.

치료자: 두 분 간에 문제를 해결하려고 시도했던 방식이 한쪽은 우악스럽게 표현하고, 이쪽은 대화를 단절하고, 이게 맞물려 들어가는데, 문제를 해결하려고 시도했지만 더 역기능적인 표현 방식이었을 것이고 그러한 가운데 애들이 불안했을 거고요. (사례 A-2회기)

치료자: 오늘 큰따님(내담자)이 뭐라고 얘기했냐면 동생하고 엄마하고 부딪힐 때 그 불똥이 나한테 튄다는 거예요. 그런데 엄마가 왜 짜증이 나는지에 대해서 본인에게 솔직하게 얘기하지 않고……. 그런데 이 패턴이 아빠하고 비슷하신 것 같단 말이죠. (사례 B-7회기)

치료자: 언니의 표현도 동생을 감싸 주기보다는 자극을 하는 표현 방식이고, 언니의 자극적인 표현 때문에 동생은 더 세지고. (사례 B-8회기)

치료자: 이 케이스는 아드님이 사춘기로 접어들면서 우리가 말하는 가족생활주기 라는 게 있거든요. 가족생활주기에서 사춘기에 들어선 애를 엄마, 아빠가 수용을 못해 줬다는 거예요. 위기가 들어왔을 때 대처하는 방식이 지금 친정엄마와 같은 수용적이지 못하고 비판적인 표현 방식을 쓰고 계시지 않았냐는 겁니다. 그럼 남편 또한 그 방식으로 힘드셨을 테고, 또 남

편이 지금 보면 자기 아버지와 관계에서 스트레스 받는 관계에 있었단 말이에요. 그럼 두 분 사이에서 아들은 또 불안했을 거라는 거죠. 이 불안을 다스리는 방법이 제가 볼 때는 애는 사춘기에 맞물려 들면서 밖으로 튕겨나가는 거 같아요. 그런데 엄마, 아빠가 표현하는 방식에서 애를 받아 주고 맞장구쳐 주고 어찌됐든 애를 변화시킬 수 있는 방식이 아니라 애를 더 밖으로 미는 방식이지 않았겠느냐고 저는 봐요. (사례 C-1회기)

3) 새로운 상호작용 방식 적용 제시

치료자는 내담자 가족에게 기능적인 상호작용 방식으로 부드러운 방식, 솔직한 방식, 호응하는 방식, 경청하는 방식, 협상하는 방식을 제안하였다.

첫째, 사례 A, 사례 B, 사례 C에서 치료자는 아빠에게 자녀에 대한 사랑이 전달될 수 있는 부드러운 방식을 사용할 것을 권유하였다.

치료자: 오늘 말씀을 통해서 아버님께서 자녀를 사랑하는 걸 충분히 느꼈는데, 표현하는 방식에서 아빠의 사랑을 느낄 수 없는 방법이라고 생각해요. 이해되십니까? 아빠가 같은 말이라도 웃으면서 편하게 대하면 '아빠가 부드럽고 편안하구나.' 할텐데 아버님께서 욱하는 방식이 애들을 변화시키기보다는 아빠에 대해서 부정적인 감정을 느낄 수 있는 표현 방식을 갖고 계시다는 거예요. (사례 A-5회기) (사례 B-5회기)

치료자: 아빠가 화가 나면 조절이 안 된다는 거예요. 그런데 그 방식이 자기(아들)하고 똑같다는 거예요. 자기도 조절이 안 되고…… 그런데 아버님의 아버님도 조절이 안 되었을 거라고 저는 봅니다.

아 빠: 네, 안 되었어요.

치료자: 그럼 지금 그 방식이 내려가고 있다는 거죠. 이 방식을 차단시킬 수 있는 방법은 결국에는 표현 방식을 변화시키는 겁니다. 그런데 얼마든지 의사소통의 변화는 가능합니다. (사례 C-4회기)

둘째, 사례 A, 사례 B, 사례 C에서 치료자는 가족구성원이 자기표현을 충분히 함으로써 오해가 쌓이지 않도록 솔직한 표현 방식의 사용을 제시하였다.

치료자: 작은딸이 아빠 오늘 이런 일이 있었고, 엄마가 이렇게 야단쳤는데 사실 내가 야단맞을 짓은 아니지 않아? 라고 아빠한테 엄마에 대한 섭섭한 감정을 털어놓을 수도 있어야 된다는 거죠. 그런데 큰딸이나 작은딸이 아빠하고 직접적인 대화가 안 되고 있지 않냐는 겁니다. 지금 따님들이 아빠가 때때로 열받을 때 표현하시는 방식 때문에 아빠한테 접근하기가 더 어렵지 않았겠냐 이거예요. (사례 A-10회기)

치료자: 아빠가 그날 함께 가기로 하고 안 가신 건지 아빠가 명확히 내가 이래이래서 안 갔다라고 해야 하는데 따님들이 못 들었다는 거예요. 그런데 아빠가 발끈한 거는 어려서부터 차근차근 얘기하는 게 아니라 쌓았다가 확 나오는 방식이 할머니 표현 방식이고…… 그럼 애들도 우리 때문에 기분이 안 좋아서 아빠가 안 가신 건 아니라는 거를 이해할 수가 있다는 거죠. (사례 B-5회기)

치료자: 아버님하고 어머님 관계에서 큰 하자는 없을진 모르지만 제가 볼 때 아버님도 하고 싶은 얘기를 못 내놓고 계신다는 거예요. (사례 C-4회기)

셋째, 사례 A, 사례 B, 사례 C에서 치료자는 내담자 가족이 가족구성원의 편을 들어 주고, 특히 자녀가 이야기를 할 때 부모가 맞장구를 치면서 대화를 연장시키고 구체화할 수 있도록 호응하는 방식을 강조하였다.

치료자: 아빠의 표현이 본인을 야단치거나 그런 건 있으셨어요?
작은딸: 아뇨. 그냥 내 편들어 주면서 뭐라고 안 했어요.
치료자: 그전 같았으면 아빠가 표현이 어떠셨던 것 같아요?
작은딸: 그냥 같이 안 찾으러 갔을 것 같기는 한데…….
치료자: 아빠가 엄청 변하셨네?
작은딸: 네. (사례 A-11회기)

치료자: 대화를 계속 이어 나가려면 일단은 그 사람 입장을 두둔해 주는 게 낫지 않냐 이거예요. 내용이 맞고 틀리고를 떠나서 표현하는 방식에서 지금 열

받았는데, '잘못한 게 있으니까 그렇지!'라고 고춧가루 뿌리면 뭐가 되냐 이거예요. 열받았을 때 계속 편들어 줘서 (얘기가) 나오고 나서, 열받은 게 식으면 자기를 되돌아볼 수 있는 여유가 생기잖아요. (사례 B-4회기)

치료자: 아들 입장에서는 엄마하고 아들 또는 아빠하고 자기가 싸우면, 싸우지 않는 엄마나 아빠는 엄마나 아빠 편을 든다는 거예요. 자기편은 절대 들어주지 않는다는 거예요. 저는 그 방식이 애를 더 힘들게 하는 방식이라는 거죠. 그러면 만약에 엄마하고 아드님하고 싸울 때 아빠가 좀 더 전략적으로 아들하고 따로 옆에 가서 아들 입장을 일단 기술적으로, 의도적으로 편을 들어줘 보자는 거죠. (사례 C-4회기)

치료자: 아들 입장에서, 애비만 아니면 진짜 그냥 작살내 버리고 싶은 거죠. 그런데 저는 뭐냐면 그걸 일단은 받아 주자는 거죠. 사실 아드님에게 맞장구를 못 쳐 주셨잖아요. 그러니까 아드님은 집에서 누구한테 얘기하겠어요. 아빠는 말이 안 통하고 엄마는 답답한 벽이고…… 아빠를 같이 씹어 줬으면 좋겠는데 씹지는 못하고……. (사례 C-5회기)

넷째, 치료자는 사례 A, 사례 B에서 가족이 상대방의 이야기를 끊지 않고 순차적으로 대화하되, 적극적으로 경청하며 표현할 수 있도록 이끌었다.

치료자: (상담에서) 제가 가운데 껴서 순차적으로 표현을 하셨거든요. 그런데 두 분 간에 대화하실 때도 한 분이 어찌 되었던 감정이 치솟아 올라서 다 내놓고 그거를 일단 다 들어 주시고, 그러고 나서 표현하는 이 방식이 댁에서도 되느냐는 거예요?

엄 마: 거의 안 되죠.

치료자: 안 되시죠. 그러니까 이 표현 방식만 되더라도 얘기가 된다는 거죠. (사례 A-7회기)

치료자: 남편 입장에서 와이프가 중얼거릴 때 일단은 다 흡수해 주자는 거죠. 이게 왜 중요하냐면 지금 따님들이 걸려 있단 말이에요. 따님들이 쓰는 표

현 방식이 언니가 얘기할 때 동생이 끌어내는 방식이 아닐 테고. (사례 B-5회기)

치료자: 잠깐만 끊지 말고 나중에 얘기해요. 억울하겠지만……. (사례 B-6회기)

다섯째, 사례 B에서 치료자는 가족구성원에게 협상하는 방식을 제안하였는데, 부모가 자녀에게 일방적으로 훈계하지 않고 서로의 의견을 내놓고 절충할 수 있도록 하였다.

치료자: 큰따님이 아빠가 화내면 왜 화내는지를 모르겠다는 거고 아빠가 화나면 화해할 수가 없다는 거예요. 따님이 아빠하고 어떤 문제가 됐던 내놓고 아빠 의견 제시, 내 의견 제시를 해 가지고 협상하는 방법을 집에서 배워야 할 텐데, 이 협상하는 방법이 부족하지 않냐 이거예요. 그런데 대인관계에서도 내 의견을 내놓고 주거니 받거니 협상할 수 있는 방식이 집에서 학습되지 않았기 때문에 대인관계에서도 그게 딱 걸리는 거죠. (사례 B-9회기)

4. 가족의 변화

1) 시도된 상호작용 방식의 비효과성 인식

사례 A에서 엄마는 큰딸을 학교에 보내기 위해서 사용하였던 상호작용 방식이 역기능적이었다는 것을 인식하게 되었다. 사례 B에서 부모는 자녀들(자매)이 갈등관계에 있을 때 갈등을 해소시키기 위해 사용했던 방법이 효과적이지 못했다는 사실을 발견하게 되었다. 또한 사례 B의 큰딸은 여동생과의 관계에서 자신의 역기능적인 의사소통 방식을 파악하게 되었다. 사례 C는 아버지와 아들의 갈등 상황에서 엄마가 참견함으로써 갈등이 해소되는 것이 아니라 관계를 악화시키고 있다는 사실을 엄마가 인식하게 되었다.

아 빠: 제가 볼 때 부모가 변해야 자식들이 변하는데…… 욕심은 한도 끝도 없죠. 솔직히 말하면…… 예전에는 학생이니까 무조건 학교 가야 한다. 이런 마

음밖에는 없었는데, 요즘은 마음이 그렇지 않아요. (사례 A-10회기)

아　빠: 아내하고 둘이 이야기했어요. 저번에 자제분 말씀하시면서 자녀분이 여동생하고 싸운 얘기를 해 주셨는데 상당히 이치가 맞더라고요. 생각해 보니까 큰애한테 어떤 일이 있으면 언니가 참아……. 그게 스트레스일 거란 생각이 들더라고요.

큰　딸: 제가 사실 말을 그렇게 끝까지 예쁘게 하는 타입이 아니라 좀 툭 던지기도 하고, 그런데 가끔 진지한 대화를 하다가도 무의식적으로 가끔 좀……. (사례 B-8회기)

엄　마: 제가 정말 그냥 가만히 듣고만 있었어요. 거기서 제가 또 했다가는…….

치료자: 더 불 지르시는?

엄　마: 그래서 참견 안 하고……. (사례 C-5회기)

2) 기능적인 상호작용 방식으로의 변화

사례 A에서 아빠와 큰딸의 상호작용 방식이 비자극적으로 변화되었고, 아빠가 자녀와 대화를 할 때 자녀를 지지해 주며 자상한 모습을 보였다. 사례 B에서 아빠는 표정을 밝게 하려는 노력을 하였고 감정을 솔직하고 부드럽게 표현하였다. 또한 자매간에 상대를 자극하지 않고 협상할 수 있게 되었다. 사례 C에서 엄마의 표현 방식의 변화에 따라 자녀가 엄마와의 관계에서 편안함을 느끼게 되었고 이를 통해 모자관계에 긍정적인 변화를 가져오게 되었다.

치료자: 아빠가 변화한 게 혹시 있나요?

작은딸: 아빠가 아빠가 아닌 거 같은…… 좀 자상한……. (사례 A-8회기)

치료자: 어머니께서 보실 때 아빠와 큰따님 두 사람의 관계에서 어떤 변화를 느끼세요?

엄　마: 이제 (아빠가) 약간 부드러워졌다고 해야 되나요? 서로를 대하는 태도, 대화방식 이런 게…… 이렇게 잘 굴러간다고 해야 되나요. (사례 A-11회기)

치료자: 아빠가 좀 변화가 있으셨나요?

내담자: 아빠가 의식적으로 말을…… 우리 신경 안 거슬리게 하려고 애 쓰시는 게 보여요. 그리고 부드럽게 표현하시려고 해요. (사례 B-6회기)

내담자: 동생에게 이제는 막 '비켜!' 이렇게 말하진 않아요. 언제 (컴퓨터) 끝날 거냐고, 언제 할 수 있냐고, 언제 비켜 줄 수 있냐고 해요.

치료자: 표현 방식이 달라졌네? 동생의 반응은 어때요.

내담자: 순순히 들어 주는데요. (사례 B-7회기)

아 빠: '아! 대화에도 기법이 있구나!' 그걸 많이 느껴요. 그래서 제가 사실 표정이 사나운데 이제 제가 의식적으로 좀 낯을 피려고 노력해요. (사례 B-8회기)

아 빠: 옛날 같으면 내가 입도 뻥긋 안 할 텐데, 요샌 내가 일부러 '아, 힘들어.' 하면서 얘기도 하고 그래요. 아직까지 내가 볼 땐 좀 진지한 대화는 아닌데 미흡해 보일 수도 있는데 그런 얘기를 이제는 한 번 이렇게 흘렸어요. 이렇게 내가 골치가 아프다. 조금 이해해 줘……. (사례 B-9회기)

치료자: 아드님께서는 엄마가 내 모습을 현재 있는 그대로 받아들여 주신다는 걸 느껴요?

아 들: 네. 느낌이 옛날이랑 달랐어요. (사례 C-7회기)

3) 자녀의 학교적응

상담이 진행되면서 사례 A와 사례 C의 경우 가족관계의 변화와 함께 학교부적응의 문제에서 긍정적인 변화가 나타나기 시작하였다. 특히 학교 문제로 인한 부모와의 충돌이 줄어들었으며, 등교거부 등의 문제를 보이던 내담자가 학교에 다니기 시작했다. 이와 함께 자녀의 귀가시간이 빨라지는 변화가 나타났다.

치료자: 큰따님의 변화나 어떤 차이가 있나요?

엄 마: 귀가시간이요. (사례 A-9회기).

치료자: 큰따님이 변화된 것이나 어떤 차이점은 느끼세요?

아　빠: 그런 거는 조금 느낀 것 같아요. 그 전에는 꼭 시간이 11시, 12시 돼서 들어 왔는데 지금은 들어오는 시간이 좀 더 빨라졌어요. (사례 A−10회기)

치료자: 학교문제 때문에 충돌할 건 없다는 거죠?
엄　마: 지금 현재는, 그리고 나머지는 아직까지……. (중략)
내담자: 우리 딸 갈 거지~ 막 이렇게…… 가야 한다고…….
치료자: 우리 딸 갈 거지? 그전 같았으면 그런 표현은 하셨는지? …… 과거랑 어떤 차이가 있어요?
내담자: (엄마가) 좀 더 부드러워지긴 했어요. 옛날에는 그냥 싫었는데, 지금은 받아들이긴 해요. (사례 A−11회기)

치료자: 학교는 다니는 거잖아요?
엄　마: 네. (C−6회기)

내담자: 집에 일찍 들어가요. 밖에 있는 게 요새는 귀찮아질 때가 있어요…….
엄　마: 8시 40분, 7시 반, 9시. 옛날보다 훨씬 빨라졌죠. (사례 C−7회기)

학교부적응 문제를 보이는 청소년에 대한 가족치료의 세 사례를 분석한 결과, 첫

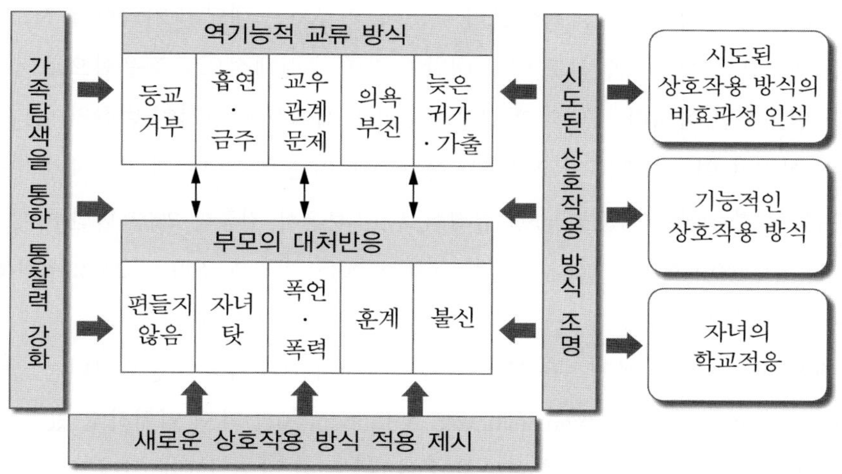

[그림 15-1] 학교부적응 문제를 보이는 청소년에 대한 가족치료 효과 네트워크

째, 학교부적응 양상은 등교거부, 흡연 및 음주, 교우관계 문제, 의욕부진, 늦은 귀가 및 가출로 나타났고, 부모의 대처반응은 편들어 주지 않음, 자녀 탓으로 돌림, 폭언과 폭력, 훈계, 믿어 주지 않음으로 나타났다. 둘째, 치료자의 개입기법은 가족탐색을 통한 통찰력 강화, 시도된 상호작용 방식 조명, 그리고 새로운 상호작용 방식 적용 제시로 나타났으며, 가족치료 후 가족의 변화는 시도된 상호작용 방식의 비효과성 인식, 기능적인 상호작용 방식으로의 변화, 자녀의 학교적응으로 귀결되었다. 이와 같이 학교부적응 문제를 보이는 청소년에 대한 가족치료의 효과 네트워크를 제시하면 [그림 15-1]과 같다.

Ⅵ. 결 론

이 다중사례에서 치료자는 Murray Bowen의 가족체계 이론을 적용하여 내담자 가족구성원에게 원가족과 핵가족을 연계하여 문제를 탐색할 수 있도록 통찰력을 강화하였으며, 또한 MRI 모델을 적용하여 그들에게 새로운 의사소통 방식을 지도함으로써 표현 방식의 변화를 이끌어 낼 수 있었다. 사례 A, 사례 B, 사례 C의 가족은 모두 기능적인 표현 방식을 사용함으로써 부부간에 충돌이 감소하여 부부관계의 안정화가 이루어졌으며, 부모의 편안한 부부관계로 말미암아 자녀의 불안이 감소하였고, 자녀의 학교적응을 도모하게 되었다. 내담자와 가족구성원이 그동안 문제를 해결하려고 했던 방식이 비효과적이었기 때문에, 치료자는 내담자 가족에게 시도하지 않았던 새로운 방식을 제안하고 이를 내담자 가족이 실제적으로 적용함으로써 가족관계의 변화뿐만 아니라 자녀의 학교부적응의 문제에서 긍정적인 변화가 나타나게 되었다. 이러한 연구결과는 학교부적응 문제를 보이는 청소년에게 가족체계가 관련이 있다는 선행연구들(김준호, 1993; 류경희, 2003; 문은식, 김충희, 2002; 박민주, 황기아, 2007; 오승연, 1993; 오승환, 2009; 김현주, 이혜경, 2011; 최지은, 신용주, 2003; 최희옥 외, 2005)을 지지하고 있다.

이 장은 학교생활에 부적응을 보이는 청소년에게 가족기능이 중요하다는 연구결과(Nasir, Zainah, Khairudin, Wan Shahrazad, & Latipun, 2011)와도 일치하고 있다. 가족기능에서 가족구성원 상호 간의 기능적인 의사소통이 청소년에게 심리적 안정을 주며, 관계의 상호작용에서 중요한 요소가 되고(Dumlao & Botta, 2000; Saphir & Chaffee,

2002), 가족 간에 이루어지는 기능적인 상호작용을 통하여 자기감정을 표현하는 소통능력이 향상될 수 있다(Hutchby, 2005)는 선행연구의 결과를 반영해 주고 있다. 다시 말해서 이 장은 가족관계에서 부정적인 의사소통 방식이 역기능적인 결과를 가져올 수 있기 때문에 이에 대한 개입이 필요하다는 것을 제시해 주고 있다. 즉, 가족문제는 의사소통의 교류를 통해서 설명할 수 있다는 연구결과(Duncan et al., 1992)와 동일하다.

그러나 이 장은 소수의 가족사례를 통하여 결과를 도출하였기에 이에 대한 지나친 일반화를 할 경우 오류가 발생하므로 이 장 결과의 해석에 주의를 요한다. 그리고 이 장은 가족 간의 상호작용에 중점을 두었으므로, 후속연구는 청소년과 관련된 문제의 해결을 위하여 가족관련 변인 외에도 다른 체계(환경)가 청소년의 부적응적인 행동 감소를 비롯한 사회적 유능성 획득에 근간이 된다는 것을 증명할 수 있는 또 다른 연구방법론을 적용하여 진행되기를 기대한다.

끝으로 이 장은 학교부적응문제를 보이는 청소년의 가족개입에 관한 중요성을 보여 주었으며, 특히 가족의 기능적인 상호작용 방식이 학교부적응 문제를 보이는 청소년 자녀에게 미치는 긍정적인 영향을 보여 주었다는 데 의의가 있다. 따라서 학교부적응 문제의 해결을 위한 임상현장의 실천에서 가족구성원 간에 기능적인 의사소통이 이루어질 수 있도록 가족단위를 대상으로 하는 코칭이 필요하다. 사회복지사나 상담가가 학교부적응 문제를 겪고 있는 청소년과 관련된 문제를 사정(assessment)하고 대처방안을 논할 때, 가족을 중심으로 개입하고 지지하는 데 내담자 가족이 문제를 해결하기 위해 시도해 왔던 역기능적인 방식에 초점을 두면서 이러한 방식을 기능적으로 전환해 갈 수 있는 보다 효과적인 상호작용 방식의 적용을 유도해 나가야 한다. 또한 상담에서 내담자 가족의 문제를 핵가족 안에서만 파악하는 데 그치기보다는 가족체계론적인 관점에서 핵가족과 원가족을 연결하여 내담자의 문제에 관해 접근해야 할 필요가 있다.

참고문헌

김준호(1993). 청소년 가출과 비행의 관계에 관한 연구. 서울: 한국형사정책연구원.

김현주, 이혜경(2011). 청소년이 지각하는 가족건강성과 학교생활부적응과의 관계. 가족과 문화, 23(1), 77-104.

남영자, 박태영(2009). 청소년의 가족건강성과 학교적응의 관계에서 자아존중감의 매개효과에 관한 연구. 청소년학연구, 16(4), 47-71.

류경희(2003). 청소년의 가족관계, 가족환경과 학교생활에서의 부적응 실태 및 그 상관관계에 관한 연구: 창원지역 청소년을 중심으로. 자연 · 자원연구, 3(1), 26-42.

류경희(2004). 창원시 중 · 고등학생의 학교생활부적응에 영향을 미치는 가족관련 변인. 한국생활과학지, 13(2), 195-213.

문은식, 김충희(2002). 청소년의 학교생활 적응행동에 영향을 미치는 사회심리적 변인들의 구조적 분석. 교육심리연구, 16(2), 219-241.

박경란, 이영숙, 전귀연(2001). 현대가족학. 서울: 학지사.

박민주, 황기아(2007). 청소년이 지각하는 가족건강성이 학교적응에 미치는 영향. 한국가정과학회지, 10(2), 43-51.

박태영(2001). 가족치료이론의 적용과 실천. 서울: 학지사.

박태영, 신원정(2011). 대인관계 갈등을 경험하고 있는 여고생에 대한 가족치료 사례연구. 한국가족치료학회지, 19(3), 233-265.

박태영, 유진희(2012). 분노조절문제를 가진 아동에 대한 가족치료 사례연구. 한국가정관리학회지, 30(3), 119-133.

오승연(1993). 초등학교 아동의 충동성과 부적응행동 및 가정환경과의 관계 연구. 한국교원대학교 대학원 석사학위논문.

오승환(2009). 청소년의 학교부적응 영향요인: 위험요인에 대한 학교보호요인의 매개효과 분석을 중심으로. 청소년복지연구, 11(1), 161-181.

이경은(1998). 학교생활부적응 유형과 요인에 따른 학교사회사업서비스 욕구에 관한 연구. 대구대학교 대학원 박사학위논문.

최지은, 신용주(2003). 청소년이 지각한 부모-자녀관계, 또래관계, 교사와의 관계가 학교생활적응에 미치는 영향. 대한가족학회지, 41(2), 199-210.

최희옥, 문재우, 박재산(2005). 가족내 갈등과 학교부적응간의 관련성 분석. 한국보건사회학회, 17, 79-106.

헤럴드경제(2011). 학업중단 고교생 3년째 급증. 2011. 9. 7.

Ann, B., Joann, T. B., & Eirini, F. (2000). Parental background, social disadvantage, public care, and psychological problems in adolescence and adulthood. *Journal of American Child Adolescence: Psychiatry, 39*(11), 113-180.

Dumlao, R., & Botta, R. A. (2000). Family communication patterns and the conflict styles young adults use with their fathers. *Communication Quarterly, 48*(2), 174-189.

Duncan, B. L., Solovey, A. D., & Rusk G. S. (1992). *Changing the Rules: A client-directed approach to therapy.* New York: The Guilford Press.

Dusek, J. B. (1987). *Adolescent Development and Behavior.* New Jersey: Prentice-Hall, Inc.

Fleming, W. M., & Anderson, S. A. (1986). Individuation from the family of origin and personal adjustment in late adolescence. *Journal of Marital and Family Therapy, 2*(3), 308-315.

Friedman, E. H. (1991). Bowen theory and therapy. In A. S. Gurman & D. P. Kniskern (Eds.), *Handbook of Family Therapy.* New York: runner/Mazel.

Goldenberg, H., & Goldenberg, I. (2012). *Family Therapy: An overview.* Belmont, CA: Brooks/Cole.

Hoffman, J. A., & Weiss, B. (1987). Family dynamics and presenting problem in college student. *Journal of Counselling, 34*(2), 157-163.

Hutchby, I. (2005). Children's talk and social competence. *Children and Society, 19*(1), 66-73.

Kerr, M. E., & Bowen, M. (2005). **보웬의 가족치료이론** (남순현, 전영주, 황영훈 역). 서울: 학지사.

Miles, M. B., & Huberman, A. M. (1994). *Qualitative Data Analysis.* Thousand Oaks, CA: Sage Publication.

Nasir, R., Zainah, A. Z., Khairudin, R., Wan Shahrazad, W. S., & Latipun, S. (2011). Psycho-social factors between Malaysian and Indonesian juvenile delinquents. *World Applied Sciences Journal, 12,* 52-57.

Papero, D. V. (1995). Bowen's family systems and marriage. In N. S. Jacobson & A. S. Gurman (Eds.), *Clinical Handbook of Couple Therapy.* New York: Guilford Press.

Saphir, M. N., & Chaffee, S. H. (2002). Adolescent's contributions to family communication patterns. *Human Communication Research, 28*(1), 86-108.

Watzlawick, P., Weakland, J., & Fisch, R. (1974). *Change: Principles of problem formation and problem resolution.* New York: W. W. Norton.

제16장

옹서(장모–사위)관계에서 여성의 경험에 관한 연구

김혜선 · 박태영

이 장은 옹서관계에 대한 여성의 경험에 관한 것이다. 이 장에서는 Giorgi의 현상학적 방법을 사용하였으며, 총 4개의 구성요소가 도출되었다. 옹서관계에서 여성의 경험을 나타낸 4개의 구성요소는 '옹서관계에 대한 눈을 갖지 못함' '이리저리 부딪히다 옹서관계에 눈을 뜨게 됨' '자기중심적이었던 시야가 확장됨' '가족관계에 대한 새로운 눈을 갖게 됨'으로 나타났다. 연구참여자는 옹서관계를 통해 결혼은 가족관계의 완성이 아닌 성숙의 과정임을 경험하였다.

I. 서 론

사회 전반이 변화하면서 남편의 원가족을 중심으로 형성되던 친족관계에 아내 쪽 원가족이 포함되기 시작하였고(이광자, 1988; 이동원, 1997), 활발해진 여성의 사회진출은 아내 쪽 원가족과의 교류 증가에 일조하였다. 이는 취업기혼여성이 시부모님보다 친정부모님에게 양육지원받는 것을 선호하는 경향이 높기 때문이다(김주희, 2009; 이숙현, 이세인, 김인지, 2010; 최샛별, 이명진, 김재온, 2003; 최정혜, 2006; 한경혜, 윤성은, 2004).

아내 쪽 원가족과 교류가 증가하면서 장모(장인)–사위관계에서 어려움을 호소하는 남성의 수도 증가하고 있다(대한가정법률복지상담원, 2007). 장모(장인)–사위관계를 '옹서(翁壻)' 관계라고도 하는데(국어사전, 2008), 결혼으로 맺어진 확대된 부모–자녀 관계라는 점은 고부관계와 유사하다.

고부관계에서의 갈등은 주로 아들과 엄마의 정서적 밀착관계에서 발생하며, 아들이며 남편인 남성의 역할이 고부관계에 영향을 줄 수 있음은 많은 선행연구를 통해 밝혀져 왔다(김밀양, 2004; 박소영, 2010; 배선희, 김순옥, 2001; 성명옥, 이혜자, 2002). 옹서관계에서의 갈등의 원인에 대해 직접적으로 다룬 연구는 거의 없다. 그러나 기혼성인의 결혼만족도와 원가족과의 정서적 관계와 관련한 연구의 결과를 볼 때(남순현, 한성열, 2002; 유연지, 조현주, 권정혜, 2008), 옹서관계에서도 딸이자 아내인 여성과 친정엄마(아버지)와의 정서적 관계가 영향을 미칠 것이라 유추해 볼 수 있다.

시어머니와 며느리는 유사한 성역할 면에서 두 사람 간의 직접적 접촉으로 다양한 역동이 생길 수 있는 관계다(고정자, 김갑숙, 1993). 그러나 장모(장인)와 사위는 두 사람 간에 직접적인 관계의 역동이 생기기보다 아내와의 관계에 따라 사위가 장모에게 느끼는 정서적 유대감이 달라지는 관계이기 때문에(Willson, Shuey, & Elder, 2003), 옹서관계에서 딸이자 아내인 여성의 역할과 경험은 관심 있게 연구해야 할 대상이라 할 수 있다. 옹서관계에서 장모의 언행보다 장모의 편만 드는 아내의 태도가 더

제16장은 '한국가족치료학회(2012). 20권 3호, pp. 329–352.'에 게재된 논문임.

섭섭하게 느껴졌다는 남편의 인터뷰 자료(그것이 알고 싶다, 2005; 김미화의 U, 2006)는 옹서관계에서 딸이자 아내인 여성 역할의 중요성을 뒷받침하고 있다.

여성은 시대와 문화를 막론하고 가족 내에서 관계를 맺고 확장시키는 '친족유지자(kinkeeper)'로서의 역할을 하기 때문에(한경혜, 윤성은, 2004; Steinbach, 2008; Willson et al., 2003) 옹서관계의 매개자인 딸이자 아내인 여성의 경험을 살펴보는 것은 옹서관계에 어려움을 느끼고 있는 남성의 고충을 경감시킬 수 있는 방안을 모색하는데 도움이 되리라 생각한다.

옹서관계는 급격한 사회의 변동으로 최근 관심 대상으로 부상되었기 때문에 이와 관련한 선행연구가 미흡한 편이다. 그러나 옹서관계에서 어려움을 겪고 있는 인구가 증가하고 있다는 사실은 옹서관계에 관심을 두어야 할 필요를 제기하고 있다.

현대 사회의 옹서관계에 대해서는 연구결과가 많지 않다. 옹서관계의 정서적 측면이나 스트레스에 관한 연구결과가 보고되고 있으나, 옹서관계를 측정할 수 있는 적절한 척도의 부재로 옹서관계의 특성을 보다 명확히 측정해 낼 수 없었다는 한계를 지적하고 있다(오혜정, 2011; 유연지 외, 2008).

이 장에서는 딸이자 아내인 여성의 옹서관계에 대한 경험을 살펴보고 이를 통해 원만한 옹서관계를 위한 여성의 역할 방향성을 찾아 건강한 옹서관계를 위한 기초자료를 제공하고자 한다.

II. 문헌고찰

1. 모계화 혹은 양계화로의 변화

1980년대부터 시작된 아내 쪽 부모와의 교류 증가 현상은 1990년대 들어서면서 더욱 두드러지게 나타났다(김순옥, 김수진, 2002; 이광자, 1988). 시간이 지날수록 아내 쪽 가족을 중심으로 한 가족관계망은 더욱 공고하게 발달해 가고 있다(함인희, 2000; Chang, Yi, & Lin, 2007; Agree, Biddlecom, & Valente, 2005). 이 같은 변화에는 다양한 원인이 있겠으나 여성의 사회진출에 따른 친정엄마의 양육지원도 가족관계 변화의 한 요인으로 꼽히고 있다.

과거에는 양육지원을 포함한 다방면의 도움을 시댁에서 받아 왔지만(이동원 외,

2002), 최근 친정엄마에게 양육지원을 받는 취업여성이 증가하는 이유 중 하나는 모자관계보다 모녀관계가 더 친밀하기 때문으로 파악된다(Pillemer & Suitor, 2002). 한편에서 보면 같은 여성으로서의 공감대 형성, 유사한 성역할 수행, 잦은 접촉, 자원과 지지의 상호교환 등 다양한 상호작용이 모자관계보다 훨씬 높게 나타나기 때문이다(방희정, 2000; 배선희, 김순옥, 2001; Diane, 1996; Pillemer & Suitor, 2002; Steinbach, 2008; Suitor, Pillemer, & Sechrist, 2006; Willson et al., 2003).

취업여성이 증가하는 또 다른 이유로는 자녀 수가 적어지면서 과거에는 아들에게만 기대했던 엄마의 인생에 대한 보상이 딸에게로 이전된 것을 들 수 있다(김은주, 서영희, 2007; 김주희, 2009; 방희정, 2000; 정혜은, 진미정, 2008). 즉, 현대 사회에서 딸은 친정엄마에게 '인생의 보상'이라는 의미를 가지기도 한다. 엄마 세대는 자신이 원하는 삶과는 요원한 인생을 살아왔다(신수진, 1999). 그러나 사회가 변화하여 여성의 사회진출 기회가 확대되고, 엄마는 자신이 이루지 못했던 자아실현의 꿈을 딸에게 기대하게 되면서 친정엄마의 양육지원이 증가한 것이다(정혜은, 진미정, 2008).

딸의 결혼생활도 친정엄마가 딸에게 거는 기대의 연속선상에 존재한다. 그래서 딸의 결혼생활이 엄마의 기대에 미치지 못하면 그것이 마치 자신의 일인 양 아파하고 속상하게 여기게 된다(남순현, 한성열, 2002; 박영신, 김의철, 2004). 또한 친정엄마와 딸 사이가 정서적으로 밀착되어 있을 경우, 장모와 사위 간 갈등과 같은 역기능을 초래할 수도 있다(남순현, 한성열, 2002; 동아일보, 2010; Pillemer & Suitor, 2002).

2. 옹서관계

고려시대에는 모계적 성격이 강해서 처가살이가 일반적이었다(권순형, 2009). 그러나 조선시대로 진입한 이후 부계중심사회로 전환되면서 사위가 처가를 경시하는 풍조가 만연하게 되었다(한길연, 2003). 그러나 최근 들어 처가의 양육지원 등을 매개로 다시 처가와 사위의 접촉이 증가하고 있다(김주희, 2009). 이는 혈족을 중심으로 한 의무적 관계보다는 도구적 가족주의의 확산이 영향을 미쳤을 것으로 보고 있다(신수진, 1999). 아울러 양육의 주체는 여성이라는 남성의 인식이 여전히 확고하여, 일하는 아내 대신 장모가 양육지원하는 것을 자연스럽게 여기기 때문일 것으로 파악되고 있다(Johnston & Swanson, 2006; Voydanoff, 2004).

전통사회의 옹서관계는 처가와 직접적인 접촉을 통한 특정 사건을 매개로 갈등이 발생했다기보다 여성을 비하하는 사회적 분위기에서 비롯되었다(조남욱, 2009; 윤사순, 안병철, 이재경, 정창수, 2000; 한길연, 2003). 최근에는 양육 등의 지원을 매개로 옹서 간에 직접적 접촉이 증가하면서 다양한 역동이 발생한다는 점에서 과거의 옹서관계와 차이가 있다고 하겠다. 다양한 지원 중 양육지원은 주고받는 도움의 양이 매우 많고(Diane, 1996),[1] 생활의 많은 부분이 공유되기 때문에(최샛별 외, 2003; 한경혜, 윤성은, 2004; Diane, 1996; Francis, 2009) 옹서갈등의 촉발 이유가 된다고 볼 수 있다(남순현, 한성열, 2002; 한경혜, 윤성은, 2004; Willson, Shuey, Elder, & Wickrama, 2006).

오혜정(2011)은 현대 사회의 옹서관계에 대해 옹서관계의 스트레스는 양보다 대처 방식이 더 중요하다고 언급하였다. 즉, 사위가 백년손님의 자세를 고수하려고 한다면 가족관계가 불편해질 것이라고 설명하고 있다. 가족관계가 과거와는 달라지고 있으므로, 사위도 이에 맞춰 장모를 대하는 태도를 변화시켜야 함을 강조하고 있다. 유연지 등(2008)은 남편이 느끼는 옹서갈등의 수준은 아내가 느끼는 고부갈등의 수준보다 낮기는 하나, 남편의 결혼만족도에 영향을 미치는 요인이라고 설명하고 있다. 현대 사회의 옹서관계에 대한 연구가 거의 없기 때문에 이들 연구의 결과는 존재 자체로 큰 의의를 갖는다고 생각한다. 그러나 적절한 척도의 부재로 기존의 여러 측정도구를 수정 · 보완하여 사용하는 과정에서 옹서관계를 충분히 설명하는 데는 부족한 부분이 있다는 제한점을 제시하고 있다(오혜정, 2011; 유연지 외, 2008).

3. 옹서관계와 여성의 역할

Willson 등(2003)은 사위와 장모가 직접적으로 정서적 유대감을 갖기보다 부부관계에 따라 사위가 장모에게 갖는 정서적 유대감이 달라질 수 있기 때문에 아내의 역할이 매우 중요하다고 강조하고 있다. 심한 옹서갈등으로 별거 중이거나 이혼한 남편을 인터뷰한 자료에 따르면, 장모와 사위 간 갈등이 심할 때 딸이자 아내인 여성은 주로 장모의 말대로 행동하고, 남편의 입장을 고려하지 않고 결정하기 때문에 이방인이 된 것 같은 느낌을 받았다고 대답하고 있다(그것이 알고 싶다, 2005; 김미화의 U, 2006). 이러한 남편의 응답은 고부관계가 남편의 역할에 따라 달라지는 것과 유사

1) Diane(1996)은 주고받는 도움의 대표적인 것으로 양육지원을 꼽았는데, 손자녀가 어릴수록 지원하는 도움이 크며 양육지원 받는 딸이 정서적으로 겪는 불편도 더 많아진다고 보고하였다.

한 맥락이라고 할 수 있다(박소영, 2010).

그러나 고부관계에서의 남편과 옹서관계에서의 여성은 조금 다른 점이 있다. 고부관계에서 남편은 엄마와 '효'를 중심으로 이루어진 관계이고(윤사순 외, 2000; 조남욱, 2009; 황광욱, 2009), 옹서관계에서 여성은 '정서적 친밀감'을 중심으로 이루어진 관계다(Pillemer & Suitor, 2002; Steinbach, 2008). 즉, 아들과 엄마의 관계는 '의무감'을 기반으로 형성된 관계인 반면, 딸과 엄마의 관계는 '여성'이 갖는 사회적 유사성을 느끼며 '동지애'를 기반으로 형성된 관계다(Pillemer & Suitor, 2002). 이러한 관계의 차이는 고부관계와 옹서관계에 대한 이해를 달리해야 함을 의미한다.

사회의 변화와 무관하게 가족 내에서 변함없는 여성의 주된 역할은 친족유지기능이다(Diane, 1996; Steinbach, 2008; Willson et al., 2003). 즉, 여성을 중심으로 가족관계망이 형성되고 유지되는 것이다(한경혜, 윤성은, 2004). 옹서관계에서도 여성의 이러한 역할은 예외가 아닐 것이다. 따라서 여성은 친정엄마와 남편 간의 관계망이 형성되고 유지되는 데 적지 않은 영향을 미칠 것이라 생각된다.

III. 연구방법

1. 연구방법

이 장에서는 Giorgi의 현상학적 방법을 사용하여 딸이자 아내인 여성이 자신을 매개로 맺어진 친정엄마(아버지)와 남편 사이에서 어떠한 경험을 하고 있는지 살펴보고자 한다. Giorgi(2004)가 제시한 분석절차에 따라 다음과 같이 자료를 분석하였다. 첫째, 원자료를 수차례 읽고 들으면서 전체적으로 인식하면서 '연구참여자되기'에 충실하였다. 둘째, 연구참여자의 진술문을 읽으면서 연구참여자의 사고전환이 이루어지는 부분을 찾아 의미단위를 구분하였다. 셋째, 구분한 의미단위를 사회복지적 관점을 드러낼 수 있는 용어로 변형하였다. 넷째, 학문적 용어를 통합하여 경험의 사실적 구조의 구성요소 도출하기를 통해 자료를 분석하였다. 이와 같은 분석과정을 통해 표면적으로 나타난 행동이나 사건 이면에 내재된 세 사람(친정엄마–남편–아내이자 딸인 여성)의 상호작용관계에서 여성의 경험을 파악하고자 하였다.

2. 연구참여자 선정

이 장에서 연구참여자의 선정은 눈덩이표본추출방법을 사용하였다. 옹서관계는 일반적으로 직접적 접촉이 많지 않기 때문에 관계의 역동이 눈에 띄게 드러나지 않는다(Willson et al., 2003). 따라서 옹서관계의 역동이 보다 잘 드러나기 위해서는 옹서 간 접촉점이 많아야 할 것이라 생각하였다. 그 접촉점으로 친정엄마에게 양육지원을 받는 경우를 택하였다. 따라서 취업 혹은 학업[2] 때문에 아내 쪽 부모에게 양육지원을 받고 있는 기혼여성을 연구참여자로 선정하였다. 양육지원의 기간은 1년 이상이며,[3] 친정엄마와 기혼 여성의 빈번한 접촉이 이루어질 수 있는 출퇴근형[4]이나 동거형태로 양육지원을 받는 도시거주자 그리고 대졸 이상의 학력자를 연구참여자로 선정하였다. 이혼이나 별거 등으로 남편이 부재한 경우와 재혼가족의 경우는 연구의 타당도에 영향을 줄 수 있어 연구대상에서 제외하였다.

3. 자료의 수집

이 장을 위해 2011년 1월부터 2011년 3월까지 3개월에 걸쳐 총 11명의 연구참여자를 인터뷰하였으며, 그중 연구참여 중단의사를 밝힌 2명을 제외한 9명의 연구참여자와 2~3회의 대면 인터뷰를 실시하였다. 대면 인터뷰 외에 SNS나 이메일, 전화를 통해 2~5회의 추가 인터뷰를 실시하였다. 1회당 인터뷰에 소요된 시간은 1시간에서 3시간 20분 정도였으며, 장소와 시간은 연구참여자의 결정에 전적으로 따랐다. 인터뷰 내용은 연구참여자의 동의를 얻은 후 녹음하였다.

연구자의 경험과 편견이 개입되지 않도록 질문을 최대한 줄이고, 적극적 경청으

---

2) 옹서관계에 영향을 주는 여성의 인구사회학적 특성이 명확하게 드러난 연구는 없으나, 친정엄마와의 유대관계가 옹서관계에 영향을 준다는 선행연구(Sabatelli & Bartle-Haring, 2003)를 근간으로, 친정엄마와 유대관계가 높게 나타나는 여성의 인구사회학적 특성을 살펴보았다. 여성이 도시거주자일수록, 교육수준이 높을수록, 취업여성일수록 친정과 유대가 높은 것으로 나타났다(김주희, 2009; 정혜은, 진미정, 2008; 한경혜, 윤성은, 2004).

3) 일반적으로 부모로 역할이 전환되고 그 역할이 안정화되기까지 1년이 소요된다고 보고 있다(고선주, 2004). 따라서 친정엄마를 포함한 부부가 그 생활에 안정을 찾고 옹서관계의 역동이 충분히 나타나기 위해 필요한 최소 기간을 1년으로 정하였다.

4) 이 장에서는 친정엄마와 딸이 동거하지 않는 상태에서 친정엄마나 딸이 한쪽 집을 오가며 양육을 지원하는 형태를 출퇴근형 양육지원이라 하고자 한다.

로 연구참여자가 편안하게 자신의 감정과 생각을 드러낼 수 있게 하였다. 1차 인터뷰에서는 비구조적이고 개방적인 면접을 진행하였고, 이후의 인터뷰에서는 연구참여자의 경험을 보다 심도있게 이해할 필요가 있거나 연구자가 연구참여자의 경험을 잘 이해하고 있는지 명확히 해야할 필요가 있을 경우 그 부분에 대해 질문목록을 작성하여 질문하는 형식으로 인터뷰를 진행하였다.

이는 연구참여자가 경험한 현상을 보다 잘 이해하기 위해 연구자의 '판단중지'를 위한 노력이라고 할 수 있다(신경림, 2003). 인터뷰를 마친 이후에는 연구참여자의 태도와 반응, 연구자의 반응 등에 대한 현장메모를 작성하였다.

4. 연구참여자에 대한 윤리적 고려

연구참여자에게 정보제공을 요청하기에 앞서 연구자에 대한 정보를 제공하는 것이 우선되어야 하므로(홍현미라, 권지성, 장혜경, 이민영, 우아영, 2008), 연구참여자의 모집단계부터 연구자의 신분과 연락처, 연구목적과 연구절차에 대한 소개를 하였다. 이후 연구참여자의 인터뷰는 이 장 이외에 다른 용도로 사용하지 않을 것과 면접 내용의 비밀 보장, 인터뷰 중 언급되는 모든 실명의 익명처리, 신상노출이 우려되는 내용에 대한 삭제 및 변경 사용 등을 약속하였다. 또한 연구자는 연구참여자에게 연구참여는 어디까지나 자발적인 것으로, 연구참여자가 원할 때는 언제든 연구참여를 중단할 수 있고 그에 대한 불이익이 없다는 것을 설명하였다. 또한 연구자는 연구참여자에 대한 소정의 보상과 더불어 이 장의 결과에 대한 연구참여자와의 공유도 약속하였다. 또한 연구자는 이와 같은 구두의 설명 내용을 문서화한 연구참여동의서를 준비하여 연구참여자가 직접 서명하도록 하였다.

이 장에서는 연구참여자의 익명성 보장을 위해 전혀 무관한 임의의 알파벳으로 연구참여자를 표기하였고, 직업은 유/무로만 표기하였다. 또한 연구자는 개인의 특성이 드러날 수 있는 특정 정보에 대해서는 삭제하였으나, 인용문의 맥락상 불가피할 경우에는 변경하여 표기하였다. 연구참여 과정에서 중단 의사를 밝힌 2명의 연구참여자의 녹음 파일과 녹취록은 중단 의사를 전달받은 즉시 폐기하였다.

5. 연구의 엄격성

연구의 엄격성은 Guba와 Lincoln(1985)의 기준에 따랐다. 첫째, 이 연구에서는 사실적 가치를 높이기 위해 면접에서 얻어진 정보를 연구자가 정리하여 분석한 것을 연구참여자와 공유하여 연구참여자의 의도나 태도와 같은지 확인하는 과정을 거쳤다.

둘째, 적용성을 높이고자 이 연구자는 자신의 경험을 충분히 잘 진술할 수 있는 대상자를 눈덩이표집으로 선택하였다. 또한 각 연구참여자의 진술이 반복적으로 나타나서 연구주제와 관련해 더 이상 새로운 경험이 나오지 않을 정도로 충분한 진술을 확보했다고 느껴지는 이론적 포화상태를 이룰 때까지 여러 차례에 걸친 면접을 실시하였다.

셋째, 이 연구에서는 질적 연구방법으로 박사학위를 받은 사회복지학 박사 2명과 사회복지를 전공한 5명의 교수를 통해 연구자의 삼각화를 이루어 일관성을 확보하고자 하였다. 현장에서 관찰된 참여자의 태도와 감정상태 등을 메모하여 녹취 자료를 보완하고 관련 주제의 방송자료, 언론자료를 통한 자료의 삼각화를 통해 일관성을 확인하기도 하였다.

넷째, 이 연구의 중립성을 확보하기 위해 이 연구는 연구자의 경험이 자료에 대한 성급한 해석이나 과잉해석에 영향을 미치지 않도록 주의하면서 면담의 녹음내용을 수회 반복하여 청취하였다. 또한 연구자는 분석과정에서도 면담 원자료로 돌아가 내용과 문맥을 재확인하여 연구자의 편의가 개입되지 않도록 노력하였다.

Ⅳ. 연구결과

1. 연구참여자의 일반적 특성

이 연구의 참여자는 친정엄마에게 양육지원을 받고 있는 취업여성이다. 총 9명의 연구참여자의 인터뷰를 연구에 사용하였으며, 그들의 일반적인 특성은 다음과 같다.

첫째, 연구참여자의 연령분포는 33~42세였고, 배우자의 연령분포는 35~46세로 나타났다. 둘째, 연구참여자는 대부분 직업이 있었고 연구참여자의 배우자도 모두 직업이 있었다. 연구참여자 B는 대학원 진학과 취업을 준비하고 있었고, 연구참여자

E는 퇴직 후 직업훈련을 받으며 재취업을 준비하고 있었다. 셋째, 연구참여자와 배우자의 학력은 거의 비슷한 수준이었다. 넷째, 연구참여자의 결혼기간은 3~13년 정도인 것으로 나타났다. 다섯째, 연구참여자는 1~2명의 자녀를 두고 있었으며, 양육지원의 기간이 결혼기간과 비슷한 분포인 2~11년으로 나타났다. 대체로 첫 자녀 출산 이후로 현재까지 친정엄마의 양육지원을 받고 있었으나 연구참여자 G의 경우만 둘째 자녀부터 친정엄마에게 양육지원을 받고 있었다.

2. 옹서관계에서 여성의 경험에 관한 진술

이 절에서는 연구참여자의 진술을 토대로 108개의 주제를 도출하였다. 연구참여자의 경험의 본질은 '옹서관계에 대한 눈을 갖지 못함' '이리저리 부딪히다 옹서관계에 눈을 뜨게 됨' '자기중심적이었던 시야가 확장됨' '가족관계에 새로운 눈을 갖게 됨'의 총 4개 구성요소로 이루어진다.

〈표 16-1〉 연구참여자의 일반적 특성 (단위: 세, 명, 년)

연구 참여자	연 령	학 력	직업 유무	자녀 수	결혼 기간	양육지원 기간	양육지원 형태	배우자		
								연 령	학 력	직업유무
A	37	대학원졸	유	2	8	7	동거	38	대졸	유
B	36	대졸	대학원 진학 준비 중	2	10	5	출퇴근	40	대졸	유
C	40	대졸	유	1	12	11	동거	46	대졸	유
D	39	대학원졸	유	1	3	2	동거	38	대학원졸	유
E	42	대졸	이직 준비 중	1	7	6	출퇴근	42	대졸	유
F	33	대졸	유	2	5	4	출퇴근	37	대학원졸	유
G	41	대졸	유	2	13	7	출퇴근	41	대졸	유
H	33	대학원재	유	1	5	4	동거	36	대학원재	유
I	33	대졸	유	1	4	3	출퇴근	35	대졸	유

1) 구성요소 1: 옹서관계에 대한 눈을 갖지 못함

연구참여자는 친정엄마도, 남편도 다 같은 가족이라고 생각했고, 그 둘도 그러하리라 생각했다. 그런데 연구참여자에게는 친정엄마와 남편이 서로를 거리감 있게 대하는 모습이 낯설게 다가왔다. 양육지원을 계기로 친정엄마에게 고맙고도 미안한 마음이 들었던 연구참여자는 친정엄마에게 살갑게 대하지 않는 남편에게 화가 났다. 그리고 연구참여자는 남편이 무엇 때문에 친정엄마에게 거리감을 두고 있는지에 대하여 말하지 않는 것에 대하여 답답해 했다.

(1) 친정엄마가 남편을 백년손님으로 예우함

친정엄마와 자주 접촉하게 되면서 남편에게 예의를 갖춰 대하고 말하는 내용에 신경 쓰고 있다는 것을 알게 되었다. 연구참여자의 생각과는 달리 친정엄마는 남편을 조심스럽게 생각하고 있었다.

참여자: 되게 안 좋은 일이 있었어요. 내가 너무 화가 나서 엄마가 좀 얘기해 봐. 사위한테……. 혼내 봐 봐……. 막 이랬거든. 그랬더니 헤어질 거 아니면 사위한테 말 함부로 하는 거 아니라고 엄마가 그러더라고요. 남이기 때문

〈표 16-2〉 구성요소 1 - 옹서관계에 대한 눈을 갖지 못함

구성요소	학문적용어로의 전환	주 제
옹서관계에 대한 눈을 갖지 못함	친정엄마가 남편을 백년손님으로 예우함	말의 내용에 신경 씀
		예의를 갖춰 대함
		반찬에 신경 씀
	남편이 친정엄마를 거리감 있게 대함 (친정엄마에게 정서의 중심이 기울어져 있는 나)	꿔다 놓은 보릿자루 같은 남편
		늘 뚱한 태도로 친정엄마를 대하는 남편
		대접받는 나그네
		양육지원으로 친정엄마와 더 가까워짐
		친정엄마랑 매우 밀접하게 지냄
		남편에게 불편을 감내하라고 함
	친정엄마의 마음을 불편하게 하는 남편이 섭섭하고 화가 남	친정부모님의 지적에 아랑곳하지 않는 남편
		말 없는 남편의 마음을 미루어 짐작해야 함
		친정엄마의 잔소리에 눈치만 볼 뿐 행동에 변화가 없는 남편
		느낌이나 정황으로 친정엄마에 대한 남편의 감정을 읽어 내야 함
		친정엄마에게 살갑게 대하지 않아 화가 남

에 앙금이 쌓인다는 거예요. 그래서 함부로 남에게, 사위한테 그런 말 하는 게 아니라고 엄마가……. 그러니까 저희 엄마가 사위인데도 되게 조심하죠.

(2) 남편이 친정엄마를 거리감 있게 대함

남편 역시 친정엄마를 가족으로서 살갑게 대하기보다 '거리감 있게' 대하고 있었다. 시간이 지나도 평행선 같은 두 사람의 관계는 좁혀질 줄 몰랐다. 며느리인 연구참여자는 자신은 의식적으로라도 시어른께 살갑게 대하려고 하는데, 남편은 전혀 그런 노력을 하지 않는 것이 못마땅했다. 이러한 남편의 태도 이면에는 사위에게는 사회적으로 그러한 역할기대가 없을뿐더러, 여전히 '처가를 멀리하고 싶은' 전통적인 옹서관계의 영향이 많이 남아 있는 것으로 생각된다.

참여자: 남편이랑 엄마랑 둘만 같이 있으면 되게 불편해 보여요. 소파 양쪽 끝에서로 멍하니 앉아서 텔레비전을 보는 상황 자체가 약간 꿔다 놓은 보릿자루 같은……. 우리는 예의로라도 시어머니한테, 시댁어른한테 얘기를 하는데 그런 교육을 못 받은 건지……. 어떻게 그렇게 대화를 안 하는지가 이해가 안 돼요. 딴 건 필요 없고 말이라도 좀 싹싹하게, 무슨 일이 있으시냐고 좀 가까워졌으면 좋겠는데, 시간이 지나면 가까워질 줄 알았는데, 전혀……. 그냥 둘이 이렇게 평행선을 그리면서 가고 있는 듯한 그런 느낌…….

(3) 친정엄마에게 정서의 중심이 기울어져 있는 나

연구참여자는 친정엄마에게 양육지원을 받게 되면서 친정엄마 쪽으로 정서의 중심이 더 기울어졌다. 이는 연구참여자가 옹서관계에서 남편보다는 친정엄마의 입장을 더 많이 생각하게 되는 이유가 되고 있었다.

참여자: 우리 신랑도 불만이 있겠죠. 없을 수가 있겠어요? 그렇지만 얘기한다고 어쩌겠어요. '장모님이 나한테 그 얘기해서 정말 서운했어.'라고 나한테 얘기하면 어쩔건데. 우리 엄마나 되니까 자기를 그렇게(안쓰럽게) 생각해서 참고 사는 거죠.

(4) 친정엄마의 마음을 불편하게 하는 남편에게 섭섭하고 화가 남

연구참여자는 남편의 태도 때문에 친정엄마의 마음이 불편해지는 것이 못마땅하였다. 남편이 친정엄마에게 어떤 것 때문에 불편한 것인지 연구참여자에게 속시원히 말해 주지 않아 눈치를 살펴야 하는 것도 답답하고 화가 났다.

> 참여자: 근데 참 그런 게, 그렇게 (부모님이) 잔소리를 해도, 듣기 싫은 내색을 하는 것도 아니고, 저한테 너희 아빠 왜 그러냐 그런 얘기 하지도 않고, 그렇다고 그런 잔소리를 하면, 잔소리한 대로 고치지도 않아요. 그냥 한 귀로 듣고 한 귀로 흘리나 봐요. 아빠가 일찍 일어나라고 잔소리 많이 해도 일찍 일어날 생각을 전혀 안 해요. 근데 그런 얘기를 해도 항상 그래요. 똑같이…….
>
> 참여자: 저희 남편이 표현을 많이 하는 편이 아니에요. 그래서 제가 느낌이나 정황을 봤을 때, '엄마에 대해서 그렇게 생각하는 게 아닐까?' 생각해야 하는 거죠.

2) 구성요소 2: 이리저리 부딪히다 옹서관계에 눈을 뜨게 됨

연구참여자는 친정엄마와 남편이 작은 일에서 부딪히면서 불편해 하고 있다는 것을 발견하였다. 연구참여자는 점차 친정엄마가 남편에게서 마뜩잖은 모습을 보고 있다는 것을 깨달았다. 그런 남편의 모습은 연구참여자에게는 전혀 아무렇지 않은 모습이지만, 친정엄마 보기에는 '딸을 고생시키는 사위'의 모습으로 보이면서 마뜩잖게 생각하게 된 것이다.

두 사람이 부딪히고 있는 또 다른 이유로는 남편과 친정엄마는 서로 다른 환경에서 살아왔다는 점이다. 이 두 사람은 갑자기 결혼을 통해 부모-자식으로 맺어졌다. 장성한 자식과 부모의 낯선 만남이 두 사람을 부딪히게 하고 있었다. 두 사람은 살아온 환경이 다르다 보니 언행의 맥락에 대한 이해의 부족으로 서로의 진심을 잘 읽지 못해 오해를 빚고 있었다.

연구참여자는 두 사람이 생각지도 못한 불편함을 나타내자 어찌할 줄을 몰라했다. 연구참여자는 두 사람 모두를 잘 이해하고 있는 자신이 두 사람의 관계를 불편하지 않게 하기 위해 자신의 역할이 바뀌어야 할 것이라는 생각을 하게 되었다.

〈표 16-3〉 구성요소 2 – 이리저리 부딪히다 옹서관계에 눈을 뜨게 됨

구성요소	학문적 용어로의 전환	주 제
이리저리 부딪히다 옹서관계에 눈을 뜨게 됨	남편에게서 마땅치 않은 모습을 보는 친정엄마	자신만큼 딸에게 잘해 주지 않는 것 같은 남편이 못마땅한 친정엄마
		사위가 예뻐 보이지는 않음
		사위가 딸에게 하는 태도가 못마땅함
		이혼하겠다는 딸을 말리지는 않음
	서로 다른 환경에서 살았던 장성한 자식과 부모의 낯선 만남	엄격한 예의를 따지는 친정과 자유분방한 시댁
		정리정돈을 중시하는 친정과 그렇지 않은 시댁
		성품이 너무나 다른 양가 부모님
		양육 방식이 다름
		너무 다른 엄마를 마주친 남편
		가족관계가 너무 친밀한 친정과 소원한 시댁
		둘 다 스트레스 받음
	진심을 읽지 못해 오해가 빚어짐	친정엄마의 말을 오해한 남편이 서운해 함
		낯설어하는 남편의 행동을 뚱한 것으로 받아들인 친정엄마
		친정엄마의 스타일이 익숙해지지 않은 사위에게 친자식 대하듯 함
		친정엄마가 자신을 싫어한다고 오해하는 남편
		남편이 자신을 싫어한다고 느끼는 친정엄마
		드러나는 말투와 태도에서 오해가 빚어짐
	중간에서 갈팡질팡함	예상치 못하게 맞닥뜨린 불편한 관계에 당황스러워진 나
		친정엄마와 남편 사이에서 눈치를 보게 됨
		친정엄마와 남편 사이에서 내 역할을 생각해 본 적 없음
		친정엄마와 남편 사이에서 어떤 역할을 해야 할지 모르겠음
		갈등이 빚어질까 봐 조바심을 냄
	내 역할의 방향성 찾기에 나섬	주변 사람에게 조언을 구함
		문제해결을 위해 관련 책을 읽음
		부부간의 대화를 많이 함
		다른 사위들이 인터넷에 올린 글을 읽으며 남편의 입장을 떠올려 봄

(1) 남편에게서 마뜩잖은 모습이 보이는 친정엄마

친정엄마는 남편이 연구참여자를 살뜰히 아껴 주기 바랐지만 그 기대에 너무 못 미치는 남편의 태도가 너무 못마땅했다. 친정엄마는 연구참여자를 고생시키는 남편이 밉기까지 했다.

참여자: 엄마가 남편을 애 같다고 말씀하세요. '그걸 이해해 주면 되지.' 하면서…….

참여자: 저도 암 수술을 해 가지고 좀 안 좋아요. (중략) 또 멀쩡하게 산다 싶었더니 작년에 무릎 또 부숴 놓고 하니까는……. (중략) 엄마가 남편한테 그 섭섭함은 있는 것 같아요. 딸이 이렇게 힘든데 이걸(집안일) 좀 같이 나눠서 하면 좋을 텐데라는……."

(2) 서로 다른 환경에서 살았던 장성한 자식과 부모의 낯선 만남

연구참여자에게 매우 다른 환경에서 살았던 두 사람이 가족이라는 이름으로 묶여졌다는 것이 보이기 시작했다. 생활 방식, 양육 방식, 부모를 대하는 태도가 매우 달랐던 부모와 사위가 하루아침에 가족이 되었던 것이다. 이러한 차이가 두 사람 사이의 거리감으로 이어지고 있었다.

참여자: 저희 집은 예절도 엄격하게 지키기를 원하시고 신발도 들어올 때 정리되어 있어야 하고 어른들 앉기 전에 앉으면 안 되고 이런 걸 따지시는데 저희 남편이나 엄마, 시댁은 그런 게 없어요. 저희 엄마 같은 경우에는 뭐가 떨어져 있는 것도 못 보시고 되게 깔끔한데, 시어머니는 안 그러세요. 되게 자유분방하셔서 다 어질러 놓고 나중에 치우는 스타일이고……. 그러니까 남편이 또 그걸 그대로 받았으니까 치우고 그러는 거에 약간 차이가 있어요. 근데 저희 아빠는 처음에 그게 좀 납득이 안 되신 거예요. 눈에 뭐가 보이면 어디에 정리해야 하는 스타일이시니까…….

(3) 진심을 읽지 못해 오해가 빚어짐

갑작스레 가족이 된 친정엄마와 남편은 내포된 상대방의 진심을 읽지 못하고 드러난 행동과 말투만 보고 서로에 대해 오해를 하게 되었다.

참여자: 우리 엄마 같은 경우는 보드랍게 얘기하면 좋은데 우리 엄마는 다혈질이라 짜증 나게 얘기를 하는 경향이 있단 말이에요. 그걸 사위한테 해 버리니까 사위는 너무 놀라지. (중략) 말 없으신 엄마 밑에서 자랐으니까. (중략) 이 사람은 자기를 혼내고 있다고 느끼는 거예요. 그니까 딱 화가 나는 거지. (중략) 그니까 그 앞에서 뚱해 가지고 "네." 하고 들어가 버려. (중략) 그럼 엄마가 보기엔 저게 내 말 듣기 싫어서 피한다고, 나를 싫어하는

구나 이렇게 생각하는 거지.

(4) 중간에서 갈팡질팡함

연구참여자는 친정엄마와 남편 사이에서 눈치를 보면서 어찌할 줄을 모르게 되었다. 왜냐하면 이 모든 일이 전혀 예상 밖의 일이었기 때문이었다. 고부관계나 그 관계에서 남성의 역할에 대해서는 다양한 매체나 삶 속에서 듣고 보아 와서 익숙했지만, 친정엄마와 남편의 관계나 그 사이에서 연구참여자의 역할에 대해서는 들어본 적도 없고 생각해 본 적도 없었다. 이와 같은 연구참여자의 진술에서 옹서관계가 의미 있는 관계로 우리 삶 속에 등장한 것이 최근의 일이라는 것과 이에 대한 정보가 부족함을 파악할 수 있다. 그리고 옹서관계에 대해 이해가 부족했던 것은 고부관계에서 남편이 경험했던 것과 동일한 경험으로 나타났다(박소영, 2010; 배선희, 김순옥, 2001).

참여자: 내가 (중간에서) 뭘 해야 된다 그런 거는 전혀 생각을 못했어요. 근데 보니까 중립이라고 해야 하나? 어디도 갈 수 없는 거 같아요. 엄마 아빠 편이 되어서 그럴 수도 없고. 신랑편을 들어서 "이렇게 해." 하면서 어느 한 쪽을 따를 수도 없고…….

(5) 내 역할의 방향성 찾기에 나섬

연구참여자는 친정엄마와 남편 사이에서 자신의 역할이 필요함을 깨닫게 되면서 역할의 방향성을 찾으려고 애를 썼다. 주변 사람의 조언도 듣고, 문제해결을 위해 책도 읽고, 인터넷의 글을 읽으며 남편의 입장과 견주어 보기도 하였다. 연구참여자 H는, 신혼초기에 유학생활을 하면서 부부만의 문제해결방법을 터득해 두었던 것이 연구참여자의 역할을 찾아가는 데 큰 도움이 되었다고 진술하였다. 이는 Carter와 McGoldric(1988)이 신혼부부단계에서 부부간 협력의 중요성을 강조한 것과 일맥상통하는 내용이라 하겠다.

참여자: 외국에서 2년 정도 살 때 딱 둘밖에 없었잖아요. 무슨 문제가 오든 둘이 해결해야 했었으니까. 딱 신혼 때 그런 것이 저희한테 습득이 잘된 것 같아요. (중략) 그런 환경이 우리를 친밀하게 하고 대화를 더 많이 하게 했

던 것 같아요. 시간이 많으니까……. 그래서 지금도 대화를 많이 해요. 부부간에 문제가 생기면 (중략) 그런 걸 쌓아 두지는 않아요. 그런 관계에서 오는 문제는 얘기를 다 잘하는 편이지요.

3) 구성요소 3: 자기중심적이었던 시야가 확장됨

연구참여자는 친정어머니에게 살갑게 대하지 않는 남편을 원망하기만 하다가 점차 남편의 입장에 눈을 돌리기 시작했다. 며느리인 자신의 입장에서 사위인 남편의 입장을 떠올려 보게 되었고 친정에서 남편의 사위 입지도 걱정되었다. 미묘한 오해가 쌓여 불편해진 친정어머니와 남편 사이에서 연구참여자는 서로에 대해 '설명자'의 역할을 하기 시작했다. 낯선 사람들이 결혼으로 가족이 되다 보니 서로에 대해 충분한 이해가 부족했다는 깨달음에서 비롯된 역할이었다. 점차 연구참여자의 남편에 대한 이해가 증가하면서 친정 어머니에 대한 시각도 바뀌기 시작했다. 서로 다른 두 사람의 입장을 고려하며 가족관계가 원만하도록 애쓰다 보니, 누구보다 편하고 좋았던 가족 안에서 연구참여자는 외로움을 느끼게 되었다.

(1) 남편의 신발을 신어 봄

연구참여자는 원망과 답답함의 대상이기만 했던 남편이 입장에 눈을 돌리기 시작했다. 자기 부모보다 처부모와 함께 보내는 시간이 많아 남편의 마음 한 켠이 아릴 것도 같고, 시어머니와 다른 친정엄마의 성격 때문에 남편이 속상했을 일도 많았으리라 짐작하게 되었다. 게다가 불편한 점을 속시원히 드러낼 수 없었기 때문에 더 힘들고 외로웠을 것 같은 남편의 마음을 바라보게 되었다.

참여자: 실제 들어와서 살면서 100가지 안 좋은 점이 있다면, 자기는 거기에서 한 10가지밖에 고려하지 못하고 들어왔을 거라고 생각해요. 나머지 90은 때려맞고 인제 속상했겠죠. 자기 혼자……. 그리고 어쩔 때는 신랑이 가족 안에 들어오고 싶어할 거 같다고 생각이 들어요. 좀……. 제가 봐도 남같이 겉돌 때가 있거든요. 그러면 그러고 싶지 않을까 생각해요.

(2) 며느리 입장에서 사위인 남편을 이해하게 됨

연구참여자는 며느리된 입장에서 사위인 남편을 이해하기 시작하였다. 며느리로

〈표 16-4〉 구성요소 3 – 자기중심적이었던 시야가 확장됨

구성요소	학문적 용어로의 전환	주 제
자기 중심적 이었던 시야가 확장 됨	남편의 신발을 신어 봄	남편이 떨어져 있는 부모님 생각으로 마음이 불편할 수 있음을 알게 됨
		자기 부모보다 친정부모와 보내는 시간이 많은 남편이 안쓰러워짐
		친정엄마의 단점을 알기 때문에 남편 입장이 이해됨
		내색하지 못해 더 힘들고 외로웠을 남편
	며느리 입장에서 사위인 남편을 이해하게 됨	사위로서 서운한 경험을 한 남편이 같은 며느리 입장에서 통쾌함
		아무리 잘해 줘도 장모를 친엄마처럼 느낄 수는 없음
		매사에 처가를 의식해야 하는 남편
		처가 식구 앞에서 지적당하면 자존심 상할 남편
	남편의 사위 입지가 걱정됨	다른 사위들은 떨어져 지내기 때문에 단점이 덜 보임
		다른 사위들은 립서비스를 잘함
		다른 사위들 때문에 남편의 진가가 가려짐
		내가 나서서 맏사위의 입지를 굳히려고 함
	두 사람 사이에서 설명자가 됨	친정엄마가 중요하게 생각하는 부분을 미리 남편에게 언질을 줌
		다른 집에서 다른 방식으로 커 온 자식임을 설명
		사위를 바꾸려고 하면 안 됨을 설명
		친정부모님의 이해를 구함
		남편이 조금 더 친정부모님께 신경 쓸 것을 요구함
		미리 서로에게 정보를 줌
		양쪽에서 불편해 하는 게 발견되면 중간에서 내가 나서서 풀어 줌
		남편 행동에 대한 부연 설명을 곁들임
		남편의 성장배경을 설명함
		내가 중간에서 상대편의 진심을 전달함
	정서의 중심이 남편에게 기울어 감	남편이 친정부모님에게 예뻐 보였으면 좋겠음
		남편이 드러내진 않지만 친정엄마에 대한 따뜻한 마음이 있음을 알게 됨
		친정엄마에겐 사위의 나쁜 모습을 들켜서도 안 됨
		남편이 잘한 것만 얘기함
		친정엄마한테는 좋은 얘기만 해야 함
		친정엄마가 남편에게 싫은 소리하는 게 듣기 거북해짐
		남편이 친정엄마에게 마음을 표현할 기회를 만들어 줌
		남편의 편이 되어 줌
	친정엄마를 새롭게 보게 됨	내가 결혼했어도 친정엄마 눈에는 여전히 여린 자식
		내가 남편에 대해 느끼는 불만의 수준보다 갑절 이상 힘들 것이라 생각하는 친정엄마
		지금은 시어머니만큼 신경 써야 하는 친정엄마
	가족 안에서 외로운 나	딱 중간인 나
		중간역할하며 사는 게 좀 피곤함
		하소연할 수 있는 엄마가 사라짐
		남편에게도 친정에 대해 모두 말할 수 없음

서의 경험이 깊어 가면서 남편의 입장을 이해하게 된 것이다. 아무리 잘해 줘도 장모는 친엄마가 될 수 없고, 매사에 처가를 신경 써야 하고, 대놓고 불만을 터뜨릴 입장이 안 되는 남편을 이해하게 되었다. 그리고 연구참여자가 시부모님에게 느끼는 것처럼, 친정부모님이 온다 하면 남편도 집안 청소상태와 먹거리를 점검하는 모습에 동질감도 느껴졌다. 그리고 처가식구 앞에서 지적당하면 자존심 상할 것 같은 남편의 입장도 고려하게 되었다.

참여자: 남편 입장을 한 번 생각해 보게 됐죠. 제가 시댁에 가도 저희 엄마가 아무리 잘해 주셔도 시댁이기 때문에 불편함이 있는데, 남편도 분명히 그게 있을 거거든요.

(3) 남편의 사위입지가 걱정됨

다른 사위들보다 상대적으로 살갑지 않은 남편 때문에 사위들 사이에서 남편의 입지가 걱정되었다. 연구참여자는 다른 사위 사이에서 남편의 입지가 어려워질 수 있음을 우려하여 자신이 직접 나서서 남편의 입지를 만들어 가겠다는 의지를 가지고 다방면의 노력을 기울이고 있거나 계획하고 있다. 이러한 특성은 고부관계에서 남성의 역할에서는 나타나지 않는 특성으로, 여성이 가족 내에서 가족관계를 맺고 유지하고 확대해 가는 역할을 주로 하기에 생겨날 수 있는 독특한 특성으로 보인다(Steinbach, 2008; Willson et al., 2003; Diane, 1996).

참여자: 사위가 셋이라 비교가 될 수밖에 없잖아요. 둘째가 립서비스 잘하거든요. 그런 사람 하나 껴 버리니까 상대적으로 살짝 비교되서, 엄마가 셋이 왔을 때 "네가 봤을 때도 그렇지 않냐?" 그러시더라고요. 큰사위랑 막내사위는 제가 봐도 보통의 남자보다 센스가 높아요. 싹싹하고 눈치 빠르고 센스 있고……. 우리 신랑도 그렇게 센스 없는 성격 아닌데, 둘 사이에 끼니까……. (중략) "엄마 어떤 점에서 그런거 같아?" 이렇게 물어봤어요. 정말 상담하듯 물어봤거든요. (중략) 아무튼 속상해요.

(4) 두 사람 사이에서 설명자가 됨

연구참여자는 친정엄마와 남편 사이에서 오해에 따른 거리감을 줄이기 위해 서로에 대한 정보를 설명하거나 상황에 대해 미리 언질을 주어 서로를 이해하도록 도와주었다. 친정엄마나 남편에 대한 행동을 설명하면서 중간에서 행동에 담긴 진심을 전달하는 역할을 하기 시작했다.

참여자: 이제 서로 표현하는 게 너무 방법이 다르니까 내가 말을 해 줘야 하는 거죠. 이건 이래서 이런 거고, 계속 얘기를 해 줘야 하는 거죠.

(5) 정서의 중심이 남편에게 기울어 감

연구참여자는 친정엄마의 입장에서 남편의 태도를 보며 달갑지 않게 느꼈었다. 그런데 남편의 입장을 이해하고 남편의 진심을 느끼게 되면서 남편의 편이 되어 가고 있었다. 친정엄마가 남편에게 듣기 싫은 소리를 하는 것이 거북해졌다. 연구참여자는 친정엄마에게 예쁨받는 남편이 되게 하려고 친정엄마의 마음에 드는 행동을 하도록 구체적인 방법을 알려 주거나, 친정엄마가 마음에 들어 하실 내용만 전달하는 등 무던히 애를 쓰게 되었다.

참여자: 저희 아빠가 저한테 잔소리하는 거 들으면서 제가 불편하니까 불현듯 신랑이 의식된 거 같아요. 우리 아빠가 하는 요런 거, 요런 거가 신랑이 불편하겠다는 생각이 딱 들더라고요. 그러면서 엄마 아빠가 신랑한테 하는 말을 들으면서 '하아~' 하는 이런 생각……. 그냥 내가 모른 척하는 것처럼 (부모님도) 그냥 모른 척하지 그런 때도 있고…….

(6) 친정엄마를 새롭게 보게 됨

옹서관계에서 여러 일을 겪으며 연구참여자에게는 마냥 편하고 좋기만 했던 친정엄마가 다시 보이기 시작했다. 결혼한 이상, 친정엄마는 연구참여자의 생활을 매사에 남편과 연관지어서 해석할 것이고, 그렇기 때문에 친정엄마는 시어머니 못지않게 신경 써서 대해야 하는 관계가 되었다.

참여자: 예전에는 가장 편한게 엄마였는데 이젠 그렇지 않아. 만약에 내가 혼자 살았다면 (엄마가) 잔소리를 하나마나 그랬겠지만, 내가 결혼을 하고 나니까 내가 잔소리를 덜 듣는 게, 잘사는 것처럼 보이는 게 그게 효도인 것

> 같고 서로서로 편할 수 있는 것 같고……. 시어머니랑 별 다를 바가 없구만 그런 생각 들고……."

(7) 가족 안에서 외로운 나

친정엄마와 남편의 입장을 동시에 헤아리게 되면서 연구참여자는 친정엄마에게도, 남편에게도 마음을 툭 터놓기 어려워졌다. 그것이 친정엄마와 남편 사이에 좋지 않은 영향을 끼치기도 하고, 친정엄마가 연구참여자 자신보다 훨씬 더 속상해하는 것을 깨닫고 난 다음부터는 그럴 수 없게 되었다. 마찬가지로 남편에게도 친정엄마나 친정에 대한 이야기를 함부로 할 수 없게 되었다. 연구참여자는 가장 가깝게 지내던 가족 안에서 외로움을 느꼈다.

> 참여자: 처음에는 엄마한테 편한 대로 다 얘기했었는데 그러면 안 되겠더라고요. 남편한테도 편한 대로 했는데, 남편이 가장 편한 상대여야 하는데, 관계가 편하려면 결국 그렇게 마냥 편하게 얘기해서는 안 되겠더라고요. 남편한테도 가족에 대한 얘기를 처음에는 이래저래 하다가, 아, 안되겠구나 싶어서 친정에 대한 얘기를 조금 조금씩 안 하게 되고……. 마냥 편할 수 있는 사람은 아무도 없는 거 같아요.

4) 구성요소 4: 가족관계에 대한 새로운 눈을 갖게 됨

연구참여자는 예상 밖의 옹서관계에서 경험한 가족관계의 역동 속에서 가족관계와 자신에 대해 새로운 눈을 갖게 되었다. 친정엄마와 남편, 연구참여자 모두가 애쓰고 노력하며 점차 서로에게 익숙해져 가고 있었다. 연구참여자와 친정엄마는 적절한 정서적 거리를 찾게 되었다. 연구참여자는 자신을 화나게 했던 남편의 말 없음이 가족관계를 유지하게 하는 과묵함이었음을 새롭게 느끼게 되었다.

(1) 서로를 인정하고 수용하려고 노력하는 친정엄마와 남편

친정엄마는 '사위도 자식'이란 생각에 친자식 대하듯 남편을 대했다. 그러나 친정엄마나 남편 모두 다양한 시행착오를 겪으며, 가족이긴 하지만 사회조직처럼 일정한 격식을 가져야 하는 관계임을 알게 되었다. 그러한 깨달음과 노력으로 친정엄마도 남편의 진심을 느끼게 되었고 있는 그대로의 모습을 수용하려고 애썼다. 남편

〈표 16-5〉 구성요소 4-가족관계에 대한 새로운 눈을 갖게 됨

구성요소	학문적용어로의 전환	주 제
가족 관계에 대한 새로운 눈을 갖게 됨	서로를 인정하고 수용하려고 노력하는 친정엄마와 남편	친정엄마에게 자식이지만 어려운 자식인 남편
		서로 평생 손님일 수밖에 없음
		내 자식은 가르치기 쉬워도 사위는 그것이 어렵다는 걸 알게 된 친정엄마
		친정엄마가 남편에게서 좋은 점을 찾아냄
		친정엄마가 남편을 품어 안음
		친정엄마의 기대에 부응하고자 노력하는 남편
		만족스럽진 않지만 익숙해짐
		가족도 사회조직처럼 서로에게 신경 쓸 필요가 있음
		친정엄마가 남편의 진심을 느끼게 되면서 마음이 조금씩 누그러짐
	정서적 중심의 균형을 잡아 감	친정엄마가 나의 부부관계에서 한 발 비켜남
		친정엄마가 남편에게 서운하다 느끼면 같이 맞장구만 쳐 줘서 서운한 감정을 내 선에서 끝냄
		남편과 친정엄마에게 서로가 서운해하는 감정은 전달 안 함
		내가 먼저 일부러 남편이나 친정엄마의 흉을 심하게 봄
		친정엄마와 거리를 두려고 노력함
	관계에서 성숙해짐	고부간 남편역할과 옹서 간 아내 역할의 본질은 별반 다르지 않음
		옹서 사이에서 나의 역할이 양적으로 더 많음
		지나치게 한 편으로 쏠리지 않기
		중간역할이 피곤하지만 모두 행복하게 살려면 해야 하는 역할
		고부간 남편의 역할보다 더 많은 순간 많은 역할을 해야 함
		남편이 잔소리 안 듣도록 더 바지런해짐
		서로 마음에 안 들어 하는 부분이 있을까 봐 중간에서 계속 신경 씀
		옹서갈등은 잘 드러나지 않아 더 신경 써야 함
	남편의 과묵함이 새롭게 다가옴	과묵함이 마음에 들어 결혼함
		살아 보니 과묵함이 답답함이 됨
		과묵함이 아니라 둔함
		무탈하게 살 수 있는 이유가 됨
		참고 인내하는 속 깊음

역시 연구참여자를 아끼고 사랑해 주기를 원하는 친정엄마의 기대에 부응하고자 노력하였다.

참여자: 지금은 저희 엄마가 더 보듬어 주시는 거 같아요. 저희 남편이 좀 안된 면이 많은 거 같아요. 집에서도 큰아들이라고 해야 될 의무와 책임도 많고, 그래서 저희 엄마가 그런 걸 다 보고 안아 주시는 그런 사이가 된 거 같아요.

참여자: 시어머니 성격 때문에 내가 힘들 거라는 걸 남편도 알아요. 그래서 이제 시댁에 갈 일을 좀 줄인다든가 그렇게 해 주죠. 그리고 그때 한 번은 남편이 그러는 거예요. 나는 장인 장모님도 나한테 부모님이고 우리 엄마 아빠도 부모님이라고. 그 말이 되게 고마웠어요.

(2) 정서적 중심의 균형을 잡아 감

친정엄마는 양육지원 때문에 본의 아니게 연구참여자의 삶에 깊이 관여하게 되었다. 그러나 그것이 연구참여자의 삶에 도움이 되는 일이 아님을 깨달았다. 그래서 연구참여자의 부부관계에서 한 발 비켜서게 되었다. 연구참여자 역시 친정엄마와 남편 사이에서 서로가 서운해 하는 감정만 공감해 줄 뿐, 이전처럼 자신이 느끼는 불만을 말하지 않게 되었다. 오히려 두 사람이 불편해 할 것 같으면 연구참여자가 더 먼저 나서서 상대편에 대한 흉을 심하게 보는 것으로 두 사람의 불편함을 가라앉히기도 하였다. 더불어 연구참여자는 그간 지나치게 친정엄마와 가까웠음을 깨닫고 물리적 · 시간적인 거리 두기를 시도하였다.

참여자: 내가 먼저 하니까……. 하하……. 나는 같이 신랑 욕을 하는 편이거든요. 내가 더 신랑에 대해서 더 심하게 욕을 하면, 두 분이 조금 더 욕할 게 있다가도 내가 막 "아, 짜증 나. 같이 살기 싫어. 이혼하면 내가 손해야? 저 사람이 손해지." 그러면 "야, 그런 소리하지 마라. 그럴 수도 있지." 그러면서 엄마가 "그래도 그만한 신랑 없다. 그런 소리하지 마라." 그러죠.

(3) 관계에서 성숙해짐

연구참여자는 이제 친정엄마와 남편 사이에서 자기가 취해야 하는 입장을 잘 알게 되었다. 고부간에서 남편이 일정한 역할을 해야 하듯, 친정엄마와 남편 사이에서도 자신이 해야 하는 역할이 있다는 것을 알게 되었다. 그러나 자신의 역할이 고부간의 남편 역할과는 약간 다르다는 것도 깨달았다. 친정엄마와 남편의 갈등은 고부갈등처럼 눈에 띄는 것이 아니어서 연구참여자가 예민하고 세심하게 신경 써야 했다. 그리고 남편과 연구참여자는 성역할의 차이가 있기 때문에 고부관계에서 남편보다 훨씬 더 바지런하게 신경을 쓰고 많은 역할을 해야 함도 알게 되었다. 연구참여자가 새로운 역할을 깨닫게 되기까지 적지 않은 난관이 있었다. 그러나 친정엄마와 남편이 서로에게 느끼는 불만을 연구참여자에게 강하게 제기하지 않고 참아 준 노력은 연구참여자가 옹서관계 속에서 자신의 위치를 찾으며 성숙해져 가는 데 큰 도움이 되었다.

참여자: 사위하고 엄마의 갈등은 눈에 보이지 않아요. 둘 다 말을 안 하니까. 그러니까 더 신경 쓰이죠.

참여자: 제 역할이 한쪽으로 쏠리면 (다른) 한쪽이 상할 수밖에 없겠더라고요. 그래서 좀 중립적인 역할을 좀 잘해야 할 것 같아요. 힘들지만……. 그리고 남편하고 따로, 엄마하고 따로 각각 딸이 좀, 뭐라 그럴까……. 얘기도 많이 해야 할 거 같아요. 솔직히 피곤할 수 있는 일인데 해야 한다고 생각해요. 모두 잘살려면……."

(4) 남편의 말 없음이 과묵함으로 새롭게 다가옴

연구참여자는 이 모든 시기를 거치며 남편이 말이 없는 것에 대하여 새로운 해석을 하였다. 연구참여자는 남편이 말이 없었던 것이 과묵해 보여 결혼하였다. 그러나 연구참여자가 남편과 생활하다 보니 남편의 말이 없는 것이 답답하였고, 꼭 해야 할 중요한 말도 안 하는 상황이 되었다. 그렇게 되어 남편의 말 없음이 가족관계를 어렵게 하였다. 그러나 연구참여자는 불편함을 주었던 남편의 말 없음 때문에 부대끼는 과정을 무사히 넘길 수 있었다는 마음이 들었다. 그리고 연구참여자는 남편의 말 없음은 속 깊은 과묵함에서 우러나는 것이라고까지 느끼게 되었다.

참여자: 제가 그나마 같이 사는 거는 저희 신랑이 말이 별로 없어서예요. 수다스런 거보다 말 없는 게 낫다 싶어 결혼했거든요. 근데 막상 결혼하고서 말을 너무 안 하니까, 말이 너무 없어서 화 난다고, 꼴 보기 싫다고, 정말 옛날로 물러갔으면 좋겠다고 그랬어요. 우리 엄마도 신랑이 말이 없어서 답답해 하면서도 또 한편으로는 듬직해 하는 거 있어요. 무던하다고……. 속이 깊은 거 같다고…….

V. 결론 및 제언

이 장의 목적은 딸이자 아내인 여성이 옹서관계에 대해 경험을 파악하여 변화하는 가족구조에 대한 풍부한 이해를 바탕으로 옹서관계에 대한 접근방향을 찾고자 함이었다. 이 장의 결론은 다음과 같다.

첫째, 연구참여자는 결혼 이후 자신의 역할이 확대 · 변화되어야 함을 충분히 인식하지 못했다. 아내와 딸 중 한쪽 측면만 강조되는 역할이 아닌 옹서의 관계를 융화할 수 있는 역할이 필요함을 간과했던 것이다. 특히 이 장에서는 연구참여자가 친정엄마에게 양육지원을 받고 있었기 때문에 더더욱 딸의 역할에 치중할 수밖에 없었던 것으로 보인다. 이러한 연구참여자의 태도의 배경에는 남편을 손님처럼 받드는 친정엄마의 태도에 비해 친정엄마에게 무심한 듯 대하는 상반된 남편의 태도가 크게 작용하고 있었다. 이러한 연구참여자의 태도는 부부관계에 부정적 영향을 주는 악순환을 가져왔다. 이 같은 결과는 옹서관계에서 여성이 취하는 태도가 남편의 결혼만족도에 영향을 미친다는 선행연구의 결과와 일치하는 내용이라 할 수 있다(이명신, 김유순, 2005). 한편으로는 오혜정(2011)이 언급했듯 손님 같은 자세를 고수하려는 남편 태도의 변화 노력도 반드시 필요하리라 생각된다.

둘째, 연구참여자는 친정엄마와 남편 사이의 알 수 없는 불편한 분위기 때문에 눈치를 보면서 연구참여자가 친정엄마와 남편을 이해하는 만큼 두 사람이 서로에 대한 이해가 깊을 수 없다는 것을 깨달았다. 이를 통해 두 사람 사이에서 자신이 수행해야 할 역할이 존재함을 인식하였다. 이러한 결과는 고부관계에서 남성의 관계 인식 및 역할 찾기와 차이를 보이고 있다. 배선희와 김순옥(2001)의 연구에서 남성들은 고부 사이에서 어찌할 줄을 몰라 그냥 방관자로 남아 있기로 결정하는 경향이 짙은 것으로 나타났다. 이 같은 역할에 대한 인식의 차이는 오랫동안 남성보다 여성이 가족관계를 맺고 유지하는 데 많은 역할을 해 왔기 때문인 것으로 생각된다.

셋째, 연구참여자는 옹서관계에서 자신의 역할이 필요함을 인식하면서, 동시에 남편의 '사위' 역할과 친정엄마의 '장모' 역할에 대해서 새롭게 깨달았다. 며느리 입장에서 사위인 남편을 보게 된 것은 연구참여자가 남편의 감정을 살피게 되는 계기가 되었다. 이전에는 친정엄마에게 느끼는 연구참여자의 미안함과 죄송함이 사위로서 느끼는 남편의 감정을 덮어 버렸었다. 그러나 연구참여자가 사위인 남편이 느낄 다양한 감정을 살피게 되고, 남편에게 자신이 원하는 방식으로 친정엄마를 대하기를 강요하지 않고 남편의 의사표현 방식을 존중했던 것이 옹서관계와 부부관계를 원만하게 하는 데 도움이 되었다. 아울러 '장모'가 된 친정엄마에게 대하는 자신의 역할이 미혼인 시절과는 분명히 달라져야 함을 알게 되면서 친정엄마에게 남편의 진심을 전달하는 설명자의 역할을 한 것이 원만한 옹서관계를 유지하는 데 도움이 됨을 경험하였다.

넷째, 연구참여자와 친정엄마가 정서적으로 일정한 거리를 두는 것과 부부체계를 강화하기 위한 노력이 원만한 옹서관계 유지에 도움이 되고 있었다. 이러한 결과는 기혼여성의 원가족과의 정서적 분화 정도가 옹서관계에도 영향을 줄 것이라 유추했던 선행연구들과 일치한다(김은주, 서영희, 2007; 남순현 외, 2005; Peters, Hooker, & Zvonkovic, 2006).

다섯째, 연구참여자는 옹서관계를 통해 자신이 성숙해 감을 경험하였다. 연구참여자의 정서적 중심을 친정엄마에게서 남편에게로 이동해 가는 과정은 무수한 노력과 외로움, 자기 자신에 대한 도전의 연속이었다. 그럼에도 불구하고 연구참여자가 원만한 옹서관계를 위해 이 과정을 수용하면서 성숙해 가는 자신을 발견하게 되었다.

연구참여자의 경험은 결혼을 통한 가족관계의 확대는 인원수의 추가라는 단순한 물리적 확대로만 해석할 수 없음을 말해 주고 있다. 결혼은 가족관계의 완성이 아니라 관계의 성숙과정의 시작이며, 원가족과 새로운 가족 성원의 매개자가 되는 딸/아내는 가족관계의 성숙을 위한 자신의 역할을 분명히 인식하고 수행해야 할 필요가 있다고 말하고 있다. 예전에는 가장 편한 것이 친정엄마이고 가족이었지만, 지금은 제일 신경 써야 하는 관계가 가족이고, 나의 편안함만 찾으려고 하면 가족관계가 편안할 수 없다는 한 연구참여자의 진술이 이 장의 결론을 함축하는 것이라 할 수 있겠다.

이상 이 장의 결과를 토대로 다음과 같은 함의를 제시하고자 한다. 첫째, 옹서관계에 대한 이해와 정보를 지원할 필요가 있다. 연구참여자는 옹서관계에 대한 정보가 부족해서 생각해 본 적도 없는 역할에 맞닥뜨렸을 때 매우 당황했었다고 진술하였다. 이러한 점을 고려하여 다양한 매체를 통해 옹서관계에 대한 정보를 제공하고 경험을 나눌 수 있는 기회를 마련하는 것이 필요하겠다.

둘째, 기혼여성이 자신의 정서적 상태를 점검하고 자신의 역할을 이해할 필요가 있다. 연구참여자가 가족관계에서 어느 한쪽에 치우친 역할만 하였을 때, 옹서관계뿐 아니라 가족관계에 부정적인 역동이 생김을 경험하였다. 따라서 예비부부 프로그램 등에서 결혼을 앞둔 성인이 자신의 정서적 상태를 점검할 수 있는 영역을 강화하는 것도 필요할 것으로 생각된다.

셋째, 남편이 보다 적극적이고 솔직하게 자신의 생각과 감정에 대한 표현을 하는 노력이 필요하다. 이 장의 결과에서 나타나듯, 옹서관계에서 아내가 불편하게 여겼던 이유 중 하나가 장인과 장모에 대한 남편이 친밀감 표현의 부재였다. 따라서 남편도 옹서관계를 원만하게 하기 위해서는 자신의 의도적인 노력이 필요할 것이다.

이 장은 옹서관계에 대해 풍성한 이해를 얻고자 옹서 간 접촉점이 비교적 넓은 '친정엄마로부터 양육지원을 받고 있는 여성'을 대상으로 진행되었다. 이와 같은 연구참여자의 특성 때문에 친정엄마의 입장에 대하여 보다 긍정적인 방향으로 진술되었을 가능성이 높다. 반면 모든 연구참여자가 일관되게 남편이 말이 없어서 남편의 마음을 유추해야 한다고 진술하고 있다. 이러한 결과는 남편의 입장이 이 연구에 충분히 반영되지 못했을 가능성을 보여 주고 있다고 간주할 수도 있다. 아울러 어떤 형태의 도움이든, 처가로부터 도움을 받고 있다면 사위들의 입장은 위축될 수 있기 때문에 자유로운 의사 표현에 제약이 따랐을 가능성도 높다.

이와 같은 연구의 한계점을 보완하고 다각적인 옹서관계를 살피기 위하여 다양한 형태의 옹서관계에 대한 연구나 옹서관계의 당사자인 사위나 친정엄마를 연구참여자로 한 연구가 진행된다면, 옹서관계에 대한 더 폭넓은 이해를 보여 줄 수 있으리라 생각한다.

참고문헌

고선주(2004). 부모역할 전환 후 부모로서의 긴장감이 취업모의 결혼적응에 미치는 영향과 사회적 지지의 완충효과에 관한 연구. 한국생활과학회지, 13(5), 637-646.

고정자, 김갑숙(1993). 고부관계 연구에 대한 고찰. 한국가정관리학회지, 11(1), 235-247.

권순형(2009). 가족의 빅뱅. 경기: 서해문집. pp.193-212.

그것이 알고 싶다(2005. 12. 10.). 모계사회의 신 풍속, 장모 · 사위 갈등이 심상치 않다. 366회. SBS.

금성출판사 사전팀(2008). 국어사전. 서울: 금성출판사.

김미화의 U(2006. 4. 25). 백년손님은 옛말! 장모와 사위의 갈등. 92회. SBS.
김밀양(2004). 고부관계연구에 대한 이론적 고찰. 한국가족관계학회지, 9(2), 173-187.
김순옥, 김수진(2002). 결혼 초기 부부의 친족행동 대상 및 정도에 대한 연구. 생활과학, 5, 195-214.
김은주, 서영희(2007). 조부모의 손자녀양육실제에 관한 질적 연구. 아동학회지, 28(2), 175-192.
김주희(2009). 결혼초기 여성의 친족관계, 외동딸에 대한 사례연구. 가족과 문화, 21(4), 95-118.
김지영, 최상진(2003). 여성의 효심에 관한 질적인 접근 분석. 한국심리학회지: 여성, 8(1), 49-67.
남순현, 한성열(2002). 가족분화수준, 가족관계의 질 및 친밀감간의 관계. 한국심리학회지: 사회문제, 8(2), 33-49.
대한가정법률복지상담원(2007). 제8차년도 통계집. 서울: 대한가정법률복지상담원.
동아일보(2010. 7. 14.). 신 고부갈등, 처가스트레스로 이혼까지 고려하는 현대 남성들.
박소영(2010). 고부관계에서 남성의 역할에 관한 연구. 한국가족복지학, 28(4), 151- 186.
박영신, 김의철(2004). 한국인의 부모-자녀관계: 자기개념과 가족역할 인식의 토착심리탐구. 서울: 교육과학사.
방희정(2000). 한국 사회에서의 부모-자녀관계 특성에 대한 발달심리학적 탐색. 한국심리학회: 사회, 6(3), 41-65.
배선희, 김순옥(2001). 기혼남성의 고부관계 인식: 장남역할 남성을 중심으로. 한국가정관리학회지, 19(6), 51-66.
성명옥, 이혜라(2002). 시어머니가 지각하는 고부갈등이 제 가족관계에 미치는 영향. 노인복지연구, 18, 185-206.
신경림(2003). 현상학적 연구의 이론과 실제. 간호학탐구, 12(1), 49-68.
신수진(1999). 한국의 사회변동과 가족주의 전통. 한국가족관계학회지, 4(1), 165-192.
오혜정(2011). 장모-사위관계에서 사위가 지각하는 스트레스, 대처방법과 관계의 질. 인제대학교 석사학위논문.
유연지, 조현주, 권정혜(2008). 부부의 원가족특성과 고부 · 옹서갈등이 결혼만족도에 미치는 영향. 한국심리학회지: 여성, 13(4), 433-451.
윤사순, 안병철, 이재경, 정창수(2000). 동아시아 문화와 사상. 128-151.
이광자(1988). 우리나라 친족관계의 지속과 변화에 관한 연구: 도시 중산층 핵가족을 대상으로. 연세대학교 박사학위 논문.
이동원(1997). 도시주부의 관계망에 대한 조사(1): 시가 및 친가와의 관계를 중심으로. 이화여자대학교 한국문화연구원 논집, 52, 229-256.
이동원, 김현주, 최선희, 함인희, 김선영(2002). 한국가족의 현주소. 서울: 학지사.
이명신, 김유순(2005). 이혼사유별 이혼의향에 영향을 미치는 요인: 남녀 모델 비교. 여성연구, 35-91.

이숙현, 이세인, 김인지(2010). 기혼여성의 어려운 선택: 일, 직업적 성취, 그리고 모성. 한국가족관계학회지, 15(2), 107-132.

이혜자(2003). 시모의 고부갈등 유형화와 관련변인 연구. 한국노인복지학회, 19, 31-59.

정혜은, 진미정(2008). 취업여부에 따른 기혼여성의 둘째 자녀 출산 의도. 한국인구학, 31(1), 147-164.

조남욱(2009). 전통적 효와 현대적 효. 효학연구, 10, 89-114.

최샛별, 이명진, 김재온(2003). 한국의 가족관련 사회정체성 연구: 감정조절이론(ACT)의 수정 적용을 중심으로. 한국 사회학, 37(5), 1-30.

최정혜(2006). 맞벌이부부의 가족스트레스와 가족건강성. 대한가정학회지, 44(6), 47-58.

한경혜, 윤성은(2004). 한국가족 친족관계의 양계화 경향: 세대관계를 중심으로. 한국인구학, 27(2), 177-203.

한길연(2003). 소인형 장인이 등장하는 옹서대립담 연구. 고소설연구, 15, 277-315.

함인희(2000). 전보화와 가족생활의 변화. 여성연구논총, 15(1), 59-80.

홍현미라, 권지성, 장혜경, 이민영, 우아영(2008). 사회복지 질적 연구방법론의 실제. 서울: 학지사.

황광욱(2009). 동양철학콘서트. 서울: 두리미디어.

Agree, E. M., Biddlecom, A. E., & Valente, T. W. (2005). "Intergenerational transfers of resources between older persons and extended kin in Taiwan and the Philippines." *Population Studies, 59*(2), 181-195.

Carter, B., & McGoilrick, M. (1988). Overview: The changing family life cycle: A framework for family therapy. Boston: Allyn Bacon.

Chang, Y. H., Yi, C. C., & Lin, K. H. (2007). "Kin network and its effect on the psyhological well-being of the youth: The case of taiwan." *Journal of Comparative Family Study 69*(1), 19-37.

Diane, N. L. (1996). Adult child-parent relationships. *Annual Review of Sociology, 22,* 79-102.

Francis, K. M. (2009). A gradmother raising her grandchildren: A case study. Doctoral Dissertation of Northcentral University

Giorgi. A. (2004). 현상학과 심리학 연구(신경림, 장연집, 박인숙, 김미영, 정승은 공역). 서울: 현문사.

Johnston, D., & Swanson, D. (2006). Constructing the "Good mother": The experience of mothering ideologies by work status. *Sex Roles, 54,* 509-519.

Kerr, M. E., & Bowen, M. (2005). 보웬의 가족치료이론(남순현, 전영주, 황영훈 공역). 서울: 학지사.

Peters, C. L., Hooker, K., & Zvonkovic, A. M. (2006). Older parents' perceptions of ambivalence in relationships with their children. *Family Relations, 55*(5), 539-551.

Pillemer, K., & Suitor, J. J. (2002). "Explaining mothers' ambivalence toward their adult children." *Journal of Marriage and Family, 64*(3), 602-613.

Sabatelli, R. M., & Bartle-Haring, S. (2003). Family-of origin experiences and adjustment in married couples. *Journal of Marriage and Family, 65*(1), 159-169.

Steinbach, A. (2008). Intergenerational solidarity and ambivalence: Type of relationships in German families. *Journal of Comparative Family Studies, 39*(1), 115-133.

Suitor, J. J., Pillemer, K., & Sechrist, J. (2006). Within-family difference in mothers' support to adult children. *Journal of Gerontology, 61*(B), 510-517.

Voydanoff, P. (2004). "The effects of work demands and resources on work-to-family conflict and facilitation." *Journal of Marriage and Family, 66*(2), 398-412.

Willson, A. E., Shuey, K. M., & Elder, G. H. Jr. (2003). Ambivalence in the relationship of adult children to aging parents and in-laws. *Journal of Marriage and Family, 65*(4), 1055-1072.

Willson, A. E., Shuey, K. M., Elder, G. H. Jr., & Wickrama, K. A. S. (2006). Ambivalence in mother-adult child relations: A dyadic analysis. *Social Psychology Quarterly, 69*(3), 235-252.

제17장

이혼위기에 있는 부부에 대한 가족치료 다중사례연구

박태영 · 김선희 · 유진희 · 안현아

이 장은 이혼위기에 있는 세 부부의 갈등내용을 살펴보았으며, 부부갈등에 영향을 미치는 요인을 탐색하고 부부갈등에 대한 가족치료 개입방법과 치료자 개입의 효과성을 알아보는데 목적이 있다. 이 다중사례연구는 질적 자료를 분석하기 위하여 지속적인 비교분석, 개방코딩, Miles와 Huberman이 제시한 매트릭스와 네트워크를 사용하였다. 이 장의 결과, 부부갈등의 내용은 배우자에 대한 부정적 태도, 성생활의 문제, 의견불일치로 나타났으며, 부부갈등의 영향요인은 부부의 원가족과의 자아미분화와 원가족과 부부가 사용하는 역기능적 의사소통 방식이었다. 이혼위기에 있는 부부에 대한 가족치료자의 치료적 개입기술은 치료 목표를 설정하고, 문제를 심화시킨 시도된 해결책을 탐색하기 위한 과정으로 원가족 탐색과 과정질문을 사용하였으며, 내담자의 통찰력 강화 유도를 위하여 적극적 공감과 치료자의 자기개방, 구두점 찾기, 재명명(상대방 입장 대변)의 전략을 사용하였으며, 내담자의 행동을 변화시키기 위한 전략으로는 탈삼각화와 코칭을 사용하였다. 치료자 개입의 결과, 세 부부의 부부갈등은 배우자에 대한 긍정적 태도, 만족스러운 성관계, 의사소통 방식의 변화를 통해 완화되었다.

I. 서 론

우리나라에서 2010년에 발생한 이혼건수는 1만 800건으로 전년도의 7%가 증가하였으며(통계청, 2011), 이와 같은 이혼율의 증가는 부부갈등의 심각성을 보여 준다. 그런데 부부갈등은 가정생활의 여러 측면에서 배우자와의 사이에서 겪는 긴장된 상호작용이다. 부부는 성장한 배경, 인성적 특성 등이 다르므로 상호적응하는 데 어려움이 따른다(김경신, 조유리, 2000). 부부의 갈등은 부부간 대립과 불일치를 해결하기 위해 교환하는 부정적인 언어적 및 비언어적 상호작용이며, 언쟁, 신체적 싸움, 가출 등이 포함된다(Strauss, 1979). 부부갈등은 사소한 말다툼이나 긴장상태로 그치는 경우가 많으나, 경우에 따라 부부관계의 안정을 해치기도 한다(김민녀, 채규만, 2006). 부부갈등은 당사자는 물론 자녀에게 부정적 결과를 양산하여 가족에게 직·간접적 영향을 줄 뿐만 아니라 사회문제로까지 파급되기도 한다(이경희, 1997; 이영자, 장영애, 2002; 임수진, 최승미, 채규만, 2008; 천혜정, 김양호, 2007). 부부갈등에 따른 이혼은 가족해체에 이르도록 하며, 이를 경험한 남녀 모두의 육체적·정신적 건강과 삶의 질 수준을 열악하게 한다(박재규, 이정림, 2010). 부부의 갈등은 결혼만족도와 친밀감 감소, 결속력 파괴를 가져오고, 서로 화해를 시도하기보다는 회피하거나 공격하도록 한다.

부부갈등으로 이혼하는 부부는 자기중심적 성향, 소통 부족, 역기능적 의사소통, 갈등대처 능력 부족, 비현실적 기대, 역할행동문제, 애정 상실, 성적·정서적 친밀감 부족 등이 그 배경으로 작용한다(최규련, 2009). 특히 한국에서는 확대가족문화가 잔존하는 특성 때문에 원가족 요인이 부부갈등의 원인으로 나타났는데(임유진, 박정윤, 김양희, 2008; 하상희, 2007), 원가족의 정서적 체계와 기능은 부부갈등의 발생과 대처방법에 영향을 줄 수 있다. Murray Bowen의 가족체계 이론에 따르면, 원가족에서의 역할과 미해결된 정서 등이 배우자 선택과 결혼생활, 가족관계에 영향을 미치고 이것이 다세대로 전수된다고 하였다. 이는 원가족의 정서적 건강성이 부부의

제17장은 '한국가족치료학회지(2012). 제20권 1호, pp. 23-56.'에 게재된 논문임.

결혼만족과 안정성에 영향을 줄 수 있다는 것을 보여 준다(김경자, 2004). 또한 원가족에서의 자아분화는 대인관계상 상호작용 패턴에 영향을 가져오므로 성장기 원가족과의 관계가 결혼 후에 배우자와의 부부갈등에 영향을 미친다는 것을 강조하고 있다(김순기, 2001).

또한 부부갈등은 결혼만족도와 매우 높은 관련이 있는데, 부부갈등이 적을수록 결혼만족도가 높고 부부갈등이 많을수록 결혼만족도가 낮다(이선미, 전귀연, 2001). 결혼만족도에 대한 부부갈등의 영향력이 매우 크기 때문에 갈등을 해결하는 것이 부부관계를 강화시키는 밑바탕이 될 수 있다(천혜정, 최혜경, 강인, 2006; 한영숙, 2007). 이와 같은 문제를 해소하는 치료과정에 대한 구체적인 변화내용은 질적 연구가 효과적이며, 이혼위기에 있는 부부의 갈등에 대한 가족치료과정은 양적 연구방법의 패러다임만으로는 설명하기가 충분치 않으므로(김인숙, 2007), 부부의 갈등 완화를 도모하기 위한 가족치료의 진행구조와 맥락을 이해할 수 있는 심층적인 연구가 필요하다.

그러므로 이 장은 부부의 갈등문제를 접근하는 데 있어서 부부갈등이 남편이나 부인 어느 한 개인의 문제로 야기되는 결과가 아니라 가족체계 내에서 발생하는 역기능적 상호작용과 원가족으로부터 영향을 받은 결과로 본다는 가족체계적 관점을 바탕으로 이혼위기에 있는 부부의 갈등에 대한 가족치료적 개입을 질적 분석함으로써 그 과정과 효과를 파악하고 실천적 함의를 제시하고자 한다. 이를 위해 이 사례연구에서는 MRI의 상호작용적 가족치료 모델을 적용하여 이혼위기에 있는 부부의 시도된 해결책을 탐색하고자 하며, 또한 Murray Bowen의 가족체계 이론을 적용하여 원가족과의 분화문제에 접근하고자 한다.

II. 선행연구

1. 부부갈등 요인

이혼의 주된 사유는 성격차이에 따른 부부의 갈등으로 나타나는데, 결혼 기간 5년 미만의 부부에서 가장 많이 나타나고 있다(통계청, 2011). 실제로 5년 이상의 결혼생활을 지속하는 부부 역시 부부간에 성격차가 있는데, 이것이 필연적으로 부부갈등으로 연결되지는 않는다. 이는 부부의 성격차이 자체가 갈등을 낳는 것이 아니며,

성격이라는 개념 자체가 다차원적일 뿐만 아니라 성격차이에 관한 부부간 이해부족이 부부의 갈등을 높이고 가족해체를 초래하는 것이라고 할 수 있다(박경란, 이영숙, 2005). 대개 부부간 이해부족으로 부부갈등을 가져온 동기는 부부의 관계요인과 관련이 있다. 부부갈등의 요인은 개인적 요인(건강, 종교, 가치관, 취미 등), 관계요인(애정, 존경, 관계의 평등, 성적 관계, 의사소통, 역할기대, 친밀성, 자녀관계 등), 사회적 요인(지위, 소득 등)으로 크게 분류할 수 있으며, 이 가운데 부부의 관계요인이 가장 중요하다(Rice, 1979). 그런데 이러한 부부의 관계요인에 해당하는 요인 가운데 의사소통은 부부갈등의 핵심적 요인으로 보고되고 있다(박태영, 2005; 장미희, 전원희, 2008; Bodenmann, Kaiser, Hahlweg, & Fehm-Wolfsdorf, 1998; Ledermann, Bodenmann, Rudaz, & Bradbury, 2010). 부부갈등은 결혼생활의 질을 설명하는 지표이자 부부결합에 영향을 주는 요인이다.

2. 부부갈등과 부부간 의사소통

결혼생활의 질은 부부의 성격보다는 부부의 상호작용에 따라서 결정된다(박경란, 이영숙, 2005). 부부의 갈등으로 부부관계가 위기에 처해 있을 때 갈등의 정도와 크기보다는 그 갈등에 대한 부부의 생각과 반응이 중요하다(Ridley, Wilhelm, & Surra, 2001). 부부는 다른 대인관계보다도 친밀한 관계이므로 갈등이 생겼을 때 이를 해소하기 위한 적극적인 상호작용이 필요하다. 이러한 상호작용 중에서 부부간 의사소통은 부부의 갈등을 완화시키거나 증폭시키는 요인이 될 수 있다. 부부의 건설적 의사소통은 부부간의 결혼가치관 차이와 부부갈등 간의 관계에서 조절효과가 있어 부부갈등 완화에 도움을 주며(황민혜, 고재홍, 2010), 부부의 의사소통이 효율적일수록 부부간 스트레스와 갈등이 적은 것으로 나타났다(김진희, 김경신, 1998). 부부관계를 유지하고 향상시키기 위해서는 요구철회 의사소통과 상호회피적인 의사소통보다 상호건설적 의사소통의 부부의사소통이 요구된다(이인정, 2011). 부정적 의사소통은 부부간 욕구 차이나 오해를 초래하여 부부갈등을 커지게 할 수 있으므로 기능적 의사소통 방법을 통하여 부부갈등을 완화시킬 수 있다(허진자, 고재홍, 2008).

3. 부부갈등과 자아분화

원가족으로부터 자아분화 수준이 낮을수록 부부간에 갈등, 스트레스, 우울, 불안 등 역기능적 행동이 발생한다(Feigal, 1985; Garfinkel, 1980; Kear, 1978). 반면 자아분화 수준이 높을수록 개인 내적 통제가 잘되어 부부의 갈등 정도가 낮고(한영숙, 2007; Lim & Jennings, 1996; Nelson, 1987), 부부관계나 다른 의미 있는 관계에서 정서적 친밀감(MacCreaner, 1988)이 높고, 심리적 안녕감(Bohlander, 1999)이 높으며, 결혼안정성(전춘애, 1994)과 결혼만족도(MacCreaner, 1988)가 높았다. 이와 같은 선행연구는 원가족으로부터 자아분화 수준이 낮을수록 부부간에 갈등을 발생시킬 수 있다는 것, 자아분화 수준이 높을수록 부부관계가 원만하고 부부간에 적응이 잘된다는 것, 결혼만족도가 높아 부부갈등이 낮은 것으로 나타났는데, 부부의 갈등이 원가족과의 자아분화 수준에 영향을 받는 것을 보여 준다.

부부가 친밀감과 자율적인 독립성을 발달시키는 정도는 부부 각자의 자아분화수준에 좌우된다. 부부가 자아분화가 되지 않고 융합되어 있으면 부부관계에 대해 부부 각자가 책임감을 갖지 못하고, 문제가 생기면 상대방을 비난하면서 감정적인 반응을 하기 때문에 갈등을 해결하지 못한다(Bowen, 1985). 자아분화수준이 높은 사람은 확고한 자율성과 독립성이 유지되어 정체감을 잃지 않고 배우자와 정서적으로 친밀한 관계를 맺으며 갈등 상황에서 능동적으로 대처하여 부부의 갈등 정도가 낮은 데(Nelson, 1987) 반하여, 자아가 미분화되어 융합된 부부는 부부간에 많은 갈등을 겪는다.

III. 치료의 이론적 배경

이 다중사례연구에서 가족치료에 적용된 이론적 준거틀은 MRI의 상호작용적 가족치료 모델과 Murray Bowen의 가족체계 이론이다. 이혼위기에 있는 부부에 대한 개입 전략으로 첫째, 내담자가 문제를 해결하고자 시도했던 역기능적 해결책으로부터 탈피하여 새로운 해결책, 즉 기능적인 의사소통을 시도하도록 돕는 접근방법이 적절할 것으로 판단하여 MRI의 상호작용적 가족치료 모델을 적용하였다. 둘째, 남편과 부인의 자아분화와 관련하여 Murray Bowen의 가족체계 이론을 적용하였다.

이 사례에 적용된 각각의 모델에 관한 구체적 내용은 다음과 같다.

1. MRI의 상호작용적 가족치료 모델

MRI(Mental Research Institute)의 학자는 의사소통 가족치료의 많은 개념을 발견하였다. 의사소통 이론가는 가족체계 내 관찰할 수 있는 현재의 상호작용(관계)에 초점을 둔다. MRI 집단의 연구자는 Gregory Bateson을 비롯하여 John Weakland, Jay Haley, William Fry, Don Jackson, Jules Riskin, Paul Watzlawick 등이 있다(박태영, 2001). Gregory Bateson은 이중구속 이론의 개념을 소개하였으며, 정신분열증을 의사소통 분석을 통하여 재해석하였다. 그는 의사소통이 가족 간의 관계를 규정하며, 규정된 관계가 항상성을 유지하려는 가족 본래의 속성에 따라 확고해진다는 결론을 도출했다(Bateson, Jackson, Haley, & Weakland, 1956). 또한 Don Jackson은 이중구속과 가족항상성을 발견하였고, Watzlawick 등과 함께 병리적 의사소통이 정신분열증의 발병에 중요한 관계가 있으나 결코 환자가족의 고유한 것은 아니라는 사실을 밝혔고, 가족 내의 새로운 관계적 균형을 발전시키기 위하여 오래된 항상성을 깨고자 하였다(Becvar & Becvar, 1988).

Paul Watzlawick의 의사소통 이론의 기본적 가정은 상황을 고려하지 않고서는 어떠한 현상도 완전히 이해할 수 없다는 것이다(Watzlawick, Beavin, & Jackson, 1967). 그는 MRI의 단기치료에 관심을 두었는데, 그 특징은 내담자의 현재의 구체적인 문제를 치료하는 것으로 작은 문제의 해결이 가족의 다른 전반적 문제에 긍정적 영향을 준다는 것에 근거하였으며, 치료의 주된 기법은 내담자의 언어, 의사소통 방법의 변화였다(박태영, 2001). MRI 집단은 내담자가 가진 문제는 어려움에 잘못 대처함으로써 생겨나고 지속된다고 보았다. 내담자가 문제를 해결하기 위해 '시도된 해결책(attempted solution)' 자체가 오히려 문제를 유지시키거나 문제를 더욱 악화시킨다는 것이다(Goldenberg & Goldenberg, 2007). 즉, 문제를 해결하기 위해 시도해 온 방법이 문제일 수 있다. 반면 문제를 유지시키는 행동이 적절하게 변화되거나 제거되면 문제의 성질, 기원, 기간에 상관없이 문제가 해결되거나 사라진다(Watzlawick, Weakland, & Fisch, 1974). 이처럼 MRI의 상호작용적 가족치료 모델은 행동의 변화에 초점을 둔 모델이다.

MRI 모델에서 치료자의 일차적 역할은, 문제를 지속시키는 반복적으로 상호작용하는 특정행동에 초점을 두고, 내담자가 이제까지 시도해 온 바람직하지 못한 행동을 내담자에게 소개하고, 기존의 해결책을 새로운 해결책으로 대체하는 것이다(박태영, 2001). 이 다중사례에서는 MRI의 상호작용적 가족치료 모델을 적용하여 내담자 가족에서 시도된 해결책, 즉 지금까지 유지해 온 상호작용의 방식(역기능적 의사소통 방식)을 탐색하고 결과를 확인하며, 기능적인 의사소통의 사용을 증가시킴으로써 가족관계 변화를 유도하고자 하였다.

2. Murray Bowen의 가족체계 이론

Murray Bowen의 가족치료 목표는 불안수준을 감소시키고 자아분화 수준을 높이는 것이다. 문제는 개인에게 있는 것이 아니라 가족체계에 원래부터 존재하여 왔으며, 개인의 변화는 다른 사람과의 관계 변화를 통하여 이루어진다고 본다. 체계를 변화시키고 가족원들의 분화 수준을 향상시키기 위하여 가장 중요한 것은 부부가 다른 가족을 끌어들이는 삼각관계에서 벗어나는 것이다(Goldenberg & Goldenberg, 2007). Bowen은 가족을 하나의 정서적 체계로 보고, 한 집안에 사는 핵가족과 함께 살지 않는 확대가족으로 구성된다고 하였다. 가족체계 이론의 목적은 가족 성원을 미분화된 가족자아집합체로부터 분화시켜 확고한 자아를 수립하도록 하는 것이다. 그는 가족 성원 중 한 사람이 분화될 때의 파급효과가 가족을 통하여 발생된다고 보았으며, 정신분석적 개념인 '미분화된 가족자아군'이라는 용어를 체계론적인 개념인 '융합과 분화'의 용어로 대체하였다(박태영, 2001).

자아분화는 Murray Bowen의 가족체계 이론에서 핵심 개념이다. 자아분화는 정신내적이고 인간관계적인 개념으로 자신과 타인의 구분, 정서과정(feeling process)과 지적과정(intellectual process)을 구분할 수 있는 능력과 확고한 자기(solid self)와 거짓자기(pseudo self)의 구분이다. 확고한 자기는 지적 · 합리적이며 대안적 고려를 통해 신념, 의견, 믿음 등의 삶의 원칙을 가진다. 반면 거짓자기는 감정적 압력에 기반해서 선택하며 결정과 선택에 일관성이 없고, 이를 인식하지 못한다. 자아분화가 잘 이루어진 사람은 자신의 감정으로부터, 그리고 가족체계의 정서로부터 분화되어 있으며, 가족의 정서적 융합(fusion)으로부터 벗어날 수 있다. 역기능적인 가족일수록 분화(differentiation) 수준이 낮으며, 자아분화가 안 된 경우에 나타나는 인간관계의 추구형은 너무 지나치게 친밀하거나 지나치게 거리감을 두는 관계 유형을 추구하는 형태다(박태영, 김현경, 2004). 이 장에서 치료자는 세 쌍의 부부가 원가족과의 미분화로 발생된 부부갈등 문제를 사정하도록 하였고, Murray Bowen의 가족체계 이론을 적용하여 가족관계 개선을 위한 개입을 하였다.

Ⅳ. 연구방법

1. 사례개요

이 장의 대상은 부부갈등 때문에 가족치료를 의뢰한 3가족을 포함한다. 한 사례(사례 A로 칭함)는 2010년 11월부터 12월까지 총 5회의 상담(1~2회기 부인상담, 3~4회기 남편상담, 5회기 부부상담)이 진행되었고, 다른 한 사례(사례 B로 칭함)는 2008년 12월 1일부터 23일까지 총 5회의 상담(1~2회기 남편상담, 3~4회기 부인상담, 5회기 부부상담)이 진행되었으며, 또 다른 나머지 사례(사례 C로 칭함)는 2008년 1월부터 2월까지 총 4회의 상담(1회기 부부상담, 2회기 부인상담, 3회기 남편상담, 4회기 부부상담)이 진행되었다. 각 사례에 대한 연구대상자의 특성은 〈표 17-1〉과 같은데, 연구대상자는 공통적으로 이혼위기에 있는 부부로 갈등을 겪고 있었으며 30대 이상의 연령과 학사 이상의 학력을 갖고 있었고 1명의 자녀를 두었고 결혼기간은 5년 미만의 부부 1쌍과 5년 이상의 부부 2쌍이었다.

사례 A는 남편이 부친 및 남동생과 분화가 안 되어 있고, 부인 역시 모친과 밀착된 관계다(가계도-사례 A). 의사소통 방식에서 남편은 회유적인 의사소통 방식을 사용하였고 부인은 직설적이며 공격적인 표현을 하였다. 부부간에 무시하는 행동을

〈표 17-1〉 연구대상자의 인구사회학적 특성

사례구분		연 령	학 력	직 업	형제서열	결혼기간	자녀 수
A	남편	36세	석사	사회복지사	2남(첫째)	1년 9개월	1명
	부인	31세	전문학사	주부	2남 1녀(둘째)		
B	남편	37세	박사수료	회사원	2남 1녀(둘째)	6년 2개월	1명
	부인	33세	석사	주부	1남 2녀(둘째)		
C	남편	31세	대학재학	학원 원장	2남(첫째)	6년 3개월	1명
	부인	35세	석사	주부	외동딸		

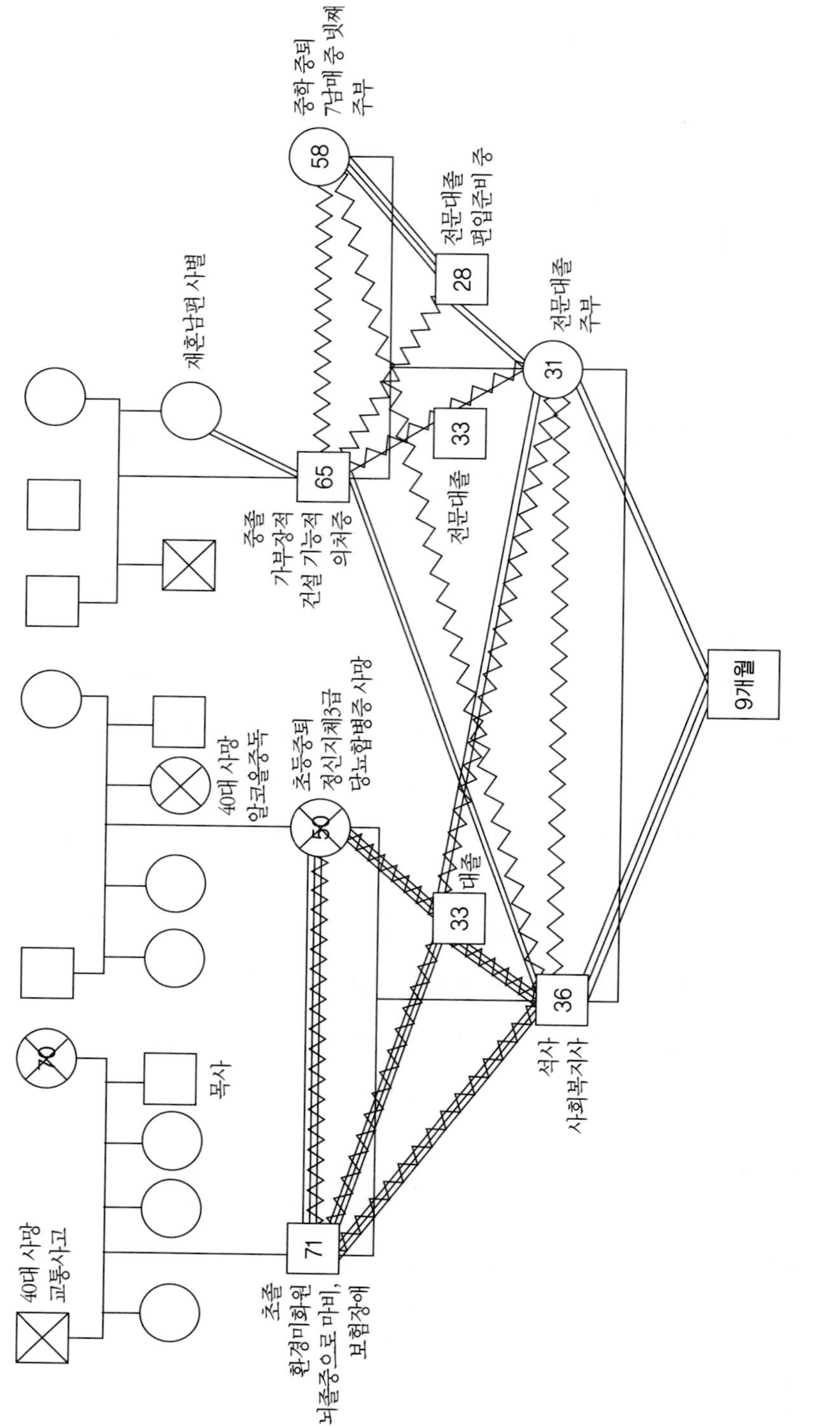

[그림 17-1] 가계도(사례 A)

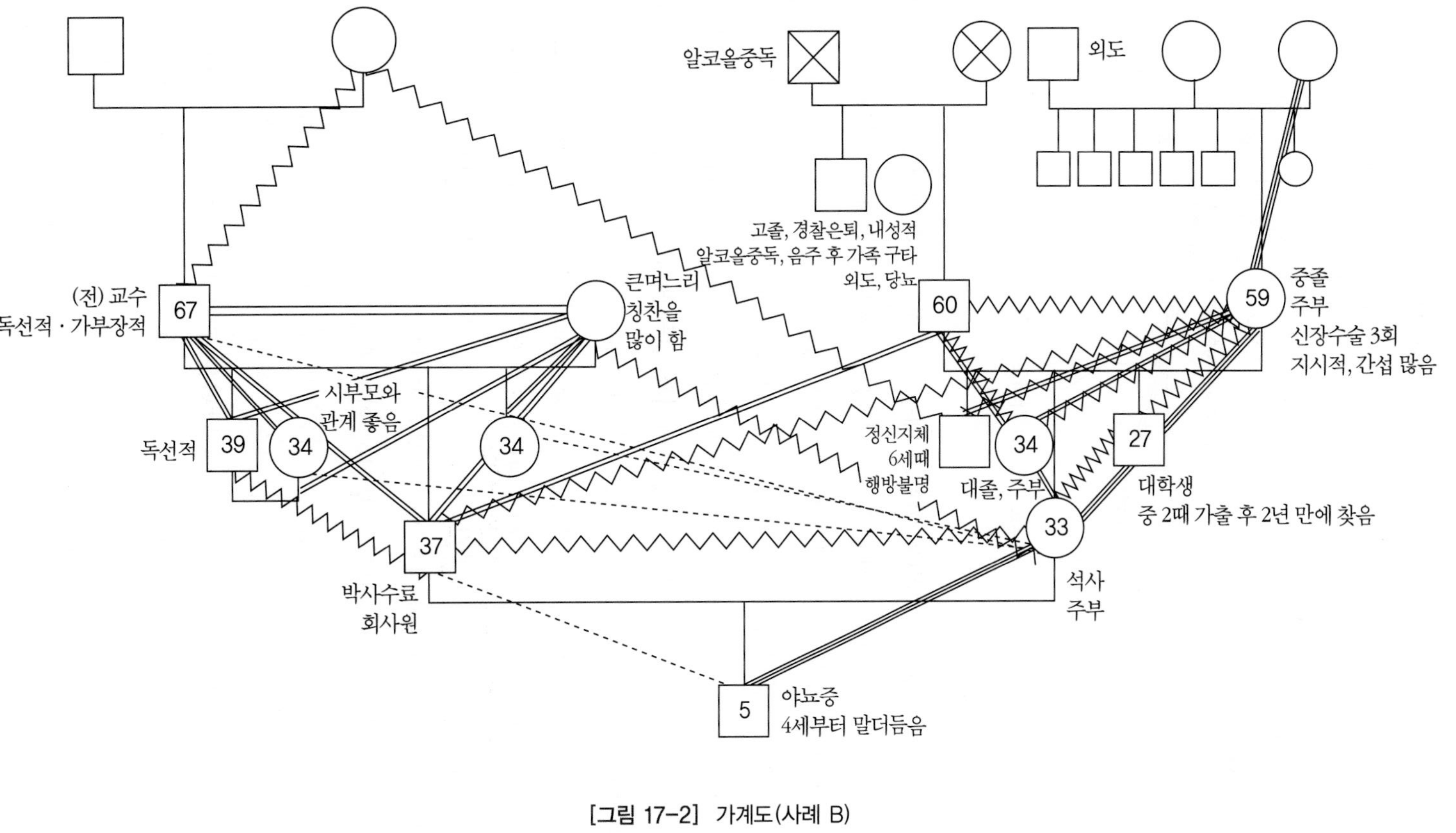

[그림 17-2] 가계도(사례 B)

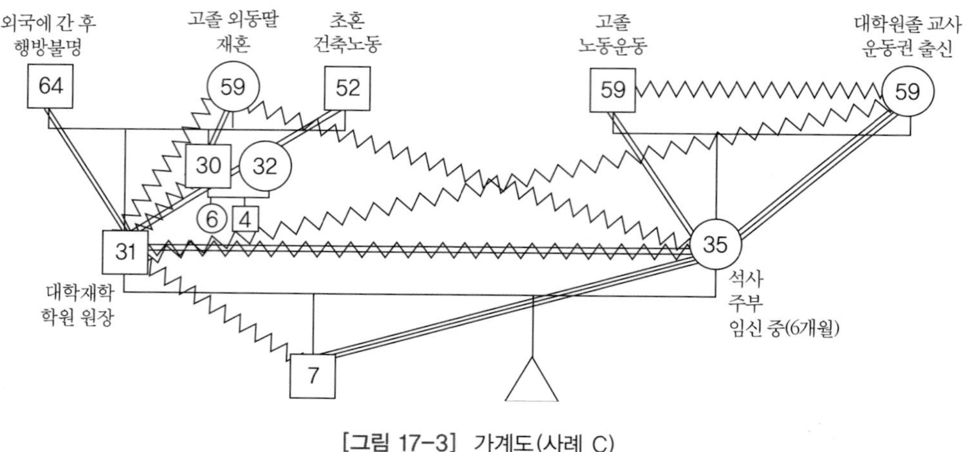

[그림 17-3] 가계도(사례 C)

하며, 성관계가 불만족스러운 이유가 배우자의 탓이라고 여겼다. 남편은 부인이 계획성 없이 소비를 한다고 생각하였고, 신앙생활에서 부인과 9개월된 아이를 교회에 출석하도록 하여 부부간에 종교적 갈등이 있었다.

사례 B에서 남편의 원가족은 참다가 폭발하는 표현 방식을 사용하고 있었으며, 시댁에서 큰며느리와 작은며느리 간에 차별을 하였고, 부인의 원가족은 부친의 가정폭력과 알코올중독, 외도로 친정아버지와 갈등관계에 있었다(가계도-사례 B). 남편의 언어폭력이 상당히 심하였으며, 부인을 무시하는 표현 방식을 사용하였고, 부부가 서로 팽팽히 맞서서 비난하는 방식을 시도하여 감정이 격한 상태로 부딪혀서 갈등이 증폭하였다. 신혼초부터 남편의 회사 업무가 많은 관계로 성관계가 불만족스러웠고, 자녀 앞에서 부부가 욕설과 폭력을 행사하며 편 가르기를 하였다. 또한 부부간에 경제 가치관이 매우 상이해서 부부갈등이 심했다.

사례 C에서 남편의 원가족은 부친이 외국에서 행방불명이 되어 생사를 알 수 없고 모친이 재혼을 하였는데 남편의 성장기의 대부분은 외조부모가 양육하였다. 부인의 원가족은 노동운동을 하는 부친으로 인해 모친이 가장역할을 주로 하여 부부가 갈등관계에 있었다(가계도-사례 C). 남편은 부인의 표현을 있는 그대로 받아들이기보다는 자의적으로 해석하여 판단함으로써 부부간 의사소통이 원활하지 못하였다. 부부간에 불편하게 행동하며 자주 싸웠고, 부인은 남편과의 성관계에 만족하지 못하였으며, 불안해하고 외로워하였다. 그리고 부부간에 자녀를 양육하는 방식이 달라서 충돌하고 있었다.

2. 연구질문

첫째, 이혼위기를 초래한 부부의 갈등내용은 무엇인가?
둘째, 이혼위기를 초래한 부부갈등의 영향요인은 무엇인가?
셋째, 이혼위기에 있는 부부의 갈등에 대한 치료자의 개입방법은 무엇인가?
넷째, 이혼위기에 있는 부부의 갈등에 대한 치료자 개입의 효과성은 무엇인가?

3. 분석방법

이 장은 질적자료분석방법 가운데 사례연구를 적용하였다. 사례연구는 사례의 맥락 속에서 다중적 정보원을 포함하는 심층적인 자료수집을 통해 경계지어진 체계나 단일 혹은 다중사례를 탐색하는 방법이다(Creswell, 2006). 또한 각 부부에게 갈등을 유발한 요인과 그로 인해 부부관계에 어떠한 영향을 미쳤는가를 살펴보기 위해 개방코딩과 범주화를 통하여 질적자료분석을 하였다. 이 장은 질적 데이터를 디스플레이하는 방법으로 가족치료과정과 치료의 효과를 보여 주기 위하여 매트릭스와 네트워크 방법을 활용하였다. 질적 자료를 디스플레이하는 형태는 '배열된 행과 열로 이루어진 매트릭스'와 '선으로 연결된 점으로 이루어진 네트워크'와 같이 크게 두 가지로 분류된다. 매트릭스는 둘 또는 그 이상의 주요 차원, 혹은 변인의 교차를 포함하여 이들의 상호작용을 보여 주기 때문에 변인지향적 분석과 사례지향적 분석에 유용하다. 네트워크는 사례지향적인 통합적 접근(syntagmatic approach)에 적절하며, 변인간 복잡한 상호작용을 제시해 줄 뿐만 아니라 시간의 흐름에 따른 내용 분석을 종합해 줄 수 있다(Miles & Huberman, 1994). 이 장은 다중사례연구로서 이혼위기에 처한 각 부부의 사례에 대한 이해와 설명을 포괄하며, 사례 간 분석에서 매트릭스와 네트워크 분석방법을 통해 이혼위기에 있는 부부에 대한 가족치료 사례 간의 유사성이나 차이를 고찰하여 부부갈등의 영향요인을 탐색하고 부부갈등에 대한 가족치료적 개입과 효과를 분명하게 보여 주고자 하였다.

4. 신뢰도 검증 및 윤리적 고려

이 장은 치료자와 연구자의 토론, 질적 연구 경험이 있는 전문가의 피드백을 통해 개인적 편견을 배제하여 연구자의 삼각화를 실시하였고 상담 축어록과 상담녹화자료, 상담메모의 사용을 통한 자료의 삼각화를 실행하여 연구의 객관성과 신뢰도를 부가하였다. 또한 윤리성 확보를 위해 상담내용의 사용에 대한 내담자의 동의를 받았으며, 사생활 보호를 위해 내담자의 사적 정보를 삭제하였다.

V. 연구결과

1. 이혼위기를 초래한 부부의 갈등내용

이혼위기를 초래한 부부의 갈등내용은 배우자에 대한 부정적 태도, 성생활의 문제, 의견불일치로 나타났다. 배우자에 대한 부정적 태도에는 서로 불편해 하는 부부, 서로 무시하는 부부, 서로 믿지 못하는 부부로 하위 범주화되었고, 성생활의 문제에는 불만족스러운 성관계가 있었으며, 의견불일치의 부부갈등내용에는 자녀양육 방

〈표 17-2〉 이혼위기를 초래한 부부갈등 내용-개념추출과 범주화

상위 범주	중간 범주	하위 범주	개 념
부부갈등 내용	배우자에 대한 부정적 태도	서로 불편해 하는 부부	결혼에 대한 서로의 목표가 달라 편하지 않으며, 서로의 노력을 인정하지 않음(사례 A)
		서로 무시하는 부부	부부간 감정이 격해 있고, 함부로 행동하며 서로를 존중하지 않고 무시함(사례 B)
		서로 믿지 못하는 부부	배우자의 기대에 부응하지 못하며 서로에 대한 배려가 없음(사례 C)
	성생활의 문제	불만족스러운 성관계	남편은 건강상의 이유로 성관계에 부담이 있으면서도 부인의 소극적인 태도가 불만임(사례 A)
			신혼 초부터 남편이 시간적 여유가 없었으며 부부가 모두 성관계에 소극적임(사례 B)
			부부가 각자 원하는 성관계 스타일이 달라서 만족하지 못함(사례 C)
	의견 불일치	자녀양육 방식의 차이	배우자의 자녀양육 방식을 인정하지 못함(사례 A, 사례 B, 사례 C)
		경제관념의 차이	부인은 무계획적으로 소비하고 남편은 이에 대해 잔소리하거나 눈치를 줌(사례 A, 사례 B, 사례 C)
		종교 강요	남편이 믿는 종교를 부인에게 강요함(사례 A)

식의 차이, 경제관념의 차이, 종교 강요가 있었다. 다중사례 분석을 통하여 이혼위기를 초래한 부부갈등내용에 관한 개념추출과 범주화는 〈표 17-2〉와 같다.

1) 배우자에 대한 부정적 태도

(1) 서로 불편해 하는 부부

사례 A의 부부는 결혼에 대한 목표가 서로 달라서 결혼 후에 편하지 않았으며, 서로의 노력을 인정하지 않는 부정적인 태도를 갖고 있었다.

> 부 인: (남편은) 자기 아버지 뒤치다꺼리해 줄 사람이 필요해서 결혼했다는 생각이 들어요. 그런 부분은 제가 최선을 다했다고 생각했어요. (울먹이면서) 그런데 저한테 '네가 수고 많았다. 그렇게 해 줘서 고맙다.' 그런 얘기를 한 번도 안 했어요. (사례 A-1회기)

> 남 편: 와이프는 편해지려고 결혼한 거고 저는 그게 아니에요. 공동의 목표를 가지고 만들어 가려고 결혼했어요. 저는 편해지려고 결혼하지 않았어요. 사실 편하지도 않고 결혼해서도 편해지지 않았어요. (중략)
>
> 남 편: 와이프가 감동받게 해 주고 싶어서 나름대로 시도를 했는데 한 번도 인정을 못 받았다는 거죠. (사례 A-3회기)

(2) 서로 무시하는 부부

사례 B의 부부는 서로 과격하게 행동하며 무시하고 상호존중하지 않는 태도를 보였다. 남편은 가장역할을 하느라 고생하는 자신에게 위안이 되지 못하는 부인에 대해 부정적인 태도를 취했고, 부인은 자신뿐만 아니라 처가식구까지 하대하는 남편의 태도를 수용할 수 없었다.

> 남 편: 와이프라는 년이 나를 생각하지 않는 건 옛날부터 잘 알고 있었지만, 정말 나를 조금이라도 생각해 준다면, 내가 밖에서 돈 버는 게 힘들다는 걸 안다면, 집에 와서 쉬게 하려고 말 한 마디 던진 적이 단 한 번도 없고, 밥도 회사에서 먹고 오라는 거예요. (사례 B-1회기)

부 인: 애기도 그렇고 저도 웬만하면 살려고 하는데 저한테 잘해 주지 않고 막 대해요. 남편이 저를 함부로 대하니까 저는 그게 싫은 거예요. 저한테만 그런게 아니라 저희 가족한테도 그래요. (사례 B-3회기)

(3) 서로 믿지 못하는 부부

사례 C의 부부는 배우자의 기대에 부응하지 못했으며, 서로에 대한 배려가 없었다. 남편에게 가정은 더 이상 편안한 곳이 아니었기 때문에 힘들어하였고, 부인 때문에 냉장고에 보관된 음식조차 마음대로 먹을 수가 없었다. 부인은 남편과 공감을 형성할 수 없었고 남편을 믿을 수 없어 이혼을 고려하고 있었다. 배우자에게 바라는 긍정적인 모습이 보이지 않고 서로 부정적인 태도를 보이면서 평행선을 그리고 있어서 더욱 어긋나는 관계로 치닫고 있었다.

남 편: 제가 집에 들어올 때 집이 집 같지 않아요. 저한테는 편안한 집이 아니에요. 냉장고 문을 열어요. 그러면 음식이 있잖아요. 음식을 마음대로 못 먹어요. (중략)

부 인: 제가 뭔가 안 통하고 슬프다 싶으면 눈물부터 나오고요. 내 얘기를 공감하지 않고 남편이 힘들어하니까 "아, 이제 정말 헤어지는 것도 생각해야겠다."고 얘기를 했고요. 심각하게 생각했었어요. '헤어질 수도 있다.'고 얘기했는데, 제가 기대하는 답은 안 해 주고 "나가려면 나가."라고 하니까 울어 버리게 되고 매번 그런 패턴인 것 같아요. (사례 C-1회기)

2) 성생활의 문제

각 사례의 부부 모두 불만족스러운 성관계에 따른 성생활의 문제를 갖고 있었다.

(1) 불만족스러운 성관계

사례 A의 남편은 건강상의 이유로 성관계에 부담이 있으면서도 부인의 소극적인 태도가 불만이었고, 부인은 남편과의 성관계를 불만족스럽게 생각하고 있었다. 사례 B의 남편은 신혼 초부터 회사업무가 과중하여 부인과 성관계를 맺을 시간적 여유가 없었으며, 남편과 부인이 모두 성관계에 소극적이었다. 사례 C의 부부는 각자 원하는 성관계 스타일이 달라서 만족하지 못했다.

남　편: (아내가) 자기를 덜 꾸미는 부분이 있는 것 같아요. 그런 부분도 하나의 요인이라면 요인인데 큰 요인은 제가 허리를 다치면서 느끼는 부담감이 크고요. 와이프가 성관계를 갖고 싶다고 어필하거나 표현하는 일이 없어요. 거의 제가 성관계를 갖고 싶다고 (아내에게) 얘기하고, 와이프가 처음엔 튕기다가 성관계를 맺는 편이에요. (중략)

치료자: 와이프가 성적으로 불만족스럽게 생각한다고 얘기 안 하셨어요?

남　편: 그렇게 어필은 하죠. (사례 A−4회기)

치료자: 신혼 초에 그랬으니(바빠서), 성관계도 별로였겠네요. 신혼 초에 신혼부부관계에서 누릴 수 있는 오붓한 시간은 없었어요?

남　편: 그렇죠. (사례 B−1회기)

부　인: 좋았다는 게 저희 집은 진짜 좋은 게 아니고 안 싸울 때가 좋은 거지. 정말로 좋은 기억이 없어요. 저희는 신혼 때 놀러 가도 따로 잤어요. (사례 B−3회기)

부　인: 이 사람은 피곤하면 못하고, 또 한 번 하면 되게 오래해요. 저는 그게 힘들거든요. 저는 자주 가볍게 했으면 하는데, 이 사람은 어떻게 생각하는지 모르겠고. (사례 C−1회기)

3) 의견불일치

사례 A, 사례 B, 사례 C 모두 자녀양육 방식의 차이와 경제관념의 차이로 부부간에 의견이 불일치함으로써 갈등이 있었고, 사례 C는, 남편이 자신의 종교를 부인에게 강요하여 부부간 마찰이 있었다.

(1) 자녀양육 방식의 차이

세 사례 모두 배우자의 자녀양육 방식을 인정하지 못하여 갈등을 보였다. 사례 A의 부부는 자녀를 양육하는 데 의견이 교류되지 못하고 있었고, 사례 B의 부부는 자녀양육을 위한 공동의 노력과 합의점이 없었으며, 자녀를 부부가 함께 양육한다는 관점에서 벗어나 자녀를 두고 편 가르기를 하고 있었다. 사례 C의 부부는 양육 방식에 대한 가치관이 상이하였고 남편이 강압적인 자녀양육 방식을 갖고 있어 더욱 충돌하였다.

남 편: 자기는 엄마여서 과자 안 먹일 거라고 얘기하면서 오빠가 먹이고 싶으면 알아서 키우라고 얘기를 던지는 거예요. (사례 A-3회기)

남 편: 아이가 최근에 들어서 엄마 쪽으로 가려는 게 강해졌더라고요. (사례 B-2회기)

부 인: 저희 애기가 지금 5살인데 심지어 (저한테) 엄마가 결혼을 잘못했다고 그래요. 엄마가 다른 남자랑 결혼했어야 하는데, 자기는 아빠가 싫다고, 아빠가 매일 엄마한테 그러니까 엄마랑 살겠다고 그래요. 애는 같이 안 살게 되면 엄마랑 산다고 늘 그러거든요. 아빠를 밀어서 던져 버리자고 얘기할 때도 있고. 제가 그런 얘기를 애아빠한테 하면, 그거를 충격적으로 받아들여야 하는데 제가 아이한테 주입시켰다고 믿어요. (사례 B-3회기)

치료자: 애 양육 방식에 있어서 가치관이 다르다는 거죠?
부 인: 네. (사례 C-1회기)

부 인: (남편이 아이에게) 공부를 가르친다면서 스파르타 식으로 갑자기 앉으라고 하고, 아이가 아직 유치원생인데 자기 학원 학생 다루듯이 하는 게 옳지 않다는 생각이 들어요. (사례 C-2회기)

남 편: 제가 볼 때는 지금 아이가 가정교육이 안 돼 있어요. 아이가. 예를 들어 인사를 안 한다든가. 지금 초등학교 1학년 들어갔으니까 인사를 해야 한다고 보거든요. '안녕하세요?' 하는 애들이 대부분인데, 그냥 고개만 끄덕인다든가. (사례 C-3회기)

(2) 경제관념의 차이

사례 A, 사례 B, 사례 C에서 공통적으로 부부간에 경제관념의 차이를 보였는데,

부인은 소비를 무계획적으로 하였고, 남편은 그러한 부인에게 잔소리를 하거나 눈치를 주었다. 세 사례의 남편은 동일하게 돈에 대한 집착이 강했는데, 사례 A에서 남편은 부인이 충동적으로 소비를 한다고 생각하였고, 사례 B에서는 돈에 집착하는 남편 때문에 부인은 경비를 지출할 때마다 스트레스를 받았다. 사례 C에서 남편은 물건을 구입할 때 품질보다는 돈의 액수만 편향적으로 생각하여 부부갈등을 겪고 있었다.

부 인: (남편이) 너무 쪼잔해요. 엄마 말대로 '생긴 대로 논다' 이 말이 입 밖까지 나와요. (중략) 항상 이런 식이에요. 물건 하나 사면 "이건 안 사도 되는데 샀다."고 해요. "이거 산 거야? 여기 있는데. 이거 며칠 안 남았는데 꼭 먹어야 해. 버리면 안 돼." (사례 A-1회기)

남 편: 와이프가 일단 지르고 보는 거죠. 한 달에 생활비가 얼마 나가는지는 내가 일년 내내 준비시켜 줬는데도, 본인에게 권한을 줘도 와이프는 못한다는 거죠. (사례 A-3회기)

남 편: 그러면 생활이 안 되는 거죠. 그런 식의 소비패턴을 가지면. (사례 B-1회기)

부 인: (여행가서) 돈 아까우니까 (찜질방에서) 따로 자고 그 돈으로 다음날 영덕게 사 먹자고. 늘 돈돈돈 거려요. 결혼하고 나니까 최저가만 사야 해요. 원플러스 원을 사야 하고. 시어머니는 저희에게 뭘 사 주시더라도 몇 천원짜리 옷을 사 주세요. 돈을 잘 안 쓰세요. (중략) (남편이 저한테) "미쳤냐, 9만원씩 머리하고 난리냐."고 하고, 돈도 별로 안 주면서 돈에 너무 민감하고, 늘 다 자기 돈이라고 하고. (사례 B-3회기)

부 인: 항상 남편이랑 뭔 얘기를 하면은 아이한테 뭐 사 준다고 했을 때 물건의 질을 따지기보다는 돈의 액수, "왜 이렇게 비싸." 이렇게 나오는 거예요. (사례 C-2회기)

(3) 종교 강요

사례 A에서 남편은 자신의 종교를 배우자에게도 강요하여 갈등을 빚었다. 결혼

전에 남편은 부인에게 종교를 강요하지 않기로 약속했음에도 불구하고, 결혼 후에 남편이 부인과 9개월된 자녀를 교회에 데리고 가려고 시도하였다. 또한 남편의 강요에 못 이겨 배우자가 어린 자녀를 데리고 예배에 참석하면서 부부간에 종교적인 문제로 부딪히고 있었다.

부 인: 일요일이었어요. 황수관 박사가 와서 강의를 하는데 그 핑계 삼아 교회 가자고 하는 거예요. 전 그게 싫었어요. (사례 A-1회기)

남 편: 제가 요즘 아들을 교회에 데리고 가려고 하는데, 교회에 애기를 데리고 가는 게 문제의 시초였어요. 와이프가 그런 걸 방해하는 모습을 보였기 때문에. (사례 A-3회기)

2. 이혼위기를 초래한 부부갈등의 영향요인

세 사례에서 공통되는 부부갈등의 영향요인은 원가족과의 미분화, 원가족과 부부가 사용하는 역기능적 의사소통 방식이었다. 사례의 각 부부는 사례 C의 부인을 제외하고 모두 원가족과 밀착관계를 보였다. 원가족과의 밀착관계는 배우자가 원가족을 대하는 태도, 자녀양육 방식 등에서 부부갈등의 소재를 제공하고 이성적으로 사고하지 못하게 하여 문제해결을 더욱 어렵게 하였다. 또한 결혼관계에서 부부가 겪는 갈등은 기능적인 의사소통을 통해 잘 해결되면 신뢰관계를 더욱 촉진시킬 수 있는 계기가 될 수 있으나, 역기능적인 의사소통 방식은 문제의 옳고 그름을 떠나 배우자에 대한 부정적인 인상을 가지게 하고 갈등을 더욱 심화시켰다. 이 장에서는 부모세대에서 습득된 역기능적 의사소통 방식이 부부갈등을 더욱 심화시키고, 특히 부모세대의 역기능적 방식 중 내담자에게 부정적인 인식을 주었던 방식이 배우자에게서 유사하게 나타날 때는 이혼위기를 초래하는 부부갈등으로 이어지는 것을 볼 수 있었다.

1) 원가족과의 미분화

사례 A의 남편은 원가족에서 아버지, 동생과 밀착관계를 가지고 있었다. 사례 A의 남편은 어려서부터 장애가 있는 부모를 대신하여 과도한 역할을 하였고 이 때문에 결혼 후에도 아버지와 동생에게 과도한 책임감을 가지고 있었다. 부인은 남편의 이러한 태도 때문에 불편을 느꼈으며, 특히 시부와 종교가 다른 문제를 둘러싸고 갈등을 겪고 있었다. 반면 부인은 친정모와 밀착관계를 가지고 있어 남편이 이에 대해 불만을 가지고 분리를 요구하는 상황이었다.

부 인: (시아버지, 시동생과 남편을) 보면 셋이 똘똘 뭉쳐 있어요. 서로가 (안쓰러워하고요). 동생이 저희 차를 쓴다고 하는데 우리가 급한 일 있어도 가져다 써라 할 정도로…….

치료자: 부인과 친정엄마의 관계는 어떠셨어요?

부 인: 굉장히 밀착되어 있고요. 사소한 것까지 다 얘기해요. (사례 A-1회기)

남 편: 제가 보기엔 더 많은 부분을 어머니의 지시나 영향력에 있어서 굉장히 많은 부분을 결정하게 되고 저랑 논의해서 합의된 내용도 며칠 시간이 지나고 나면 달라져 있어요. 전 그런 부분에 있어서 스트레스가 되기도 하고 또 하나는 제가 와이프한테 그랬어요. 어머니하고 오히려 거리를 두고. (사례 A-3회기)

사례 B의 남편은 부인의 친정에 대해 많은 불만을 가지고 있었으며, 특히 장모가 부인에게 좋지 못한 영향을 준다고 생각하여 싫어하였다. 부인은 원가족과의 밀착관계가 심하여 부부갈등이 있을 때 원가족이 갈등에 관여하고 있었다. 남편 또한 어머니와 밀착관계로 부부갈등이 있을 때 아이를 데리고 본가로 가 버리기도 하는 등 부부 사이의 갈등이 양쪽 집안의 문제로 번질 정도로 심각하였다.

남 편: 예를 들면 부부싸움을 했는데 신혼 초에 장인, 장모, 처형 다 왔더라고요. (사례 B-1회기)

남 편: 모두 다 엄마 몫이었어요. 엄마도 그게 통제가 가능한 게 중학교 때까지만 가능하잖아요. 그 후에 형이 엄마 손을 잡더라고요. 저도 그걸 보고서 잡게 되고요. (사례 B-2회기)

부 인: 애아빠가 저랑 싸우기만 하면 애기를 데리고 시댁에 가는 거예요. 애기는 자기 거라고 하면서. 3개월 때부터. 시어머니한테 전화가 와서 저보고 애를 데리고 가라고 하는 거예요. (사례 B-3회기)

사례 C의 경우 남편은 원가족, 특히 부모와 밀착관계를 가지고 부부갈등에 대해 원가족이 개입하거나 갈등의 소재를 제공하는 경향이 있었으나 아내는 비교적 친정모와 분화가 잘되어 현재 관계에 부정적인 영향을 미치는 부분은 없었다. 다만 결혼이 성립되는 과정에서 친정부모가 결혼에 찬성하지 않았고 한국에서 일본으로 간 사위를 문전박대하는 등 부정적인 태도를 보였기 때문에 이것이 이후 부부관계에 계속 영향을 미쳤다.

남 편: (부모님은) 통한의 눈물을 흘리죠. 어떻게 그런 애가 다 있냐. (중략)
치료자: 이쪽은 이제 가족문화가 제가 볼 때는 화목하고 똘똘 뭉쳐 있을 것 같아요.
남 편: 지금은 저만 왕따예요. 저 빼고 뭉치고, 저만 못 뭉치고 있어요. 만날 때마다 그러니까. (중략)
남 편: 제가 가서 그쪽 부모님한테 그 돈을 드리고 싶었어요. 와이프가 줬던 그 돈을 출산비용에 보태 쓰라고 드리고 싶었는데. 가지고 있는 전부를 달라며 뺏었어요. (사례 C-1회기)

부 인: 제가 참 엄마가 훌륭하다고 생각이 들었거든요. 제 자식이 떠났을 때 제가 그렇게 할 수 있을까 그런 생각도 들었어요.
치료자: 이쪽이 아주 이상적인 가족이네요. (사례 C-2회기)

2) 역기능적 의사소통 방식

(1) 사례 A: 돌격하는 부인과 후퇴하는 남편

사례 A의 부인은 감정이 상했을 때 매우 공격적으로 대처하고 격한 상황을 만들어내어 갈등을 해결하고자 하였으며, 남편은 상황이 격해지면 자리를 피하는 방식을 취하였다. 자신의 욕구보다는 다른 사람의 감정을 먼저 배려하여 회유적으로 대화하는 남편에게는 공격적인 부인의 언어가 과도하게 느껴져 내용보다는 말투 때문에 감정이 더욱 상하는 결과를 낳았다. 또한 갈등 상황을 피하는 남편의 방식은 아내로 하여금 남편의 속마음을 제대로 알지 못하면서도 어딘가 미심쩍은 부분을 남기게 하여 부인의 분노를 더욱 부추기는 면이 있었다.

남 편: 예전에도 싸우고 나면 감정이 굉장히 격해져요. 상황을 격하게 몰고 가요. 싸움을 하고 나면 뭐 해야 할 말, 안 해야 할 말을 막 하기 시작해요. (중략) 저도 기분이 나쁘면.

치료자: 그때는 어떤 식으로 표현해요?

남 편: 아무 말도 안 해요. 장소를 이동해요. (사례 A-3회기)

그런데 원가족의 표현 방식을 살펴보면 부인의 공격적인 의사소통이 아버지의 말투로부터 영향을 받았으며 부부관계에서 남편을 존중하지 않고 공격하는 태도는 친정어머니가 남편을 대하는 태도로부터 영향을 받았다.

부 인: 아빠는 좀 그런 게 있으세요. 툭툭 내뱉는 말이 사람 상처받게 하는 말투로 많이 하셔서. (사례 A-2회기)

남 편: 와이프도 여기 와서 얘기했겠지만 장모님이 장인어른한테 표현하시는 방식이 와이프한테 보여요. 와이프가 저한테 그걸 그렇게 하고 있어요. (사례 A-3회기)

또한 남의 감정을 먼저 배려하는 남편의 방식은 남의 입장을 중요하게 생각하는 아버지의 방식과 유사한 면이 있었다. 한편으로 남편의 아버지는 부부갈등 시 어머니를 구타하거나 폭언을 하기도 하여, 남편은 과격한 분위기를 피하는 태도를 가지게 된 것으로 보인다. 남편은 부부갈등 시 나타나는 부인의 과격한 반응에도 동일한 방식으로 대처하였다.

남 편: 항상 남의 입장에서 얘기하고. 저도 어떠한 부분은 아버지랑 닮은 부분이 있어요. (중략) 아버지가 어머니한테 굉장히 심하게 할 때는 폭언뿐만 아니라 구타도 하셨죠. (사례 A-4회기)

(2) 사례 B: 맞장 뜨는 부인과 폭력적인 남편

사례 B의 부인은 감정기복이 심하고 상대방의 반응이 격해질수록 동일하거나 더욱 격한 방식으로 갈등에 대처하였다. 남편 또한 과격한 유형으로 화가 나면 욕설과 더불어 폭력을 사용하며 자신의 행위에 대하여 폭력이라는 자각이 없었다. 사례 B의 부부는 갈등이 심화될 때 가출이라는 극단적인 방법을 사용하기도 하였다. 이와 같이 남편과 부인이 동일하게 과격한 방식으로 대응하는 것은 부부갈등의 소재가 무엇이든지 서로에 대한 부정적 인식을 심화시켜 합리적인 대화를 막고 이혼이라는 파국적 결정을 생각하도록 하였다.

> 남　편: 와이프는 엄청나게 감정기복이 심해요. 와이프가 툭하면 집을 나갔어요. (중략)
>
> 치료자: 그러면 선생님은 어떻게 반응하세요?
>
> 남　편: 야, 이 씨발년아, 조용히 안 할래?
>
> 치료자: 그 다음에 와이프 반응은요?
>
> 남　편: 똑같이 나와요. "야, 이 미친 새끼야." (사례 B-1회기)

> 남　편: 그래서 제가 목덜미를 잡았어요. 까불지 말라고. 그래서 잡았는데, 남방이 찢어지고 목걸이가 끊어졌어요. 그래서 이제 와이프는 그걸 폭력으로 간주하더라고요. (사례 B-2회기)

사례 B의 부인은 결혼초기에는 과격한 유형이 아니었으나, 남편의 폭력과 폭언이 심해질수록 함께 과격하게 대응하는 양상을 보였다. 남편은 어머니가 화가 났을 때 물불을 가리지 않는 대처 방식을 학습하여 부인에게 사용하였는데, 원가족에서 가정폭력의 경험이 있었던 부인은 남편의 폭력을 더욱 충격적으로 받아들여 이에 대해 친정모와 같은 방식으로 대처하였다.

> 남　편: 그런 것들이 또 엄마가 숨기질 못하고 욱하는 게 있는데, 엄마가 화가 나면 막 해요. (사례 B-2회기)

> 부　인: 아빠가 술을 많이 드셨어요. 술만 드시면 엄마 때리는 거. (중략)

치료자: 엄마, 아빠 싸울 때 하고 본인 부부싸움 할 때 차이점은 없어요?
부　인: 제가 볼 때는 비슷한 거 같아요. (사례 B-4회기)

(3) 사례 C: 까칠한 부인과 뒤끝 있는 남편

사례 C의 부인은 평소에 남편에게 칭찬을 하거나 동의를 해 주는 일이 거의 없었다. 갈등 상황에서는 남편이 느끼기에 극단적인 표현을 쓰고 필요한 경우 명확하게 자기표현을 하며 그것이 솔직한 것이라고 느꼈다. 반면 남편은 아내가 동의나 칭찬을 해 주지 않고 자신의 노력을 인정해 주지 않는 것에 대해 불만이 있어도 갈등 상황을 피하려고 평소에는 부인에게 이야기하지 않는 편이었다. 그러나 남편은 갈등 상황이 불거지면 과거의 일을 끄집어내어 부인의 강한 공격에 대응하고자 하였다. 과거의 일을 언급하거나 쌓아 놓은 불만을 이야기하는 남편의 방식은 아내를 자극하고 갈등 상황에서 보이는 아내의 극단적인 표현은 남편이 다시 갈등 상황을 회피하게 하여 서로에게 부정적인 감정만이 축적되는 악순환을 보였다.

남　편: (아내는) 극단적인 표현을 써요. (중략) 수긍 같은 걸 거의 안 하고. (중략) 요리를 만들 때도 내 마음대로 하고 싶은데.
치료자: 아, 칭찬하기보다는.
남　편: 물론 이쪽은 한 번 할 때 제대로 강하게 얘기해야 한다고 하지만. (중략)
남　편: 저는 계속 감정이 격화됐을 때 좀 그냥 그 상황이 빨리 끝났으면 좋겠고요.
치료자: 없었던 것처럼.
남　편: 네. 없는 것처럼. (사례 C-1회기)

부　인: 저는 어떻게 보면 숨기지 않고 얘기하는 타입이거든요. 그런데 남편은 제가 무슨 말을 해도 그 말대로 안 받아들이고 또 자기만의 생각이 있으니까 그걸로 끝나요. (중략) (남편이) 옛날에 있었던 서운한 일을 자꾸 끄집어내면 이야기가 잘 안 되죠. (사례 C-2회기)

남편을 인정해 주지 않는 부인의 방식은 원가족의 문화와 관련이 있는데, 부인의 부모님은 노동운동과 같은 사회활동을 많이 하였기 때문에 부인은 성장하면서 타인이나 사회를 비판하는 태도가 자연스럽게 학습되어 남편과의 관계에서도 칭찬보다는 비판을 많이 하였다. 또한 친정아버지는 욱하는 성격을 가지고 있어서 갈등 상황에서 극단적인 언어를 사용하였는데 남편을 공격하는 부인의 표현 방식은 친정아버지의 방식과 유사하였다.

부 인: 저는 어떻게 보면 남을 비판하고 사회를 비판하는 것만 부모님한테 많이 배웠다고 생각하고 남보다 사회 불공평이나 동의가 안 되는 것에 대해 예민한 감성이 있거든요. (사례 C-1회기)

부 인: 아빠가 커서는 너무 감정이 욱하고 저도 어른이 되어 보니 '왜 그러나.' 싶은 건 있는데요. (사례 C-2회기)

남편은 부모님으로부터 직접적으로 학습된 표현 방식이 드러나지 않았지만 아버지가 가출하시고 공격적인 어머니와 동생과 함께 살아야 했던 상황에서 자신의 감정과 의견을 감추는 방식이 자연스럽게 발달하였다. 그러나 표현되지 못한 감정이 사라지지 않고 축적되어 부인과의 갈등 상황에서 되새김질하는 양상을 보였다.

치료자: 어렸을 때 엄마한테 내가 무슨 일이 있었고 어떻게 해서 억울하게 맞았고 화가 나서 어떻게 했다는 등의 얘기를 못하셨을 것 같아요. 한마디로 내 이야기로 인해서 상대방이 피해를 안 보고 민폐를 안 끼치는 얘기만 하지 않았냐 하는 거예요.
남 편: 예, 맞아요. 그랬던 거 같아요. (사례 C-3회기)

3. 이혼위기에 있는 부부에 대한 치료자의 개입방법

이 장의 사례는 자격을 갖춘 전문적인 가족치료자가 심각한 부부갈등으로 이혼위기에 놓여있는 세 부부를 MRI(Mental Research Institute)의 상호작용적 가족치료 모델과 Murray Bowen의 가족체계 이론을 중심으로 개입하여 치료한 것이다. 각 사례에서 치료자는 내담자 부부의 일차수준에 해당하는 부부갈등내용보다는 부부갈등을 심화시키고 지속시키는 이차수준의 대화 및 이차 수준의 대화패턴 형성에 영향을 미치는 요인을 중심으로 치료하였다.

치료자의 개입과정은 치료 목표를 설정하고 문제를 심화시킨 시도된 해결책을 탐색한 후, 내담자의 통찰력 강화와 행동 변화를 유도하기 위해 치료전략을 사용하여 부부의 역기능적 의사소통 방식을 개선하고 원가족과의 분화수준을 높이는 것이었다. 치료자는 MRI 모델을 적용하여 내담자의 시각에서 문제를 확인하도록 하여 치료 목표를 설정하였고, 내담자 부부의 시도된 해결책을 탐색하였다. 시도된 해결책을 탐색하기 위한 과정으로 원가족 탐색과 과정질문이 사용되었다. 그리고 Bowen의 가족체계 이론을 적용하여 가족체계를 변화시키고자 치료자는 내담자의 통찰력 강화 유도를 위하여 적극적 공감과 치료자의 자기개방, 구두점 찾기, 재명명(상대방 입장 대변)의 전략을 사용하였다. 또한 내담자의 행동을 변화시키기 위한 전략으로 탈삼각화와 코칭을 〈표 17-3〉과 같이 사용하였다. 탈삼각화는 부부관계를 강화시키기 위해 사용하였고 코칭은 내담자 자신이 문제를 해결할 수 있도록 치료자가 내담자의 변화를 촉진하기 위한 방법으로 사용하였다.

〈표 17-3〉 이혼위기에 있는 부부에 대한 치료자의 개입방법 - 개념추출과 범주화

상위 범주	하위 범주	개 념
치료 목표 설정	문제 확인	내담자가 생각하고 있는 문제를 가능한 정확하고 자세하게 내담자의 시각에서 진술하도록 촉진함
시도된 해결책 탐색	원가족 탐색	내담자의 문제에 체계적으로 접근하기 위하여 내담자의 현가족뿐 아니라 원가족 내의 관계와 상호작용을 탐색함
	과정질문	문제의 내용보다는 문제와 관련된, 부부의 상호작용에 초점을 맞추어 질문함
통찰력 강화 유도	적극적 공감	각 사례의 부부의 입장을 공감해 줌
	치료자의 자기개방	치료자의 개인적 경험을 이야기함으로써 내담자의 이해를 촉진시키고 변화를 유도함
	구두점 찾기	내담자들이 자신에게 유리한 방향으로 토막 낸 대화의 내용을 스스로 개방하게 함으로써 문제에 대한 새로운 시각을 갖도록 촉진함
	재명명(상대방 입장 대변)	내담자가 모든 것을 상대방의 탓으로 돌릴 때 치료자가 직접 상대방의 입장을 대변해 줌으로써 내담자가 새로운 시각을 갖도록 함
행동 변화 유도	탈삼각화	가계도상에 나타난 삼각관계의 위치를 변화시키도록 내담자의 변화를 촉진함
	코칭	내담자가 스스로 문제를 해결할 수 있도록 치료자가 지지하고 필요한 조언을 함

1) 치료 목표 설정

(1) 문제 확인

상담의 효과를 높이기 위해서는 명확한 목표를 설정하는 것이 중요하다. 치료자는 치료 목표를 설정하기 위하여 상담 초기에 내담자가 주로 호소하는 문제가 무엇인지 확인하고 변화되기를 원하는 것이 무엇인지를 명확히 하였다. 특히 치료자는 내담자의 진술에 대하여 예를 들도록 함으로써 변화가 필요한 점을 매우 구체화하였고 첫 회기에 부부가 함께 상담한 경우 부부 양측의 입장을 각각 진술하도록 촉진하였다.

치료자: 부부관계에 있어서 뭐가 문제라고 보세요?
남 편: 의사소통.
치료자: 의사소통에서 구체적으로 뭐가 문제 있다고 보세요? 예를 들면? (사례 A-3회기)

치료자: 뭐가 문제라고 보세요?
부 인: 성격이 안 맞죠. 그러니까 둘이 살려면 서로 맞춰 가면서 사는 건데, 저희 집은 그런 게 아예 안 돼요. 애아빠는 난 이렇게 할 테니까 넌 그렇게 해라.
치료자: 협상이라는 게 없네요. 예를 한 번 들어 주세요. (사례 B-3회기)

치료자: 어떻게 찾아오신 건가요?
남 편: 일단은 저희가 너무 좀 빈번하게 싸우는 것이 찾게 된 가장 큰 동기입니다.
치료자: 그리고요? 그거 하나면 되요?
남 편: 그리고 일단은 그거와 관련해 일어나는 것에 대해서 전문가의 시선에서 어떤 대안을 내놓으실 수 있을지 궁금해요.
치료자: 또 와이프 입장에서는?
부 인: 저도 비슷한데요. 단지 부부간의 갈등인지 아니면 제가 가지고 있는 가치관 때문에 여기서 사는 것 자체가 싫어졌는지 등 여러 가지가 궁금하고요. (사례 C-1회기)

2) 시도된 해결책 탐색

(1) 원가족 탐색

치료자의 원가족에 대한 탐색은 가계도 작성을 위한 정보 수집을 포함하여 원가족의 분화수준과 역할, 관계 및 의사소통 방식 등을 중심으로 이루어졌다. 이 단계에서 현재의 가족에서 일어나는 역기능적인 의사소통이나 역할, 관계 방식 등에 영향을 미친 원가족 요인을 찾을 수 있었다.

치료자: 엄마가 이끄시는 것도 있나요?

부 인: 네. 그렇게 보면 그럴 수 있을 것 같아요. 제가 결혼하고 그러니까 엄마가 이제 와서 하시는 얘기가 네 아빠가 안 하니까 엄마가 그렇게 할 수밖에 없었다.

치료자: 아빠의 미흡한 역할로 엄마가 과도한 역할을 했다는 거네요. (사례 A-2회기)

치료자: 그러면 부모님의 부부관계가 상당히 좋은 편이라고 보면 되나요?

남 편: 네.

치료자: 다투신 적도 거의 없고?

남 편: 다투기는 하는데, 애들 앞에서 다툰 적은 거의 없었어요. 애들이 모르는 거죠.

치료자: 다음에 형 하고 아버지 관계는요?

남 편: 아, 형하고 아버지 관계는 저 하고 아버지 관계와 비슷해요.

치료자: 어떠신데요?

남 편: 그러니까 아버지는 기본적으로 양육을 하면서 어머니에게 권한을 상당히 많이 부여하셨어요. (사례 B-2회기)

치료자: 친정어머니 아버지의 부부관계 어땠어요?

부 인: 제가 어릴 때는 싸우는 것을 몇 번 봤는데 기본적으로는 좋았어요. 저의 이상적인 모델인 거 같아요.

치료자: 아빠하고 관계는 어땠어요?

부 인: 저는 괜찮았던 것 같아요.

치료자: 대화는 잘됐나요?

부 인: 대화도 잘됐어요. (사례 C-2회기)

(2) 과정질문

과정질문(process question)은 Bowen학파의 가족치료자가 중요시하는 치료기법 중 하나다. 과정질문은 감정을 가라앉히고 정서적 반응으로 유발된 불안을 경감시키며 사고를 촉진하기 위한 질문으로, 가족의 문제에 대한 지각과 관계유형에 어떤 방식으로 참여하였는지에 대해 질문하는 것이다(이영분 외, 2010). 이 사례의 치료자는 과정질문을 사용하여 내담자 부부의 부부갈등에 소재가 되는 사건을 넘어 각 갈등이 일어나는 과정에서 나타나는 의사소통 방식, 관계의 성격 등 상호작용 과정을 탐색하였다. 이러한 접근은 내담자가 자신의 상호작용 방식과 관계패턴을 자각하게 하는 데에도 도움이 되었다.

부 인: 이중 메시지 주지 말래요. 자기는 항상 저한테 이중 메시지 던져 주거든요.

치료자: 신랑한테 어떻게 이중 메시지를 던져 주세요?

부 인: 처음에는 한다고 했다가 나중에 가서 안 한다고 했다가 제가 아무튼 이중 메시지를 많이 준대요.

치료자: 신랑이 주는 메시지는 어떤 표현이 있는데요? (사례 A-1회기)

남 편: 소리를 고래고래 질러요. 애가 자고 있는데.

치료자: 어떤 식으로요?

남 편: "아, 답답하단 말이야! 왜 내 말을 못 알아들어!" 그러면 제가 그래요. 목소리 낮춰, 참아.

치료자: 그럼 참아요?

남 편: 화가 나도 참아. 애 들어. 그러면 와이프는 "웃기고 있네. 가증스러운."

치료자: 그러면 선생님은 어떻게 반응하세요? (사례 B-1회기)

치료자: 표현을 어떻게 해요?

남 편: 왜 그렇게 얘기를 하느냐?

치료자: 이런 말투로요?

남 편: 모르겠어요. 이건 아니겠죠.

치료자: 인상을 쓰면서 뭐가 나오겠죠? '왜 시어머니 앞에서 이런 식으로 말하나.'
남 편: 예, 그럴 수도 있죠. (사례 C-1회기)

3) 통찰력 강화 유도

(1) 적극적 공감

상담에서 라포의 형성은 상당히 중요하다. 내담자가 치료자에 대하여 라포형성이 되어 있지 않으면 자신을 개방하거나 코칭을 받아들이는 데도 장애가 있을 수 있다. 이 장에서 치료자는 상담 초기에 적극적인 공감을 시도함으로써 내담자가 자신의 입장과 태도를 스스로 개방하고 치료자를 신뢰하여 치료자의 개입을 쉽게 받아들일 수 있도록 하였다.

부 인: 아울렛에서 싸구려 구두 샀는데 신발이 이렇게 많은데 이걸 샀냐는 거예요.
치료자: 남편이 사 줬어요? 기가 막혔겠네요. (사례 A-1회기)

부 인: 상의 한 마디 없이 골프를 치러 다니더라고요. '나 골프 쳐도 돼.'라는, 전혀 상의가 없어요. 작은 거부터 큰 거까지.
치료자: 월급도 제대로 안 갖다 주면서 골프를. (사례 B-3회기)

남 편: 진지하게는 안 받아 주고, 그냥 웃어넘기죠.
치료자: 그러면 이것도 좀 불만이 있으시겠네요? 내가 벌써 심각한 얘기하는데 와이프가 태도 면에서 내가 지금 느끼고 있는 심각성을 못 느끼고 있다는 거. 그냥 지나 버리는 그러한 방식으로 인해서 좀 언짢으실 때도 있을 수 있잖아요?
남 편: 그렇죠, 그럼 제가 표현을 해요. (사례 C-3회기)

(2) 치료자의 자기개방

치료자의 자기개방은 적절히 이루어질 경우 내담자에게 치료자에 대한 신뢰를 높여 줄 뿐 아니라 내담자가 자신의 상황을 다른 사람의 상황에 빗대어 이해함으로써 저항이 감소되는 효과를 얻을 수 있다. 이 장의 치료자는 필요에 따라 자기개방을 적극적으로 사용하여 내담자의 이해를 촉진시키거나 자신의 행동을 수정하고자 하는 의지를 보다 쉽게 얻을 수 있도록 도왔다.

> 남　편: 교수님. 만약 그런 상황에서 건강한 태도가 뭐죠?
>
> 치료자: 그렇지요. 난 그렇게 말을 안 했지요. 와이프가 상처 입으니까요. 우리 집안도 강한 스타일이지만 와이프하고 결혼관계가 너무너무 좋아요. 결혼하고 나서도 거의 싸워 본 적이 없단 말이지요. 전 지금도 우리 와이프를 굉장히 많이 의지해요. 우리 와이프한테는 '항상 당신이 최고다.'라고 인정을 했어요. 그게 무슨 얘기냐면 지금 '장모님, 경솔해.' 그래도 우리 와이프는 기분 상해하지 않아요. 내가 전적으로 와이프 광팬이라는 걸 잘 알거든요. (사례 A-3회기)

> 부　인: 그래도 어떤 사람이 그런 얘기를 해 주겠나 싶어서 얘기를 좀 해 줄 건 해줘야 하는 건 아닌가.
>
> 치료자: 본인이 해야 한다고 생각하는 거예요? 우리 엄마가 나한테 이런 얘기를 해요. 나하고 바로 위의 형하고 만나면 똑같이 계속 반복하는 얘기가, 우리 형한테는 '술 먹지 마라.', 나한테는 '너는 버릴 게 하나도 없는데, 돈 쓰는 게 헤프다.' 이거예요. 그러면 나는 '엄마, 그 얘기 이제 그만.' 그러면 그 얘기 또 해요. 내가 잔소리를 그렇게 듣기 싫어하는데 뭐 때문에 그렇게 하냐 말이죠. (사례 B-5회기)

> 치료자: 아들이 충분히 얘기를 할 때까지는 판단하지 말고. 예를 들면 우리 딸이 엄마에 대해서 중얼중얼하는 거예요. '왜, 무슨 일 있었냐?' 고 물으니까 컴퓨터를 하고 있는데 5분만 있으면 끄는데 엄마가 계속 끄라고 해서 짜증이 난다는 거예요. 그래서 '그럼 짜증 나지. 왜 하필 타이밍이 그렇게 맞냐. 짜증났겠다.' 그러면 일단은 얘가 표출은 다한다는 거죠. 그런데 선생님 같은 경우는 아마 어려서부터 그러한 대상이 없지 않았냐 이거예요. (사례 C-4회기)

(3) 구두점 찾기

일반적으로 대화는 계속적으로 이어지는 하나의 흐름이기 때문에 시작과 끝을 명확히 구분하기가 어렵다. 그러나 사람들은 자신의 이해관계에 따라 대화를 토막내어 이해하는 경우가 많고 이렇게 토막 난 대화의 부분은 상황에 따라 화자의 입장에 유리하게 사용된다. 따라서 사람들은 자신의 입장에 따라 대화의 구두점을 찍는 위치가 다르다. 부부갈등의 상황에서 부부는 각자 자신에게 유리한 지점에서 대화의 구두점을 찍으며 상대방의 행동을 비난하는데, 치료자는 세 부부가 중요하게 생각하는 갈등 상황에 대하여 각각의 구두점을 찾아 줌으로써 내담자가 상황을 다른 관점에서 조망하고 이전과는 다른 행동을 취할 수 있도록 촉진하였다.

치료자: 예전 같으면 냉장고 정리해 주었다 하더라도, 내가 와이프 배려하는 차원에서 하더라도 그 다음 단계로 바로 넘어갔는데 이제는 와이프한테 질문했다는 거예요. 오히려 치워 주면 고맙지 하고 와이프가 표현했다는 거죠. 그 중간에 생략된 단계를 대화함으로써 서로가 편해졌다는 거예요.

남 편: 내가 이렇게 치우면 너 봐라. 이렇게 느꼈을 것 같아요. (사례 A-5회기)

남 편: 정말 얘 진짜 저질이구나라고 생각했는데. 그게 다 배운 거고, 내가 이 여자를 저 지경까지 만들었구나. 그 생각이 되게 커요. 마음속에 갖고 있는 게 이 여자를 내가 이렇게 만들었기 때문에 거기에 대한 걸 내가 감당해야 한다는 게 크고요. 그렇습니다. (사례 B-5회기)

치료자: 그거에 대해서 뭐 때문에 그렇게 민감하게 나오신지는 혹시 이해하고 계세요?

남 편: 그게 저번에 저랑 상담할 때 부분인데.

치료자: 그거에 대해서는 한 번 얘기를 해 보셨어요? 그 이면에 이야기가 있더라 그거예요. 사건이. 그거에 대해서 남편에게 얘기해 본 적은 있으세요? (사례 C-5회기)

(4) 재명명(상대방 입장 대변)

치료자는 기본적으로 내담자에게 공감하면서 라포(rapport)를 형성하지만 치료의 효과를 얻기 위해서는 내담자의 입장에 반하여 상대방의 입장에서 상황을 다시 조망해 볼 수 있도록 하는 것이 중요하다. 이 장의 사례에서도 치료자는 내담자의 의견에 반할지라도 필요에 따라 상대방의 입장을 대변함으로써 부부가 각자 배우자의 입장을 이해하여 자신의 행동이나 입장을 변화시키도록 하였다.

남 편: 제가 일방적으로 가져간 게 아니라 본인이 화가 나서 카드를 던져 버렸어요. 제가 그래서 그 뒤로 카드를 안 줬어요.

치료자: 그런데 와이프 입장에서는 남편이 나를 못 믿는다 이거지요. (사례 A-3회기)

치료자: 그 배경에는 선생님의 역할도 만만치 않다는 거죠. 와이프가 선생님을 돌게 한 것도 있었지만 선생님 방식이 와이프를 돌게 하지 않았냐 이거예요. 와이프한테 '미친 년아, 개같은 년아.' 하는 그 자체가 문제 아닙니까?

남 편: 문제죠. (사례 B-2회기)

치료자: 제가 지금 들으면서 무얼 느꼈냐면요. 내가 남편이라면 "그 먹는 것 가지고 이건 일본에서밖에 구할 수 없기 때문에 당신은 애한테 이걸 양보를 못하냐." 이런 소리를 들으면 상처를 많이 받을 것 같아요.

부 인: 저도 요즘 이메일 주고받고 그랬거든요. 저도 이제 생각이 바뀌었죠. 그렇게 조금씩 바뀌긴 하는데 눈에 보이진 않는 것 같아요. (사례 C-1회기)

4) 행동 변화 유도

(1) 탈삼각화

이 장의 사례는 부부가 모두 원가족 또는 자녀와 밀착관계에 있었고 부부간의 관계가 소원하거나 갈등관계에 있는 삼각관계를 보였다. 치료자는 이 삼각관계에 개입하여 삼각관계의 위치를 변화시키고 부부의 연대를 강화시키는 방향으로 치료를 진행하였다. 탈삼각화는 불안한 부부관계의 대처 방식으로 삼각관계를 이루어 왔던 패턴을 자각시키고 삼각관계에서 빠져나올 수 있도록 촉진하는 것이다.

치료자: 힘들겠지만 와이프를 시댁에 덜 가게 해요. 그럼 부부가 덜 충돌하게 될 거예요.

남 편: 그렇게 되면 저도 처갓집에 가는 거 짜증 나요.

치료자: 그러니까 그걸 합의하는 거죠.

남 편: 그런데 와이프가 처갓집에 가잖아요.

치료자: 그것을 왜 관리를 하나요? 중요한 건……. (사례 A-3회기)

치료자: 이와 같은 경우는 남편이 옆구리 찔러서 시어머니한테 전화하도록 하면 안 돼요. 그러면 부부관계를 악화시켜요. 결혼을 했으면 어머니 말에 따라서 청주에 집을 사서는 안 되는 거예요.

남 편: 지금 생각해 보면 저는 그때 부모랑 분리가 안 돼 있었던 거 같고, 지금 보면 와이프 입장에서 열받을 수 있었을 거라고 생각이 돼요. 그리고 그때는 특수한 상황이었어요. (사례 B-2회기)

치료자: 제일 중요한 게 누구예요? 본인 빼고요.

부 인: 아이인데요. 좀 바꿔야 되겠다는 생각까지는 왔어요. 어떻게 해야 할지는 모르겠고요.

치료자: 제 와이프도 그렇고 저도 그렇고……. 제일 중요한 것은 나예요. 그 다음에 배우자예요. 애들은 두 번째. 남편이 볼 때 이쪽은 와이프가 경계선이 너무 지나치도록 명확하게 보이네요. (사례 C-1회기)

(2) 코 칭

코칭은 내담자가 직접 가족문제를 해결하도록 뒤에서 지지하고 조언하는 치료자의 역할을 말한다(이영분 외, 2010). 치료자는 상대방의 입장에서 바라보거나 원가족에서의 문제를 통찰하도록 하는 간접적인 방법을 넘어서 필요한 경우 직접적인 조언을 통해 관계와 행동 변화를 꾀할 수 있도록 개입하였다.

남 편: 저한테 가장 큰 문제라고 느껴지는 건 제가 의도했든 의도하지 않았든 뭔가를 주기 전에 제가 뭔가를 기대하고 있다는 거예요.

치료자: 본인이 과도한 역할을 하고 있다는 거예요. 본인이 지금 해 주고 와이프한테 기대하는 게 있다는 겁니다. 그럴 거면 하지 않는 게 좋고요. 그리고 또 하나. '내가 한 걸로 족하다.'라는 거죠. (사례 A-4회기)

남 편: 내 사람이 된 게 아니라 애를 낳고 키우고 있는 친엄마라는 게 무서운 거예요.

치료자: 그리고 어찌 됐든 와이프예요. 와이프이면 선생님이 껴안아야 해요. 그러면 선생님이 성숙해질 수 있다고 봐요. 그런 공격이 들어오는 배경에는 장모처럼 싸가지 없게 표현하는 것도 있지만 선생님이 와이프를 그렇게 표현하게끔 하는 요인도 있다는 거죠. 그건 선생님이 인정을 하셔야 할 거예요. (사례 B-2회기)

치료자: 아들이 엄마하고 부딪히든 유치원에서 부딪히고 오든 간에, 일단 저는 가치판단을 안 하는 거죠. 그러면 스스로 감정이 상당히 누그러지면서 자기가 스스로 이건 과했다는 것을 나름대로 판단할 수 있다는 거죠. 그러한 대화 방식이 된다면 두 분 간과 부모와 애들 간의 관계에 있어서도 훨씬 나아질 거라는 거죠.

남　편: 네, 네. (사례 C-3회기)

4. 이혼위기에 있는 부부에 대한 치료자 개입의 효과성

세 쌍의 부부는 배우자에 대한 부정적 태도, 성생활의 문제, 의견불일치로 부부갈

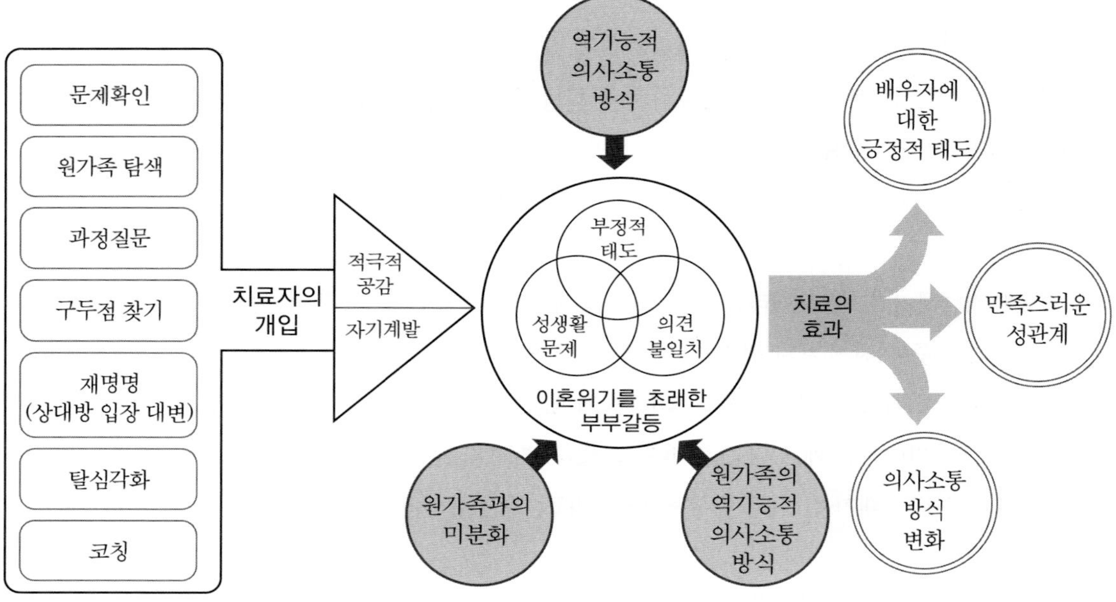

[그림 17-4] 이혼위기에 있는 부부에 대한 가족치료효과 네트워크

등이 있었고 원가족과의 미분화, 원가족에서 형성된 역기능적 의사소통 방식 때문에 갈등이 심화되어 이혼위기에 놓여 있었다. 이에 대하여 치료자는 치료 목표를 설정하고 시도된 해결책을 탐색한 뒤 내담자의 통찰을 강화하고 행동 변화를 유도함으로써 부부갈등에 가족치료적 개입을 하였다. 그 결과 배우자에 대한 부정적 태도는 배우자에 대한 긍정적 태도로 변화하였고, 부부간에 있었던 성생활의 문제는 만족스러운 성관계로 변화하였으며, 부부간 의견불일치는 의사소통 방식의 변화로 치료자 개입의 효과성이 나타났는데 이를 효과 매트릭스로 나타내면 〈표 17-4〉와 같다. 모든 사례는 4~5회의 단기상담으로, 상담의뢰 당시 진술한 모든 문제의 구체적 변화를 확인하기 어려운 부분도 있었지만 갈등의 근원이 되는 문제가 치료된 것

〈표 17-4〉 이혼위기에 있는 부부에 대한 치료자 개입의 효과 매트릭스

구 분	사례 A	사례 B	사례 C
	돌격하는 부인과 후퇴하는 남편	맞장 뜨는 부인과 폭력적인 남편	까칠한 부인과 뒤끝 있는 남편
배우자에 대한 부정적 태도 ↓ 배우자에 대한 긍정적 태도	• 부인은 남편이 자신을 생각해 준다는 것을 인정함 • 남편은 부인이 시아버지에게 노력하는 부분을 인정함	• 부인이 남편에게 맞추려고 노력함 • 부인이 밥을 해 주고 청소를 잘해 주게 됨 • 남편이 부인의 과격한 행동에 대한 자신의 책임을 인정함	• 부인은 남편에 대한 인식이 좋아져 남편의 행동에 너그러워짐 • 남편은 집이 편안해짐
성생활의 문제 ↓ 만족스러운 성관계	• 부인이 남편을 배려하고 남편이 이에 만족함	• 남편이 시간을 내어 여행을 가고 싶어 함	• 남편과 부인 모두 성관계에 만족하게 됨
의견불일치 ↓ 의사소통 방식의 변화	• 부인의 내뱉는 듯한 말투가 사라짐 • 부인의 피드백에 대해 남편이 기분 좋아함 • 남편의 비교하는 방식이 사라짐 • 남편이 부인의 입장을 배려하여 행동 전에 질문함	• 남편이 부인의 말을 들어 주고 긍정적으로 반응하며 인상을 덜 씀 • 부인은 남편의 변화에 대하여 반응을 보임 • 자녀에게 화목한 가정 분위기를 만들어 줌	• 부인의 갑자기 화내거나 목소리가 커지는 표현 방식이 사라짐 • 부인이 심리적으로 안정됨 • 남편이 갈등 상황에서 자기 의견을 말함 • 남편은 관계 개선을 위해 계속 노력하고 싶어 함 • 아들이 학교에서 잘 지내게 됨

을 확인할 수 있어 종결 후의 계속적인 변화가 예상된다. 치료자의 개입에 따른 부부갈등의 구체적인 변화내용은 다음과 같으며, 치료자의 개입이 이혼위기를 초래한 부부갈등에 어떤 방식으로 영향을 미쳤는지를 나타내는 네트워크는 [그림 17-4]와 같다.

1) 사례 A: 돌격하는 부인과 후퇴하는 남편

(1) 배우자에 대한 긍정적 태도

사례 A의 부부는 결혼생활에서 자신의 욕구를 충족시켜 주지 않는 배우자에 대해 불편한 마음을 가지고 있었다. 남편은 자신의 노력을 인정해 주지 않는 부인의 태도에 불만을 가지고 있었다. 부인도 나름대로 시댁에 잘하려고 하는데 남편이 이것을 인정해 주지 않아 속상해 하고 있었다. 그러나 치료자의 개입 후 부인은 남편이 자신을 생각해 주는 것을 인정하게 되었고 남편은 부인이 시아버지에게 잘하려고 노력하는 부분을 인정하게 되어 서로에 대한 부정적인 태도가 긍정적인 방향으로 변화하였다.

남 편: (와이프의) 말투에 있어서 내뱉는 말투를 본인 스스로 고치려고 하고 저를 인정해 주려고 하고 배려하려는 말투라든지 변화가 있었어요. (중략)

남 편: 제가 아버지한테 음식을 드리라고 말하는 게 쉽지 않았는데 이제는 와이프가 불편해 하는 게 눈에 보여요. 또 (와이프가) 해 주고 싶어 하는 마음도 눈에 보여요. (사례 A-5회기)

(2) 만족스러운 성관계

사례 A의 부부는 성생활에서 문제를 겪고 있었는데 이 중에는 남편이 허리를 다쳐 성생활이 원활하지 못한 부분이 있었다. 치료자의 개입 후 남편은 이제 부인이 자신을 배려해 주고 있어 만족함을 진술하였다.

남 편: 와이프가 비난하는 감정으로 저한테 덤비지는 않았지만 제가 느끼기에 공격적인 말투가 저를 힘들게 하고 저도 같이 공격적으로 만들게 하는 표현이 있었는데 이제는 와이프가 저를 배려하는 게 느껴져서 저도 부부관계를 하는 데 만족감이 있어요. (사례 A-5회기)

(3) 의사소통 방식의 변화

사례 A의 부인은 돌격하는 군인과 같이 공격적인 말투를 사용하였고 남편의 노력에 대해 긍정적인 피드백을 주지 않아 남편을 위축시키고 인정받지 못하는 느낌을 갖게 하였다. 또한 남편은 갈등 상황에서 후퇴하는 군인과 같이 자리를 피하고 양가에 대한 부인의 태도를 비교하는 간접적인 방식으로 부인을 공격하였다. 그러나 치료 후 부인의 내뱉는 듯한 말투가 사라지고 긍정적인 피드백이 늘어났으며 남편은 이에 대해 만족감을 표시하였다. 또한 남편의 비교하는 방식이 사라지고 부인을 위한 행동 전에 부인의 의견을 물음으로써 종전의 불필요한 오해가 불식되었다. 이러한 변화는 종전의 자녀양육 방식, 경제관념, 종교갈등과 같은 의견 차이를 극복할 수 있는 근원적인 변화라고 할 수 있다.

남 편: 갈등 고리가 완전히 끊어진 건 아니겠죠. 그걸 안고 가야 하는데 그걸 해결할 수 있는 방식이 어떤 게 있는지, 어떤 대화를 해야 하는지 이해가 되었다면 그것만으로도 100% 만족이 되었다고 생각해요. (중략)

남 편: '어, 그럼 내가 정리해 줄게.' 하면서 제가 정리하고 와이프도 '정리해 줘서 고맙다'고 저한테 얘기를 해 주고, 와이프가 그런 피드백을 주니까 기분이 좋은 거예요. (중략)

치료자: 신랑의 비교하는 표현 방식은 어떻게 되었나요?

부 인: 그런 건 없어졌어요. 상담 받고 없어졌어요. (중략)

남 편: 오히려 제가 치워 준다고 생각한 건데 와이프가 불편함이 있었다는 얘기를 듣고 제가 먼저 얘기를 했죠. '내가 치워도 되겠냐?' 이런 과정을 한 번 거치고 나니까 '아, 내가 이렇게 해도 와이프가 불편해하지 않고 와이프가 공격하는 느낌을 덜 받는구나' 하고 생각하게 됐어요. 이렇게 변화하는 부분이 있었어요. (사례 A-5회기)

2) 사례 B: 맞장 뜨는 부인과 폭력적인 남편

(1) 배우자에 대한 긍정적 태도

사례 B의 부부는 서로를 인정하지 않고 상대방의 잘못으로 갈등이 생겼다고 생각하며 서로를 공격해 집안 분위기가 항상 심각하고 짜증스러웠다. 그러나 치료자의 개입 후 부인은 남편에게 맞추려고 노력하게 되었고 남편은 부인의 과격한 행동이 자신의 책임임을 인정하였다. 또한 남편의 불만이었던 집안 살림의 부분에서 부인이 밥을 해 주고 청소를 하는 등 남편을 만족시키기 위한 행동을 취하게 되었다.

부 인: 앞으로 같이 살아가고 싶다면 서로 맞춰 줄 줄 알고 저도 맞추려고 노력하면서 더욱 노력해야 할 것 같아요. (중략)

남 편: 제가 미안한 게 뭐냐면 (아내가) 욕을 나 못지않게 할 정도로 하게 하고, 6년 동안 살면서 아내가 못 살겠다고 해서 이혼을 할 정도까지 온 게 '내게 제일 큰 책임이 있구나.'라는 것을 솔직히 상담을 통해서 많이 느꼈어요. (중략)

남 편: 밥도 잘해 주고, 그 다음에 옛날에는 청소도 진짜 안 했는데, 청소도 하고. (사례 B-5회기)

(2) 만족스러운 성관계

사례 B의 부부는 신혼 초부터 시간이 없다는 이유로 성생활을 거의 하지 않았고 소원한 관계가 유지되었다. 그런데 치료 후 남편이 시간을 내어 함께 여행을 할 계획을 세우는 등 사고의 전환이 나타났다.

남 편: 이제는 '6년 동안에 못한 것을 한 번 노력해 보자.' 여행도 다녀 봐야 하고 추억도 한 번 만들어 봐야 하고. (사례 B-5회기)

(3) 의사소통 방식의 변화

남편의 폭력배와 같은 폭력에 부인이 맞대응하여 갈등이 큰 싸움으로 번지던 사례 B 부부의 표현 방식에 근본적인 변화가 생겼다. 남편은 부인의 말을 들어 주고 긍정적으로 반응하며 전보다 인상을 덜 쓰게 되었고, 부인은 남편의 변화에 대해 긍정적인 표현으로 반응하게 되었다. 결과적으로 치료 전에 편 가르기 등의 방식으로 자녀를 사이에 두고 보였던 의견불일치가 자녀에게 화목한 분위기를 만들어 주는 방향으로 변화하였다.

부 인: (남편이) 제 말을 들어 주려고 노력하는 거 같아요. 예전에는 제가 얘길 하면 무슨 말을 했든 간에 기분 나쁘게 받아들이고 들어 주지 않았어요.

얼굴은 인상 쓰고 그랬는데 지금은 그런 게 많이 없어졌어요. 조금 부드러워진 거 같고. 반응이 전에는 대꾸하는 게 없었는데 지금은 '응.' '알았어.'라든지. (중략)

치료자: 그러면 그 변화에 대해서 표현을 하셨어요?

부 인: 요즘 편하다고 얘기했어요. (중략)

남 편: 특히 아들 입장에서 봤을 때는 일단 집안 분위기가 짜증스러운 분위기에서 화목한 기운으로 바뀌니까 안정되었죠. (사례 B-5회기)

3) 사례 C: 까칠한 부인과 뒤끝 있는 남편

(1) 배우자에 대한 긍정적 태도

사례 C의 남편은 냉장고에서 음식조차 마음대로 꺼내 먹을 수 없을 정도로 집에서의 생활이 편치 않았다. 또한 부인은 남편을 못마땅하게 여겨 인정과 칭찬보다는 주로 비판하는 모습을 보였다. 그러나 치료 후 부인은 남편에 대한 인식이 긍정적으로 변화하여 남편의 행동에 너그럽게 대하게 되었고 남편은 집이 편안하다고 느끼게 되었다.

부 인: 저는 제 스스로 마음이 편해져서 이 사람이 눈에 거슬려도 화가 나지 않더라고요. (중략)

치료자: 지금 댁에 들어가시면 아직도 경직화됩니까?

남 편: 요즘은 없어요. (사례 C-4회기)

(2) 만족스러운 성관계

사례 C의 부부는 성관계에서 원하는 방식이 달라 갈등이 있었다. 그러나 치료자의 개입 후 남편과 부인 모두 성관계에 대한 만족감이 생겼다.

치료자: 그러면 두 분 요즘 성관계는 어떠세요?

남 편: 괜찮은 것 같아요.

치료자: 괜찮으세요?

부 인: 네. (사례 C-4회기)

(3) 의사소통 방식의 변화

사례 C의 부인은 칭찬이나 인정보다는 비판을 많이 하며 감정기복이 있어 갑자기 화내는 등의 까칠한 표현 방식을 가지고 있었다. 반면 남편은 앞에서 이야기하지 않고 참다가 갈등 상황이 되면 지난 일을 계속 되새김질하는 뒤끝이 긴 방식으로 소통하였다. 이러한 표현 방식은 자녀가 학교에 잘 적응하지 못하는 등의 문제를 함께 풀어 나가는 데 장애요인이 되어 왔다. 치료자의 개입 이후 부인의 감정기복이 안정되고 갑자기 화를 내거나 목소리가 커지는 방식이 사라졌다. 또한 이전까지 다른 사람을 배려하여 자신의 불만을 표시하지 않았던 남편이 자신의 불만을 갈등 상황에서 부인에게 말하는 변화를 보였다. 또한 남편은 관계 개선을 위해 계속 노력하고 싶어 하였다. 자녀의 문제에서는 아들이 학교에 잘 적응하게 되는 변화가 있었다.

남 편: (아내가) 그전보다는 갑자기 화를 낸다든가, 목소리를 확 크게 한다든가 하는 방식이 변했어요. 부드러워진 거 같아요. (중략)

남 편: 지금은 (아내가) 상담을 받으면서 심리적으로 안정을 많이 찾은 것 같고, 고마워하는 것 같고, 그 다음에 저도 '노력을 더 해야 하는 거구나. 계속적인 노력이 필요하구나.'라는 생각이 들었어요. (중략)

남 편: 밤에 맥주를 먹고 있는데 (아내가) 짜증을 내길래 제가 "아니, 들어오면 좋은 얘기를 하지 왜 그러냐."라고 얘기를 했어요. 그런데 뭐 요즘에는 많이 웃고 좀 그래요. (중략)

부 인: 요새 별로 다툴 일이 없어요. 아들이 학교를 잘 다니니까 문제가 없는 것 같아요. (사례 C-4회기)

VI. 결 론

1. 연구결과 요약

이 장은 이혼위기에 있는 부부의 갈등에 초점을 두어 각 사례의 남편과 부인이 배우자가 보인 행동에 대해 어떻게 반응하였는지 분석하였으며, 부부의 갈등이 경감되고 완화되도록 하는 가족치료 개입의 효과성을 규명하였다. 연구의 대상은 부부갈등으로 가족치료를 의뢰한 세 쌍의 부부였으며, 총 4회기 또는 5회기의 상담이 진행되었다. 이 장의 사례는 MRI의 상호작용적 가족치료 모델에서 주로 보는 의사소통문제와 Murray Bowen의 가족체계 이론에서 중점을 두는 자아분화 문제를 중심으로 치료되었으며, 이혼위기에 있는 세 부부의 갈등에 대한 가족치료의 진행과정과 결과는 다음과 같다.

첫째, 이혼위기를 초래한 부부의 갈등내용은 배우자에 대한 부정적 태도, 성생활의 문제, 의견불일치로 나타났다. 배우자에 대한 부정적 태도에는 서로 불편해 하는 부부, 서로 무시하는 부부, 서로 믿지 못하는 부부가 포함되었으며, 성생활의 문제로는 불만족스러운 성관계, 의견불일치의 갈등내용에는 자녀양육 방식의 차이, 경제관념의 차이, 종교 강요가 포함되었다.

둘째, 이혼위기를 초래한 부부갈등의 영향요인은 원가족과의 미분화와 원가족과 부부가 사용하는 역기능적 의사소통 방식이었는데, 원가족과의 밀착관계는 배우자가 원가족을 대하는 태도, 자녀양육 방식 등에 갈등의 소재를 제공하였다. 또한 역기능적인 의사소통 방식은 배우자에 대한 부정적인 태도를 갖게 하였고 부부갈등을 더욱 심화시켜 이혼위기에 봉착시켰다. 원가족으로부터 형성된 역기능적 의사소통 방식은 부부갈등을 악화시켰고, 특히 부모세대의 역기능적 상호작용 방식 중에서 내담자에게 부정적인 인식을 주었던 방식이 배우자에게서 유사하게 나타날 때 부부갈등으로 이어졌다.

셋째, 이혼위기에 있는 부부에 대한 치료자의 개입방법은 치료 목표를 설정하고, 문제를 심화시킨 시도된 해결책을 탐색하기 위한 과정으로 원가족 탐색과 과정질문이 사용되었다. 또한 치료자는 내담자의 통찰력 강화 유도를 위하여 적극적 공감과 자기개방, 구두점 찾기, 재명명(상대방 입장 대변)의 전략을 사용하였으며, 내담자의 행동을 변화시키기 위한 전략으로 탈삼각화와 코칭을 사용하였다. 갈등으로 이혼위기에 놓여 있는 세 부부에 대하여 치료자는 MRI의 상호작용적 가족치료 모델과 Murray Bowen의 가족체계 이론을 중심으로 개입하였는데, 각 사례에서 치료자는 내담자 부부의 일차 수준에 해당하는 부부갈등 내용보다는 부부갈등을 심화시키고 지속시키는 이차 수준의 대화와 이차 수준의 대화패턴 형성에 영향을 미치는 요인을 중심으로 치료하였다.

넷째, 이혼위기에 있는 부부에 대한 치료자 개입의 효과성은 배우자에 대한 긍정적 태도, 만족스러운 성관계, 의사소통 방식의 변화로 나타났다. 이혼위기에 있었던 세 부부는 공통적으로 치료자의 개입 이후 배우자에 대한 부정적 태도가 긍정적인 태도로 변화하였으며, 성생활의 문제는 만족스러운 성관계로 개선되었고, 부부간 의사소통 방식이 기능적으로 변화함으로써 부부간 의견불일치로 발생했던 부부갈등이 완화되었다.

2. 제 언

가족치료 개입 이전에 각 사례의 부부는 배우자에게 왜곡된 기대를 강요하며 실망하고 더욱 방어하거나 공격적이었는데, 이러한 역기능적 의사소통 방식은 부부갈등을 증폭시킬 수밖에 없었다. 부부간 역기능적인 상호작용 양상은 원가족과의 미분화와 원가족으로부터 내려온 역기능적 의사소통 방식에 따라 파생된 것이었는데, 치료자의 개입을 통해 부부갈등이 감소되었고 부부관계를 기능적으로 재형성할 수 있는 토대가 마련되었다. 부부갈등을 가져온 원인이 어디에 있었는지를 내담자 스스로 통찰하도록 유도한 치료자의 다양한 개입방법이 이혼위기에 있었던 부부의 갈등을 완화시켰다. 이에 따라 이 장의 결과는 부부갈등을 가져온 동기가 부부의 관계 요인과 가장 높은 관련이 있으며(Rice, 1979), 기능적인 의사소통이 부부갈등 완화에 기여한다는(김진희, 김경신, 1998; 박경란, 이영숙, 2005; 박태영, 2005; 장미희, 전원희, 2008; 황민혜, 고재홍, 2010; Bodenmann et al., 1998; Ledermann et al., 2010) 연구결과와 일치하였다.

이 장은 이혼위기에 있는 부부의 부부갈등을 해소시키기 위하여 치료자가 내담자의 시도된 해결책을 탐색하고, 통찰력 강화와 행동 변화를 유도하는 개입방법이 부부관계를 회복시킬 수 있다는 것을 보여 준다. 치료자는 내담자의 변화와 성장을 촉진하는 조력자이며 변화와 성장의 주체는 내담자다. 갈등관계에 있는 부부들은 문제를 해결하기 위해 역기능적인 방식을 적용하여 그 문제를 유지시키거나 오히려 악화시키는 경우가 있다. 따라서 치료자는 부부갈등 문제해결을 위하여 개입하는 데 있어서 단선론적 인과관계가 아니라 상호작용의 순환적 인과관계에서 접근해야 할 것이며, 부부간 역기능적 상호작용이 부부갈등에 미치는 영향력을 고려하여 기능적인 상호작용을 숙고하고 모색해 나갈 수 있도록 적절한 피드백을 주어야 한다. 이 장은 이혼위기에 있는 부부에 대한 상담에서 부부간 의사소통문제와 원가족과의 미분화 문제를 간과하지 않는 치료자의 개입기술이, 파국으로 치달았던 부부하위체계를 정적으로 재형성시킬 수 있다는 결과를 보여 준다.

이 다중사례연구는 총 4~5회기의 단기상담을 통하여, 각 부부를 이혼위기에 이르도록 하였던 갈등의 근원이 되는 문제가 해결된 것을 질적 연구로써 검증하였다. 그에 따라 가족치료의 효과성을 보여 줄 수 있었으며, 향후에도 어떤 문제가 발생했을 때 부부가 함께 건설적으로 해결해 나갈 수 있는 가능성이 확대되어 상담종결 후의 부부관계에서도 긍정적이고 기능적인 상호작용이 예상된다. 그러나 이 장은 세 쌍의 부부만을 대상으로 하였기 때문에 연구결과를 부부갈등을 겪는 모든 부부에게 일반화시키는 데 한계가 있다. 따라서 후속연구에서는 이혼위기에 직면한 부부의 또 다른 특성과 문제에 관한 다양한 가족치료 모델의 적용 사례가 연구되고 가족치료적 개입의 효과가 증명되는 연구가 진행되기를 기대한다.

참고문헌

김경신, 조유리(2000). 부부의 갈등대처행동과 결혼만족도. 한국가족관계학회지, 5(2), 1-21.

김경자(2004). 기혼남녀의 원가족 경험과 자아분화가 가족체계기능에 미치는 영향. 성신여자대학교 대학원 박사학위논문.

김민녀, 채규만(2006). 가족생활주기에 따른 기혼자의 결혼만족도. 한국심리학회지-건강, 11(4), 655-671.

김순기(2001). 기혼자녀가 지각하는 원가족의 정서적 건강성과 자아정체감이 결혼 후 심리적 안녕에 미치는 영향. 경희대학교 대학원 박사학위논문.

김인숙(2007). 한국 사회복지 질적 연구: 동향과 의미. 한국 사회복지학회지, 59(2), 275-300.

김진희, 김경신(1998). 부부간의 의사소통 효율성과 스트레스 인지수준. 대한가정학회지, 36(8), 63-76.

박경란, 이영숙(2005). 부인의 성격유형, 갈등대처방법과 부부갈등의 관계. 대한가정학회지, 43(9), 59-70.

박재규, 이정림(2010). 가족해체가 남녀의 건강과 삶의 질에 미치는 차별적 영향. 보건사회연구, 30(1), 142-169.

박태영(2001). 가족치료 이론의 적용과 실천. 서울: 학지사.

박태영(2005). 한국인 기혼남녀들의 결혼만족도에 대한 비교연구. 상담학연구, 6(2), 601-619.

박태영, 김현경(2004). 친밀한 가족관계의 회복: Murray Bowen의 가족체계 이론의 적용. 서울: 학지사.

이경희(1997). 부인이 지각한 갈등과 친밀감에 따른 부부관계유형. 서울대학교 대학원 박사학위논문.

이선미, 전귀연(2001). 결혼초기 남편과 아내의 부부갈등과 갈등대처방식이 결혼만족도에 미치는 영향. 한국가정관리학회지, 19(5), 203-220.

이영분, 신영화, 권진숙, 박태영, 최선령, 최현미(2010). 가족치료 모델과 사례. 서울: 학지사.

이영자, 장영애(2002). 결혼초기 주부가 지각한 부부갈등정도와 갈등관리방법 및 갈등결과에 관한 연구. 한국가족복지학회지, 7(1), 79-93.

이인정(2011). 암환자와 배우자의 부부적응에 대한 부부의사소통의 영향-자기효과와 상대방효과를 중심으로. 한국 사회복지학회, 63(2), 179-205.

임수진, 최승미, 채규만(2008). 부부갈등이 아동의 문제행동에 미치는 영향: 대처효율성의 조절효과. 한국심리학회지-건강, 13(1), 169-183.

임유진, 박정윤, 김양희(2008). 원가족 부모와의 애착 및 심리적 독립 지각과 신혼기 결혼적응과의 관계에 관한 연구. 한국가정관리학회지, 26(5), 143-154.

장미희, 전원희(2008). 성인여성의 가족기능에 영향을 미치는 요인. 정신간호학회지, 17(2), 236-244.

전춘애(1994). 부부의 자아분화 수준과 출생가족에 대한 정서적 건강 지각이 결혼안정성에 미치는 영향. 이화여자대학교 대학원 박사학위논문.

천혜정, 김양호(2007). 기혼자와 이혼자의 결혼 및 이혼과정 차이. 한국가족복지학회지, 12(3), 5-23.

천혜정, 최혜경, 강인(2006). 결혼지속년수에 따른 부부갈등 및 갈등대처방법의 차이와 결혼불안정성에 미치는 영향. 한국가족관계학회지, 11(1), 179-202.

최규련(2009). 부부상담 프로그램 개발 및 효과성 연구: 부부갈등해결을 위한 통합적 접근 적용. 한국가정관리학회지, 27(3), 181-200.

통계청(2011). http://kostat.go.kr

하상희(2007). 기혼남여가 지각한 원가족경험이 자존감 및 부부갈등에 미치는 영향. 한국가정관리학회지, 25(4), 17-29.

한영숙(2007). 부부의 자아분화 수준에 따른 부부갈등과 결혼만족도에 관한 연구. 한국생활과학회지, 16(2), 259-272.

허진자, 고재홍(2008). 부부의 심리적 욕구차이, 배우자 욕구오해 및 부부갈등간의 관계. 한국심리학회지-사회 및 성격, 22(4), 27-41.

황민혜, 고재홍(2010). 부부간 결혼가치관 차이, 오해 및 부부갈등: 의사소통의 역할. 한국심리학회지-여성, 15(4), 779-800.

Bateson, G., Jackson, D. D., Haley, J., & Weakland, J. (1956). Toward a theory of schizophrenia. *Behavioral Science, 1*, 151-164.

Becvar, D. S., & Becvar, R. J. (1988). *Family therapy: A systemic integration.* New York: Allyn and Bacon.

Bodenmann, G., Kaiser, A., Hahlweg, K., & Fehm-Wolfsdorf, G. (1998). Communication patterns during marital conflict: A cross- cultural replication. *Personal Relationships. 5*(3), 343-356.

Bohlander, R. W. (1999). Differentiation of self, need fulfillment, and psychological well-being in married men. *Psychological Reports, 84*(3), 1274-1280.

Bowen, M. (1985). *Family therapy in clinical practice.* New York: Jason Aronson.

Creswell, J. W. (2006). *Qualitative inquiry and research design: Choosing among five traditions.* Thousand Oaks, CA: Sage.

Feigal, T. J. (1985). An examination of the relationship between differentiation of self and marital adjustment. Unpublished master's theses, University of Iowa.

Garfinkel, H. N. (1980). Family system personality profile: An assessment instrument based on Bowen theory. Doctoral dissertation, California School of Professional Psychology.

Goldenberg, I., & Goldenberg, H. (2007). *Family therapy: An overview.* Pacific Group, CA: Brooks/Cole.

Kear, J. (1978). Marital satisfaction and attraction of differentiation of self. Doctoral dissertation, California School of Professional Psychology.

Ledermann, T., Bodenmann, G., Rudaz, M., & Bradbury, T. N. (2010). Stress, communication, and marital quality in couples. *Family Relations, 59*(2), 195-206.

Lim, M. G., & Jennings, G. H. (1996). Marital satisfaction of healthy differentiated and undifferentiated couples. *Family Journal, 4*(4), 308-315.

MacCreaner, D. P. (1988). The relationship between differentiation of self and perception of health in the family of origin and fusion and intimacy in the family of procreation. Doctoral dissertation, Florida State University.

Miles, M. B., & Huberman, A. M. (1994). *Qualitative data analysis.* Thousand Oaks, CA: Sage.

Nelson, T. S. (1987). Differentiation: An investigation of Bowen theory with clinical and nonclinical couples. Doctoral Dissertation, University of Iowa.

Rice, F. P. (1979). *Marriage and parenthood.* Boston: Allyn and Bacon, Inc.

Ridley, C. A., Wilhelm, M. S., & Surra, C. A. (2001). Married couples' conflict responses and marital quality. *Journal of Social and Personal Relationships, 18*, 517-534.

Strauss, M. A. (1979). Measuring intrafamily conflict and violence: The conflict tactics(CT) scales. *Journal of Marriage and the Family, 41*, 75-88.

Watzlawick, P., Beavin, J. H., & Jackson, D. D. (1967). *Pragmatics of human communication: A study of interactional patterns, pathologies, and paradoxes.* New York: W. W. Norton.

Watzlawick, P., Weakland, J. H., & Fisch, R. (1974). *Change: Principles of problem formation and problem resolution.* New York: Norton.

찾아보기

인명

강경아 228
강란혜 391
강묘월 87, 97
강선영 89, 94, 95
강시현 19
강은영 89, 95
강인 652
강주희 89, 95
강혜원 227
고일건 343
고재홍 91, 126, 579, 653, 692
고정자 546, 619
고천석 20, 48
공성숙 138, 142
곽동일 264, 265, 266
곽선 264, 265, 298
구현영 228
권복순 428
권순형 621
권영옥 428
권윤아 126
권윤희 357, 382
권정순 502, 503
권정혜 57, 619
권지성 625
권택술 264, 265, 267
권혜진 228
기화 227, 354
김갑숙 57, 184, 394, 545, 546, 619
김경란 89
김경미 63
김경신 500, 651, 653, 692
김경자 652
김경혜 391, 419
김경희 228
김규수 227
김남준 87
김노은 343
김동일 137
김득성 126
김리은 392
김명자 184
김명진 263, 264
김미자 549, 580
김민녀 651
김밀양 619
김보경 89, 95, 96, 263, 264, 265, 266, 298
김보영 228, 263, 264, 309, 343, 354
김선자 89, 95
김선희 58
김세곤 88
김세승 96
김세주 15
김소향 392
김수정 139, 174
김수진 620
김순기 427, 652
김순옥 619, 620, 621, 642
김승기 264, 265, 267
김시경 264, 266, 298
김신정 228
김양진 19
김양호 182, 545, 546, 651
김양희 58, 184, 651
김여진 20, 48
김연 428
김연수 55
김연옥 182
김영경 89, 95
김영희 56, 57, 59, 60, 61
김용구 19
김유숙 430
김유순 642
김윤심 88
김윤용 264, 265
김윤희 550, 580
김은심 88
김은정 184, 263, 264, 266, 267, 298
김은주 15, 621, 643
김은진 227, 502

김의철 621
김인숙 652
김인지 619
김재경 184
김재권 88
김재온 619
김정옥 137, 138, 142
김정일 264, 265, 266
김정자 501
김정현 15, 19
김정희 263, 299, 308
김종환 87
김주희 619, 621
김준호 589, 612
김중곤 355
김지현 391
김지혜 138
김진아 89, 96
김진희 653, 692
김창윤 19
김춘경 393, 419
김충희 590, 591, 612
김태한 57, 58, 60, 137, 185, 299
김택수 15
김현경 18, 187, 395, 550
김현우 264, 265, 267
김현정 94, 184
김현주 589, 590, 612
김형수 502
김혜선 57, 60, 137, 184, 299
김혜숙 57, 61
김혜정 137
김효순 182

나경세 19
나혜경 227, 231
남순현 141, 394, 619, 621, 622, 643
남영자 590
남정홍 428
노성향 427
노승호 309
노윤옥 428
노은선 228
노치영 56, 60

류경희 589, 590, 612

문성미 305, 309
문숙재 184
문은식 590, 591, 612
문장원 420
문재우 590
문정화 58, 143, 227, 427
민가영 182
민성길 265
민하영 428

박경 141, 173
박경란 55, 590, 653, 692
박민주 590, 591, 612
박민철 20, 21
박선희 502
박성운 391
박성주 138
박소영 619, 623
박영숙 264, 268, 299, 306
박영신 621
박영화 579
박원명 15, 19, 48
박은숙 354, 356, 502, 503
박인숙 89, 95, 96
박재규 651
박재산 590
박재황 138
박재훈 264, 265, 266, 298
박정윤 58, 184, 651
박진영 427
박태영 17, 18, 21, 22, 57, 58, 60, 61, 89, 90, 137, 142, 185, 187, 227, 229, 230, 395, 427, 590, 692
박희연 95
박희주 231, 355
반신환 87, 94, 97
방희정 621
배금예 19
배선희 619, 621, 642
백경원 228, 354
변정숙 89, 95, 96
변화순 499

서덕원 264, 268, 299
서영희 621, 643
서혜정 306
석정호 15
성명옥 619
성영혜 501
손옥선 19
손정민 228, 354
송말희 61
송성자 430, 467
송영란 549
송자경 306, 344
송현애 500, 502
신경림 625
신경희 93
신수진 137, 621
신영희 228, 357
신용주 590, 591, 612
신원정 590
신철진 264, 266, 298
신혜종 142

심미경 228
심혜숙 308

안병철 622
안현아 58
양수남 228, 357
양진향 306
어용숙 228, 356
엄명용 392, 395
오가실 354
오경자 57, 546, 580
오미희 94
오석환 309
오승연 590, 612
오승환 589, 590, 612
오원택 95
오혜정 620, 622, 642
우아영 625
우연희 89
유계숙 138
유계준 309
유미숙 263, 264, 267, 298
유안진 427, 503
유연지 505, 619, 620, 622
유은정 94
유일영 228
유재국 343
유준호 549, 580
유진희 58, 427, 589
유채영 506
윤사순 622, 623
윤성은 619, 620, 622
윤영숙 89, 95
윤지은 20
은선경 393
은신성 89, 95, 96
이강은 89, 95
이강호 91
이경애 96
이경은 590
이경희 58, 545, 651
이광자 619, 620
이동원 55, 263, 264, 266, 267, 298, 619, 620
이명신 642
이명진 619
이미경 394
이민식 57, 546, 580
이민영 625
이복희 87, 93, 97
이상룡 263, 264, 265, 266, 298
이상용 263, 264
이선미 55, 57, 59, 79, 184, 545, 652
이선우 15
이선희 228
이성희 139, 500, 502
이세인 619
이수정 185
이숙현 619
이순애 20
이순옥 393, 419
이승기 264, 265, 298
이승재 19
이승하 138
이신숙 137
이신영 89
이애재 500, 502
이영미 428
이영분 19, 270, 393, 547
이영선 228
이영숙 55, 590, 653, 692
이영자 92, 93, 428, 545, 651
이영주 504
이윤주 428
이은 15
이은화 354
이은희 228, 427
이응천 305, 309, 310
이의용 88
이인정 546, 653
이재경 622
이정균 266, 298, 306
이정덕 428
이정림 651
이정연 21
이종국 353
이종원 137, 430
이주희 88
이창숙 58
이채원 383
이현송 142
이현주 59
이형영 20, 48
이혜경 427, 550, 580, 589, 590, 612
이혜자 619
이화자 228, 356
이홍배 94
임경섭 87
임수진 545, 580, 651
임영순 356, 382
임원선 263, 299
임유진 58, 651
임은정 392
임춘희 182

장덕희 502
장미희 57, 546, 653, 692
장보현 138
장선옥 354
장영애 92, 93, 428, 545, 651
장은경 549

장현정 183
장혜경 182, 625
전귀연 55, 57, 59, 79, 545, 590, 652
전나영 228
전덕인 15, 19, 48
전미경 428
전영숙 394
전영주 139, 141, 143, 185, 298, 394
전원희 57, 546, 653, 692
전재일 503
전정희 89, 96
전춘애 430, 654
전한나 88
정경연 308
정남운 354
정묘순 500
정문자 430
정석환 88
정선영 20, 21, 56, 59, 60
정성경 263, 299, 308
정소희 391, 392, 393, 419
정영인 19
정옥분 182
정은남 306
정익중 393
정인과 264, 265, 266
정진복 309, 310
정창수 622
정현숙 182, 184
정현아 391, 419
정혜경 501
정혜은 621
정혜정 271, 430
정효창 264, 265, 267
조남욱 622, 623
조성경 57, 58, 62, 545
조성민 228, 354
조유리 651
조윤희 391
조은경 430
조지용 58, 299
조현상 15
조현주 138, 619
주소희 500
진미정 621

차보석 15
채규만 57, 651
채명옥 231
천혜정 182, 545, 546, 651, 652
최경원 231
최규련 57, 59, 61, 420, 651
최명애 231, 354
최미선 89, 95
최미혜 228, 354
최병만 263, 264
최샛별 619, 622
최선희 59
최승미 354, 651
최연실 57, 58, 62, 545
최영희 88
최외선 57
최우진 264, 265, 298
최유경 184
최정숙 182, 546, 580
최정윤 309, 310
최정혜 619
최준식 137
최지은 590, 591, 612
최혜경 56, 60, 652
최희옥 590, 591, 612

하규섭 15
하상희 58, 271, 427, 651
한경혜 619, 620, 622
한길연 621, 622
한미향 173, 430
한미현 427
한성열 619, 621, 622
한영미 231, 355
한영숙 140, 430, 546, 550, 580, 652, 654
한주리 428
한지숙 138
함인희 620
허경호 428
허남순 504
허선희 305
허소영 306
허정 89, 95
허진자 653
현경자 55, 57, 59
현순원 87
현정환 88
홍성도 264, 266, 298
홍성화 20, 48
홍원표 184
홍이석 94
홍현미라 625
황광욱 623
황기아 590, 591, 612
황동섭 502
황민혜 91, 126, 653, 692
황영훈 141, 394
황은숙 499, 500, 502
황혜정 428

Acuna, L. 305
Adams, K. M. 97
Addis, M. E. 143
Agree, E. M. 620

Alexander, E. 392
Allen, S. D. 63
Amato, P. R. 138, 142, 501
Anderson, E. 500
Anderson, S. A. 592
Anger-Diaz, B. 187
Ann, B. 589
Arieti, S. 309
Austin, J. K. 310

Bartle-Haring, S. 428
Bateson, G. 16, 17, 89, 186, 506, 655
Beavin, J. H. 17, 395, 655
Becvar, D. S. 17, 90, 548, 655
Becvar, R. J. 17, 90, 548, 655
Benson, M. J. 142
Berger, P. L. 504
Bertalanffy, L. V. 19, 547
Bertoni, A. 92
Betts, T. A. 309, 310
Biddlecom, A. E. 620
Bidwell, B. H. 310
Binzer, M. 266
Bischoff, E. 263, 264
Bishop, M. L. 343
Bodenmann, G. 57, 92, 93, 546, 653, 692
Bohlander, R. W. 654
Botta, R. A. 612
Bowen, M. 17, 18, 47, 139, 270, 394
Bowlby, J. 501
Bowman, M. L. 59
Bradbury, T. N. 57, 653, 227
Bray, J. H. 140, 470
Brosnan, R. 392
Bruner, C. A. 305
Buehler, C. 467
Buelow, J. M. 344
Burden, G. 309

Campbell, S. B. 420
Canary, D. J. 57
Carr, A. 392
Carter, B. 392
Chaffee, S. H. 612
Chang, Y. H. 97, 98, 620
Cho, S. H. 393
Cimilli, C. 21
Cohen, A. N. 15
Coleman, J. C. 183, 184
Conger, R. D. 470, 492
Creswell, J. W. 63
Crockford, H. 264
Crowe, M. 19
Cummings, E. M. 92, 470, 492
Cupach, W. R. 57
Cyr, F. 392

Davies, P. T. 92, 470, 492
Davis, G. R. 306, 309
Deimling, G. T. 357
Dein, S. 265
Denzin, N. K. 553
Diane, N. L. 621, 622, 623
DiClemente, C. C. 91, 551
Don Jackson, D. 17, 89, 655
Donnellan, M. B. 92
Driver, J. 55
Dumlao, R. 612
Duncan, B. L. 230, 431, 506, 592, 613
Dusek, J. B. 589

Eagly, A. 59
Eirini, F. 589
Eisemann, M. 266
Elder, G. H. Jr. 619, 622
Ellis, N. 307
Emery, R. E. 92
Erlandson, D. A. 63

Farrell, J. 185
Fehm-Wolfsdorf, G. 57, 653
Feigal, T. J. 173, 654
Fengler, A. P. 356
Fincham, F. D. 57, 93, 546, 580
Fisch, R. 17, 60, 395
Fleming, W. M. 592
Folks, D. G. 264, 298
Ford, C. V. 264, 298
Forrest, M. 505
Francis, K. 622
Friedman, E. H. 139, 227, 592
Fry, W. 16, 655

Ganong, L. H. 183
Garcia, D. A. G. 305
Garfinkel, H. N. 654
Gavazzi, S. M. 394
Gayton, W. F. 227
George, E. L. 15, 21, 231
Gerard, J. M. 467
Gilligan, C. 56, 79
Giorgi, A. 623
Goldberg, J. F. 19, 310
Goldenberg, H. 17, 60, 90, 396, 430
Goldstein, B. I. 15, 21
Goodrich, N. 356
Gottman, J. M. 48, 55, 59, 61, 503
Grey, M. 357

Grych, J. H. 93, 467
Guba, E. 553
Gudmudsson, D. 310
Gwyther, L. P. 231

Hahlweg, K. 57, 653
Haley, J. 16, 17, 655
Harold, G. T. 470, 492
Harrow, M. 19
Harvey, D. M. 56, 79, 140, 470
Hennon, C. B. 185
Hetherington, E. M. 500, 504
Hileman, L. 89, 98
Hindman, D. W. 59
Hoffman, J. A. 592
Holman, T. B. 505
Holmes, S. 356
Hooker, K. 643
House, A. 263, 267
Hovestadt, A. J. 505
Huberman, A. M. 23, 63
Hurwitz, T. A. 264, 265
Hutchby, I. 613
Hwang, H. J. 468
Hymovich, D. P. 227

Jackson, D. D. 17, 393, 395, 506, 655
Jacob, T. 230
Jacobson, N. S. 143, 185
Jennings, G. H. 173, 654
Jeon, H. J. 468
Jo, E. K. 467
Joann, T. B. 589
Johnson, S. L. 230
Johnston, D. 621
Johonson, R. 354
Joo, S. H. 467
Jung, H. J. 467

Kaiser, A. 57, 653
Kaplan, L. 185
Kear, J. 654
Keiman, J. 501
Keller, H. 504
Kerr, M. E. 270, 394
Khairudin, R. 612
Kibby, M. Y. 358
Kim, E. S. 467, 468, 469
King, S. 97
Kitzmann, K. M. 428
Ko, B. I. 470
Koch, A. 228
Kohut, H. 96
Kozlowska, K. 263
Kurdek, L. A. 59

Laaser, M. R. 97
Lamb, M. E. 501
Latipun, S. 612
Lawson, D. M. 395
Ledermann, T. 57, 546, 653, 692
Lerner, H. 392, 396
Levenson, R. W. 55
Lim, M. G. 173, 654
Lin, K. H. 620
Lincoln, Y. S. 553
Looman, W. S. 231, 357
Lynam, M. J. 357

Maccoby, E. E. 55, 59
MacCreaner, D. P. 654
Markman, H. 61, 185
Marriott, B. 138
Mason, C. A. 499
Mastrian, G. 357
Mathison, S. 553
Matthews, L. S. 92
Mattsson, A. 227
McGoldrick, M. 392
Miklowitz, D. J. 15, 20, 21, 48
Miles, M. B. 23, 63
Miller, G. E. 61
Mintz, J. 21
Minuchin, S. 95
Mittan, R. 309
Moon, J. H. 469, 492
Morris, A. S. 391

Nasir, R. 612
Natarius, C. 61
Nelson, T. S. 654
Nichols, M. P. 392, 396, 430
Norcross, J. C. 64, 65, 91, 553
Novalis, P. N. 20, 21
Nuechterlein, K. H. 21
Nussbeck, F. W. 89, 92

Oguz, M. 21
Ohannessian, C. M. 392
Owens, C. 265
Ozerdem, A. 21

Papero, D. V. 139, 429, 592
Park, T. K. 393, 467, 468, 469, 492
Patterson, J. 186, 231, 357, 431, 545, 580
Patton, M. Q. 64, 399, 553
Peat, J. 392
Peele, R. 20
Perl, P. 97, 98

Perlick, D. 357
Peters, C. L. 643
Peterson, J. L. 501
Pillemer, K. 621, 623
Pond, D. A. 310
Prevatt, F. 395
Prochaska, J. 64, 65, 91, 545, 551, 553

Rafael, F. 343
Rea, M. M. 21
Rebuli, L. 97
Rehman, U. S. 142
Reynolds, E. H. 310, 346
Rice, F. P. 504, 692
Richards, J. A. 21
Ridley, C. A. 653
Riskin, J. 17, 655
Ritter, R. C. 357
Roelofs, K. 266
Roffman, J. I. 264, 265
Rohrbaugh, M. 186, 431
Rojcewicz, S. J. 20
Ross, A. S. 306
Rossiter, I. 354, 357
Ruda, M. 57
Rudaz, M. 653
Ruddy, R. 263, 267
Rusbult, C. E. 59
Rusk, G. S. 230, 431, 592

Sabatelli, R. 428
Saleem, R. 21
Saphir, M. N. 612
Sarrazin, J. 392
Satir, V. 16, 47
Scamvougeras, A. 264
Scher, S. 263
Schlanger, K. 187
Schurr, P. H. 309
Schwartz, R. C. 396, 430
Scott, D. F. 310
Sechrist, J. 621
Seo, J. S. 394
Serpe, R. 57
Sharpe, D. 354, 357
Shoham, V. 140, 186, 431
Shrout, P. E. 92
Shuey, K. M. 619, 622
Simoneau, T. L. 21
Skipper, H. B. L. 63
Smith, K. G. 97
Snyder, K. S. 21, 306, 309
Sobot, V. 266
Solovey, A. D. 230, 431, 592
Soothill, J. E. 97
Sprenkle, D. H. 138, 143
Steele, S. M. 357
Steinbach, A. 620, 621, 623
Steinberg, L. 391
Stern, T. A. 264, 265
Sternberg, J. 501
Storm, C. L. 138, 143
Strauss, M. A. 651
Strokes, S. B. 142
Suddath, R. L. 21
Suitor, J. J. 621, 623
Sullivan, B. S. 357
Surra, C. A. 653
Swanson, D. 621

Taylor, D. O. 15, 264
Temkin, N. R. 306, 309
Thompson, P. 307, 381
Tickle, A. C. 264
Todd, P. A. 356
Trimble, M. R. 310, 346

Uijen, A. 263, 264
Unal, F. 266
Unger, W. R. 344
Upton, D. 307, 381

Valente, T. W. 620
Venters, M. 228
Voon, V. 264, 265
Voydanoff, P. 621
Vuilleumier, P. 264, 265

Wald, J. 264
Wallerstein, J. S. 501
Wamboldt, M. Z. 354, 356, 384
Wampler, R. S. 142
Wan Shahrazad, W. S. 612
Watzlawick, P. 17, 60, 90, 395, 655
Watzlawick, P. 17, 90, 655
Weakland, J. H. 17, 16, 60, 61, 395, 655
Weiss, K. W. 310, 592
Whaley, L. F. 357
Whitbeck, L. 404
Wickrama, K. A. S. 622
Wilcoxen, S. A. 505
Wilhelm, M. S. 653
Williams, L. M. 263, 392
Willson, A. E. 619, 620, 621, 622, 623
Winnicott, D. W. 96
Wong, D. L. 357
Woolfenden, S. 392

Yang, J. S. 467, 468
Yi, C. C. 620
Yoo, Y. J. 467
Yoon, H. M. 470, 492
Yue, L. 343

Zainah, A. Z. 612
Zarit, S. H. 356
Zielinsky, J. J. 310
Zill, N. 501, 545, 580
Zvonkovic, A. M. 643

내용

ADHD 305
MRI 16
MRI의 상호작용적 가족치료 모델 16
Murray Bowen의 가족체계 이론 16

가계도 24, 76
가부장적 부부관계 56
가부장적 사회구조 55
가사 392
가사노동분담 184
가사문제 500
가정적 갈등 94
가정환경 관련 503
가족 적응 프로그램 384
가족갈등 394
가족갈등 패턴 394
가족강인성 311
가족건강성인 591
가족과정모델 392
가족관계 17
가족관계의 변화 114, 123
가족구성원 20, 357
가족구조 56
가족기능 강화 385
가족문제 427
가족문화 354
가족상호작용 15
가족상호작용 방식 39
가족생활주기 392
가족에 기반한 치료 21
가족역동성 501
가족위험요인 589
가족유형 499
가족의 발달 591
가족의 재구조화 95
가족의 정서적 융합 18
가족자원 591
가족적응 392
가족중심치료 21
가족체계 16, 98, 392, 427
가족체계 이론 545
가족치료 21
가족치료 사례연구 22
가족치료과정 76
가족치료적 개입 385
가족탐색 601
가족통정감 311
가족학 142
가족항상성 17, 655
가출 190, 500, 597
가치관 182, 504
간질발작 305
간질자녀 310
간질표준집단 309
간질플러스집단 309
간질환자 309, 310
간헐적 자극 267
간호 354
간호과정 233, 380
갈등 상황 48
갈등대처 방식 153, 156, 184
갈등대처유형 59
갈등폭발 59
갈등표출 대처 방식 59
갈등형태 92
갈등회피 59
갈등회피 대처 방식 59
감각기관 265
감각상실 265
감각운동기관 265
감각증상 309
감별 불능 신체형장애 265
감염 355
감염성질환군 353
감정기복 439
강박장애 19
강박적 행동 310
개념 23
개방코딩 23, 275, 552
개인적 요인 57
개인적 편견 399
개인치료 21
개입기술 31
개입의 효과성 138
거리감 503
거짓자기 18, 550
걱정 267

건강 504
건강염려증 265
건망증 265
결혼만족도 55, 92, 505
결혼생활 57, 502
결혼생활도 621
결혼생활의 질 653
결혼안정성 55, 654
결혼의 동기 181
결혼초기 141
경계 63
경련 265
경련운동 309
경제적 갈등 93
경제적 문제 499
경조증 삽화 19
경청 338
고독감 94
고부갈등 22, 266, 267, 505
고부관계 154, 619
고통의 전이 357
고혈압 20
공감 338
공격적 행동표출 55
공격적인 방식 27
공동 참여 392
공생적 관계 322
공포 309
공황장애 305
과민반응 535, 591
과민성 대장염 20
과잉행동 19
과정질문 675, 678
교사관계 590
교우관계 590
구두점 찾기 680
구조적 가족치료 21
구조적 가족치료 이론 95
구조적 변인 93
국제간질연맹(ILAE) 346
국제간질협회(IBE) 346
귀납적인 방법 23
귀먹음 265
규칙준수 590
근심 267
근약화 265
근육의 마비감 265
금전처리 문제 184
급성 조증 치료 21
긍정적 문제해결 대처 방식 59
기능상실 263
기능적 교류 방식 16
기능적인 가족상호작용 16
기능적인 갈등대처 방식 152
기능적인 상호작용 21
기능주의적 입장 57
기대의 불일치 184
기분장애 재발 21
기분조절제 15
기질적인 병인 309

난치성 아동 385
남편에 대한 기대 및 부부관계갈등 94
낮은 자존감 192
내담자 21, 64, 398
내담자 중심 접근 563
내담자의 통찰력 강화 563
내면화문제 501
내성적 88
네트워크 23
노령화 353
노인 가족 499
뇌혈관질환 353

다문화 가족 427
다세대 전수과정 433
다중 사례연구 581
단기치료접근법 61
단일사례연구 552
당뇨병 353
당뇨병 508
대상관계 이론 96
대응 방식 331
대인관계 고립 502
대인관계기술 21
대인관계문제 499
대인기피증 94, 305
대처반응 597
대처방법 58
대처방안 613
대처전략 591
대처행동 357
대화단절 313, 574
데이터의 삼각화 145
도구적 역할 59
도식화 379
독신가족 499
동거가족 499
동반장애 313
동성애 427
동통 265
동통장애 265
디스플레이 145
또래관계 503
뜸치료 268

리튬 15

마비 265
만성불안 정도 592
만성육아종질환 355

만성적 불안 309
만성질환 21, 227, 230, 353
만성질환아 353
말더듬 265
매트릭스 23
면역결핍질환 355
면역학적 355
모계화 620
모빌 16
모성적 돌봄 96
모자갈등 107
무기력증 94
무력감 500
무시 59
무용/동작치료 95
무용/동작치료프로그램 96
무의식적인 심리적 갈등 265
문제해결 수행능력 591
문제해결기술 15
문제해결기술훈련 21
문제행동 16, 398
문제형 의사소통 93
문화적 차이 142
물리치료 268
미분화 양상 320
미분화된 가족자아군 18, 549, 656
미분화된 가족자아집합체 18
미분화된 기능 273
미술치료 95
미해결된 정서 557
밀착관계 321

반사회적 가족구성원 589
반응하는 방식 39
발달적 욕구 231
발작 309
발작빈도 309
방법론의 삼각화 64, 145
범법장애 273
범주화 23
변화 과정 416
변화가능성 탐색 563
변화주체 42
별거 190
병리적 의사소통 17, 655
보건복지부 502
보행장애 265
보호인자 15
복합면역결핍질환 230, 355
부모 관련 503
부모의 학대 589
부모-자녀 상호작용 467
부부갈등 16, 55, 56, 420, 467, 652
부부갈등 완화 653
부부갈등 촉발 요인 139, 192
부부결합 653
부부관계 개선 21
부부대화 문제 184
부부의 갈등문제 652
부부의 관계요인 653
부부치료 사례연구 60
부부친밀감 428
부자가정 500
부적응 문제 392
부정적인 부모관계 589
부정적인 양육태도 589
분노 392, 502
분노와 적개심 94
분노조절 22, 96
분노조절문제 471
분자생물학적 기법 355
분화 18, 90, 549
불복종 545
불안 227
불안 수준 18
불안상태 310
불안정한 부부관계 501
불화 559
비교분석방법 275
비난하는 방식 27
비언어적 갈등대처 방식 202
비자극적인 방식 41

사건 흐름 네트워크 76
사고방식 57, 182
사례지향적인 통합적 접근 23, 661
사정 613
사춘기 391
사회경제적 성취도 저하 501
사회복지 개입 383
사회복지학 142
사회부적응 392
사회성 467
사회성 발달 501
사회심리적(이혼에 대한 태도) 변인 93
사회적 구조 427
사회적 낙인감 314
사회적 유능성 감소 545
사회적 질병 273
사회적 편견 500
사회적응 21
사회행렬적(여성의 직업 참여) 변인 93
사회화 과정 55, 59, 501
삶의 만족도 231
삶의 질 361
삼각화 방법 399
상담 56
상담 축어록 399
상담 프로그램 56

상담메모 399
상담자 420
상실감 94, 502
상호의존적 591
상호작용적 가족치료 모델 545
생략된 언어탐색 563
생물학적 과정 21
생활습관 57
서울대학교 의과대학 305
선천성면역결핍증 355
선천성면역결핍증 환우회 230
선천성면역결핍질환 230, 355
성 55
성격 501
성격 문제 184
성격 차이 57
성격요인 506
성격차이 519, 535
성공적 경험 탐색 563
성관계 191, 664
성교 30
성생활 58
성생활의 문제 664
성역할 55, 59
성적 관계 504, 653
성적 욕구 30, 370, 372
성적 욕구 충족 181
성차 55
성폭행 22
성학대 266
성학대 후유증 268
세계보건기구(WHO) 346
세대 전수 328
세포면역결핍질환 230, 355
소년소녀가장가족 499
소아기 355
소외 93
소외감 313
소원한 관계 574
소화기질환군 353
수동성 545
수면장애 357
수의근 265
수치감 309
스트레스 15
스트레스원 310
시댁의 문화 114
시도된 방식 420
시도된 해결책 17, 34, 90, 433, 655
식세포이상 230, 355
식욕부진 357
신경 방전 309
신경생물학적 기질 265
신경정신과 266
신경조직 265
신경증 20, 92, 310
신뢰성 553
신생아질환군 353
신체 및 정신질환 20
신체변형장애 265
신체적 질병 273
신체적 폭력 562
신체적 학대 266
신체질환 263
신체형장애 265
신체화장애 265, 266
신혼기 부부 단계 141
실명 265
실어증 265, 267
실의 267
실험집단 95
심리교육 21
심리사회적 프로그램 383
심리장애 273
심리적 부적응 501
심리적 스트레스 227
심리적 안녕감 591, 654
심리적 특성 139
심리적인 변인 93
심리학 142

아동기 391
아동의 부적응 467
악성신생물(암) 353
암 309
암시 266
애정 504
애정결핍 315
애정부족 558
애정표현 500
애착 이론 500
약물 21
약물 사용 500
약물 순응도 21
약물요법 21
약물치료 15, 21, 373
양가감정 139
양계화 620
양극성장애 15
양극성질환 치료 21
양방적 치료 267
양약치료 268
양육자 354
양육환경 317
양적 연구방법 652
억압된 욕구 265
억울 267
언어곤란 265
언어적 갈등대처 방식 199
엄격성 553
역기능적 교류 방식 16, 44

역동적 과정 20
역량 강화 97
역설적 개입 75
역할 및 대인관계갈등 93
역할 재조정문제 499
역할기대 182, 235, 653
역할모델 503
연구문제 23
연구의 엄격성 474
연구의 윤리성 64
열등감 309
영성 87
예측변인 142
옹서 619
옹서갈등 622
외도 30, 372, 559
외도문제 267
외로움 375, 502
외적환경변인 311
외향적 88
외현적인 문제행동 375
요인 29
욕구충족 55
욕설 439
우울증 21, 22, 94, 305, 500
우울증 삽화 19
우울증 환자 21
우울증상 21, 310
우회적 감정투사 373
우회적인 표현 방식 158
원가족 22, 57, 245
원가족 탐색 675
원가족 특성 29
원망감 361, 364
원자료 23
위궤양 20
위기 상황 354
위기감 227
위험인자 15
유교문화 96
유년기 500
유발인자 266
유전성면역결핍질환 230
유지단계 64
윤리적 고려 474
융합 549
융합과 분화 18
은유 75
음주 596
의료사회복지사 383
의사소통 15
의사소통 문제 57
의사소통 방식 16
의사소통 변화 291
의사소통 분석 17
의사소통 이론 17
의사소통훈련 21
의식 75
의식불명 265
의식혼탁 265
의존상태 313
의처증 30
의학적 장애 273
이론 63
이론의 삼각화 145
이성관계 590
이완요법 268
이중구속 17, 655
이중구속 메시지 96
이중구속적 방식 109
이차수준 674
이차적 변화 392
이혼 56, 58, 427
이혼가능성 93, 142
이혼결심 170
이혼결정 139
이혼사유 88, 143
이혼숙려제도 141
이혼위기 58, 63, 137, 661
이혼위기 부부 139
이혼율 137, 138, 181, 500
이혼의사 170
이혼의향 91
이혼조정상담 138
인과관계 48
인식 변화 22, 37, 534
인식단계 64
인지 변화 288
인지기술 21
인지치료 95
인지행동스트레스관리프로그램 95
인척관계 184
일반체계 이론 19
일차수준 674
임상사례 306
임상적 개입 방안 502
입양가족 499

자격지심 535
자기 96
자기개방 442, 679
자기성장 55
자기대상 96
자기상 21
자기심리학적 접근 95
자기통제 결여 545
자기표현능력 96
자기효능감 311
자녀 서열 409
자녀관계 653
자녀교육 문제 184

자녀문제 499
자녀양육 392, 500
자녀양육 방식 665
자녀양육문제 500
자살 21
자아개념 501
자아분화 18
자아분화 수준 18, 394, 427, 654
자아적 갈등 94
자아정체감 96, 589
자아존중감 591
자율성 21
자율신경계 265
자율신경증상 309
자율적인 독립성 654
자존감 저하 545
자존심 감소 21
자해행동 429
장모(장인)–사위관계 619
재명명 407, 563
재발 267
재발 예방 20
재정관리 184
재정의 75
재정적인 중압감 93
재혼 181
재혼 문제 502
재혼가구 181
재혼가족 499
재혼가족의 갈등 요인 183
재혼남 181
재혼녀 181
재혼만족도 185
재혼부부 184
재혼생활 183
재혼유형 181, 185
재혼율 181
재혼이혼율 182
재혼자 185
저항 21, 119
적극적 공감 679
전인식단계 64
전통적인 가족제도 266
전환장애 263, 265, 305
전환장애 증상 263
정서과정 18, 245, 549
정서기능 308
정서적 건강성 651
정서적 고갈 164
정서적 관계 21
정서적 관리체계 20
정서적 균열 185
정서적 문제 499
정서적 분위기 21
정서적 불안정 545
정서적 융합 90
정서적 질병 273
정서적 체계 17, 58
정서적 친밀감 654
정서적 혼란 139
정서적응 392
정서표현 95
정신 · 신체증상 88
정신건강 392, 500
정신과적 질환 309
정신병 20
정신병리 19
정신병적 삽화 19
정신분석적 개념 18, 549
정신분열증 17, 268, 309, 505, 655
정신분열증의 발병 17
정신신체질환 20
정신역동적인 접근법 591
정신적 건강 392
정신적 안정 391
정신적 요인 267
정신증상 309
정신질환 305
조사자의 삼각화 145
조소 16
조울정신병 18
조울증 305, 313
조절효과 653
조증 삽화 19
조증 환자 19
종결단계 32
종교 504
좌절 267
좌절감 500
죄의식 94
죄책감 357
주도권 21
주요우울장애 19
준비단계 64
중기단계 31
중재자 326, 445
중재자 역할 563, 564
증상 변화 286
증상 해소 266
증상 호전 20
증상발현 265
증후군 309
지적과정 18, 550
지지적 정신치료 20
진단하기 280
집형 정신분열병 환자 19

철회 59
청소년기 391
청소년기자녀 500
청소년의 부적응 문제 420

체계론적 관점 591
체계론적 입장 19
체계적 관점 356
초기 청소년기 395
초기단계 31
초이론적 모델 64, 545
초이론적 변화단계 이론 551
초이론적 변화단계모델 91
초혼남 181
초혼녀 181
초혼부부 193
초혼핵가족 185
촉발 요인 219, 511
축소시야 265
충격 502
충동 265
충동조절 19
치료기법 433
치료방법 473
치료적 동맹관계 433
치료적 접근 21
친밀감 57, 654
친족유지자 620
침구치료 268
침치료 268

코딩체계 63
코칭 675

탈삼각화 675
탈삼각화 과정 76
탐색적 연구 385
통제집단 95
통찰력 강화 37, 601
투병과정 368
투사 227
투사과정 592
투사하기 366
트라우마 266
틱장애 305

팔로 알토 186
패러다임 652
편모가구 499
평형상태 356
포르노 372
폭력 158, 433, 599
폭식장애 22
폭언 433, 599
표현의 변화 535
피로감 357
피해망상 94

하위체계 20
학교부적응 589, 595
학교생활 415
학교적응 391
학습모델 500
학습활동 590
학업 관련 503
한국 사회 181
한국가정법률상담소 58
한국여성개발원 499, 502
한방정신요법 268
한부모 427
한부모가족 499
한약치료 268
한의학 267
합리적 갈등해결 59
항경련제 15, 306
항정신병 약물유지치료 15
항체면역결핍질환 230, 355
핵가족 17, 58, 245, 499
행동 변화 290
행동단계 64
행동양식 592
허약감 265
허혈성 심장질환 353
헤럴드경제 589
호스피스 368
호스피스 병원 374
호의적인 방식 40
호흡기질환군 353
혼인비율 181
확고한 자기 18, 550
확고한 자아 18
확대가족 17, 58, 139
확대가족문화 651
환경오염 353
환아 357
환자와 가족대상 교육 21
회피 55, 59
회피전략 48
회피하는 방식 25, 112, 325
효과 네트워크 217, 343
효과측정방법 473
흡연 596
희생양 375
히스테리성 증상 310

저자 소개

박태영 플로리다 주립대학교 사회복지학 박사
현 숭실대학교 사회복지학부 교수

김선희 숭실대학교 대학원 사회복지학 박사과정 수료
현 숭실대학교 강사

김혜선 숭실대학교 대학원 사회복지학 박사
현 신구대학교 교수

문정화 숭실대학교 대학원 사회복지학 박사
현 인천대학교 교수

박신순 숭실대학교 대학원 사회복지학 박사과정 수료
현 숭실대학교 사회복지대학원 강사

박진영 숭실대학교 대학원 사회복지학 박사
현 국제대학교 교수

신원정 숭실대학교 대학원 사회복지학 박사과정 수료
현 국제대학교 강사

안현아 숭실대학교 대학원 사회복지학 박사과정 중
현 센시치유상담소 전임상담사

유웅희 숭실대학교 대학원 사회복지학 박사과정 중
현 수원과학대학교 강사

유진희 숭실대학교 대학원 사회복지학 박사과정 수료
현 수원과학대학교 강사

조지용 숭실대학교 대학원 사회복지학 박사
현 숭실대학교 강사

매트릭스와 네트워크를 활용한
가족치료 사례 질적 분석

2014년 2월 20일 1판 1쇄 인쇄
2014년 2월 25일 1판 1쇄 발행

지은이 • 박태영 · 김선희 · 김혜선 · 문정화 · 박신순 · 박진영 · 신원정 · 안현아 · 유웅희 · 유진희 · 조지용

펴낸이 • 김진환

펴낸곳 • (주) 학지사
121-838 서울특별시 마포구 양화로 15길 20 마인드월드빌딩 5층
대표전화 • 02-330-5114 팩스 • 02-324-2345
등록번호 • 제313-2006-000265호

홈페이지 • http://www.hakjisa.co.kr
커뮤니티 • http://cafe.naver.com/hakjisa

ISBN 978-89-997-0305-8 93180
정가 25,000원

저자와의 협약으로 인지는 생략합니다.
파본은 구입처에서 교환해 드립니다.

이 도서의 국립중앙도서관 출판시도서목록(CIP)은 서지정보유통지원시스템 홈페이지(http://seoji.nl.go.kr)와 국가자료공동목록시스템(http://www.nl.go.kr/kolisnet)에서 이용하실 수 있습니다.
(CIP 제어번호: CIP2014003303)